Ruge
Begegnung mit China

Gerd Ruge

BEGEGNUNG MIT CHINA

Eine Weltmacht im Aufbruch

Econ Verlag
Düsseldorf · Wien

Aus dem Englischen übersetzt und bearbeitet
von Hans Thomas unter Beteiligung von Michaela Charlé und Claudia Richarz

1. Auflage 1978

Gesetzt aus der Times der Linotype GmbH
Satz: Otto Gutfreund, Darmstadt
Papier: Papierfabrik Schleipen GmbH, Bad Dürkheim
Druck und Bindearbeiten: J. Ebner, Ulm
Printed in Germany
ISBN 3 430 17837 1

INHALT

VORWORT

Wenn sich der älteste und volkreichste Staat der Welt nach Jahrhunderten der Stagnation und des Zerfalls in Bewegung setzte, um zur modernen Weltmacht zu werden, dann ist das ein Vorgang, der früher oder später das Leben und die Politik in allen Ländern der Erde verändert. Seit Anfang der fünfziger Jahre faszinierte mich, was in China geschah. Zunächst beobachtete ich es von Korea und Indochina, Hongkong und Japan aus, dann wechselte die Perspektive, aber auch als ich in Moskau, Washington und Bonn arbeitete, ließ ich Peking nicht aus den Augen. Es war klar, daß Chinas Macht oder Ohnmacht das Kräftespiel einer Weltpolitik beeinflussen würde, die in 30 Nachkriegsjahren von Washington und Moskau aus bestimmt worden war. Aber die weltpolitischen und strategischen Analysen befriedigten mich nicht. Was war dieses China eigentlich, dieses abgeschlossenste Land der Welt, das mit dreitausendjährigen Erfahrungen und den nur hundert Jahre alten Lehren des Europäers Karl Marx eine neue Gesellschaft aufbauen wollte? Was war das eigentümlich Chinesische, was war nur aufgesetzte politische Technik? Hatte China eine Erfolgschance, fand es einen neuen Weg, von dem die Dritte Welt oder gar die Industrieländer lernen konnten?

Erst 1972 konnte ich schließlich nach Peking reisen. Das Erlebnis der ersten Begegnung war stark, beeindruckend und, wie erste Begegnungen oft, unbefriedigend. Ich wollte in China leben, um etwas mehr von den Ereignissen und Entwicklungen zu erleben, die ein Viertel der Menschheit bewegen. Als sich Anfang 1973 die Chance bot, als Reporter nach China zu gehen, gab ich meine Stellung als Chefkorrespondent des Deutschen Fernsehens auf und ging als Zeitungskorrespondent nach Peking.

Zwischen Sommer 1972 und Frühjahr 1978 habe ich insgesamt vier Jahre in China verbracht und ein weiteres Jahr im Ostasien-Forschungszentrum einer großen amerikanischen Universität. Es waren Jahre eines verdeckten Bürgerkriegs zwischen den Fraktionen in der Führung, in denen die Arbeits- und Informationsmöglichkeiten vom Ausmaß des Machtkampfes bestimmt wurden. Aber ich konnte das

Land auf weiten Reisen von den Industriegebieten der Mandschurei bis zu den Tempeln von Tibet, von den Steppen der Inneren Mongolei bis zu den Dörfern an den Grenzen von Burma und Laos kennenlernen, durfte im Haus einer Bauernfamilie leben oder tagelang eine Arbeitersiedlung in Shanghai studieren. Die hautnahe Berührung mit dem Leben der Massen korrigierte viele Klischeevorstellungen, die ich nach China mitgebracht hatte, und gab den offiziellen und allgemeinen Informationen eine Dimension von Wirklichkeitsnähe. Mitgespült von den Millionenmassen, die auf Pekings Tian-An-Men-Platz demonstrierten und protestierten, erlebte ich, welche starken Gefühle und Spannungen China unter der Oberfläche eines scheinbar geschlossenen Systems bewegten. Ich habe versucht, diese Eindrücke zu erfassen und aufzuschreiben und sie zu verbinden mit dem, was sich aus offiziellen Statistiken und Aussagen erfahren läßt. Es ist ein Mosaik von Erfahrungen und Informationen, die ich in der Begegnung mit China machte.

Eine Beschreibung Chinas kann immer nur aus Momentaufnahmen bestehen, die einen Prozeß der Veränderungen und Wandlungen illustrieren. Sie liefern keine auf Jahre hinaus gültige Zustandsbeschreibung, aber sie machen die Elemente und Kräfte sichtbar, die Chinas Kurs beeinflussen.

Dies ist das Buch eines Journalisten, aufgebaut auf Eindrücken und Gesprächen, auf Interviews und ausgedehnten Reisen in den Jahren von 1972 bis 1978. In China, wo Statistiken und Produktionsziffern als Staatsgeheimnisse gelten, ist es oft schwer, allgemeingültige Informationen zu bekommen. Wenn ich auf fremde Schätzungen zurückgreifen mußte, habe ich sie mit der chinesischen Wirklichkeit verglichen und nachgeprüft, ob die ausländischen Berechnungen mit den Informationen übereinstimmten, die ich aus erster Hand über die örtlichen Gegebenheiten erhielt. So entsprechen sie häufig weder dem, was ausländische Bücher noch dem, was chinesische Veröffentlichungen angeben. In der Beschreibung sich verändernder Situationen, die selbst die Chinesen nicht immer verstehen konnten, muß es selbstverständlich Fehler geben. Aber ich hoffe, daß die Umrisse des Lebens und der Gesellschaft in China auch aus den Widersprüchen erkennbar werden und damit auch ein Umriß der Zukunft, auf die sich China vorbereitet. 28 Jahre nach der Gründung der Volksrepublik China rüstet sich das größte Land der Welt von neuem zum Aufbruch zur Weltmacht.

Ein Viertel der Menschheit lebt in China. Vielleicht werden künftige Historiker urteilen, daß der Weg des Kommunismus in China das wichtigste Ereignis der zweiten Hälfte des 20. Jahrhunderts war. Die Art, in der China seine Probleme löst und sein Leben regelt, wird die Welt auf Generationen hinaus entscheidend beeinflussen.

ALLTAG IN CHINA

Peking: Feuerwerk und Sandstürme, Kampagnen und Küchenfreuden

Es war ein warmer Herbstabend. Tausende von Menschen sahen dem Feuerwerk am Tian-An-Men-Platz zu, das Vorhänge aus roten Perlen in den Himmel malte und die Silhouette der alten Tore und modernen Hochhäuser beleuchtete. Sie schlenderten mit ihren Kindern umher oder hockten zwischen Kinderwagen und Fahrrädern auf der Erde und kauten genüßlich Äpfel und hartgekochte Eier. Ich saß zwischen ihnen auf den Steinplatten und war froh, daß ich den mir angebotenen Sitzplatz in einem der Sportstadien, wo hohe Funktionäre und ausländische Gäste dem Feuerwerk zusahen, ausgeschlagen hatte. Auf dem Platz waren die Leute freundlich zueinander, und von mir nahmen die meisten keine Notiz, während sie das Schauspiel am Himmel beobachteten. Drei Kinder spielten in meiner Nähe und versteckten sich zwischen den Leuten. Manchmal verbarg sich das kleine Mädchen mit rosa und grünen Schleifen im Haar hinter mir, während die beiden Jungen gestikulierten und eigenartige Handzeichen machten. Ich versuchte, das Mädchen nach den Regeln dieses Spiels zu fragen, aber es antwortete nicht. Ich griff einen der Jungen bei seiner Jacke, aber er entwischte mir. Sie waren so niedlich und lebhaft, aber sie hatten Angst davor, mit einem Ausländer zusammen gesehen zu werden, so dachte ich und empfand die Enttäuschung, die alle Ausländer in China kennen. Aber ich war neugierig, und bevor ich ging, fragte ich einen alten Mann neben mir nach diesem Spiel. Nur ein ganz normales Kinderspiel, sagte er, aber sie seien taubstumm und redeten mit den Händen. Dann wurde ihm klar, daß ich Ausländer war; er drehte sich um und verschwand in einer der Gruppen. Innerhalb von wenigen Minuten hatte ich all die gemischten Gefühle erlebt, die den Ausländer in China befallen. Einen Moment lang hatte ich das angenehme Gefühl genossen, in einer Menge liebenswürdiger und freundlicher Leute aufzugehen. Dann kam der enttäuschende Eindruck, bewußt isoliert zu werden, und danach die Aufklärung, daß ich zu argwöhnisch gewesen war und das Verhalten von zwar ungewöhnlichen, aber nicht unfreundlichen Kindern falsch verstanden hatte. Schließlich fand ich mich wieder isoliert.

Jeder von uns, der in China gearbeitet hat und ernstlich am chinesischen Leben interessiert war, hat immer wieder die Beschränkungen verflucht, die wir zu spüren bekamen, und oft waren wir enttäuscht und bitter. Aber keiner von uns verließ China ohne ein Gefühl von Traurigkeit, denn wir wußten, daß uns dieses China dennoch fehlen würde. Nirgendwo auf der Welt ist ein Ausländer fremder als in diesem riesigen Land mit seinen 900 Millionen Einwohnern. Es ist von einer abweisenden Strenge, die einen erschrecken kann, aber gleichzeitig von einer liebenswürdigen Einfachheit, die uns selbst noch in unseren abgeschirmten Wohnungen erreichte, an denen Militärwachen die chinesischen Besucher zurückwiesen. Wir spürten die Erschütterungen politischer Kampagnen und Machtkämpfe, während die Stadt um uns äußerlich ruhig und reglos schien.

Wenn der kalte Winterwind durch Peking blies, verdunkelten Sandwolken aus der Wüste Gobi den Himmel, und wir konnten nicht einmal mehr die Häuser auf der anderen Straßenseite sehen. Aber die kalten Winde dauern nicht ewig. Dann nahmen wir unsere Schlittschuhe, fuhren zu dem See am Sommerpalast und teilten seine glitzernde Oberfläche zwischen der eleganten Kamelrückenbrücke und den glasierten Dächern der Paläste mit Tausenden chinesischer Schlittschuhläufer. Wenn wir in die Stadt zurückkehrten, wärmten wir uns in der dampfenden Luft eines kleinen Restaurants wieder auf, wo die Gäste an den vollbesetzten Holztischen Hammelfleischscheiben und Kohl kochten, jeder in seinem eigenen kleinen Feuertopf. Sie mußten enger zusammenrücken, um Platz für die ausländischen Gäste zu machen, aber sie taten es mit freundlicher Neugier, erfreut darüber, daß Ausländern ihr einfaches Essen schmeckte. Wir wußten, daß das Land in ständiger Bewegung war, daß es durch eine noch nicht beendete Revolution und durch Machtkämpfe erschüttert wurde, doch die Leute um uns herum redeten über das Essen, über die Gesundheit und ihre Familien. Sie erwähnten die Kampagnen und Auseinandersetzungen nicht, weder wenn sie unter sich noch wenn sie mit uns sprachen, und es war nicht der rechte Ort und die rechte Zeit, sie danach zu fragen. Wir erhoben unsere Gläser mit billigem, starkem Schnaps und lächelten uns an. Wir Ausländer fragten uns, ob dies dasselbe Land sei wie das China der Machtkämpfe, von denen wir auf Wandzeitungen lasen.

Niemand, der in China gelebt hat, kommt mit einfachen Antworten zurück. Für jede Verallgemeinerung gibt es Ausnahmen, die das Gegenteil beweisen. China ist noch immer eine geschlossene Gesellschaft. Ausländer dürfen zu Besuch kommen, zuschauen und Fragen stellen, auf die sie höfliche Antworten bekommen. Aber sie sind Leute von außen, mit denen man nicht über Familienstreitigkeiten spricht, die noch nicht beigelegt sind. Gelegentliche Besucher reisen herum und projizieren ihre Hoffnungen und Ängste auf eine Wand aus 900 Millionen Gesichtern. Aber die Chinesen sehen nicht alle gleich aus, und wer unter ihnen lebt, kann erfahren, daß sie nicht alle gleich denken und gleich handeln. Sie sind keine Nation von blauen Ameisen, wie manche Leute im Westen glauben, wenn sie die Millionen in ihrer gleichförmigen blauen Winterkleidung sehen. Dieses Land von der Größe eines Kontinents reicht von den höchsten Bergen der Welt über Wüsten und dürre Hügel bis zu einem Halbmond fruchtbaren Landes entlang der endlosen Küste. In den Dörfern des Nordens findet man hochgewachsene, wortkarge Bauern, in den Straßen von Shanghai smarte junge Großstädter. Die Kantonesen sind lebhaft und laut wie Neapolitaner. Arbeiter in den Industriestädten sehen kaum anders aus als ihre Kollegen in Pittsburgh oder im Ruhrgebiet, wenn sie von der Schicht kommen. Es gibt Hirten in den Steppen des Grenzlandes, die eben einer mittelalterlichen Zivilisation entwachsen sind, und Naturwissenschaftler, die die Flugbahnen von Weltraumsatelliten berechnen. Eine Reise von der alten Stadt Lhasa zu den Ölfeldern von Daqing ist wie eine Reise durch die Zeit. Aber wir brauchten gar nicht bis in die äußersten Ecken des riesigen Landes zu fahren, um zu bemerken, wie unterschiedlich Gebräuche, Gewohnheiten und Lebensstandard sind. In einem Bezirk in Zentralchina liegen noch die runden Bauerngräber mitten auf den Reisfeldern; eine Fahrtstunde weiter gibt es diese Art der Beerdigung nicht mehr, und die Toten werden im Bezirkskrematorium eingeäschert. In einer der Kommunen im Süden tragen die Frauen noch kleine goldene Ohrringe; in der nächsten hat man diesen Brauch als Überbleibsel feudalistischer Ideologie abgeschafft. Das sozialistische Bewußtsein entwickle sich unterschiedlich schnell, so erklärte man uns, aber warum, das sei schwer zu sagen.

Es gab erstaunliche, manchmal verwirrende Unterschiede, und es gab gleichzeitig den festen Rahmen eines einheitlichen Systems. Die Hirten der Inneren Mongolei sind in Produktionsbrigaden zusammengeschlossen, die sich nicht grundsätzlich von denen der Reisbauern in Südchina unterscheiden. Sie studieren dieselben Parteidokumente und werden in die gleichen politischen Kampagnen einbezogen wie die Stahlarbeiter von Wuhan. Die gleichen Richtlinien von Partei und Staat regeln ihr Leben. Wenn man durch China fährt, so reist man durch eine zentral organisierte Gesellschaft von 900 Millionen Menschen, die dennoch nicht einheitlich und gleichförmig ist.

Die chinesischen Kommunisten haben nie behauptet, es gebe in ihrem Land keine Widerspüche und keine Auseinandersetzungen zwischen unterschiedlichen politischen Vorstellungen und Ideologien. Von 1965 bis 1977 wurde das Land von Machtkämpfen geschüttelt, die in manchen Provinzen und Städten zeitweilig die Form eines Bürgerkriegs annahmen. Ausländische Beobachter kamen nicht an die Schauplätze akuter und extremer Machtkämpfe, aber auf den Reisen durch die Provinzen und im Gespräch mit Verwaltungsbeamten, Arbeitern, Bauern, Lehrern und Ärzten fielen uns oft Unterschiede auf. Manchmal war es nur eine Frage des Zeitpunkts. Während einer Kampagne wurden die Modernisierung der Wirtschaft und der Wiederaufbau der Verwaltung als Hauptziel bezeichnet; einige Monate später betonten die Funktionäre und Arbeiter die Bedeutung des revolutionären Wandels und der politischen Erziehung, sprachen nicht über die Notwendigkeit, die Produktion zu erhöhen, sondern von der Notwendigkeit, die Werksleitungen durch die Arbeiter kritisieren zu lassen. Manchmal trat dieser Unterschied der Akzentsetzung zur selben Zeit, aber an verschiedenen Orten auf. In einigen Provinzen hatte der radikale Flügel mehr Einfluß, weil er Anhänger in Schlüsselpositionen hieven konnte, während der Versuch der Radikalen, an die Macht zu kommen, in anderen Provinzen fehlgeschlagen war. Der Kampf um die Führung des Landes spiegelte sich in den Provinzen und Städten in Konfrontationen, Intrigen oder gewalttätigen Zusammenstößen wider. Wir ausländischen Beobachter vernahmen davon nur ein schwaches Echo, aber wir wußten, daß China in den siebziger Jahren wieder eine Periode schwerer Auseinandersetzungen über seinen Weg in die Zukunft durchlief. Als Mao Tse-tung und Zhou En-lai starben, die beiden Männer, die Chinas Schicksal fast ein halbes Jahrhundert lang bestimmt haben, steigerte sich der Kampf um ihre Nachfolge, und die Berichte von Konflikten und Zwischenfällen wurden häufiger. Die Widersprüche, die sich aus Chinas unvollendeter Revolution ergaben, schienen auf einen gewaltigen Zusammenstoß hinzutreiben. Während die Chinesen die Auseinandersetzungen mit Sorge verfolgten, versuchten die Ausländer, die Spannungen auszuloten und zu erraten, wer der Sieger in diesem unsichtbaren Krieg sein werde. Die Entscheidung kam am Ende schnell und schien trügerisch einfach. Innerhalb von wenigen Tagen war der radikale Flügel um Maos Witwe, von nun an »Viererbande« genannt, entmachtet und verhaftet. Selbst in den Städten und Provinzen, die als die Stützpunkte ihrer Macht gegolten hatten, erhoben sich die Massen nicht, um sie zu unterstützen. Die Radikalen hatten das politische Leben Chinas zu polarisieren versucht und immer neue Gegensätze aufreißen wollen. Nun waren sie selber isoliert in einem Volk, das nach Jahren der Wirren, Kampagnen und Machtkämpfe wieder jenen Zukunftszielen folgen wollte, die Zhou En-lai als die vier Modernisierungen von Industrie, Landwirtschaft, Wissenschaft und Verteidigung umrissen hatte.

Die neuen Führer begannen, die Ordnung wiederherzustellen, das Land zu vereinen und nach Wegen und Methoden zu suchen, die China zu einem Industriestaat mit steigendem Lebensstandard machen könnten. Nun ging es darum, das geistige Erbe Maos und Zhous zu versöhnen und in Einklang zu bringen, nachdem die Propaganda des radikalen Machtkampfs die beiden gegeneinander ausgespielt hatte. Von seinem Sterbebett aus hatte der alte Mao noch einmal die Weichen gestellt, um China vor einem selbstzerstörerischen Bürgerkrieg zu bewahren, als er Hua Guo-feng zu seinem Ersten Stellvertreter machen ließ und ihm mit diesem Titel, den es in Chinas Parteigeschichte nie zuvor gegeben hatte, den Auftrag gab, China durch jene Kämpfe zu führen, die Mao für die Zeit nach seinem Tode voraussah. Hua, der eng mit Mao und Zhou zusammengearbeitet hatte, galt ihm als ein Mann, der weder den Weg einseitiger pragmatisch-technologischer Industrialisierung einschlagen würde noch das Volk in einen sich in extremistischer Steigerung überschlagenden Macht- und Klassenkampf treiben wollte. Wenige Chinesen hatten Hua gekannt, als Mao ihm das höchste Regierungsamt und das zweithöchste Amt in der Partei übertrug. Aber der Mann, der wie ein Kompromißkandidat aussah, hatte sich bewiesen und war für Chinas Millionen zum Symbol sowohl für Kontinuität wie für einen neuen Anfang geworden.

Von der Vergangenheit kommt man freilich so schnell nicht los. Erinnerungen an alte Kämpfe und Feindschaften leben weiter, alte Rechnungen werden neu aufgemacht. Das Erbe widersprüchlicher Vorstellungen und Ziele ist auch nach dem Ende der Flügelkämpfe untergründig erhalten geblieben. Nach den Jahren ständiger und verwirrender Änderungen der Richtlinien für die Entwicklung Chinas verschwinden die Probleme nicht einfach, ohne Spuren zu hinterlassen. Industrie und Landwirtschaft müssen weiterentwickelt und auf die Zukunftsziele ausgerichtet werden. Nicht nur die wirtschaftlichen, auch die gesellschaftlichen Zielsetzungen müssen neu formuliert werden und die Diskussion über das Abwägen der Alternativen dauert noch an. Nicht nur für Ausländer, auch für Chinesen gibt es in China keine einfachen Antworten. China ist nicht Utopia, sondern eine Nation von 900 Millionen Menschen, die mit einer schwer bezwingbaren Umwelt zu kämpfen haben und auf der Grundlage einer Gesellschaftsordnung aus komplexen politischen Ideen einen modernen Staat aufzubauen versuchen.

China sei zum zweitenmal befreit worden, sagten mir chinesische Freunde im Frühjahr 1978. Manchen der Intellektuellen und Wissenschaftler schien es beinah, als könne eine neue Zukunft von einer Art Nullpunkt aus beginnen, als könnten die Erfahrungen und Veränderungen, die sich seit der Kulturrevolution vollzogen hatten, nun ebenso abgeschrieben und ausgelöscht werden wie bei dem Versuch der »Viererbande«, die alles für falsch und revisionistisch erklärt hatte, was in den ersten 17 Jahren der Volksrepublik China geschaffen worden war. Aber Chinas historische Erfahrung läßt sich nicht so einfach teilen oder verdrängen. Auch die Reformen von 1977, die sich in der neuen Verfassung vom März 1978 niederschlugen, greifen nicht einfach zurück – weder auf das Modell der fünfziger Jahre noch auf die Versuche der frühen sechziger Jahre. Die Kulturrevolution ist beendet, sagen die chinesischen Führer, ihr historischer Auftrag erfüllt. Das ist eine Formel, über deren Inhalt auch in Zukunft gestritten werden kann, wenn es darum geht, die Strukturen und Methoden des gesellschaftlichen und wirtschaftlichen Lebens zu definieren. China orientiert sich nicht an einem statischen Modell, sondern an der ständigen Überprüfung von Theorie und Praxis. Das macht Prognosen schwierig, weil sich eine Entwicklung, die von der Auseinandersetzung mit ihren Widersprüchen lebt, weder für den ausländischen Beobachter noch für die Chinesen vorhersagen läßt.

Der Sommer in Peking ist so heiß und feucht, wie der Winter dort kalt und trocken ist. Für ein paar Monate verwandelt sich Peking in eine grüne, beinahe subtropische Stadt. Das ist die Jahreszeit der gewaltigen Gewitter und Regengüsse, welche die Reservoirs füllen und die Felder das ganze Jahr über bewässern. Die Berge in der Nähe der Großen Mauer und das Tal um die Gräber der Ming-Kaiser sind nicht mehr gelblich-grau, sondern von Gräsern und Blumen überwuchert. Die Felder um Peking sind goldgelb von Weizen, und schwere Trauben wachsen in den langen Reihen der Weinberge. Lastwagen voll

Wassermelonen und frischem Gemüse rollen in die Stadt, und in den Bäumen zirpen Zikaden, denen kleine Jungen mit langen, leimbeschmierten Stöcken nachstellen.

In der heißen, feuchten Luft klebt den Radfahrern das Hemd am Körper. Die Standardbekleidung im Sommer ist bei den Männern und den meisten Frauen ein offenes, kurzes, weißes Hemd, das über den blauen Hosen getragen wird. In der Mitte der siebziger Jahre sind aber auch Röcke wieder aufgetaucht, als die Armee sie als Teil der Sommeruniform für ihre weiblichen Soldaten einführte. In den ersten Jahren nach der Kulturrevolution hatten nur Schulmädchen buntbedruckte Röcke getragen, und in den Dörfern und Kleinstädten um Peking trugen die Frauen immer noch ungern einen Rock, sondern viel lieber die blauen Hosen, die so weit sind, daß in der kalten Jahreszeit mehrere Lagen lange Unterwäsche darunter passen. Besucher vom Land standen in erstaunten Grüppchen vor den Schaufenstern der Pekinger Warenhäuser und sahen sich Röcke und Kleider an. Mitunter erklärten Plakate, daß die Kleider mit den alten Trachten aus der Zeit der Tang-Dynastie nachempfundenen Kragen im chinesischen Nationalstil geschnitten seien. Jiang Qing persönlich habe diese Kleider gebilligt, so munkelten die Leute, aber vielen erschien diese neue Mode zweifelhaft. Aber auf den Straßen konnte man immer öfter Radfahrerinnen sehen, die sich mit langen, weiten Röcken abmühten. Kleider waren immer noch so selten, daß die Leute auf die andere Straßenseite liefen, um eine Frau im Kleid zu bestaunen. Zuerst blickten die Kollegen in den Büros überrascht auf, wenn dort eine Frau im Rock erschien, und manchmal baten sie die Kollegin, ein paar Schritte vor ihnen auf- und abzugehen, damit sie sich das Ganze besser ansehen konnten. Auch die Frauen mußten sich erst daran gewöhnen, denn viele hatten ihre Röcke seit der Kulturrevolution eingemottet. Aber Peking gewöhnte sich bald daran, wieder Röcke zu sehen. In den ersten Sommerwochen des Jahres 1975 folgten manchmal kleine Fußgängergruppen den Polizistinnen in wadenlangen blauen Röcken. Bald danach starrten nur noch Besucher vom Land auf das bißchen Bein, das sie zeigten. Röcke, so sagten einige Frauen in Peking entschuldigend, seien keine Frage der Mode, sondern einfach in der heißen Jahreszeit bequemer, während die blauen Hosen im Winter praktischer seien.

Der Sommer verändert in Peking den ganzen Lebensstil. Im Winter geht die Hauptstadt früh zu Bett. Die Restaurants schließen zwischen 19.30 und 20 Uhr, und um 21 Uhr sind fast alle Fenster dunkel.

In den heißen Sommernächten, bevor Gewitter Kühlung bringen, begibt Peking sich auf die Straßen. Kleine Kinder schlafen auf Matratzen vor ihren Häusern. Alte Männer bringen ihre Stühle und Hocker auf die Straße; sie reden, rauchen, spielen Schach. Unter den Straßenlaternen haben Männer Zeitungen ausgebreitet und spielen ein Kartenspiel, das Poker ähnelt, während Schuljungen dicht dabei sitzen und ihre Bücher lesen.

An den Kanälen stehen Angler mit selbstgebastelten Angelruten und warten darauf, daß ihre Schwimmer zu tanzen beginnen. Andere fischen von Flößen aus Gummireifen, und manchmal kommt ein alter Mann in einem Boot mit einem halben Dutzend Kormoranen vorbei – Wasservögeln mit einem Ring um den Hals, die ihre Beute im Boot abliefern. Wenn es dämmert, fahren Lastwagen an den Parkeingängen vor und sammeln die Besucher vom Lande ein, die den Tag mit Eis und Limonade zwischen den alten Palästen und hübschen Seen verbracht haben. Schuljungen springen in den breiten Wassergraben, der die Verbotene Stadt der alten Kaiser umgibt. Schwimmen ist hier verboten, aber das stört sie nicht. Tagsüber kann man dort Ruderboote mieten, die jetzt unter den Weiden angebunden sind. Paare gehen entlang der großen Mauer unter der romantischen Silhouette der alten Wachtürme spazieren. Im Norden der Verbotenen Stadt treffen sich Musikanten unter den Bäumen am Graben. Die perlenden Töne einer Bambusflöte schweben über dem Wasser. Weiter unten klimpert jemand auf der Gitarre. Und manchmal scheint sich ein ganzes Orchester in der Dunkelheit zwischen den Büschen und Bäumen verteilt zu haben. Klarinetten, Trompeten und Flöten spielen ihre Tonleitern, und plötzlich, als ob sie einem unsichtbaren Taktstock folgten, stimmen sie zusammen eine Melodie an. Dann steigen die Radfahrer auf der anderen Seite des Grabens ab, und selbst das Hupen der Taxis, die vorbei wollen, kann sie nicht dazu bewegen, Platz zu machen.

Gegen 6 Uhr früh füllt eine ganze Armee von Radfahrern die Hauptverkehrsstraße. Peking geht zur Arbeit. Männer halten unterwegs an der Bäckerei, um ein Stück in Öl gebackenes Brot zum Frühstück zu kaufen. In den kleinen Gassen waschen sich Schulkinder an den Pumpen, lehnen an Türrahmen, während sie sich die Zähne putzen oder Reissuppe mit eingelegtem Gemüse aus kleinen Schalen löffeln. Verschlafene Bauern, die Ladungen frisches Gemüse an die Läden geliefert haben, nicken auf ihren Karren ein, während die Pferde heimwärts trotten. Sie müssen aus der Innenstadt verschwinden, wo Schilder in Rot und Gelb Pferde und Traktoren tagsüber verbieten. Die Verkehrspolizisten an den großen Kreuzungen haben wenig Geduld mit Pferdekarren. Die Bauern müssen herunterspringen und ihre Pferde im Dauerlauf hinüberzerren. Lastwagen versuchen, sich ihren Weg durch die Menge der Radfahrer zu hupen. Autofahrer halten sich für Vertreter eines modernen Zeitalters, die nicht durch altmodische Karren, Fußgänger und Radfahrer aufgehalten werden dürfen. Aber die Massen auf ihren Fahrrädern sind nicht leicht zu beeindrucken. Sie sind fest davon überzeugt, daß sie genauso Vorfahrt haben wie die Autofahrer, und den meisten Radfahrern bedeuten die roten, grünen und gelben Ampeln nichts. Sie strampeln über die Kreuzungen, und die Polizisten schreien sich durch Lautsprecher und Megaphone heiser. Hin und wieder gelingt es der Verkehrspolizei, aus der Menge der Radfahrer einen herauszugreifen, um ihn zu verwarnen, aber sie versuchen meistens, sich aus dem Staub zu machen. Der Polizist zieht den Schlüssel aus dem Hinterrad, so daß sein Opfer nicht das Weite suchen kann, während er ihn zurechtweist und ihm die Grundregeln des Stadtverkehrs beibringt. Bald sind sie von einer Menge umringt; andere Radfahrer ergreifen Partei gegegen den Verkehrspolizisten und unterstützen die Proteste ihres Radfahrerkameraden. Der Polizist kann sowieso nicht viel tun. Strafzettel oder Geldbußen gibt es nicht, und im schlimmsten Fall kann er den Radfahrer in seiner Fabrik oder in seinem Büro melden und verlangen, daß er über korrektes Verhalten auf der Straße unterwiesen wird. Das ist ein kompliziertes Verfahren, und wenige Radfahrer kümmert das. Sie glauben nach wie vor, die Straßen gehören ihnen und beachten nicht die zunehmende Zahl der Kraftfahrzeuge, mit denen sie die Straßen teilen müssen.

Nach dem morgendlichen Berufsverkehr sind die Straßen ruhig. Alte Männer hocken in der Sonne und rauchen ihre langen Pfeifen. Großmütter schieben Bambuskinderwagen mit ihren Enkeln in die Parks. Fast jeder ist bei der Arbeit oder in der Schule. Vom Bahnhof strömen die Besucher in die Einkaufsstraßen oder zum Tien-An-Men-Platz, wo sie sich anstellen, um von dem öffentlichen Fotografen vor dem Tor des Himmlischen Friedens fotografiert zu werden. Die Besucher vom Land sind mit Paketen, Körben und Bündeln beladen. Einige bringen ihr Bettzeug mit, andere tragen Gemüse oder Eier als Geschenk für Verwandte in der Stadt. Tausende wandern durch die Einkaufsstraßen, betrachten die Auslagen in den Schaufenstern, vergleichen Preise und Qualitäten und tun sich schwer mit der Wahl. Der

Kauf eines Teekessels kann in eine lebhafte Diskussion münden. Andere Kunden begutachten den Topf, suchen nach Fehlern und machen darauf aufmerksam, daß ein anderer vielleicht doch besser wäre. Bauern sind sehr vorsichtig mit dem bißchen Geld, das sie haben, und einen Topf auszusuchen ist nicht leicht. Am Nachmittag gesellen sich die Leute aus der Stadt und den Vororten zu der Menge der Käufer, und in den kleinen Seitenstraßen gehen die Leute Schulter an Schulter und schieben sich in Trauben vor die Schaufenster. Alle Läden sind staatseigen, aber die Angestellten bemühen sich, sie mit dem wenigen, das ihnen zur Verfügung steht, so nett und attraktiv wie möglich zu machen. Zahnbürsten, Seife und bunte Plastikbecher werden zu originellen Dekorationen, zu Blumen und Lampions; und Zigarettenschachteln oder sogar Kuchenstücke werden so aufgebaut, daß sie die Große Mauer darstellen. In Da Sha Lan, wo früher die Seidenhändler ihre Ware feilboten, werden in den kleinen Läden wenig teure Artikel angeboten. Aber die Auswahl an fröhlich bedruckten Baumwoll- und Seidenstoffen ist groß. Die Frauen kaufen den Stoff für Blusen oder als Futter für ihre blauen Jacken. Baumwolle ist rationiert, zwei Meter pro Person, aber die teureren Seiden- und Synthetikstoffe sind frei käuflich. Nylonhemden sind der letzte Schrei, schicker und moderner als Baumwolle oder Seide, und die Leute aus den Dörfern betasten sie neugierig. In Da Sha Lan ist ein Kaufhaus hinter der reich verzierten Fassade eines ehemaligen Cafés, wo die Gäste von ihren Marmortischen aus die Tanzfläche beobachten konnten. Jetzt verkaufen hinter den Theken Verkäuferinnen schwere Schaffelle für den Winter, gefütterte Mäntel und die üblichen blauen Anzüge, Blusen und Teppiche, Töpfe, Pfannen, Thermosflaschen und Plastikteller. Im Laden gegenüber ist das Fenster voller Wecker. Die Pandabären auf den Zifferblättern rollen mit den Augen und nikken jede Sekunde mit dem Kopf. Eine traditionelle Apotheke daneben hat ihr Schaufenster mit einem Rehfötus in einem Glas, bizarren Ginsengwurzeln, medizinischen Kräutern und Drachenknochen dekoriert – die fossilen Knochen lange ausgestorbener Tiere sollen die Gesundheit und die Männlichkeit fördern. Weiter unten an der Straße ist ein Spielzeugladen, wo Puppen und Spielzeuggewehre, Papierlaternen und komische mechanische Figuren verkauft werden – Kätzchen, die mit einem Ball spielen, oder ein Hund, der einen Wagen voll nickender Gänse zieht. Es gibt billige Bambuskinderwagen und modernere aus Metall und Plastik. Die Regale sind voll mit grellbunten Kleidern und Mützen. Auf der anderen Straßenseite verkauft ein Laden Transistorradios und sogar ein paar kleine Schwarzweiß-Fernseher, die 300 Yuan kosten – sechs Monatslöhne eines durchschnittlichen Industriearbeiters. Sie verkaufen sich nicht besonders gut, aber Transistorradios sind sehr gefragt. Eine Tür weiter: In einem Kameraladen drängen sich junge Leute um den Ladentisch und diskutieren über die Qualität des Vergrößerungsapparates für ihre Amateurfotogruppe. Fotoapparate sind teuer und oft schwer zu bekommen, seit es bei den Jüngeren in Mode gekommen ist, Erinnerungsfotos zu machen.

Draußen auf der Straße strömen die Menschen vorbei wie ein Fluß, der aus ganz China gespeist wird. Alte Bauern tragen ein Handtuch um den Kopf, so wie sie es an heißen Tagen auf dem Feld tun. Runzlige alte Frauen humpeln auf gebundenen Füßen vorbei und stützen sich auf ihre Enkelinnen. Väter tragen Kinder in bunten Kleidchen auf den Schultern. Kleine Jungen halten aufgeblasene Gummitiere über dem Kopf, um sie vor einem Zusammenstoß zu bewahren. Frauen tragen kleine Stapel Schachteln mit Süßigkeiten – Spezialitäten und getrocknete Früchte aus der Pekinger Gegend, die sie als Geschenk für Verwandte gekauft haben. Gruppen von jungen Mädchen halten sich an den Händen und schieben sich durch die Menge. Ein junger Arbeiter mit Schnurrbart, die Mütze verwegen schief auf dem Kopf, begrüßt eine Gruppe junger Männer in grünen Armeemänteln am Fahradladen. Tausende von Leuten sind zur Haupteinkaufszeit in der kurzen, engen Straße unterwegs. Die Verkäuferinnen behaupten, während einer Luftangriffsübung seien zehntausend von ihnen in weniger als zehn Minuten in dem Netz von Luftschutzkellern und Tunnels verschwunden, das alle Läden miteinander verbindet. Sie müssen es wissen, denn sie haben alle in ihrer Freizeit beim Tunnelbau mitgeholfen. In dem Bekleidungsgeschäft an der Ecke muß der Geschäftsführer nur auf einen Knopf drücken; dann öffnet sich der Boden hinter dem Ladentisch, und eine Treppe nach unten kommt zum Vorschein.

Gegenüber dem Laden ist ein Fahradabstellplatz, wo Frauen mittleren Alters die Besitzer auffordern, ihre Räder anzuschließen, und ihnen die kleine hölzerne Plakette mit einer Nummer überreichen, die sie zurückgeben müssen, wenn sie ihr Rad wieder abholen. Die Oberleitungsbusse halten hier in der Qian-Men-Straße, und die Schlangen mit Bündeln und Paketen beladener Fahrgäste schieben sich hinein; sie rufen anderen zu, nicht zu drängeln, und denen, die schon drin sind, enger zusammenzurücken. An den Wochenenden stehen normalerweise ein paar Krankenwagen an der Straße bereit – nicht um Erste Hilfe zu leisten, sondern weil sie Bauern aus den umliegenden Kommunen hergefahren haben. Gegenüber dem berühmtesten Restaurant für Peking-Ente sind ein paar Dientswagen geparkt – ältere, schwarze Limousinen russischen Fabrikats oder grüne Shanghai-Wagen mit Nummernschildern der Armee. Ehrwürdige ältere Herren mit ihren Frauen oder Töchtern steigen aus; manchmal sind Männer und Frauen in Uniform. Sie gehen in die Einkaufsstraße, und die Fahrer lehnen an den Wagen und unterhalten sich. Aber nicht viele Dienstwagen parken hier. Die meisten stehen in Reihen auf dem Parkplatz beim »Kaufhaus der Tausend Waren«.

Da Sha Lan ist eine enge Straße, und die meisten Läden sind alt und dunkel, aber es scheint, als ob die Bewohner von Peking sich hier eher zu Hause fühlen als in Wang Fu Jing, der berühmten Einkaufsstraße, die alle Besucher vom Land sehen wollen. Sie beginnt an der Chang-An-Avenue, nahe dem siebzehnstöckigen Peking-Hotel für Ausländer, dessen automatische Türen sich ohne Berührung von Menschenhand öffnen und schließen – eine weitere Attraktion für Besucher. In Wang Fu Jing ist Pekings größtes Kaufhaus, das hinsichtlich des Warenangebots direkt nach Shanghais Kaufhaus Nr. 1 kommt. Hinter den Theken im Erdgeschoß gibt es Hunderte verschiedener Süßigkeiten aus Fabriken in ganz China und eine erstaunliche Auswahl einfacher Gebrauchsgüter in verschiedenen Qualitäten, Farben und Fabrikaten. Hin und wieder waren einzeln in Aluminium verpackte kubanische Zigarren ausgestellt, das Stück zu 1 Yuan; und die Bauern musterten eine davon, rochen am Tabak und fragten sich, wie er wohl kleingehackt in ihren Pfeifen schmecken würde. Oben gibt es Kaschmirpullover und blaue Baumwollanzüge, Tische mit Kugelschreibern und Füllfederhaltern, Sportartikel und Musikinstrumente. Die Auswahl an Uhren reicht von 120 bis 170 Yuan für chinesische Marken, aber es gibt auch importierte Schweizer Uhren, die bis zu 1200 Yuan kosten. Von diesen teuren Importen werden im Monat ein halbes Dutzend verkauft, sagt eine Verkäuferin, aber sie weiß nicht, wer sie kauft. Die Menge am Ladentisch schiebt sich näher, als sie eine Schweizer Uhr für 800 Yuan aus der Schatulle nimmt.

In dem Kaufhaus für chinesisches Kunsthandwerk gegenüber von Wang Fu Jing betrachtet ein stetiger Besucherstrom die kunstvoll bemalten Porzellanvasen, Lackkästchen und Wandbehänge und die großen Tiere aus Bambus. Am Ende entscheiden sich die meisten für ein besticktes Taschentuch für 0,30 Yuan, eine rot-weiße Glasvase, die wie zwei Fische geformt ist, oder bemalte Fächer. Kleine flauschige Tiere in menschlichen Kostümen sind beliebt und billig. Aber als Geschenk für Freunde und Verwandte sind die mit Pavillonlandschaften und Seen bemalten Eierschalen oder kleine Bilder auf Muscheln noch mehr gefragt. Die kleinen Seidenwandbehänge mit dem Bild von Mao oder Zhou gehen immer gut. Dagegen wundern sich die Kunden über Ausländer, die ihr Geld für traditionelle Schattenspielpuppen aus bemaltem Leder ausgeben.

Pekings Läden sind im Herbst, wenn die Erntezeit vorbei ist und die Bauern bezahlt worden sind, voll von Leuten vom Land. Vor Feiertagen wie dem chinesischen Neujahrsfest stehen die Einwohner von Peking in langen Reihen in den Lebensmittelgeschäften und Märkten an. Lastwagenladungen von gefrorenen halben Schweinen sind angekommen. Große Körbe voll Fisch werden in den Laden getragen. Vor Feiertagen erhöhen die Handelsämter der Stadt die Versorgung mit den Lebensmitteln, deren Verteilung zu anderen Zeiten ungleichmäßig ist. Die Chinesen essen gern, und ein Feiertag wäre keiner ohne ein großes Familienfestessen. Die Leute in Peking mögen große Portionen chinesische Ravioli, Süßwasserfisch mit süßsaurer Sauce, alle möglichen Schweinefleischgerichte, Huhn und Ente. Lange Schlangen von Kunden schlendern durch die Halle des Westmarkts zu den Ständen, die Fisch und Geflügel verkaufen. Die Verkäufer haben Obst und Gemüse zu dekorativen Arrangements aufgeschichtet und ihr Werk mit dem Spruch »Dient dem Volk« gekrönt. Einige von ihnen sind mit kleinen Karren unterwegs und verkaufen Hammelfleisch, Erdnüsse und Gewürze an den Türen oder an improvisierten Ständen unter großen, roten Laternen. Vor Feiertagen herrscht großer Andrang in den Lebensmittelläden, wo man normalerweise nicht lange anstehen muß, denn die vielen kleinen Läden »um die Ecke« verkaufen den täglichen Bedarf. Die Chinesen lieben Gemüse sehr, und fast das ganze Jahr über bieten die Läden eine große Auswahl an, manchmal über 20 Sorten. Im Winter ißt man hauptsächlich Chinakohl, der im frühen Herbst, wenn er billig ist, gekauft und dann auf Balkons oder Fensterbrettern aufgehoben wird.

Frisches und eingelegtes Gemüse, verschiedene Sorten Bohnenquark, Reis, Weizenmehl und Süßkartoffeln sind die Hauptnahrungsmittel. Diese sind billig und nicht teurer geworden. Ein Kilo Reis kostet wie vor 25 Jahren immer noch 0,32 Yuan. Aber der Preis anderer Waren ist im Laufe der Jahre langsam gestiegen. In den Städten ist Reis auf 15 Kilo pro Person und Monat rationiert, Kochöl auf einen Viertelliter. Die Eierration hängt von der Legesaison der Hühner ab und geht im Winter auf ein bis zwei Pfund pro Haushalt zurück. Seit die Behörden herausgefunden haben, daß die Bauern in der Stadt Zucker aufkaufen, um ihn in den Dörfern, wo Zucker knapp ist, teurer zu verkaufen, ist Zucker auf ein Pfund im Monat rationiert worden. Alle anderen Lebensmittel können ohne Beschränkung eingekauft werden. Gemüse ist billig, aber die hohen Preise von Fisch und Fleisch schränken den Verbrauch ein. Einige der größeren Märkte haben besondere Verkaufstische für Rindfleisch. Die Kunden müssen ihren Ausweis vorzeigen, der sie als Hui identifiziert, Angehörige der Minderheit chinesischer Moslems, die kein Schweinefleisch essen. Es gibt in China nur wenige Kühe, und erst kurz vor Ladenschluß, wenn die Hui die Möglichkeit hatten einzukaufen, wird der Rest auch an andere Chinesen abgegeben.

Peking ist voll von großen und kleinen Restaurants, die Gerichte vieler verschiedener Gegenden anbieten. Da gibt es die offenen Buden, wo eine Schüssel Suppe mit Bohnenquark nur Pfennige kostet, und die kleinen Imbißstuben, die sich auf Ravioli, Frühlingsrollen oder Nudeln spezialisiert haben. Mongolische Restaurants bieten gegrillten Hammel an, und Sinkiang-Lokale das Schaschlik Zentralasiens. Kleine, in den Gassen versteckte Gaststätten servieren hervorragende Fukien-Gerichte, und eine ganze Reihe Restaurants bereiten die heißen Mahlzeiten à la Setchuan. In einem großen Restaurant in der Nähe der Industrieausstellungshalle wird sogar westliches Essen mit russischem Einschlag serviert, und chinesische Gäste mühen sich dort mit Messer und Gabel ab. Die meisten Restaurants sind einfach, nur mit hölzernen Tischen ohne Tischtuch und Hockern. Auf das Essen kommt es an, nicht auf das Drumherum. Im Basar des Westmarkts hängen vor einer kleinen Küche gerupfte Peking-Enten, jede mit einem Preisschild versehen. Sie kosten zwischen fünf und sechs Yuan, und eine chinesische Familie wird eine bedächtige Wahl treffen, bevor sie so viel Geld ausgibt. Aber dann glasiert der alte Koch in weißer Mütze und Schürze die Ente, füllt sie mit Wasser und hängt sie über das offene Feuer, das mit dem Holz von Obstbäumen gespeist wird. Die Familie begibt sich in das Restaurant nebenan und probiert die kalten Gerichte und eingelegten Gemüse, Fleisch und Quallen, während sie auf die festliche Ente wartet. Es scheint, daß Essen immer noch der liebste Zeitvertreib der Chinesen ist.

Die chinesische Familie hält immer noch sehr zusammen, und

wenn möglich, wohnen chinesische Paare mit ihren Schwiegereltern zusammen. Eine Großmutter, die sich um die kleinen Kinder kümmert, ist unbezahlbar, und sie ist oft die Autoritätsperson, die das Familienbudget verwaltet. Wenn Mann und Frau arbeiten, ist ein gemeinsamer Haushalt mit älteren Verwandten eine große Hilfe und spart Geld. Da die alten Leute sich um die Kinder kümmern, unterstützen die Töchter und Söhne ihre Eltern auch dann, wenn sie weit entfernt wohnen. Fast alle Chinesen schicken ihren alten Eltern Geld, entweder, weil sie es für ihren täglichen Bedarf brauchen oder als symbolische Geste der Verehrung.

Kleine Kinder sind in der Familie König. Anscheinend können sie nichts falsch machen. Schreien sie, nimmt sie jemand in den Arm und tröstet sie zärtlich. Sie nehmen am Familienleben in den kleinen Wohnungen teil und sitzen schon als Babys dabei, wenn die Erwachsenen kochen oder sich unterhalten und essen mit ihnen. Sie tragen knallbunte Anzüge, lustige kleine Mützen mit Ohrenklappen und warme, seidengefütterte Ponchos. Draußen haben sie Hosen an, mit einem Schlitz dort, wo die hintere Naht sein müßte. Sie dürfen mitten auf der Straße urinieren, wenn sie das Bedürfnis haben, und kein Erwachsener wird mit ihnen schimpfen. Nach allen westlichen Regeln müßten sie verzogene Gören sein, aber sie werden ordentlich und wohlerzogen. Bis sie fünf Jahre alt sind, scheint es kaum Regeln zu geben, die sie befolgen müssen und keinerlei Strafen. Die Kinder tun, was sie wollen, und eines Tages werden sie plötzlich kleine Erwachsene. Einige westliche Kinder, die mit chinesischen Kindermädchen und in einem chinesischen Kindergarten groß werden, scheinen nicht dieselbe Verwandlung durchmachen zu können. Sie vermissen die zärtliche Wärme ihrer chinesischen Tanten, und zu Hause werden sie oft unleidlich und unzufrieden mit der strengen Disziplin in der Schule.

Es gibt noch mehr Geheimnisse im chinesischen Familienleben, über die Ausländer gern Vermutungen anstellen. Chinas Bevölkerung wuchs schnell, aber es gab keine sichtbaren Spuren von Sexualität oder Erotik im gesellschaftlichen Leben. Frauen und Männer sind fast gleich gekleidet, und selbst im Sommer, wenn auf den Straßen Röcke auftauchen, trugen die Frauen sie eher, um ihre Beine zu verstecken, als um sie zu zeigen. Die Chinesen reden mit Ausländern nicht über ihr Privatleben, und Sex war am schwierigsten zur Sprache zu bringen. Es war schier unmöglich, einen Hörsaal voll Studenten oder eine Kompanie Soldaten zu fragen, wie sie es damit hielten. Daß man spät heiratete, wußten wir. Intellektuelle und Kader heirateten selten, bevor die Frauen 25 und die Männer 28 waren. Arbeiter heirateten ein paar Jahre früher, und in den Dörfern waren die Regeln sehr flexibel, wenn ein altes Bauernpaar eine junge Schwiegertochter brauchte, die den Haushalt führte. Aber Legionen junger, gut ernährter Chinesen wohnten in Wohnheimen oder Kasernen. Näherer Kontakt mit dem anderen Geschlecht war selten. Die Mädchen ließen sich, bevor sie 22 waren, nicht von einem Jungen ins Kino oder zu einem Spaziergang im Park einladen. Mädchen gingen Hand in Hand spazieren und kicherten wie sehr junge Teenager in westlichen Ländern. Selbst wenn sie älter als 22 waren, achteten sie darauf, nicht mit verschiedenen Männern gesehen zu werden. Ihre Familie könnte etwas dagegen haben, da es ihrem Ruf schaden würde, und Kollegen und Mitschüler könnten hinter ihrem Rücken tuscheln. Es kann sogar passieren, daß sie von ihrer Parteigruppe für ungebührliches Verhalten getadelt werden, wenn sie sich mit verschiedenen jungen Männern verabreden. In der alten Gesellschaftsordnung wurden die meisten Ehen arrangiert, und Braut und Bräutigam kannten sich kaum. Jetzt verbanden sich die alten Keuschheitstabus mit den Forderungen eines kommunistischen Puritanismus. Junge Leute verschiedenen Geschlechts treffen sich bei der Arbeit oder in der Universität, aber sie werden nur selten enge Freunde; und viele, die heiraten, haben ihren Partner durch gemeinsame Freunde oder Kollegen kennengelernt, die glaubten, es sei für sie Zeit zum Heiraten. Meistens fragen sie ihre Eltern um Erlaubnis, obwohl das nicht mehr nötig ist; und besonders bei Bauern und Arbeitern war es üblich, unter den Familien Geschenke auszutauschen, um die Verlobung zu besiegeln. Danach fallen einige der Einschränkungen weg. Verwandte und Freunde akzeptieren es, wenn das junge Paar zusammen lebt, bevor die Hochzeit offiziell registriert ist. Aber Promiskuität wird sowohl von der Allgemeinheit als auch von den Behörden scharf mißbilligt. Mädchen, die mit verschiedenen Männern schlafen, werden in Besserungsanstalten für jugendliche Kriminelle geschickt.

Trotzdem gibt es uneheliche Kinder und ein Adoptionssystem für unverheiratete Frauen, die ihr Kind nicht behalten wollen. Empfängnisverhütungsmittel werden von den Fabriken und in den Nachbarschaftsorganisationen umsonst nur an verheiratete Frauen verteilt, aber in den Apotheken, wo niemand seine Heiratsurkunde vorzeigen muß, werden sie auch verkauft. Aber verglichen mit allen anderen Ländern sind voreheliche Beziehungen sowie überhaupt die Gelegenheit für körperliche Kontakte zwischen jungen Leuten sehr selten. In den Wohnungen leben die Familienmitglieder sehr eng zusammen, und in den Wohnheimen gibt es keine Privatsphäre. Junge Paare sitzen nach Einbruch der Dunkelheit in schattigen Gassen und Parks oder hinter dem Armeemuseum, und immer wieder sah man zwei nebeneinander geparkte Fahrräder, deren Besitzer die Zurückgezogenheit kleiner Verstecke teilten. Aber anscheinend unterblieben intensive Zärtlichkeiten, und die meisten Paare saßen eng beieinander und hielten Händchen.

In den chinesischen Schulen gibt es keine Sexualerziehung, und selbst eins der wenigen chinesischen Bücher über Intimhygiene erwähnt Geschlechtsbeziehungen mit viktorianischer Scham. Es wird darin geraten, sich nach dem Verkehr zu waschen und es nicht zu übertreiben, denn das sei weder gut für die Gesundheit noch für die Arbeit. Wir fragten einen chinesischen Freund, wie ein Sexualleben in einer Einzimmerwohnung mit drei Kindern überhaupt möglich sei. »Wir können die Kinder doch einkaufen schicken oder ihnen sagen, sie sollen sich ein Eis kaufen, wenn wir allein sein wollen. So anders ist das chinesische Leben nun auch nicht.«

Mir schien, die Chinesen betrachten Sex nicht als schlecht oder unmoralisch, sondern als etwas Normales. Sie schienen nichts dabei zu finden, bei den zuständigen Leuten in ihren Werkstätten oder im Lehrerkollegium die Anti-Baby-Pille abzuholen oder eine den eigenen Bedürfnissen angemessene Monatsration anderer empfängnisverhütender Mittel. Vorausgesetzt ein Paar ist verheiratet oder wenigstens verlobt und behält seine Privatgeschichten für sich, so scheint es keine puritanische Verurteilung geschlechtlicher Beziehungen zu geben. Entscheidend war, daß Sex eine Privatsache zwischen Verheirateten blieb.

Das kam einigen ausländischen Besuchern zwar altmodisch vor, aber ansonsten schien es nichts spezifisch Chinesisches an Sex in China zu geben. Ein amerikanischer Professor, der sich auf die Probleme der menschlichen Sexualität spezialisiert hatte, untersuchte die Wandgekritzel in öffentlichen Toiletten und erhoffte sich davon Antworten auf Fragen, die er nicht stellen konnte. Einmal, als er die Wand einer Toilette mit Blitzlicht fotografierte, bekam er Ärger mit ein paar chinesischen Männern, aber im übrigen war seine Suche ereignislos und enttäuschend. Aus den wenigen Sgraffiti, die er fand, konnte er nur schließen, daß die Chinesen sich der internationalen Zeichensprache bedienen, die man auf allen Herrentoiletten der Welt findet.

Die Ehe ist genau geregelt, und Ehebruch kann als Verbrechen betrachtet werden. Ein Mann, der eine Affäre mit der Frau eines Kollegen hatte, wurde in dem Ministerium, in dem er arbeitet, streng kritisiert und nach mehreren öffentlichen Erziehungsversammlungen als Dorfschullehrer aufs Land geschickt, bis man ihn als gebessert betrachtete. Seine eigene Frau war inzwischen vor Gericht gegangen und hatte die Scheidung erwirkt. Im allgemeinen sind chinesische Frauen bei Scheidungsklagen erfolgreicher als Männer. In jedem Fall muß sich das Paar öffentlichen Diskussionen und Vermittlungsversuchen der Nachbarschaft stellen, wobei meist die Frau begünstigt wird. Unter dem sozialen Druck der Nachbarschaft bleibt ein zerstrittenes Paar oft zusammen. Selbst wenn ein Fall vor Gericht geht, werden die Richter zuerst eine Aussöhnung versuchen, bevor die Scheidung erwogen wird. In den Dörfern sind Scheidungen selten, und selbst unter Arbeitern bestehen nur wenige Paare darauf, alle für eine Scheidung notwendigen Prozeduren auf sich zu nehmen. Kader und Intellektuelle haben es leichter. Eine Bescheinigung von ihrem Büro kann nützlich sein durch die Feststellung, daß einer der Gatten durch das Verhalten des anderen in seiner Arbeit behindert wird. Besonders während und nach der Kulturrevolution wurde das Verfahren beschleunigt durch die Erklärung, der Partner habe schlechte politische Ansichten. Die chinesische Gesellschaft mißbilligt Scheidungen, und die Gerichte erschweren sie. Bevor eine Ehe aufgelöst wird, versucht das Gericht, eine vernünftige materielle Lösung und ein gutes Zuhause für die Kinder zu finden. Aber die Leute in Peking, die gern über die Führung klatschen, scheinen zu glauben, daß eine hohe Stellung die Scheidung vereinfacht.

Die Bevölkerung Pekings wuchs, und Wohnhäuser sind überall wie Pilze aus dem Boden geschossen. Oft ragen sie hoch über die alten, einstöckigen Häuser und Höfe. Sie deuten den Verlauf künftiger Durchgangsstraßen an, die den Irrgarten der Gäßchen durchschneiden sollen. Im Laufe der Jahre hat sich der Stil der neuen Wohnblocks von viereckigen roten Ziegelhäusern zu hellen Gebäuden mit größeren Fenstern und Balkons gewandelt. Die Bevölkerung zieht allmählich aus den niedrigen, alten, von Mauern und Höfen umgebenen Häusern in neue Ein- und Zweizimmerwohnungen. Ausländische Besucher finden die alten Gassen mit ihren Spuren ländlichen Lebens attraktiv und romantisch. Sonnenblumen wachsen in den Gärtchen, wo die Wäsche an Bambusstangen hängt, alte Männer rauchen unter den breiten Toren ihre Pfeife; und im Spätsommer ernten kleine Jungen die verschiedenen Kürbisarten, die an Spalieren bis auf die Ziegeldächer gewachsen sind. Aber es gibt Nachteile, die der Besucher übersieht und der chinesische Bewohner tagtäglich zu spüren bekommt. In den alten Teilen der Stadt haben die Häuser kein fließendes Wasser. Es gibt in der Nähe nur einen Wasserhahn, und dorthin gehen die Nachbarn mit ihren Eimern, oder sie kommen mit Seife und Handtuch, um sich abends zu waschen. Die Häuser haben keine Toiletten, aber alle 100 Meter ist eine öffentliche Bedürfnisanstalt. Sie haben keine Gasherde, und die meisten Familien haben kleine Schuppen an die Hauswand gebaut, wo sie in den heißen Sommermonaten kochen. Im Winter quillt der schwarze Rauch aus runden Metallöfen durch Rohre zum Fenster hinaus. Es hat etwas für sich, in die neuen Häuser mit fließendem Wasser, Gas, vielleicht mit Zentralheizung, zu ziehen, obwohl man dann die Fahrräder nach oben tragen muß, damit sie nicht gestohlen werden.

In vielen der neuen Siedlungen arbeiten alle Bewohner im selben Betrieb oder in derselben Abteilung. Fabriken haben Wohnblocks für ihre Arbeiter mit Familie, Dozenten wohnen in abgeschlossenen Universitätssiedlungen, und Beamte des Auswärtigen Amtes bewohnen einige Blocks im Nordosten der Stadt. Der Unterschied zwischen den Wohnungen der Arbeiter und der Kader ist nicht sehr groß. Selbst die höchstbezahlten Universitätsprofessoren haben nur Ein- oder Zweizimmerwohnungen.

In einigen Gegenden der Stadt verschwinden oft schwarze Limousinen hoher Funktionäre in schmalen Gassen und hinter verschlossenen Toren. In der Nähe von Wang Fu Jing, Pekings Haupteinkaufsstraße, bewohnen Partei- und Regierungsspitzen eine Gruppe von Häusern, die, so glauben einige Leute, von reichen Ausländern im Mittelmeerstil gebaut wurden. Aber sie wissen wenig über das Leben in diesen abgeschlossenen Vierteln, und was sie wissen, haben sie aus dritter Hand von Freunden, die zufällig mit dem Verwandten eines hohen Beamten zusammen arbeiteten.

Die Chinesen lieben den Klatsch, und Peking ist voll von Geschichten und Gerüchten, von denen Ausländer kaum jemals hören. Sie diskutierten liebend gern, ob Jiang Qing ihre Haare färbte, und glaubten, daß sie ihre Zeit gern in den herrlichen Gebäuden auf einer Insel in einem See des Sommerpalastes verbrachte, und daß sie, wenn sie sich ausruhen wollte, den gesamten Verkehr auf dem nahegelegenen Militärflugplatz sperrte. Sie unterhielten sich über die Wiederverheiratung eines Ministers und darüber, wie seine Frau von ihrem ersten Mann geschieden wurde. Es gab endlose Geschichten über eine junge Frau, die erst Maos Nichte Englischunterricht erteilte, dann Englischlehrerin des Vorsitzenden selbst wurde und schließlich mit Jiang Qing als Heiratsvermittlerin den Außenminister heiratete. Der Vizepräsident Deng Xiao-ping war bekannt für seine Vorliebe für gutgewürztes Essen und Bridge. Endlos wurde darüber spekuliert, wer in der Führungsspitze mit wem befreundet oder verwandt sei – das meiste war neugieriger Klatsch, der aber während Maos letztem Lebensjahr politischer wurde; die Chinesen fragten sich, ob Jiang Qing den greisen Vorsitzenden manipuliere und die Posten seines Mitarbeiterstabes mit ihren eigenen Freunden und Verwandten besetze. Ausländer schnappten nur selten etwas von dem chinesischen Gerede auf. Die Chinesen selbst waren vorsichtig und redeten nur mit vertrauenswürdigen Freunden. Es gab ein Gerücht, daß man einen Mann verhaftet habe, weil er 1975 gesagt haben soll, Jiang Qing habe falsche Zähne.

Viele Leute in Peking waren wesentlich besser informiert, als die Ausländer je erfuhren. Sie verstanden es, die Zeitungen richtig zu lesen und hinter der ideologiebefrachteten Sprache zu entdecken, welche Führungskämpfe gerade stattfanden. Sie bekamen Informationsfetzen von Freunden und Kollegen, die dem Geschehen näher waren und kombinierten sie manchmal mit Nachrichten aus dem Ausland. Zwischen sieben und acht Millionen Menschen in China erhalten die täglich erscheinenden »Reference News«, in der Artikel aus ausländischen Veröffentlichungen übersetzt erscheinen. Der Inhalt ist manchmal gekürzt, aber nicht verändert oder umgeschrieben und wird als inoffizielle Hintergrundinformation betrachtet, die nicht mit der offiziellen Meinung der chinesischen Führung verwechselt werden darf. Aber manchmal werden die von Ausländern geschriebenen Geschichten so ausgewählt, daß sie in die Richtung von Entwicklungen weisen, welche die Führung noch nicht offiziell kommentieren möchte. Für die höchsten Kader gibt es eine andere, umfangreichere Ausgabe, die ein- oder zweimal am Tag erscheint und sie über internationale Ereignisse auf dem laufenden hält.

Die Chinesen lesen, bis auf die wenigen Exemplare, die den Universitäten, Forschungsinstituten und Außenpolitikexperten von der Regierung zur Verfügung gestellt werden, keine ausländischen Zeitungen oder Zeitschriften. In den Hotels für Ausländer macht das Personal gelegentlich beim Aufräumen der Zimmer eine Pause, um durch eine ausländische Zeitschrift zu blättern, und ist schockiert oder fasziniert von den glänzenden Bildern spärlich bekleideter Frauen. Es kommt vor, daß ein Dolmetscher von einem ausländischen Gast eine Zeitschrift oder einen Kriminalroman bekommt, und er entschuldigt sich damit, daß er seinen englischen, französischen oder deutschen Umgangswortschatz erweitern müsse. Unter Studenten und Intellektuellen zirkulieren noch Übersetzungen alter Bücher aus dem Westen. Sie lieben die romantischen Romane des 19. Jahrhunderts: Stendhals »Rot und Schwarz«, Balzacs Romane von Abenteuer und Leidenschaft oder die Bücher der Brontë-Schwestern. Die Roten Garden hatten diese Bücher während der Kulturrevolution aus den öffentlichen und privaten Büchereien entfernt, um sie als Produkte westlicher Dekadenz zu verbrennen. Aber sie hatten eine Reihe davon behalten und mitgenommen, als sie aufs Land geschickt wurden, um mit den Bauern zu arbeiten. Heute sind die abgegriffenen Bände ein wertvoller Besitz. Chinas Verlage haben seit über zwölf Jahren keine stark emotionalen oder romantischen Bücher mehr veröffentlicht. Von den vorrevolutionären Schriftstellern wird nur noch das Werk von Lu Xun gedruckt, und seine bewegenden Geschichten mit ihren raffinierten Studien menschlichen Verhaltens in Zeiten des Umbruchs stehen in starkem Kontrast zu den eindimensionalen, politischen Romanen, die als einzige durch die Zensur kamen, als Jiang Qing Chinas Kulturleben beherrschte. In den neueren Romanen gab es nur die Bösen – alte Landbesitzer und bürgerliche Experten – und die Guten: klassenbewußte Bauern und Arbeiter, junge Rebellen und unerschütterliche Parteisekretäre. »Gemischte«, teils gute, teils schlechte Charaktere, waren von der gedruckten Seite verbannt, obwohl es hin und wieder vorkam, daß ein Held beinahe durch den schlechten Einfluß eines ehemals reichen Bauern verdorben, dann aber doch gerettet wird. Als sich die Führungskämpfe verschärften, benutzten die Radikalen, die das kulturelle Leben beherrschten, Romane und Geschichten für ihre Angriffe auf ihre Gegner in der etablierten Führungsspitze und reduzierten die erzieherische sozialistische Botschaft noch weiter zur Waffe ihrer Propagandakampagnen.

In den Kinos und Theatern gibt es kaum Unterhaltung ohne politische Aussage. Sogar bei akrobatischen Vorstellungen zieht der Zauberer früher oder später einen roten Seidenschal mit Parolen aus dem Hut, und einige Filme, Opern und Balletts bestehen fast nur aus politischen Schlagworten. Seit der Kulturrevolution war Chinas Repertoire an Theaterstücken und Opern auf wenig mehr als ein Dutzend

Stücke beschränkt, welche die Zensur bestanden und Jiang Qings Billigung fanden. Revolutionäres Ballett interessierte sie besonders, und sie sah es sich immer wieder und wieder an, schlug Veränderungen und Verbesserungen vor, entwarf Kostüme oder sagte den Tänzern, wie sie einen Schal zu tragen hatten, bis endlich das Ballett einem ausgewählten Publikum gezeigt wurde; und dann wurde es wieder kritisiert und geändert, bis es schließlich als für die Massen geeignet betrachtet wurde. Die Balletts sind verblüffende Schauspiele vollendeter Technik, besonders für ein Land, das vor 25 Jahren keine Schulen für klassischen Tanz hatte. Die neuen Balletts bauen auf russischer Technik auf und sind mit chinesischem Tanz und Akrobatik versetzt, aber ihre Aussage ist so eng politisch, daß sie die Gefühle der Zuschauer kaum jemals berührt. Selbst die modernen revolutionären Opern machen einen stärkeren Eindruck auf das Publikum. Sie enthalten lange Zwischenspiele aus traditioneller Akrobatik und Kampfspielen und die langen klassischen Arien. Manchmal machten die Zuschauer die Augen zu, lehnten sich zurück und hörten nur die Lieder, und danach, während auf der Bühne der junge Parteisekretär und der alte Arbeiter über den Klassenkampf in den Docks von Shanghai redeten, verglichen sie flüsternd den Stil des einen Sängers mit dem eines anderen Opernstars. Manchmal paßten einige der Zuschauer überhaupt nicht auf: Ein junger Arbeiter bewunderte vielleicht die hübschen Fächer von zwei jungen Mädchen in der Reihe vor sich und versuchte, sie in der Pause zu einem Eis einzuladen. Es gab so wenige Balletts und Opern, und alle waren sowieso schon immer wieder im Fernsehen oder im Kino gezeigt worden. Zur Zeit der nationalen Theaterfestspiele wurde das Angebot etwas abwechslungsreicher. Dann führten die Ensembles anderer Städte dieselben Stücke in einem anderen Dialekt auf oder mit den traditionellen Melodien ihres regionalen Opernstils. Ein beschränkter Personenkreis mochte auch Karten für experimentelle Vorstellungen von Stücken erhalten, die noch nicht offiziell genehmigt waren, und in einigen zeigten dann berühmte Ensembles, wie ihre Schauspieler die Kunst und den Reiz traditioneller Opern mit politischen Themen so verbanden, daß sie das Publikum mitrissen. Aber nur wenige Opern wurden ins Repertoire aufgenommen, solange Jiang Qing darüber wachte. »Jedermann in China hat die revolutionären Modellopern so oft gesehen, daß er sie auswendig kannte«, sagte Vizeministerpräsident Deng Xiao-ping einmal, »und die Karten sind schwer zu verkaufen.« Aber die Theater waren voll, weil die meisten Karten en bloc an

Fabriken und Kaufhäuser abgegeben werden, und abends gibt es sowieso nichts Besseres zu tun. Selbst wenn die Opern und Balletts keine Zuschauermengen anlocken, so doch die Aussicht, berühmte Schauspieler und Sänger persönlich sehen zu können. Die Chinesen verehren Opernstars, und das Publikum applaudiert oft vor Beginn der Vorstellung, wenn berühmte Namen der Besetzung auf den Vorhang projiziert werden.

Schlangen an den Kartenschaltern gab es besonders dann, wenn ein sportliches Ereignis angekündigt wurde. Tischtennis oder Basketball, Schwimmwettkämpfe und Fußballspiele füllen Stadien und Sporthallen bis auf den letzten Platz. Boxkämpfe gibt es in China nicht, denn dieser Sport wird als brutalisierend und als schlecht für das Volk angesehen: »Erst die Freundschaft, dann der Wettkampf« war Maos Direktive, und ausländische Mannschaften waren überrascht, wie streng man sich daran hielt. Einem Fußballspieler, der nach einem aus Gewohnheit verübten Foul hinfiel, konnte es passieren, daß sein chinesischer Gegenspieler ihm aufstehen half und ihn sanft fragte, ob er sich verletzt habe. Die chinesischen Zuschauer beklatschen ein Tor der Fremden genauso wie eins ihrer eigenen Spieler. Aber je mehr ausländische Teams nach Peking kamen, desto schneller griffen die Chinesen die härteren Techniken der Körperabwehr auf, und obwohl die Zuschauer noch immer höflich beide Mannschaften beklatschen, wurde es klar, daß sie ihrer eigenen Mannschaft den Sieg wünschten. Verglichen mit westlichen Sportfreunden ist das chinesische Publikum aber ruhig und zurückhaltend, selbst wenn die besten Mannschaften um die nationalen Meisterschaften spielen.

In Chinas Unterhaltung und Kulturleben gibt es keine Überraschungen und wenig, das emotionale Reaktionen herausfordert. Alles enthält eine unterkühlte, erbauliche Lektion. Aber die Chinesen sind nicht immun gegen Gefühle. Ein nordkoreanischer Film bewegte sie, weil seine stark anti-amerikanische Aussage in die schmalzige Geschichte um die Leiden einer Blumenverkäuferin verpackt war. Das Publikum in den Kinos weinte und schluchzte. Ein jugoslawischer Film über den Krieg dagegen schockierte die ausgewählten Zuschauer. Auf der Leinwand gab es zuviel Blut und Sterben, zuviel Realismus; und als Schäferhunde sich in jugoslawische Partisanen verbissen, fielen einige in Ohnmacht. In chinesischen Filmen sterben die Helden mit heroischen Gesten und nicht mit Schmerzensschreien, und selbst die bösen Großgrundbesitzer fallen durch einen einzigen Schuß aus der mit einem roten Schal dekorierten Pistole eines jungen

Kommissars. Das zeitgenössische chinesische Theater vermeidet es, andere Gefühle als bewußten politischen Klassenhaß zu schüren.

Es herrscht große Neugier gegenüber allem Ausländischen und Fremden, aber oft ist die Ratlosigkeit genauso groß wie die Bewunderung. Die wenigen chinesischen Intellektuellen, die Zugang zu seriöser Westliteratur haben, sind bestürzt über die Offenheit, mit der Sex behandelt wird, und über die Sprache, die sie roh und unliterarisch finden. Die westliche Malerei der letzten 80 Jahre verblüfft sie. Sie fühlen sich von der westlichen Kultur des 19. Jahrhunderts angezogen und bewundern die realistischen und romantischen Ölgemälde von Bergen und Wasserfällen auf ein oder zwei ausländischen Kunstausstellungen in Peking. Die Musik von Beethoven bis Tschaikowski fand ernsthafte, dankbare Zuhörer, als ausländische Orchester nach Peking kamen. Das Zentrale Chinesische Symphonieorchester hatte seit der Kulturrevolution keine klassische Musik aus dem Westen mehr gespielt. »Wir üben sie noch, aber spielen sie nicht in der Öffentlichkeit«, erklärte der Dirigent, »es gefällt den Massen nicht.« Eine politische Kampagne gegen den Austausch mit dem Westen beendete dann auch bald die Konzerte ausländischer Orchester.

Klassische Symphonien sind nicht die Kunst der chinesischen Massen, soviel ist sicher. Als die Wiener Philharmoniker vor 18000 Fabrikarbeitern in Pekings modernster Sporthalle Mozarts »Kleine Nachtmusik« spielten, hatten sie es schwer mit der Aufmerksamkeit des Publikums, das während des Konzertes Brause trank und Kuchen aß. Erst als sie Walzer von Johann Strauß spielten, wurde die Menge ruhig. Die »Schöne blaue Donau« war offensichtlich bekannt und rief bei der Ankündigung begeisterten Applaus hervor. Anfang der siebziger Jahre gab es in Peking nichts anderes, was Schlagermusik näherkam. Aber die Harmonien und Rhythmen westlicher Musik sind bei den Chinesen nicht unbeliebt und tauchen in offiziell akzeptierten Musikproduktionen auf, wie zum Beispiel in der Suite »Gelber Fluß«, oder in den Märchen und Liedern der Armee- und Arbeiterchöre, die über Lautsprecher durch Wohnungen, Zugabteile oder über die Felder ländlicher Kommunen plärren. Westliche Popmusik hat die Hauptstadt nicht erreicht, aber Unterhaltungskonzerte behelfen sich manchmal mit so etwas wie lokalem Ersatz: Die ausgeprägten Rhythmen der Tambourine und Trommeln in den Volksliedern aus Sinkiang oder die weichen dumpfen Melodien aus Tibet scheinen mehr Applaus zu bekommen als die hektischen, schrillen Töne chinesischer Trompeten oder das Getöse der Becken und Trommeln. Eins der beliebtesten chinesischen Lieder erinnert mit seiner Melodie an das Lied der Wolgaschiffer.

Zwischen der Kulturrevolution und dem Ende der Herrschaft Jiang Qings über das kulturelle Leben in China waren Theater und Film, Konzerte und Literatur langweilig und steril geworden. Beinahe das erste, was ein Freund nach der Verhaftung der »Viererbande« sagte, war: »Jetzt wird das Fernsehprogramm wieder erträglich.« Er behielt recht. Ein Jahr später zeigte das Fernsehen wieder die Filme aus den frühen fünfziger und sechziger Jahren, die Jiang Qing und ihre Anhänger verboten hatten. In den Theatern standen wieder Schauspieler und Sänger in den klassischen Masken und Kostümen der chinesischen Opern auf der Bühne. Zwar wurden nicht die alten, überlieferten Werke aus der Zeit vor der kommunistischen Machtübernahme gespielt, aber doch immerhin jene Bearbeitungen, die Text und Handlung von »feudalistischen Überresten« gereinigt und durch patriotische und revolutionäre Inhalte politisch tragbar und nutzbar gemacht hatten. Für Millionen junger Chinesen, die nur das halbe Dutzend der Modellopern gesehen hatten, schien sich eine Perspektive der Vielfalt und Abwechslung zu eröffnen. Berühmte Schauspieler, Sänger und Regisseure, die jahrelang Auftrittsverbot gehabt hatten oder wie Gefangene in den speziellen Kaderschulen der Jiang Qing Landarbeit gemacht hatten, kamen zurück. Das Zentrale Symphonieorchester spielte wieder klassische westeuropäische Musik, und die Rundfunkstationen übertrugen gelegentlich Gastkonzerte ausländischer Orchester. In Peking wurde eine Ausstellung mit Gemälden aus dem Louvre eröffnet, in vielen Städten zeigte man Gemälde chinesischer Künstler, die jahrelang verboten waren. Nur einmal, 1975, waren solche Gemälde in traditionellem Stil noch gezeigt worden: auf einer Ausstellung »schwarzer Kunst«, auf der die Maler als Reaktionäre diffamiert wurden. Volkskunst und traditionelles Kunsthandwerk, die jahrelang nur für den Export zugelassen waren, wurden wieder öffentlich gezeigt und zogen Zehntausende an. Zum chinesischen Neujahrsfest Ende Januar 1978 tauchten wieder die traditionellen bunten Holzstockdrucke mit dicken, glücklichen Kindern auf, die man sich in vielen Teilen Chinas zum Festtag an die Türen hängt. Zwei Jahre zuvor hatte Jiang Qing anordnen lassen, daß nur ein einziges Neujahrsschild für ganz China herzustellen sei: ein farbiges Plakat, das den revolutionären Helden ihrer Eisenbahner-Oper »Die rote Laterne« zeigte, wie er mit Blut im Gesicht die Hände ballt, um seine Ketten zu zerbrechen.

Besonders in den letzten Monaten vor ihrem Sturz hatte die radikale Fraktion Kunst und Kultur zu einem reinen politischen Instrument ihres Machtkampfes gemacht und immer strengere Normen ideologischer Reinheit und Zweckmäßigkeit aufgestellt. Es gab keinerlei Abwechslung vom Druck der politischen Erziehung für die Leute, die ohnehin schon Stunden in Kursen und Versammlungen ihrer Fabriken, Schulen und Nachbarschaftsorganisationen verbrachten.

Selbst die kleinen Freuden des Lebens schienen wieder in Gefahr. Während der Kulturrevolution war viel von Chinas Volkskultur als Überbleibsel der feudalistischen Vergangenheit verteufelt worden. In den frühen siebziger Jahren tauchte es allmählich wieder auf. Ältere Menschen beteiligten sich am Schattenboxen in den Straßen und Parks, jetzt ohne Angst, von den Roten Garden verjagt zu werden. Sonntag morgens brachten alte Männer den Kindern die schwierigen Figuren der Kampfkunst bei, die wieder Ansehen genoß und sogar öffentlich bei Sportveranstaltungen vorgeführt wurde. In einem kleinen Pavillon im Park des Sonnentempels lehrten ältere Leute die Arien der klassischen chinesischen Oper, und aufmerksame Zuschauer drängten sich um Musiker mit traditionellen Instrumenten. Das Gelände um den Himmlischen Tempel wurde wieder geöffnet, und Tausende kamen, um die herrlichen blau-glasierten Dächer und die rotgoldenen Mauern und Säulen zu sehen. Die großen Monumente der chinesischen Geschichte wurden restauriert. In der Verbotenen Stadt schob sich die Menge durch die großen Hallen und das Labyrinth der Höfe, ging um die Thronsessel der Kaiser, schaute in ihre Schlafzimmer und bestaunte Kostbarkeiten aus Jade und Porzellan. In den kühlen, trockenen Herbstmonaten wurden die Schätze der klassischen Malerei wieder in den alten Hallen ausgestellt. Es kam vor, daß den Bildern politische Erklärungen beigefügt waren – etwa, daß diese alten Maler mit der formalistischen konfuzianischen Tradition gebrochen und aus ihrer ungetrübten Naturbetrachtung heraus neue Techniken entwickelt hätten. Aber den Leuten wurde nicht mehr gesagt, all dies seien wertlose Überbleibsel einer vorsozialistischen Zeit, die zerstört werden müßten.

Am frühen Morgen gingen alte Männer mit ihren Vogelkäfigen in den Park, um ihre Vögel frische Luft schnappen zu lassen. Kleine Jungen hingen wieder zirpende Heuschrecken in kleinen Bambuskäfigen in die Fenster. Wenn man durch die Gassen ging, konnte man Goldfische in ihren Gläsern durch die offenen Türen sehen, die nicht mehr, wie während der Kulturrevolution, heimlich gehalten wurden. Im Zoo waren jetzt wieder die bizarren Fische mit ihren Glupschaugen und Fächerschwänzen ausgestellt, und lange Besucherschlangen kamen zu ihren grünen, hölzernen Bassins. Auf den Seen in den Parks nahmen junge Männer ihre Großmütter auf Kahnpartien mit. Kichernde junge Mädchen versuchten sich im Schatten ihrer Sonnenschirme mit den Rudern. Manchmal ließ ein junges Paar sein Boot am Schilf und den Trauerweiden vorbeitreiben, und der junge Mann spielte leise auf der Gitarre.

Anfang 1975 verglichen ein chinesischer Freund und ich unsere Eindrücke. Er war für zwei Jahre ins Ausland geschickt worden, und ich hatte die gleiche Zeit in Peking verbracht. Wir fragten uns, was sich verändert hatte. Wir stimmten darin überein, daß es jetzt mehr Autos auf den Straßen gebe, mehr Lebensmittel und Waren in den Läden. Aber es gab noch einen anderen, wichtigeren Unterschied. »Als ich wegfuhr, war die Kulturrevolution noch so nah«, sagte mein chinesischer Freund. Er dachte an die Unruhen, Kämpfe, Verfolgungen und Ungewißheit der späten sechziger Jahre. »Jetzt wissen wir, daß China dabei ist, ein moderner, wohlhabender sozialer Staat zu werden«, fügte er hinzu und zitierte Zhou En-lais Rede über die Aufgaben der Modernisierung. Ein Jahr später war er zurückhaltend und vorsichtig, weniger optimistisch und um die Zukunft besorgt. Eine neue Periode der Kämpfe um Chinas Zukunft hatte begonnen, der Kampf um Zhou En-lais und Maos Erbe, und die Folgen blieben bis einen Monat nach Maos Tod unklar. Die Chinesen zogen sich zurück in den Schutz ihrer Familien und den kleinen Kreis vertrauenswürdiger Freunde – argwöhnisch gegenüber Fremden und zurückhaltend gegenüber Ausländern. Sie hatten sieben Jahre gebraucht, wieder zu den einfachen Freuden eines geordneten Lebens zurückzufinden, aber 1976 brachte durch den Aufstieg der Radikalen, die Nachrichten über Kämpfe in den Provinzen und den Zusammenbruch der Industrieproduktion all das wieder in Gefahr. Als ich im März 1978 nach Peking zurückkam, schien das Leben wieder normal geworden. Die Mädchen auf den Fahrrädern trugen wieder bunte Jacken, obwohl der Winter noch gar nicht zu Ende war. Am Sonntag drängten sich eine Viertelmillion Menschen durch die bunten Tore des Bei-Hai-Parks – so viele, daß sie einander den Blick auf den See und die Lustgärten der alten Kaiser verstellten. Seit der Kulturrevolution war der Park im Herzen Pekings geschlossen gewesen. Auf seinen Wegen hatte Jiang Qing ihr Pferd geritten, erzählten sich die Leute. Als ich mit chinesischen Freunden im Restaurant des Parks die Gerichte der kaiserlichen Küche probierte, sagte eine junge Frau: »Das ist auch ein Sieg über die Viererbande.« Jahrelang hatten nur Jiang Qing und ihre Freunde hier getafelt.

Über diese Jahre wollten alle chinesischen Freunde erzählen. Eine Schauspielerin hatte nicht mehr auftreten dürfen. Eine Lehrerin war verbittert, weil ihr Mann, ein Sänger, acht Jahre lang weit entfernt von Peking auf dem Feld arbeiten mußte. Ein Volkswirt, der über Außenhandel geschrieben hatte, erzählte, daß man ihn deshalb einen Verräter genannt hatte und fügte hinzu: »Aber Jiang Qing selber trug eine schwarze Perücke, die sie sich aus Frankreich besorgt hatte.« Eine Deutschlehrerin berichtete, daß sie über zehn Jahre lang in der Universität arbeitslos herumgesessen hatte. Immerhin war es ihr gelungen, der Verschickung in die Provinz zu entgehen, indem sie sich immer wieder krank meldete und immer wieder Ärzte fand, die ihr ein freundliches Attest schrieben. Jeder kannte Menschen, denen es schlimmer ergangen war. Jedenfalls unter den chinesischen Intellektuellen war der Haß auf die »Viererbande« echt und das Gefühl der Befreiung groß. Manche entschuldigten sich bei mir, weil sie mir in jenen Jahren Auskünfte verweigert oder erfundene Geschichten über ihr Leben erzählt hatten. Was sollten wir machen, fragten sie, wenn wir uns nicht in Gefahr bringen wollten? Nun waren sie bereit, über die Vergangenheit zu erzählen, aber auch, über Gegenwart und Zukunft zu sprechen. Ziemlich offen erläuterten sie sogar, welche Schwierigkeiten es immer noch bei ihrer Arbeit gebe, wie viele Probleme ungelöst seien, wie viele Schwierigkeiten China nun zu überwinden habe. Sie berichteten, daß im Alltag nicht alles besser geworden sei, daß Fleisch und Seife rationiert werden mußten, daß die Zahl der Wohnungen in Peking nicht ausreiche. Aber man merkte ihnen an, daß sie nicht resigniert, sondern optimistisch waren und überzeugt davon, daß die Zukunft nur besser werden könnte. Wenn Chinesen so offen mit Ausländern sprechen, dann heißt das, daß in ihren Gesprächen unter sich noch weit mehr jener Schranken der Furcht und des Mißtrauens gefallen sind, die zuvor die Gespräche schwierig, manchmal unmöglich gemacht hatten. Die Zeit der Verfolgung der Intellektuellen war vorbei, und weil man daran glaubte, daß es unter der neuen Führung aufwärts gehen werde, konnte man die Probleme der Gegenwart realistisch diskutieren.

Familie Zhao, die Revolution und die Goldfische

Die Familie Zhao wohnt am südwestlichen Rand von Peking, wo sich inmitten von Gemüsefeldern eine Fabrik für Turbogeneratoren erhebt, und wo zwischen Baugruben und dem Schutt einer Baustelle eine Arbeitersiedlung liegt. Dort stehen halbfertige Ziegelhäuser und seit kurzen einige hellfarbige, fünfstöckige Gebäude. Die in der Mitte sind wesentlich älter. Ihre grauen Fassaden tragen Spuren von Regen, und ein Teil des Putzes ist abgefallen. Im Winter wirbelt der Sturm gelbe Staubwolken auf. Im Sommer verwandeln schwere Regenfälle die ungepflasterten Straßen in Morast. Familie Zhao wohnt hier schon seit mehr als fünfzehn Jahren.

Im Treppenhaus blättert die Farbe ab. Die Wände sind von vielen Händen abgegriffen und vom Pekinger Staub verfärbt. Aber hinter der grünen Tür im dritten Stock ist alles blitzblank. Der untere Teil der Wände ist hellblau gestrichen, dann kommt ein dünner, goldener Streifen, und der Rest der Wände und die Decken sind strahlend weiß. Herr Thao ist damit nicht ganz zufrieden: »Es ist nicht so geworden, wie es sein sollte. Wir haben nicht genug Leim in die Farbe getan.« Die Zhaos haben ihre Wohnung selbst gestrichen. Als sie ihnen 1959 von der Turbogeneratorenfabrik zugewiesen wurde, waren die Wände einfach weiß getüncht. Seitdem haben die Zhaos viel selber gemacht.

Ihre Wohnung hat zwei Zimmer, eins für die Eltern, das andere für die Kinder. Im großen Zimmer stehen ein Doppelbett, ein großer Tisch mit zwei Stühlen und zwei Hockern, eine Nähmaschine, ein Kleiderschrank und zwei rote Truhen, im Kinderzimmer ein Doppel- und ein Einzelbett mit grünen und rosa Tagesdecken, ein Tisch und eine Kommode. Die Zhaos sind eine sechsköpfige Familie.

Zhao Wen, der Vater, ist 45 Jahre alt, Han Qing, seine Frau, ist 40. Zhao Guo-ji, der älteste Sohn, ist 22 und die Zwillingsbrüder sind 13. Ein weiterer Sohn, 20, wohnt und arbeitet in einer weit entfernten Fabrik und kommt deshalb nur sonntags nach Hause. Zhao Wen ist ein langgedienter Arbeiter. Seine Kollegen nennen ihn »Meister«, aber das ist eher ein Ehrenname für erfahrene Facharbeiter, und seine Frau Han Qing wird auch mitunter so angeredet. Zhao Wen ist ein gedrungener Mann von Durchschnittsgröße, still, freundlich und nicht sehr gesprächig. Han Qing ist einen Kopf kleiner als ihr Mann und die treibende Kraft der Familie. Sie redet doppelt so schnell und doppelt soviel wie ihr Mann, und offensichtlich ist sie diejenige, die den Haushalt in Schwung hält. Zhao Guo-ji kommt nach seinem Vater. Er ist genauso groß und genauso ruhig und lächelt viel.

Zhao Wen und Han Qing kamen 1959 nach Peking. Sie arbeiteten in der Turbogeneratorenfabrik, die gerade gebaut worden war. Sie waren erfahrene Arbeiter aus dem Industriegebiet im Nordosten und wurden mit einer Gruppe von Facharbeitern nach Peking geschickt, um die neue Fabrik in Gang zu bringen. Zhao Wen wuchs in einem Dorf auf, wo sein Vater heute noch lebt und wo sein Bruder heute noch auf den Feldern arbeitet. »1947 wurde ich in die Fabrik geschickt«, sagt er, »da war die Industriestadt Harbin schon befreit. In dem Dorf bin ich kaum zur Schule gegangen. Darum habe ich tagsüber in der Fabrik gearbeitet und abends gelernt.« Han Qings Vater war Arbeiter in Shenyang, einem der ältesten Industriezentren. »Ich habe 1949 in der Fabrik angefangen. Zur Schule bin ich überhaupt nicht gegangen. Die Genossen und Kollegen in der Fabrik haben mir viel beigebracht. Ich habe gearbeitet und gleichzeitig etwas über unsere Kultur gelernt.« Drei- oder viermal in der Woche gingen Zhao Wen und Han Qing zur Abendschule. Sie trafen sich dort und in der Kantine. Sie lernten sich näher kennen und heirateten 1955.

»Unsere Hochzeit war sehr einfach«, erinnert sich Han Qing, »wir haben ja hauptsächlich an die Revolution gedacht. Wir haben ein paar Kollegen und Genossen zu Tee und Gebäck eingeladen. Geheiratet haben wir, weil wir uns mochten und nicht, weil unsere Eltern es so wollten. Aber sie waren einverstanden. Wir haben aus unserer eigenen, freien Entscheidung heraus geheiratet, und dafür sind wir dem Vorsitzenden Mao dankbar. Vor der Befreiung entschieden die Eltern, wen man zu heiraten hatte, und das Ganze war so ähnlich wie ein Geschäftsabschluß.«

In Harbin wurde ihnen eine Wohnung in einem vierstöckigen Haus zugewiesen, ähnlich der in Peking. Als sie vier Jahre später nach Peking versetzt wurden, lebten Han Qings Eltern schon in der Hauptstadt. Ihr Vater war ein erfahrener Facharbeiter in einer Fabrik für Elektromaschinen, und in China waren Leute mit seinem Können selten. Er begann, für die Abteilung für Elektrotechnik an der Akademie der Wissenschaften Maschinen zu bauen. Jetzt ist er Rentner, so sagt Han Qing, und lebt von 90 Prozent seines früheren Lohnes. Zhao Wens Eltern leben mit seinem jüngeren Bruder in einem Dorf in Heilungkiang. Zhao Wen schickt ihnen jeden Monat 15 bis 20 Yuan, weil Bauern keine Rente bekommen und beide zu alt sind, viel zu arbeiten. Sein Vater war einmal in Peking, irgendwann vor der Kulturrevolution, und Zhao Wen hat das alte Dorf vor zwei Jahren besucht. Zhao Wen verbringt selbst nicht viel Zeit zu Hause bei seiner Familie. In den letzten Jahren hat er im Nordosten Pekings in einem Studentenwohnheim der Qinghua-Universität gewohnt. Er ist Mitglied der Arbeiterpropagandagruppe in Chinas bekanntester technischer Universität. Als klassenbewußter Arbeiterveteran wurde er an die Universität geschickt, um die Bildungsreform zu unterstützen und darüber zu wachen, daß die Studenten nicht nur aus Büchern, sondern auch bei praktischer Arbeit lernen.

»Die Aufgabe der Universität sind theoretische Studien. Ich arbeite in einer der Werkstätten und bringe den Studenten etwas über Turbogeneratoren bei. Die neuen Studenten kommen erst zu mir in die Werkstatt, und etwas später fangen sie mit ihrer theoretischen Ausbildung an. Mao hat uns Arbeitern gesagt, wir müssen den Überbau besiegen. Darum sind auch wir ein Teil der Universität. Die Studenten sollen der Handarbeit nicht entfremdet werden. In meiner Werkstatt arbeiten ein paar ältere Studenten an besonderen Aufgaben. Zusammen mit Technikern und Arbeitern entwerfen und bauen sie moderne Generatoren. Außerdem übernehmen wir, die Mitglieder der Arbeiterpropagandagruppe, auch einen Teil der politischen Ausbildung.«

Bevor er an die Qinghua-Universität geschickt wurde, ist Zhao Wen selber ausgebildet worden. Die Turbogeneratorenfabrik besitzt eine eigene Arbeiterschule. Zwei Jahre lang war Zhao Wen von der Produktion freigestellt und besuchte den Unterricht in der Fabrikschule. Ingenieure und Techniker der Fabrik bildeten ihn aus, und Professoren der Qinghua-Universität und anderer Institute hielten dort Vorlesungen ab. Die Schule der Fabrik wird von ungefähr 50 Arbeitern besucht. Während der Ausbildung erhalten sie ihren vollen Lohn. Jetzt unterrichtet Zhao Wen selbst.

Er kommt nur sonntags nach Hause, denn er wohnt mit den Studenten zusammen in einem Wohnheim. »Aber wir haben ein paar Privilegien«, sagt er. »Wir wohnen nicht zu fünft in einem Zimmer wie sie. Ich teile mir eins mit einem Kollegen.« Er erhält den gleichen Lohn wie in der Fabrik. »Aber wir geben jetzt mehr aus«, unterbricht seine Frau. Zhao Wen bezahlt 25 Yuan im Monat für Essen und Unterkunft an der Universität.

Die Familie Zhao legt ihr Einkommen zusammen. Das sieht so aus: Zhao Wen ist in der höchsten Einkommensgruppe seiner Fabrik und verdient 110 Yuan im Monat. Han Qing, in der Gruppe 5, bekommt 70 Yuan. Der Älteste, Lohngruppe 2, bringt 40 Yuan nach Hause. Der zweite Sohn verdient ebenfalls 40 Yuan, aber weil er nur an einem Tag in der Woche nach Hause kommt, gibt er seiner Mutter bloß 15 Yuan. 25 Yuan braucht er, weil er in einem Wohnheim lebt und in der Fabrikkantine ißt. Die Zwillingsbrüder gehen noch zur Schule.

»Wir haben fast 250 Yuan im Monat«, erklärt Han Qing. »Bis unser Ältester von der Armee zurückkam, haben wir ungefähr 100 Yuan fürs Essen ausgegeben; jetzt ist es ein bißchen mehr. Dann die Miete: 8 Yuan im Sommer, 12 Yuan, mit Heizung, im Winter. 15 bis 20 Yuan schicken wir den Eltern meines Mannes. Etwas Geld für Naschereien für die Zwillinge, Briefmarken, den Bus. Mit dem Rest kaufen wir, was wir zu Hause brauchen. Wir haben eine Nähmaschine, Radio, Fernsehen, Fahrräder und, bis auf die Zwillinge, Armbanduhren. Und ein bißchen kommt aufs Sparkonto – das hilft beim Aufbau des Sozialismus.«

Han Qing überlegt, was sie noch im Haus gebrauchen könnten. »Wir haben ja fast alles«, sagt sie. »Vielleicht sollten wir einen größeren Kleiderschrank kaufen.« Zhao Wen stimmt ihr zu. »Wir müssen auch an unsere Eltern denken«, fügt Han Qing nach einer kurzen Pause noch hinzu. »Sie werden eines Tages sterben. Meine Eltern leben hier in Peking, und die Beerdigung wird nicht viel kosten, vielleicht 40 oder 50 Yuan. Aber Zhao Wens Eltern sind so weit weg. Wenn sie schwer krank werden oder sterben, wird er hinfahren müssen. Und in den Dörfern geben sie auch mehr für eine Beerdigung aus.«

Eines Tages werden die Kinder heiraten. Zhao Guo-ji ist 22 Jahre und wird noch ein paar Jahre warten müssen, bis er heiraten kann. Aber seine Mutter plant schon für sein künftiges Heim. »Natürlich überlassen wir die Entscheidung den Kindern. Es ist ihre Hochzeit. Aber wir halten nichts von Verschwendung. Selbstverständlich laden wir Freunde und Verwandte zu Tee und Gebäck ein. Aber ansonsten geben wir das Geld für etwas Nützliches aus.« Han Qing weiß schon, was sie brauchen werden: ein Doppelbett, Decken und Kopfkissen; einen Tisch mit drei Schubladen; zwei oder drei Stühle; eine Truhe; Tassen, Teller und Kochgeschirr. Das müßte reichen. »Kleidung können sie selbst kaufen. Sie können sich aussuchen, was ihnen gefällt«, meint Han Qing.

Wenn die Söhne Frauen finden, die so sparsam und praktisch wie ihre Mutter sind, und wenn sie sich in eine höhere Lohngruppe hinaufarbeiten, werden Han Qings Kinder sich ihre künftigen Wohnungen genauso gemütlich einrichten können wie ihre Eltern. Das Heim der Zhaos ist voll Häkeldeckchen, Nippesfiguren und künstlicher Blumen. Han Qing hat farbenfrohe Tagesdecken und Kissen genäht. In einem kleinen Glas schwimmen Goldfische, und daneben stehen Glaskästchen mit bemalten Eiern. Die Bilder an der Wand sind mit Silberpapier und Filmresten aus ihrem kleinen Fotoapparat gerahmt. Über dem Bett der Söhne hängt ein prachtvolles Poster: Ein dickes, glückliches Kind hält einen goldenen Karpfen. Auf einem Kalenderfoto spielen Kätzchen, und die Wände sind voller Familienfotos. Weitere Fotografien liegen auf der Kommode unter Glas. Außerdem bezeugen viele andere Bilder politisches Bewußtsein: Plakate mit Opernstars in heroischen Posen, ein Bild des albanischen Parteivorsitzenden Enver Hodscha und ein halbes Dutzend Bilder vom Vorsitzenden Mao. Zwei gedruckte Landschaftsrollen im klassischen Stil tragen Gedichte in Maos Handschrift. Die Zhaos haben es gern bequem; aber sie glauben nicht, daß ihr bescheidener Luxus sie ihr proletarisches Klassenbewußtsein vergessen läßt.

Zhao Guo-ji, der älteste Sohn, hat gerade wieder mit der Fabrikarbeit angefangen. Er ist jetzt 22 Jahre. Nachdem er die Schule verließ, hat er zuerst in der Fabrik gearbeitet, aber nach vier Jahren ging er für zwei Jahre zur Armee. »Ich bin dem Ruf der Partei und des Vorsitzenden Mao gefolgt. Wir jungen Leute dienen gern. Alle melden sich freiwillig, um das Land zu verteidigen. Ich wollte unbedingt mit dem Gewehr in der Hand meine Pflicht als Bürger tun. Meine Eltern und die Leute in der Fabrik stimmten mir zu, und so habe ich mich gemeldet.«

Jetzt ist er wieder da und arbeitet in der Reparaturwerkstatt der Fabrik. Er steht morgens um 5.30 Uhr auf, macht sein Bett, und dann ist es Zeit für einen Dauerlauf oder ein Federballspiel. Nach dem Frühstück fährt er mit dem Fahrrad zu einem Achtstundentag in der Fabrik. Mittags ißt er in der Kantine, und gegen 17.30 Uhr ist er wieder zu Hause. Manchmal sieht er nach dem Abendessen fern, oder er geht zu einer der Fabriken, wo vielleicht ein Film gezeigt wird. Im Sommer gibt es unentgeltliche Filmvorführungen auf dem Sportplatz der Schule, der nur drei Minuten entfernt ist. Zu Hause bildet er sich auch politisch weiter und liest die Werke von Marx, Engels, Lenin, Stalin und Mao; er liest technische Bücher und – seine Eltern müssen lachen – auch Romane. »Na ja, das ist auch Teil meiner Abendunterhaltung«, sagt Zhao Guo-ji ein wenig entschuldigend. An seinem freien Tag besucht er Freunde; sie gehen im Park spazieren, und manchmal nimmt er den Bus nach Peking, um seine Großmutter zu besuchen.

Bei der Hausarbeit helfen alle mit. Zhao Guo-ji kommt oft als erster nach Hause. Darum kocht er meistens das Abendessen. Seine Mutter plant den Speisezettel, aber selbstverständlich bespricht sie ihn mit dem Rest der Familie. »Ich bin natürlich diejenige, die sich überlegt, was wir kaufen sollen.« Einkaufen geht aber jeder einmal. Kochen ist hauptsächlich Männersache. Wenn Zhao Wen zu Hause ist, kocht er anstelle des Sohnes. Die Zwillinge machen die Fußböden sauber und wischen Staub. Han Qing kümmert sich um die Kleidung. Sie geht geschickt mit der Nähmaschine um, und manchmal näht sie sogar für Verwandte und Nachbarn. Die blauen Jacken und Hosen der Familie hat sie selber gemacht. Der Vater kauft den Stoff in der Stadt. Han Qings braune, weißgeblümte Bluse ist auch selbst genäht. »Das ist Nylon«, erklärt sie. Kunstfasern sind zwar teurer als Baumwolle, aber nicht rationiert. Synthetikblusen sind etwas Neues und daher in Mode.

Ihre Arbeitskleidung erhalten die Zhaos in der Fabrik umsonst, dazu Handschuhe, eine Mütze und eine Schutzbrille. Leichte Erkrankungen werden in der Krankenstation der Fabrik behandelt, schwerere Fälle an das Vertragskrankenhaus überwiesen. Die Behandlung ist für Arbeiter frei; Kinder und andere nicht-arbeitende Familienmitglieder bezahlen die Hälfte der ohnehin niedrigen Arztkosten. Die Fabrik bezahlt den Haarschnitt, und die Arbeiterinnen erhalten Geld für Monatsbinden. Eine der Frauen verteilt in ihrem Bereich Verhütungsmittel gratis und gibt Kurse über Familienplanung. Nach der Geburt ihrer beiden älteren Söhne hatte Han Qing jedesmal 56 Tage bezahlten Urlaub, und nach der Geburt der Zwillinge bekam sie 75 Tage frei. Han Qing glaubt, daß sie gut versorgt ist. Sie ist der Partei ehrlich dankbar. Ihren Eltern ging es unter der alten Gesellschaftsordnung niemals so gut.

Die Familie Zhao lebt gut. Ohne Zweifel weiß Han Qing, wie man mit der Haushaltskasse umgeht. Sie und ihr Mann verdienen sehr gut. Ältere Facharbeiter in großen Fabriken können sich ebensoviel leisten wie die Zhaos. Wenn man in China in der Industrie arbeitet, dann kommt es besonders darauf an, in einem wichtigen Betrieb zu sein, der in der Lage ist, zusätzliche Leistungen wie Sozialfürsorge und Wohnungen zur Verfügung zu stellen. »Die Löhne sind in China relativ niedrig«, gibt Zhao Wen zu. »Aber die Preise sind stabil, und unser Lebensunterhalt ist gesichert.« Er schämt sich ein wenig: Nicht allen Nachbarn geht es so gut wie seiner Familie. Zhao Wen möchte, daß ich einen seiner Nachbarn besuche. Er meint, die Situation sei dort typischer. Meister Zhang nebenan arbeitet in der Nieterei. Seine Frau war zwölf Jahre lang in der Fabrikverwaltung. Sie sind ungefähr zehn Jahre jünger als die Zhaos und verdienen zusammen 120 Yuan im Monat. Sie haben zwei schulpflichtige Töchter und einen sechsjährigen Sohn, der sich vor mir auf dem Balkon versteckt. Sie wohnen ebenfalls in einer Zweizimmerwohnung, aber verglichen mit der Wohnung der Zhaos ist sie fast kahl: weniger Möbel, keine Deckchen. Wir unterhalten uns über ihr Leben; sie erzählen eine ganz andere Geschichte. Als Zhang und Li heirateten, war das nicht eigentlich ihre eigene Wahl. »Wir haben uns durch einen Heiratsvermittler kennengelernt – na ja, keinen richtigen, sondern einen Verwandten. Halb freiwillig, halb unseren Eltern zuliebe«, sagt Zhang. »Meine Frau kommt aus einem Dorf, wissen Sie. Als wir heirateten, war sie ideologisch noch rückständig.«

Was sie verdienen: Arbeiter, Lehrer, Generäle und Minister

Vizepremierminister Deng Xiao-ping erzählte ausländischen Besuchern 1975, er verdiene 400 Yuan im Monat. 100 weitere Führungsmitglieder verdienten etwa ebensoviel – zuviel, so sagte er. Er äußerte sich während einer Kampagne gegen »bürgerliche Rechte«, in der die Einkommensunterschiede zwischen Arbeitern, Fachkräften und Verwaltungsbeamten kritisiert wurden. Die Kampagne endete ohne Veränderungen in der Einkommensstruktur Chinas, aber eine Zeitlang entsprachen die höheren Kader freiwillig den Forderungen und spendeten einen Teil ihrer Gehälter zugunsten der Parteiorganisationen. Die offiziellen Einkommensabstufungen für Kader und Arbeiter wurden nie revidiert.

In China werden die Löhne und Gehälter nach zwei verschiedenen Systemen festgelegt – eins für Kader und eins für Arbeiter. An der Spitze der Skala für Kader erhält der Vorsitzende der Kommunistischen Partei Chinas ein Gehalt von 500 Yuan. Die Bezahlung der Parteisekretäre, der zentralen und lokalen Regierungsbeamten, der Fabrikdirektoren, Lehrer, Ärzte, Journalisten und klerikalen Angestellten verteilt sich innerhalb dieser Skala auf 27 Gehaltsgruppen. Chinesische Fabrikarbeiter werden nach einer achtstufigen Lohntabelle bezahlt. In beiden sind die ersten Gruppen ungefähr gleich. Ein junger Arbeiter verdient normalerweise 28 bis 30 Yuan, und die niedrigste Gehaltsgruppe für Verwaltungspersonal fängt auch dort an. Die achte Stufe auf der Lohnskala endet mit ungefähr 110 Yuan viel früher als die Gehaltstabelle.

Selbst innerhalb der Lohnskala gibt es Unterschiede, je nach dem Industriezweig oder der Lage der Fabrik im Lande. Ein Arbeiter in der untersten Lohngruppe in der Leichtindustrie verdient weniger als sein Kollege in der Schwerindustrie oder in einer Fabrik, wo größeres technisches Können von ihm verlangt wird. Ein Arbeiter in einer Wollweberei in Huehot, der Hauptstadt der Inneren Mongolei, fängt mit 31,50 Yuan an und kann in der Klasse acht 91,50 Yuan erreichen. Ein Arbeiter im Traktorenwerk von Loyang fängt mit demselben Lohn an, aber in der höchsten Gruppe verdient er 15 Yuan mehr im

Monat. Der Durchschnittslohn in der Weberei beträgt 48 Yuan, in der Traktorenfabrik 54 Yuan. Der Unterschied gibt den höheren Ausbildungsstand wieder, der in der Traktorenfabrik notwendig ist.

Aber die Löhne in Fabriken gleicher Art sind auch je nach ihrer geographischen Lage verschieden. In den Grenzgebieten sind die Löhne im allgemeinen höher. Ein Arbeiter in Tibet verdient im Schnitt 15 Prozent mehr als sein Kollege in Zentralchina; und selbst in Tibet hängt der Lohn außerdem noch davon ab, ob man auf 3600 Meter oder auf 4200 Meter Höhe arbeitet. Die einheitliche Achtstufen-Lohntabelle weist erhebliche Abweichungen auf.

Die große Mehrheit der Arbeiter ist in einer der niedrigeren Lohngruppen von 1 bis 3. Nach dem ersten oder zweiten Arbeitsjahr steigen die meisten aus der 1. Gruppe auf. Aber danach werden Beförderungen selten. 1972 erhielten die meisten Arbeiter in den beiden niedrigsten Gruppen Lohnerhöhungen, wenn sie mehr als fünf Jahre im Betrieb waren. Seitdem kamen Lohnerhöhungen nur selten und vereinzelt vor. Die chinesischen Arbeiter, mit denen ich sprach, konnten keine Beispiele von Lohnerhöhungen in ihren Werkstätten geben, obwohl alle in der Lage waren, die allgemeinen Grundsätze zu erklären. Sie sagten, besondere technische Fertigkeiten, die Bereitschaft zu harter Arbeit und das politische Bewußtsein seien Voraussetzungen für einen Aufstieg in der Lohntabelle.

Die meisten oder alle chinesischen Betriebe zahlen einen »Lohnzuschlag«, der für alle Arbeiter der Fabrik gleich ist – normalerweise zwischen 3 und 6 Yuan. Es gibt Zuschläge für besonders schwere Arbeit unter schwierigen Bedingungen. In den Bergwerken von Datong erhalten die Arbeiter unter Tage 0,80 Yuan pro Schicht und noch 0,20 Yuan Nachtzuschlag, während die Arbeiter, die das Grundgestein sprengen, 0,20 Yuan pro Schicht bekommen. Solche Extravergütungen für Schwerstarbeit werden in den meisten chinesischen Unternehmen gezahlt.

Trotz der Kampagnen für freiwillige Zusatzarbeit ist die Bezahlung für Überstunden nicht abgeschafft worden. Reparaturkolonnen, die für besonders dringliche Arbeiten zur Verfügung stehen, erhalten in den meisten Fabriken ihre Sondervergütung auch dann, wenn die Kampagne gegen die »bürgerlichen Rechte« auf dem Höhepunkt ist. »Wir zwingen die Arbeiter nicht, das Geld zu nehmen. Aber sie erhalten den Überstundenlohn, auf den sie Anspruch haben«, erklärte ein Manager in Honan. Die Vereinheitlichung der Löhne blieb ein politisches Ziel, aber Veränderungen waren aufgrund praktischer

Probleme in der Industrie langsam und schwierig herbeizuführen. Im Frühjahr 1974 forderten die führenden Mitglieder des radikalen Parteiflügels in Artikeln die Abschaffung von Überstundenvergütungen und der achtstufigen Lohntabelle als ihr politisches Ziel, aber selbst sie mußten zugeben, daß die Bedingungen für so drastische Veränderungen noch nicht reif waren, und daß die Vereinheitlichung der Löhne erst in unbestimmter Zukunft möglich sein würde.

»Natürlich wird das gestufte Lohnsystem in einer kommunistischen Gesellschaft abgeschafft. Aber im Moment können wir noch nicht alle Ansprüche des Volkes erfüllen. Darum müssen wir nach dem Prinzip des ›Jedem nach seinen Fähigkeiten‹ handeln, bevor wir zum ›Jedem nach seinen Bedürfnissen‹ übergehen«, erklärte uns ein Arbeiter der Lohngruppe 8 in der Traktorenfabrik von Loyang. »Aber meiner Meinung nach müssen wir die Unterschiede klein halten oder sie sogar nach Möglichkeit verringern.«

Merkwürdigerweise diskutierte die chinesische Presse nur die Abschaffung des achtstufigen Lohnsystems, aber nie die weiter gefächerte Skala für Kader. Chinesische Beamte schienen eher überrascht, wenn man sie fragte, inwieweit eine solche Kampagne das Einkommensgefälle zwischen den Kadern und zwischen Kadern und Arbeitern verringern würde. Aber es ist wahr, daß in den meisten kleinen und mittelgroßen Betrieben der Vorsitzende des Revolutionskomitees nicht wesentlich mehr verdient als der langjährige Facharbeiter in der Gruppe 8. Wenn der höchste Lohn in einem Betrieb 95 Yuan beträgt, verdient der Manager selten mehr als 110 Yuan. Bei einem Höchstlohn von 120 Yuan wird er wahrscheinlich zwischen 135 und 150 Yuan bekommen. Aber die Chefingenieure in hochspezialisierten Unternehmen können auf 180 bis 250 Yuan kommen, und das ist im allgemeinen erheblich mehr als das Gehalt des Verwaltungschefs des Betriebes. Auf der anderen Seite kann der Verwaltungschef ein höheres Gehalt beziehen als der Sekretär des örtlichen Parteikomitees.

Der Direktor von Chinas größtem Stahlwerk verdient 380 Yuan im Monat – so viel wie ein Minister der Zentralregierung. Ältere Professoren an den Universitäten sind in derselben Gehaltsgruppe. Der achtzigjährige Philosoph Feng Yu-lan, der oft wegen seines Lebenswerks kritisiert worden ist, bekommt als »Professor 1. Grades« 345 Yuan im Monat. Ob seine jüngeren Kollegen dieses Einkommensniveau je erreichen werden, war auch 1978 nicht klar, als die Universitäten sich vorbereiteten, zum erstenmal seit 14 Jahren wieder Professoren zu ernennen. Bis dahin verdiente keiner der jüngeren Wissenschaftler mehr als 180 Yuan. Im Jahrzehnt vor 1978 war es zum Prinzip erklärt worden, daß die hohen Gehälter für Akademiker mit der älteren Generation aussterben würden. Dann, so hieß es, würden die Gehälter an den Universitäten denen in Fabriken und Büros angepaßt werden. Seit die Modernisierung von Wissenschaft und Technik wieder zu Chinas Hauptzielen gehört, rechnen die jüngeren Akademiker fest mit Neueinstufungen, die ihre Einkommen weit mehr erhöhen als das bei einer ersten Lohnerhöhung um 4 oder 5 Yuan Ende 1977 der Fall war. Aber die Entscheidung darüber, ob die Angehörigen der wissenschaftlichen und technischen Eliten wieder größere Vorzüge und Privilegien genießen sollen, war auch anderthalb Jahre nach Maos Tod noch nicht gefallen.

Einkommen von mehr als 150 Yuan im Monat sind in China schon jetzt selten geworden. In der Armee übersteigen die Gehälter der Kommandeure und politischen Kommissare auf Divisionsebene diese Zahl, aber nur ein paar Dutzend Spitzenmilitärs der höchsten Ränge und im Verteidigungsministerium verdienen mehr als 300 Yuan. Deng Xiao-ping hat 1974 gesagt, daß die Gruppe zwischen 300 und 400 Yuan nur ein paar tausend Chinesen umfasse, und ungefähr hundert Mitglieder der chinesischen Führungsspitze bekämen 400 Yuan oder mehr.

Es gibt für Kader zusätzliche Leistungen, die nicht im Gehalt inbegriffen sind. Während der Wintermonate bekommen Kader, die nicht in zentralgeheizten Häusern wohnen, 20 Yuan für Brennstoff. Diese Zuwendung ist in etwa mit den Vergünstigungen vergleichbar, welche die meisten Arbeiter von ihren Betrieben erwarten können – Arbeitskleidung, Seife und Handtücher, mitunter Waren zu reduzierten Preisen. Die meisten Vergünstigungen in Verbindung mit verantwortungsvollen Verwaltungsaufgaben entsprechen ungefähr denen in anderen Gesellschaften. Das Anrecht auf einen Dienstwagen – sei es ein Jeep, ein kleiner »Shanghai« oder eine schwarze russische Limousine – macht das Leben leichter, und die Frauen und Kinder, die neben ernst dreinblickenden Kadern durch Peking fahren, können nicht alle offiziell unterwegs sein. Ein gut organisiertes Sekretariat kann einem Manager oder Regierungsbeamten bei der Erledigung der lästigen Alltagsprobleme behilflich sein. Mit dem Aufstieg eines Funktionärs in der Hierarchie wächst auch die Chance, den Urlaub in einem der wenigen Ferienhäuser in den Bergen oder an der See zu verbringen. Die meisten Sanatorien sind für kranke oder invalide Arbeiter reserviert. Aber an den Küsten gibt es abgesperrte Strände und an den heißen Quellen bewachte Villen; dort sehen die Urlauber eindeutig wie hohe Kader aus – Manager und Professoren, die ihre Gesundheit wiederherstellen. Nahe dem luxuriösen Gästehaus der Provinzregierung in Kanton stellte ein junger Gast sich mir als Arbeiter vor, der in einer Prozellanfabrik in Peking Blumen auf Vasen malt. Das Geheimnis seiner Anwesenheit hier wurde gelöst, als ein ehrwürdiger älterer Herr in einer schwarzen Limousine vorfuhr: ein Richter des Obersten Gerichts in Peking und Vater des jungen Arbeiters. Offensichtlich brachte es Vorteile mit sich, ein hoher Beamter zu sein, aber dem Vater waren auch in dem, was er für seinen Sohn tun konnte, Grenzen gesetzt. In jeder Kampagne werden die Beispiele junger Männer und Frauen zitiert, die es abgelehnt haben, von der Position und dem Einfluß ihrer Eltern zu profitieren. Kader werden manchmal beschuldigt zu verhindern, daß ihre Kinder aufs Land geschickt werden oder daß sie ihnen durch die Hintertür Zutritt zur Universität verschaffen. Der Wunsch, den eigenen Kindern zu helfen, ist offenbar in drei Jahrzehnten politischer Bewußtseinsbildung nicht ausgestorben. Viele Gerüchte erzählen von den Sprößlingen hoher Beamter, die Vaters Geld bei Abendgesellschaften in Restaurants ausgeben. Solche Kritik am Lebensstil der Kader tauchte in chinesischen Zeitungen nicht nur in den Jahren vor 1976 auf, sondern war auch 1978 noch oder wieder zu lesen. Trotz aller Betonung, die auf die Rolle der Kader und Intellektuellen gelegt wurde, gab es noch keine Anzeichen dafür, daß China eine sich selbst reproduzierende Machtelite entwickelt. Eher war zu erkennen, daß gegen solche Trends noch immer ein starker Widerstand unter den führenden Männern der Partei bestand, und es schien, als werde er besonders durch den Vorsitzenden Hua Guo-feng vertreten.

Selbst mit ihren höheren Einkommen nehmen die Kader nur selten einen Lebensstil an, der sich zu sehr von dem des Restes der Bevölkerung unterscheidet. Erst in Maos letzten Lebensjahren frönte Jiang Qing kaiserlichem Luxus mit einem Hofstaat von Dienern und Ärzten, Reitpferden und niedlich angezogenen Affen. Ihr Gesinnungsgenosse Wang Hung-wen wurde beschuldigt, Autos gekauft, Jagdreisen unternommen und ganz allgemein auf großem Fuß gelebt zu haben. Der junge stellvertretende Vorsitzende der Kommunistischen Partei hatte ausländische Besucher bei seiner Ankunft in Peking durch seine ungewöhnlich schicke Kleidung beeindruckt; er trug makellose Lederstiefel und hervorragend maßgeschneiderte enge Hosen. Aber auch er mußte die übliche Uniform tragen und auffälligen Konsum unterlassen.

Der geringe Unterschied in der Kleidung macht es trotzdem leicht, Kader zu erkennen. In ihrer linken oberen Jackettasche tragen sie gern ein oder zwei Füllfederhalter, um zu verdeutlichen, daß sie mit wichtigen Verwaltungsaufgaben betraut sind. In höherer Stellung kann ihre blaue oder graue Uniform aus besserem Stoff sein. Aber es gibt keine Fachgeschäfte, die nur an Kader verkaufen und importierte oder chinesische Waren verbilligt abgeben.

Trotzdem gibt es für Kader Möglichkeiten, ihr Geld auszugeben. Wenn sie die Luxuswaren des chinesischen Marktes besitzen – Fahrrad, Armbanduhr, Radio oder vielleicht sogar einen kleinen Fernseher –, möchten sie vielleicht ein Klavier für ihre Kinder oder ein japanisches Tonbandgerät aus einem Gebrauchtwarenladen erwerben. Aber das soziale Klima begünstigt den Kauf von industriellen Konsumgütern nicht. Wer zu gut lebt, kann bei der nächsten Kampagne leicht die Zielscheibe der Kritik in der Nachbarschaft oder im Büro werden. Darum landet ein großer Teil des Geldes auf Sparkonten bei der Volksbank, wo es zur Finanzierung des Aufbaus des Sozialismus beiträgt und 3,2 Prozent Zinsen bringt. Mehr Geld wird für bedürftige Verwandte und Freunde ausgegeben. Die Chinesen aller Einkommensstufen sind bemerkenswert freigebig in der Unterstützung ihrer Eltern, älterer Onkel und Tanten oder ihrer Freunde und Verwandten. Chinesische Familien sind noch sehr stark verbunden, und in den Jahren des Aufruhrs und der Gefahr ist es bei vielen höheren Kadern üblich geworden, die Kinder toter Freunde und Kameraden zu adoptieren oder für sie zu sorgen. Meine chinesischen Bekannten erklärten mir auf meine Fragen, was man mit einer relativ großen Summe Geld, niedrigen Lebenshaltungskosten und einem begrenzten Angebot von Luxusgütern anfangen könne: daß sogar Kader mit hohem Einkommen keine Schwierigkeiten hätten, ihr Geld auszugeben. Immerhin gab es ja auch die Restaurants, wo ein gutes, aber einfaches Essen zwar billig ist, ein Abendessen für ein paar Freunde oder Verwandte aber schnell 60 oder 70 Yuan kosten kann.

Ich hatte das Gefühl, daß es trotz gewisser Ungleichheiten wenig Neid oder soziale Spannungen gab. Zeitungsartikel gegen die »bürgerliche Gewohnheit« der Prasserei bei Festessen richteten sich zwar offensichtlich gegen die Kader, fanden aber kein breites Echo. Alle Chinesen essen gern und gut, und der Aufruf zur Genügsamkeit stieß bei den Massen auf taube Ohren. Der radikale Parteiflügel hatte die öffentliche Meinung mißverstanden, als er für eine Verringerung der Einkommen und des Lebensstandards plädierte statt für die Verbesserung des materiellen Wohlergehens der Arbeiter und Bauern.

»Jedem nach seiner Fähigkeit, und mehr für den, der mehr für die Gesellschaft tut« ist ein Konzept, das die Chinesen leicht akzeptieren können. In den Kommunen erhalten die Bauern den Teil der Einnahmen, welcher der von ihnen geleisteten Arbeit entspricht. Die Arbeiter scheinen mit den Löhnen in der Industrie und selbst mit Sondervergütungen für höhere Leistung oder technische Verbesserungen einverstanden zu sein, solange die Maßstäbe vernünftig und gerecht sind. Die Chinesen glauben nicht, daß die mechanische Gleichmacherei aller Ungleichheiten oder politischer Enthusiasmus allein praktikable Konzepte sind. Aber in den Wandzeitungen bei organisierten politischen Kampagnen erschienen Proteste, die so klangen, als seien sie der spontane Ausdruck von Kritik an einzelnen Funktionären; sie führten Beispiele von Privilegien an, die nicht Belohnungen für harte Arbeit waren, sondern die auf Stellung und Einfluß in Verwaltung, Partei oder Armee beruhten. Im Sommer 1974 hängte ein Student des Fremdspracheninstituts im Stadtzentrum von Peking eine Wandzeitung auf, in der er forderte, daß Kader kein höheres Einkommen als gemeine Arbeiter haben dürften und daß alle Privilegien abgeschafft werden sollten. Innerhalb von Stunden waren alle freien Stellen auf dem Plakat mit gekritzelten Kommentaren bedeckt. Ein Mann hatte geschrieben: »Das ist utopischer Sozialismus!« Und ein anderer warnte: »Mit diesem Problem muß man sich beschäftigen, aber wir werden lange brauchen, um die Antwort zu finden.« Ein Arbeiter der Kupferdrahtfabrik schrieb: »Der Autor dieses Plakats ist ein giftiges Unkraut!« und gab seinen Namen und seine Telefonnummer gleich mit an.

Wo der Direktor die Schafe hütet

Der Mann, der die Bretter für den Bau einer Schubkarre zurechtsägte, war in Wirklichkeit der Gewerkschaftschef des öffentlichen Verkehrssystems in Xian. Aber vor langer Zeit war er Tischler gewesen, und jetzt lernte er wieder, mit seinen Händen zu arbeiten. Der Mann neben ihm hobelte ungeschickt einen Balken. Er hatte sichtlich nie eine Zimmermannsausbildung genossen. Er ist Direktor einer Motorenfabrik in Xian. Und der Schäfer, der seine Herde in die Hügel treibt, ist der Rektor einer Mittelschule. Er sagte, Schafe seien angenehme Tiere. Vor ein paar Wochen hatte er im Schweinestall gearbeitet.

Die drei Herren mittleren Alters waren Schüler der Kaderschule von Nanniwan im Nordwesten Chinas. Die Stadt Xian verwaltet die Schule und schickt Kader zu sechsmonatigen Kursen hierher – Lehrer und Ärzte, Parteisekretäre, Direktoren von Banken und Industriebetrieben und viele Beamte der verschiedenen Verwaltungsbereiche der Stadt. Viele sind Kader niedriger oder mittlerer Ränge. Von den Volkskommunen in der Gegend um Xian werden nur die Vorsitzenden zugelassen: Die Schüler sind in Nanniwan, um die Härte des Landlebens kennenzulernen, und die kennen die niedrigeren Kader der Kommunen zur Genüge.

Die Kaderschule von Nanniwan ist nach dem 7. Mai benannt. An diesem Tag im Jahre *1966* gab Mao die Direktive heraus, daß die Armee neben dem Studium der Politik und der Kriegführung auch auf dem Lande arbeiten und kleine Industriebetriebe aufbauen solle. Wann immer es die Umstände erlaubten, sollten die Leute aus Industrie, Partei- und Regierungsorganisationen – so die Direktive – sich ebenfalls daran beteiligen. Im November *1966* eröffnete die Stadt Xian ihre Kaderschule in Nanniwan. Der Ort hat Geschichte. Als die Kommunisten in Yenan waren, um die Blockaden der Japaner und der Guomindang-Truppen zu überleben, beorderte Mao die 359. Brigade der 8. Armee in das sumpfige, wilde Tal von Nanniwan. Sie kultivierten das Land und bewiesen, daß sie ihre eigenen Lebensmittel produzieren konnten, während sie zur gleichen Zeit ein strategisch wichtiges Tal bewachten.

Um an diese Tradition zu erinnern, beginnt jeder Kurs der Kaderschule mit einem langen Marsch. Die Kader werden im Bus nach Yenan gebracht, um die historischen Höhlen zu besuchen, in denen der Vorsitzende lebte und arbeitete. Von dort müssen sie laufen. Die unbewohnte Berglandschaft durchquert man auf einer Asphaltstraße in 8 bis 10 Stunden. Dann schwenken die Marschierenden in ein kleineres Tal ein. Die Gebäude der Kaderschule sind seit 1968 gewachsen und sehen recht bequem aus.

An jedem Kurs nehmen ungefähr 700 Schüler teil. Insgesamt waren 6000 Kader aus Xian in Nanniwan. Die ersten Gruppen fanden ein unbewohntes Tal vor und mußten die Schlafräume bauen, die ein wenig den Höhlen in Yenan ähneln. Jetzt gibt es 300 Räume, und die Schule wächst immer noch. 80 Männer und Frauen bauten gerade ein zweistöckiges Gebäude für einen Vortragssaal und eine neue Kantine. Die Schüler des vorigen Kurses hatten ein Badehaus gebaut.

Der Mann, der die Bauarbeiten beaufsichtigt, ist normalerweise Produktionsleiter in einem Bauunternehmen in Xian. Er weiß, was zu tun ist und wie er seine Helfer ausbilden muß. Die meisten scheinen Lehrer zu sein, die mauern lernen. Die anderen Schüler der Kaderschule arbeiteten in der Landwirtschaft. Sie brachten Wasser auf die Felder, jäteten das Unkraut in den Gemüsegärten und verwandelten die Hänge in Terrassenkulturen. Es gibt Schweine, Schafe, Ziegen, Enten und Hühner – Lehrmaterial für die Schüler aus der Stadt und später auch Verpflegung. Obstgärten auf den Hügeln liefern Obst für die Schule, und in den Büchern ist mit Stolz verzeichnet, daß die Schüler in fünf Jahren 370 Tonnen Getreide geerntet haben. Im Tal haben frühere Schüler einfache Werkstätten errichtet: eine Tischlerei, eine Mühle, eine Ziegelbrennerei.

Fast alles hier haben die Schüler selbst gemacht, sogar den einfachen Operationstisch in dem einzigen Raum der Arztstation. Wenn keine Patienten zu behandeln sind, arbeitet der Arzt auf dem Feld. In der Stadt arbeitet er in der psychiatrischen Klinik Nr. 10 in Xian. Seine Kollegin ist normalerweise Ärztin im Roten-Kreuz-Krankenhaus von Xian. Im Kurs Nr. 8 der Nanniwan-Kaderschule fand ich Chirurgen, Gynäkologen, Internisten, Apotheker und Krankenschwestern aus neun Krankenhäusern in Xian. Alle haben ihre Aufgaben in den Werkstätten oder auf den Feldern. Bei schweren Erkrankungen werden sie ihre medizinischen Fähigkeiten unter den einfachen Bedingungen eines Dorfkrankenhauses beweisen müssen.

Alle Schüler haben den ersten Monat ihres Kurses mit den Bauern in einer nahegelegenen Kommune verbracht. Sie haben bei einer Bauernfamilie gegessen, gearbeitet und geschlafen – für viele ein echtes Erlebnis. Sie haben auch an der Entwicklung des Dorflebens mitgeholfen. Die Ärzte haben die örtlichen Sanitäter ausgebildet und bei der Verbesserung der kleinen Klinik geholfen. Technisch versierte Kader haben die Bauern in landwirtschaftlicher Mechanisierung unterwiesen oder beim Bau neuer Häuser mitgeholfen. Nach der Arbeit haben sie alle an politischen Arbeitskreisen teilgenommen und die Anwendung der Lehren von Marx und Engels auf das Leben in einem chinesischen Dorf erläutert.

Das Leben mit den Bauern, die Feldarbeit und die Arbeit in den Werkstätten machen den größten Anteil des Studienplans aus. Abends finden an der Schule politische Kurse statt.

In einer der Höhlen arbeitete eine kleine Gruppe an ihrem Abschlußbericht. Der Kurs näherte sich dem Ende; es gebe zwar keine Prüfung, sagten sie uns, aber ihr Bericht sollte zeigen, was sie gelernt hatten und ob ihr politisches Bewußtsein sich positiv verändert hatte. Die Gruppe bestand aus einem Buchhalter, einer Sekretärin, einem Verwaltungsbeamten und einem Arzt. Sie waren sicher, daß ihr Bewußtsein sich durch den vierwöchigen Aufenthalt bei den Bauern und die fünf Monate körperlicher Arbeit verändert hatte. Und natürlich seien die vielen Stunden, die sie mit politischen Studien zugebracht hatten, eine Erziehung für sich gewesen.

In einem Versammlungsraum saß eine andere Gruppe über ihren Studien. Das älteste Mitglied war ein Veteran der Yenan-Jahre und seit 1939 Parteimitglied. Mit 56 Jahren war er eigentlich sechs Jahre zu alt, um Schüler in Nanniwan zu sein, wo nur gesunde Leute unter 50 Jahren angenommen werden. Aber er wollte noch einmal den Geist von Yenan erleben, so sagte er, und er habe sich mehrmals beworben, bis er schließlich seine Arbeit als stellvertretender Parteisekretär in Xian für ein halbes Jahr verlassen durfte. Neben ihm saß die einundzwanzigjährige stellvertretende Parteisekretärin des Friedens-Restaurants in Xian, ein junges Mädchen, dem in ihrer Stellung das einfache Leben der Massen nicht allzu fremd ist. Ich hätte sie gern gefragt, warum sie den Kurs in Nanniwan brauchte. Aber der Leiter der Schule antwortete schneller. Sie sei, so sagte er, in der Stadt aufgewachsen und sei kaum jemals in einem Dorf gewesen. Deshalb sei der Kontakt mit dem Leben der Bauern und mit der Landwirtschaft für ihre politische Bildung notwendig.

Der Leiter eines Konstruktionsbüros, ein dünner, nervöser intellektueller Typ, begann eine lange, weitschweifige Rede darüber, wie positiv der Kurs sein politisches Bewußtsein und seine Einstellung beeinflußt habe. Als er fertig war und der Kulturredakteur der Tageszeitung von Xian zu seinen Ausführungen kommen wollte, beschloß der Leiter der Schule, daß ich genug gehört hatte. Er war schon jahrelang an der Schule und schien keine Überraschungen von den Reden seiner Schüler zu erwarten. Er und sein Stellvertreter sind vorzügliche Organisatoren, aber nicht gerade geduldig, und sie leiten die Schule bestens.

Die Kader an der Schule schienen nicht unter Druck zu stehen. »Als ich im Büro gearbeitet habe, konnte ich nicht gut schlafen und hatte keinen Appetit«, erklärte ein Buchhalter. Jetzt gehe es ihm viel besser. Der Schulleiter sagte uns, die meisten Schüler nähmen während des Kurses zu. »Besonders die Frauen, wenn sie die Schule verlassen, wiegen sie fünf bis sechs Pfund mehr.« In China, wo Schlanksein kein modisches Ziel ist, gilt es als erstrebenswert, zuzunehmen. Und in der Regel haben die Kader, die für ein halbes Jahr an die Schule kommen, keinerlei Sorgen. Sie bekommen ihr volles Gehalt weiter und können davon sogar einiges sparen, weil sie für Unterkunft und Verpflegung nur 12 Yuan im Monat bezahlen. Ihre Stelle in der Stadt ist ihnen sicher, und sie schienen etwas überrascht, als ich sie fragte, ob ihre Kollegen im Büro nicht in den sechs Monaten merken könnten, daß sie auch ohne sie ganz gut zurechtkämen. Wer sich als guter Schüler bewährt hat, darf bei der Rückkehr sogar auf Beförderung hoffen. Die Arbeit war nicht furchtbar anstrengend. Die Sonntage sind frei, und wenn auch die Teilnehmer den Kurs nur in dringenden Fällen verlassen dürfen, kommen doch Familienmitglieder an den Wochenenden zu Besuch.

Es wird 10 bis 15 Jahre dauern, bis alle Kader von Xian die Schule von Nanniwan durchlaufen haben. Viele sagen, daß sie dieses Erlebnis brauchen. »Einer der Sekretäre sagte mir, ich denke zu oft nur an gute Kleidung und an ein angenehmes Leben«, erzählte der stellvertretende Bürgermeister von Xian, Zhang Yun-bo. »Der Rückfall in die bürgerliche Ideologie fängt oft mit dem Wunsch nach persönlichen Annehmlichkeiten an.« Der Kurs in Nanniwan habe seine Einstellung positiv beeinflußt. Er habe verstanden, daß er sein Denken immer und immer wieder neu gestalten müsse, um in der Lage zu sein, seine ganze Kraft dem Aufbau des Sozialismus zu widmen. Zukünftig wolle er bei Fabrikinspektionen bei den Arbeitern leben, essen und arbeiten.

Es schien mir ein vernünftiges System zu sein, um die Beamten, Ärzte und Lehrer aus dem Trott ihres Stadtlebens zu reißen. Es ist schwerer zu sagen, wieviel sie tatsächlich über die Mühsal des Landlebens – also das normale Leben der chinesischen Millionen – lernen. Aber ich hatte das Gefühl, daß dieses Erlebnis den Angehörigen der Eliteberufe nicht schadete. Die ersten Kaderschulen nach der Kulturrevolution sind oft als Arbeitslager zur Umerziehung der Intellektuellen beschrieben worden. Sicherlich waren sie viel strenger als heute. In der Mitte der siebziger Jahre machten sie nicht den Eindruck von harten Umschulungsinstitutionen. Es gab Leute, die bis zu zwei Jahren an den Kaderschulen ihrer Ministerien und Organisationen verbringen mußten, und obwohl ich nie ein Wort der Klage von ihnen gehört habe, hatte ich das Gefühl, die Härte und der Umerziehungskurs kämen einer Strafe gleich. Andere erinnerten sich sehr gern an ihre Kaderschultage. Die Bauern, die sie nie vorher gekannt hatten, waren doch ganz nett und sehr interessant. Es machte Spaß, ins Dorf zu gehen, ein Huhn zu kaufen und es dann als Sonntagsessen zu kochen; und es machte noch viel mehr Spaß, eine Schildkröte für das Ragout selbst zu fangen. Schafe zu hüten, seine Sachen selbst zu flikken oder als Koch in der Kantine zu arbeiten war eine interessante Abwechslung für den Manager einer Textilfabrik oder für den Leiter eines Regierungsbüros. Und dann konnte man auch außerhalb der politischen Schulungen allerlei lernen. Schließlich hatten viele der anderen Schüler auf ihrem Gebiet wichtige Stellungen inne und waren Fachleute, die Interessantes über ihr Spezialgebiet berichten konnten. So mochte ein Professor in den frühen Morgenstunden vor dem Frühstück seinen Schulkameraden Englischunterricht geben; ein Fabrikmanager sprach vielleicht über Kostenplanung oder ein Verwaltungsbeamter über die Organisation der Regierungsbereiche. Und Zeit für Unterhaltungen und den Austausch von Klatsch, den die Chinesen wie jedermann lieben, war immer da.

Es gibt Tausende von Kaderschulen in China. Diejenigen, die ich besucht habe, waren einfach, aber nicht spartanisch. Zu viert oder sechst in einem Schlafsaal zu hausen fällt den Chinesen nicht sehr schwer, denn sie sind an beengte Wohnverhältnisse gewöhnt. Und wenn im Tagesplan zwei Stunden für Mittagessen und Ausruhen vorgesehen sind, kostet es auch nicht allzuviel Überwindung, morgens um sechs zum Frühsport aufzustehen und dann einem Tag körperlicher Arbeit und politischen Unterrichts entgegenzusehen – und die Ruhezeit wurde mit fast religiösem Eifer eingehalten. Über den Kaderschulen, die ich Mitte der siebziger Jahre besucht habe, schien keine dunkle Wolke politischer Zwangserziehung zu hängen. Allerdings war ich auch nicht sicher, wie nahe die Kader den Bauern tatsächlich kamen.

ERZIEHUNG UND BILDUNG

Ein ganzes Land auf der Schulbank

China erscheint wie ein riesiges Schulsystem mit 900 Millionen Schülern. Winzige Knirpse sitzen im Kindergarten und lernen Verse über die Notwendigkeit von Sauberkeit, Gehorsam und die Befolgung der Lehren des Vorsitzenden auswendig. Alte Männer rauchen ihre langen Pfeifen und versammeln sich in den Höfen ihrer Häuser, um sich die Leitartikel der Zeitungen vorlesen und erklären zu lassen, und dann vergleichen sie das neue China mit dem bitteren Leben in der alten Gesellschaft. Ein riesiges Netz von Schulen und Universitäten, Abendschulen und Schulungskursen überzieht das ganze Land von den Großstädten bis in die ausgedehnten Steppen, wo berittene Lehrer die Lager der Hirten besuchen, um ihnen das Alphabet und die Theorie von der Diktatur des Proletariats beizubringen.

Bildung stand immer schon bei den chinesischen Kommunisten an erster Stelle. Selbst in den frühesten Jahren der Untergrundkämpfe und des Guerillakrieges organisierten sie Schulungskurse und Behelfsschulen für Erwachsene und Kinder. Bildung bedeutet mehr als berufliche Schulung oder akademische Studien. Sie soll vielmehr die Persönlichkeit und die Ansichten der Schüler formen und das Leben der Gesellschaft verändern. In dieser Beziehung verbinden sich die älteren konfuzianischen Vorstellungen über die Aufgabe von Bildung mit Maos Ideen, obwohl die Inhalte radikal geändert wurden. Statt die Schüler akademisches und technisches Wissen zu lehren, betrachtete man es als die hervorragende Funktion von Bildung, kommunistisches Denken und Verhalten zu vermitteln, die theoretische Basis des Parteikurses zu erläutern und ein allumfassendes Gesellschaftsmodell zu präsentieren. Es ist richtig, daß Schulen überall grundsätzlich politisch sind, ob sie nun versuchen, soziale Wertstrukturen zu bewahren oder sie in Frage stellen und verändern wollen. Aber nirgendwo hat ein Bildungssystem seine Rolle als Instrument für soziale Veränderungen so betont wie in China unter dem Einfluß von Maos Ideen.

Als die Kommunisten 1949 an die Macht kamen, fanden sie ein riesiges Land mit einem unterentwickelten Bildungssystem vor. Nur eine Minderheit der Kinder besuchte regelrechte Schulen über mehrere Jahre hinweg, und den Massen der Bauern waren sie praktisch verschlossen. Es gab wenige Universitäten und noch weniger Institutionen für höhere technische Ausbildung. Nur eine gewaltige Anstrengung zentraler Organisation und lokaler Initiative und Experimente ermöglichten es den neuen Machthabern, ihr einmaliges System institutioneller und informeller Bildung zu schaffen. In den Jahren der Revolution und des Krieges hatten die Kommunisten wertvolle Erfahrungen im Zusammenleben mit den Bauern in einigen der ärmsten und rückständigsten Gegenden Chinas gesammelt. In den Jahren von Yenan hatten sie in dem von ihnen beherrschten Gebiet damit begonnen, ein den Standardsystemen in Chinas Großstädten nachempfundenes institutionelles Bildungssystem einzuführen. Aber die Texte, Lehrpläne, Aufnahmebedingungen und Prüfungen waren für die Erfordernisse der armen Bauern und Kämpfer ihrer Revolutionsarmeen nicht geeignet. So wurden die Kurse geändert und auf eine grundlegende und praxisorientierte Bildung ausgerichtet. Sie stützten sich weniger auf akademisch ausgebildete Lehrkräfte als vielmehr auf Parteikader, Soldaten und Ortsansässige, die ihre Fertigkeiten weitergeben konnten. Die Schulen waren mit Armee-Einheiten, Dorfverwaltungen und Werkstätten verbunden und nicht mehr Teil eines formalisierten Bildungssystems. Über den Bedingungen von Revolution und Krieg orientierte sich selbst die höchste Bildungsinstitution an den praktischen und ideologischen Erfordernissen der Zeit. Ihr Name »Antijapanische Universität« macht deutlich, daß sie nicht ein Abbild jener akademischen Institutionen sein sollte, die mit ausländischer Hilfe in Chinas Städten errichtet worden waren.

Nach dem Sieg der Kommunisten mußten diese Bildungsvorstellungen allerdings wieder in Frage gestellt werden. Was brauchte China, um sich zu einem sozialistischen Industriestaat, der Experten und Ingenieure, Verwalter und Manager benötigte, entwickeln zu können? Die neue Regierung reorganisierte die Schulen und Universitäten nach den sowjetischen Modellen mit ihrer Tradition strenger akademischer Prüfungen und hochdisziplinierter Paukerei. Es schien das schnellste und meistversprechende System zu sein, aber von Anfang an gab es Zweifel. Das neue System mochte in den Städten funktionieren, aber es brachte keine befriedigende Lösung für die Hunderte von Millionen in den Dörfern und ländlichen Gegenden. Die notwendige Anzahl von Lehrern war nicht vorhanden, und die aus dem Russischen übersetzten Lehrbücher und pädagogischen Richtlinien hatten keinen Bezug zu der Situation in den chinesischen Städten und Dörfern. Außerdem, so erkannte Mao bald, bestand auch eine politische Gefahr. Die Universitäten und selbst die weiterführenden Mittelschulen bildeten eine kleine Zahl von Intellektuellen und Experten in den Städten aus. Mao befürchtete, daß man so eine neue technische, den Massen der Bauern und Arbeiter entfremdete Elite produzierte, und daß eine neue Klasse im Entstehen begriffen war. Gegen Ende der fünfziger Jahre wurden daher die in Yenan entwickelten Modelle wieder ins Bildungssystem eingeführt. Die Kurse wurden kürzer und ihr Inhalt politischer – insbesondere, nachdem die Partei während der kurzen Tage der »Hundert-Blumen-Kampagne« herausgefunden hatte, daß die Intellektuellen noch immer den offiziellen Lehren gegenüber kritisch waren oder sie anzweifelten. Außerdem war dies die Zeit der Ernüchterung über die Sowjetunion und der Experimente mit neuen Formen der Organisation und Produktion in Industrie und Landwirtschaft. Als der »Große Sprung nach vorn« in den frühen sechziger Jahren beendet war, als die Abreise der sowjetischen Experten den Industrialisierungsprozeß verlangsamte und als schlechte Ernten ernste Nahrungsmittelengpässe verursachten, schwang das Pendel zurück zu stärkerem Vertrauen in das formalere, hochorganisierte sowjetische Bildungsmodell. Aber diesmal folgte darauf eine heftige Reaktion. Die Kulturrevolution sollte sowohl die Tradition konfuzianischer Bildungskonzepte wie auch die westlichen Modelle – ob nun in ihrer bürgerlichen oder sowjetischen Form – beseitigen.

Als Schüler und Studenten in den Städten die etablierte Führung ihrer Institute, des Staates und der Partei bekämpften und die »wahren« Gedanken Mao Tse-tungs proklamierten, war Chinas Bildungssystem für mehrere Jahre effektiv zusammengebrochen. Der politische Kampf an den Universitäten wurde zum Bürgerkrieg – die Rebellengruppen bekämpften sich gegenseitig mit Speeren und Molotow-Cocktails, mit Gewehren und selbstgebastelten Panzern, und sie besetzten und zerstörten Universitätsgebäude und Institute. Im Sommer 1968 waren Aufruhr und Unruhe zu weit gegangen. Soldaten- und Arbeiterkontingente zogen in die Universitäten und besetzten sie – manchmal unter Kämpfen und Blutvergießen. Alle Universitäten und die meisten technischen Akademien wurden geschlossen, die Studenten zur Arbeit bei den Bauern aufs Land geschickt, und um die Lehrer kümmerten sich Soldaten und Propagandatrupps, die sie umerzogen und ihr Denken und ihre Anschauungen umformten.

Die Mittelschulen nahmen die Arbeit bald wieder auf, aber sämtliche chinesischen Universitäten blieben zwei, manche drei Jahre lang geschlossen. Als sie wieder eröffnet wurden, bildeten sie eine andere Art von Studenten aus, die nicht mehr direkt von den Mittelschulen kamen, sondern jahrelang in der Landwirtschaft und Industrie gearbeitet hatten. Ihre Kurse waren auf die Hälfte der früheren Dauer reduziert und orientierten sich an praktischer Arbeit und politischen Studien. Es gibt keine veröffentlichten Zahlen über die Anzahl der Universitäten und Studenten in China. Es scheint zwar, als ob alle etwa 300 Universitäten und Akademien schließlich wieder geöffnet wurden, aber die Anzahl der Studenten war selbst in der Mitte der siebziger Jahre wesentlich geringer als vor der Kulturrevolution. Von 1949 bis 1965 war die Studentenzahl an den Institutionen höherer Bildung auf etwa 700000 gestiegen. Den besten verfügbaren Schätzungen zufolge war ihre Zahl 1973 auf 350000 oder 450000 gesunken – Zahlen, die denen der frühen fünfziger Jahre nahekommen. Es schien, als ob Chinas Führer sich gegen ein pyramidenförmiges Bildungssystem und für ein flexibleres System informeller Ausbildung mit breiter Basis entschieden hatten.

Die Diskussion um die Bildungserfordernisse für die Entwicklung Chinas kennzeichnete die chinesische Politik bis 1976, als das Bildungswesen zum Brennpunkt einer radikalen Kampagne zur Vertreibung von Vizeministerpräsident Deng Xiao-ping und seiner Anhänger wurde. Als seine Feinde nach dem Tode Maos entmachtet wurden, begann auch die Debatte um Chinas Bildungssystem von neuem. Als die Diskussion nicht mehr als Instrument im Machtkampf der Parteiflügel diente, begann man, die Vor- und Nachteile der nach der Kulturrevolution eingeführten Veränderungen abzuwägen. Auf die damit verbundenen Fragen gibt es keine einfachen Antworten, doch die Mehrheit der chinesischen Führungsmitglieder war sich jetzt darüber einig, daß Chinas Universitäten nach der Kulturrevolution nicht genügend Ingenieure und Naturwissenschaftler für die Modernisierung von Industrie und Landwirtschaft produziert hatten und ihre Qualifikationen gefährlich gering waren.

Die Universitäten, spezialisierten Institute und Forschungsinstitutionen hatten am meisten unter den extremistischen Experimenten, der politischen Agitation und den Kämpfen gelitten. Höhere Bildung war zum schwächsten Glied im chinesischen System geworden. Selbst das politische Ziel der Beteiligung von Arbeitern am Universitätsbetrieb und an der Revolutionierung der Studenten rechtfertigte kaum die mageren Resultate einer akademischen Ausbildung, die das Studium wissenschaftlicher Theorien einschränkte und strenge Anforderungen wie Prüfungen unter dem Schlagwort der Beseitigung von Ungleichheit abgeschafft hatte. Die Voreingenommenheit gegen institutionelle höhere Bildung, die nach der Kulturrevolution vorherrschte, hatte sich auf der anderen Seite vorteilhaft in einem weiten Netz von Erneuerungen und Experimenten informeller Erziehung niedergeschlagen, das den Ansprüchen eines Entwicklungslandes gerecht wurde. Außer den Universitäten und Instituten vergleichbaren Niveaus gibt es die fabrikeigenen Arbeiteruniversitäten, die von den Universitäten für die Bauern in ländlichen Gegenden durchgeführten Kurse, Abendschulungen zur Vermittlung technischen Wissens für Industrie und Landwirtschaft, berufsbildende Mittelschulen, die Techniker oder Krankenschwestern in sechsmonatigen bis zweijährigen Kursen ausbilden, sowie Intensivkurse in Fächern wie Hygiene und Gesundheitsfürsorge für Sanitäter in Fabriken und ländlichen Kommunen. Es ist unmöglich, abzuschätzen, wie viele Menschen mit diesen Methoden der informellen oder beruflichen Schulung ausgebildet werden. Aber ihre Zahl muß groß sein, und ihr Beitrag zur Schaffung einer breiten Basis der Entwicklung ist außerordentlich wichtig. Viele Zweifel und Fragen konzentrieren sich auf den universitären Bildungsbereich in China und dessen zukünftige Orientierung. Die Innovationen auf dem Gebiet der Massenbildung werden auf die Dauer vielleicht Chinas wichtigster Beitrag und ein nützliches Modell für Entwicklungsländer sein, die Anforderungen auf dem Gebiet der Bildung stellen, die von den Systemen der hochindustrialisierten Länder nicht befriedigt werden können.

Wohin ich in China auch fuhr, fand ich Beispiele lokaler Initiative und Schulversuche für Kinder und Erwachsene. Auf die Bemühungen, das Fach- und Wissensniveau durch den Einsatz von Lehrkräften anzuheben, die zwar kaum institutionell geschult wurden, die aber über praktische Erfahrung und Enthusiasmus verfügen, werde ich wiederholt in der Beschreibung des Lebens in Dörfern, Stadtbezirken und Fabriken zurückkommen. Das folgende Kapitel behandelt hauptsächlich die institutionelle Bildung in den Schulen und Universitäten.

Zwischen Disziplin und Rebellion: Schulen im Reformstreit

Die Mittelschule Nr. 61 liegt in geringer Entfernung südlich von Kanton. Kleine Dörfer sind zwischen Gemüsefeldern verstreut. Alle paar Kilometer steht eine einsame Fabrik oder ein mehrstöckiges Wohnhaus inmitten von Feldern, so als ob jemand hier eine Stadt hätte gründen wollen und es dann wieder aufgegeben hätte. Nach einem Dutzend Kilometern rücken die Häuser enger aneinander. Der Verkehr wird dichter. Bei dem kleinen Einkaufszentrum stehen Fahrgäste an der Bushaltestelle Schlange, und sie lassen sich nicht von zwei schwarzen Ferkeln stören, die zwischen ihnen herumlaufen. Gegenüber der Haltestelle bewachen zwei junge Mädchen das Tor der Mittelschule Nr. 61.

Die Schule hat 2700 Schüler und 131 Lehrer. Ihre Stimmen hallen durch die Flure, wenn sie in den Klassenräumen Texte aufsagen. In chinesischen Schulen legt man noch Wert auf Auswendiglernen und Aufsagen im Chor. 54 Schüler im Englischkurs sitzen an ihren Tischen und wiederholen die Lektion »Unser Klassenzimmer«. Sie fängt so an: »Vorne in der Klasse ist eine Tafel. Über der Tafel ist ein Bild vom Vorsitzenden Mao. Neben der Tafel sind zwei Landkarten. Ist das eine Karte von China? Nein, das ist eine Weltkarte.« Das Lehrbuch vermittelt mehr als nur Vokabeln. Jedes Kapitel enthält eine Lektion. Eins heißt: »In Peking scheint eine goldene Sonne« – und es handelt, natürlich, vom Vorsitzenden Mao. Andere Kapitel ermahnen die Schüler, ihre Bücher sorgsam zu behandeln oder ihre guten kommunistischen Lehrer zu verehren. Der Englischlehrer liest einen Satz vor, und die Schüler wiederholen ihn zusammen. Man sagt mir, die Lehrer glaubten, daß die Schüler in den Sprachkursen viel rascher Fortschritte machen, weil die Lehrmethode seit der Kulturrevolution soviel lebendiger geworden sei. Aber in den Sprachkursen läßt sich eine solche Veränderung nur schwer feststellen, und auch der Unterricht in chinesischer Literatur ähnelt mechanischem Auswendiglernen. 50 Schüler lesen einen einfachen Text von Lu Xun: »Mein Heim.« Der Lehrer fragt nach den Hauptthemen des Stücks, aber er wartet die Antworten nicht ab. Er schreibt einige Sätze aus seinem Notizbuch an die Tafel. Dies seien, so erklärt er, die Hauptgedanken. Ein Junge steht auf und liest sie laut vor. Der Rest der Klasse wiederholt seine Worte.

Im Chemieunterricht sieht es anders aus. Ein junger Lehrer bereitet ein Experiment vor; er mischt Flüssigkeiten und Pulver in Glasgefäßen und erzählt von der praktischen Anwendung von Chemikalien in der Landwirtschaft. Ein Mädchen mit langen Zöpfen wird nach vorn gerufen und mischt ein paar Substanzen. Sie erklärt die Formeln, und der Lehrer schreibt sie an die Tafel. Die Schüler scheinen interessiert, als das Mädchen seine Testresultate genau erklärt. Wie in den meisten chinesischen Schulen ist der naturwissenschaftliche Unterricht lebendiger als die Lektionen in anderen Fächern.

In der Mittelschule Nr. 61 sind die Klassenräume sehr einfach möbliert. Die weißgetünchten Wände werden allmählich grau. Die schmalen Bänke haben keine Rückenlehne, die Tische ein Brett für die Hefte und die grünen Leinwandtaschen der Schüler. Und außerdem gibt es noch – wie es im Englischbuch steht – eine Tafel, ein Bild von Mao, eine Landkarte von China und eine Weltkarte. Hinten in den Klassen sind besonders gelungene Aufsätze an einem Draht aufgereiht. Sie handeln von Handarbeit in der Fabrik oder erklären, warum die Schüler auf dem Land arbeiten und von den Bauern lernen wollen.

Nur ein Teil des Unterrichts findet in den Klassenräumen statt. Die Schüler müssen in den Schulwerkstätten oder in Fabriken arbeiten. »Unterricht der offenen Tür« soll garantieren, daß die Schüler nicht durch Bücherwissen irregeführt werden. Einer der Lehrer erklärt mir, daß es seit der Kulturrevolution das vorrangigste Erziehungsziel gewesen sei, Theorie und Praxis nicht zu trennen. Vor dieser Zeit wurden die Schulen von bürgerlichen Intellektuellen geleitet und waren von Produktion und Klassenkampf losgelöst. Heute sei abstraktes Wissen weniger wichtig als Beteiligung an Revolution und Arbeit, so sagte der Lehrer. »Wir müssen immer noch das konterrevolutionäre Element in der Bildung kritisieren. Die Bildungsrevolution ist die Erweiterung der Kulturrevolution.«

Aber seit dem Ende der Kulturrevolution hat es viele Veränderungen gegeben. Die Roten Garden, eine Organisation der Studenten und Mittelschüler, rebellierte im Namen Maos gegen die Partei und die Verwaltung. Die Rebellion endete im Chaos, und die Armee mußte die Ordnung wiederherstellen. 1968 besetzten Arbeiter und Soldaten die Mittelschule Nr. 61 und organisierten ein Revolutionskomitee. Nach drei Jahren zog die Armee ab. Die Arbeiter blieben, um die Umgestaltung der Schule zu leiten. Der frühere Rektor der Mittelschule Nr. 61 wurde Vorsitzender des Revolutionskomitees. Dessen Mitglieder heute: drei Lehrer, zwei Schüler, zwei Hausmeister, ein Mitglied der Arbeiterpropagandagruppe und sieben Kader. Der ehemalige Rektor ist in das Schulamt der Stadt Kanton aufgerückt. Einige Lehrer – Mitglieder des ersten Revolutionskomitees – sind an andere Schulen geschickt worden. Und die Schülervertreter müssen natürlich regelmäßig ersetzt werden. Dann findet eine Art Wahl statt, an der sich alle Schüler beteiligen. Die Klassen nennen ihren Lehrern die Namen von Kandidaten, und die Lehrer geben sie an das Revolutionskomitee weiter. Einige Namen werden von der Liste gestrichen, andere angenommen, und vielleicht fügt das Revolutionskomitee auch noch ein paar Namen würdiger Kandidaten hinzu. Dann wird die Liste in allen Klassen diskutiert. Eine Abstimmung findet nicht statt, aber der Lehrer sammelt die Meinungen der Schüler und leitet sie an das Revolutionskomitee weiter. Am Ende, so erklären die Lehrer, wird man sich über die neuen Mitglieder des Revolutionskomitees einigen. Dann müssen die höheren Partei- und Verwaltungsorgane der Wahl zustimmen.

Eintausend Schüler gehören der Roten Garde an. Ihre Organisation ähnelt kaum noch jenen Einheiten der Roten Garde, die während der Kulturrevolution wüteten. Sie ist jetzt eine Institution, der nur die strebsamsten und gewissenhaftesten Schüler angehören dürfen, und sie untersteht dem Kommunistischen Jugendverband und der Partei. Der Jugendverband hat 400 Mitglieder, deren Aufgabe es ist, ihren Mitschülern bei der Schularbeit zu helfen. Sie geben Schülern, die sonst durchfallen würden, Nachhilfeunterricht. Niemand an der Mittelschule Nr. 61 soll durchfallen. Von den Klassenkameraden wird erwartet, daß sie schwache Schüler mit durchziehen, ihnen bei den Hausaufgaben helfen oder aufpassen, daß sie diese richtig machen. Theoretisch müßte jeder in einem System ohne Examina durchkommen, und Examina sollten während der Kulturrevolution abgeschafft werden. Aber in irgendeiner Form kommen sie doch wieder. An der Mittelschule Nr. 61 gibt es zwei Prüfungen pro Halbjahr. Die Lehrer erklären, die Methoden hätten sich geändert. Jetzt zähle nicht das Buchwissen, sondern die Fähigkeit der Schüler, ein Problem zu analysieren und zu lösen. Die Schüler können zu diesen »offenen Prüfungen« Nachschlagewerke mitbringen. Aber, so geben die Lehrer zu, es gibt sogar einige Prüfungen, zu denen die Schüler keine Bücher mitbringen dürfen. Bei Sprachprüfungen sind keine Lexika erlaubt. Diese Art von Prüfungen ist völlig neu. Die Lehrer behaupten: Früher waren Prüfungen Überraschungsangriffe auf die Schüler, jetzt arbeiten Lehrer und Schüler zusammen. Und niemand fällt durch.

Aber nur 70 Prozent der Schüler kommen von der Unter- zur Oberstufe der Mittelschule. Es fällt den Lehrern schwer, zu erklären, welche Schüler weitermachen und welche in die Fabriken gehen. Sie wiederholen, daß es mit Prüfungen und Examina nichts zu tun habe. Einer der Lehrer sagt, es sei eine Altersfrage. Schüler, die am Ende der Unterstufe 16 Jahre oder älter sind, gehen normalerweise nicht in die Oberstufe. Einige dieser älteren Schüler kommen vom Land. Sie haben später mit der Schule angefangen und verlassen sie bereits mit 16 Jahren, um mit ihrer Familie auf dem Bauernhof zu arbeiten, fügt ein anderer Lehrer hinzu. Ich äußere, daß dieses System ziemlich unfair erscheint. Die Lehrer überlegen noch einmal und geben zu, daß einige der Schüler, die nach der Unterstufe abgehen, älter seien als die anderen, weil sie dieselbe Klasse zweimal gemacht haben. Überhaupt sei das Alter nur *ein* Kriterium, da der Wille zu harter Arbeit, die Qualität der Leistungen und Prüfungsergebnisse ebenfalls zählten. Es fällt den Lehrern wirklich schwer, das Selektionssystem zu erklären. Offiziell gibt es keine Prüfungen. Offiziell sind alle Schüler gleich gut. Aber in der Praxis muß eine Auswahl getroffen werden. In der Mittelschule Nr. 61 wird die endgültige Entscheidung vom Schulamt in Kanton gefällt. Das Amt entscheidet, wie viele Schüler von der Unter- in die Oberstufe kommen.

Die Rolle von Prüfungen im chinesischen Bildungssystem ist seit der Kulturrevolution ein Streitpunkt. Ein paar Jahre lang hatte man sie ganz abgeschafft. Dann wurde in aller Stille wieder ein Prüfungssystem eingeführt. Aber Ende 1975 geriet es wieder unter Beschuß, und die Lehrer mußten äußerst vorsichtig sein. Ideologisch gesehen waren Prüfungen falsch und ein Überbleibsel der Vergangenheit. Aber praktisch war ein Selektionssystem notwendig.

In der Mittelschule Nr. 61 hatten die Schüler ungefähr 30 Unterrichtsstunden, verteilt auf sechs Schultage. Der Unterricht in den unteren Klassen besteht aus:

5 Stunden Politikunterricht
6 Stunden Chinesisch
6 Stunden Mathematik
2 Stunden Physik
3 Stunden Chemie

2 Stunden Geschichte
4 Stunden Fremdsprachen
1 Stunde Musik und revolutionäre Kultur
2 Stunden Sport

Der wöchentliche Stundenplan für die oberen Klassen:
5 Stunden Politikunterricht
6 Stunden Chinesisch
6 Stunden Mathematik
3 Stunden Physik
3 Stunden Chemie
4 Stunden Fremdsprachen
1 Stunde Elementare Landwirtschaftskunde
2 Stunden Sport

In einigen oberen Klassen gibt es leichte Abweichungen. Manche haben vielleicht zusätzlich eine Stunde Fremdsprachen, die von der Zeit, die andere mit Mathematik verbringen, abgezogen wird. Zusätzlich können sie verschiedene Arbeitsgemeinschaften wählen, wie etwa Singen und Tanzen, Chemie, Physik, Modellflugzeugbau oder Sport. Die Roten Garden und der Kommunistische Jugendverband organisieren sie zu politischen Studien und Nachbarschaftsarbeit. Kleine Schülergruppen gehen manchmal zur Bushaltestelle oder zum Bahnhof und helfen älteren Leuten ihr Gepäck tragen. Sie helfen der Verkehrspolizei an den Kreuzungen und arbeiten bei der Straßenreinigung. Einen Kilometer von der Schule entfernt hat man eine kleine Werkstatt errichtet. Es ist ein alter Bau aus schmalen Ziegeln mit einem Blechdach. In einem Raum stehen Tische und Bänke, eine Tafel und ein Mao-Bild, in einem anderen großen dampfende Kessel. Unter der Aufsicht ihres Chemielehrers helfen sechs Mädchen aus der Oberstufe zwei Arbeitern, den Aluminiumabfall aus einer Fabrik in Aluminiumsulfat umzuwandeln. Ihre Klassenkameraden reparieren in einer anderen Werkstatt Schubkarren. Ein zweites Gebäude sieht eher wie eine Fabrikwerkstatt aus. Dort stehen sieben Drehbänke, und eine Arbeiterin bringt sechs Schülern bei, Ventilatorenteile fertigzustellen. Neunzehn andere Schüler sitzen am Boden und polieren die von einer Fabrik geschickten Teile. Die Schule hat einige alte Maschinen von Fabriken übernommen, und mit der Hilfe von fünf Arbeitern werden Elektromotoren für Kommunen hergestellt. Nur die beiden obersten Klassen arbeiten in der Schulfabrik. Die Schüler der unteren Klassen arbeiten eine Weile in einer richtigen Fabrik. Beide Gruppen verbringen ungefähr drei Wochen im Jahr in der Produktion. Außerdem hat die Schule eine Filiale auf dem Land. Sechs Wochen im Jahr arbeiten die Schüler dort in der Landwirtschaft. Ihre Lehrer begleiten sie, und sie verbringen die Hälfte der Zeit in der Schule, die andere Hälfte auf den Feldern. Seit der Kulturrevolution ist Handarbeit zu einem wichtigen Teil des Lehrplans geworden. Sie ist Bestandteil der politischen Bildung und bereitet die Schüler auf die Arbeit in den Fabriken und Kommunen vor.

Die Schüler der Mittelschule Nr. 61 scheinen sehr diszipliniert zu sein. Sie sitzen gerade an ihren Tischen, melden sich ordentlich, wenn sie etwas sagen wollen und reden nur, wenn sie dazu aufgefordert werden. In den Pausen stellen sie sich in ordentlichen Reihen an und machen fünf Minuten lang Gymnastik. Die meisten strengen sich nicht sehr an – einige sehen eher gelangweilt aus. Aber sie fahren in ihren Übungen fort, bis ihnen die Klingel das Zeichen zum Aufhören gibt. Dann gehen sie spazieren – die Jungen auf der einen Seite, die Mädchen auf der anderen. Die Schüler sollen einander erziehen, das Verhalten ihrer Klassenkameraden überwachen und sie, wenn nötig, kritisieren. Manchmal reicht das nicht. Jungen prügeln sich, und dann ruft der Lehrer sie zu sich und ermahnt und kritisiert sie. Mitglieder der Roten Garde und des Kommunistischen Jugendverbandes können das übernehmen und mit ihnen ihre Fehler diskutieren, bis sie versprechen, sich besser zu benehmen. Wenn das nicht geht, nehmen die Mitglieder der Arbeiterpropagandagruppe sich der aufsässigen Schüler an. Lehrer und Arbeiter können die Eltern besuchen und ihnen über das Verhalten ihrer Kinder berichten. China ist eine sehr disziplinierte Gesellschaft.

Das Bildungssystem hat einen Prozeß der ständigen Veränderung und der Bildungsrevolution durchlaufen. Die Richtlinien der Partei und lokale Experimente beeinflussen sich gegenseitig. Keine Schule in China ist typisch. Gemeinsam ist ihnen das grundlegende Prinzip der Kombination theoretischer Studien und praktischer Arbeit. Den Schülern wird beigebracht, daß eine akademische Ausbildung oder die Karriere als Industrie- und Verwaltungsfachleute nicht ihr Hauptziel sein sollte. In der Industrie und Landwirtschaft gibt es viele andere Aufgaben, und die Partei wird ihnen sagen, wo sie am meisten gebraucht werden. Auch die Lehrer müssen lernen. Sie unterrichten 12 bis 15 Stunden pro Woche, aber sie besuchen auch zwei wöchentliche Kurse zu ihrer eigenen politischen Bildung. Sie verrichten zusammen mit ihren Schülern Handarbeit und verbringen jedes Jahr sechs Wochen in einer Kommune oder Fabrik. Zwei Lehrer der Mittelschule Nr. 61 sind für ein halbes Jahr in die Papierfabrik »Perlenfluß« geschickt worden. Zwei Techniker der Fabrik helfen beim Physik- und Chemieunterricht an der Schule. Unmittelbar nach der Kulturrevolution sollte in der Regel ein Drittel der Lehrer in der Fabrik arbeiten, aber diese Verordnung ist wieder verschwunden. Wie die anderen Schulen in China experimentiert die Mittelschule Nr. 61 immer noch, um das richtige Verhältnis zwischen Unterricht und Produktionsarbeit zu finden.

Zwischen den Schulen Chinas bestehen andere organisatorische Unterschiede. In der Provinz um Kanton sind die Schüler zwei Jahre in der Unterstufe und zwei Jahre in der Oberstufe der Mittelschule. Die Stadt Kanton hat drei Unterstufen- und zwei Oberstufenjahre. Die Mittelschule Nr. 61 ähnelt keinem dieser beiden Systeme. Ihre Schüler verbringen sechs Jahre – und nicht, wie üblich, fünf – in der Grundschule. Dann gehen sie zwei Jahre in die Unterstufe der Mittelschule, und 70 Prozent von ihnen kommen schließlich noch für zwei Jahre in die Oberstufe. Eine Erklärung der Vorzüge dieses Systems konnte ich nicht bekommen, aber das hat mich nicht überrascht. Ich erinnerte mich an ein Gespräch in einer Schule von Shanghai. Die Lehrer waren von ihrem System sehr begeistert. Die 5. Klasse der Mittelschule war abgeschafft worden, und dafür gingen die Schüler in Shanghai jetzt vier Jahre lang zur Mittelschule, wo man die Trennung zwischen Ober- und Unterstufe aufgehoben hatte. Fünf Jahre seien viel zu lang, so behaupteten die Lehrer in Shanghai, denn sie könnten in vier Jahren den Stoff vermitteln, für den Mittelschullehrer in Peking fünf Jahre benötigten. Wenige Stunden nach dieser Unterhaltung sprach ich mit einem Führungsmitglied der Stadtverwaltung. Er sagte, Shanghai wolle sein Mittelschulsystem demnächst ändern und die Mittelschulen in Ober- und Unterstufen trennen, um so ein weiteres Schuljahr zu schaffen. Man wolle zurück zu dem Pekinger System, aber die Lehrer wußten noch nichts davon. Im politischen Kurs gab es zu der Zeit keine Veränderungen, und außer dem Wunsch der Behörden nach mehr Unterricht konnte ich keinen Grund dafür finden. Aber ich fragte mich, warum denn die Lehrer ihres Erfolges so sicher waren.

In der Industriestadt Shenyang, wo viele der radikalen Schulversuche anfingen, wurden die erste und zweite Grundschulklasse ganz aus dem normalen Schulsystem herausgenommen. Sie wurden von den

Schulen der Parteikomitees und der Revolutionskomitees der Nachbarschaft übernommen. Die Mehrheit ihrer Lehrer bestand aus Arbeitern im Ruhestand, Hausfrauen und jungen Leuten, die gerade mit der Schule fertig waren. Fabriken stellten Raum für Klassenzimmer zur Verfügung. Die Kosten für die Schulen wurden zum Teil von der Stadt getragen und zum Teil aus den Einnahmen der Hausfrauenwerkstätten des Bezirks. Dieses System, so behauptete die Propaganda, vermittle den Kindern ein besseres Klassenbewußtsein. In der Tat war dieses Ziel zum wesentlichsten Bestandteil des Unterrichts gemacht worden. Außerdem argumentierte man aber auch mit praktischen Gründen: Die neue Schulart hatte es möglich gemacht, alle Kinder im schulpflichtigen Alter aufzunehmen und die Grundschulen in Mittelschulen zu verwandeln, ohne das Schulbudget der Stadt zu belasten.

Das Schulsystem von Shenyang förderte ein Konzept von Selbsthilfe, das man – obwohl häufig in den ländlichen Kommunen praktiziert – nur selten in Industriestädten findet. In den Städten werden viele Schulen von Fabriken für die Kinder der Arbeiter gegründet und finanziert, von Universitäten für die Kinder des Lehrkörpers, von anderen großen Organisationen für die Kinder ihrer Angestellten. Sie werden dann teilweise von den jeweiligen Unternehmen finanziert. Die direkte Nachbarschaftsfinanzierung ist selten, und das Modell von Shenyang ist ohne weite Nachahmung geblieben. In den entlegenen ländlichen Gebieten dagegen kümmern die Produktionsgruppen und Brigaden sich oft direkt um den Bau und Betrieb der Mittelschulen. In den Schwemmebenen des unteren Gelben Flusses oder in den nordwestlichen Gebirgsregionen, wo sich die Landwirtschaft nur langsam entwickelt hat und die Bauern arm sind, dienen oft Holzhütten oder Lößhöhlen als Schulgebäude. Mit finanzieller Unterstützung der Kommune für das Baumaterial haben Produktionsgruppen sie mit eigenen Händen erbaut. Nur ein Teil der Lehrer ist voll ausgebildet. Sie bekommen ihr Gehalt vom Staat. Die anderen waren ausgewählte Kommunenmitglieder oder Mittelschüler, die aus den Städten zur Arbeit aufs Land geschickt wurden. Sie haben an kurzen Ausbildungskursen teilgenommen, aber sie erreichen nicht denselben Rang wie normale Lehrer, und wie die Bauern werden sie nach Arbeitspunkten bezahlt.

In den Städten besuchen alle Kinder die Grundschule. Die Zahl der Schüler in den Mittelschulen ist in den meisten Industriezentren hoch, nimmt aber mit der Größe der Stadt ab. In den ländlichen Gegenden wird die Zahl der Kinder im schulpflichtigen Alter, die eine Grundschule besuchen, normalerweise mit 95 Prozent angegeben. In entlegenen Kommunen mag diese Zahl auf 85 Prozent sinken. In den entwickelten und landwirtschaftlichen Gegenden der Stadtregion von Shanghai ist die Unterstufe der Mittelschule allgemein in die Schulpflicht einbezogen worden, aber die Zahl der Oberstufenschüler ist selbst hier relativ niedrig. Sieht man von besonders progressiven und erfolgreichen Kommunen ab, sinkt der Prozentsatz der Mittelschüler mit der Entfernung von den Industriezentren. In den Grenzgebieten Chinas, in den autonomen Regionen der Inneren Mongolei und Tibets sowie in den Minderheitsgebieten im Südwesten ist Schulbildung noch etwas ganz Neues. Sie breitet sich von den Städten zu den weiter fortgeschrittenen Kommunen aus, aber sie muß noch über die festen Siedlungen hinaus zu den Lagern der halbnomadischen Hirten dringen. Dem Erfolg der reitenden Lehrer, die regelmäßig die Jurten und Zelte besuchen, sind Grenzen gesetzt. In den Verwaltungszentren der Hirtenkommunen und in ihren Winterquartieren gibt es Schulen, und Mittelschüler können in Internate gehen. Aber solche Veränderungen kommen langsam. In Gegenden, wo die Kinder schon früh ihren Eltern auf dem Feld oder bei den Herden helfen, müssen die Traditionen enger Familienbindungen überwunden werden.

Unter den jüngeren Leuten gibt es praktisch keine Analphabeten, aber die verfügbaren Bildungsmöglichkeiten sowie der Bildungsstandard sind in den einzelnen Gegenden Chinas sehr unterschiedlich. In einigen großen Schulen in den Städten mag die Qualität hoch sein, aber anderswo sind gerade erst rudimentäre Bildungsfundamente gelegt worden. Von Anfang an haben sich daraus Probleme für die Universitäten und wissenschaftlichen Institutionen Chinas ergeben. Das sowjetische Prüfungssystem, das man in den frühen fünfziger Jahren eingeführt hatte, resultierte darin, daß an den Universitäten immer mehr Kinder aus den großen Städten studierten. Die Söhne und Töchter armer Bauern und Arbeiter hatten nur eine geringe Chance in der Konkurrenz um höhere Bildung. Eine sich selbst ergänzende Expertenelite schien zu entstehen – eine neue Verwaltungs- und Akademikerklasse ohne Verbindung zu den Massen Chinas. Ein hoher Bildungs- und Ausbildungsstand war für Chinas wirtschaftliche Entwicklung zwar unerläßlich, aber die Basis für sozialen Wandel in China mußte durch die Beteiligung der Bauern und Arbeiter im Management, in Forschung und Lehre gelegt werden. Der

Konflikt zwischen diesen Zielen charakterisierte die Entwicklung des chinesischen Bildungssystems. Die Kulturrevolution löste die Schulen in den Städten auf und führte zur Schließung aller Universitäten. Anfang der siebziger Jahre wurde das Bildungssystem neu etabliert, aber körperlicher Arbeit und politischem Bewußtsein wurde vor akademischer Leistung der Vorrang gegeben. Langsam, beinahe insgeheim, wurden nach 1973 Tests und Prüfungen wieder eingeführt; aber der Trend war von Stadt zu Stadt, von Provinz zu Provinz verschieden, je nachdem, ob die lokalen und regionalen Stellen dem radikalen Führungsflügel oder den praktischer orientierten Gemäßigten näherstanden. 1974 und 1975 kam die Mehrheit der Pekinger Führung zu dem Schluß, daß man in den Schulen strengere akademische Maßstäbe und mehr Disziplin brauchte, aber der radikale Flügel widersetzte sich, veranstaltete seine eigenen Innovationskampagnen und stellte Revolution vor Wissenschaft. Es war ein permanenter Kampf, unter dem die Ausbildung litt, zumal die Lehrer sich ihrer Aufgaben, Methoden und Autorität immer unsicherer wurden. Ausländer, die an chinesischen Universitäten Sprachen lehrten, staunten über die Mischung von Studenten, die sie in ihren Kursen vorfanden. »Ein paar haben gutes Allgemeinwissen, andere sind intelligent genug, auch ohne das auszukommen. Aber dann gibt es fast genauso viele, die elementaren Nachhilfeunterricht brauchen, und bei einigen würde auch das nichts nützen«, bemerkte ein Ausländer, der in Xian unterrichtete. Den meisten seiner Kollegen in anderen Städten ging es mit der Qualität ihrer Schüler ebenso. Im Sommer 1976, als die Welle des radikalen Einflusses im Bildungssystem ihren Höhepunkt erreichte, waren Chinas Schulen und Universitäten wieder von politischen Kampagnen gelähmt und standen kurz vor dem Zusammenbruch.

Zwar kam es in den Jahren nach 1970, jedenfalls in den Schulen der Hauptstadt, kaum wieder vor, daß Lehrer von den Schülern bedroht und geschlagen wurden, wie es in der Kulturrevolution häufig geschehen war. Aber mit dem wachsenden Einfluß der »Viererbande« brach die Disziplin in den Schulen allmählich zusammen. Manche Schüler kamen überhaupt nicht zum Unterricht und begründeten das damit, daß die Revolution wichtiger als die Schule sei. Andere legten sich auf ihren Pulten während des Unterrichts schlafen, Jungen zogen sich die Hemden aus und erklärten, es entspreche dem Lebensstil der arbeitenden Massen, im einfachen Unterhemd in der Klasse zu sitzen. Manche lehnten es ab, die Fragen der Lehrer zu beantworten, andere schrien die Lehrer an und beschimpften sie. Physik- und Chemielaboratorien vieler Schulen wurden zerstört.

Es war nur eine Minderheit der Schüler, die den Betrieb zu stören versuchte, aber mit der Unterstützung der radikalen Fraktion gelang es ihr an vielen Schulen, den Unterricht zu lähmen. Manche der Lehrer versuchten, wenigstens jene Schüler zu unterrichten, die etwas lernen wollten, aber das mußte beinahe heimlich geschehen, denn solche Lehrer und Schüler setzten sich Drohungen und Gefahren aus. Das Schlagwort ihrer Gegner war: »Brave Schüler sind Schafe des Revisionismus. Sie sollten sich schämen.« Trotzdem arbeiteten manche Schüler weiter, zu Hause unterstützt von ihren Eltern; und in den Schulen, in denen sich eine entschlossene Mehrheit von Lehrern und Schülern dem Druck der Radikalen widersetzte, wurde in den Jahren der verwirrenden Machtkämpfe die Grundlage erhalten für die Wiederaufnahme eines wissenschaftlichen Lehrbetriebs an den Universitäten. Als im Jahre 1977 wieder Examen für die Universitätszulassung eingeführt wurden, zeigte es sich, daß auch bei hohen Anforderungen genügend Studenten mit guten Leistungen ausgesucht werden konnten, um die wenigen Plätze an den Universitäten mit Studenten zu besetzen, die nach Vorbildung und Leistungswillen die Wiedereinführung eines seriösen wissenschaftlichen Standards ermöglichten.

Im Frühjahr 1978 hatte die Mittelschule Nr. 2, die der Pädagogischen Hochschule von Peking angegliedert ist, den Schulbetrieb wieder normalisiert. Das Lehrmaterial wurde nicht mehr von Schülern und Lehrern im Unterricht je nach der politischen Linie des Augenblicks revidiert und umgeschrieben. Es kam einheitlich für alle Schulen der Hauptstadt von der Stadtverwaltung Peking, und die Lehrer wußten schon, daß es bald vereinheitlichte Lehrbücher für ganz China geben würde. Manche der Textbücher, die 1977 ausgegeben wurden, waren kaum veränderte Neuauflagen aus der Zeit vor der Kulturrevolution. Schließlich hatten sich Mathematik und Chemie ja nicht grundsätzlich verändert. Aber die neuen Bücher, die angekündigt waren, sollten mehr als ein Rückgriff auf die Texte und Lehrmethoden der fünfziger und sechziger Jahre sein. Die Texte, nach denen die Schüler im Frühjahr 1978 lernten, waren freilich kaum weniger politisch gefärbt als zuvor. Die Englischklasse des zweiten Mittelschuljahres deklamierte im Chor: »Hast du eine Schwester? Ja, ich habe eine Schwester. Wo wohnt deine Schwester? Meine Schwester wohnt zu Hause bei meinen Eltern. Wann studiert sie die Werke des Vorsitzenden Mao? Meine Schwester studiert die Werke des Vorsitzenden Mao am Abend. Außerdem sieht sie Fernsehen und lernt Englisch.« Der Hinweis, daß sie auch Englisch lerne, machte immerhin den wesentlichen Unterschied zu den vergangenen Jahren aus.

Die Schüler gingen sechs Tage in der Woche zur Schule. Jeden Tag gab es sechs Stunden, und der Schwerpunkt lag nicht mehr bei der Arbeit in den Werkstätten und auf den Feldern ländlicher Kommunen. Abgeschafft war die Erziehung durch physische Arbeit freilich nicht. Auch in Zukunft werden die älteren Schüler einmal im Jahr vier Wochen zur Landarbeit gehen, und die jüngeren machen noch immer einige Stunden pro Woche kleine elektrische Geräte in den Schulwerkstätten. Aber wichtiger ist, daß von nun an Klassenarbeiten in allen Fächern geschrieben werden und zweimal im Jahr größere Prüfungen stattfinden, nach denen über die Versetzung der Schüler entschieden wird. Die Mittelschule ist wieder in eine Unter- und Oberstufe getrennt, und nach Ansicht der Lehrer hat das den Vorteil, daß man nun die besten Schüler für den Übergang von der Unterstufe zur Oberstufe auswählen kann. Die Schulzeitverkürzung freilich bleibt erhalten. Ein sechsjähriger Mittelschulkurs wie vor der Kulturrevolution erscheint Chinas Pädagogen zu lang. Es bleibt bei fünf Jahren.

Im Frühjahr 1978 kamen noch alle Schüler aus dem umliegenden Stadtbezirk zur Mittelschule Nr. 2, aber im Herbst soll sich das ändern. Diese Schule ist vom Erziehungsministerium zur »Schlüsselschule« erklärt worden. Sie wird in Zukunft nur die besten Schüler anderer Schulen aufnehmen und sie auf das Eintrittsexamen für die Universität vorbereiten.

In der Mittelschule Nr. 2 wird wieder hart gearbeitet. Drei Stunden Hausaufgaben halten die meisten Schüler für normal; viele sitzen nach der Schule länger über ihren Büchern. »In den vergangenen Jahren haben wir die Verbindung von Buchwissen mit praktischer Arbeit überbetont und das Studium unterbewertet. Es wurden zu wenig Grundkenntnisse vermittelt, und es gab kein einheitliches System«, sagen die Lehrer. Sie meinen auch, daß sich das Verhältnis zwischen Lehrern und Schülern verbessert hat, und die Schüler nikken strahlend mit den Köpfen. »In der Zeit der Viererbande wurden die Schüler gegen die Lehrer aufgehetzt. Man nannte das ›gegen den Strom schwimmen‹. Damit wurde die Autorität der Lehrer völlig untergraben. Heute haben wir eine neue Parole: ›Schüler müssen die Lehrer respektieren, und die Lehrer müssen sich sorgsam um die Schüler kümmern.‹« Das sei so wie in der Armee im Verhältnis zwischen Offizieren und Soldaten, erläutert eine Schülerin. Respekt für die Lehrer aber brauche nicht die bedingungslose Anerkennung ihrer Autorität zu bedeuten. Sie sagt: »In der Klasse machen wir, was der Lehrer sagt, gleichgültig, ob es uns richtig oder falsch erscheint. Wenn wir finden, daß der Lehrer etwas falsch macht, dann sprechen wir nach dem Unterricht mit ihm. Manchmal fragen die Lehrer am Ende des Unterrichts nach unserer Meinung, oder sie treffen sich zu Gesprächen mit uns. Aber während des Unterrichts muß der Schüler tun, was der Lehrer sagt und darf nicht tun, was er will.« Was geschieht mit Schülern, die den Unterricht stören? Das System hat sich nicht grundsätzlich geändert. Erst sprechen die Mitglieder der Roten Garden und des Kommunistischen Jugendverbands mit ihm, erklären ihm seine Fehler und versuchen, ihn zu überzeugen. Wenn das nicht hilft, wird er in einer Klassenversammlung kritisiert, und die Lehrer besuchen seine Eltern. Strafen gibt es eigentlich nicht. Es gibt nur den Druck der Gemeinschaft zum Wohlverhalten, dem sich ein chinesischer Schüler nur schwer entzieht oder widersetzt. Und es gibt die Noten und Examen, die nun von Jahr zu Jahr darüber entscheiden, ob die Bildungslaufbahn den Schüler zur Universität oder in einen der erstrebenswerten technischen Berufe führen wird. In einem Lande, in dem nur wenige zur Universität zugelassen werden können und selbst die Zahl der technischen Fachschulen verhältnismäßig klein ist, ist das Examens- und Auswahlsystem ein starker Leistungsansporn, jedenfalls in diesen Jahren nach dem Sturz der »Viererbande«, in denen der Aufbau eines modernen, wirtschaftlich und wissenschaftlich gerüsteten China wieder zum Hauptziel der Nation erklärt worden ist.

Ausbildung für Arbeiter: Fachschulen, die sich Universitäten nennen

Chinas Bildungssystem stützt sich in erheblichem Maße auf lokale Initiative und Experimente. Ein weitgespanntes Netz von Freizeit- und Abendkursen, technischen und landwirtschaftlichen Berufsschulen und Erwachsenen-Bildungseinrichtungen sollte das institutionelle Bildungssystem ergänzen und stärken. Am Ende der Kulturrevolution, als die Universitäten und Institute mehrere Jahre lang geschlossen waren, organisierte man in den Fabriken Arbeiteruniversitäten, um einen anderen Weg für die Ingenieurausbildung zu eröffnen. Um diesen neuen Schulen das Prestige der älteren Universitäten zu verleihen, wurde der Ausdruck »Universität« – chinesisch als »hohe Schule« zu übersetzen – etwas leichtfertig gebraucht. Die Arbeiteruniversitäten sollten frei von jenem bürgerlich-intellektuellen Einfluß sein, der die institutionelle höhere Bildung verdarb, und die Arbeiter sollten die Herren an der Universität werden, forderten die extremeren Propagandisten des neuen Systems. Soweit sie hofften, ein System von Arbeiteruniversitäten zu schaffen, das mit den Ingenieurwissenschaftlichen Fakultäten der Universitäten und spezialisierten höheren Bildungsinstitutionen konkurrieren oder sogar an deren Stelle treten könnte, muß man ihren Plan als gescheitert betrachten. Aber die Tausende von Arbeiteruniversitäten stellen heute ein dringend nötigtes Programm sowohl zur Verbesserung der technischen Fertigkeiten der chinesischen Industriearbeiter als auch zur Ausbildung von Ingenieuren dar, die von der Industrie dringend benötigt werden. Chinas Maschinenbauministerium Nr. 1 allein betreibt und überwacht 3000 Arbeiteruniversitäten in den Fabriken. Zwischen 1972 und 1976 absolvierten 20000 Arbeiterstudenten dort Lehrgänge, und 1977 waren 100000 Studenten an den von ihm kontrollierten Arbeiteruniversitäten immatrikuliert. In Shanghai haben 170 Fabriken Arbeiteruniversitäten mit insgesamt 15000 Studenten. Auf den ersten Blick scheint das keine beeindruckende Zahl für eine Stadt mit 2,8 Millionen Industriearbeitern und mit mehr als 3000 großen Fabriken zu sein. Aber im Vergleich zu den 25000 Studenten an sämtlichen Instituten und Universitäten von Shanghai bedeutet die Zahl der Studenten an den Arbeiteruniversitäten einen beträchtlichen Beitrag zur Ausbildung von Ingenieuren und Technikern. Shanghai mag zwar, was die Organisation von Arbeiteruniversitäten betrifft, besonders aktiv gewesen sein, aber die Zahlen aus anderen Industriestädten wie Tientsin zeigen doch, daß die Entwicklung in anderen Provinzen in etwa ähnlich verlaufen ist. Es werden keine Gesamtzahlen veröffentlicht, aber es scheint sicher, daß China mit dem System der Arbeiteruniversitäten ein wertvolles Instrument besitzt, die Anzahl der fachlich ausgebildeten Industriearbeiter und Ingenieure zu erhöhen.

Die Arbeiteruniversität von Shanghais Maschinenbaufabrik ist das bekannteste Beispiel eines Modells für Tausende andere Fabriken. Die Werkzeugmaschinenfabrik hatte in den frühen fünfziger Jahren mit Ausbildungsprogrammen für Arbeiter begonnen und eine technische Schule sowie berufsbildende Abendkurse eingeführt. Diese Experimente erregten das Interesse des Vorsitzenden Mao, der die Fabrik 1957 besuchte. Aber erst nach der Kulturrevolution gab der Vorsitzende grünes Licht für die anspruchsvolleren Pläne der Fabrik. Ihr Ausbildungsprogramm wurde zur Arbeiteruniversität erhoben und nach dem »21. Juli« benannt, dem Tag, an dem Mao den Bericht über die Experimente der Fabrik gutgeheißen hatte.

Die Maschinenbaufabrik von Shanghai ist die größte ihrer Art in China und stellt Oberflächen- und Präzisionsschleifmaschinen her. Ihre Anfänge gehen zurück auf eine Fabrik, die sich »Nationale Chinesische Ingenieurgesellschaft« nannte und landwirtschaftliche Werkzeuge und einfache Maschinen herstellte und sich nach 1949 zu einer Werkzeugmaschinenfabrik entwickelte. Obwohl man sich hier schon vor der Befreiung der Expertise von Ingenieuren mit Universitätsausbildung bediente – und 1976 war der höchstbezahlte Angestellte der studierte Chefingenieur –, begann man früh damit, Arbeiter in technische Bereiche und Verwaltungsposten zu befördern, und die Manager betonen, daß ein großer Teil des Erfolges bei der Erhöhung und Verfeinerung der Produktion durch die Erweiterung der Arbeiterausbildung erreicht worden sei.

1975 hatte die Fabrik eine Arbeiteruniversität mit einem Dreijahresprogramm und bildete drei Jahrgänge Arbeiterstudenten aus. Von den 110 Absolventen des Jahres 1975 kamen 50 aus der Werkzeugmaschinenfabrik und 60 aus anderen Betrieben. Die Lehrer folgen dem Lehrplan der staatlichen Universitäten und veranstalten zusätzlich praktische Kurse in den Werkstätten der Fabrik. In den Kursen der Fabrik sind mehr als 20 hauptberufliche Lehrkräfte beschäftigt; einige von ihnen unterrichten in den Abteilungen für Ingenieurwissenschaften der Staatsuniversitäten und Institute, aber die meisten sind Techniker und Ingenieure. Professoren von Shanghais Universitäten hielten Vorträge und veranstalteten Kurse, und den hauptberuflichen Lehrkräften standen außerdem Lehrer der Fabrikabendschule und Arbeitertechniker von der Werkzeugmaschinenfabrik und von anderen Shanghaier Fabriken zur Seite.

Der dreijährige Lehrplan war in vier Hauptteile gegliedert und kombinierte theoretische Studien sowohl mit Lehrgängen in Design und Konstruktion wie auch mit Arbeitsgruppen für Fortgeschrittene in der Forschungsabteilung der Fabrik. In den Kursen wurden unter anderem Mathematik, Mechanik, Dynamik, technisches Zeichnen, Maschinenbau und Elektroingenieurwissenschaften sowie Englisch gelehrt. Die Studenten verbrachten 70 Prozent ihrer Zeit mit theoretischen Studien und praktischen Experimenten bei Bau von modernen Maschinen; 30 Prozent ihrer drei Jahre an der Arbeiteruniversität waren für Handarbeit in der Fabrik und in den Volkskommunen oder für Übungen mit Armee-Einheiten vorgesehen. Nach Abschluß ihrer Ausbildung sollten die Studenten in der Lage sein, selbständig Schleifmaschinen zu entwerfen. Statt aufgrund von Prüfungen beurteilten die Lehrer die Qualität der Studenten nach ihrer Fähigkeit, praktische Probleme zu lösen.

Die Studenten der Arbeiteruniversitäten wurden aus den Werkstätten oder Fabriken ausgewählt. Sie mußten die Unterstufe der Mittelschule abgeschlossen haben, drei Jahre Berufserfahrung haben, gesund und jünger als dreißig sein sowie gute politische Einstellungen zeigen. Arbeiter, die an den Kursen teilnehmen wollten, mußten sich bei ihrer Fabrik bewerben. Wenn sie von ihren Werkstattkollegen empfohlen wurden und die Fabrikleitung einverstanden war, wurden ihre Bewerbungen an die Arbeiteruniversität weitergeleitet, die dann die endgültige Entscheidung fällte. Aufnahmeprüfungen oder Tests gab es nicht, und die Auswahlkriterien waren unterschiedlich. Ein vielversprechender Student konnte selbst dann akzeptiert werden, wenn er über dreißig und ein bewährter Arbeiter war oder er seine formale Schulbildung vor dem Abschluß der Mittelschulunterstufe abgebrochen hatte, solange er gezeigt hatte, daß er willens war, durch Abendschulkurse und eigene Studien sein Bildungsniveau zu heben.

Die Arbeiteruniversität war nicht die einzige Bildungseinrichtung der Shanghaier Maschinenfabrik. Es gab noch eine Abendschule, wo Arbeiter ihr Wissen über politische, kulturelle und technische Themen vertiefen konnten, und die Fabrik stellte außerdem Ausbildungsplätze für 100 Arbeiter-Techniker zur Verfügung. 1975 wurden 15 Techniker zur Weiterbildung an Staatsuniversitäten geschickt. Von ihnen wurde erwartet, daß sie in die Shanghaier Maschinenfabrik zurückkehrten, um den hochspezialisierten Ingenieurstab zu vergrößern. Der Großteil der in der Shanghaier Maschinenfabrik angebotenen technischen Ausbildungsmöglichkeiten war direkt den Erfordernissen des Plans angepaßt, und die Absolventen der Arbeiteruniversität sollten ebenfalls wieder in den Produktionswerkstätten arbeiten, aus denen sie gekommen waren, oder sie wurden in die Entwurfs- und Konstruktionsabteilung geschickt. Aber die Vorzüge des fabrikinternen Bildungssystems kamen nicht nur dem Betrieb allein zugute. Ganze Trupps von Ingenieuren, Technikern und erfahrenen Arbeitern verließen die Shanghaier Fabrik, um beim Aufbau neuer Werkzeugmaschinenfabriken in anderen Teilen des Landes mitzuhelfen.

Es war unmöglich, die Resultate und Standards der Arbeiteruniversitäten der Shanghaier Maschinenbaufabrik einzuschätzen, ganz zu schweigen von den Tausenden Arbeiteruniversitäten anderer, oft weniger weitentwickelter Fabriken überall in China. Die Qualität ihrer Ausbildung war selbst in China umstritten, wo ihre Befürworter meinten, die Arbeiteruniversitäten seien ebenso gut wie die Institute für Technologie und die Abteilungen für Ingenieurwissenschaften der Staatsuniversitäten. Wie andere Neuentwicklungen im Bildungswesen Chinas wurde auch das Konzept der Arbeiteruniversitäten ein Instrument im Machtkampf des radikalen Parteiflügels. Mein Eindruck war, daß die Fabriken unterstehenden Arbeiteruniversitäten nicht die in Instituten und Universitäten geleisteten grundlegenden Forschungsaufgaben erfüllen können. Aber mir schien, daß die Ausbildung an den Arbeiteruniversitäten der Shanghaier Maschinenbaufabrik durchaus derjenigen der meisten Studenten an Staatsuniversitäten entsprach, wo die Studiengänge nach der Kulturrevolution auf drei oder dreieinhalb Jahre reduziert und auf hochspezialisierte praxisorientierte, mit politischer Erziehung und Handarbeit durchsetzte Studien beschränkt worden waren. Streicht man einige der übertriebenen ideologischen Behauptungen der Vierergruppe ab, so stellen die Arbeiteruniversitäten im Hinblick auf Chinas Probleme als Entwicklungsland Beispiele praktischer und erfolgreicher Neuerungen im Zuge der Kulturrevolution dar.

Als die Sun-Ya-Tsen-Akademie für Medizin in Kanton während der Kulturrevolution geschlossen wurde, hatte sie 2400 Studenten. Mitte der siebziger Jahre, vier Jahre nach ihrer Wiedereröffnung, gab es dort nur 1200 Medizinstudenten. Die Ausbildungszeit war von sechs auf dreieinhalb Jahre verkürzt worden. Die Studieninhalte waren verändert worden. Der Leiter der Akademie, Yao Zhong-zhen, betonte, daß jetzt weniger Theorie gelernt werde, und daß die Studenten mehr Zeit in den fünf Krankenhäusern der Akademie verbrächten, wo 2100 Patienten behandelt werden. Eine Zeitlang wurden die Studenten und Professoren auch in ländliche Gebiete geschickt, um in kleinen Krankenhäusern, Kliniken, Laboratorien und pharmazeutischen Betrieben zu arbeiten. Ein halbes Jahr ihrer Ausbildung verbrachten die Studenten bei Bauernfamilien und halfen unter Aufsicht ihrer Professoren bei der Ausbildung von Barfußärzten.

Die Studenten kamen nicht mehr direkt von der Mittelschule. Alle hatten mehrere Jahre lang gearbeitet, bevor sie ausgewählt wurden. Arbeiter, Bauern und Soldaten, die gern Medizin studieren möchten, können sich bei der Leitung ihrer Organisation bewerben. Den Fabriken, Kommunen und Armee-Einheiten steht eine bestimmte Anzahl von Studienplätzen zur Verfügung. Sie entscheiden darüber, wer studieren soll. »Die Namen der Bewerber werden auf eine Liste gesetzt. Sie wird von den Massen in den Werkstätten und Brigaden diskutiert. Die Führung hört auf die Meinung der Massen. Die endgültige Liste wird dann von Vertretern der Medizinischen Akademie gebilligt«, erklärte Professor Yao. Es gibt fünf Hauptkriterien: gewissenhaftes Studium des Marxismus-Leninismus und der Gedanken Mao Tse-tungs; zwei Jahre praktische Arbeit; den Mittelschulabschluß; gute Gesundheit; man muß ledig und ungefähr 20 Jahre alt sein. Vertreter der Akademie unterhalten sich mit den Bewerbern, um ihr »allgemeines kulturelles Niveau« zu testen. Der Professor erklärte nicht, um was für einen Test es sich handelte. Prüfungen sind in China ein heikles Thema mit gefährlichen politischen Implikationen. Es war recht ungewöhnlich, daß der Mittelschulabschluß zu den Qualifikationskriterien gehörte. Ein Jahr früher oder später wäre dies als revisionistische Einstellung oder als »Folgeerscheinung des kapitalistischen Trends im Bildungswesen« kritisiert worden. 1974 versuchte man an der Medizinischen Akademie von Kanton wenigstens ein Minimum akademischer Qualifikationen beizubehalten.

Die drei Studenten, mit denen ich sprach, hatten alle eine praktische Vorbildung im Gesundheitswesen. Wu Yu-tian war 21 Jahre, ein junger Mann mit kurzen Haaren, schmalem Gesicht und abstehenden Ohren. Seine Eltern sind Kader in einer Stadt östlich von Kanton. Nachdem er die Mittelschule absolviert hatte, meldete er sich freiwillig für eine landwirtschaftliche Baueinheit der Volksbefreiungsarmee und wurde auf die Insel Hainan geschickt. Ein Jahr lang arbeitete er auf den Feldern. Doch er hatte sich immer für Medizin interessiert und bewarb sich deshalb um die Stelle im Hospital seiner Einheit. Zwei Jahre lang arbeitete er als Krankenpfleger und Sanitäter, und dann hatte er die Möglichkeit, an die Medizinische Akademie zu gehen. Die Kameraden in seiner Einheit waren sich darüber einig, daß er im Hospital schwer gearbeitet hatte und daß er sich zum Studenten eigne.

Chen Yi ist 25 Jahre. Sie hat ein breites, freundliches Bauerngesicht. Nach fünf Jahren Grundschule und zwei Jahren Unterstufe besuchte sie drei Jahre lang eine Berufsschule und wurde in Hygiene und Gesundheitsfürsorge unterrichtet. Dann schickte man sie an das Krankenhaus einer Werkzeugmaschinenfabrik, und dort wählten ihre Kollegen sie zum Medizinstudium aus. Die dritte Studentin, ein Mädchen in karierter Bluse, die eine Armbanduhr trug, kommt aus einer Kaderfamilie in Kanton. Sie wird heute als Person mit bäuerlicher Herkunft klassifiziert, weil sie drei Jahre lang auf dem Land gearbeitet hat – zwei Jahre Feldarbeit und dann ein Jahr in der Klinik ihrer Produktionsbrigade.

Die anderen Studenten nennen Chen Yi scherzhaft »die Reiche«. Sie hat mehr als fünf Jahre in der Werkzeugmaschinenfabrik gearbeitet, und während sie an der Akademie studiert, bekommt sie weiter ihr volles Gehalt. Das sind 42 Yuan im Monat, und einmal im Jahr bezahlt die Fabrik ihr die Bahnfahrt nach Hause zu einem vierwöchigen Urlaub. Chen Yi sagt, sie zahle den größten Teil von ihrem Geld auf ein Sparkonto ein. Wu Yu-tian hat nur 4 Yuan Taschengeld – soviel, wie alle Studenten von der Akademie bekommen. Das meiste davon braucht er für Seife, Zahnpasta und Briefpapier. Die dritte Studentin bekommt etwas Geld zusätzlich von ihren Eltern. Studenten, die nicht fünf Jahre lang in einer Fabrik gearbeitet haben, müssen 50 Prozent der Bahnfahrt selbst bezahlen, wenn sie in den Ferien nach Hause fahren.

Die Studenten der medizinischen Fakultät müssen hart arbeiten. Ihr Tag beginnt um 5.45 Uhr mit Gymnastik; dann folgen Selbststudien und Frühstück. Von 7.30 bis 11.30 und von 15 bis 17 Uhr werden Lehrveranstaltungen besucht. Danach ist Zeit für Sport, Diskussionen und das Abendessen, und von 19.30 bis 21.30 Uhr haben die Studenten wieder Zeit, allein oder in Gruppen zu lernen und die Lektionen des Tages zu wiederholen. Um 22.30 Uhr wird in den Wohnheimen, in denen sich 16 Studenten einen Raum teilen, das Licht gelöscht. Theoretische Studien wurden 1974 an der Medizinischen Akademie von Kanton nicht vernachlässigt. Die Studienzeit für Medizin war von sechs Jahren auf dreieinhalb reduziert worden. Ursprünglich hatte man drei Jahre als ausreichend betrachtet, aber nach einigem Experimentieren wurden sechs Monate hinzugefügt: ein allgemeiner Wiederholungskurs des Mittelstufenstoffs, den viele Studenten in den Jahren auf dem Feld und in der Fabrik vergessen hatten. Die Professoren erklärten, drei Jahre Medizinstudium mit starker Betonung der klinischen Praxis müßten ausreichen. China brauche viele Ärzte, so sagten sie, und nicht eine Studentengeneration, die alle Medizinprofessoren werden wollten. Nach drei Jahren an der Akademie seien sie in der Lage, die alltäglichen Krankheiten zu behandeln und in den ländlichen Kliniken und Hospitälern Operationen durchzuführen. Dort könnten sie auch von ihren erfahrenen Kollegen angeleitet werden. Ihre Argumente schienen mir plausibel. Aber die Erklärungen wurden verschwommen, als ich nach der Ausbildung künftiger Spezialisten und Lehrer fragte. Es gebe keine Richtlinien, so erklärten die Professoren, und die Phase der Experimente im Bildungssystem sei noch nicht abgeschlossen. Sie glaubten, ein Spezialist brauche weitere fünf Jahre klinischer Arbeit und Studien, aber das war nur ihre persönliche Meinung. Die Entscheidungen kämen eines Tages von oben – aus Partei und Regierung. Die Professoren hatten offensichtlich viel über die Probleme der medizinischen Ausbildung und der Bildungsreform nachgedacht, aber in der Diskussion mit einem ausländischen Besucher konnten sie keine Stellung beziehen.

Das Auswahl- und Ausbildungssystem der Medizinischen Akademie in Kanton und die medizinischen Fakultäten in Peking, wo das System ähnlich und die Qualität der Ausbildung die beste in China war, überzeugten mich. Es gibt gute Gründe dafür, die Medizinstudenten nicht nur nach ihren Schulzeugnissen auszuwählen. Insbesondere im Bereich der Medizin kann das chinesische System der Studentenauswahl außerordentlich nützlich sein. Wenn die Studenten an die Akademie kommen, haben sie sich in der Praxis bereits bewährt. Sie haben bewiesen, daß sie zum Dienen bereit sind, daß sie gute Beziehungen zu anderen Menschen anknüpfen können und daß sie lernfähig sind. Ein intelligenter junger Sanitäter, eine aufgeweckte, einsatzfreudige Krankenschwester sind ebenso geeignete Kandidaten für eine medizinische Ausbildung wie ein Gymnasiast mit glänzenden Noten in akademischen Eignungstests. Anerkennung seitens der Kollegen in seinem Betrieb sagt ebensoviel über den künftigen Studenten aus wie eine Prüfung an der Universität. Für einen Arzt, der in Dorfkrankenhäusern, Kleinstädten und Fabriken arbeiten wird, kann die Fähigkeit, mit Menschen auszukommen, ebenso wichtig sein wie rein akademische Kriterien. Aber es ist schwer, das richtige Verhältnis zu finden, und in dem letzten Jahrzehnt seit der Kulturrevolution standen die Universitäten unter ständigem Druck, intellektuelle Fähigkeiten und theoretisches Wissen zu mißachten – ein besonderes Handikap bei der Ausbildung von Studenten für eher theoretisch orientierte Studiengänge. In dem langen Kampf um ein vernünftiges akademisches Niveau gelang es dem radikalen Flügel, die Universitäten dermaßen zu politisieren, daß mit der Vorherrschaft von politischen Studien und Handarbeit das Bildungsniveau sank und die Entwicklung von Wissenschaft und Technologie gefährdet wurde. Viele von Chinas angesehensten Akademikern und Pädagogen mußten sich ständig gegen die Anschuldigungen der Radikalen verteidigen und waren deshalb häufig lange Zeit nicht in der Lage, etwas zur Diskussion um die Bildungsreform beizutragen.

Der Besuch einer chinesischen Universität war fester Bestandteil der meisten Führungen für ausländische Besucher. Viele waren beeindruckt. Einige Gruppen, die ohnehin schon von der Überlegenheit des chinesischen Systems überzeugt waren, reagierten begeistert auf die Vorträge über die Auswahl der Studenten aus den Reihen der Arbeiter, Bauern und Soldaten sowie das neue politische Bewußtsein, das frühere Konzepte formaler Bildung ersetzt hatte. Andere Gruppen, weniger festgelegte Besucher aus westlichen Ländern und selbst eher konservative Touristen waren von der Disziplin der Studenten beeindruckt, von ihrer einfachen und ordentlichen Lebensweise und von der Kombination von Studium und Handarbeit. Trotzdem kehrten ausländische Delegationen von den Universitätsbesichtigungen oft mit einem Gefühl der Frustration zurück. Irgend etwas schien mit den Erklärungen und den vorbereiteten Besichtigungen nicht zu stimmen. Wenn sie versuchten, die Ergebnisse und Probleme der Bildungsreform zu diskutieren, klangen die Antworten oft nichtssagend und stereotyp. Wer wie wir die Universitäten häufig besuchte, achtete sorgfältig auf Nuancen in den üblichen Einführungsvorträgen und auf Veränderungen, die auf den gegenwärtigen Stand der Auseinandersetzungen in der Bildungspolitik hinwiesen. Die chinesischen Gastgeber konnten erstaunlich offen sein, wenn man ihnen nur die richtigen Fragen stellte. Aber nur wenige der gelegentlichen Besucher hatten Zeit für eine ausführliche Diskussion und wußten von dem stattfindenden Kampf. Sie wollten einen allgemeinen Überblick, und den bekamen sie.

Die meisten ausländischen Besucher empfing am Universitätseingang eine Tafel. Unter einem mit farbiger Kreide gemalten Blumenstrauß stand ein Willkommensgruß in der Muttersprache der Besucher. Andere Plakate verkündeten, daß die Studenten – Arbeiter, Bauern und Soldaten – die Universität selbst verwalteten. Aber die Universitäten machten einen merkwürdig leblosen Eindruck. Die Höfe und Flure sahen für die geringeren Studentenzahlen, die nach der Kulturrevolution aufgenommen worden waren, viel zu groß aus. Die Schritte der Besucher hallten in langen Korridoren wider. In den Hörsälen saßen ordentliche Gruppen junger Männer und Frauen aufmerksam in ihren Vorlesungen oder bauten Radios und Computer zusammen. Arbeit in den komplizierteren Laboratorien schien einer kleinen Anzahl älterer Studenten vorbehalten zu sein. Die Geräte für schwierigere Experimente standen noch bereit, aber sie sahen oft so aus, als seien sie wochenlang nicht benutzt worden. Nur die Laboratorien, in denen an praktischen Problemen gearbeitet wurde, schienen tatsächlich in Gebrauch zu sein.

Die Mehrzahl der Besucher sprach nicht chinesisch, und es wäre schwierig gewesen, ihnen lebhaft diskutierende Studenten vorzuführen. Möglicherweise versuchten die Studenten, die ausländischen Besucher durch ihr bestes Benehmen zu beeindrucken, aber oft schien es, als ob sie keinen großen Unabhängigkeitsdrang hätten, und sie benahmen sich nicht so, als seien sie für die Universität verantwortlich. Viele Besucher hatten den Eindruck, die Verwaltung der Universität liege in den Händen von Parteikadern und Verwaltungsbeamten. Die chinesischen Professoren wiederholten immer wieder, daß sie mit der Leitung der Universität nichts mehr zu tun hätten, seit sie ihre überkommenen intellektuellen, akademischen Ansichten überwunden hatten und nun unter der Führung der Partei im Dienste der Arbeiter, Bauern und Soldaten standen. Ihre Besucher aus der akademischen Welt des Westens fanden ihre stereotypen Ausführungen oft befremdlich und beunruhigend. Die Eindrücke, welche die

Fremden aus solchen Zusammenkünften mitnahmen, waren oft das Gegenteil von dem, was sich die chinesischen Gastgeber erhofft hatten. Insbesondere Anfang 1976 fuhren Besucher oft mit dem Gefühl heim, daß die chinesischen Universitäten sich auf elementare, praktische Ausbildung beschränkten und ihre Hauptaufgabe politische Indoktrination sei. Die meisten Besucher waren zu höflich, ihren chinesischen Gastgebern ihre Zweifel mitzuteilen. Später in ihren Hotelzimmern mochten sie sich etwas herablassend sagen, vereinfachte Massenbildung sei schließlich das, was die Massen in einem Entwicklungsland brauchen.

Spezialisierte wissenschaftliche Gruppen konnten einen anderen Eindruck gewinnen. Mitunter trafen sie chinesische Wissenschaftler, die sie bei deren Studium im Ausland vor Jahren kennengelernt oder auf internationalen Kongressen erlebt hatten. Durch Diskussionen in ihren jeweiligen Fachgebieten waren sie eher in der Lage, die chinesische Forschung und Wissenschaft zu würdigen. Aber auch sie konnten sich den üblichen Vorträgen in den Versammlungsräumen der Universitäten und Forschungsinstitute nicht entziehen. Sie saßen dann in großen, beige bezogenen Sesseln, wärmten ihre Hände an den Teetassen, die freundliche junge Frauen ständig nachfüllten, während ein Herr vom Verwaltungsbüro der Universität eine vereinfachte Version der Geschichte des chinesischen Bildungssystems vortrug. Zur Zeit heftiger politischer Kampagnen zitierte er sämtliche Zeitungsparolen der letzten Wochen und wendete sie auf die revolutionäre Bildung an. Auf dem Höhepunkt der Auseinandersetzung im Frühjahr 1976 waren diese kümmerlichen politischen Vorträge an der Qinghua-Universität so mit Vorwürfen gegen die »Vertreter des kapitalistischen Weges« und deren schlechten Einfluß überladen, daß etliche Besucher überhaupt nichts über die Lehrpläne oder auch nur über Studentenzahlen erfuhren. In Zeiten weniger erhitzter Auseinandersetzungen gab es mehr Informationen, aber selbst dann nahmen sich die Verwaltungskader Zeit, um die Resultate ihrer politischen Studien vorzutragen.

Hin und wieder bemerkten die chinesischen Gastgeber Anzeichen von Langeweile oder Frustration in den Gesichtern ihrer akademischen Besucher aus dem Ausland. Dann ergriff einer der älteren Professoren mit einer weniger stereotypen Ausdrucksweise das Wort. Er mochte zwar nichts anderes sagen, aber die Gäste konnten ihn leichter verstehen, und es war für sie erfreulicher, einem Fakultätsmitglied zuzuhören, das mehr oder minder wie ein Professor redete. Während eines Rundgangs durch die Werkstätten und Laboratorien der Universität nickten sie dann höflich und fragten sich, wie viele Studenten tatsächlich an den Drehbänken und Schleifmaschinen arbeiteten, und welchen Nutzen sie daraus für ihr Studium zogen.

Mitunter konnte ein halber Satz oder ein Lächeln ein Hinweis darauf sein, daß es immer noch Meinungsverschiedenheiten über die neuesten Veränderungen im Bildungssystem gab. Wenn ausländische Gäste mit dem alten Naturwissenschaftler von internationalem Ruf, etwa dem Leiter eines hochspezialisierten Forschungsinstituts, sprachen, so klangen solche Konflikte an. Die Ausländer erkundigten sich, wie viele Wissenschaftler an seinem Institut arbeiteten, und der alte Mann antwortete mit einem leichten Lächeln: »Es wird bei uns heute nicht nach wissenschaftlichen und anderen Mitarbeitern getrennt. Wir bezeichnen uns nicht mehr als Wissenschaftler; wir alle sind Arbeiter des Instituts.« Das war zu einer Zeit, als Grundlagenforschung und akademische Standards wieder schwer angegriffen wurden, und die Besucher wußten genug, um das Lächeln des alten Mannes richtig zu verstehen. Aber mehr hörten sie nicht über die Probleme, die in einer Revolution der Forschung und Lehre zu lösen waren, und das Gerede über allemeine Grundsätze und politisches Bewußtsein stimmte sie etwas zynisch. Die wissenschaftliche Arbeit am Institut war interessant, teilweise sogar beeindruckend. Aber sie waren nicht mehr sicher, wohin solche Arbeit innerhalb eines politischen Rahmens, welcher der Forschung so wenig Wert beimaß, führen würde.

Die chinesischen Gastgeber konzentrierten sich oft darauf, ihre Arbeit politisch so zu erklären, wie es der Partei am besten paßte, weniger, um ihre ausländischen Gäste über die Wissenschaft in China zu informieren oder sie zu überzeugen, als vielmehr, um zu beweisen, daß sie sich an den korrekten Kurs hielten. Wenn sie damit oft mehr Skepsis erzeugten als ausräumten, so bemerkten es die chinesischen Gastgeber doch fast nie. Ihre ausländischen Besucher enthielten sich der Kritik und drückten bestenfalls in Fragen etwas Zweifel aus. Aber die Antworten waren gewöhnlich enttäuschend, und oft gingen die Besucher in eher zynischer Stimmung.

Ende 1975 sprachen drei westliche Professoren, die sich ernsthaft für die Probleme moderner Universitätsbildung interessierten und sich damit beschäftigten, mit einem der bekanntesten Wissenschaftler Chinas. Professor Zhou Pei-yuan, der stellvertretende Leiter der Universität von Peking, präsentierte ihnen einen schablonenhaften

Abriß des offiziellen Kurses. In der linientreuen Terminologie der gegenwärtigen Kampagne verteidigte er sämtliche Resultate der »Bildungsrevolution« und alle Veränderungen der vergangenen Monate. Die ausländischen Akademiker meldeten Bedenken an und stellten bohrende Fragen; sie brachten ihre Sorge um die Bildungssysteme sowohl ihres eigenen Landes wie auch des chinesischen zum Ausdruck. Enttäuscht gingen sie wieder. Ihr Gastgeber schien nicht zu verstehen, was sie meinten. Später in ihrem Hotelzimmer waren sie sich darüber einig, daß die chinesischen Bildungsexperten die drängenden Bildungsprobleme moderner Industriegesellschaften nicht begriffen. Sie hatten über das, was China zu schaffen hoffte, nur Gemeinplätze gehört, aber nichts über neue Konzepte und Methoden. Sie sagten, das Niveau sei ebenso provinziell wie politisch gewesen, und sie waren eher stolz auf ihre eigene höhere Einsicht. Sie wußten aber nicht, daß Zhou Pei-yuan einen langen Kampf für die Rolle von Forschung und akademischen Standards in Chinas neuem Bildungssystem ausgetragen hatte, und auch nicht, daß er zumindest vorerst unterlegen war. Obwohl er einer der anerkanntesten Hochschullehrer und Forscher Chinas war, der das Vertrauen und die Unterstützung Zhou En-lais genoß, durften seine Artikel über die Organisation von Forschung, Lehre und wissenschaftlicher Arbeit in den von der Vierergruppe kontrollierten Zeitungen nicht mehr veröffentlicht werden.

Ausländer lernten aus der chinesischen Debatte um das Bildungswesen oft nicht so viel, wie es möglich gewesen wäre. Oft unterschätzten sie ihre chinesischen Kollegen, die sich der Parteilinie unterwarfen und sich von den genehmigten Phrasen nicht lösten. Vielleicht waren als einzige die Verwaltungskader, die ihre festgelegten Reden gehalten hatten, mit diesen Besuchen vollkommen zufrieden und überzeugt davon, die ausländischen Gäste durch Chinas progressives System der Universitätsreform beeindruckt zu haben.

Der Nordosten Pekings ist als Bezirk der Forschung und Lehre angelegt worden. Zu Beginn des Jahrhunderts hatten westliche und chinesische Bildungsfachleute die Felder nahe den Seen und Hügeln der kaiserlichen Sommerpaläste als Standort für die ersten modernen Universitäten Chinas ausgewählt. Südlich davon stehen jetzt entlang den Straßen die neuen großen Gebäude der wissenschaftlichen Institute, in denen Forschung betrieben und Studenten in Stahlproduktion, Ölbohrtechnik, Elektronik, Luftfahrt, Spielfilmherstellung oder Fremdsprachen ausgebildet werden. Sie unterstehen der Akademie der Wissenschaften oder den diversen Industrieministerien, und ihr Beitrag zu Chinas wirtschaftlicher Entwicklung und zur wissenschaftlichen Forschung ist heute vielleicht größer als jener, den die beiden angesehenen Universitäten der Hauptstadt leisten. Aber die Universität Peking und das Qinghua-Institut für Technologie stehen im Brennpunkt des Kampfes für eine moderne, den Bedürfnissen des Landes und den ideologischen Forderungen der Partei angemessenen akademische Ausbildung in China.

Aus mehr als einem Kilometer Entfernung kann man bereits den gigantischen grauen Steinblock, das Hauptgebäude des Qinghua-Campus, inmitten der flachen Gemüsefelder sehen. Die 7000 Studenten wohnen in Ziegelbauten und arbeiten in drei- oder vierstöckigen Gebäuden in funktional-wirtschaftlichem Stil, der scharf mit den weitläufigen Fluren und ausladenden Treppen des Hauptgebäudes kontrastiert. Der Campus der Universität Peking beginnt an einem traditionellen, von zwei steinernen Löwen bewachten chinesischen Tor, und ihr Herzstück besteht nach wie vor aus grauen Ziegelgebäuden mit verzierten chinesischen Dächern – das Erbe der früheren amerikanischen Yenjing-Universität, wo praktische westliche Bauten mit den gefälligen Linien chinesischer Tempel oder Paläste kombiniert wurden. Inmitten der alten Gebäude und der neuen Wohnheime und Hörsäle ist ein kleiner See, wo die Studenten abends spazierengehen, Texte auswendig lernen, sich unterhalten, oder wo sie am Fuße eines kleinen Aussichtsturms Flöte oder die chinesische Geige spielen.

Das Leben der chinesischen Studenten ist durchorganisiert, und ziellose Spaziergänge am Abend könnten als Abweichung von gewissenhaftem Studium Mißfallen erregen. Den Marschtakt an chinesischen Universitäten gibt nicht die Flöte an, sondern das Signalhorn. Morgens um 6 Uhr ruft es die Studenten zu ihrer Gymnastik, abends um 10 Uhr gibt ein letztes Hornsignal das Zeichen zum Löschen des Lichts. Chinesische Studenten werden ständig daran erinnert, daß Arbeiter und Bauern die Ausbildung bezahlen und daß sie hart arbeiten müssen, um dem Volk, das ihnen die Gelegenheit zum Universitätsstudium gab, dienen zu können. Das Lernen von den Bauern und Arbeitern hat das Universitätsleben spartanisch gemacht, und der Campus ähnelt oft einer Kaserne. Es gibt strenge Regeln, die jeder Student kennt: »Niemand darf zu spät zur Vorlesung erscheinen, sie früher verlassen oder versäumen. Sollte ein Student eines solchen Vergehens des öfteren schuldig sein, so wird die Universität die Erziehungsmaßnahmen verschärfen. Wird keine Besserung erkennbar, bleiben entsprechende Maßnahmen vorbehalten.« Seit die Universitäten 1970 wieder eröffnet wurden, war die neue chinesische Studentengeneration gewissenhaft und diszipliniert – im Gegensatz zu ihren rebellierenden Vorgängern während der Kulturrevolution. Die Studenten kommen nicht mehr direkt aus der Mittelschule. Alle haben mehrere Jahre lang auf dem Land und in den Fabriken gearbeitet oder in der Armee gedient, und sie wissen alle, was Arbeit für die Massen in ihrem Land heißt. Sie können die Disziplin und den durchstrukturierten Arbeitsstil der heutigen Universitäten leichter akzeptieren als frühere Studentengenerationen, wie einige chinesische Professoren nicht ohne Genugtuung erklärten. Sie kommen aus Kommunen und Fabrikwohnheimen und können das enge Zusammenleben und die begrenzte Privatspähre in ihren Wohnheimen ertragen, die ausländische Studenten an der Universität von Peking mitunter beengend und deprimierend fanden. Mit einem Minimum an Möbeln leben sie zu sechst oder zu acht in einem Raum: Betten, drei, vier Tische, ein paar Bücherregale und ihre privaten Holztruhen, in denen sie einigen persönlichen Besitz verschließen. Blechbecher mit Zahnbürsten stehen aufgereiht auf einem Brett, und oft hängt eine Wäscheleine quer durchs Zimmer. Die Studenten waschen ihre Sachen selbst – zum einen, weil sie es müssen, zum anderen aber auch als eine Art Ritual, welches zeigt, daß sie sich nicht den Massen entfremdet haben. Die separaten Wohnheime für männliche und weibliche Studenten unterscheiden sich kaum. In den Zimmern der Mädchen hängen vielleicht kleine Spiegel, und die Wände mögen mit farbenfrohen Zeitungsausschnitten oder Postern mit glücklichen Kindern dekoriert sein; die Männer scheinen eine Weltkarte oder ein Bild des Vorsitzenden vorzuziehen. Die Studenten einer Abteilung leben meist in einem Wohnheim zusammen – die Mädchen wohnen oben, die Jungen unten; und einige wenige, die Glück hatten, teilen ihr Zimmer vielleicht nur mit zwei oder drei anderen. Es gilt nicht als besondere Belastung, zusammen zu wohnen, denn in allen chinesischen Familien teilen sich mehrere Personen einen Raum.

Die Studenten stehen um 6 Uhr auf und haben eineinhalb Stunden Zeit für Gymnastik, das Aufräumen ihrer Zimmer und das Frühstück in der Mensa. Dann sind vier Stunden Lehrveranstaltungen und Selbststudien vorgesehen, gefolgt von einer zweistündigen Pause fürs Mittagessen und zum Ausruhen. Der Nachmittag wird mit Selbststudien verbracht, manchmal in Gruppen mit einem Lehrer, und ein oder zwei Stunden sind meistens für Sport reserviert. Um 18.30 Uhr gibt es Abendessen, anschließend politische Arbeitskreise, an denen sich die Studenten drei oder vier Stunden in der Woche beteiligen, oder Gruppendiskussionen, Lektionen über politische Ökonomie oder Proben für Laienaufführungen. Es bleibt nur wenig Zeit, bevor die Lichter ausgehen und die Tore verschlossen werden. Wer zu spät vom Einkaufen in der Umgebung oder von einem Besuch bei Freunden oder Verwandten zurückkommt, der wird dem Vorsteher seines Wohnheims gemeldet und um eine Erklärung gebeten.

Die chinesischen Studenten bezahlen keine Studiengebühren, und die Lebenshaltungskosten werden vom Staat getragen. Wer länger als fünf Jahre in einer Fabrik gearbeitet hat, bekommt sein früheres Gehalt, aber die meisten Studenten in Peking bekommen ein monatliches Stipendium von 19,50 Yuan. Etwa 15 Yuan werden fürs Essen ausgegeben, der Rest wird für tägliche Ausgaben wie Seife, Briefmarken und Fahrgeld gebraucht. Die Studenten haben ihre Kleidung und die wattierten Bettdecken von zu Hause mitgebracht. Sie verdienen zwar in den ländlichen Kommunen oder den Fabriken, in die sie nach der Schule geschickt wurden, mehr, aber sie alle haben sich für die Universität beworben, und im allgemeinen gibt es mehr Bewerber als Plätze.

»Ich war Fabrikarbeiter in der Provinz Gansu«, erklärte ein Student der Automationsabteilung in Qinghua. »Ich war vier Jahre lang Monteur in einer Werkzeugfabrik, als man uns den Besuch eines Vertreters von Qinghua mitteilte. Viele junge Arbeiter bewarben sich um die fünf Plätze, die unserer Fabrik zugeteilt worden waren. In meiner Werkstatt fand zwischen den Arbeitern eine hitzige Diskussion statt, nachdem ich mich beworben hatte, und sie beurteilten mein politisches Bewußtsein, meine Einstellung zur Arbeit, und ob ich mit den Massen kooperierte oder mich zurückzog. Sie entschieden, daß sie mir vertrauten und reichten meinen Namen beim Revolutionskomitee der Fabrik ein. Insgesamt 18 Arbeiter in unserem Betrieb waren von den Arbeitern ihrer Gruppe vorgeschlagen worden. Das Revolutionskomitee fügte noch zwei Namen hinzu, und dann wurde die Liste wieder diskutiert. Schließlich wurde sie auf acht Namen reduziert. Als die Leute von Qinghua kamen, sprachen sie mit jedem von uns acht Bewerbern, um sich über unser allgemeines kulturelles Niveau ein Bild zu machen. Eine Prüfung gab es nicht, aber jeder Student mußte zeigen, daß sein Wissensstand über dem der Unterstufe der Mittelschule lag.«

Alle Studenten, die ich kennenlernte, waren von ihren Fabriken nach Diskussionen der Arbeiter ausgewählt worden. Aber es war auch klar, daß die Entscheidung bei den Führungsorganen der Fabriken und Kommunen gelegen hatte, und häufig waren offenbar Studenten geschickt worden, die keineswegs in erster Linie das Vertrauen der Arbeiter, sondern das politische Wohlwollen von Funktionären hatten. Auch das Mitspracherecht der Universitäten blieb häufig wirkungslos, wenn solche Funktionäre nicht eine Gruppe von Kandidaten zur Auswahl präsentierten, sondern einfach die festgesetzte Zahl junger Leute zur Universität abstellten. So ließ sich zeitweise nicht einmal ein Minimum einheitlicher Grundkenntnisse als Vorbedingung für das Studium voraussetzen. Zwischen 1970 und Ende 1976 gab es erhebliche Unterschiede im Auswahlprinzip, die teils von regional unterschiedlichen Machtverhältnissen, teils von der häufigen Veränderung der Auswahlkriterien herrührten. Eine beachtliche Zahl der Studenten sagte, sie hätten an einer Art akademischer Prüfung teilgenommen – entweder mündlich oder in vielen Fällen schriftlich. Wenige nur hatten das Fach oder das Spezialgebiet, das sie jetzt studierten, gewählt – nur für einen weiten Fachbereich hatten sie sich beworben, wie etwa Ingenieurwissenschaften, Naturwissenschaften, Sprachen oder Philosophie und Geschichte. Vielen fiel es schwer zu erklären, warum sie gerade ein bestimmtes Fach oder Spezialgebiet studierten, und sie zogen es vor, die übliche Redensart zu gebrauchen: »Wir gehen dorthin, wo die Partei uns braucht.« Nur wenige wechselten während ihrer drei oder vier Jahre an der Universität ihr Studienfach.

Die Kurse an den Universitäten Qinghua und Peking sind stark strukturiert und spezialisiert, und der Anfänger sieht sich einem feststehenden Stundenplan gegenüber. In der Qinghua-Universität gibt es elf Abteilungen: Elektronik, Radioingenieurwissenschaften, Präzisionsinstrumente, Mechanische sowie Bau- und Elektroingenieur-Wissenschaften, Industrielle Automation, Wasserbau, Chemische Ingenieurwissenschaften, Angewandte Physik und Angewandte Mechanik. Ihre Kurse teilen sich in 48 Spezialgebiete auf und bereiten die Studenten auf eine berufliche Laufbahn vor. Außerdem werden in Qinghua Japanisch, Englisch, Russisch und Deutsch gelehrt; der Schwerpunkt liegt auf der Sprache technischer Handbücher und wissenschaftlicher Literatur.

An der Universität Peking teilen sich die Abteilungen in drei Gruppen. In sieben Abteilungen werden Philosophie, Chinesische

Literatur, Geschichte, Politische Ökonomie, Internationale Politik, Bibliothekswesen und Jura gelehrt. Aber anläßlich meiner Besuche hörte ich nur von 17 Jurastudenten, die einen »experimentellen« Kurs belegt hatten. In den sieben naturwissenschaftlichen Abteilungen sind Mathematik, Chemie, Physik, Geologie, Astronomie, Biologie und Elektronik vertreten. Die Abteilung für Sprachwissenschaft ist in östliche und westliche Sprachen sowie Russisch unterteilt. Es hatte den Anschein, als sei die Universität Peking nach Spezialgebieten weniger stark strukturiert als Qinghua, und es schien mehr Studenten und Professoren zu geben, die Grundlagenforschung betrieben. Verallgemeinerungen über chinesische Universitäten sind jedoch gefährlich, und zumindest einer von Chinas qualifiziertesten Atomphysikern ist Professor und Mitglied des Revolutionskomitees von Qinghua.

Für die große Mehrheit der Studenten beider Universitäten waren die Studiengänge seit 1970 strikt auf eine fachliche, fast berufliche Ausbildung hin ausgerichtet. Sprachstudenten lernten die Sprache, aber wenig über die Geschichte oder Kultur des betreffenden Landes. Das Lehrmaterial, oft Übersetzungen aus dem Chinesischen, benutzte hauptsächlich Spezialvokabular aus der chinesischen Politik und nicht der literarischen Sprache oder Umgangssprache des fremden Landes. Die meisten Texte waren abgezogen. Die alten Bücher aus der Zeit vor der Kulturrevolution seien nicht mehr geeignet, erklärte man uns, so daß Professoren und Lehrer zusammen neue Texte ausgewählt hätten. Mitunter waren es einfach Auszüge aus älteren Büchern, mit Auslassung der Stellen, die politisch anstößig waren. So benutzte etwa ein Deutschkurs eine Seite aus einem Lehrbuch, das ursprünglich mit Hilfe von ostdeutschen Lehrern geschrieben worden war. Die Seite erzählte die Geschichte eines klassenbewußten deutschen Arbeiters – Wilhelm Pieck – und von seiner Arbeit als Kommunist in den zwanziger Jahren. Doch das Ende der Biographie fehlte. Seit die Beziehungen zur DDR eingefroren waren, lernten die Studenten nicht mehr, daß Pieck der erste Präsident der Deutschen Demokratischen Republik wurde. Deutschstudenten kannten vielleicht ein Gedicht von Goethe und noch eins von Heine, aber der kulturelle Kontext blieb unverstanden, und diese Gedichte standen ohne Beziehung neben den Versen eines unbedeutenden kommunistischen Propagandaautors, Erich Weinert, die ebenfalls ohne jeden Hintergrund präsentiert wurden. Um ihre Kenntnisse der Umgangssprache zu üben, durften die Studenten ausgewählte Artikel aus ausländischen Zeitungen und Zeitschriften verwenden, aber diese dienten ausschließlich der Vokabulareinübung, und ihr Inhalt war nicht offiziell sanktioniert. In den Bibliotheken gab es auch jüngere wissenschaftliche Veröffentlichungen aus dem Ausland, aber Zugang zu ihnen war nur beschränkt möglich. Diese Bücher trugen den Vermerk: »Für den internen Gebrauch« und durften nicht einmal den ausländischen Studenten der chinesischen Universitäten gezeigt werden. Der chinesische Durchschnittsstudent schien sie nicht zu brauchen und hätte es wohl schwierig gefunden, sie zu lesen. Ältere chinesische Übersetzer und Dolmetscher wiesen manchmal stolz darauf hin, daß sie vor der Kulturrevolution an der Universität Peking studiert hatten, als es nicht nur Sprachkurse, sondern Abteilungen für Deutsch und Englisch gab. Aber an den Universitäten betonten die Lehrer, daß die Studenten Sprachen heute schneller als damals lernten und ihr Studium in drei Jahren abschließen konnten, zumal sie sich nicht um Unwesentliches und ungewöhnliche literarische Ausdrücke kümmern müßten.

In den Abteilungen für Geschichte und Philosophie standen den Studenten drei Arten von Material zur Verfügung: vervielfältigte Einführungstexte mit Erklärungen und Kommentaren; aus Zitaten zusammengestellte Quellen; »Nur-zum-Nachschlagen«-Bücher, wie etwa die Geschichte der chinesischen Philosophie von Feng You-lan, dessen Standardwerk zwar umgeschrieben war, aber doch immer noch als ideologisch zweifelhaft angesehen wurde. Im Unterricht hielt der Dozent eine Vorlesung über das Thema, beantwortete Fragen der Studenten und bat sie um ihr Urteil. Oft wurden die Hauptthemen der aktuellen politischen Kampagne mit allen vorkommenden Themen verknüpft. Als die Kampagne der Kritik an Lin Biao lief, erklärten mir vier Philosophie-, Geschichts- und Journalismusprofessoren, wie ihre Abteilungen funktionierten. Das ranghöchste Mitglied der Gruppe sagte: »In der Philosophischen Fakultät sind wir gerade dabei, die Idealismus- und Apriori-Theorien zu verwerfen, die Lin Biao vertreten hat. Und in der Abteilung für Geschichte weisen wir seine Behauptung zurück, daß Geschichte von Helden gemacht werde. Wir entlarven den Charakter seines ultrarechten Kurses.« Ein Geschichtsdozent fügte hinzu: »In den Geschichtskursen beschäftigen wir uns mit der Fage, wer die kreative Kraft in der Geschichte ist. Marx und der Vorsitzende Mao haben uns gelehrt, daß nur die Massen Geschichte machen können. Aber dem bürgerlichen Standpunkt zufolge können das nur Helden. Lin Biao jedoch vertrat nun die absurde Idee, daß sowohl die Massen als auch Helden Geschichte machen können. Wenn wir den Studenten beibringen, die Geschichte zu verstehen, müssen wir Lin Biaos Betrachtungsweise ablehnen.« Ein Philosophiedozent erzählte von seinen Kursen: »Momentan verwerfen wir Lin Biaos Meinung über die Rolle des Genies. Die marxistische proletarische Philosophie hat zwei Grundzüge: einen auf dem Klassenbewußtsein basierenden Standpunkt und eine feste Beziehung zu Praxis und Revolution. Lin Biao behauptete, es sei ein Genie möglich, das Ideen in seinem eigenen Kopf produziert, ohne Verbindung zur Praxis. Das ist anti-marxistisch. In unserem Unterricht weisen wir das Genie-Konzept zurück.« Der Journalismusprofessor erklärte: »In unserer Abteilung lehnt der Student Lin Biaos idealistische Philosophie ebenfalls ab. Die Journalismusstudenten verbringen zum Beispiel viel Zeit mit Feldstudien über die sozialen Beziehungen in Kommunen oder Fabriken. Wenn sie auf Lin Biaos Linie verfallen, entwickeln sie eigene Vorstellungen, statt die wirklichen Bedingungen zu untersuchen. Bei derartigen Fragen müssen wir Lin Biaos idealistische Methode ablehnen.«

Die Hauptaufgabe sei, so der Ranghöchste der Gruppe, die Lehren des Vorsitzenden Mao anzuwenden und die Gesellschaft zur Fabrik für die Philosophie- und Geschichtsabteilungen zu machen. Andere Abteilungen wie die für Biologie und Chemie hatten kleine pharmazeutische Werkstätten, in denen Studien mit praktischer Arbeit verbunden werden konnten, aber es gab keine Fabriken, durch deren Produkte eine Verbindung zum Studium der Philosophie und Geschichte hergestellt werden konnte. Deshalb schickte man die Studenten solcher Fächer in ländliche Kommunen, Fabriken oder Armee-Einheiten zu körperlicher Arbeit und soziologischen Untersuchungen. Neunzig Studenten und sechs Dozenten hatten gerade einen Monat in der Quellwasser-Kommune zugebracht. »Sie haben den historischen Materialismus studiert und gleichzeitig die historische Entwicklung und die gegenwärtigen Bedingungen dieser Gegend analysiert. Sie haben 33 Artikel geschrieben, in denen sie Buchwissen mit der praktischen Forschung verbinden. Sie sind auch zu den verschiedenen Brigaden in der Kommune gegangen und haben 167 Vorträge über den Marxismus-Leninismus gehalten. So haben sie ihr Buchwissen mit der Praxis verbunden und gleichzeitig der Gesellschaft gedient.«

Studenten der Abteilung für Philosophie begannen ihr Studium mit Einführungskursen über dialektischen Materialismus, historischen

Materialismus und politische Ökonomie. In ihrem dritten Studienjahr schließlich erreichten sie einen Kurs in Philosophiegeschichte. In allen drei Jahren gab es Veranstaltungen über die Geschichte der Kommunistischen Partei Chinas, die Geschichte der kommunistischen Bewegung, die Werke des Vorsitzenden Mao und, so fügte der Philosophieprofessor hinzu, Seminare über chinesische und ausländische Philosophie und Logik. In ihren Essays, so legten die Professoren dar, verbänden die Studenten ihre Spezialgebiete mit den Realitäten des gegenwärtigen politischen Kampfes.

Die künftigen Historiker teilten sich in drei Gruppen – Studenten der chinesischen Geschichte, der Weltgeschichte und der Archäologie. Alle belegten auch Kurse in Politischer Ökonomie, Geschichte der Kommunistischen Partei Chinas und Philosophie. Studenten der chinesischen Geschichte mußten sich auch mit klassischem Chinesisch und mit ein wenig Weltgeschichte befassen. Der Lehrplan in der archäologischen Abteilung enthielt ebenfalls klassisches Chinesisch und allgemeine Kurse über die Geschichte Chinas und der Welt. Die Universitätsbehörden hatten herausgefunden, daß drei Studienjahre für Studenten des Journalismus ausreichten und dieser Zeitraum auch mehr oder weniger für das Philosophiestudium angemessen sei. Für künftige Historiker und Archäologen hatte man einen einjährigen Vorbereitungskurs hinzugefügt. Das schien einleuchtend, denn die ersten Studenten nach der Kulturrevolution hatten oft nur die Unterstufe der Mittelschule abgeschlossen, und die Kurse in den folgenden Jahren wurden besucht von jungen Männern und Frauen, die zwischen der Mittelschule und der Universität Jahre in Fabriken oder in der Landwirtschaft verbracht hatten. Sie seien natürlich von ihren Kollegen ausgewählt worden, erklärten die Dozenten, und sie waren überrascht, als ich fragte, ob ihre Kollegen denn wirklich die Fähigkeit eines jungen Mannes zum abstrakten Denken beurteilen konnten. »Die Philosophie ist auf der einen Seite abstrakt, aber sehr real auf der anderen«, antwortete einer von ihnen. »Die Philosophie gehört den Arbeitern, Bauern und Soldaten. Sie wurde von den proletarischen Führern geschaffen, und sie wird deshalb überall studiert und verstanden. Philosophie ist aus der Realität entstanden. Jeder, der praktische Arbeit verrichtet und der revolutionären Politik treu ist, kann Philosophie verstehen. Alle, die ein bestimmtes Bildungsniveau erreicht haben und praktisch arbeiten, können Philosophie verstehen. Arbeitern ist die Werttheorie leicht verständlich, weil sie mit ihrer praktischen Arbeit Wert schaffen. An der Universität müssen sie sich natürlich bemühen, die klassischen Werke der Philosophie zu meistern.«

Ich fürchte, daß solche Erklärungen wie eine böswillige Parodie klingen, aber so wurde sie Ausländern häufig geboten. Vielleicht vereinfachten die chinesischen Universitätslehrer ihre Argumente ja auch in der Hoffnung, einen ausländischen Besucher mit Beweisen revolutionärer Veränderungen im höheren Bildungswesen zu beeindrucken. Ausländische Studenten, die an der Universität Peking Neuere Geschichte studierten, fanden die Vorlesungen etwas vereinfacht, aber die Behandlung der Geschichte Chinas zwischen 1840 und 1920 sei eine vernünftige Interpretation auf solider marxistischer Basis. Von 1920 bis zur Gegenwart war moderne chinesische Geschichte fast ausschließlich die Geschichte der Kommunistischen Partei Chinas, interpretiert im Lichte gegenwärtiger politischer Kämpfe und Kampagnen. Ausländer hatten keinen Zugang zu Quellenmaterial oder Dokumenten, aber für ihre chinesischen Kollegen gilt das möglicherweise nicht. Während der Kampagne der Kritik an Konfuzius wurden viele seiner Originaltexte in modernem Chinesisch veröffentlicht, und obwohl Kommentare auf die Irrtümer im konfuzianischen Denken verwiesen, wurde doch immerhin sein ursprüngliches Werk vorgelegt. Zur gleichen Zeit zwang man aber die Geschichte Chinas und ihre Philosophie in ein dualistisches Konzept reaktionärer Konfuzianer und progressiver Legalisten und bewies damit, daß der gegenwärtige »Kampf zweier Kurse« schon immer die chinesische Geschichte beherrscht habe. Alle anderen Trends und Schulen wurden ignoriert. Um Historikern und Philosophen bei der Vermeidung der Gefahren komplexerer Konzeptionen behilflich zu sein, wurden 1974 Namenslisten veröffentlicht, in denen man die klassischen Denker aufgeteilt hatte – in Konfuzianer, die zu kritisieren, und Legalisten, die als positive Elemente zu betrachten waren. Trotzdem war klar, daß an der Universität Peking hochqualifizierte Historiker und Philosophen arbeiteten. Sie lieferten historische Fakten und Zitate für die politischen Artikel, die von der »Gruppe für Massenkritik« geschrieben wurden, an der die Universitäten Peking und Qinghua mitarbeiteten. Diese Artikel stellten die grundlegenden Richtlinien für das historische Verständnis der gegenwärtigen politischen Auseinandersetzungen dar; sie waren aber auch mitunter verschleierte Attacken auf Führer, die vom Flügel ihrer Gegner nicht offen kritisiert werden konnten. Die Historiker und Philosophen lieferten die Fakten, die so ausgewählt waren, daß sie in den politischen

Rahmen paßten und achteten darauf, daß die Veröffentlichungen nicht durch eklatant falsche Behauptungen entstellt wurden. Es wäre falsch anzunehmen, daß sich das Studium an den Abteilungen für Geschichte und Philosophie auf vereinfachte Lesebücher beschränkt und die Professoren dieser Disziplinen nichts als Propagandisten seien. In den Jahren der Kämpfe zwischen den Parteiflügeln, als die Vierergruppe die Universitäten beherrschte, schien es so, als gebe es Professoren, die wenigstens privat nicht damit einverstanden waren, als politische Werkzeuge benutzt zu werden. Eines Tages Ende 1975 beklagte sich ein ausländischer Student bei seinem Professor, daß sein Studium zu Hause ihn nicht auf seine zwei Jahre an der Universität Peking vorbereitet habe. Sein Umgangschinesisch sei schwach, sagte der Student, und seine guten Kenntnisse im klassischen Chinesisch seien im Unterricht praktisch wertlos. »Sie irren sich«, sagte der Professor. »Ein Historiker muß gut klassisches Chinesisch können.« Der Professor schwieg einen Moment und fügte hinzu: »Wenn die chinesische Geschichte wieder studiert wird.«

Ein Studium der Geschichte, Philosophie oder Literatur war natürlich durch die Zwänge der Ideologie und Parteikontrolle eingeengter als die Arbeit der natur- und ingenieurwissenschaftlichen Abteilung. Zugleich gab es beim Studium der Geisteswissenschaften besondere Probleme bezüglich der Kombination von theoretischen Studien und praktischer Arbeitserfahrung. Anfang 1975 wurden häufig Diskussionstreffen für Dozenten und Studenten der Universität Peking veranstaltet, wo die Frage erörtert wurde, wie das System der Musterlandwirtschaftsakademie in Shenyang angewendet werden könnte. Einige Wochen lang hatte es den Anschein, als ob alle Studenten der Universität für mindestens ein halbes Jahr in ländliche Kommunen geschickt werden würden – nach dem Beispiel der Landwirtschaftsakademie, die vom radikalen Flügel sehr gelobt wurde. Der Plan wurde schließlich aufgegeben, wenn auch große Studentengruppen für mehrere Wochen aufs Land geschickt wurden. Alle hatten bereits ein paar Jahre körperliche Arbeit in Fabriken und Kommunen hinter sich und hatten ihr Studium für kürzere Zeiträume zu diesem Zweck unterbrochen. Da die Dreijahreskurse an den Universitäten für viele Fächer nicht ausreichten, hörte die Diskussion um den Umfang der Arbeit außerhalb der Universität nie auf, obgleich das Prinzip der Kombination von Theorie und Praxis nicht in Frage gestellt wurde. »Wenn wir die Tore der Universität schließen und unsere Arbeit vom Leben der Gesellschaft entfremden, kann die Revolution im Bildungswesen ihr Ziel nie erreichen«, erklärte ein Dozent der Mechanik an der Qinghua-Universität. »Bildung muß der proletarischen Politik und Produktion zugute kommen. Sie muß junge Menschen hervorbringen, die bereit sind, der sozialistischen Sache zu dienen und neue revolutionäre Führer zu stellen, welche die Nachfolge der alten Führer des Proletariats antreten können. Aus den Universitäten sollten gebildete Arbeiter mit einem sozialistischen Bewußsein hervorgehen, die in der Theorie und Praxis der Produktion ausgebildet sind. Früher wurden Studenten arrogant. Sie fühlten sich als intellektuelle Aristokraten und waren nicht gewillt, ihre Hände in den Fabriken und Dörfern zu gebrauchen. Jungen vom Land schämten sich, wenn ihre alten Väter sie besuchten, weil die alten Männer nur einfache Bauern waren. Jetzt haben alle unsere Studenten mit den Händen gearbeitet, und alle sind bäuerlicher Herkunft oder kommen aus Arbeiter- oder Soldatenfamilien. Trotzdem gibt es immer noch Probleme. Einige kommen aus dem Dorf, studieren drei Jahre lang Wasserbau und wollen dann nur noch ungern zurück aufs Land. Sie meinen, die Arbeit auf dem Bauernhof sei viel zu hart. Selbst wenn sie einige Wochen lang zusammen mit anderen Studenten körperlich arbeiten, verausgaben sie sich nicht. Aber die Arbeiter und Bauern an ihrer Seite merken, wenn sie sich von ihrer Arbeit zu drücken versuchen, und sie bieten ihnen dann eine ideologische Erziehung. Bauern erzählen ihnen vielleicht, wie schwer das Leben war mit all den Überschwemmungen und Dürrezeiten und machen ihnen klar, wieviel Kenntnisse im Wasserbau bedeuten können, wenn man sie praktisch anwendet. So lernen die Studenten, gewissenhaft zu arbeiten und zu studieren.«

Als Bildungstheorie ist die Kombination von theoretischen Studien und praktischer Arbeit offensichtlich vorteilhaft. Insbesondere in Entwicklungsländern sehen die Absolventen von Universitäten und sogar von Mittelschulen gern auf Handarbeiter und Bauern herab und glauben, sie seien zu gebildet, um mit ihren Händen zu arbeiten. Sowohl das hohe Ansehen aus konfuzianischer Tradition, das Gelehrte und Lehrer genießen, als auch die Bürokratenhierarchie bergen zusätzliche Gefahren für Chinas soziale Entwicklung. Zehn Schuljahre und direkt anschließend fünf oder sechs Jahre an der Universität hätten in der Tat eine neue Expertenklasse geschaffen, weitab von der Realität des Lebens und der Arbeit in Fabriken und Dörfern. Es ist nicht verkehrt, künftige Historiker bei den Bauern oder Studenten der Ingenieurwissenschaften in einer Werkzeugmaschinenfabrik arbeiten zu lassen. Aber als man dieses System unter dem Einfluß der Vierergruppe bis zum Exzeß trieb, wurde das Studium vernachlässigt zugunsten von Handarbeit und politischer Bildung. Selbst in Unterhaltungen mit Ausländern stellten chinesische Professoren die Resultate des neuen Systems vorsichtig in Frage. Sie sprachen von einer Experimentierphase, deren Ergebnisse noch nicht ganz befriedigend seien. »Wir müssen abwarten, ob unsere Bildung ihren hohen Ansprüchen bei verkürzten Studienzeiten gerecht werden kann«, erklärte mir ein Physiker. Er war ein Mann, dessen Darstellungen bei verschiedenen Unterhaltungen immer einen gemäßigten und realistischen Eindruck machten. »In ein paar Jahren werden wir sehen, wie die neuen Absolventen sich bewähren. Ich glaube, sie werden besser sein. Die Haltung der Studenten hat sich verändert, und es fällt ihnen leichter, ihr Wissen sofort nach dem Abschluß bei der Lösung praktischer Probleme anzuwenden.« Ein Mitglied der Universitätsverwaltung behauptete: »Die Qualität unserer Absolventen ist viel besser als vor der Kulturrevolution. Früher wollten die Studenten nach dem Abschluß in den großen Städten arbeiten, und sie versuchten zu vermeiden, aufs Land geschickt zu werden. Heute melden sie sich freiwillig zur Arbeit in den Dörfern und Grenzgebieten. Die Fabriken im Nordosten haben die Qualität unserer Absolventen geprüft und günstige Beurteilungen geschickt. Die meisten Studenten haben wichtige technische Aufgaben, einige sind stellvertretende Chefingenieure, andere Lehrer und Ausbilder in den Fabriken. Vor dem Universitätsabschluß schreiben unsere Studenten Arbeiten, in denen sie praktische Probleme in der industriellen Produktion analysieren; viele von ihnen haben Lösungen für Probleme gefunden, die niemand sonst auf der Welt gelöst hat. Sie haben neue Lötverfahren entwickelt, und selbst ausländische Experten mußten zugeben, daß sie fortgeschrittener als ihre eigenen waren. Selbst die neuen Straßenlaternen an der Chang-An-Avenue sind von Studenten entworfen und gebaut worden.« Ein alter Professor für Hydraulik vertrat einen etwas anderen Standpunkt: »Verschiedene gesellschaftliche Klassen haben unterschiedliche Vorstellungen über die Beschaffenheit von Bildung. Eine wichtige Qualität ist der Wille der Studenten, den Arbeitern und Bauern zu dienen. Nur wenn sie in der Lage sind, ihr Wissen im Dienste der Massen anzuwenden, können sie die Ergebnisse ihrer theoretischen Studien verwerten. Viele Studenten haben gute Ergebnisse auf ihren Spezialgebieten erzielt, aber wir sind nicht davon überzeugt, daß die Qualität der Bildung an unserer Universität völlig zufriedenstellend ist. Die Kombination von Theorie und praktischer Arbeit ist richtig, aber in Zukunft werden wir uns weiterhin anstrengen müssen, um das richtige Gleichgewicht zu finden und die Bildungsqualität weiter zu verbessern.«

Ein Ingenieurstudent erklärte, daß seine Gruppe gerade zwei Monate in dem Konstruktionsbüro einer Fabrik und an den Drehbänken in den Werkstätten verbracht habe. Am Ende hatten die Arbeiter eine Prüfung arrangiert: Die Studenten mußten ein Maschinenteil entwerfen und an der Drehbank herstellen. »Theoretisches Wissen und technisches Zeichnen allein reichen nicht aus«, sagte der Student. »Man muß den gesamten Herstellungsprozeß kennenlernen.« Der Student hatte fast ein halbes Jahr in einer Werkzeugmaschinenfabrik beziehungsweise in einer Universitätswerkstatt zugebracht, wo 200 Arbeiter Gruppen von 40 bis 50 Studenten ausbildeten, die sechs Wochen lang zu ihnen kamen. Außerdem hatte er zwei Wochen in einer Einheit der Volksbefreiungsarmee verbracht, um die Erfahrungen aus zwei Jahren bei der Infanterie aufzufrischen.

Alle Studenten leisten regelmäßig Dienst in Armee-Einheiten – zusätzlich zu den militärischen Übungen an der Universität. Eine junge Studentin der Ingenieurwissenschaften, ein Mädchen mit blauen Schleifen in den kurzen Rattenschwänzen, sprach gern über ihre Zeit in der Kaserne. »Im März haben wir mit unserem Dozenten einen Monat mit einer Einheit der VBA verbracht. Ich wäre gern länger geblieben. Es war toll zu sehen, wie motiviert und aktiv unsere Kämpfer sind. Wir merkten, daß die Soldaten die Lehren des Vorsitzenden Mao wirklich kennen und von ganzem Herzen befolgen. Am ersten Tag lernten wir von ihnen politische Bildung. Am zweiten Tag habe ich mit ihnen in einem ihrer Schweineställe gearbeitet – sie züchten ihre eigenen Schweine, um die Einheit in der Lebensmittelversorgung unabhängig zu machen. Die Soldaten waren sehr gewissenhaft und brachten mir bei, wie man Schweine füttert. Sie lobten die neuen Studenten, die gern mit den Händen arbeiten. Tagsüber wurden wir militärisch ausgebildet und haben schießen gelernt. Abends haben wir bei ihren Treffen mitgemacht und einmal bis Mitternacht große Wandzeitungen geschrieben, Studenten und Soldaten zusammen. Einige Soldaten hatten nur eine unvollständige Schulbildung, so daß wir Studenten ihnen beim Schreiben helfen konnten. Sie haben uns beigebracht, wie man Decken und Kleider ausbessert. Während der militärischen Übungen waren sie streng mit uns, aber sehr freundlich. Alle 160 Studenten in unserer Kompanie haben die Abschlußprüfung bestanden. Ich habe elf Schuß abgegeben und 90 Punkte geschossen. Die Soldaten sagten, das wäre ein sehr gutes Ergebnis. Der Monat bei der VBA war sehr wertvoll für mich, weil wir von der Armee viele gute Eigenschaften lernen können.«

Zwischen der Armee und der Universität gab es noch eine weitere Verbindung. Nach der Kulturrevolution, als Soldaten die Universitäten besetzt und die gewalttätigen Gruppen rebellierender Studenten zur Arbeit aufs Land geschickt hatten, wurde das neue Bildungssystem unter der Leitung von Revolutionskomitees organisiert. Arbeiter- und Soldatenpropagandagruppen waren in diesen Komitees zahlreich vertreten, und sie halfen bei der Reorganisation der Universitäten und bei der Umerziehung der Professoren und Dozenten, um sie von »bürgerlichen und revisionistischen Ansichten« zu heilen. Sie hatten für die Dozenten politische Studienzirkel veranstaltet, und obwohl ihr Einfluß im Laufe der Jahre abnahm, gab es auch Mitte der siebziger Jahre auf dem Campus der Universität von Peking noch ungefähr 30 Soldaten und 70 Arbeiter – Mitglieder der Propagandagruppen. »Wir glauben nicht, daß Lehrer und Studenten allein in der Lage sind, die Bildungsreform zu vollziehen«, erklärte ein Arbeiterveteran aus einer Dynamofabrik an der Qinghua-Universität. »Nur die gemeinsame Anstrengung von Dozenten, Studenten und Arbeitern kann das Bildungswesen wirklich revolutionieren. Die Propagandagruppen wurden als ein Instrument geschaffen, das garantieren sollte, daß Reformen in einem proletarischen Rahmen stattfanden und die Universitäten nicht von ›bürgerlichen Intellektuellen‹ verwaltet würden.« Sofort nach der Kulturrevolution wurden Dozenten und Professoren aufs Land geschickt, zur Erziehung durch harte Arbeit mit den armen Bauern. In einem Rotationssystem wurde ein Drittel des Lehrkörpers zur Landarbeit geschickt. Aber 1973 hatte man die ursprünglich strengen Richtlinien geändert. Mehr als die Hälfte der Dozenten lehrte wieder, ein Drittel schrieb Lehrbücher oder forschte, und etwa 15 Prozent arbeiteten auf dem universitätseigenen Bauernhof in der Provinz Shani oder in Fabriken. Der Lehrkörper war erstaunlich groß. Während die Zahl der Studenten von 2000 im Jahre 1970 auf ungefähr 7000 im Jahre 1976 stieg, bestand der Lehrkörper aus 200 Professoren und Assistenzprofessoren, 500 Tutoren und 1500 Dozenten. Der Unterschied zwischen den verschiedenen Funktionen und Titeln wurde mir nie zufriedenstellend erklärt und schien selbst den chinesischen Universitätslehrern unklar zu sein. »Wir haben einige Titel und Einkommensunterschiede aus der Zeit vor der Kulturrevolution übernommen. Wir waren so mit der Bildungsreform beschäftigt, daß wir keine Zeit hatten, diesen Teil des Systems zu ändern«, erklärte mir 1973 ein Verwaltungsbeamter von Qinghua. Sie kamen nie dazu, Veränderungen durchzuführen, und 1976 variierten die Einkommen der Lehrkräfte immer noch zwischen 56 Yuan für die unterste und mehr als 350 Yuan für die höchste Stellung. Keiner der jüngeren Dozenten wurde nach der Kulturrevolution nach Rang oder Einkommen zum Professor befördert, und es schien üblich zu sein, den älteren angesehenen Professoren und Wissenschaftlern ihr bisheriges Gehalt bis an ihr Lebensende zu belassen, während keiner ihrer jüngeren Nachfolger in die höchste Einkommensgruppe gelangte. Manchmal waren die Informationen verwirrender. Ein Professor sollte zwei Fremdsprachen beherrschen, wurde mir einmal erzählt, und sich durch einige Veröffentlichungen qualifiziert haben. Aber der junge Dozent, mit dem ich sprach, war sich nicht sicher, ob seine Kollegen solche Qualifikationen vorweisen konnten. Ausländische Studenten der Universität Peking und des Fremdspracheninstituts fanden die ungleichen Qualifikationen und die sehr unterschiedliche Vorbildung der Dozenten und Tutoren, die sie kennenlernten, oft sehr verwirrend. Die meisten von ihnen schienen in ihrem Gebiet gut qualifiziert zu sein und hatten auch eine pädagogische Ausbildung genossen. Aber oft unterstanden sie anderen, die nur geringes akademisches Wissen und kaum Lehrerfahrung hatten. Es war zwar einfach, die Rolle der Arbeiterlehrer, die aus den Fabriken kamen, zu verstehen; sie waren meist solide, intelligente Leute mit praktischem Wissen und Erfahrung, aber einige der anderen Kader, Dozenten und Tutoren schienen einzig und allein aus politischen Gründen an die Universität geschickt worden zu sein und waren kaum ihrer politischen Aufgabe gewachsen. Das Selektionsprinzip war wohl schwer zu erklären – selbst an einer Universität, die revolutionäre Veränderungen durchlief.

Ebenso verwirrend waren die Informationen über graduierte Studenten. Mit Sicherheit gab es nur sehr wenige, vielleicht gar keine. Manchmal behaupteten Professoren, fortgeschrittene Studenten würden bald zur Weiterbildung immatrikuliert. Dann wieder hieß es, daß alle Studenten zurück in die Fabriken und Kommunen geschickt würden, aus denen sie gekommen waren.

Als ich mich im Frühjahr 1978 mit chinesischen Universitätslehrern über das Schicksal der graduierten Studenten unterhielt, sagte ich ihnen, daß mich viele Auskünfte in den Jahren zuvor verwirrt hätten. Die Dozenten lächelten. »Wir konnten ihnen das damals nicht offen erklären. 1972 hatte Ministerpräsident Zhou En-lai die Anweisung erlassen, eine begrenzte Zahl von Studenten nach dem Examen zur Weiterbildung an der Universität zu behalten. Aber schon 1973 war der Druck der Anhänger der ›Viererbande‹ so groß, daß dieses Programm aufgegeben werden mußte. Es existierte zwar noch dem Namen nach, aber alle graduierten Studenten waren zur Landarbeit auf die Dörfer geschickt worden. 1974 wurde das Programm abgeschafft. 1975 behielten wir wieder ein paar Studenten nach dem Examen da, aber das konnten wir Ihnen nicht sagen, weil es ja verboten war. Der ganze Streit um die graduierten Studenten war nur ein Versuch der ›Viererbande‹, Material zur Kritik am Ministerpräsidenten zu sammeln. Aber das konnten wir Ihnen 1976 schon gar nicht erklären.« Seit 1977 gibt es wieder graduierte Studenten, eine Art Doktorandenprogramm für die Ausbildung von wissenschaftlichem Nachwuchs. Sowohl die Peking-Universität wie die Qinghua-Universität wollen die Zahl der graduierten Studenten im Jahr 1978 auf jeweils 300 bis 400 bringen. Auf lange Sicht soll ihre Zahl dann noch weiter steigen. Daß ein solches Ausbildungsprogramm notwendig sei, war den chinesischen Wissenschaftlern immer klar gewesen, aber sie hatten diese Frage nicht diskutieren können, ohne politischen Angriffen ausgesetzt zu sein und ihre eigenen Arbeitsmöglichkeiten zu verlieren. In den Jahren vor dem Sturz der »Viererbande« hatten sie nur heimlich versuchen können, wenigstens etwas von Chinas wissenschaftlichem Potential zu retten. Damals fragte ich einmal einen alten weltberühmten Physiker in der Qinghua-Universität, ob es nicht eine Vergeudung von Talenten sei, einen begabten theoretischen Physiker zurück in die Werkzeugmaschinenfabrik zu schicken, in der er vorher gearbeitet hatte. »Alle Studenten müssen sofort nach dem Studienabschluß wieder arbeiten gehen«, antwortete der Professor mit seinem üblichen Realismus. »Falls es ein sehr begabter Wissenschaftler ist, lassen wir ihn vielleicht in einem unserer Forschungslabors arbeiten. Aber das wäre eine Ausnahme.«

Die Informationen über Prüfungen und Diplome variierten erheblich im Laufe der Jahre, je nach dem Stand der Debatte um akademische Standards, die den Machtkampf in der obersten Führungsspitze widerspiegelte. Alle Professoren waren sich einig, daß unangekündigte Prüfungen zur Zeit der Kulturrevolution abgeschafft worden waren. Jetzt verteilten die Dozenten die Examensaufgaben, und die Studenten hatten Zeit, die Fragen schriftlich nach Diskussionen mit ihren Kommilitonen zu beantworten, so erzählte man mir. Aber es gebe auch Sonderunterricht vor Examina für solche Studenten, die sonst vielleicht durchfallen würden. Und schließlich hörte ich, es gebe nur Prüfungen, in denen die Studenten ein praktisches Problem in ihrem Spezialgebiet allein lösen mußten, und dies sei die neue Form von Semesterabschlußprüfungen. Den offiziellen Informationen zufolge erhielten die Studenten weder Titel noch akademische Grade bei ihrem Studienabschluß, nicht einmal ein Diplom oder ein Zeugnis. Auf der anderen Seite bekam aber jeder Student einen kurzen Studien- und Leistungsnachweis, der den zuständigen Behörden seiner Heimatprovinz vorzulegen war. Mitunter war ich im Labyrinth des chinesischen Bildungssystems ratlos, und ich frage mich, ob die Dozenten und Studenten sich besser zurechtfanden als ich.

Manchmal lagen die Verständnisprobleme in der Terminologie und in den Definitionen. Wie wurden die Kinder von Kadern klassifiziert, die zur Universität gingen, wenn alle Studenten aus Bauern-, Arbeiter- und Soldatenfamilien kamen? Die Antwort war einfach. Da alle Studenten nach der Mittelschule einige Jahre in Fabriken, landwirtschaftlichen Kommunen oder in der Armee verbracht hatten, waren sie alle Arbeiter, Bauern oder Soldaten. Es gab sogar einige Kinder der früheren Klassen an den Universitäten. Ihre Ansichten waren durch die Arbeit mit den Bauern geformt worden.

Die Beteiligung der Studenten am Universitätsbetrieb war ein weiteres Thema, das leicht zu Mißverständnissen führte. In den Wohnheimen hingen von den Studenten verfaßte Plakate, auf denen stand: »An der Universität studieren, die Universität regieren, die Universität mit den Ideen des Vorsitzenden Mao reformieren.« In den Entscheidungsgremien der Universität gab es Studentenvertreter. Sie beteiligten sich an den Diskussionen um die Lehrpläne, schrieben Plakate und organisierten Sitzungen zur Kritik und Selbstkritik sowie Sportveranstaltungen. Ein Philosophiedozent erklärte, die studentische Beteiligung sei eine der wichtigen Neuerungen nach der Kulturrevolution, aber er fügt hinzu: »Die grundlegende Veränderung hat in der Parteiführung stattgefunden. Vor der Kulturrevolution hatte die Partei das Bildungswesen revisionistisch organisiert. Jetzt hält sich die Parteiführung an den revolutionären Kurs des Vorsitzenden Mao. Die Parteiführung ist absolut, und die Parteiführung entscheidet alles. Das ist kein Widerspruch zu der Tatsache, daß die Studenten die Universität leiten. Sie beteiligen sich an der Verwaltung unter der Führung der Partei. Die Partei mobilisiert Dozenten und Studenten, damit sie die Pläne der Partei verwirklichen. Einheitliche Parteiführung bedeutet nicht, daß die Studenten passiv bleiben. Die Partei mobilisiert die besten Leute und stützt sich auf die Massen.« Die Parteikomitees an den Universitäten waren die leitenden Instanzen, während die Revolutionskomitees zu Verwaltungsorganen wurden, die sich um die tägliche Routine des Universitätsbetriebes kümmerten. An der Universität Peking bestand das Revolutionskomitee aus neun Mitgliedern der Arbeiter- und Armeepropagandagruppe, acht Verwaltungskadern, neun Dozenten und Professoren, sieben Studenten, drei Arbeitern aus den Universitätswerkstätten bzw. Hausmeistern und einem Vertreter der Familien der Angestellten. In Qinghua war das Revolutionskomitee kleiner, aber ähnlich zusammengesetzt. Die Wahl der Mitglieder des Revolutionskomitees ist sehr kompliziert, und eine Professorin für chinesische Literatur bemühte sich sehr, das Verfahren geduldig zu erklären. »Die Dozenten wählen die Dozentenvertreter, die Studenten die Studentenvertreter, und die Parteimitglieder wählen Parteimitglieder«, erklärte sie. »Das Wichtigste ist die demokratische Beratung und Diskussion. Das Revolutionskomitee der Universität Peking zum Beispiel wird in drei Beratungsrunden gewählt. In der ersten Runde schlagen die Massen, die in den verschiedenen Gruppen organisiert sind, ihre Kandidatenliste vor und schicken sie der Führung. Die kann Veränderungen vornehmen und sendet die Liste zur weiteren Diskussion zurück. Vielleicht meinen die Studenten, daß sie einen besseren Kandidaten haben, setzen seinen Namen auf die Liste und schicken sie wieder zurück. Die Führung schaut sich die Liste an und dann geht sie zurück an die Massen. Dort wird dann diskutiert, wer der beste Kandidat sei. In der ersten Runde können Dozenten und Studenten so viele Kandidaten vorschlagen, wie sie möchten, vielleicht einhundert. Anschließend bildet die Führung ein Vorbereitungskomitee mit ausgewählten Mitgliedern der Abteilungen. Sie beraten und überprüfen eine Reihe von Kandidaten auf der Liste. Einige Grundsätze müssen beachtet werden: das Revolutionskomitee sollte junge und alte Mitglieder haben sowie solche mittleren Alters; es sollten Männer und Frauen, Dozenten, Arbeiter, Studenten und Kader vertreten sein. Wenn sich das Vorbereitungskomitee auf eine Liste geeinigt hat, die diesen Grundsätzen entspricht, geht die Liste wieder zu den Massen zurück. Dem Namen jedes Kandidaten ist eine kurze Notiz über seine Qualifikationen beigefügt, und diese Information ist die Basis für die zweite Runde deer Massenberatung. Einige Abteilungen fühlen sich vielleicht nicht repräsentiert, andere bezweifeln die Qualifikationen eines Kandidaten, und so werden verschiedene Meinungen geäußert. Das Vorbereitungskomitee berücksichtigt sie und nimmt an der Liste Veränderungen vor, die erklärt werden, wenn die Massen die Kandidatenliste zur endgültigen Beratung erhalten. Zu diesem Zeitpunkt gibt es dann keine schwerwiegenden Meinungsverschiedenheiten mehr, so daß die Zeit für die Wahl des Revolutionskomitees reif ist – die Massen stimmen durch Handzeichen ab.« Es war eine hochinteressante Erklärung des Wahlsystems; es war aber auch vor allen Dingen ein Theorienvortrag. Das Revolutionskomitee der Universität Peking wurde im September 1969 gebildet – zu einer Zeit, als keine Studenten an der Universität waren, und in den zehn folgenden Jahren gab es kaum Veränderungen, obwohl Studentenvertreter hinzukamen und bei ihrem Ausscheiden ersetzt wurden. Es gebe aber Beratungen und Wahlen für die Revolutionskomitees der Abteilungen, sagte der Philosophieprofessor, und außerdem hätten die Studenten reichlich Gelegenheit, ihre Meinungen bei Treffen und regelmäßigen Sitzungen des Kommunistischen Jugendverbandes zum Ausdruck zu bringen. An der Qinghua-Universität drückte ein verantwortliches Mitglied des Verwaltungsbüros, Ma Wen-zhong, die wesentlichen Grundsätze noch deutlicher aus: »Das Revolutionskomitee ist keine gewählte Vertreterversammlung, sondern ein Exekutivorgan. Die Massen halten keine Vollversammlungen ab, um das Revolutionskomitee zu wählen. Die Mitglieder werden von den Massen empfohlen – Studenten schlagen also Studenten vor –, aber sie werden nicht gewählt. Das Parteikomitee sammelt die Meinungen der Massen, und wenn die Massen nicht gegen die Kandidatenliste des Parteikomitees sind, leitet es die Liste an das nächsthöhere Parteikomitee weiter. Das Revolutionskomitee der Qinghua-Universität wurde 1969 gebildet, und seitdem sind nur wenige Mitglieder ersetzt worden. Die Parteikomitees werden jedes Jahr gewählt, aber in unserer Fakultät nur jedes zweite Jahr, weil wir so viel anderes zu tun hatten.«

Die Erklärungen der Kader und Professoren an den Universitäten waren am überzeugendsten, wenn sie die tiefgreifenden Veränderungen, die nach der Kulturrevolution im Bildungswesen stattgefunden hatten, erläuterten. Es war offensichtlich, daß die Universitäten das Prinzip der Kombination von theoretischen Studien, praktischer Erfahrung und Handarbeit praktizierten. Alle Studenten hatten einige Jahre in der Industrie oder Landwirtschaft verbracht, bevor sie für die Universität ausgewählt wurden. Die Studienzeit war verkürzt, die

Zahl der Studenten verringert worden. 1966 gab es in Qinghua 12 000 Studenten, 1977 nur 6 000. Auch die Universität Peking hatte nur 50 bis 60 Prozent der früheren Studentenzahl erreicht. Der ständige Kampf um Reformen und Revolution in der akademischen Bildung forderte seinen Tribut sowohl beim Niveau in der Lehre als auch bei Quantität und Qualität der wissenschaftlichen Forschung.

1975, als der Vierte Nationale Volkskongreß ein Programm zur wirtschaftlichen Modernisierung Chinas verkündete, hatten viele Parteiführer erkannt, daß der Zustand der Universitäten für die künftige industrielle Entwicklung eine echte Gefahr darstellte. Die Forderung der Radikalen, daß Studenten sich vor allem am Klassenkampf beteiligen sollten und die Kritik an der etablierten Führung hatten Maos Direktive überlagert, daß die erste Aufgabe von Studenten das Studium sei. Ein neuer Bildungsminister, Zhou Jong-xing, wurde ernannt, und er berief sofort eine Reihe von Konferenzen ein, um die Bildungsqualität und deren Niveau anzuheben. Die allgemeinen Grundsätze eines Systems, das theoretisches Lernen mit Arbeit in der Praxis verband, stellte er nicht in Frage, aber er wies darauf hin, daß dieses System aufgehört hatte, die Experten, Ingenieure und Wissenschaftler, die China brauchte, hervorzubringen. Zunächst war seine Kritik noch vorsichtig und gedämpft – so daß Vizeministerpräsident Deng Xiao-ping, ein wesentlich ungeduldigerer und freimütigerer Mann, dem Bildungsminister vorwarf, nicht schneller und mutiger zu handeln. Sofort erweckte er damit starke Opposition von seiten des radikalen Parteiflügels. Die Stärke der Vierergruppe lag auf dem Gebiet der kulturellen Angelegenheiten und im Bildungswesen. Den Radikalen lag viel daran, ihre Kontrolle über die Universitäten zu bewahren, und sie betrachteten diese als Hochburgen, von wo aus sie ihren Einfluß ausbreiten konnten. Kritik an ihrer Bildungspolitik gefährdete ihre politische Position.

Seit Anfang 1973 hatten sie ihren Einfluß auf die Medien dazu benutzt, eine Flut von Artikeln zu veröffentlichen, die beweisen sollten, daß ihre Politik richtig und erfolgreich war, und die gleichzeitig andeuteten, ihre Kritiker verfolgten bürgerliche oder revisionistische Ziele. Von Mitte 1973 bis zum Herbst 1976 war die Geschichte Zhang Tie-shengs eines ihrer Instrumente im Kampf um eine totale Politisierung der von ihnen kontrollierten Universitäten. Zhang, so die Geschichte, war ein schwer arbeitender politischer Aktivist, der 1968 aufs Land geschickt wurde. In einer Kommune in der Provinz Liaoning hatte er gewissenhaft mit den Bauern gearbeitet, wurde zum

Leiter eines Produktionsteams gemacht und von seinen Kollegen für ein Studium an einer Landwirtschaftsschule ausgewählt. Aber bei der Aufnahmeprüfung fiel er durch. In den Wochen vorher war das Wetter sehr schlecht gewesen, und Zhang hatte es als seine Aufgabe betrachtet, die Ernte einzubringen. Er fand keine Zeit, sein Schulwissen aufzupolieren, und in den vergangenen fünf Jahren hatte er zu viel gearbeitet, um über alten Schulbüchern hocken zu können. Bei der Prüfung gab er ein unbeschriebenes Blatt Papier ab. Er meinte, das sei ehrlicher als zu versuchen, die Antworten zu erraten. Er beschwerte sich bei den höheren Parteibehörden, und sein Brief wurde erst in Liaoning und dann in Zeitungen überall in China veröffentlicht. Er habe bis zu 18 Stunden in seiner Produktionsbrigade gearbeitet. Als er vor der Wahl zwischen seinem persönlichen Interesse und den Bedürfnissen des Kollektivs stand, habe er sich für das Wohl der Allgemeinheit entschieden. Aber andere junge Leute in der Kommune, die wie er aufs Land geschickt worden waren, hatten ihre Zeit anders verbracht. Sie verrichteten nur ein Minimum an Handarbeit, so beschwerte sich Zhang, und versuchten nicht, engen Kontakt mit den Bauern zu bekommen. Sie verbrachten einen Großteil ihrer Zeit hinter verschlossenen Türen und lernten aus ihren aus der Stadt mitgebrachten Büchern, so daß sie die Prüfungen bestanden. In seinen Briefen nannte Zhang sie »Universitätsschwärmer« und behauptete, sie monopolisierten die Prüfungen. Zhang brachte starke politische Bedenken gegen ein Prüfungssystem vor, das theoretischem Wissen den Vorrang gebe und die »reichen praktischen Erfahrungen der Arbeiter, Bauern und Soldaten« nicht berücksichtige.

Zhang wurde in die Landwirtschaftsakademie aufgenommen. Er wurde in ganz China zum Vorbild eines guten Revolutionärs, der es wagte, »gegen den Strom zu schwimmen«. Er wurde Mitglied des ständigen Komitees des Nationalen Volkskongresses, und weitere kritische Artikel wurden unter seinem Namen veröffentlicht. Nach dem Fall der »Viererbande« fiel er in Ungnade. Ende 1976 wurde er als Schwindler, Betrüger und Werkzeug der Radikalen kritisiert und schließlich anscheinend als Konterrevolutionär verhaftet. Es wurde behauptet, er habe keineswegs in mutigem Widerstand ein unbeschriebenes Blatt Papier, sondern unqualifizierte Antworten auf die Prüfungsfragen abgegeben, die seine völlige Ignoranz bewiesen. Den berühmten Brief an die Parteibehörden habe er nicht geschrieben. Diesen hätten sich die Redakteure unter Anleitung von Yao Wenyuan ausgedacht und in einer sorgfältig inszenierten Kampagne benutzt, um Chinas Bildungssystem zu unterminieren.

Wie dem auch gewesen sein mag – Zhang Tie-sheng und seine Geschichte illustrieren einige der Probleme in Chinas Universitäten. Der offiziellen Doktrin zufolge sollten alle Studenten ein paar Jahre bei Bauern und Arbeitern verbringen, bevor sie sich für die Universität qualifizieren können. Sie sollen von ihnen lernen und mit ganzer Kraft und mit ganzem Herzen bei der Arbeit sein. Zunächst sind diese Studenten aus Kaderfamilien und aus den Städten Fremde in ihrer neuen Umgebung. Wenn sie den Lehren der Partei folgen, sollten sie nicht versuchen, ihr Buchwissen aufzubessern, sondern sich vollkommen für die Fabrik und das Dorf einsetzen. Sie sollten sich durch harte Arbeit bewähren, bevor sie für ein Studium ausgewählt werden.

Aber wenn sie nach ein paar Arbeitsjahren wieder in den Schulbetrieb kommen, haben sie oft einen Teil des grundlegenden Stoffes aus der Mittelschule vergessen. Als die Universitäten nach der Kulturrevolution wiedereröffnet wurden, begannen sie mit einem akademischen Dreijahresprogramm. Aber man merkte bald, daß mindestens ein halbes Jahr zusätzlich erforderlich war, um das Mittelschulwissen aufzufrischen. Selbst dann blieb das Wissensniveau ungleichmäßig. Manche Studenten wurden von ihren Fabriken und Kommunen ausgewählt, weil sie politische Aktivisten waren. Aber Aktivisten sind nicht unbedingt besonders begabt für theoretische Studien. Die Auswahl durch Massen und Parteiorgane kann eine Reihe von intellektuellen Praktikern hervorbringen. Die hochtalentierten Theoretiker können dabei leicht übersehen werden. Ein junger Mann, der für höhere Mathematik oder theoretische Physik begabt ist, hat andere Qualitäten als die Art Aktivismus, die seine Kollegen überzeugen könnte und die ihn als normales Mitglied der Arbeitermassen ausweisen würde. Selbst die richtige Herkunft aus einer Arbeiter- oder Bauernfamilie schützt ihn unter Umständen nicht vor der Anschuldigung, sich von den Massen abzusondern. Selbst wenn das System der Auswahl durch die Massen und die Partei ein Minimum von intellektuellen Fähigkeiten beachtet, kann China viele der großen Talente, mit deren Hilfe große wissenschaftliche Erfolge erzielt wurden, verlieren. Es wird alle seine Talente benötigen, wenn es danach trachtet, bis zum Ende des Jahrhunderts eine der führenden Nationen in Industrie und Wissenschaft zu werden. Drei Studienjahre reichen nicht aus, das breite Spektrum von Universitätslehrern hervorzubringen, die neue Ärzte- und Ingenieurgenerationen auszubilden vermögen.

China bezahlt einen hohen Preis dafür, daß es den »revisionistischen Weg« der Sowjetunion und die Gefahren bürokratischer Beherrschung durch eine neue Expertenklasse vermeidet. Sein Bildungssystem wird von politischen Kontrollen beherrscht. Arbeit in der Produktion vor der Auswahl zum Studium und Handarbeit während der drei Jahre an der Universität sollen die Studenten vor der Entfremdung zwischen geistiger und körperlicher Arbeit schützen. An allen Universitäten zitieren die Professoren Maos Ausspruch, daß es besser sei, eine Frage kreativ als viele Fragen durch Buchwissen zu beantworten. Frühere Studenten, sagt Mao, verbrachten 18 Jahre in der Schule und an der Universität und vergaßen dabei, wie die Arbeiter und Bauern lebten. Sie seien in den langen Jahren der Ausbildung immer dümmer und nutzloser geworden. In einem Land wie China mit seiner langen Tradition gelehrter Mandarine und Bürokraten ist es in der Tat wichtig, die Trennung von Hand- und Geistesarbeit zu überwinden. Nicht nur Akademiker, sondern selbst mittlere Kader zeigen immer noch eine Neigung, ihre Überlegenheit gegenüber den einfachen, arbeitenden Leuten herauszukehren. Manche Kader lassen den Nagel am kleinen Finger zwei Zentimeter lang wachsen, um zu beweisen, daß sie keinen Spaten anfassen. Lehrer benutzen gelegentlich den hohen Respekt, den man ihnen traditionsgemäß zollt, um ihre hohe Stellung zu demonstrieren.

Viele Dozenten und Professoren bezweifelten die Weisheit einer Maßnahme, die alle intellektuellen und akademischen Standards abschaffte. Aber die meisten waren gewillt, ein Bildungskonzept zu akzeptieren, das Handarbeit mit akademischen Studien verband. Sie erinnerten sich an den falschen Stolz, den eine literarische Bildung bei den Studenten ihrer eigenen Generation erzeugt hatte, und das konfuzianische System der Verehrung der Autorität von Lehrern erschien ihnen rückständig. Sie glaubten, viel spreche für studentische Initiative, Orientierung an der Praxis und Zusammenarbeit. Ein älterer Professor, während der Kulturrevolution Gefangener der Roten Garden, verbarg in unserer Unterhaltung seine Befürchtungen nicht. Mechanisches Auswendiglernen, sagte er, sei kein gutes Konzept, und klinische Arbeit und Experimente seien notwendig. Nur wenige Jahre nach der Kulturrevolution hoffe die neue Studentengeneration schon wieder, Anatomieprofessor statt Landarzt zu werden. Vielleicht sei eine neue Kulturrevolution notwendig. Aber derselbe Professor deutete auch an, daß er die Qualität der Studenten in seinen Kursen für zweifelhaft hielt. Einige seien sehr gut, aber andere seien kaum gut genug für die Unterstufe der Mittelschule. Aber da sie alle von Arbeitern, Bauern und Soldaten abstammten, seien sie alle nach der offiziellen Doktrin für ein Medizinstudium geeignet.

Die Zeitungen lobten junge Rebellen, die Revolution und Klassenkampf dem Lernen aus Büchern vorzogen. Ein Mädchen aus der Grundschule beschuldigte ihre Lehrer autoritärer, konfuzianischer Ansichten, und ihr gestelzter Stil – kaum der einer Zwölfjährigen – erschien in allen chinesischen Zeitungen. Eine Gruppe Mittelschüler aus Shanghai wurde als Helden der Bildungsrevolution gelobt. Einer von ihnen hatte während einer Prüfung ein paar Zeilen von einem anderen Schüler abgeschrieben. Der Lehrer hatte es abgelehnt, die Arbeit zu zensieren und beschuldigte ihn der Unehrlichkeit. Aber andere Schüler protestierten; er habe nicht gemogelt, sondern bei der Prüfung nur mit anderen zusammengearbeitet. In den Werften von Shanghai werde gesagt, niemand könne Probleme in der Produktion allein mit seinem eigenen Wissen lösen. Deshalb zeige der Erfahrungsaustausch mit anderen Schülern ein gesteigertes politisches Bewußtsein. Ihr Lehrer lehnte diese Theorie zunächst ab. Aber dann wurden die Schüler von Parteikadern unterstützt, und der Lehrer mußte sich entschuldigen. Die chinesischen Zeitungen feierten einen neuen Sieg der Bildungsrevolution.

Die Medien waren vollkommen unter der Kontrolle der Radikalen. Sie machten die Debatte um die Qualität und die Standards des chinesischen Bildungswesens zu einem politischen Kampf der Parteiflügel und untersagten jede kritische Analyse der bestehenden Zustände. Das neue System, behaupteten sie, sei gut und erfolgreich, und alles, was man vor der Kulturrevolution getan und gelehrt habe, sei falsch. Wer bezweifelte, daß Chinas Bildungswesen sich von 1950 bis 1967 auf einem gefährlichen und unproduktiven Abweg befunden hatte, lief Gefahr, als Revisionist oder bürgerlicher Intellektueller bezeichnet zu werden. Vorschläge für eine Überprüfung des Universitätssystems und dringende Fürsprachen zugunsten besserer wissenschaftlicher Forschung wurden nicht gedruckt. Doch zwischen Januar und Oktober 1975 hörte man, der Bildungsminister habe mit einer Untersuchung der Qualität der Universitäten begonnen. Aufzeichnungen und Dokumente machten die Runde, als immer mehr chinesische Erzieher und Wissenschaftler sich mit der Überprüfung des Systems befaßten. Chinas Universitätslehrer kannten die Schwächen des Systems. Viele von ihnen waren der gleichen Meinung wie der Bildungsminister, aber sie standen unter starkem Druck und konnten jederzeit als potentielle bürgerliche Intellektuelle verdächtigt werden, und die meisten wollten zu einer Zeit, als die Radikalen der Vierergruppe auf dem Wege zur Macht schienen, ihren Kopf nicht hinhalten.

Am 18. August 1975 entschieden vier Männer an der Qinghua-Universität – der Hochburg der Radikalen –, daß es an der Zeit sei, sich an den Vorsitzenden Mao zu wenden, und ihn über die Unzulänglichkeiten des Bildungssystems zu informieren. Sie waren weder Akademiker noch Intellektuelle. Zwei waren Mitglieder der Armeepropagandagruppe, einer gehörte zur Arbeiterpropagandagruppe, und man hatte sie an die Universität geschickt, um die Professoren umzuerziehen und die Kontrolle des Proletariats über die Bildung sicherzustellen. Der vierte Unterzeichner des Briefes an Mao war der Stellvertretende Parteisekretär der Universität, Liu Ping. Er hatte diesen Posten schon vor der Kulturrevolution innegehabt. Die Extremisten in der Roten Garde hatten ihn festgenommen, und er verbrachte zwei Jahre in ihren improvisierten Gefängnissen. Anschließend hatte er mehrere Monate lang unter der Aufsicht von Armee- und Arbeiterpropagandagruppen die Werke des Vorsitzenden Mao studiert und ein Jahr in einer Traktorenfabrik gearbeitet, bevor er als führendes Mitglied des Parteikomitees, das für die Universität verantwortlich war, wieder eingesetzt wurde.

Der Vorsitzende Mao beantwortete ihren Brief nicht, und als sie Anfang Oktober noch einmal schrieben, erhielten sie keine Antwort. Statt dessen erhielt das Parteikomitee der Qinghua-Universität eine Direktive des Vorsitzenden – sie sollten eine »große Debatte« beginnen. Die beiden kritischen Briefe wurden nicht veröffentlicht, aber man teilte den Studenten in Qinghua mit, Liu Ping verleumde die Leistungen der Revolution im Bildungswesen, opponiere gegen die proletarische Kontrolle der Universität, kritisierte den Wert von Handarbeit für die Studenten und versuche, Arbeiter, Bauern und Soldaten durch neue Studenten direkt aus der Mittelschule zu ersetzen. Die Radikalen, die an der Qinghua-Universität die Macht hatten, nahmen Liu Pings Herausforderung an und starteten eine Kampagne, die von den Problemen im Bildungswesen ablenkte und zu einem allgemeinen politischen Angriff auf die Gegner der Vierergruppe wurde. Liu Ping und die drei Mitglieder der Propagandagruppe wurden kritisiert, denn die Radikalen wagten noch nicht, ihre Hauptwidersacher anzugreifen. Allmählich aber erschienen anstellte ihrer Namen erst der des Bildungsministers und dann der Name von Vizeministerpräsident Deng Xiao-ping.

Bildungsfragen wurden während der Wandzeitungs-Kampagne kaum diskutiert. Die Debatte um das Bildungswesen war nur ein Instrument des radikalen Flügels gegen seine Gegner in der Führungsspitze. »Der Kernpunkt ist der Kampf gegen die Revisionisten innerhalb der Partei. Der Brief, den Liu Ping an den Vorsitzenden schickte, war nichts anderes als eine Attacke gegen Mao selbst«, erklärten Universitätsbeamte in Qinghua. Da der Inhalt der Briefe nicht bekannt ist, kann man das schwer beurteilen. Gerüchten zufolge enthielt er eine scharfe Kritik am Parteisekretär der Universität, und chinesische Professoren hörten bei Informationssitzungen, daß Mao am Rand eine Notiz gemacht habe. »Dieser Angriff ist gegen mich gerichtet«, soll er geschrieben haben. Dann verordnete er eine große Debatte. Aber selbst die chinesischen Professoren an der Universität konnten nicht wissen, wie Mao reagiert hatte, oder ob er die Situation verstand. Bei Massenzusammenkünften im November erhielten die Studenten ein paar Informationen, aber eine Debatte fand nicht statt. »Alle Studenten waren sehr aufgebracht über den Inhalt der Briefe an Mao, und niemand verteidigte bei den Zusammenkünften die Unterzeichner«, sagten Universitätsbeamte. »Liu Ping war bei den Massenversammlungen anwesend, aber seine Ansichten waren so absurd, daß er nicht in der Lage war, sie zu verteidigen. Aber er zeigte keine Reue und gab nicht zu, daß er unrecht hatte«, erklärte ein Professor in Qinghua – auf der Hut, seine eigene Meinung über die Auseinandersetzung nicht preiszugeben. An der Qinghua-Universität hatte man in einem abgeschlossenen Hof lange Trennwände aus Strohmatten errichtet. Hier hängten die Studenten ihre Wandzeitungen auf, in denen sie einhellig jede Kritik am Bildungssystem verurteilten. Dann wendete sich der Angriff gegen Parteiführer auf dem Weg zum Kapitalismus und zeigte direkt auf Vizeministerpräsident Deng, ohne ihn beim Namen zu nennen. Arbeiter und Angestellte aus der Stadt kamen und standen in langen Reihen am Tor zu dem Hof mit den Plakaten. Es war eine streng kontrollierte Kampagne, und nur Besucher mit einer Erlaubnis von ihrer Parteiorganisation oder ihrem Arbeitsplatz wurde Zutritt zu den Plakaten gewährt. In den Zeitungen konnte der radikale Flügel noch keine scharfen Parolen und Attacken gegen andere Mitglieder der etablierten Führung bringen. Von der Qinghua-Universität aus wurde die radikale Propaganda verteilt. Nach ein paar Tagen schloß sich die Universität Peking an. Es fanden Versammlungen statt, auf denen der Liu-Ping-Brief – den die Studenten nie gelesen hatten – verurteilt wurde, und Wände aus Strohmatten wurden errichtet für Wandzeitungen mit von Qinghua übernommenen Argumenten. Nur am Fremdspracheninstitut gab es einige Verwirrung in den ersten Tagen der Kampagne: Ein oder zwei Wandzeitungen erschienen, die für höhere akademische Standards und für die Zulassung von Mittelschulabsolventen an die Universität plädierten, aber sie wurden bald heruntergerissen und durch die üblichen Beschuldigungen gegen den revisionistischen Einfluß im Bildungswesen und den »schwarzen Wind von rechts« ersetzt.

Den Leuten in Peking – durchschnittlichen Bürgern wie auch ausländischen Einwohnern – fiel es schwer, der Diskussion zu folgen. Auf den Plakaten erschienen Zitate aus Reden und Erklärungen von Kritikern des Bildungssystems, aber die Zitate waren sorgfältig nach ihrer Angreifbarkeit ausgesucht. Den Kritikern war es nicht erlaubt, ihre Ansichten mit verständlichen Argumenten zu verteidigen. Die Zitate waren so ausgewählt und vielleicht manipuliert, daß Kritiker wie reaktionäre Feinde jeglicher Bildungsreform aussahen. Aber aus den unzusammenhängenden Sätzen aus ihren Briefen und Reden wurde klar, daß sie äußerst besorgt waren um die sinkende Qualität der höheren Bildung und um die Folgen für Chinas Entwicklung. Ihre Kritik war anscheinend scharf und unverblümt. Ihre Argumente wurden nicht widerlegt, sondern angegriffen als die konterrevolutionären Gedanken von Leuten, deren Ziel es war, die Erfolge der chinesischen Revolution zunichte zu machen, und die gegen den Vorsitzenden persönlich gerichtet waren.

Die Debatte um das Bildungswesen war vorüber; die nächste Phase des Machtkampfes hatte begonnen. Ich hatte mir einige der kritischen Bemerkungen des Bildungsministers zusammengereimt und einen Artikel für meine Zeitung geschrieben. Wochen später bei einem offiziellen Empfang kam ein Kader der Akademie der Wissenschaften zu mir. »Sie haben neulich über das Bildungswesen in China geschrieben«, sagte er. »Natürlich war Ihr Artikel falsch.« Er schüttelte den Kopf und fügte hinzu: »Es muß schwer für euch Auslandskorrespondenten sein, die Situation zu verstehen. Vor fünf Wochen habe ich selber geglaubt, daß der Bildungsminister recht hatte.« Sein Gesicht war ausdruckslos, als er sich abwendete und mit jemand anderem eine höfliche Unterhaltung begann.

Drei Monate nach dem Beginn der Kampagne an der Qinghua-Universität war der Bildungsminister tot. Aus der Pekinger Gerüchteküche verlautete, er sei nach den langen Wochen der Kampfsitzungen, bei denen er kritisiert wurde und es abgelehnt hatte, seine

Fehler zuzugeben, einem Herzschlag erlegen. Im April verlor Vizeministerpräsident Deng seine Partei- und Regierungsämter. Die Bildungsqualität stand nicht mehr zur Diskussion – der radikale Fügel hatte sein Ziel erreicht und die Stellung verteidigt. Aber am Ende des Jahres, ein paar Wochen nach der Entmachtung der Vierergruppe, bemerkten die ausländischen Studenten an chinesischen Universitäten Veränderungen bei ihren Kommilitonen. Sie wendeten sich wieder ihren Büchern zu, verbrachten lange Stunden mit Lernen, machten Notizen und schrieben Arbeiten. Vielleicht würde es bald wieder Prüfungen geben, erzählten einige der chinesischen Studenten ihren Freunden aus dem Westen. China wendete sich wieder der kritischen Bewertung seines Bildungssystems und der Qualität der Lehre und Forschung an den Universitäten zu.

Die Studenten waren durchaus bereit, wieder zu lernen, aber viele waren dazu einfach nicht in der Lage. Seit 1974 waren die meisten von ihnen mit ganz unterschiedlichen Grundkenntnissen und ohne jede Prüfung zum Studium zugelassen worden, und im letzten Jahr vor dem Sturz der »Viererbande« hatten sie kaum noch regelmäßig Unterricht erhalten. Es wäre das einfachste gewesen, sie alle nach Hause zu schicken, aber das wäre keine chinesische Lösung des Problems gewesen. So gab man denjenigen, bei denen das noch helfen konnte, Nachhilfekurse und behielt sie ein halbes Jahr länger als vorgesehen an der Universität. Dann wurde allen der Abschluß des Hochschulstudiums bescheinigt. Diejenigen, die es sich zutrauten, konnten an einigen der Universitäten ein Examen ablegen und damit ihre Karrierechancen verbessern. Alle anderen wurden in die Dörfer oder Fabriken zurückgeschickt, aus denen sie gekommen waren, und die meisten fingen ziemlich genau da wieder an, wo sie 1974 oder 1975 aufgehört hatten. So ähnlich war das auch vorgesehen gewesen in dem Bildungssystem, unter dem sie zur Universität gekommen waren. Mit ihrem Studienabschluß endete auch das nach der Kulturrevolution eingeführte Erziehungssystem. »Wir mußten den Studenten noch eine Art Studienabschluß geben«, sagte mir ein Professor. »Schließlich war es nicht ihre Schuld, daß sie nichts lernen konnten.«

Die nächste Generation chinesischer Studenten hatte schon zu lernen begonnen, ehe sie an die Universität kam. Millionen junger Chinesen büffelten für das erste Zulassungsexamen im Herbst 1977, bei dem nur ein Bruchteil der Kandidaten bestand. Es war immer noch ein Übergangsexamen, abgehalten von den Behörden der großen

Städte und Provinzen. Aber das Erziehungsministerium war bereits dabei, ein einheitliche Examen für ganz China zu erarbeiten.

Die Revolutionskomitees wurden mit Annahme der neuen Verfassung vom Frühjahr 1978 als Leitungsgremien der Universitäten abgeschafft. Die Peking- und die Qinghua-Universitäten bekamen wieder einen Rektor, der direkt vom Staatsrat, der Zentralregierung, ernannt wurde. Innnerhalb der Universität wurden die alten Fakultätsstrukturen wieder eingeführt, mit klarer Trennung zwischen Professoren, Dozenten und Studenten, mit strenger Gliederung nach Fachgebieten. Damit wurde die Stellung der Lehrer wieder gestärkt, nachdem sie in den Revolutionskomitees der Fakultäten und Abteilungen jahrelang von Studenten überrollt worden waren. Nun wurden die Lehrer in sogenannten pädagogischen Studiengruppen ihrer Fachgebiete organisiert, in denen sie das Lehrprogramm erarbeiten und den Stoff untereinander diskutieren sollen. Nachdem einige Jahre lang jede Abstimmung zwischen Kursen und Lehrstoff gefehlt hatte, wurden nun genaue Anforderungen und Richtlinien wieder eingeführt. Neben die pädagogischen Studiengruppen wurden Forschungsgruppen der Fachgebiete gestellt, in denen die Hochschullehrer für begrenzte Zeit in direktem Auftrage der Regierung wissenschaftliche Probleme lösen sollen.

Für die Studenten war eine Art Vertretung durch »Studentenkader« vorgesehen, durch Funktionäre des Kommunistischen Jugendverbandes oder der Parteizellen, die in Zukunft in gelegentlichen Gesprächen mit den Hochschullehrern oder auf Sitzungen ihrer Komitees die Meinung der Studentenschaft an die Führungsgremien weitergeben sollen. Etwa alle zwei Monate soll es eine Versammlung geben, auf der die Studenten Form und Inhalt der Kurse mit den Lehrern diskutieren. »Studenten müssen ihre Professoren respektieren, die Professoren müssen liebevoll für die Studenten sorgen. Das ist die Hauptsache«, erläuterte ein Vertreter der Verwaltung der Peking-Universität. Da sowohl Professoren wie Studenten der Leitung des Parteikomitees unterstehen, gilt ein Konflikt zwischen ihren Wünschen oder Forderungen als ausgeschlossen. An den Universitäten erinnert man sich wieder an das Wort des Vorsitzenden Mao, daß es die Aufgabe der Studenten sei, etwas zu lernen.

Die Studiendauer wurde an der Peking- und an der Qinghua-Universität auf viereinhalb Jahre, an den medizinischen Hochschulen auf fünf Jahre verlängert. Die Studenten fingen mit besseren Grundkenntnissen an. Sie waren durch Examen ausgewählt und kamen zum großen Teil direkt von den Mittelschulen. Arbeit auf dem Lande oder in der Fabrik war nicht mehr Vorbedingung für die Zulassung. Die jüngsten Studenten an der Qinghua-Universität waren erst 14 Jahre, Schüler mit hoher Begabung auf dem Gebiet der Mathematik, die sich zum Hochschulexamen gemeldet und mit ausgezeichneten Noten bestanden hatten. Aber es wurden auch ältere Studenten aufgenommen, denen man im Jahrzehnt zuvor die Zulassung zum Studium verweigert hatte. Der älteste der neuen Studenten ist 31 Jahre und hat während seiner zehnjährigen Arbeit in einer Fabrik sich selbständig mit Mathematik, Elektronik und Computerbau beschäftigt. Seine Fabrik hatte ihn nie zum Hochschulstudium vorgeschlagen, aber bei den Examen des Jahres 1977 fiel er sofort als überdurchschnittliche Begabung auf. Aber das ist eine Ausnahme, denn nur wenige junge Chinesen waren in der Lage gewesen, sich außerhalb der Universitäten weiterzubilden.

An der Qinghua-Universität war die Zahl der Studenten, die seit der Kulturrevolution ohnehin gesunken war, im Jahr 1977 noch einmal reduziert worden. Auch für die Zukunft rechnet die Universität nur mit etwa 6000 Studenten und 1000 Graduierten, sogenannten Forschungsstudenten. Qinghua gilt als eine der Schlüsseluniversitäten, in der das Schwergewicht auf der Qualität der Ausbildung und nicht bei der Zahl der Studenten liegen soll. Qinghua ist ein Institut für Technologie, dessen Laboratorien und Versuchseinrichtungen der Zahl der Studenten eine Grenze setzen, wenn erfolgreich gearbeitet werden soll. Die Peking-Universität mit ihren naturwissenschaftlichen und sozialwissenschaftlichen Fakultäten ist flexibler. Auch hier wurde die Zahl der Studenten im ersten Jahr nach dem Sturz der »Viererbande« auf 6000 begrenzt, aber dann begann man bald mit der Aufnahme neuer Studenten. Die mittelfristige Planung sieht 10000 Studenten vor, auf lange Sicht rechnet man mit 20000 Studenten. Um dieses Ziel zu erreichen, geht die Peking-Universität von dem Grundsatz ab, daß alle Studenten in Wohnheimen auf dem Universitätsgelände leben müssen.

Die Frage des wissenschaftlichen Nachwuchses war in der gleichen Zeit zum Hauptproblem der Universitäten geworden. In Sonderkursen sollen nun jüngere Dozenten von 30 oder 35 Jahren weiter ausgebildet werden. Aber auch die älteren Professoren hatten häufig den Anschluß an die internationale Entwicklung auf ihrem Fachgebiet verloren. Schließlich fehlte einfach eine ganze Generation von Hochschullehrern. Die heute vierzig- bis fünfzigjährigen waren nicht mehr zu Professoren ernannt worden, aber immerhin hatten sie ihre Ausbildung noch in den Jahren vor der Kulturrevolution ordentlich abschließen können. Aus dieser Gruppe hofften die Universitäten die neuen Professoren zu rekrutieren, wenn im Laufe des Jahres 1978 zum erstenmal nach über zehn Jahren wieder Professoren ernannt werden würden. Der Titel war wieder eingeführt, aber ob die neuen Professoren auch in jene Spitzengruppen mit den höchsten chinesischen Einkommen aufrücken würden, zu denen die bedeutendsten älteren Wissenschaftler gehören, schien noch nicht ganz sicher. Nachdem Lehrer und Dozenten ein Jahrzehnt lang bewußt schlechter gestellt worden waren als Facharbeiter, konnten sie nun immerhin mit einem Zuwachs an Einkommen und Ansehen rechnen. An Schulen und Hochschulen wurden wieder Abzeichen ausgeteilt, die ihren Träger als Lehrer oder Professor identifizieren. »Obwohl wir diese Abzeichen nun wieder tragen, erwarten wir nicht, daß die Arbeiter im Autobus aufstehen und uns ihren Sitzplatz anbieten wie vor der Kulturrevolution«, sagte eine Dozentin. Aber es war klar, daß sich die wissenschaftlich-technische Intelligenz Chinas als die Schicht fühlt, die berufen ist, das Land in die Zukunft zu führen. Bei allem Stolz, der manchmal schon wie Hochmut aussah, war freilich auch eine Spur der Unsicherheit zurückgeblieben. Zwar bestätigten viele Zeitungsartikel den Intellektuellen, daß nun eine Art Elitebildung notwendig sei, damit die breiten Massen schneller zu höherem Lebensstandard und besseren Bildungschancen geführt werden könnten, aber in anderen Artikeln tauchten auch die Warnungen vor dem Heranwachsen neuer Eliten wieder auf. Als Deng Xiao-ping, der Mann, in dem die Intelligenz ihren Fürsprecher sieht, im Frühjahr 1978 nicht zum Ministerpräsidenten ernannt wurde, war vielen Intellektuellen Bedauern und Enttäuschung anzumerken.

Anderthalb Jahre nach dem Sturz der »Viererbande« war der Prozeß der Rehabilitierung ihrer Opfer noch nicht abgeschlossen. Der ehemalige Stellvertretende Parteisekretär der Qinghua-Universität, Liu Bing, der im Herbst 1975 abgesetzt und auf Massenversammlungen kritisiert worden war, hatte im Frühjahr 1978 noch keine neue Funktion in der Universität bekommen. Zwar hieß es nun, er habe recht gehandelt, als er in einem Brief an den Vorsitzenden Mao auf die wirren Zustände an der Universität hingewiesen hatte, und er war auch zu einer Massenversammlung hinzugezogen worden, die die »Viererbande« und ihre Statthalter im Bildungswesen kritisierte. Aber sein Fall war noch nicht geklärt. Der alte Philosophiehistoriker

Feng You-lan war bei ungekürzten Bezügen von seiner Lehrtätigkeit suspendiert worden. In Erinnerung an die Verfolgung, die er während der Kulturrevolution erlitten hatte, hatte er es vorgezogen, sein Wissen in den Jahren 1975 und 1976 den Propagandisten der »Viererbande« zur Verfügung zu stellen. 1978 war er wieder dabei, seine Geschichte der chinesischen Philosophie zu revidieren und die Urteile über Konfuzius zu korrigieren. Professor Zhou Pei-yuan, der auch in den Jahren der politischen Kämpfe immer die wissenschaftliche Arbeit an Hochschulen und Forschungsinstituten verteidigt hatte, galt dagegen als künftiger Rektor der Peking-Universität.

Unter seine Leitung begann die Peking-Universität, zunächst ein Langzeitprogramm für die Naturwissenschaften zu entwickeln und dann langfristige Arbeitsprogramme für die Sozialwissenschaften zu diskutieren. Zum erstenmal nach fast 15 Jahren konnten Chinas Wissenschaftler und Wirtschaftsplaner wieder darangehen, die Prioritäten der künftigen Entwicklung offen zu erörtern und zu untersuchen, wie die beschränkten technischen und wissenschaftlichen Mittel Chinas am zweckmäßigsten eingesetzt werden könnten. Die Universität begann bald nach dem Sturz der »Viererbande« mit der Ausarbeitung eines Dreijahresplans und erweiterte dann die Programmplanung bis zum Jahr 1985. Die naturwissenschaftliche Fakultät ließ sich am einfachsten übersehen, und ihr Ausbau als Chinas bedeutendstes Zentrum für Lehre und Forschung wurde schnell in Angriff genommen. Auf dem Gebiet der Sozialwissenschaften war die Verwirrung größer, aber die Anforderungen der Gesellschaft schienen kaum geringer. Die eben wiedereröffnete rechtswissenschaftliche Abteilung bekam den Auftrag, in Kursen von 6 bis 18 Monaten Kader aus dem öffentlichen Sicherheitsdienst und dem Gerichtswesen auszubilden, damit China wieder zu einheitlicheren Rechtsnormen finden könnte. Ein Fach wie die Psychologie, das überhaupt abgeschafft worden war, wurde als neue Abteilung sowohl den Naturwissenschaften wie den Geisteswissenschaften zugeordnet. Unter der Devise, daß hundert Schulen miteinander streiten sollen, erhielten die jüngeren Philosophen den Auftrag, unabhängig voneinander Probleme der chinesischen Geschichte und Philosophie aufzuarbeiten, während gleichzeitig an der chinesischen Akademie der Sozialwissenschaften über die gleichen Fragen gearbeitet wurde. Jahrelang waren chinesische Geschichte und Philosophie nur als eine Art Steinbruch betrachtet worden, aus dem man sich mit harten Argumenten gegen politische Gegner bediente. Nun setzten zwar auch weiterhin die Grundlinien der kommunistischen Ideologie der geisteswissenschaftlichen Forschung Grenzen, aber diese Grenzen waren nicht mehr so eng gezogen, daß sie ernsthafte Forschung unmöglich machten. Chinas Wissenschaftsplaner hatten die Parteiführung davon überzeugen können, daß ohne Diskussion und selbständige Forschung die Universitäten versteinern müßten und die Entwicklung Chinas eher belasten als fördern würden. Nachdem das Ziel der Modernisierung Chinas bis zum Jahr 2000 wieder das politische Konzept der Führung bestimmte, galten Chinas Universitäten als die Lokomotive, die die Entwicklung des riesigen Landes vorantreiben und beschleunigen sollte. Die Intellektuellen, die noch 1976 als »stinkende neunte Klasse« hinter den Großgrundbesitzern, Kriminellen und Konterrevolutionären eingereiht worden waren, galten nun als die Hoffnung des Landes.

INDUSTRIE

Modernisierung bis zum Jahr 2000?
Der Kampf um Revolution und Produktion

In absoluten Produktionsziffern ist China einer der Wirtschaftsriesen der Welt. Es produziert mehr Getreide als irgendein anderes Land. In der Kohleförderung steht es an dritter Stelle, an sechster bei Erdgas und dreizehnter bei Erdöl. Nur die USA, die Sowjetunion, Saudi-Arabien und der Iran rangieren als Energieproduzenten vor China. Zwischen 1965 und 1975 ist seine industrielle Gesamtproduktion auf das zweieinhalbfache gestiegen – eine wirklich bemerkenswerte Zuwachsrate. Aber Chinas Bevölkerung liegt bei 900 Millionen oder sogar etwas höher. Das riesige Land produziert weniger als 25 Millionen Tonnen Stahl im Jahr, ein Drittel weniger als Westdeutschland, das nur 7 oder 8 Prozent der Bevölkerungszahl Chinas aufweist. China ist ein Land, das noch in einem frühen Stadium der industriellen Entwicklung steht, und es muß noch viel geschehen, damit es sein Ziel erreichen kann, bis zum Ende des Jahrhunderts eine Industrienation zu werden.

Aber China ist kein Entwicklungsland im üblichen Sinn. Es hat seine eigenen Wasserstoffbomben gebaut und Raketen, die in der Lage sind, komplizierte Satelliten präzise am Himmel zu plazieren. Es konnte seine industrielle Basis erweitern – mit eigenen Mitteln und mit einem Minimum an ausländischer Hilfe. Ausländische Ingenieure waren verblüfft über Maschinen aus chinesischer Produktion, aber sie bemerkten auch den großen Unterschied zwischen den Spitzenprodukten, die auf der Industrieausstellung in Shanghai gezeigt wurden, und den Anlagen in den Fabriken Chinas. Der Unterschied zwischen den Maßstäben, die man anlegt, kann zu ironischen Mißverständnissen führen. In der gigantischen Halle der Industrieausstellung fanden ausländische Ingenieure zwei Textilmaschinen nebeneinander – die eine ein hochentwickeltes Modell, die andere veraltet und überholt. »Sie zeigen hier sicher, wie Textilmaschinen in den letzten Jahren verbessert wurden«, bemerkte ein ausländischer Ingenieur zu seinem chinesischen Fremdenführer. Der war verwundert. Beide Typen seien neue Maschinen, erklärte er, die gegenwärtig in Shanghaier Fabriken hergestellt werden.

Zwanzig Jahre nach der ersten Phase massiver Industrialisierung steht China vor der gewaltigen Aufgabe, eine Industrie auszubauen und zu modernisieren, die im wesentlichen immer noch mit Anlagen arbeitet, die von deer Sowjetunion in den fünfziger Jahren geliefert wurden. Selbst damals entsprachen die sowjetischen Maschinen nicht dem höchsten Standard der westeuropäischen und amerikanischen Industrie. Die führenden Werkzeugmaschinenfabriken wurden von chinesischen Ingenieuren und Arbeitern erweitert und verbessert und erreichten 1975 das Niveau vergleichbarer westlicher Fabriken in den frühen sechziger Jahren. Aber viele Maschinen waren veraltet, und selbst wenn Verbesserungen und sorgfältige Pflege sie gut in Schuß gehalten hatten, war doch deutlich erkennbar, daß man sie um 1980 würde ersetzen müssen. Der Gebrauch der unkomplizierten Ausrüstungen, die die Sowjetunion in den fünfziger Jahren verkaufte, hatte Vorteile für ein Entwicklungsland mit wenigen Facharbeitern. China hatte gelernt, die robusten Maschinen, die es brauchte, um die Industrialisierung aus eigener Kraft voranzutreiben, selbst herzustellen. Aber die Modelle der sowjetischen Technologie zeigten jetzt ihre Nachteile. Chinesische Arbeiter hatten gelernt, die sowjetischen Anlagen zu kopieren und weiterzuentwickeln, aber sie waren nicht auf das neue technologische Niveau vorbereitet, das es zu erreichen gilt, wenn die chinesische Industrie von der Grundlage robuster Durchschnittsanlagen zu einer fortschrittlichen und leistungsfähigeren modernen Produktion gelangen will. Die chinesische Werkzeugmaschinenindustrie hatte eine beeindruckende Produktionsrate gezeigt, mit einer jährlichen Zuwachsrate von 12 bis 15 Prozent zwischen 1965 und 1975. Aber sie hatte hinsichtlich Qualität und Modernisierung nicht annähernd so gut abgeschnitten.

Die chinesischen Industrieplaner sind sich dieser Tatsache bewußt. Zwischen 1973 und 1975 unternahmen sie größte Anstrengungen, die zweite Phase der industriellen Modernisierung zu beginnen. 1965 hatte China nur Maschinen im Wert von 330 Millionen Dollar importiert. 1974 sprang diese Zahl auf 1,6 Milliarden, 1975 auf 2 Milliarden Dollar, und die meisten Maschinen kamen aus den hochentwikkelten Industrieländern des Westens und aus Japan. Im Gespräch mit Managern und Ingenieuren in Provinzfabriken hörten ausländische Besucher oft eine unterschwellige Klage: Das Management der Fabrik wollte mehr von den robusten Maschinen, die schon vorhanden waren, während die Planer in den Ministerien von Peking sie mit den modernsten Maschinen ausstatten wollten, die man importieren konnte, um Modelle fortschrittlicher Technologie zu schaffen, die von chinesischen Ingenieuren studiert und kopiert werden konnten. Das lokale Management fand es einfacher, mehr von den gewohnten Maschinen aufzustellen und die Zahl der Arbeiter zu erhöhen. Die Modernisierer mußten sich mit der konservativen Einstellung bürokratischer Manager auseinandersetzen. Aber ihre Probleme verschlimmerten sich mit der Verschärfung des politischen Machtkampfes. Der Import moderner Technologie aus dem Ausland bedeutete, vor fremden Göttern niederzuknien und zu beten, so behauptete der radikale Parteiflügel; und der Versuch, Maschinenimporte durch Erdölexporte auszugleichen, sei nichts als ein Ausverkauf an Imperialisten und Kolonialisten. Die Industrialisierung Chinas sollte durch ein Konzept extremer, beinahe absoluter Selbsthilfe vollbracht werden, indem Arbeiter die Maschinen in ihren eigenen Fabriken und Werkstätten entwarfen und bauten.

Chinas Außenhandel war 1975 auf 14 Milliarden Dollar gestiegen, beinahe viermal soviel wie zehn Jahre zuvor. Von Mitte 1975 bis Ende 1976 war der Trend gegenläufig. Die chinesischen Planer hatten in den vorangegangenen Jahren die modernsten Stahlwerke und petrochemischen Anlagen des Westens geordert und führten Verhandlungen über moderne Anlagen zur Erschließung neuer Kohle-, Eisenerz- und Ölvorkommen. Technologie-Importe hatten die Außenhandelsbilanz Chinas aus dem Gleichgewicht gebracht, und 1974 betrug das Außenhandelsdefizit 800 Millionen Dollar. Aber im internationalen Vergleich war ein Defizit dieser Größenordnung geringfügig, und 1975 hatte China es durch die Verringerung von landwirtschaftlichen Importen und Erweiterung der Ölexporte halbiert. Weniger neue Verträge für den Import ganzer Fabriken und Anlagen wurden unterzeichnet, zum Teil, um die Außenhandelsbilanz im Gleichgewicht zu halten, Ende 1975 aber auch, weil die politische Konstellation sich geändert hatte und der aufsteigende radikale Parteiflügel Kampagnen gegen den Import ausländischer Technologie führte. Infolge des Machtkampfes kam es zu Arbeiterunruhen in vielen Provinzen, wo ganze Fabriken die Produktion für viele Monate einstellten. Die Kohle- und Stahlknappheit und die Störungen im Verkehrssystem während der Kämpfe zwischen den Parteiflügeln führten zu Stockungen, welche die Produktion verlangsamten und die Exportfähigkeit Chinas verringerten.

Die Zuwachsrate der Industrieproduktion in China war in den ersten 25 Jahren eindrucksvoll, aber selbst in dieser Periode wies sie erhebliche Schwankungen auf. Auf dem Höhepunkt der Kulturrevolution sank die Produktion rapide, um in den folgenden 5 bis 7 Jahren um so schneller anzusteigen, denn effizientes Management und zentrale Planung wurden wieder eingeführt, und einige Projekte dezentralisierter lokaler Industrie, die während der Kulturrevolution gefördert worden waren, trugen jetzt Früchte. 1974 und 1975, in den letzten Jahren Zhou En-lais und den ersten Jahren Deng Xiao-pings, schien Chinas Industrie sich stabil zu entwickeln. Während der ein Jahr dauernden Machtkämpfe erlitt sie einen gefährlichen Rückschlag, aber 1977 waren die chinesischen Planer wieder an der Arbeit, und die Politik der Modernisierung und des industriellen Wachstums wurde wieder aufgenommen.

China befolgte noch immer sein Prinzip der Selbsthilfe, aber es wurde weniger eng ausgelegt als unter den Radikalen. Die westliche Übersetzung »Selbsthilfe« für die Parole »Zi li geng sheng« ist ungenau. Wörtlich bedeutet es »eigene Kraft erneuert das Leben«. Nur während der Phasen extremer Kämpfe hatte man mit diesem Ausdruck ein Programm absoluter Selbstgenügsamkeit und wirtschaftlicher Isolation gemeint. Der Konsens innerhalb der chinesischen Führung schien dahin zu gehen, daß die Politik das Ziel politischer und wirtschaftlicher Unabhängigkeit verfolgen sollte. Die historische Erfahrung hat in China starken Argwohn gegenüber wirtschaftlicher Abhängigkeit vom Ausland hervorgerufen, ob es nun kapitalistisch oder kommunistisch ist. Aber Unabhängigkeit, so glaubte die Mehrheit in der chinesischen Führung, forderte nicht absolute Abgeschiedenheit vom Rest der Welt. Im Gegenteil war der Import neuer Technologien und neuer Anlagen wichtig, um den Grad der wirtschaftlichen Unabhängigkeit zu erreichen, der eine unabhängige Politik ermöglichen würde.

Sich vor allem auf die eigene Kraft und auf eigene Mittel zu verlassen, bedeutete, sich für gleichmäßige, aber langsame Industrialisierung zu entscheiden. Es bedeutete, Kapital anzusammeln und es in Produktionsmittel zu investieren statt ein schnelles Ansteigen des Lebensstandards zu ermöglichen und Wechsel auf die Zukunft auszustellen. Das politische Konzept der Unabhängigkeit von ausländischer Hilfe erwies sich als stabilisierender Faktor in der gesellschaftlichen Entwicklung. Die Ausbildung großer Massen von Arbeitern und Bauern durch die Vermittlung technischer und industrieller Fertigkeiten und die Anleitung zur Lösung der eigenen lokalen Probleme schuf die Grundlagen eines Fortschritts auf breiter Front.

China kaufte keine Schaustücke moderner Industrialisierung mit ausländischem Geld, keines jener Monumente moderner Technologie, die fremd und destruktiv in anderen Entwicklungsgesellschaften herumstehen, und es schuf keine neue Klasse städtischer Konsumenten, die von fremden Importen und fremdem Kapital leben. China hat sich gegen die Auswüchse, die eine Industrialisierung mit ausländischer Hilfe in den meisten Entwicklungsländern hervorgebracht hat, dadurch geschützt, daß es sich auf die Entwicklung der eigenen Kräfte und Ressourcen verließ und einen hohen Grad der Initiative und Selbsthilfe von seinen Provinzen, Städten und Dörfern verlangte.

Diese Politik erreichte eine Entwicklung der Produktivität auf breiter Grundlage und ein relativ ausgewogenes Ansteigen des Lebensstandards. Aber Verbesserungen können nur langsam eintreten, wenn ein Großteil der Produktion wieder in Entwicklungsausgaben gesteckt wird. Die Versorgung mit Nahrungsmitteln und Verbrauchsgütern ist stetig gestiegen, und die Preise sind seit 1950 stabil geblieben oder sogar gesunken, während sich die realen Einkommen langsam erhöht haben. Denn seit 1950 hat sich die Bevölkerung Chinas mehr als verdoppelt. Die Steigerung des Pro-Kopf-Verbrauchs konnte nicht mit dem Wachstum der Industrieproduktion Schritt halten. 80 Prozent der Bevölkerung leben noch auf dem Land. Der Lebensstandard hat sich für die Massen der Bauern verbessert, aber das Einkommensgefälle zwischen Stadt und Land ist immer noch groß. Deshalb muß die Industrie helfen, das Los der Bauern zu verbessern, statt Experten und Arbeitern höhere Löhne zu zahlen. Die Landwirtschaft versorgt nicht nur Chinas Millionen mit Nahrungsmitteln, sondern produziert auch die Rohstoffe, von denen viele Verbrauchsgüterindustrien und ein Großteil des Außenhandels abhängig sind. Die wirtschaftliche und die soziale Entwicklung machen es erforderlich, daß Industriegebiete und ländliche Gegenden sich im gleichen Tempo weiterentwickeln.

China ist noch immer eine abgeschlossene Welt, und man vergleicht die erzielten Fortschritte häufiger mit dem Leben in der Vergangenheit als mit dem Lebensstandard fremder Industrienationen. Die Erinnerungen an Elend und Hungersnöte ist noch lebendig, ebenso wie die stolze Überzeugung, daß China von Chinesen, ohne Hilfe von außen, modernisiert werden kann. Chinas Planer können nach wie vor arbeiten, ohne den Druck und die Forderungen eines Verbrauchermarktes zu spüren, mit denen sich ihre Kollegen in Moskau oder in Osteuropa auseinanderzusetzen haben. Im chinesischen

Fernsehen gibt es keine amerikanischen Filme, welche die neidvolle Erwartung schaffen, jede Familie müsse einen großen Kühlschrank und ein großes Auto ihr eigen nennen. Aber selbst in China wollen die Leute mehr kaufen und mehr besitzen. Die Auswahl an Verbrauchsgütern in den Läden ist größer geworden, neue Produkte tauchen auf. Ein Fernseher im Regal eines Kaufhauses erzeugt Wünsche und die Forderung nach höherem Einkommen. Auch Chinas politische Ökonomie lebt nicht von politischem Bewußtsein und Enthusiasmus allein. Wachsende Unzufriedenheit bei den Arbeitern hatte zu Unruhen und zu Bummelstreiks in Fabriken in ganz China geführt, als der radikale Parteiflügel seine Doktrin verbreitete, materieller Gewinn sei nebensächlich, wenn nicht sogar verwerflich. Trotz verschiedener Veränderungen im Lohn- und Bezahlungssystem seit 1950 haben die chinesischen Arbeiter seit über zehn Jahren nur selten Lohnerhöhungen erhalten. Jetzt stehen die Industrieplaner vor der Forderung nach erhöhten Einkommen – zu einer Zeit, in der sie große Summen benötigen, um die Industrie weiterzuentwickeln und in der immer mehr Arbeiter und Angestellte im Ruhestand beginnen, ihre Renten zu kassieren. Für diesen Widerspruch gibt es keine einfache Lösung. Erhöhte man heute die Einkommen und den Lebensstandard, so wäre dies ein populärer Schritt der neuen Führung, aber er würde auch das Tempo der Modernisierung und Industrialisierung verlangsamen. Ende der siebziger Jahre mußten Chinas Führer einen komplexen Prozeß der Überprüfung und neuen Festlegung der sozialen und wirtschaftlichen Ziele in Gang setzen.

Es gibt keine Anzeichen dafür, daß China sein Prinzip der Entwicklung durch Selbsthilfe aufgeben wird. Aber technologische Importe aus dem Ausland können Chinas Unabhängigkeit stärken statt sie zu unterminieren, wenn man sich der Technologien mit Zurückhaltung bedient. China will das Industrialisierungstempo beschleunigen und die Bergwerke und die Ölindustrie modernisieren, ebenso die Eisenbahnen und Häfen, Kraftwerke und Gießereien. Die Entwicklung der Leichtindustrie ist Voraussetzung für ein größeres Angebot von Konsumgütern für die Bevölkerung Chinas und für den Außenhandel. Es gibt keine Anzeichen dafür, daß China versuchen wird, größere Beträge auf dem internationalen Kapitalmarkt zu beschaffen, und es wird sich auch kaum um ausländische Staatskredite bemühen. In den frühen sechziger Jahren und Mitte der siebziger Jahre gab es kurze Perioden einer flexiblen Politik; man war bereit, in Form von Zahlungsaufschub für Fabrikanlagen und Ausrüstungen indirekt Kredite aufzunehmen. Damals, und heute wieder, zogen die chinesischen Finanzexperten und Wirtschaftsplaner Abschlüsse auf der Basis »Güter gegen Güter« in Erwägung – wenn ausländische Firmen die Anlagen für Kohlenbergwerke oder Ölbohrungen liefern, bietet China als Gegenleistung später Kohle oder Öl, nachdem die Produktion angelaufen ist. Sie betrachten solche Arrangements nicht als eine Art Kredit, und nichts deutet darauf hin, daß sie ausländische Anweisungen in Gemeinschaftsunternehmen mit internationalen Konzernen akzeptieren würden. Aber sie glauben, daß der Austausch von Gütern und technischem Wissen Chinas neues Konzept der Unabhängigkeit und Selbsthilfe nicht gefährdet. Sie wissen, daß China eine äußerst differenzierte, flexible Politik braucht, wenn es seine Ziele erreichen will. Die Diskussion um die Wirtschaftspolitik wurde jedoch jahrelang mit vereinfachten politischen Parolen geführt, während rationale Planung durch die um die Macht kämpfenden Extremisten unterbrochen wurde.

Das Vertrauen auf eigene Kraft und Mittel, auf die harte Arbeit und die Findigkeit der eigenen Bevölkerung wird immer eine hohe Priorität haben. In China leben mehr Menschen als in ganz Nordamerika, Westeuropa, Osteuropa und der Sowjetunion zusammen. Weder Moskau noch Washington können die Chinesen ernähren oder China zu einem Industrieland machen. Niemand kann China helfen, wenn es sich nicht selbst hilft. Das Prinzip des Vertrauens auf eigene Kraft und Mittel ist nicht nur die Ideologie eines stolzen und alten Volkes mit einer langen Reihe von Erinnerungen an halbkoloniale Ausbeutung und Erniedrigung. Es war Chinas Stärke, daß seine Führer das Prinzip der Selbsthilfe befolgt haben. Aber zwischen den beiden Extremen des wirtschaftlichen Isolationismus und der Unabhängigkeit liegen viele Möglichkeiten. Ende der siebziger Jahre versuchte Chinas Führung, einen neuen Kompromiß zu finden und entschied sich für einen erweiterten Austausch mit der Weltwirtschaft

Das Ziel, ein unabhängiges Industrieland zu werden, ist dabei nicht aufgegeben worden. Der Vorsitzende und Ministerpräsident Hua griff auf die Anweisungen Maos und Zhous zurück, als er im Frühjahr 1978 erneut das Ziel verkündigte, China solle die höchstentwickelten kapitalistischen Industrieländer bis zum Ende des Jahrhunderts erreichen. Der neue Perspektivplan sieht 120 Großprojekte vor, darunter 10 Eisen- und Stahlkomplexe, 8 Kohlenbergwerke, 10 Öl- und Gasfelder, 30 Kraftwerke, 6 Eisenbahnstrecken und 5 neue Häfen. Bis 1985 soll das Land an Investitionen und Produktion das überholen, was in den ersten 28 Jahren nach der Gründung der Volksrepublik China geleistet wurde. Das ist ein gigantisches Programm, und niemand kann sagen, ob China diese Ziele erreichen kann.

Das riesige, unterentwickelte Land scheint davon überzeugt, daß es heute von neuem da anzufangen hat, wo die Kulturrevolution den zielstrebigen Aufbau und die Modernisierung seiner Produktivkräfte unterbrach. Aber die Probleme sind noch größer, als eine rein wirtschaftliche Beurteilung des industriellen Entwicklungs- und Leistungsstands erkennen läßt. China steht vor der Aufgabe, sein ganzes Wirtschafts- und Planungssystem neu zu erfinden. Nur auf den ersten Blick erscheint es möglich, auf die Strukturen und Methoden zurückzugreifen, die China in den fünfziger Jahren von der Sowjetunion übernommen hatte und frühzeitig aber unsystematisch zu reformieren begann. In der Plankommission und in der wieder gegründeten Akademie für Sozialwissenschaften werden Planungs- und Führungsmodelle aufgestellt und diskutiert. Aber 15 Jahre lang haben Chinas Volkswirtschaftler nicht mehr laut nachdenken können, und der Zugang zu den Materialien der internationalen Diskussion, zu den Erfahrungen der osteuropäischen Staaten und der Sowjetunion war ihnen versperrt. Im Frühjahr 1978 schien die große Mehrheit der chinesischen Wirtschaftswissenschaftler und Planungsexperten davon überzeugt, daß eine Rückkehr zum System der fünfziger Jahre keine Verbesserung bringen könnte und daß die Reformen im Planungssystem der Sowjetunion und Osteuropas, die im Laufe der sechziger Jahre vollzogen worden waren, keine effektiven Strukturen geschaffen hätten, die China auf den Weg zu schnellem Wirtschaftswachstum bringen könnten. Auf der Suche nach eigenen Formen setzten sie sich mit dem jugoslawischen Modell auseinander, zweifelnd, daß es sich auf China übertragen ließe. Aber die Diskussion machte deutlich, daß Fragen der Dezentralisierung und der Arbeitermitverwaltung die Suche nach dem zukünftigen System Chinas ebenso sehr beeinflussen wie die Forderung nach zentraler und effektiver Wirtschaftsplanung und -leitung. China hatte sich neue wirtschaftliche Ziele gesetzt, aber die Entscheidung über den Weg war noch nicht gefallen. Es geht um eine politische Entscheidung, und die Auseinandersetzung muß in den Führungsgremien der Partei ausgetragen werden. »Noch sind viele Probleme ungeklärt. Viele Entscheidungen, grundsätzliche wie technische, stehen noch aus, und manche von ihnen werden auch später noch anhand neuer Erfahrungen korrigiert und geändert werden müssen«, sagte ein chinesischer

Wissenschaftler. »Aber wir alle haben die Erfahrungen der letzten 15 Jahre nicht vergessen, und ich glaube, daß die Auseinandersetzung um den künftigen Aufbau nun ausgetragen wird, ohne daß die Kontinuität der Entwicklung unterbrochen werden muß.«

Stahlwerk Anshan: Linienkampf und Planerfüllung

Anshan, in der nordöstlichen Provinz Liaoning, ist Chinas Stahlmetropole. Die 150000 Arbeiter, Ingenieure und Angestellten der Anshan-Stahl-Gesellschaft produzieren etwa 15 Prozent des chinesischen Stahls. Außerdem ist Anshan ein weites Feld für sozialistische Experimente im Bereich des Industriemanagements. Manchmal wurde es als vorbildlich gepriesen wegen der praktizierten Mitbestimmung der Arbeiter, dann wieder wurde es von den Propagandamedien bewußt ignoriert, wenn die chinesische Politik wirtschaftlichen Erfolg stärker betonte als die maoistische Vision der Industrieorganisation.

Im Sommer 1976, als ich mehrere Tage in Anshan verbrachte, waren die Zeitungen in ganz China des Lobes voll über die Anshan-Charta, die Mitbestimmungsregelung von Anshan, und brachten Artikel wie: »Wer kontrolliert die Führung des Unternehmens?« Sie stellten die Herrschaft der Experten und Verwaltungskräfte in den Fabriken in Frage und stellten die Beteiligung der Arbeiter an Managemententscheidungen heraus. Die Beziehungen zwischen Arbeitern und Management waren in den Brennpunkt der Kampagne gegen bürgerliche Elemente in der Partei gerückt.

Bei früheren Besuchen mit Delegationen von Politikern, Industriellen und Ingenieuren hatte ich einen allgemeinen Eindruck von Anshan bekommen: Ein riesiger Komplex von Eisenerzbergwerken, Hochöfen und Walzwerken in einer düsteren Industriestadt, wo die meisten Arbeiterwohnungen unansehnliche Ziegelgebäude sind, die Straßen in schlechtem Zustand waren und die Läden im Zentrum eine annehmbare Auswahl an Verbrauchsgütern boten. Keiner der anwesenden ausländischen Experten hielt Anshan für ein modernes Stahlwerk. Ein Großteil der Anlagen war aus der Sowjetunion importiert, und manches stammte aus der Zeit der japanischen Besatzung. Man hatte die Maschinen verbessert, aber das hierdurch Erreichbare hat Grenzen. Die ausländischen Besucher waren sich darüber einig, daß die Anlagen ganz ordentlich gewartet und bedient wurden: Besser als in der Sowjetunion, so bemerkte einer, und nicht ganz auf dem Stand von Brasilien. Bei ihren kurzen Besuchen gewannen sie den Eindruck, daß der Produktionsfluß ineffizient organisiert war; zuviel Material verrostete am Boden, und einige Maschinen waren nicht ständig in Betrieb. Aber im allgemeinen hatten die Besucher das Gefühl, Anshan sei ein funktionierendes Unternehmen, das alte Anlagen optimal zu nutzen versuchte.

Alle hatten nach konkreten Produktionsziffern gefragt und waren ohne Antwort nach Hause gereist. Wenige stellten Fragen über die Betriebsorganisation und die Beziehungen zwischen den Arbeitern und dem Management. Eine Ausnahme war der deutsche Minister für Forschung und Entwicklung, Matthöfer – selbst ein ehemaliger Stahlarbeiter und Gewerkschaftsfunktionär –, der besonderes Interesse an der Rolle der Arbeiter im industriellen Entscheidungsprozeß zeigte. Er wollte die Mitbestimmungsregelung von Anshan in Einzelheiten diskutieren, und seine chinesischen Gastgeber waren durchaus willens, über die allgemeinen Prinzipien zu reden und sogar einige Beispiele anzuführen. Aber die kurzen Unterhaltungen endeten ohne konkrete Ergebnisse und ließen für uns einige Fragen offen: Hatte Anshan tatsächlich neue Formen der Arbeiter-Management-Beziehungen entwickelt? Wie wirksam war die Beteiligung der Arbeiter am Management der Anshan-Stahl-Gesellschaft, und was war nur Propaganda? Was bedeuteten die Grundsätze der Anshan-Charta in der Praxis?

Die Anshan-Charta wurde 1960 vom Vorsitzenden Mao verkündet und besteht aus ein paar umfassenden, allgemeinen Richtlinien: »Haltet die Politik streng unter Kontrolle, stärkt die Parteiführung; regt aktive Massenveranstaltungen an; führt das System der Kaderbeteiligung in der Produktion und der Arbeiterbeteiligung am Management ein, das System der Reform unvernünftiger und veralteter Regeln und Bestimmungen und das System enger Zusammenarbeit von Arbeitern, Kadern und Technikern; und volle Kraft voraus mit technischen Neuerungen und der technischen Revolution.«

Diese Direktive des Vorsitzenden ist nie in Frage gestellt worden. Aber die neuere Geschichte von Anshan zeigt deutlich, daß sie im Laufe der politischen Kampagnen der letzten 15 Jahre auf verschiedene Weise interpretiert worden ist. Zu manchen Zeiten wurde sie in den Hintergrund gedrängt, wenn technische Effizienz und ein starkes zentrales Management der leitende Faktor in der industriellen Entwicklung waren. Während der Kulturrevolution und dann wieder während des politischen Kampfes im Frühjahr und Sommer 1976 wurde die Anshan-Charta als Beweis für eine maoistische Vision der Arbeitsorganisation zitiert, in der Experten und Verwaltungsbeamte Diener, nicht Führer der Massen sein sollten. Die Provinz Liaoning war eine der Hochburgen der radikalen Vierergruppe. Für sie waren die Prinzipien der Anshan-Charta ein Instrument zur Verringerung der Macht der zentralen Regierungsbehörden im Kampf gegen den früheren Vizeministerpräsidenten Deng Xiao-ping und dessen Kampagne zur Stärkung der zentralen Kontrolle über Chinas Industriebetriebe und zur Steigerung ihrer Leistungsfähigkeit. Seine Feinde konterten mit der Parole, daß die Produktion nicht das Hauptziel der Industrie sei, sondern die Erziehung politisch bewußter Arbeiter und deren Kontrolle über Manager und Experten wichtiger sei als die Erfüllung von Produktionsquoten.

Meine Gastgeber in Anshan – der Leiter des Verwaltungsbüros sowie die Leiter verschiedener Werkstätten – waren in einer schwierigen Lage. Sie trugen die Verantwortung für ein Unternehmen, das sein Produktionssoll erfüllen mußte, und gleichzeitig sollten sie eine politische Kampagne führen, die der Produktion nur den zweiten Platz einräumte und damit ihre Autorität untergrub. Sie standen unter Druck von oben und unten, und im Gespräch mit einem ausländischen Besucher vollführten sie einen Drahtseilakt. Im vorangegangenen Monat waren fast alle von ihnen von Arbeiterkomitees überprüft worden. Einige hatte man öffentlich dafür kritisiert, daß sie Entscheidungen autoritär gefällt und den Rat der Arbeiter mißachtet hatten. Der Druck widersprüchlicher politischer und wirtschaftlicher Ansprüche lastete auf ihnen. In den langen Stunden unserer Unterhaltungen befolgten sie in ihren Antworten die offizielle Linie. Aber auf meine Fragen antworteten sie mit genauen Erklärungen und Beispielen, und sie gerieten auch nicht aus der Fassung, wenn ich versuchte, die Schwierigkeiten deutlich zu nennen. Sie kannten diese Probleme schließlich besser als ich, und sie verstanden sie auch zu kritisieren, ohne dabei in ideologische Fallgruben zu stürzen. Außerdem waren sie stolz darauf, aus den Ruinen, welche die Kommunisten 1948 in Anshan vorgefunden hatten, das größte Stahlwerk Chinas aufgebaut zu haben.

Die ersten Stahlwerke in Anshan wurden 1916 von den Japanern errichtet. Am Ende des zweiten Weltkrieges hatte die Produktion 900000 Tonnen erreicht. Während der zweieinhalb Jahre des Bürgerkriegs, als die Guomindang das Gebiet beherrschte, fiel die Produktion auf weniger als 10000 Tonnen. Die Werke waren stark zerstört; einen Teil der Anlagen hatten die Russen unmittelbar nach dem Krieg mitgenommen. Als die Kommunisten im Februar 1948 an die Macht kamen, gab es nur wenige chinesische Techniker und Ingenieure. Unter der japanischen Herrschaft waren die Chinesen als Arbeiter beschäftigt, aber nur selten für technische oder für Verwaltungspositionen ausgebildet worden. Jetzt gingen die letzten japanischen Experten, und sie glaubten nicht, daß die Chinesen die Werke weiterführen könnten. Aber durch eine massive Anstrengung, bei der auf das technische und Managementpotential des ganzen Landes zurückgegriffen wurde, hatte Anshan-Stahl nach vier Jahren wieder die Spitzenproduktion erreicht.

Zu Beginn des ersten Fünfjahresplans trafen 1953 sowjetische Experten und Maschinen ein. Die Industrialisierung Chinas folgte dem sowjetischen Vorbild. Sie konzentrierte sich auf die Schwerindustrie und operierte mit straffer Leitung durch das Management, was die eher lockeren, von den chinesischen Kommunisten in Yenan entwikkelten Grundsätze ablöste. Die ideologischen Leitsätze waren Kopien der sowjetischen Theorie: Mit dem Sieg der kommunistischen Revolution waren die Arbeiter nun befreit und die Fabriken gehörten ihnen. Jetzt hatten sie sich ausschließlich auf den wirtschaftlichen Wiederaufbau zu konzentrieren und der höheren Einsicht der Parteileitung zu folgen. Eine Beteiligung der Arbeiter an Entscheidungen war nicht notwendig – im Gegenteil hätte sie nur Verwirrung gestiftet.

Einer meiner Gastgeber in Anshan beschrieb die Situation: »Viele Arbeiter und Techniker wurden zum Studium in die Sowjetunion geschickt. Sowjetische Spezialisten kamen nach Anshan. Wir waren für die Unterstützung durch das Sowjetvolk dankbar. Gleichzeitig wurden aber die sowjetischen Verwaltungsmethoden vollkommen übernommen. So wurde 1953 das System der Ein-Mann-Führung eingeführt. Die Verwaltung lag in den Händen einer winzigen Zahl von Experten. Für die Arbeiter bedeutete das materielle Anreize und Prämien auf der einen Seite und Kontrolle und Unterdrückung durch Regeln und Vorschriften auf der anderen. Die Vorschläge und Meinungen der sowjetischen Experten waren Befehle, die man zu befolgen hatte. Die Beziehungen zwischen dem Direktor und den Arbeitern war wie zwischen Katze und Maus. Hohe Prämien wurden für die Erfüllung des Planes gezahlt. Es gab zwanzig verschiedene Zulagen, und manchmal wußten die Arbeiter überhaupt nicht, wie sie sie verdient hatten. Blieben die Arbeiter hinter den Plan zurück, bot ihnen das Management Geld, damit er doch termingemäß erfüllt würde. Die Fragen waren: Wie soll ein sozialistisches Unternehmen, das dem Volk gehört, verwaltet werden? Wie muß die Beziehung zwischen den Arbeitern und der Verwaltung aussehen? Auf wen soll man sich bei der Verwaltungsarbeit stützen? Sollte alles von der Politik beherrscht werden oder von Profit und Prämien? Konnte unsere Industrie ihr sozialistisches Wesen einbüßen?«

Diese Fragen berühren ein paar grundlegende Probleme jeder modernen Industriegesellschaft. In einem anderen Kontext werden sie in der westeuropäischen Diskussion um die Mitbestimmung gestellt. In der Sowjetunion sind sie als zweitrangig hinter technologischer und produktiver Leistung eingestuft worden. China sucht Formen industrieller Demokratie in einem kommunistischen Staat und hat noch keine Lösung gefunden. Die Probleme ähneln auf vielfältige Weise jenen, mit denen sich alle Industriegesellschaften auseinandersetzen müssen, wenn sie versuchen, die Forderung der Produktionseffizienz mit der Forderung nach Beteiligung der Arbeiter am Management zu vereinbaren. Das Problem stellt sich jedoch nie in den abstrakten Begriffen der Politikwissenschaftler. In der Praxis ist die Antwort immer vom Konflikt zwischen verschiedenen Kräften in der Gesellschaft beeinflußt. In China wurden die Diskussionen um die Anshan-Charta und deren Verwirklichung zu einem Teil des Kampfes zwischen verschiedenen Flügeln in der Parteiführung.

1956 erlebte die Anshan-Stahl-Gesellschaft die erste Phase des Linienkampfes um die Beziehungen zwischen den Massen und der Führung. Auf dem 8. Parteitag hatte Mao sich durchgesetzt und das sowjetische Modell der industriellen Organisation durch sein Konzept der stärkeren Mitbestimmung der Arbeiter ersetzt. Die Rolle der Experten und Manager wurde beschnitten, die Führung durch die Parteiorgane gestärkt. Die Hauswände von Anshan waren mit handgeschriebenen Plakaten bedeckt, auf denen Kritik an der Ein-Mann-Führung geübt wurde. Materielle Anreize wurden abgeschafft. Die Arbeiter wurden aufgefordert, revolutionären Enthusiasmus zu zeigen, sich für höhere Produktionsziele einzusetzen und um der kommunistischen Ideale willen intensiver zu arbeiten. Die Parteipropaganda legte den Arbeitern nahe, den starken Einfluß der Experten zu kritisieren und ihre eigenen Vorschläge zu machen, wie die Produktion zu beschleunigen sei und wie man technische Probleme lösen könnte. Nach der offiziellen Statistik wurden binnen weniger Monate 260 000 technische Neuerungen vorgeschlagen, die Produktivität der

Walzwerke nahm zu, Hochöfen wurden in Rekordzeiten gebaut. Aber die Massenmobilisierung schuf natürlich eigene Probleme. Managern und Experten begegneten die Arbeiter mit Argwohn. Sie mußten sich langen Stunden politischer Kritik und Studien unterziehen. Sie mußten Berge von Vorschlägen der Arbeiter für technische Neuerungen durcharbeiten. Viele Vorschläge waren natürlich nicht realisierbar, aber die Experten mußten, wollten sie nicht kritisiert werden, weil sie den Genius der arbeitenden Massen unterschätzten, alle erwägen und diskutieren. Es gibt nicht genug Informationen, um abschätzen zu können, ob die Schwierigkeiten die Vorteile überwogen. Aber 1960, als Mao die Prinzipien der Anshan-Charta verkündete, hatte eine starke Gruppe innerhalb der Parteiführung schon entschieden, daß Ordnung und Leistungsfähigkeit, wie sie ein starkes und erfahrenes Management garantiert, in Chinas Industrie wieder den ersten Platz einnehmen sollten.

Zu dieser Zeit hatten Naturkatastrophen, Überschwemmungen, Dürren und Probleme, die sich aus dem forcierten Tempo landwirtschaftlicher Neuorganisation ergaben, zu Nahrungsmittelknappheit und zu einer Verlangsamung der industriellen Entwicklung geführt. Die Sowjetunion hatte ihre Experten zurückgezogen und die Lieferungen von Fabrikanlagen eingestellt. Es scheint ironisch, daß zu diesem Zeitpunkt viele Elemente des sowjetischen Managementsystems in der chinesischen Industrie wieder eingeführt wurden. Die Zeit für revolutionäre soziale Experimente schien vorbei. Die herkömmliche Weisheit eines starken und erfahrenen Managements, scharfumrissene Arbeitsplatzbeschreibungen, Arbeitsnormen und materielle Anreize waren wieder gefragt. Die Anshan-Charta wurde weder kritisiert noch abgeschafft, aber kaum noch diskutiert. Wurde sie erwähnt, dann betonte man die Massenmobilisierung für zusätzliche Arbeit. Aber das Konzept der Arbeiterbeteiligung am Management wurde beiseite gelegt, während Kader und Experten sich auf ihre Rolle in der Betriebsleitung konzentrierten und sich nicht mehr an der Produktion in den Fabriken beteiligten.

Der Kurs änderte sich wieder zur Zeit der Kulturrevolution, als Mao über seine Gegner in der Parteiführung siegte. 1968 war die Anshan-Charta wieder bestätigt worden. Wieder wurden die Beziehungen zwischen Arbeitern und Verwaltung zum Hauptthema in den politischen Studienkursen. Wieder wurden die führenden Kader beschuldigt, mit Hilfe von Regeln und Vorschriften sowie materiellen Anreizen die Initiative der Arbeiter zu unterdrücken. Experten wurden beschuldigt, bürgerliche Elemente zu sein, die versuchten, die Arbeiter durch ein System der Vorschriften und materielle Anreize zu kontrollieren. Manager und Ingenieure mußten an langen Sitzungen der Kritik und Selbstkritik teilnehmen. Es ist unmöglich zu beurteilen, ob der Ertrag der Anshan-Stahl in dieser Zeit erheblich zurückging. Im allgemeinen wird behauptet, in den Jahren nach 1968 seien neue Fortschritte in der Produktivität und Technologie erzielt worden. Inzwischen war der Höhepunkt der Kulturrevolution vorüber, und man hatte ein Revolutionskomitee gebildet, das die Leitung des Stahlwerks übernahm. Vorsitzender war der frühere Generaldirektor, aber seine Entscheidungsbefugnisse waren eingeschränkt worden. In dem neuen Managementkomitee saßen junge Kader, die während der Kulturrevolution aufgestiegen waren. Sie bildeten ein Gegengewicht zur Macht der Experten. Die ganze Bevölkerung von Anshan wurde mobilisiert, um ein neues Eisenerzvorkommen zu erschließen und Anshan von Erzlieferungen aus anderen Provinzen unabhängig zu machen. Hochöfen und Konverter wurden in unbezahlten Überstunden gebaut. Die Anstrengungen einer ganzen Provinz dienten der beschleunigten Entwicklung des größten Stahlwerks in China. Die Kader und Experten wurden wieder einmal aufgefordert, ihre Büros und Schreibtische zu verlassen und Seite an Seite mit den Arbeitern in der Hitze der Walzwerke und Öfen zu arbeiten.

Und dann änderte sich der Trend wieder, allerdings zunächst unauffälliger als 1960 und 1968. Manager und Ingenieure kehrten in ihre Büros zurück und verbrachten weniger Zeit bei politischen Versammlungen oder in der Produktion. Für diese Veränderung sollte man später bürokratische und bürgerliche Tendenzen der Experten verantwortlich machen, aber es gab auch praktische Gründe für eine langsame Umkehr zu mehr zentralisierter Kontrolle und stärkerem Management. Wenn Kader und Ingenieure körperliche Arbeit in Walzwerken oder auf Baustellen verrichten, dann mag ihr Beispiel die Arbeiter zu größeren Anstrengungen begeistern; es mag auch hilfreich bei der Lösung von Produktionsproblemen sein und sie politisch erziehen. Aber sie haben auch weniger Zeit für Schreibtischarbeiten, und der Produktionsfluß kann darunter leiden. China hat nicht genügend gut ausgebildete Ingenieure. Wichtige Probleme der technischen Entwicklung müssen gelöst werden. Die Verwaltungsarbeit muß gut funktionieren, weil die Interdependenz der chinesischen Industrie es erfordert. Während der Kulturrevolution wurden Experten und Manager beschuldigt und verunglimpft. Hunderte von Zeitungsartikeln wurden geschrieben, um zu beweisen, daß die Arbeiter Produktionsprobleme gelöst hatten, die die Experten nicht zufriedenstellend lösen konnten. In dem scharfen Machtkampf von 1976 wurden die Experten wieder beschuldigt, die Initiative der Arbeiter zu behindern und Fortschritt und Entwicklung zu verlangsamen. Dies stärkte zwar das Selbstvertrauen der Arbeiter, untergrub aber die Autorität der Ingenieure und Manager. Es war gefährlich, Experte zu sein. Fachwissen zu betonen war, als ob man eine bürgerliche Haltung einnähme.

Die Praxis, Arbeiter an der Verwaltung zu beteiligen und zu technischen Neuerungen heranzuziehen, hat dazu beigetragen, eine beachtliche Zahl der industriellen Probleme Chinas zu lösen. Aber viele Erfolgsbehauptungen waren übertrieben, von jenem Flügel in der Führung – der Vierergruppe – hochgespielt, der versuchte, seine Gegner in den etablierten Partei- und Regierungsorganen zu schwächen. Viele Artikel in der Presse hatten beschrieben, wie die Arbeiter von Anshan ein Werk für nahtlose Stahlrohre gebaut hätten. Aber Fragen am Ort ergaben ein anderes Bild. Tatsächlich hatten sie eine kleinere, aus der Sowjetunion importierte Anlage verbessert. Und die Planung wie auch der Bau war in Teams ausgeführt worden, in denen Arbeiter, Ingenieure und Manager zusammenarbeiteten. Den Beitrag der Experten hatte man in den Artikeln einfach verschwiegen, und es war schwer zu sagen, welchen Anteil an der Planung die Arbeiter tatsächlich hatten. Die Verbesserung der Anlage war offensichtlich eine wichtige Leistung. Die chinesische Ölindustrie hatte die Pipelines mit großem Durchmesser erhalten, die sonst nicht erhältlich waren. Die Leistung war beachtlich, aber war es wirklich ausschließlich eine Leistung der Arbeiter? Die offizielle Propaganda schuf diesen Eindruck, aber in Wirklichkeit war die Rolle der Experten und Manager nach 1972 stärker geworden. Es war klar, daß sie an Einfluß und Gewicht gewannen, als der Nationale Volkskongreß im Januar 1975 verkündete, die Modernisierung der Industrie, Landwirtschaft, Verteidigung und Wissenschaft sei Chinas wichtigstes Ziel, damit es bis zum Ende des Jahrhunderts zu einer der großen Industrienationen der Welt werden könne. Aber die Diskussion war nicht vorüber. In dem Machtkampf rivalisierender Gruppen standen sich zwei verschiedene Zielsetzungen gegenüber: schnelles industrielles Wachstum unter starker Führung oder sozialer Wandel, der die Massen in eine Auseinandersetzung mit den führenden Kadern verwickelte.

Vizeministerpräsident Deng war aus der politischen Verbannung zurückgekehrt und führte eine Kampagne für ein Programm, das die Leistungsfähigkeit durch strenge Bestimmungen erhöhen, die Arbeitsdisziplin in den Fabriken stärken und zentraler Planung und zentralem Management den Vorrang geben sollte. Erfahrene Verwaltungs- und Parteikader kamen zurück in die Stellungen, die sie während deer Kulturrevolution verloren hatten. Ihre Entlassung war oft unbegründet gewesen. Ihre organisatorische Erfahrung wurde dringend benötigt. Aber ihre Rückkehr bedeutete, daß einige der jüngeren Beamten zurück ins zweite Glied mußten, wodurch das Netzwerk von Kontrollen und Verbindungen, das die Shanghaier Führung um Jiang Qing übrall im Lande aufbaute, bedroht wurde. Deng Xiao-ping betonte wirtschaftliche Ziele, ein leistungsfähiges Management und zentrale Kontrolle. Als ehemaliger Generalsekretär der Partei glaubte er eher an strenge Disziplin und zentrale Autorität als an Massendebatten und langwierige Diskussionen zwischen Arbeitern und Führung. Seine Gegner legten das Gewicht auf Dezentralisierung und örtliche Initiative, Mitbestimmung der Arbeiter und die Rolle der Massen als Triebkraft. Bei der Durchführung von Industriekonferenzen mit der Führung in den Provinzen formulierte Deng seine Grundsätze in einem Artikel mit dem Titel: »Gewisse Fragen der Beschleunigung der industriellen Entwicklung.« Aufgrund dieser Politik wurden 1974 und 1975 zwei der produktiveren Jahre der chinesischen Industrie. Aber Dengs Gegner behaupteten, er bringe China zurück zu dem revisionistischen Modell und Managementsystem der sowjetischen Industrie. Dengs Anhänger meinten, nur erfolgreiche Industrialisierung könne den Erfolg der Revolution garantieren und zu einer kommunistischen Gesellschaft führen. Seine Gegner blieben dabei, daß er der Produktion den Vorrang vor politischer Erziehung durch Massenbeteiligung gebe und dies zu einem bürokratischen System führe und dem Prozeß des revolutionären Wandels ein Ende setze. Der Vorsitzende Mao selbst hatte vor den Gefahren bürokratischer Erstarrung gewarnt und und seinem Argwohn gegenüber Experten und Managern Ausdruck verliehen. Aber der Vorsitzende hatte immer ein taktisches Gleichgewicht zwischen den Anforderungen seiner Vision und den Erfordernissen wirtschaftlicher Entwicklung gehalten. Es ist zu bezweifeln, ob Mao – zu dieser Zeit alt, krank und dem Tode nahe – willens gewesen wäre, seine Prinzipien zu dem radikalen Extrem zu treiben, welches die Vierergruppe jetzt als die korrekte politische Richtschnur proklamierte:

Lieber die Produktion zusammenbrechen lassen als unter einer Führung zu produzieren, die einen falschen Kurs verfolgt.

Im Sommer 1976 war Deng Xiao-ping wiederum verbannt worden. Die Vierergruppe kontrollierte die Medien und baute in den Provinzen Bastionen auf. In der Provinz Liaoning hatten sie Anhänger in Schlüsselpositionen, die Dengs Industriepolitik rückgängig machten. Er hatte versucht, die direkte und ausschließliche Kontrolle der zentralen Ministerien über die Unternehmen in ihren jeweiligen Bereichen wieder einzuführen und beschnitt somit die Unabhängigkeit provinzieller und lokaler Behörden bei der Verwaltung ihrer Rohstoffe und Anlagen. Jetzt behaupteten seine Gegner, daß die wirtschaftliche Entwicklung in der Provinz Liaoning durch bürokratische Verfahren verlangsamt werde. Interessenkonflikte zwischen verschiedenen Bürokratien waren entstanden, wenn ein Ministerium nicht bereit war, Rohstoffe oder Produkte solchen Fabriken zur Verfügung zu stellen, die einem anderen Ministerium unterstanden. Vertragliche Vereinbarungen zwischen Unternehmen waren wieder bindend; sie konnten nicht mehr von Provinzbehörden außer Kraft gesetzt werden, wodurch langwierige Auseinandersetzungen entstanden, und dies in einem riesigen Land, das praktisch über keinen Rechtsapparat zur Lösung solcher Konflikte verfügte. Differenzen mußten auf immer höherer Partei- und Ministeriumsebene diskutiert werden. Die Provinzen und Stadtgemeinden verloren viel von ihrer Macht, Ad-hoc-Entscheidungen zu fällen und Planveränderungen vorzunehmen. Sie glaubten, effektive Massenmobilisierung und Dringlichkeitsprogramme seien nicht mehr möglich. Deng hatte die Lokal- und Provinzbehörden beschuldigt, Verwirrung und Unordnung zu stiften – sicherlich eine der Gefahren der Dezentralisierung. Er hatte das Fabrikmanagement kritisiert und behauptet, Arbeiterbeteiligung schaffe Unordnung und die Kader verbrächten zu viel Zeit mit Handarbeit, während die Verwaltung zusammenbreche. Seine Feinde behaupteten nun, er versuche, repressive Vorschriften und materielle Anreize einzuführen.

Der Widerstand gegen Dengs Maßnahmen regte sich in der Provinz Liaoning früh. Im Juli 1975 machte das Parteikomitee der Provinz einen Führungsanspruch geltend, als es ein Dringlichkeitsprogramm begann, um den Bau einer petrochemischen Faserfabrik in der Nähe von Shenyang zu beschleunigen. Es holte zu diesem Zweck Arbeiter und Maschinen aus mehreren hundert Fabriken und Unternehmen der Provinz und brach so in die Zuständigkeitsbereiche verschiedener Ministerien ein. Das Parteikomitee der Provinz übte Führung über alle Unternehmen und Abteilungen der Provinz aus und begann einen »Massenkampf« für den Bau der Faserfabrik. Mittel und Arbeitskräfte wurden von anderen Projekten abgezogen, Fabriken mußten ihre Facharbeiter entsenden, und auf einigen Baustellen kam die Arbeit zum Erliegen. Der Bau der Faserfabrik kam schneller als erwartet voran, aber andere Fabriken hatten Schwierigkeiten, ihren Plan zu erfüllen. Die Führung der Provinz hatte ihre Macht gegen die Planer und Ministerien in Peking durchgesetzt, wo Deng noch fest im Sattel zu sitzen schien. Was wie ein vereinzelter Zwischenfall aussah, wurde zu einem massiven Angriff auf breiter Front, als erst das Bleibergwerk von Chai He und dann die Stahlwerke von Anshan einen offenen Kampf gegen Dengs Plan, die »Industrie in Ordnung zu bringen« begannen. Überall tauchten Wandzeitungen auf. In Massenversammlungen wurde die Kritik gegen »den revisionistischen Wind von rechts« immer gezielter und griff Deng und viele führende Kader wegen ihrer bürgerlichen Einstellung und eines autoritären Arbeitsstils an. Die Kampagne wurde von führenden Mitgliedern des Parteikomitees der Provinz unterstützt, insbesondere von Maos Neffen Yuan-xin, der seine Anhänger nach Anshan schickte oder junge, unzufriedene Kader und Arbeiter zu politischen Arbeitskreisen in die Provinzhauptstadt rief. Er baute sein eigenes Netz politischer Machtpositionen auf und fachte den Wind der Kritikkampagne an Deng an. Nun wurde die Anshan-Charta so interpretiert, daß sie den Einfluß der etablierten Manager einschränkte und sie der ständigen Kontrolle und Kritik der Massen unterstellte, oder genauer: jener Gruppen, die dem radikalen Flügel in seinem Kampf um die Macht in Peking nahestanden. Für die Anshan-Stahl-Gesellschaft und ihre 150000 Arbeiter, Ingenieure und Manager bedeutete der Kampf Umwälzungen in den Beziehungen zwischen Arbeitern und Management.

Anfang 1976 begannen aus Arbeitern gebildete Kontrollkommissionen eine strenge Überwachung der führenden Verwaltungskader – aber auch der Sekretäre und Mitglieder der Parteikomitees. Ihre ideologische Reinheit und ihr sozialistischer Arbeitsstil wurden angezweifelt. In einem der Eisenbergwerke erklärte mir ein Elektriker, Zhou, daß seine Werkstatt im Februar ein Parteidokument erhalten habe, worin die Arbeiter angewiesen wurden, eine Gruppe zur Überprüfung der theoretischen Studien der führenden Kader zu bestimmen. Zhou wurde von seinen Kollegen ausgewählt, und zusammen mit Vertretern anderer Werkstätten begann er das Überprüfungsverfahren. 23 Tage lang überprüfte die Arbeiterkontrollkommission die Parteifunktionäre und Manager. Hatten sie ihre politischen Studien gewissenhaft in Arbeitsgruppen, mit den Arbeitern und nach der Arbeit zu Hause betrieben? Zeigten sie in den Notizen, die sie dabei machten, revisionistische Tendenzen? Hatten sie im Geiste der Anshan-Charta gehandelt und die Arbeiter um Rat gefragt, wenn Probleme zu lösen waren, oder hatten sie hauptsächlich mit anderen Kadern und Ingenieuren zusammengearbeitet? Bewerteten sie die Beteiligung der Arbeiter mindestens ebenso hoch wie die Kenntnisse der Experten?

Zuerst trat die Kontrollkommission zusammen und ließ die Kader erscheinen, damit diese Rechenschaft ablegen konnten. Dann teilte sich die Kommission. Gruppen von jeweils zehn Arbeitern überprüften den Bericht, den ein Kader über seine Einstellung und Aktivitäten gegeben hatte. Jeder wurde einzeln befragt. Sie nahmen seine Notizbücher und prüften, was er in den vielen politischen Studienkursen aufgeschrieben hatte. Hatte er die korrekten Parolen über die Kampagne gegen den »Wind von rechts« und Deng Xiao-ping aufgeschrieben? Und wie übertrug er diese Prinzipien auf die Praxis? Um das herauszufinden, gingen Mitglieder der Arbeiter-Kontrollkommission in die Werkstätten und fragten die Arbeiter, wie ihre Vorgesetzten sich verhalten hatten. Beteiligten sie sich an der Handarbeit an den Maschinen? Arbeiteten sie ehrlich mit den Arbeitern auf der Grundlage von Gleichheit zusammen, wenn technische Neuerungen notwendig waren oder wenn das Verwaltungssystem verändert werden mußte? Die Kontrollkommission des Elektrikers Zhou arbeitete 23 Tage lang, interviewte Arbeiter, Manager und Ingenieure. Dann wurde eine öffentliche Sitzung einberufen. Die Kader wurden von Mitgliedern der Kontrollkommission und von einzelnen Arbeitern aus ihren Werkstätten kritisiert. Einigen wurde gesagt, sie seien durch die Linie von Deng Xiao-ping vergiftet. Sie hätten nicht den Massen der Arbeiter vertraut, sondern einer kleinen Expertengruppe. Ihr Führungsstil beweise, daß sie glaubten, sie allein seien intelligent und könnten Entscheidungen ohne den Rat und die Zustimmung der Arbeiter fällen. Dem Bericht des Elektrikers Zhou zufolge wurde keiner der Kader beschuldigt, ein schlechtes Element zu sein. Sie hätten ihre Fehler ohne bösen Vorsatz begangen und seien besserungsfähig. Die Arbeiter-Kontrollkommission trug den Kadern auf, zusätzliche Arbeitskreise zu besuchen; dort werde die Diskussion des

Marxismus-Leninismus und der Gedanken Maos ihnen helfen, die Einheit mit den Arbeitern wiederherzustellen.

In dem Walzwerk für mittelgroße Profile war Zhang Fu-ren, ein 52jähriger Arbeiter, Vorsitzender des Arbeiterkomitees für Verwaltungskontrolle. Er hatte 26 Jahre in diesem Werk gearbeitet und war seit 23 Jahren Parteimitglied. Er erweckt den Eindruck eines selbstbewußten Arbeiterveteranen. Im Konferenzraum des Verwaltungsbüros nimmt er seine Mütze nicht ab; er zieht sie über die Ohren und klappt den Schirm in respektlosem Winkel nach oben. Seine Kommission unterstütze das Parteikomitee, sagt er, indem sie überprüfe, ob das Parteikomitee die Arbeit der Verwaltung sorgsam kontrolliere. Bei ihrer letzten Sitzung hatte die Gruppe die führenden Genossen nach ihren politischen Studien und ihrer Einstellung befragt. Dann hatten sich die 30 älteren Arbeiter seiner Kommission in drei Gruppen geteilt und waren in die Werkstätten gegangen. Sie fragten die Arbeiter, ob die führenden Kader in ihren Berichten die Wahrheit gesagt hätten, ob sie sich wirklich an politischen Studien und Besprechungen mit den Arbeitern beteiligt hatten. Zhang Fu-ren sah nicht aus wie jemand, der die Kader als Feinde behandelt, aber es war klar, daß er sich nicht ohne weiteres einschüchtern und abwimmeln lassen würde. »Wenn einer der Kader mit Verwaltungsangelegenheiten viel Arbeit hat, hatte er vielleicht nicht immer Zeit, sich in Ruhe mit politischen Studien zu befassen«, erklärte Zhang, »aber wir sagen ihm, daß er künftig seine Arbeit anders organisieren muß, damit er Zeit für politische Studien findet.«

Die verantwortlichen Kader mußten viel Zeit in ihre politischen Studien investieren. Die Mitglieder des Parteikomitees – die maßgebliche Autorität – sowie die leitenden Manager und die Werkstattleiter mußten wöchentlich 20 Stunden in Kursen verbringen. Montags, donnerstags und freitags fanden nach der Arbeit jeweils zwei Stunden politische Studien statt. Der Mittwoch und der halbe Sonntag waren ganz für politische Schulung reserviert. Samstags gab es keine Verwaltungsarbeit, damit die Kader sich an der Handarbeit beteiligen konnten. Und natürlich wurde von ihnen erwartet, daß sie nach Arbeitsschluß zu Hause allein lernten und sooft wie möglich Arbeiterstudienkreise besuchten.

Für die Arbeiter von Anshan gab es nach jeder Schicht zwei Studienstunden. Montags wurden Fragen der Sicherheit am Arbeitsplatz diskutiert. Von Dienstag bis Freitag studierten sie die laufenden Texte der politischen Kampagne. Die zwei Studienstunden am Samstag (die chinesische Industrie hat die Sechstagewoche) wurden offengehalten für Sitzungen der Parteizellen oder des Kommunistischen Jugendverbandes. Die Arbeiter der Nachtschicht hatten ihre politischen Studien am nächsten Tag, die der Tagschicht am Nachmittag. Das System war flexibel. Die Arbeiter aus den Heißwalzwerken, die in großer Hitze schwere Arbeit verrichteten, hatten nach jeder Schicht nur eine Stunde politische Schulung.

Der stellvertretende Leiter des großen Walzwerks Nr. 2 war von einer Arbeitergruppe im Frühjahr 1976 überprüft worden, drei Monate bevor ich mit ihm sprach. Sie fragten ihn, welche Arbeit er in den vorangegangenen Monaten verrichtet, wie er studiert und wie er Produktionsprobleme gelöst hatte. Dann befragten sie die Arbeiter des Walzwerks Nr. 2, ob er sich regelmäßig an der Handarbeit beteiligt und mit den Arbeitern kooperiert habe. Seiner Erzählung zufolge hatte er zu dieser Zeit geglaubt, es gebe nichts, worüber er sich Sorgen machen müsse. »Ich hatte den Arbeitern immer zur Seite gestanden, wenn besonders harte Arbeit anstand. Ich habe meine Hände gebraucht. Ich war sehr oft bei ihnen in den Werkstätten«, sagte er. In der Tat sah er nicht aus wie jemand, der seine ganze Zeit hinter einem Schreibtisch verbringt. Er kam nicht aus der Verwaltung, sondern war vorher Techniker. Aber die fünf Arbeiter, die seinen Arbeitsstil untersuchten, fanden Gründe zur Kritik. Sie sagten ihm, es sei nicht genug, nur bei Bedarf auszuhelfen. Nach den Direktiven des Vorsitzenden Mao sollten Kader über längere Zeiträume hinweg an einem Arbeitsplatz beschäftigt sein, nicht nur gelegentlich an verschiedenen Stellen. »Erst war mir das nicht klar«, sagte der stellvertretende Leiter des Walzwerks, »aber dann las ich den Leitartikel im Volkstageblatt und die Direktive des Vorsitzenden Mao, daß die Kader zu den Massen gehen und von den Arbeitern eine oder mehrere technische Fertigkeiten lernen sollten. Dementsprechend habe ich jetzt meine Arbeit im Revolutionskomitee umorganisiert. Ich habe einen Monat an einem Arbeitsplatz verbracht, wie die Arbeiter in der Produktion. Und seitdem habe ich jeden Tag zwei Stunden lang die gleiche Arbeit im Werk verrichtet.«

Der Leiter des Eisenerzbergwerks arbeitete jeden Samstag als Eisenbahner, der Erz aus einer 140 Meter tiefen, offenen Grube abtransportiert. Einem Drittel der Partei- und Verwaltungskader waren langfristige Beschäftigungen im Bergwerk zugeteilt worden. Und wann immer eine Aufgabe besonders schwer war oder besonders schnell erledigt werden mußte, wurden die Kader aus ihren Büros herbeigerufen. Hauptzweck des Systems war es nicht, die Arbeitsreserven zu mobilisieren, sondern den Kadern eine politische Erziehung zuteil werden zu lassen. Die Propaganda behauptete, sie seien in ständiger Gefahr, zu glauben, sie seien besser, intelligenter und wichtiger als die Arbeiter – so ähnlich wie die Beamten im alten China. Den Massen wurde immer wieder erklärt, eine neue Bourgeoisie innerhalb der Partei sei im Entstehen, die Autorität und Privilegien fordere und den Kurs Chinas von der Revolution weg führen wolle, hin zu einem revisionistischen System. Anfang 1975 hatte die Vierergruppe eine Kampagne gegen die »bürgerlichen Rechten« gestartet. Die Einkommensunterschiede müßten abgeschafft werden, meinten die Radikalen, wenn nicht jetzt, dann in Zukunft, und ein System, in dem man nach seiner Leistung bezahlt wird, werde auf die Dauer die Massen von kommunistischen Idealen entfernen.

Die Einkommensunterschiede waren tatsächlich noch immer beachtlich. Die niedrigsten Löhne bei Anshan-Stahl liegen zwischen 30 und 40 Yuan im Monat. Der Leiter des Unternehmens, früher Generaldirektor, jetzt Vorsitzender des Revolutionskomitees, verdient im Monat 380 Yuan. Als Verantwortlicher für Chinas größtes Stahlwerk verdient er ungefähr ebensoviel wie ein Kabinettsmitglied in Peking. Aber im Sommer 1976 fühlte er sich verpflichtet zu zeigen, daß er die politische Kampagne gegen die »bürgerlichen Rechte« ernst nahm. Jeden Monat spendete er 200 Yuan von seinem Gehalt freiwillig für die Kommunistische Partei. Es gab keine Regeln für eine Veränderung im Lohn- und Gehaltssystem, aber auch andere Kader entschieden sich dafür, ihr Einkommen zu verringern. Der erste Sekretär des Parteikomitees der Stadt Anshan gab 100 Yuan im Monat für den Parteifonds. Wie alle Funktionäre wird er nach einer Gehaltsskala mit 27 Stufen bezahlt, die parallel zu der Achtstufenlohntabelle für Industriearbeiter besteht.

Das System ist voll von Widersprüchen. Es ist den Veränderungen der Industrieorganisation in den letzten Jahrzehnten nicht angepaßt worden. Seit der Zeit, in der die Industrie Chinas nach dem sowjetischen Modell entwickelt wurde und Anshan-Stahl nach den Normen des sowjetischen Stahlkonzerns in Magnitogorsk verwaltet wurde, ist es unverändert geblieben. Zu der Zeit trug der Leiter von Anshan-Stahl den Titel eines Generaldirektors. Jetzt heißt er Vorsitzender des Revolutionskomitees. In der Praxis war die Veränderung nicht so revolutionär wie der Name. Der Einschränkung von Führungskompetenzen sind in einem Stahlwerk, das vielleicht Chinas wichtigster

Fabrikkomplex ist, Grenzen gesetzt. Aber mit dem Vorsitzenden des Revolutionskomitees teilen die Arbeiter die Verantwortung, und auf der niedrigeren Ebene der Bergwerke und Walzwerke waren oft alle Komiteemitglieder ehemals Arbeiter. Sie wurden in das oberste Verwaltungsorgan berufen, erhalten aber nicht das Gehalt der früheren Direktoren, die Mitglieder desselben Komitees sind. Ehemalige Arbeiter waren im Sommer 1976 in der Verwaltung beschäftigt, bekamen aber ihren alten Arbeiterlohn.

Junge Arbeiter kamen von ihrer Ausbildung an den Arbeiteruniversitäten zurück und übernahmen Aufgaben als Techniker und Ingenieure. Sie arbeiteten Seite an Seite mit älteren Ingenieuren, verdienten aber viel weniger. Ingenieure und Spezialisten, die vor der Kulturrevolution angefangen hatten zu arbeiten, bekamen immer noch ihre Spezialistengehälter. In hochspezialisierten Betrieben mochte der Chefingenieur über 200 Yuan verdienen, während der Vorsitzende des Revolutionskomitees, der Leiter des Betriebes, nur 150 Yuan bekam. Dieser doppelte Standard hatte die Kulturrevolution überlebt, und seine Widersprüche bildeten eine vorzügliche Zielscheibe für die Kritik der radikalen Gruppe. Sie war nicht stark genug, um eine Reform der Lohn- und Gehaltsstruktur durchzusetzen, und möglicherweise war die radikale Führung auch gar nicht ernsthaft daran interessiert, die Einkommen und den Lebensstandard zu egalisieren. Aber ihre Kampagne war gewichtig genug, um die Führungskader in Anshan zu freiwilligen Zugeständnissen zu bewegen und einen Teil ihres Einkommens der Partei zu spenden.

Das System der materiellen Anreize, ein weiteres sowjetisches Erbstück, war schon während der Kulturrevolution abgeschafft worden. Während der eineinhalb Jahre, in denen Deng versuchte, die industrielle Leistungsfähigkeit zu erhöhen, war die Rede davon, Prämien für gute Arbeiter wieder einzuführen. Es scheint, daß unter den Führungskadern in der Industrie Chinas eine beachtliche Zahl von Managern an einer Rückkehr zu dem vorherigen System interessiert war, wenn auch mit gewissen Veränderungen. Seine Kritiker wiesen darauf hin, daß ein Prämiensystem die großen Einkommensunterschiede noch größer machen würde. Die Prämien waren nach Stufen gezahlt worden, und führende Kader und Ingenieure hatten höhere Prämien als Arbeiter erhalten. Im Sommer 1976 war es ein Grundsatz in allen Diskussionen, daß ein System materieller Anreize drei negative Faktoren schaffe. Es vergrößerte die Einkommensunterschiede. Es verdarb das politische Bewußtsein der Arbeiter und führte sie von einer kommunistischen Haltung zu kleinbürgerlichem Denken. Es konnte zu kurzfristiger Erhöhung der Leistungsfähigkeit führen, aber auf die Dauer würde es die Bereitschaft zur Zusammenarbeit zwischen den Arbeitern und zwischen den verschiedenen Abteilungen des Stahlwerks untergraben.

Nach der Abschaffung von Prämien und Sondervergütungen führte man Bewegungen und Kampagnen zur Massenmobilisierung ein, um die Produktion zu beschleunigen. Intensive Studien und freiwillige Arbeit sollten den Schwung und die Begeisterung erhalten. Die Vertreter des radikalen Flügels behaupteten, die Studienkurse würden erfolgreich benutzt, um die Arbeiter anzufeuern. Aber es ist zweifelhaft, ob diese Fürsprecher der Massenmobilisierung wirklich für die Arbeiter, die seit 1972 keine Lohnerhöhung erhalten hatten, sprechen konnten. Zu der Zeit wurde nur für jene Arbeiter das Monatseinkommen auf 50 Yuan erhöht, die mehr als fünf Jahre Erfahrung hatten und noch in einer der beiden untersten Lohngruppen waren. 1975 und 1976 gab es Hinweise darauf, daß Arbeiter in mehreren Fabriken sich für die Erhöhung der Einkommen eingesetzt hatten, vielleicht sogar für Prämien. Bei Anshan-Stahl versprachen die Sprecher der Radikalen für die Zukunft eine Erhöhung der niedrigsten Löhne, während die höheren Einkommen eingefroren werden sollten.

Ein Gebiet, auf dem die Radikalen gewaltige Veränderungen befürworteten, betraf die Arbeitsplatzbeschreibung und Vorschriften am Arbeitsplatz. In einem Eisenbergwerk 60 Kilometer vor Anshan wurde die Arbeitsgruppe von Wang Chun-zhao für wagemutige Neuerungen besonders gelobt. Vorher wurden verschiedene Arbeiten von verschiedenen Arbeitern mit Spezialkenntnissen ausgeführt. Einige bohrten, andere sprengten; es gab Gruppen, welche die riesigen Bagger bedienten, die Lastwagen beluden und fuhren, Motoren reparierten und Straßen instandhielten. Jetzt wurde behauptet, diese Arbeitsteilung schaffe Uneinigkeit und zerstöre die Koordination. Die Spezialisierung im Team wurde abgeschafft. Die Arbeiter, die das Erz aufluden, konnten auch die Lastwagen fahren. Lastwagenfahrer nahmen sich Zeit, die Löcher in der Straße aufzufüllen. Sie mußten nicht mehr an der Reparaturwerkstatt warten, um ihre Wagen repariert zu bekommen – sie machten das mit Hilfe anderer Arbeiter direkt am Bergwerk. Früher gab es drei Arten Elektriker: die für das normale Stromsystem, für das Starkstromsystem und für die elektrischen Anlagen der Lastwagen. Jetzt machte ein Elektriker alles, und wenn er nicht da war, führten die Arbeiter die Reparaturen selbst aus. Die Lkw-Fahrer beschleunigten den Ladevorgang: Früher hatten ihnen Sicherheitsvorschriften verboten, die Lkws zu nahe an die Bagger heranzufahren. Jetzt kamen sie näher heran und sparten Zeit.

Im Walzwerk Nr. 2 hatte man die Bandarbeiter und die Reparaturgruppen zusammengefaßt. Produktionsarbeiter reparierten die schweren Maschinen und meldeten Erfolge bei der Verbesserung der Leistungsfähigkeit des Werks. Der Leiter des Verwaltungsbüros erklärte: »Jeden Monat wurden zweimal 16 Stunden für kleine Reparaturen statt für die Produktion gebraucht. Dann wurde das Werk einmal im Jahr für größere Reparaturen geschlossen und alle zwei, drei Jahre für eine Generalüberholung. Aber die Arbeiter kennen ihre Maschinen am besten, und wenn sie kleinere Reparaturen ausführen, dann erledigen sie größere Sachen gleich mit. So wurden die längeren Zeiten für Reparaturen und Inspektion abgeschafft. Es gab einigen Widerstand. Die Techniker und Experten glaubten zuerst nicht, daß die Arbeiter die Anlagen selbst reparieren konnten. Früher hatten sie einen Plan gemacht und eine Liste der notwendigen Ersatzteile zusammengestellt. Sie hatten Angst, das neue System könnte sie überflüssig machen. Aber das Walzwerk Nr. 2 hält jetzt seine Anlagen sehr gut instand.«

In einem Eisenbergwerk am Rand von Anshan sprach ein Lokomotivführer über die Veränderungen in den Vorschriften. Früher durfte er nicht von seiner Lokomotive steigen, um Züge zu verschieben oder die Weichen auf der Strecke zu stellen. Jetzt konnte er all dies selbst tun. »Früher wäre ich fürs Weichenstellen bestraft worden. Ich tu's jetzt auch nicht oft. Aber manchmal ist einer meiner Kollegen zu beschäftigt oder krank. Man muß natürlich wissen, wie man es macht. Immerhin sind die verschiedenen Arbeiten nicht mehr streng getrennt, und ich muß nicht herumsitzen, wenn ich fertig bin und andere Arbeiter ihre Arbeit kaum schaffen.«

Der Grund für diese Veränderungen war indessen nicht die Erhöhung der Leistungsfähigkeit und der Produktion. Sie folgten der Direktive Maos, veraltete Regeln und Vorschriften abzuschaffen und hatten somit ein erzieherisches Ziel: »In den kapitalistischen und revisionistischen Gesellschaften wird die Arbeitsteilung dazu benutzt, die Arbeiter zu versklaven und sie für eine bestimmte Arbeit auszubilden. Der Vorsitzende Mao sagt uns, daß jeder Arbeiter außer seiner eigenen Arbeit noch mindestens eine weitere Fertigkeit lernen muß«, lautete die offizielle Erklärung.

Ohne Zweifel hatte ein System seine Vorteile, das Chinas Industriearbeitern, die zum größten Teil aus den Dörfern kamen, dabei half, technische Fertigkeiten zu erwerben und sich an dem komplexen Prozeß der modernen Industrie zu beteiligen. Aber die Gefahren, die ein solches System in sich barg, mußten die Spezialisten und Techniker beunruhigen. Es besteht ein Unterschied zwischen einem Lastwagen, der regelmäßig von ausgebildetem Personal gewartet und repariert wurde und einem, an dem jahrelang der Fahrer gebastelt hat. Der Leistungsfähigkeit von Maschinen sind Grenzen gesetzt, über die man nicht hinausgehen kann, ohne ihre Funktionsdauer zu verkürzen. Und viele der Sicherheitsvorschriften hatte man aus gutem Grund eingeführt. Sie wieder abzuschaffen, konnte die geordnete Arbeit in einer Fabrik in Anarchie und Chaos umschlagen lassen. Die Begeisterung für Veränderungen, die in einer Kampagne hochgepeitscht wurde, konnte negative Auswirkungen haben. In der speziellen Kampagne von 1976 handelten ihre Verfechter aus politischen Motiven. Den Anhängern der »Viererbande« kam es nicht darauf an, durch die Veränderungen die Produktion zu steigern, die Arbeitsbedingungen zu verbessern oder die Arbeiter in die Entscheidungsprozesse einzubeziehen. Sie benutzten die Kampagne, um alte Funktionäre aus ihren Posten zu verdrängen und eigene Gefolgsleute an die Macht zu bringen. So wurde die Methode zur Neudefinition von Arbeitsplatzbeschreibungen durch die politischen Manipulationen diskreditiert.

Ein weiterer Aspekt der Kampagne zur Verwirklichung der Forderungen der Anshan-Charta schuf ebenfalls Probleme für das Fabrikmanagement: die Beteiligung der Arbeiter an technischen Neuerungen. Für mehrere Jahre wurden sogenannte Drei-in-Eins-Kombinationen eingerichtet, in denen Arbeiter, Techniker und Kader zusammen an der Lösung von Produktionsproblemen oder an der Konstruktion neuer Anlagen arbeiteten. Nun wurde behauptet, die Techniker und Kader versuchten, die Arbeiter zurückzuhalten. Wandzeitungskampagnen wurden veranstaltet, um die Mitglieder der Revolutionskomitees wegen ihrer Unterschätzung der Fähigkeiten der Arbeiter zu kritisieren. Ingenieure wurden angegriffen, weil sie eine Maschine importieren wollten, und der sklavischen Verehrung ausländischer Errungenschaften beschuldigt. Technische Neuerungen kosten Zeit und Material, und die Ingenieure und Kader haben oft angeführt, daß die Mittel von Experten besser verwendet werden könnten als in den Neuerungsexperimenten der Arbeiter.

Alle im Sommer 1976 bei Anshan-Stahl beschriebenen Experimente schienen zu beweisen, daß die Arbeiter, nicht die Experten, recht hatten. Die Kader in Anshan gaben zu, daß die Neuerungen der Arbeiter mitunter natürlich lange Serien erfolgloser Experimente durchlaufen müßten. Aber wenn man sie bei den Massenversammlungen sorgfältig analysierte, wurden sie doch als ein nützlicher Teil des Erziehungsprozesses angesehen.

Die meisten zitierten Beispiele endeten erfolgreich. Die Arbeiter am Konverter hatten Kämpfe mit dem Management ausgetragen, um die Erlaubnis zu erhalten, eine Luftfilteranlage für ihre staubige Werkstatt zu bauen. Sowjetische und chinesische Spezialisten, so wurde behauptet, hatten diese Aufgabe zwei Jahrzehnte lang für zu kostspielig und unrealisierbar gehalten. Die Arbeiter beschlossen, einen »Kampf für Luftfilter« zu beginnen. Jeder dritte Arbeiter wurde an seinem normalen Arbeitsplatz freigestellt und beteiligte sich am Entwerfen und Bau der Filter. Sie arbeiteten mit Ingenieuren und Kadern zusammen, aber das Management schien skeptisch zu sein und verweigerte seine Unterstützung. Die Experten meinten, die Arbeiter verschwendeten Zeit und Material für ein unnützes Projekt. Aber es gelang den Arbeitern, brauchbare Teile alter Maschinen zu verwerten und somit Material zu sparen. Die Experten glaubten, die Konverterarbeiter hätten nicht die nötige Erfahrung für die Arbeit an den Drehbänken. Doch die Konverterarbeiter erhielten Hilfe aus anderen Werkstätten. Der Bau des Luftfiltersystems gelang ihnen, und als sie es in Betrieb setzten, kamen die Kader und Ingenieure, um sich zu entschuldigen und gestanden ihren Fehler ein, den Arbeitern mißtraut zu haben. »Während dieses Prozesses lernten die Arbeiter viele neue technische Fertigkeiten dazu. Einige von ihnen können jetzt technische Zeichnungen anfertigen. Andere haben Löten oder Buchführung gelernt«, erklärte ein Kader aus dem Revolutionskomitee.

In dem Walzwerk für mittelgroße Profile hatten die Manager und Ingenieure 1975 beschlossen, mehrere Maschinen aus dem Ausland zu importieren. Ihre Anträge waren bereits ans Ministerium in Peking weitergeleitet worden, als eine Protestbewegung unter den Arbeitern ausbrach; sie behaupteten, die Maschinen selbst bauen zu können. Die Manager leisteten Widerstand. Sie leiteten ein Walzwerk, keine Werkzeugmaschinenfabrik, argumentierten sie. Wandzeitungen tauchten auf mit der Frage: »Was ist richtig? Neue Maschinen zu bestellen oder die Maschinen zu bauen?« Die Wandzeitungen gingen nicht auf die Details der technischen Probleme ein. Sie beschuldigten das Management des Walzwerks, eine falsche politische Linie zu verfolgen. Ein Jahr später gestand der Vorsitzende des Revolutionskomitees in unserer Unterhaltung demütig seine Fehler ein. Erst nach der Lektüre der Plakate und nachdem er den Arbeitern bei Sitzungen zugehört hatte, habe er verstanden, daß die Arbeiter recht hatten und daß die Entscheidung ein Teil des Kampfes zwischen zwei politischen Linien war. Die neuen Maschinen wurden im Walzwerk von Arbeitern, Technikern und Kadern gebaut. Es war natürlich unmöglich herauszufinden, warum die Ingenieure ursprünglich importierte Anlagen wollten und ob die im Walzwerk gebauten Maschinen ebenso modern und leistungsfähig waren. Aber als ich immer mehr Geschichten über die Erfolge der Selbsthilfe und über die Auseinandersetzungen zwischen Arbeitern und Experten hörte, fragte ich mich, ob die Experten wohl tatsächlich immer im Unrecht waren.

Gewiß war das Management in einer schwierigen Position. Das Fabrikbudget sieht zwar einen Fonds für Neuerungsvorschläge von seiten der Arbeiter vor, aber ehrgeizige Projekte belasten das Finanz-, Material- und Arbeitspotential oft sehr. Und zumindest in Anshan, einem der industriellen Schlüsselbetriebe Chinas, hatte der Produktionsplan selbst während der Kampagne von 1976 höchste Priorität, als die Arbeit in vielen anderen Fabriken in China häufig zum Stillstand kam. Während die Arbeiter Maschinen bauten oder Anlagen erneuerten, sollte die Produktion mit vollem Tempo weitergehen. Wenn Arbeiter von ihren üblichen Arbeitsplätzen für ein Konstruktionsprojekt freigestellt wurden, mußten ihre Kollegen mehr arbeiten. Viele Neuerungsprojekte mußten in der Freizeit und ohne Bezahlung ausgeführt werden. Der Vorsitzende des Revolutionskomitees des Walzwerks erklärte, daß in den ersten sechs Monaten des Jahres 1976 500 bis 600 Arbeiter freiwillig Überstunden geleistet hätten. »Sie haben 6000 unbezahlte Arbeitstage eingebracht. Es gab viele beispielhafte Arbeiter, die sonntags oder nach Beendigung ihrer Schicht ein paar Stunden arbeiteten. Manche haben sogar eine Extraschicht von acht Stunden übernommen, mit nur einer kurzen Pause nach ihrer eigentlichen Schicht. Unter dem revisionistischen Kurs verdarben materielle Anreize das politische Bewußtsein der Arbeiter und zerstörten die Einheit der Arbeiterklasse. Jetzt handeln die Arbeiter als die Eigentümer der Fabrik und verlassen sich auf ihr politisches Bewußtsein.« Dieser Erklärung zufolge muß jeder der 600 Arbeiter in der ersten Hälfte 1976 zehn zusätzliche Arbeitstage in der Fabrik verbracht haben. Da sie eine Sechstagewoche haben, hatten sie fast die Hälfte ihrer freien Sonntage zur Verfügung gestellt. Auf Jahre hinaus würden sie eine solche Belastung sicher nicht akzeptieren. Die Kampagne für mehr unbezahlte, freiwillige Arbeit machte die Vierergruppe nicht populär. Die Isolation der Radikalen wurde durch die Erhöhung der Arbeitsbelastung immer stärker.

Andere Formen der Arbeiterbeteiligung am Management der Fabrik mögen die Arbeiter wirklich stolz gemacht haben. Jede Arbeitergruppe, meistens 20 bis 30 Leute, übernahm Aufgaben, die vorher Sache der Verwaltungskader waren. Die Arbeitsgruppe wählte ihre eigenen Verwalter. Qualitätskontrolle, Buchhaltung, Produktionstechnik, Arbeitssicherheit, politische Studien und Fürsorgeangelegenheiten wurden von diesen Vertretern der Arbeitsgruppen übernommen. Die Verwaltungskontrolleure, welche die Arbeiter überprüft und sie nach der Qualität ihrer Arbeit und nach der Ordnung an ihren Arbeitsplätzen beurteilt hatten, kamen nicht mehr in die Werkstätten. Wenn einer der Arbeiter seine Schicht versäumte, wurde er der Verwaltung nicht mehr gemeldet. Sein Kollege, der sich um Fürsorgeangelegenheiten kümmerte, fand dann heraus, warum er nicht gekommen war – vielleicht war jemand in seiner Familie krank, und er konnte ihn nicht allein lassen. In regelmäßigen Gruppendiskussionen stellten die Mitglieder seiner Arbeitsgruppe fest, ob ihr Kollege aus einem guten Grund gefehlt hatte.

Im Sommer 1976, als ich in Anshan war, hatten solche Veränderungen die Produktion nicht lahmgelegt oder unterbrochen, aber es war zu erkennen, daß die Verhältnisse in einzelnen Bereichen des Werks unterschiedlich waren. Der Grad der pseudo-revolutionären Rhetorik unterschied sich deutlich in den verschiedenen Betriebsgruppen, und auch Effektivität der Arbeit und allgemeine Ordnung an den Arbeitsplätzen waren erkennbar ungleichmäßig. Offenbar hatten einige Werke die Veränderungen zwar mitvollzogen, aber nur insoweit, wie sie mit den Produktionsaufgaben vereinbart werden konnten, während in anderen Betrieben von Anshan-Stahl die politische Auseinandersetzung den Vorrang vor der Produktion gewonnen hatte.

In anderen chinesischen Provinzen behaupteten die Zeitungen ein halbes Jahr später, daß die »Viererbande« die Direktiven der Anshan-Charta mißbraucht habe, um die Experten und Manager zu verfolgen. Eine Versammlung in Heilungkiang erklärte: »Die ›Viererbande‹ hat jede Anstrengung unternommen, den Unterschied zwischen sozialistischen Vorschriften und revisionistischen, repressiven

Maßnahmen zu verwischen. Sie wollten in einem Unternehmen so grundlegende Dinge wie Arbeitsabläufe, wirtschaftliche Buchhaltung, Qualitätskontrolle und das System individueller Verantwortung abschaffen. Wer Regeln und Vorschriften befolgte, wurde von ihnen mit dem Etikett eines sklavischen Verhaltens versehen. Ihr Vorhaben war es, Verhältnisse herbeizuführen, in denen das Unternehmen weder nach seinen Regeln handeln konnte noch irgendwelche Regeln besäße. Sie wollten den Betrieb lähmen und die Produktion stoppen.«

Im Januar 1976 attackierten offizielle Zeitungsartikel aus der Provinz Hunan die gestürzten radikalen Führer aus einer neuen Perspektive: »Um die Macht der Partei und des Staates an sich zu reißen, tat die ›Viererbande‹ das Äußerste, um gegen die Charta der Anshan-Eisen- und Stahl-Gesellschaft zu opponieren. Sie verwarfen rationale Vorschriften und sabotierten das sozialistische Unternehmensmanagement. Sie haben böswillig Uneinigkeit zwischen Arbeitern und Kadern gesät und die einen gegen die anderen aufgehetzt. Sie schwätzten: ›Die Speerspitze nach oben zu richten, ist die richtige Orientierung. Der Führung zuwiderzuhandeln, ist immer richtig.‹ Sie schufen Chaos in Unternehmen, so daß Kader nicht arbeiten konnten, Arbeiter sich nicht am Management beteiligen konnten und ernste Verluste für Revolution und Produktion entstanden. Sie verneinten die Arbeitsdisziplin und stachelten die Leute auf mit der Idee der ›Freiheit zur Arbeit zu kommen und nach Hause zu gehen‹ und der ›Freiheit in der Produktion‹. Infolge solcher Zersetzung wurde ohne Planung produziert. Es gab keine Arbeitsdisziplin. Es gab viele Unfälle. Die Materialverluste waren hoch. Die Arbeitsproduktivität war niedrig, und die Produktionskosten waren hoch.«

Es war klar, daß die Vierergruppe und ihre Anhänger die Kampagne und die Prinzipien der Charta dazu benutzt hatten, die etablierte Partei- und Verwaltungsführung zu unterminieren. Der radikale Flügel hatte versucht, vertrauenswürdige Anhänger in einflußreiche Positionen zu schieben, und zur Durchsetzung seiner eigenen Ziele bediente er sich einer Kampagne der Massenmobilisierung. Im Sommer 1976 mußte die Leitung der Anshan-Stahl ihren Weg finden zwischen den Forderungen des zentralen Regierungsbüros in Peking und dem Druck des radikalen Flügels und seiner Anhänger in der Provinzhauptstadt von Shenyang. Das Werk schien mit einem komplizierten, vage abgegrenzten doppelten System zu funktionieren.

Anshan-Stahl wird, wie alle chinesischen Fabriken, von einem Revolutionskomitee und einem Parteikomitee geleitet. Das Revolutionskomitee verrichtet die in der Verwaltung anfallende Routinearbeit und hat beschränkten Spielraum bei Entscheidungen, die im Produktionsprozeß notwendig werden. Das Revolutionskomitee erarbeitet einen Plan für Produktionsziele und unterbreitet ihn dem Parteikomitee des Betriebs. Stimmt es dem Plan zu, wird er an das Parteikomitee und das Revolutionskomitee der Stadt Anshan weitergeleitet. Von dort geht er an das Büro für Metallurgie der Provinz Liaoning, das dem Metallurgieministerium in Peking untersteht. Aber gleichzeitig wird er auch an die Planungskommission der Provinz geschickt, die ihn an die Staats-Planungskommission in Peking weiterleitet. Für die Anshan-Stahl-Gesellschaft sei die Entscheidung der Staats-Planungskommission bindend, wurde mir gesagt, denn die Kommission unterstehe direkt dem Zentralkomitee der Kommunistischen Partei, und das Ministerium habe keine Befugnis, Ziele für den Produktionsplan aufzustellen.

Es ist schwer zu beurteilen, ob man selbst im Sommer 1976 das Ministerium, das für Chinas Metallindustrie zuständig ist, ganz umgehen konnte. Die Machtverteilung hat sich in den letzten Jahrzehnten mehrfach verändert, und das Ministerium konnte sicher nicht für lange Zeit seiner Aufgabe enthoben werden, einen ganzen Industriezweig zu organisieren und zu koordinieren. In der ersten Hälfte des Jahres 1976 gab es klare Hinweise darauf, daß parallel zu den zentralen Regierungsbehörden ein getrenntes Befehls- und Entscheidungsnetz aufgebaut wurde. Auf der anderen Seite waren die wichtigsten Mitglieder des Revolutionskomitees normalerweise auch Mitglieder des Parteikomitees. Zusätzlich konnten alte persönliche Kontakte und Rivalitäten zwischen den Parteiflügeln zu Bündnissen führen, die den Entscheidungsprozeß auf den verschiedenen Ebenen beeinflußten.

In dem Konflikt zwischen Dezentralisierung und direkter zentraler Kontrolle fanden es die Kader in den Revolutions- und Parteikomitees schwer, Stellung zu beziehen. Eine verstärkte zentrale Planung und Kontrolle mochten es leichter machen, die Produktion effizient und diszipliniert zu gestalten. Dezentralisierung war mit Kritikkampagnen und Massenbeteiligung verbunden, welche die Führung belasteten und sogar die Produktion stören konnten. Aber zentrale Kontrolle begrenzte auch die Autorität der Führung auf Provinz- und Lokalebene. Ein in Anshan zitiertes Beispiel zeigte, daß unter der verstärkten zentralen Leitung, die Deng einzuführen versucht hatte, das

Management des Stahlwerks nicht mehr entscheiden konnte, wie Überschußgewinne zu investieren seien. Erwirtschaftete eine Fabrik höhere Profite als im Plan vorgesehen – z. B. durch höhere Leistungsfähigkeit oder Materialeinsparungen –, wurden 5 Prozent des zusätzlichen Profits früher von der Provinz oder dem betreffenden Betrieb ausgegeben. Die Summe wurde aufgeteilt: 30 Prozent bekam die Provinz, 70 Prozent der Betrieb. So konnte die Provinz dann kleine Fabriken bauen, ohne eine Genehmigung des Ministeriums oder der staatlichen Planungskommission einholen zu müssen. Der Betrieb konnte es in Verbesserung der Anlagen oder Fürsorge- und Freizeiteinrichtungen für die Arbeiter investieren. Dieses System der Teilung von Überschußgewinnen war nach der Kulturrevolution eingeführt und im Zuge der Neuorganisierung der Industrie 1975 durch Deng Xiao-ping wieder abgeschafft worden. Als man es nach Dengs Sturz wieder einführte, wurde dies selbst von Kadern, die wegen des Aufstiegs seiner Gegner beunruhigt waren, positiv eingeschätzt.

Die Zurückführung eines kleinen Prozentsatzes des zusätzlichen Gewinns in den Betrieb konnte als ein Anreiz betrachtet werden, aber nicht als ein Teil des alten Systems, in dem einzelnen Arbeitern und Kadern Prämien gezahlt wurden. Profit als solcher erschien als etwas Anrüchiges, aber gleichzeitig war er der Maßstab erfolgreicher Produktion. Im Jahresplan war festgelegt, wieviel Material zu verwenden war und wie hoch der Lohn- und Gehaltsfonds der Gesellschaft zu sein hatte. Weiter war festgelegt, wieviel Gewinn der Betrieb machen sollte. Wenn er Material und Arbeit einsparte, konnte er vielleicht zusätzlichen Profit erzielen. Aber, so wurde verkündet, Gewinn dürfe nie zum entscheidenden Faktor werden. Es gab Beispiele führender Manager, die den Fehler gemacht hatten, die Herstellung bestimmter Produkte abzulehnen, da sie unprofitabel seien. Sie wurden kritisiert, und ihnen wurde gesagt, im Interesse höherer Ziele, wie nationaler Selbstversorgung oder Selbsthilfe der Provinz müßten sie mit Verlust produzieren – selbst dann, wenn der Import einer Maschine oder die Einfuhr von Produkten aus anderen Provinzen rentabler schien. Und während der Kampagne von Anfang 1976 verkündeten die Extremisten, die Produktion sei nur von zweitrangiger Bedeutung, und es sei besser, die Produktion im Interesse erhöhter revolutionärer Aktivität zusammenbrechen zu lassen. Die leitenden Kader standen von zwei Seiten unter gegenläufigem Druck: Ihre Vorgesetzten in den zentralen Regierungsministerien bestanden auf der Erfüllung der Produktionsziele, während ein starker politischer

Flügel in den Zentralorganen der Partei und in der Provinzhauptstadt eine Kampagne betrieb, die die Autorität des Wirtschaftsplans und der Verwaltungskader untergrub.

Die Situation im Sommer 1976 war besonders schwierig. Aber selbst unter normalen Verhältnissen müssen die leitenden Kader von Fabriken durch einen komplexen Irrgarten von Verwaltungskanälen steuern. Anshan-Stahl ist nicht nur ein Produktionsunternehmen. Dazu gehören auch Krankenhäuser, Schulen und Wohnhäuser, die alle zum Teil dem Stahlwerk aber auch der Direktion anderer Büros und Komitees unterstehen. Einige Wohnhäuser für Arbeiter sind von dem Betrieb mit staatlicher Finanzunterstützung gebaut worden, andere von der Stadt Anshan. Es gab zwischen den beiden Formen von Unterkünften wirklich kaum einen Unterschied. Aber die Planung für neue Wohnkomplexe mußte zwischen den Revolutionskomitees des Stahlwerks und der Stadt koordiniert werden, während vorher der Bau von Arbeiterunterkünften vom Ministerium für Metallurgie geplant wurde. Die meisten Schulen für die Kinder der Arbeiter unterstanden dem Bildungsamt der Stadt Anshan. Aber andere Schulen, insbesondere bei den Eisenerzbergwerken, wurden vom Stahlwerk betrieben und finanziert. Einige der anderen Schulen wurden noch ganz von der städtischen Schulverwaltung finanziert, unterstanden aber nicht mehr deren Leitung: sie wurden von Fabrikarbeitern betrieben. Andererseits schienen Sozialfürsorge und medizinische Versorgung ganz eine Angelegenheit der Anshan-Stahl-Gesellschaft zu sein. 11 Prozent der gesamten Lohnsumme sind für die Finanzierung von medizinischer Versorgung, Kantinen, Kindergärten, Renten und anderen Sozialeinrichtungen bestimmt. Der Betrieb hat seine eigenen Kliniken und sein eigenes Krankenhaus – parallel zur städtischen Gesundheitsfürsorge. 50 Prozent des Fürsorgefonds wird für diese medizinischen Ausgaben und für Sicherheit am Arbeitsplatz ausgegeben. Arbeiter und Angestellte der Anshan-Stahl bezahlen nichts für ärztliche Behandlung, während ihre Familien bei jedem Arztbesuch eine kleine Gebühr bezahlen müssen. Andere Leistungen für die Arbeiter werden aus anderen Fonds finanziert. Ihre Arbeitskleidung wird ihnen zur Verfügung gestellt und aus dem Produktionsfonds bezahlt. Mit einem so komplizierten System, in dem viele verschiedene Kosten, Leistungen und Subventionen enthalten sind, muß es extrem schwierig sein, Produktionskosten und Gewinne zu berechnen. Als neue Formen der Arbeiterbeteiligung an Verwaltung, Produktion und Fürsorgeangelegenheiten eingeführt wurden, mußten die Managementprobleme zunehmen – selbst wenn die Veränderungen nicht in einer Zeit der Führungskämpfe stattgefunden hätten.

Die Beteiligung der Arbeiter an der Verwaltung ihrer Fabriken hatte insgesamt wenig Einfluß auf die Aufstellung von Produktionszielen im Staatsplan. Meistens betrafen die zitierten Beispiele eine Diskussion des Plans bei einer Massenversammlung der Arbeiter, in deren Verlauf die Arbeiter Veränderungen vorschlugen, um die Produktionsziele zu erhöhen. Gewerkschaften gab es, aber ihre Funktion war unklar, und sie spielten eine untergeordnete Rolle. Sie hatten auf verschiedene Weise mit der politischen Erziehung der Arbeiter zu tun und unterstützten die Partei, den Kommunistischen Jugendverband und die Abteilungen für politische Bildung der Revolutionskomitees. Die Rolle der Interessenvertretung der Arbeiter in der Fabrik hatten die neu gebildeten Arbeiterkomitees für Verwaltungskontrolle und kleinere, von den Arbeitsgruppen eingerichtete Komitees übernommen. Es gab Arbeiter in dem Revolutionskomitee von Anshan, aber das Komitee war ein Verwaltungsorgan und kein repräsentatives Gremium. Das Revolutionskomitee ist dem Parteikomitee unterstellt. Die Kommunistische Partei als die Führung des Proletariats vertritt die richtigen Interessen der Arbeiter und duldet keine Einflußnahme von Organisationen, die andere Interessen vertreten. Deshalb leitet das Parteikomitee die Sozial- und Verwaltungsorgane der Fabrik. Wenn wichtige Entscheidungen bezüglich des Budgets, der Planung oder Produktionsorganisation gefällt werden, kann das Parteikomitee entscheiden, ohne das Revolutionskomitee überhaupt zu konsultieren. Aber gleichzeitig untersteht das Revolutionskomitee höheren Revolutionskomitees und endlich einem Ministerium der Zentralregierung. Gewerkschaften und Jugendverbände werden von höheren National- und Provinzorganen kontrolliert. Das System der parallelen Kontrollen und Verantwortlichkeit kann Autoritäts-, Loyalitäts- und Interessenkonflikte schaffen. Theoretisch werden diese durch allumfassende Parteikontrolle gelöst. Im Sommer 1976, als die Vierergruppe um die Macht kämpfte, waren die Anordnungen aus dem Parteizentrum alles andere als klar. Die für die Anshan-Stahl-Gesellschaft verantwortlichen Männer mußten ihren Kurs vorsichtig abstecken und widersprüchliche Forderungen ausgleichen, um die Produktion aufrechtzuerhalten.

Selbst nach Beendigung des Machtkampfes gibt es keinen Grund zu der Annahme, das System des Industriemanagements sei nun einfach und durchschaubar geworden. Der Konflikt zwischen Zentralisierung und Dezentralisierung bleibt ungelöst. In einem Land von den Dimensionen Chinas, mit vielen verschiedenen Stadien wirtschaftlicher Entwicklung in den einzelnen Provinzen, gibt es keine einfache Antwort. Auf der Höhe der Macht hatte Deng dafür gekämpft, »die Industrie in Ordnung zu bringen«, für direkte und ausschließliche Kontrolle der Zentralministerien über die Fabriken, effektive und überall verbindliche Regeln und Vorschriften und eine Begrenzung der unabhängigen Planung der Provinz- und Lokalbehörden. Seine Vorschläge schienen die notwendige Grundlage für eine umfassende Politik nationalen wirtschaftlichen Wachstums zu sein.

Seine Gegner griffen an zwei Fronten an. Sie zeigten auf, daß strenge zentralisierte Kontrolle, wie Deng sie forderte, Initiative auf Lokal- und Provinzebene und die Entwicklung durch ein System bürokratischer Kontrolle und Konflikte aufhalten würde. Das Management der Fabriken wußte besser als die Verwaltung in weit entfernten Ministerien, wie es seinen Betrieb verbessern konnte. Die Provinzbehörden verfügten über mehr Informationen über die örtlichen Bedingungen. Indem sie die bürokratischen Linien der zentralen Ministerien durchschnitten, konnten sie ungenutztes Material in Fabriken und zu Baustellen verlagern, wo es gebraucht wurde und Arbeiter aus Fabriken anderer Zweige mobilisieren, um Projekte von besonderer Wichtigkeit für die Entwicklung ihrer Provinz zu beschleunigen. Es gab gute Argumente für eine Dezentralisierung der Autorität. Aber vor allen Dingen mußte ein Gleichgewicht gefunden werden zwischen der nationalen Planung und der auf Provinzebene. Es wird auf Jahre hinaus ein labiles Gleichgewicht sein.

Dengs Plan für die Reorganisierung wurde auch politisch angegriffen. Durch die Einführung zentraler Kontrolle von seiten der Ministerien hatte er auch die Position des ihnen unterstehenden Managements in den Fabriken gestärkt. Die Vierergruppe behauptete, Deng führe wieder ein sowjetisches System ein, in dem die Massen der Arbeiter und Parteimitglieder der autoritären Herrschaft einer elitären Bürokratenklasse unterworfen werde. Sie wurden von jüngeren Kadern unterstützt, die darauf hofften, in der Führungsstruktur aufzusteigen, wenn die Veteranen abgesetzt waren. Aber ihre Kampagne war nicht allein durch Machtstreben motiviert. Sie verteidigten den Teil der maoistischen Vision, der revolutionären Massenaktivismus und die kreativen Werte der Unordnung in einer sich verändernden Gesellschaft betont. Maos Mißtrauen gegenüber Bürokraten, Experten und Intellektuellen schien ihre Kampagne gegen die etablierte Führung und gegen die Regeln für eine geordnete industrielle Entwicklung zu rechtfertigen. Doch sie verlagerten den Schwerpunkt auf ein radikales Extrem – ebenso wie Deng versucht hatte, ihn ans andere Ende der Skala zu schieben. Mao hatte es geschafft, ein Gleichgewicht zu erhalten, und oft einen Flügel gegen den anderen ausgespielt. Im letzten Jahr vor seinem Tod polarisierte sich die chinesische Politik, und die Auseinandersetzung störte Planung und Entwicklung und lähmte dabei fast den Industrialisierungsprozeß. Zur gleichen Zeit aber bildete sich aus widerstreitenden Interessen eine neue Koalition, bereit, fast unverzüglich nach Maos Tod die Führung zu übernehmen.

Westliche Beobachter sehen die chinesische Politik oft als Konflikt zwischen Ideologen und Pragmatikern oder zwischen Radikalen und Gemäßigten. Selbst im Westen sind diese Ausdrücke eher verschwommen. Im chinesischen Kontext schaffen sie den falschen Eindruck, es gebe klare Trennlinien zwischen homogenen Machtgruppen oder einen Konflikt zwischen gut definierten und genauen Konzeptionen. In Wirklichkeit verschmelzen die Vorstellungen und überschneiden sich, und Koalitionen können bei verschiedenen Streitfragen wechseln. Die chinesischen Kommunisten versuchen natürlich auch, die Auseinandersetzungen – wenn sie vorbei sind – in Schwarzweißmalerei darzustellen. Von den Verlierern in einem »Richtungskampf« wird behauptet, sie seien bei jeder Frage völlig im Unrecht gewesen und sogar moralisch verwerflich. Aber die praktischen Probleme bleiben auch nach dem Machtwechsel bestehen, und die Anzahl von Lösungsmöglichkeiten ist begrenzt. Der Konflikt zwischen Massenbeteiligung – ein demokratisches Element in der Industrie – und strikter Kontrolle von oben – ein wichtiger Faktor für industrielles Wachstum – ist in den letzten drei Jahrzehnten ein wesentlicher Bestandteil der Entwicklung Chinas gewesen.

In den Kämpfen von 1976 bediente sich der radikale Flügel der Ideen Maos zur Arbeiterbeteiligung als Werkzeug zur Zerschlagung der etablierten Führung in Industrie und Partei. Mit dem Tode Maos und dem Sturz der Vierergruppe schien die Kampagne vorbei zu sein, aber die grundlegenden Ideen der Beteiligung am Management, die den chinesischen Arbeitern in endlosen Studiensitzungen, mit Artikeln, mit Radio- und Fernsehsendungen eingehämmert wurden, waren weder eine Erfindung der Vierergruppe noch von ihr monopolisiert. In unterschiedlichem Maße waren sie Teil des Denkens der gesamten chinesischen Führung. Hält man die Notwendigkeit industrieller Reorganisierung für dringlicher, kann das Konzept der Massenbeteiligung an Entscheidungen zurücktreten. Aber diese Vorstellungen werden nicht so leicht vergessen. Arbeiter, Bauern, Intellektuelle und Kader werden sich wieder mit ihnen arrangieren müssen. Selbst jetzt finden es wohl viele schwer, sich entweder für demokratische Beteiligung an Entscheidungsprozessen oder für die Hoffnung zu entscheiden, zentrale Planung und Kontrollen würden China zu einem starken und wohlhabenden Industrieland machen.

Im Frühjahr 1978 wurde das Führungssystem von Anshan-Stahl reorganisiert. Wie in allen Werken von überregionaler Bedeutung wurde auch in Anshan das Revolutionskomitee abgeschafft. Der alte Generaldirektor, der zu dieser Zeit noch Vorsitzender des Revolutionskomitees hieß, würde seinen früheren Titel wiederbekommen. Der Titel »Ingenieur« war bereits wieder eingeführt worden, und im Laufe des Jahres sollte darüber entschieden werden, welche der jüngeren technischen Funktionäre zu Ingenieuren ernannt werden könnten. Die Stabsabteilung hatte einen neuen Leiter, der mir in einem mehrstündigen Gespräch die Umrisse der bevorstehenden Neuordnung erklärte: »Anshan-Stahl war vor der Kulturrevolution direkt dem Ministerium für Metallurgische Industrie unterstellt. Dann kam es unter die Leitung der Stadt Anshan, aber in der Zeit der ›Viererbande‹ ließ sich zwischen lokaler und zentraler Kontrolle kein vernünftiger Ausgleich finden. Anshan ist das größte Stahlwerk Chinas, und seine Produktion muß über ganz China verteilt werden. Aber die, ›Viererbande‹ sabotierte das staatliche Verteilungssystem und brachte den Staatsplan durcheinander. Deshalb trat Deng Xiao-ping 1975 für eine einheitliche Leitung der Industrie ein, bei der große Stahlwerke wie Anshan der Zentralregierung unterstehen sollten. 1976 benutzte die ›Viererbande‹ die Kritik an überholten Regeln und Vorschriften zum Angriff auf Deng und die Zentralregierung. Jetzt wird die Verbindung zwischen lokaler und zentraler Initiative wieder hergestellt. Das heißt: Der einheitliche Staatsplan muß befolgt werden, und Produkte wie Stahl müssen planmäßig an Fabriken im ganzen Land geliefert werden. Die Rohmaterialien, die Anshan benötigt, kommen ja auch zum Teil aus anderen Provinzen. Deshalb muß die örtliche Initiative nicht völlig durch eine zentrale Leitung ersetzt werden. Viele Versorgungsprobleme etwa bei Elektrizität und Gas müssen innerhalb der Provinz Liaoning gelöst werden.

Was im Stahlwerk Anshan geschieht, beeinflußt ebenfalls die Entwicklung der kleineren Industriebetriebe unserer Region. Hier muß also ein Ausgleich gefunden werden. Gestern mußte ich mich mit folgendem praktischen Problem beschäftigen: Die Landwirtschaft in unserer Gegend braucht Plastikplanen für den Frühgemüseanbau. Dieses Gemüse wird zum Teil an die Kantinen unseres Werks geliefert. Wir produzieren Material für Plastikplanen, die die Landwirtschaft hier dringend benötigt. Also haben wir gemeinsam mit den örtlichen Behörden beraten und sind zu folgendem Ergebnis gekommen: Zunächst werden wir das Material entsprechend dem Staatsplan an andere Fabriken liefern. Der Produktionsüberschuß geht dann an die landwirtschaftlichen Betriebe der Umgebung. Das klingt einfach, war aber zur Zeit der ›Viererbande‹ anders. Damals wurden die Erzeugnisse von Anshan-Stahl ohne Rücksicht auf den staatlichen Plan durch die Provinzregierung verteilt. Wenn die regionalen und lokalen Behörden heute eine Sonderzuteilung von Produkten unseres Werkes haben wollen, müssen sie das über das Ministerium beantragen. Es geht auch nicht mehr, daß die Provinzbehörden Maschinen und Arbeiter vom Stahlwerk Anshan eigenmächtig abziehen und an anderen Stellen der Provinz einsetzen. Andererseits muß man berücksichtigen, daß die Entwicklung des Stahlwerks Anshan die Wirtschaft in der Provinz schwerwiegend beeinflußt. Das gilt für die Kohlegruben und die Eisenbahn, aber auch für die Wasserversorgung, den Umweltschutz und die Aufgaben kleinerer Zulieferbetriebe. Deswegen haben wir eine kleine Führungsgruppe eingesetzt, in der Vertreter des Ministeriums für Metallurgie, des Parteikomitees der Provinz und des Stahlwerks Anshan zusammenarbeiten.«

Die Neuordnung ist also keine Rückkehr zum Führungsprinzip der fünfziger Jahre mit seiner direkten und ausschließlichen Leitung durch das zuständige Ministerium der Zentralregierung. Das drückt sich auch an der Verteilung der Überschußgewinne aus, an der nur das Stahlwerk und die Provinz, nicht aber das Ministerium beteiligt sind, und an der Aufteilung der Freibeträge für die Amortisation des Maschinenparks: Dabei erhalten das Stahlwerk 50 Prozent, das Ministerium 30 Prozent und die Provinz 20 Prozent zu ihrer Verfügung. Bei der Kompetenzverteilung zwischen zentralen und regionalen Behörden und den Werksleitungen sind die Entscheidungen noch nicht endgültig gefallen, und man wird noch jahrelang experimentieren, um den effektivsten Ausgleich zu finden.

Der Generaldirektor des Stahlwerks Anshan wird in Zukunft sowohl dem Ministerium für Metallurgie wie dem Parteikomitee der Provinz Anshan unterstehen. Nach der Neuordnung wird das Parteikomitee des Stahlwerks die wichtigen Grundsatzentscheidungen diskutieren und Beschlüsse fassen. Der Generaldirektor jedoch ist direkt und persönlich verantwortlich für die Leitung des Werks und alle konkreten technischen Entscheidungen. Nach Ansicht der neuen Werksleitung wird diese Zweiteilung sowohl die Verwirrungen und Störungen verhindern, die sich aus den Machtkämpfen im Revolutionskomitee ergeben hatten, als auch eine Rückkehr zum sowjetischen Prinzip der Einmannführung durch einen alleinverantwortlichen Generaldirektor vermeiden. Wie sich diese Aufteilung in der Praxis auswirkt, kann erst die Zukunft erweisen. Tatsächlich unterscheidet sich die neue Führungsstruktur wenigstens äußerlich nicht wesentlich vom in der Sowjetunion üblichen System, in dem sich Direktoren und Parteifunktionäre ebenfalls die Macht teilen. Aber es ist immerhin denkbar, daß China nach den theoretischen Diskussionen der letzten zwanzig Jahre diese Strukturen anders benutzen und mit neuen Inhalten füllen kann.

Die Neuordnung von 1977/78 hat keineswegs alle Änderungen der vorhergehenden Jahre einfach abgeschafft. Ich erkundigte mich nach dem Arbeitshelden Wang Chun-zhao, der sich 1976 durch die Abschaffung von Regeln und Vorschriften im Erzbergwerk einen Namen gemacht hatte. War er ein Anhänger der »Viererbande« gewesen, fragte ich, und wie hatte er deren Sturz überstanden? Wang Chun-zhao ist nicht gestürzt, sondern er hat Karriere gemacht. Er ist Parteisekretär des Stahlwerks Anshan und stellvertretendes Mitglied des Zentralkomitees der KP Chinas geworden. »Es war ja keineswegs grundsätzlich falsch, überholte Regeln und Vorschriften abzuschaffen. Die Änderungen, die der Genosse Wang im Transport- und Verladeprozeß der Erzgrube eingeführt hat, sind gut und nützlich«, sagte der Leiter der Stabsabteilung von Anshan-Stahl. »Das gleiche gilt auch für andere Betriebe unseres Stahlwerks, in denen die scharfe Trennung zwischen Produktionsarbeitern und Reparatur- und Wartungskolonnen aufgeboten wurde. Auch jetzt arbeiten die Produktionsarbeiter bei Reparaturen mit, und die Wartungskolonnen sind auf bestimmte Maschinengruppen verteilt, an denen sie am Produktionsprozeß teilnehmen, wenn keine Reparaturarbeiten durchgeführt werden müssen. Aber die Frage der Verantwortung ist klarer geregelt. Arbeitsteilung ist ein notwendiges Prinzip in der modernen Industrie. Aber wir sind dagegen, daß Arbeitsteilung wieder als ein absoluter Wert behandelt wird, weil das weder der Produktion hilft noch der eigenen Entwicklung der Arbeiter.«

Wieder eingeführt wurde die Qualitätskontrolle der Produktion, die während der Umordnung von 1976 völlig den Produktionsarbeitern übertragen wurde und sehr bald zum Zankapfel der innerbetrieblichen Machtkämpfe geworden war. Im Kampf gegen die Funktionäre der Werksleitung hatten die Anhänger der »Viererbande« die Parole ausgegeben, Qualitätskontrolle sei ein Werkzeug zur Unterdrückung der Arbeiter. Auf dem Höhepunkt der Auseinandersetzung im Jahr 1976 wurde in einigen Betrieben überhaupt nicht mehr geprüft, ob die Produkte den Anforderungen entsprachen. Selbst wenn die früheren Inspektoren protestierten, genügte es, daß die Arbeiter die Qualität für ausreichend erklärten. Einige der Hochöfen produzierten Eisen, dessen chemische Zusammensetzung es für eine Weiterverarbeitung zu Stahl ungeeignet machte. Aber die Vertreter der radikalen Fraktion setzten durch, daß auch die Ausschußproduktion abgenommen werden mußte. In diesen Monaten steuerte das Stahlwerk Anshan auf einen Zusammenbruch hin. Einige Betriebe arbeiteten weiter und ließen sich nicht behindern. Sie wurden von Anhängern der »Viererbande« angegriffen und kritisiert. Ihre Arbeiter wurden verhöhnt als Leute, die mit gebeugtem Kopf einen Karren ziehen, ohne zu wissen, wohin der Weg führt. Techniker, die die Produktionsnormen ernst nahmen, wurden als bürgerliche »weiße Experten« angeklagt. Funktionäre, die den Betrieb aufrechterhalten wollten, wurden auf Massenversammlungen als Anhänger des kapitalistischen Weges angegriffen. In der Werksleitung von Anshan-Stahl saßen sechs Vertreter der »Viererbande«, die sich auf Unterstützung durch gleichgesinnte höhere Funktionäre in der Parteiführung der Provinz und der Hauptstadt verlassen konnten. Sie versuchten, ihre Gegner auszuschalten und die Leitung des Gesamtwerks sowie der einzelnen Betriebe in die Hand zu bekommen. Zwar ist ihnen dies zu keiner Zeit völlig gelungen, aber sie waren stark genug, einzelne Betriebe lahmzulegen und die Produktion zu stören. Drei Jahre lang blieb das Schwerwalzwerk hinter den Planzielen zurück. Die Sauerstoffversorgung der Konverter fiel zeitweise aus. Hochöfen produzierten Ausschuß. Diese Ausfälle entstanden in Betrieben, in denen Anhänger der »Viererbande« die Arbeiter zum Kampf gegen die Werksleitung aufhetzen konnten und ihre Gegner nicht bereit oder in der Lage waren, entschlossenen Widerstand zu leisten. In solchen Betrieben übernahmen »junge Rebellen« die Macht und organisierten ihre Kampagnen ohne Rücksicht auf Produktion und Plan, ohne Rücksicht darauf, daß die ganze chinesische Wirtschaft auf die Erzeugnisse des größten chinesischen Stahlwerks angewiesen ist. Selbst das Walzwerk Nr. 2, das sich gegen die destruktiven Kampagnen verteidigen konnte, mußte in der zweiten Hälfte 1976 einen geringfügigen Produktionsrückgang hinnehmen, weil die Versorgung zeitweise aussetzte oder reduziert wurde. Aber im Walzwerk Nr. 2 ist man stolz darauf, daß man die Produktion niemals unterbrechen mußte. »Wir hatten einen Anhänger der ›Viererbande‹ im Betrieb, der sich mit anderen in der Werksleitung in Verbindung setzte und mit ihrer Hilfe eine Wandzeitungskampagne entfesseln wollte. Sie griffen die Ingenieure und die fleißigen Arbeiter an und behaupteten, wir seien auf dem Wege zur Restauration des Kapitalismus«, erzählten mit Walzwerksarbeiter im Frühjahr 1978. »Aber bei uns organisierte der Leiter der Propagandaabteilung einen Gegenangriff. Wir analysierten ihre Wandzeitungen und kritisierten sie in Versammlungen und über die Lautsprecheranlage in den Werkshallen. Der Mann, der alles durcheinanderbringen wollte, war bei uns sehr schnell isoliert. Schließlich meldete er sich krank und versuchte nur noch, uns von außen anzugreifen und seine Freunde in der Werksleitung gegen uns zu mobilisieren. Aber ihre Ideen blieben bei uns im Walzwerk immer unpopulär. Die Arbeiter bei uns verstanden, daß China ein rückständiges Land ist, in dem die Stahlindustrie entwickelt werden muß und nicht ausfallen darf. Darum war die Lage bei uns besser als in anderen Betrieben von Anshan-Stahl. Auch in anderen Betrieben hätte man die Arbeiter wahrscheinlich für die Aufrechterhaltung der Produktion organisieren können, aber da saßen Anhänger der ›Viererbande‹ mit in den Betriebsleitungen, und die anderen Kader wagten nicht, ihnen Widerstand zu leisten.«

Walzwerk Nr. 2 hatte während der Auseinandersetzungen von 1975 und 1976 immer nur jene Veränderungen vorgenommen, die sich mit den Produktionsaufgaben vereinbaren ließen oder den Produktionsablauf verbesserten. Also brauchte im Jahr 1977 nur ein kleiner Teil dieser Reformen korrigiert werden. In anderen Betrieben des Stahlwerks mußten sehr viel einschneidendere Änderungen vorgenommen werden, um Zuständigkeiten und Verantwortungsbereiche wiederherzustellen. Das Stahlwerk Anshan arbeitet nun nach den Richtlinien des Ölfelds Daqing, und die setzen andere Schwerpunkte. Unter den sechs Punkten von Daqing steht die Politik noch immer an erster Stelle, doch folgen darauf gleich die auf Effektivität und Produktivität gerichteten Anweisungen:

1. Studium der Werke von Marx, Lenin und der Gedanken Mao Tse-tungs, damit die korrekte Linie befolgt werden kann.
2. Eine starke, geschlossene Führung mit ausgeprägtem Kampfgeist.
3. Arbeiter und Kader mit guter Arbeitseinstellung und hoher technischer Fähigkeit.
4. Die Erfüllung aller Planziele und staatlich vorgegebenen Normen.
5. Die Festlegung und Befolgung von Regeln und Vorschriften.
6. Fürsorge für den Lebensunterhalt der Massen.

Daraus wird eine Teilung der Arbeit im Betrieb und eine klare Festlegung der Verantwortlichkeiten abgeleitet. Staatliche Planziele müssen nicht nur nach der Produktionsmenge und nach den Qualitätsanforderungen erfüllt werden, sondern die Normen regeln auch die Produktionskosten, den Material- und Brennstoffverbrauch und die Zahl der eingesetzten Arbeitskräfte. Erklärtes Ziel ist die Steigerung der Produktion bei gleicher oder geringerer Zahl von Arbeitern. Die Arbeiter des Walzwerks haben sich einer Prüfung ihrer Fähigkeiten und Kenntnisse unterziehen müssen, die aus einem schriftlichen Examen und einer Begutachtung ihrer praktischen Arbeit bestand. Das hat zwar keine Auswirkungen auf Einstufung und Lohn gehabt, aber da die Ergebnisse öffentlich bekanntgegeben wurden, immerhin dazu geführt, daß die Arbeiter sich wieder Fachbücher aus der Werkbibliothek holten und daß gerade die Jüngeren sich wieder von den älteren Arbeitern anleiten ließen. In Zukunft werden solche Prüfungen auch über die Höhe der Löhne mitentscheiden.

Bei der Lohnerhöhung von 1977/78 ging es nicht nach Arbeitsleistung und Fähigkeit. Diesmal wurden in erster Linie die Arbeiter der drei untersten Lohngruppen berücksichtigt, soweit sie in den letzten zehn Jahren im Werk keinerlei Lohnerhöhung erhalten hatten. Nicht alle, die unter diese Regelung fielen, beziehen seither einen höheren Lohn. Immer noch wird in den Versammlungen der Arbeitsgruppen und durch die Betriebsleitung auch das politische Bewußtsein der Arbeiter überprüft. Ein Mann fiel durch, nicht weil er noch immer Thesen der »Viererbande« vertrat, aber weil er in ihrem Gefolge ein Mitglied der Betriebsleitung verprügelt hatte. Wenn er im Lauf des nächsten Jahres beweist, daß sich sein politisches Bewußtsein gebessert hat, kann die Lohnerhöhung nachgeholt werden.

Im Walzwerk Nr. 2 ist der Durchschnittslohn von 60 auf 63 Yuan gestiegen. Rechnet man Überstunden, Schicht- und Hitzezulagen mit, so kommt das Durchschnittseinkommen auf 80 Yuan. Außerdem gibt es den »Nebenlohn« von durchschnittlich 9,50 Yuan – weniger für Verwaltungskader, mehr für Schwerarbeiter. Der Nebenlohn entspricht der Summe, die vor der Kulturrevolution im Betrieb an Leistungsprämien ausgezahlt wurde und bisher noch ohne Rücksicht auf Produktion und Mehrleistung auf die Betriebsangehörigen umgelegt wird. Man wird den Arbeitern diesen Betrag nicht wieder entziehen, aber man überlegt auch, wie man ein System der Leistungsprämien wieder einführen kann, ohne die Nachteile hinnehmen zu müssen, die das Prämiensystem in der Vergangenheit erzeugt hat.

In einigen Fällen werden schon wieder Leistungszuschläge gezahlt. Als Ende 1976 und Anfang 1977 die Gasversorgung im Walzwerk Nr. 2 um 30 Prozent reduziert wurde, weil die Fraktionskämpfe in anderen Betrieben die Versorgungslage verschlechtert hatten, suchte man nach einer Möglichkeit, die Walzwerksproduktion trotz reduzierter Gasversorgung aufrechtzuerhalten. Man beschloß, die Stahlblöcke aus dem Vorwärmwerk mit höherer Temperatur auf die Walzstraße zu bringen. Seither bekommen die Arbeiter, die bereit sind, in größerer Hitze zu arbeiten, 0,50 Yuan pro Monat Hitzezuschlag für jede Erhöhung der Stahltemperatur um 10 Grad.

So wie noch keine Entscheidung über das künftige System von Anreizen und Leistungsprämien gefallen ist, stehen auch die Entscheidungen über viele Veränderungen der Planungs- und Leitungsstruktur und über das Ausmaß der künftigen Weiterentwicklung des Stahlwerks im Frühjahr 1978 noch aus. Klar ist, daß alle Veränderungen auf Rationalisierung und Erhöhung der Arbeitseffektivität abzielen. Modernisierung und Ausbau des Werks stehen im Mittelpunkt. Noch immer wird die Bedeutung der Beiträge betont, die die Arbeiter in den Dreierverbindungen von Kadern, Technikern und Arbeitern zu technischen Neuentwicklungen leisten. Aber am neu gebauten Hochofen Nr. 7, dem größten in China, wird offen zugegeben, daß die Institute für Ingenieurwesen und Automation die Konstruktionspläne erarbeiteten, daß geschulte Facharbeitertrupps den Hochofen erbauten. Und zur Begründung dafür, daß kleinere Hochöfen durch größere ersetzt werden müssen, werden internationale Beispiele herangezogen. Zu den Sprachkursen in Japanisch und Englisch drängen sich Techniker und Facharbeiter. Es gilt nicht mehr als beschämend, wenn man zugeben muß, daß die neue Anlage für die

Sauerstoffversorgung aus Japan importiert wurde, daß in den Erzbergwerken auch mit Bohrmaschinen aus Amerika gearbeitet wird, daß ausländische Techniker und Ingenieure zu Beratungen und Montagearbeiten nach Anshan kommen und daß chinesische Studiengruppen zu ausländischen Stahlwerken reisen. Noch immer gilt der Grundsatz, daß China sich aus eigener Kraft zu entwickeln habe. Aber das Lernen von ausländischen Erfahrungen wird nicht mehr als Beweis sklavischer Bewunderung ausländischer Leistungen verurteilt. Techniker, Ingenieure und Intellektuelle werden nicht mehr als bürgerliche, prokapitalistische Elemente verdächtigt, denen man keinen Beitrag zum Aufbau eines sozialistischen China zutrauen kann. Im ersten Jahr nach dem Sturz der »Viererbande« schien das Pendel so weit in die Gegenrichtung auszuschlagen, daß ausländische Beobachter schon die Entstehung eines neuen technokratischen Elitestaats in China vorhersahen. Im Frühjahr 1978 schien das Pendel eher zurückzuschwingen, weil die politische Führung einen Ausgleich zwischen den Ansprüchen der technologischen Modernisierung und den Prinzipien des Führungsanspruchs der Politik zu finden suchte. Die Anshan-Charta wurde als wichtige Mao-Direktive für die Industrie beibehalten, aber nun trat sie zurück hinter die Prinzipien von Daqing, jenes Ölfelds, das unter schwierigsten Verhältnissen und mit Mitteln der Massenmobilisierung erschlossen wurde und dessen Produktion auch während der Machtkämpfe von 1976 nicht sank. Die Daqing-Prinzipien, so erläuterten die chinesischen Kader, seien die praktische Weiterentwicklung der Anshan-Charta und im Geiste der Mao-Direktive formuliert. Aber es war klar, daß die neuen Prinzipien sich in ihrer Konsequenz wesentlich von jener Auslegung der Anshan-Charta unterschieden, die die »Viererbande« als Waffe im Kampf um die Macht verwendet hatten. Geregelter technischer Fortschritt, Steigerung der Produktion und Erhöhung des Lebensstandards standen wieder im Mittelpunkt des Zielkatalogs, nicht mehr die direkte Mitbeteiligung der Arbeiter an allen Entscheidungsprozessen und die Zerstörung der Führungsstrukturen. Anshan-Stahl hatte den Produktionsstand des Rekordjahres 1973 wieder erreicht und plante eine Modernisierung des Maschinenparks, eine Ausweitung der Kapazität durch chinesische und ausländische Anlagen und eine Steigerung der Produktion durch den disziplinierten und rationellen Einsatz seiner Ingenieure und Arbeiter.

VERWALTUNG, JUSTIZ UND ÖFFENTLICHE SICHERHEIT

Wie die Massen einen Hühnerdieb fingen und was die Polizei zu sagen hat

Chinas Städte werden durch ein Netz von Basisorganisationen verwaltet, die sowohl Sicherheits- als auch Fürsorgefunktionen wahrnehmen. In Kanton betreut das Straßenkomitee Nr. 6 353 Familien mit insgesamt 1600 Personen. Seine Mitglieder arbeiten in einem winzigen Büro in einem Haus, das vor allem aus einem großen Versammlungssaal besteht. Die sieben Mitglieder sind für das Leben in ihrer Nachbarschaft verantwortlich: für öffentliche Ordnung und Sicherheit, für Hygiene und Sauberkeit in den Wohnungen und Straßen, für die soziale und medizinische Fürsorge und auch für Vermittlung bei Familienstreitigkeiten. Die vier Frauen und drei Männer sind keine Verwaltungsangestellten, sondern Freiwillige aus der Nachbarschaft, die dafür ihre Freizeit opfern.

Zwischen den Häusern verlaufen ein paar gepflasterte Straßen, aber hauptsächlich Fußgängerwege aus gelbem Sand. Lange Reihen schattenspendender Bäume wachsen am Weg, darunter ein paar Bananenbäume. Hinter den Häusern gackern Hühner in ihren kleinen Bambuskäfigen. Die meisten Leute, die hier wohnen, arbeiten in der Gummifabrik Nr. 11 von Kanton. Der Aschenbecher auf dem Arbeitstisch des Straßenkomitees ist in einen kleinen Gummireifen gefaßt. Die drei männlichen Komiteemitglieder arbeiten. Die Vorsitzende, eine ältere Frau, und ihre drei Kolleginnen sind anwesend, um Fragen zu beantworten. Die Frauen beschreiben ihre Aufgaben. Manchmal gibt es eine kurze Diskussion, wenn sie glauben, die Sprecherin sei zu bescheiden oder nicht exakt genug bei der Beschreibung ihrer Aufgaben. Eine ältere Frau in grauer Bluse, ruhig und selbstbewußt, spricht über Hygienearbeit in der Nachbarschaft. Sie tut das mit einem Satz: »Es ist unsere Aufgabe, darauf zu achten, daß die Nachbarschaft und die Wohnungen sauber sind.« Aber dann bringen die anderen sie dazu, ein wenig mehr zu erzählen. Sie mobilisiert Kinder und Rentner zur Säuberung der Nachbarschaft: Kleine Gruppen werden herumgeschickt, um Müll aufzusammeln oder Pfützen – Brutstätten der Moskitos – aufzufüllen. Sie führt die kleine Gruppe an, die die Wohnungen Familie für Familie inspiziert. In den feuchten und heißen Sommern besteht immer die Gefahr von Infektionskrankheiten, besonders verschiedener Arten von Durchfall. Wenn eine Familie ihre Wohnung nicht sauberhält, klärt sie das Komitee über die Gesundheitsrisiken auf und sagt ihnen, was sie tun müssen. Die Nachbarn von nebenan werden vielleicht gerufen, um dabei zu helfen, die Küche und die Toilette sauberzumachen und auf die Familie in den nächsten Wochen ein wenig zu achten. Familien, die ihr Heim immer sauberhalten, werden vielleicht bei einer der öffentlichen Versammlungen gelobt. Außerdem wird die Frau, die sich um Hygiene in der Nachbarschaft kümmert, dabei von zwei jungen Krankenschwestern unterstützt. Sie kümmern sich um Kranke und achten darauf, daß jeder gegen Kinderlähmung und Cholera geimpft wird. Sie schicken solche Leute zum Arzt, die sich sonst auf traditionelle Hausmittel verlassen würden.

Die Aufgaben der Komiteemitglieder überschneiden sich, aber sie sind eine kleine Gruppe von Nachbarn und können sich einigen. Der Mann, der sich um die Fürsorge kümmert, arbeitet noch in der Gummifabrik. Die anderen Komiteemitglieder erklären, er versorge auch Kranke. Manche von ihnen sind zu krank, um das Haus zu verlassen, aber nicht krank genug, um ins Krankenhaus zu gehen. Jemand muß diesen bettlägerigen Patienten, besonders alten Leuten, zu Hause helfen. Die Läden in der Nachbarschaft können ihnen Lebensmittel schicken, Hausfrauen für sie kochen, Schulkinder Besorgungen machen. Wenn eine schwangere Frau im Krankenhaus ist, können andere Hausfrauen ihre Kinder betreuen. Manche Hausfrauen in dieser Nachbarschaft haben keine Anstellung. Die Gummifabrik braucht sie nicht, und das Straßenkomitee ist mit einer kleinen Werkstatt, in der Hausfrauen arbeiten und etwas Geld verdienen können, noch im Planungsstadium. So gibt es eine Reserve von 77 Frauen für Nachbarschaftsaufgaben. Der für die Fürsorge zuständige Mann sucht für sie nach Stellungen.

Er nimmt auch Beschwerden und Vorschläge der Arbeiter entgegen. Sie haben alle am selben Tag frei, so daß die Läden in der Umgebung überfüllt sind. Die Gemüseläden sollten an diesem Tag länger geöffnet sein. Die Geschäfte für Reis und Öl, wo sich die längsten Schlangen bilden, sollten kleine Verkaufswagen in die verschiedenen Teile der Nachbarschaft schicken. Das muß mit der Handelsorganisation von Kanton besprochen werden. Der Fürsorgemann muß auch mit der Fabrikverwaltung verhandeln, die Wohnungen zuteilt. Wenn die Kinder einer vier- oder fünfköpfigen Familie älter werden, wird vielleicht ein zusätzliches Zimmer benötigt. Der für die Fürsorge zuständige Mann untersucht diese Situation und nimmt die Sache für sie in die Hand.

Eine der Frauen kann sich nicht gut auf Mandarin ausdrücken. Ihre Kolleginnen übersetzen aus dem Kantonesischen, während sie erklärt, wie sie sich um Frauen- und Familienangelegenheiten kümmert. Zum Beispiel: Ein Ehepaar in der Nachbarschaft streitet sich ständig. Die Frau schreit ihren Mann an, der Mann schlägt sie vielleicht, und beide wollen sich trennen. Das Nachbarschaftskomitee hört davon. Daraufhin wird die grauhaarige Frau, deren Aufgabe Familienangelegenheiten sind, sie besuchen. »Ich sage ihnen: Ihr habt freiwillig geheiratet, eine Scheidung ist sicherlich nicht gut. Denkt an die Kinder. Versucht, euch zu arrangieren, trennt euch nicht«, erzählt die grauhaarige Frau. Sie nennt ihre Arbeit: »Wiederherstellung der Einheit auf der Familienebene.«

Am Tisch wird kurz darüber diskutiert, wie man das macht. Die vier Frauen sind sich darüber einig, daß Scheidungen sehr selten sind. In ihrer eigenen Nachbarschaft gab es noch keine, aber eine von ihnen erinnert sich an drei Scheidungen in den letzten vier oder fünf Jahren im Bereich der nächsthöheren Verwaltungsebene – einem Gebiet, in dem 31 000 Menschen leben. In dieser Nachbarschaft ist es dem Komitee gelungen, alle streitenden Paare wieder zu versöhnen. Wenn eine Unterhaltung mit der Frau für Familienangelegenheiten nicht half, bat das Komitee die Familie zu einer Diskussion zu sich ins Büro. Blieb die Diskussion erfolglos, war es soweit, in den großen Versammlungsraum zu ziehen. Die ganze Nachbarschaft beteiligte sich und hörte zu, während das Ehepaar seine Schwierigkeiten erklärte und der Mann und die Frau ihren Kümmernissen Luft machten. Die Nachbarn nehmen daran mit Kritik und Rat teil. »Wenn die politisch bewußten Massen sich beteiligen, kann jeder Streit beigelegt werden«, meinen die Komiteemitglieder.

Es kann andere Gründe für Nachbarschaftsprobleme geben. Wenn die Kinder zweier Familien sich ständig zanken und prügeln, kann das die Eltern dazu veranlassen, sich ebenfalls gegenseitig zu beschimpfen, gar zu schlagen. Es gibt auch Streit um Familienbesitz. Die erwachsenen Söhne haben ihren Lohn der Mutter gegeben. Nun will einer von ihnen heiraten und ausziehen. Er glaubt, er könne einen der Schränke mitnehmen, denn schließlich hat er die neuen Möbel mitbezahlt. Aber seine Eltern sind nicht einverstanden. Das Straßenkomitee kommt dazu und versucht, den Streit zu schlichten.

Ein alter Mann, der sich still zu uns gesellt hat, meldet sich jetzt zu Wort. Den Komiteefrauen scheint er als redefreudig bekannt zu sein. Sie lehnen sich zurück, während er seine Rede hält. »Ich bin Rentner«, sagte er. »Aber mein Gehirn kann niemand zur Ruhe setzen. Ich werde weiter denken und eine Aufgabe suchen. Die Arbeiterklasse ist in unserem Land die führende Klasse, und wir müssen unsere Erfahrungen an die neue Generation weitergeben. Wenn ich Kinder sehe, die sich schlagen, knöpfe ich sie mir vor und erzähle ihnen von den guten Taten des Soldaten Lei Feng und versöhne sie wieder. Jeden Morgen, wenn sie zur Schule gehen, warte ich auf sie und ermahne sie, auf dem Bürgersteig zu bleiben und nicht auf die Straße zu rennen. Wir alle müssen unseren Teil zur neuen Gesellschaft beitragen.«

»Nicht alle unsere Aufgaben sind leicht. Wir dürfen nicht den Klassenkampf vergessen«, sagt eine etwa vierzigjährige Frau. Sie ist freundlich und mütterlich und für öffentliche Sicherheit zuständig. Im letzten Jahr hatte die Nachbarschaft Ärger mit einem Hühnerdieb. Sie mußte für die Wiederherstellung der Sicherheit sorgen. Die meisten ihrer Aufgaben sind weniger aufregende Verwaltungsarbeiten. Sie führt eine Kartei über alle Einwohner. Wenn eine Familie Logierbesuch bekommt, müssen sie dessen Namen ins Haushaltsbuch eintragen. Bleibt der Besuch länger als drei Tage, muß er sich im Büro für öffentliche Sicherheit melden. Dort kann er die nur in seiner Heimatstadt gültigen Marken für die Reis-, Öl- und Baumwollration gegen die in Kanton gültigen eintauschen. Ein Besucher, der länger als drei Monate bleibt, muß eine Erlaubnis von seinem Arbeitsplatz oder eine ärztliche Bescheinigung vorweisen. Verwandte aus Hongkong oder Macao müssen sich am Ankunftstag registrieren lassen. Die Frau, die für öffentliche Sicherheit zuständig ist, gibt acht, daß niemand in der Nachbarschaft ein Fremder bleibt.

Es gebe immer noch schlechte Elemente, der Klassenkampf sei nicht vorbei, wiederholt die mütterliche Frau und kommt auf den Fall des Hühnerdiebes zurück. Er hatte der Nachbarschaft im vorangegangenen Jahr zugesetzt; er kam nachts und stahl die Hühner von den Balkonen, wo die Familien sie nach Einbruch der Dunkelheit in kleinen Käfigen halten. Einige Familien hatten Stacheldraht um ihre Balkons und vor die Fenster gespannt, aber diese Art von Einzelmaßnahmen reichte natürlich nicht aus. Deshalb mobilisierte das Straßenkomitee die Massen, so erklärt die Frau. Die Männer legten sich nachts auf die Lauer. Schließlich fingen sie ihn auf frischer Tat mit einem gestohlenen Huhn in einer Kiste auf seinem Fahrrad.

Der Dieb war nicht aus ihrer Nachbarschaft. Sie kannten weder seinen Namen noch seine Adresse und wußten nicht, ob er schon vorher ein schlechtes Element gewesen war. Also übergaben sie ihn den höheren Behörden – dem für den Bereich von 31 000 Einwohnern zuständigen Nachbarschaftskomitee. Die Frauen des Komitees wissen nicht genau, was dann geschah. Aber ein Mann am hinteren Ende des Zimmers weiß es. Er war, ohne ein Wort zu sagen, hereingekommen und hatte freundlich mit dem Kopf genickt. Er setzte sich, ohne die Unterhaltung zu unterbrechen, aber jetzt stellte er sich vor. Er ist der stellvertretende Vorsitzende des Nachbarschaftskomitees, ein Kader der Stadtverwaltung, und sein Büro hatte sich mit dem Fall des Hühnerdiebes beschäftigt. Man hatte ihn zur Untersuchung des Falls dem Büro für öffentliche Sicherheit übergeben. Die Polizei überprüfte seine Geschichte, hielt ihn ein paar Tage fest, verhörte ihn und »erzog ihn politisch«. Als sie herausfanden, daß er nicht vorbestraft war, schickte ihn die Polizei zurück zum Nachbarschaftskomitee. Wieder wurde er erzogen. Das Komitee diskutierte seinen Fall, erklärte ihm seine Schuld und betonte, daß er der neuen Gesellschaft und der Klasseneinheit durch einen Rückfall in die Gewohnheiten aus der Zeit vor der Befreiung Schaden zufüge. Er habe, so sagt der stellvertretende Vorsitzende, zu dem Zeitpunkt begriffen, wie falsch er gehandelt habe und eingesehen, daß er ohne die Korrektur durch die Massen ein tatsächlich schlechtes Element werden könnte. Er legte ein volles Geständnis ab und zeigte sich reumütig. Jetzt konnte er zu Massenversammlungen sowohl der Nachbarschaft, in der er gestohlen hatte, als auch derjenigen, in der seine Familie lebte, geschickt werden, um seine Schuld einzugestehen. Er erzählte ihnen, was er getan hatte und wie leid es ihm tat. Die Leute in der Versammlung kritisierten ihn; einige seiner Nachbarn sagten ihm, wie er auf die schiefe Bahn geraten war. Seine Arbeitsgewohnheiten seien nicht sehr gut, so sagten sie. Manchmal sei er der Arbeit ferngeblieben, wenn er gar nicht krank war und hatte zu Hause Hühnerkäfige gebaut, die er seinen Nachbarn verkaufte. Seine Mutter hatte sich darüber beklagt, daß er kaum bei der Hausarbeit helfe, sondern oft mit anderen jungen Männern in der Nähe des Kinos herumlungere, nichts tue und nur schwatze. Aber so schlecht sei er gar nicht, sagten seine Nachbarn, und sie glaubten, daß er sich wirklich wandeln würde. Deshalb beschlossen sie, ihn der öffentlichen Aufsicht zu unterstellen. Die Massen würden ihn beobachten und sehen, ob er seine Arbeit gewissenhaft tut und sich an den politischen Studienzirkeln beteiligt. Eine

Möglichkeit der Bewährung ist freiwillige Arbeit in der Freizeit, etwa dem Komitee bei der Reinigung und Instandhaltung der Straßen zu helfen. Das Komitee bestellte ihn auch zu besonderen Propagandasitzungen. Alte Arbeiter erzählten ihm von der Härte des Lebens in der alten Gesellschaft und wieviel besser jetzt alles sei. Und die für Propagandaarbeit zuständige Frau arrangierte Sondersitzungen für ihn. Das Studium der Mao-Tse-tung-Ideen und der Werke der marxistischen Klassiker würde ihn lehren, nicht wieder vom rechten Weg abzugehen.

Der junge Missetäter erhielt in seiner Nachbarschaft eine besondere Behandlung, aber die Methoden, die man bei diesem leichten Delikt anwendete, waren nicht unüblich. Er bekam sozusagen nur mehr von dem, was jeder bekommt. Im Straßenkomitee Nr. 6 leitet eine junge, muntere Frau die politischen Studien und veranstaltet ein ständiges Propagandaprogramm für alle Nachbarn. Unter ihrer Anleitung führen neun unbeschäftigte Hausfrauen, die lesen können, für andere Hausfrauen und Rentner Studienzirkel durch. Zweimal in der Woche trifft sich die Gruppe für ein oder zwei Stunden. Die Leiterinnen lesen wichtige Zeitungsartikel über die Parteipolitik sowie Auszüge aus Maos Werken vor. Sie erklären die Bedeutung und beantworten Fragen. Sie bringen den alten Leuten und einigen der Hausfrauen bei, ein paar gebräuchliche Schriftzeichen zu lesen. Das Straßenkomitee gibt keine Kurse für Arbeiter und Schüler, denn diese haben in den Fabriken und Schulen ihre eigenen Kurse. Aber bei politischen Kampagnen finden häufig Versammlungen in der Nachbarschaft statt, und das Straßenkomitee arrangiert auch kleine Erziehungssitzungen für Nachbarn, die in falsche politische Ansichten zurückzufallen scheinen.

Es gibt auch eine lokale Parteiorganisation, welche die Aktivitäten des Straßenkomitees überwacht: Vier Komiteemitglieder sind auch in der Partei. Das Straßenkomitee ist dem Nachbarschaftskomitee unterstellt, dessen neun Mitglieder hauptamtliche Verwaltungsbeamte sind. Sie unterstehen der Verwaltung des einen von Kantons vier Bezirken. Das Straßenkomitee Nr. 6 ist eine Hilfsorganisation des Verwaltungsapparates. Die Komiteevorsitzende arbeitet in der Gummifabrik, wo ihr Mann langgedienter Arbeiter ist. Sie wohnen in einem der vierstöckigen Häuser. Zwei Zimmer und ein Balkon, ungefähr 37 Quadratmeter, sind das Heim von sechs Personen. In dem größeren Zimmer stehen ein Doppelbett, ein Schrank, eine Kommode, ein Tisch und zwei große hölzerne Sessel. Die meisten Möbel hat der Mann zusammen mit ein paar Freunden gebaut. Das zweite Zimmer wird von zwei Betten ausgefüllt: eins für die zwei Töchter von 17 und 14, das andere für ihre Großmutter und eine zweijährige Nichte. Drei Hühner gackern in einem Bambuskäfig im Flur, die Kücheneinrichtung besteht aus zwei Gasbrennern, einem Ausguß und einem kleinen Tisch. Und auf der Toilette befindet sich ein großes Waschbecken, über dem Becher und Zahnbürsten ordentlich auf einem kleinen Regal aufgereiht sind.

Wir suchen nach weiteren Wohnungen, die wir besuchen können. Nebenan macht niemand auf. Im Stockwerk darunter klopfen zwei kleine Jungen an eine Tür; also warten wir mit ihnen, und dann fordert eine schläfrige Stimme die Jungen auf, wegzugehen und zu spielen. Mutter schlafe noch, erzählen sie uns, sie hatte Nachtschicht. Eine Frau öffnet die Tür der Nachbarwohnung und sieht uns erstaunt an. Sie läßt uns in den engen, dunklen Flur und verschwindet in einem der Zimmer. Während sie aufräumt, schiebt mich die Frau vom Komitee in das andere Zimmer und bietet mir einen Hocker an. Auf dem Bett hinter mir bewegt sich etwas, und dann hört man eine überraschte Frauenstimme. Die älteste Tochter liegt zusammengerollt unter der Bettdecke. Sie springt, vollkommen angezogen, aus dem Bett und rennt aus dem Zimmer. Sie hatte auch Nachtschicht. Diese Familie besteht aus sieben Personen. Die zwei jüngsten Söhne gehen zur Mittelschule. Alle anderen arbeiten in der Gummifabrik, wo der Mann 80 und die Frau 70 Yuan verdient. Eine Tochter bekommt 40, die andere 30 Yuan, und beide geben die Hälfte ihres Lohnes den Eltern. Sie kämen gut zurecht, sagt die Mutter. Viele Möbel stehen nicht in ihrer Wohnung. Die Zimmer sind fast leer, aber sehr ordentlich und sauber.

Im Erdgeschoß des Hauses sind größere Wohnungen. In einer leben sieben Personen: Ein Ehepaar mit vier schulpflichtigen Kindern und die Großmutter. Mann und Frau verdienen 170 Yuan in der Gummifabrik. Großmutter führt ihnen den Haushalt, eine kleine, zahnlose alte Frau, die stolz auf ihre Hausarbeit ist. Die Familie hat im Monat 170 Yuan, sagt die Großmutter. Sie bezahlen 5 Yuan für Miete, Wasser und Strom und geben ungefähr 90 Yuan fürs Essen aus. Die Großmutter deutet durch das Fenster auf den großen Bambuskäfig mit sechs Hühnern: jeden Tag zwei frische Eier.

Auf der anderen Straßenseite stehen Reihen einstöckiger Häuser, die 1955, als die Gummifabrik eröffnet wurde, gebaut wurden. Die Wohnungen sind kleiner und weniger komfortabel. Vor einer wäscht sich ein Mann. Eine emaillierte Waschschüssel und ein Eimer Wasser stehen vor ihm auf einem Stuhl. Diese Wohnungen haben weder Badezimmer noch Toiletten. Die Küche ist eng. Die Zimmer sind kleiner als in den neuen Wohnungen. Im vorderen Zimmer steht ein Bett für zwei der Kinder. Die Hälfte des Hinterzimmers wird von einem Doppelbett für die Eltern und den jüngsten Sohn eingenommen. Der Mann hat vier Bambusstangen über dem Bett aufgestellt und eine Plattform gebaut, wo die Familie Kästen, Körbe und Kisten aufbewahrt. In dem Vorderzimmer steht ein doppelstöckiges Bett: zwei Töchter schlafen unten, der Sohn oben. Ein Vorhang trennt sie vom Schlafzimmer der Eltern, wo die Mutter an der Nähmaschine sitzt. Sie arbeitet in der Gummifabrik, ihr Mann in der Verwaltung beim Revolutionskomitee des Bezirks. Ihre Wohnung mißt 21 Quadratmeter. Der Durchschnitt sollte 4,2 Quadratmeter pro Kopf betragen, erklärt die Frau vom Straßenkomitee. »Aber im Moment müssen sich die Leute oft mit weniger zufriedengeben.«

Die Chinesen behaupten nicht, es gebe in ihrem Land keine Kriminalität – das tun nur allzu enthusiastische ausländische Besucher. Aber das chinesische System ist bei der Bestrafung und Vorbeugung von Verbrechen sehr erfolgreich gewesen. Es gibt keine veröffentlichten Statistiken, aber in China kommen weniger Morde, Raubüberfälle, Vergewaltigungen und Diebstähle vor als in den meisten anderen Ländern. Eine einmalige Kombination von Sicherheitskräften, Partei- und Verwaltungsorganen, Fabrik- und Nachbarschaftskomitees macht China zu einem der am strengsten kontrollierten Länder der Welt. Dieses System bietet auch kaum Raum für Verbrechen oder für politische Opposition und Dissidenten außerhalb der Kommunistischen Partei. »Konterrevolutionäre« wie Spione oder Saboteure stehen einer der eindrucksvollsten Sicherheitsorganisationen der Welt gegenüber.

China wird nicht von einer zentralisierten Geheimpolizei beherrscht. Die Stärke seines Sicherheitssystems liegt in den sich überschneidenden Organisationen und in der beinahe totalen Beteiligung der Bevölkerung durch vielfältige Formen von Propaganda und Kontrollen. Die Wahrung der öffentlichen Sicherheit obliegt nicht allein der Polizei. Das chinesische System hat wenig gemeinsam mit den Methoden der hochentwickelten Geheimpolizeiorganisationen anderer Länder. Die Kontrolle kann jedoch noch totaler sein, wenn sie von einem weitverzweigten Netz verschiedener Organisationen ausgeübt wird.

Die Volksbefreiungsarmee, das Ministerium für öffentliche Sicherheit, die Volksmiliz, Nachbarschaftskomitees und alle Ebenen der Parteiorganisation sind Teile des Sicherheitsnetzes. Während des revolutionären und antijapanischen Krieges war die VBA die Hauptkraft zur Herstellung und Aufrechterhaltung der Ordnung im kommunistischen Gebiet. In den ersten Jahren nach der Gründung der Volksrepublik mußte die Armee die Sicherheit des neuen Staates garantieren.

Nach Jahrzehnten der politischen Instabilität ohne eine wirksame zentrale Regierung mußte die Armee immer noch Unruhe und Widerstand bekämpfen, die nicht automatisch endeten, nachdem die Kommunisten das gesamte Festland Chinas kontrollierten. Um die Reste des Widerstandes zu unterdrücken und den Prozeß der politischen Umwandlung in China einzuleiten, etablierte man eine Art Militärregierung in den widerspenstigen Großstädten und in weiten Teilen des Landes. Die Armee-Einheiten handelten nicht nur als Sicherheitskräfte. Damals wie heute erfüllen sie ihre Aufgabe, indem sie eng mit der Bevölkerung zusammenarbeiten, die kommunistische Ideologie verbreiten, bei wirtschaftlichen Aufgaben helfen und ganz allgemein ein gutes Beispiel durch ihren einfachen, spartanischen Lebensstil geben.

Die doppelte Aufgabe der Armee war immer die Verteidigung Chinas vor äußeren und inneren Feinden. In einer total politisierten Gesellschaft können die Streitkräfte sich nicht darauf beschränken, Bedrohungen aus dem Ausland abzuwehren. Deshalb werden sie zwangsläufig in die inneren Kämpfe miteinbezogen. Nach der Kulturrevolution führte die Armee wieder eine geordnete Verwaltung ein. Während der Linienkämpfe zwischen 1974 und 1976 zogen Armee-Einheiten in die zerstrittenen Fabriken, um die Produktion in Gang zu halten. Es mag bewaffnete Zwischenfälle zwischen Soldaten und Mitgliedern der Volksmiliz gegeben haben. Meist war das Ansehen der VBA groß genug, um eine Situation zu stabilisieren. In den inneren Auseinandersetzungen verließ sich die Armee nicht auf vorschnelle militärische Aktionen. Mit erstaunlicher Geduld und hohem Selbstvertrauen schickte die Armee ihre Soldaten in Fabriken, wo Arbeiter in den Bummelstreik getreten und der Verwaltungsapparat gespalten waren. Die Armee-Einheiten arbeiteten an den Maschinen und verbreiteten politische Bildung unter den Arbeitern, und gleichzeitig kontrollierten und unterdrückten sie aufwiegelnde Agitation. In den Augen der meisten chinesischen Bürger ist die VBA der wichtigste Garant für Sicherheit und nationale Stabilität.

Bald nach der Gründung der Volksrepublik verringerten sich die inländischen Sicherheitsaufgaben der VBA. Sie wurde vom Ministerium für öffentliche Sicherheit in den Schatten gestellt. Das Ministerium ging hervor aus der Volkspolizei und anderen Sicherheitsorganen, die bereits während des Bürgerkrieges in den Gebieten unter kommunistischer Kontrolle gegründet worden waren. In den fünfziger Jahren, als sich China am sowjetischen Vorbild orientierte, wurde das Ministerium als Sicherheitsbürokratie organisiert, aber es entwickelte sich nie zu einem nahezu selbständigen Imperium, dem ein Riesenkomplex von Fabriken, Lagern und Streitkräften unterstand. Es wurde keine eigenständige politische Kraft, und nach 1957, als Mao die sowjetischen Entwicklungsmodelle abzulehnen begann, gab es für das Ministerium für öffentliche Sicherheit keine Möglichkeit mehr, eine vorherrschende Rolle in Chinas politischem Leben zu übernehmen. Es gewann nie ein Monopol über die öffentlichen Sicherheitsaufgaben.

Aber der Einfluß des Ministeriums ist sicherlich groß und reicht tief in die Gesellschaft Chinas hinein. Es kontrolliert die bewaffneten Divisionen der Polizeireserve. Deren Soldaten tragen dieselbe Uniform wie die VBA, aber anstelle eines roten Sterns über den Schirmen ihrer Mützen tragen die militärischen Sicherheitskräfte ein rundes Abzeichen mit dem »Tor des Himmlischen Friedens«. Es ist das Symbol, das auch von den blauuniformierten Polizisten getragen wird, die den Verkehr lenken und in den Nachbarschaften patrouillieren. Außerdem verfügt das Ministerium über eine Truppe unauffälliger Zivilagenten und Detektive. Aber in dem chinesischen System der Lokalverwaltung gibt es keine klare und ununterbrochene Befehlskette vom Ministerium bis in die Nachbarschaften. Das Kontrollsystem ist in den letzten Jahrzehnten oft verändert worden, und es ist unklar, wie sich die VBA und das Ministerium für öffentliche Sicherheit das Kommando über die Sicherheitsdivisionen aufteilen; das Gewicht muß sich mehrere Male verlagert haben. Die Sicherheitsorgane, während der Kulturrevolution oft angegriffen und aufgelöst, mußten hinterher die Macht mit den Revolutionskomitees teilen. Während der ersten Hälfte der siebziger Jahre wurde das Ministerium neu organisiert, besonders nachdem Hua Guo-feng Minister für öffentliche Sicherheit wurde. Es wurde auch zur Zielscheibe der Angriffe lokaler Anhängergruppen der Viererbande. In der Wandzeitungskampagne von 1974 wurden die Ämter für öffentliche Sicherheit oft angegriffen. Die Plakate behaupteten, daß Organe der öffentlichen Sicherheit

»ehrliche Rebellen« illegal verhaftet und eingesperrt hätten, und daß sie junge Revolutionäre verfolgten, die während der Kulturrevolution Führer waren; man beschuldigte sie, Ultralinke und deshalb heimliche Rechte zu sein. Als die Kämpfe sich im Frühjahr 1976 verschärften, begannen die Anhänger der Vierergruppe die Sicherheitsorgane kleinerer Städte, aber auch der Provinzhauptstädte zu provozieren. Rebellenbanden hängten Wandzeitungen auf, in denen die etablierte Partei- und Verwaltungsführung angegriffen wurde. Sie verteilten Flugblätter und organisierten Versammlungen an öffentlichen Plätzen. In vielen Provinzen beanstandete niemand diese öffentlichen Demonstrationen. In anderen Städten organisierten die Demonstranten ihre Versammlungen häufig so, daß sie den Verkehr lahmlegten. Wurden einige der Anführer schließlich verhaftet und zu einem Polizeirevier gebracht, agitierten Rebellengruppen für ihre Freilassung; manchmal belagerten und stürmten sie das Revier und kämpften sie frei. Solange die Vierergruppe in den höchsten Stellen in Peking saß, fanden es die lokalen Ämter für öffentliche Sicherheit, die selbst in Kampagnen und Auseinandersetzungen verwickelt waren, schwer, ihre Funktion zu erkennen und zu erfüllen. In einigen Provinzen und Städten standen die öffentlichen Sicherheitskräfte nur in Bereitschaft und warteten darauf, daß der Sturm vorübergehen möge, als die lokalen Verwaltungsbüros gewaltsam von radikalen Gruppen besetzt, höhere Kader verhaftet und auf der Straße vorgeführt wurden. 1977 behaupteten chinesische Veröffentlichungen, diese Aktivitäten seien von einem Verbündeten der »Viererbande« unterstützt und angestiftet worden, der eine hohe Position im Ministerium für öffentliche Sicherheit innegehabt und ihnen bei ihren Versuchen einer gewaltsamen Übernahme überall im Lande geholfen habe. Offensichtlich waren das Ministerium und seine Büros keine unabhängige, allmächtige und China beherrschende Institution, sondern es war auf verschiedenen Seiten an örtlichen Konflikten um Kontrolle und Autorität beteiligt.

Trotzdem ist der Ministeriumsapparat groß und mächtig. Sein Informationsnetz berichtet über die Aktivitäten politischer Gegner, sowohl über Konterrevolutionäre wie über gegnerische Flügel in Partei und Verwaltung. Er verwaltet Gefängnisse und Umerziehungs-Arbeitslager, und seine Agenten untersuchen nicht nur Verbrechen, sondern entscheiden auch über das Strafmaß bei weniger wichtigen Fällen oder fungieren als Ankläger, wenn ein Fall vor Gericht geht. Die chinesischen Bürger bekommen seinen Einfluß auf der Ebene der Nachbarschaften und Kommunen zu spüren. Die Abteilungen für öffentliche Sicherheit der Städte umfassen die Feuerwehr, die Fahrrad- und Autoregistratur und das Besucher- und Einwohnermeldeamt. Außerdem erfüllen sie die Aufgaben, die der Polizei normalerweise in anderen Ländern obliegen: Verkehrsregelung, Bewachung von Straßen, Häusern und Lagerräumen; sie sind Ordner in Kinos und nehmen Anzeigen von Bürgern über alle möglichen Verbrechen entgegen. Ihre Tätigkeit wird von den örtlichen Parteiorganen überwacht und überprüft, und in regelmäßigen Kampagnen müsssen sie lernen, »das Volk zu lieben«, bescheiden und offen gegenüber den Bedürfnissen des Volkes in ihrem Bezirk zu sein. Diese Kampagnen sind mehr als bloße Redeübungen. Sie kontrollieren das Verhalten der Polizei, und öffentliche Versammlungen der Kritik und Selbstkritik geben der Bevölkerung das Gefühl, daß die Polizei keine außenstehende Macht ist. Polizisten werden ständig zu guten Taten in ihrem Bezirk aufgefordert.

Die Verwaltungskomitees in der Nachbarschaft arbeiten eng mit den Ämtern für öffentliche Sicherheit zusammen, und diese Basisorganisation liefert die grundlegende Stütze für Chinas System der politischen Kontrolle und der Verbrechenskontrolle. Die Nachbarschaftskomitees, verantwortlich für Bezirke von 30000 bis 40000 Menschen, werden von hauptamtlichen Verwaltungsbeamten geleitet. Ihnen untersteht ein Netz von Straßen- und Hauskomitees, das von Freiwilligen, hauptsächlich von Rentnern, Kadern im Ruhestand oder Hausfrauen, organisiert wird. Diese Organisationen sind keine Hilfspolizei. Sie erfüllen vielerlei Funktionen, insbesondere im Gesundheits- und Fürsorgewesen. Aber seine Mitglieder kümmern sich um junge Missetäter, die Schule schwänzen, Nachbarn belästigen oder gefundene Portemonnaies nicht zurückgeben. Sie behalten auch die Erwachsenen im Auge. Jemand, der mehr ausgibt als er vernünftigerweise verdienen kann, erscheint verdächtig. Fremde, die in der Nachbarschaft kommen und gehen, fallen auf. Ihr Auftauchen wird bei Versammlungen des Haus- oder Straßenkomitees diskutiert. Man befragt die Leute, die sie besuchen. Bei diesen Diskussionen wird jedes ungewöhnliche oder von der Norm abweichende Verhalten erörtert. Für eine Privatsphäre ist wenig Raum. In Nachbarschaftsversammlungen oder in Fabriken, Büros und Schulen kommen die Chinesen zur politischen Erziehung zusammen, und da jeder Gedanke, jede Handlung politisch relevant sind, werden persönliches Verhalten und persönliche Gedanken sowie fast jeder Aspekt des Privat-

und Berufslebens öffentlich diskutiert. Die Teilnehmer an solchen Versammlungen üben sich in Kritik und Selbstkritik. Die Gier nach gutem Essen oder das Verlangen nach einem bequemeren Leben können ebenso zur Sprache gebracht werden wie Familienstreitigkeiten oder die ruhige Lektüre von Romanen. Die enge Beziehung zwischen diesen Basiskomitees und -versammlungen und den Partei- und Sicherheitsorganen auf der niedrigsten Ebene stellt die starke Grundlage eines Systems der Verbrechensvorbeugung und der Aufdeckung politischen Opposition dar.

Sehr wenigen Chinesen scheinen die Gerichte und Sanktionen des Rechtssystems bekannt zu sein. In ihren Nachbarschaften kommen sie hauptsächlich mit dem Verwaltungssystem der Verbrechensbekämpfung in Kontakt. Ersttäter mit geringfügigen Delikten wie Diebstahl oder Schlägereien werden immer in der Nachbarschaft oder Kommune abgehandelt. Ist das Straßenkomitee nicht in der Lage, einen Missetäter umzuerziehen, wird das Büro für öffentliche Sicherheit seinen Fall mit seinen Nachbarn und Arbeitskollegen durchsprechen, sich deren Meinungen anhören und entscheiden, ob der Täter unter »öffentlicher Aufsicht« mit auf seinen Wohnbezirk beschränkter Bewegungsfreiheit umerzogen werden oder in eine landwirtschaftliche Kommune geschickt werden soll, wo er seine Einstellung durch die Arbeit mit den Bauern verbessern kann, und die er ohne Erlaubnis der Leitung der Kommune zwei oder drei Jahre lang nicht verlassen darf. Erziehung statt Strafe ist das Ziel, das die lokalen Organe anstreben. Aber Schwerverbrecher können von den Gerichten zu Zwangsarbeit, Gefängnisstrafen oder zum Tode verurteilt werden. Formelle Gerichtsurteile sind nur das letzte Mittel des Systems.

Jedermann in China ist demnach an der Verbrechensbekämpfung und an der öffentlichen Bewachung beteiligt. Kleine Gruppen in Fabriken oder Nachbarschaften beaufsichtigen sich gegenseitig und verlangen voneinander Eingeständnisse falscher politischer Einstellungen, die niemand ganz vermeiden kann. Der einzelne muß offensichtlich viel Zeit mit der vom System verlangten Form von Selbstkritik verbringen, um falsche Einstellungen zu erfinden, die zwar als Selbstkritik ausreichen, Feinden aber keinen Grund für ernsthafte Angriffe liefern. Während der Kampagne gegen »bürgerliche Rechte« erzählte mir ein Führungskader in Tangshan, wie er seine Verfehlungen bei einer Massenversammlung mit seinen Kollegen eingestanden habe. Er habe sich selbst beschuldigt, an bürgerlichen Ansichten festzuhalten, so sagte er: »Ich habe das System der Lohnabstufung nicht nur für notwendig gehalten, sondern sogar geglaubt, daß es gut sei!« Damit hatte er sich ein unverfängliches Thema für seine Selbstkritik ausgesucht. Die Lohnstufen würden schließlich nicht abgeschafft werden; sie wurden nur in einem theoretischen Kontext kritisiert. So hatte der Kader gerade genug Selbstkritik gezeigt, ohne sich selbst zu belasten, und seine Reue wurde von den Massen akzeptiert. Allerdings war er nicht die Zielscheibe einer Kampagne, die zu seiner Absetzung führen sollte, sondern nur Teilnehmer an einer Routinesitzung. Andere wurden in von ihren Feinden einberufenen Kampfsitzungen drangsaliert, und die Anschuldigungen der Zuhörer wie auch die Worte der Kader wurden in einer Akte gesammelt, die man für ihren Sturz vorbereitete.

Ausländische Beobachter konnten unmöglich nachprüfen, welche der bei Versammlungen und auf Wandzeitungen verbreiteten Vorwürfe tatsächlich zutrafen, welche auf versehentlich falscher Darstellung beruhten und welche als Hauptargumente im Kampf verschiedener Linien vorgetragen wurden. Eine solche Auseinandersetzung fand in Xian statt. Sie zog sich über zwei Jahre hin, und ausländische Besucher verfolgten die Entwicklung aus Peking durch die Lektüre von Wandzeitungen aus Xian und stückelten den Sachverhalt zusammen. Die Informationsfetzen ergaben eine faszinierende Geschichte und einige verblüffende Einsichten zu den Überschneidungen von politischen Kampagnen und Justizprozeduren.

Die ersten Wandzeitungen wurden von drei jungen Arbeitern geschrieben und von Ausländern Anfang 1975 gesehen. Einer ihrer Kollegen war zur Umerziehung zu einem langjährigen Arbeitslageraufenthalt verurteilt worden, weil er angeblich ein Mädchen vergewaltigt hatte, aber, so behaupteten die drei jungen Arbeiter, er sei zu Unrecht angeklagt und verurteilt worden. Ihr Kollege habe das Mädchen nicht vergewaltigt. Aber als das Paar beim Beischlaf überrascht wurde, hab die Mutter des Mädchens den Freund ihrer Tochter der Vergewaltigung bezichtigt, um die Familienehre zu retten. Der Vater des Mädchens war ein Kader in hoher Position, so daß die Familie die Richter beeinflussen konnte und der junge Mann verurteilt wurde. Die drei jungen Arbeiter verlangten, daß der Fall noch einmal untersucht werde. Einen Monat später fanden ausländische Besucher Bekanntmachungen an den Mauern von Xian: Das Revolutionskomitee informierte die Bevölkerung darüber, daß dem Verlangen stattgegeben worden sei und daß eine neue Untersuchung demnächst eingeleitet werden sollte.

Im Sommer 1976 erschien der Fall wieder auf Wandzeitungen in Xian, aber jetzt waren es Dutzende, und eine ganze Massenbewegung entstand um den Fall. Die Plakate wurden jetzt deutlicher. Während einer Versammlung in einem Kraftwerk westlich von Xian, in der Lin Biao und Konfuzius kritisiert werden sollten, bemerkten die Teilnehmer, daß zwei Lehrlinge, ein Junge und ein Mädchen, fehlten. Man fand sie in einem Raum in der Nähe beim Geschlechtsverkehr. Die Arbeiter hatten sie streng kritisiert und ihr sozialistisches Bewußtsein durch Erziehung gesteigert. Den Plakaten nach zu urteilen, schien für sie der Fall damit erledigt zu sein. Aber die Mutter des Mädchens hatte behauptet, ihre Tochter sei vergewaltigt worden, und der Vater, ein hoher Kader, der in Peking arbeitete, war sofort nach Xian gekommen – mit dem Flugzeug, wie die Wandzeitungen vermerkten. Er hatte seine Stellung dazu benutzt, die Räder der polizeilichen Untersuchung und der Justiz in Bewegung zu setzen. Das Ergebnis war, daß der Junge zu 15 Jahren in einem Arbeitslager verurteilt wurde, aber das Mädchen kam auch nicht ungeschoren davon: Sie wurde zu 5 Jahren Arbeit unter öffentlicher Aufsicht verurteilt. Ausländer waren sich nicht sicher, ob das Gericht meinte, sie sei auch nicht schuldlos, oder ob sie verurteilt wurde, weil sie eine enge körperliche Bindung mit einem Jungen eingegangen war, was Lehrlingen nicht erlaubt ist. Die Wandzeitungen behaupteten nur, es habe keine Vergewaltigung gegeben, und das Urteil gegen den männlichen Lehrling sei von einem hohen Kader arrangiert worden, der seine Verbindungen habe spielen lassen. Nachdem die drei jungen Arbeiter auf ihren Plakaten protestiert hatten, gab es tatsächlich eine neue Untersuchung und ein neues Verfahren, aber das Ergebnis war das gleiche: Die Vergewaltigungsklage und das Arbeitslagerurteil wurden bestätigt. Es ist unmöglich zu beurteilen, ob die Anschuldigung stimmte. In ihren ersten Protesten haben die jungen Arbeiter vielleicht aus einem empörten Gerechtigkeitsgefühl heraus gehandelt. Aber die zweite Phase der öffentlichen Diskussion paßte genau in die Kampagne gegen die neue Bourgeoisie innerhalb der Partei. Xian war zu der Zeit überflutet mit Wandzeitungen, auf denen die Führung der Provinz und der Stadt beschuldigt wurde, Anhänger des in Ungnade gefallenen Deng Xiao-ping und Vertreter des kapitalistischen Weges zu sein. Die Radikalen organisierten eine Bewegung zur Absetzung der etablierten Führung; sie beschuldigten Verwaltungsbeamte und Fabrikleiter autoritärer Methoden und des Ausnutzens von »Beziehungen«. Abends spazieren viele Tausend Leute durch das Stadtzentrum und lesen Hunderte von Wandzeitungen am alten Stadttor und an den Hauswänden der Hauptstraße. Ein Mann hatte einen kleinen Stand aufgebaut, wo er chinesischen und ausländischen Besuchern seinen Verdruß mitteilte. Er habe einen Film gedreht, der die zersetzenden Aktivitäten bürgerlicher Experten demaskieren sollte, welche die Leistungen der Kulturrevolution zunichte machen wollten, sagte er, aber die Provinzführung habe es abglehnt, ihn im Fernsehen zu zeigen – das zeige, auf welcher Seite sie stehe. Auf den Wandzeitungen wurden viele private und politische Beschwerden geäußert. Ein älterer Mann beklagte sich darüber, vom Amt für öffentliche Sicherheit als Parasit und Schwarzmarkthändler verfolgt zu werden – dabei sei er nur in die Stadt gezogen, um bei seinem Sohn zu sein. Es sei wahr, daß er keine Arbeit habe, aber mit dunklen Geschäften habe er nichts zu tun. Tatsächlich werde er von bürgerlichen Elementen verfolgt, die ihn haßten, weil er aktiv die Gedanken Mao Tsetungs verbreitete. Mädchen aus einer Textilfabrik protestierten gegen Arbeitsvorschriften und Kontrollen. Doch die Plakate über die Vergewaltigung erregten das meiste Interesse.

Die drei Arbeiter waren mit ihrem Protest nicht mehr allein. Die Mehrheit der Arbeiter aus dem Kraftwerk hatte sich ihnen angeschlossen, verkündeten die Wandzeitungen; die Arbeiter der örtlichen Druckerei hatten sich mit ihnen solidarisch erklärt, indem sie die normalerweise handgeschriebenen Plakate druckten. Dann schlossen sich auch die Angestellten der Post an und boten den Kraftwerksarbeitern die Eingangshalle ihres Postamtes für Versammlungen an. Inzwischen war die Eingangshalle aber zu klein geworden, und die protestierenden Massen versammelten sich auf der Hauptstraße.

Wir haben nicht herausgefunden, wie die Geschichte endete. Die Wandzeitungskampagne ebbte im Spätsommer ab. Wir wissen auch nicht, was sie hervorrief und worum es dabei ging. Ein Fehlurteil, das die aufgebrachten Massen korrigierten? Ein Linienkampf, in dem man sich geschickt eines emotionsgeladenen Problems bediente? Aber es scheint sicher, daß eine massive Bewegung der Kritik an der Führung sich nur mit Unterstützung von oben und im Rahmen einer für die Absichten eines Flügels genutzten politischen Kampagne entwickeln kann. Offene Ausbrüche des Massenprotests wie diesen gab es in vielen Städten, wo die Radikalen versuchten, die etablierte Führung zu stürzen. Belästigungen, Gerüchtekampagnen, unnachsichtige Anschuldigungen und Kampfversammlungen der Kritik und Selbstkritik schwebten als ständige Drohung über den Köpfen von Provinzführern und Parteikadern.

Die Kader lebten nicht immer so gefährlich wie auf dem Höhepunkt des Machtkampfes, als der extremistische Flügel versuchte, seine Basis dadurch aufzubauen, daß er Parteikomitees und Verwaltungsorgane mit seinen Anhängern besetzte. Aber sie müssen ständig Kritik erwarten und akzeptieren und vor falschen politischen Ansichten auf der Hut sein. Versammlungen der Kritik und Selbstkritik werden in Parteizellen und Regierungsbüros abgehalten, bei Professoren und Lehrern, Arbeitern und Bauern. Es ist ein fortwährender Prozeß der Kontrolle und Selbstkontrolle, und obwohl viele dieser Versammlungen eine ritualisierte Wiederholung von Standardformulierungen geworden sein mögen, liefern sie doch eine erstaunliche Menge von Informationen über die Aktivitäten und Bewegungen, die offiziellen und privaten Angelegenheiten jedes Gruppenmitglieds. Es ist ein System intensiver politischer Erziehung durch Gruppenkontrolle, das vielfach die Funktion polizeilicher Überwachung ersetzt und alle Mitglieder der Gesellschaft einbezieht, statt sie zu Untertanen eines Polizeistaates zu machen. Aber der puritanische Eifer, der oft die selbstkritischen Bekenntnisversammlungen kennzeichnet, kann ebenso erstickend wirken wie ihr Effekt, potentielle Straftäter von illegalen Handlungen abzuhalten. Wie das Leben in chinesischen Städten beweist, ist ein auf die Nachbarschaften gegründetes Kontroll- und Justizsystem erfolgreich bei der Verhütung von Verbrechen. Aber dem Prozeß wohnten Gefahren inne, insbesondere deshalb, weil nicht nur ungesetzliche Handlungen, sondern auch falsche Gedanken und Ansichten in den Versammlungen behandelt werden können. Es gibt kaum eingebaute Schutzmechanismen gegen Verfolgung bei Linienkämpfen, und das Verfahren der Verurteilung und Umerziehung ist dazu benutzt worden, Feinde zu isolieren und zu vernichten. In der Kampagne von 1975/76 war es schwer zu beurteilen, wo die legitime politische Erziehung aufhörte und Schikanen anfingen. Während der Kulturrevolution hatten Gruppen der Roten Garde die Parteiführung und dann einander im Namen der richtigen Gedanken Mao Tse-tungs bekämpft. Sie verhafteten Leute, hielten sie monate- oder jahrelang fest und zwangen sie zu ständigen Kritik-, Selbstanklage- und Geständnissitzungen. Die Belastung anderer wurde zum Prüfstein echter Reue. In seiner extremen Form war dies ein nervenaufreibendes, geisttötendes Verfahren, das nicht als politische Erziehung gerechtfertigt werden konnte. In einigen Gegenden Chinas, wo der radikale Parteiflügel seine Stärke bewahrt hatte, wurden einige Häftlinge erst nach beinahe zehn Jahren, nach dem Sturz der »Viererbande« befreit. Diese extremistische Variante politischer Auseinandersetzungen nahm 1975 und 1976 wieder zu, als die Vierergruppe ihre Machtbasis erweiterte. Die chinesische Presse hat 1977 einige Beispiele von Leuten veröffentlicht, die von den Extremisten verfolgt wurden, oft Künstler und Intellektuelle, die der engen Beziehungen zu Zhou En-lai verdächtig waren. Aber ihre Zahl muß viel größer sein, und unter ihnen waren Parteisekretäre und Verwaltungsbeamte, Fabrikmanager und Professoren, Bauern und Arbeiter. Wo immer die Vierergruppe in Parteikomitees und Verwaltungsorganen Anhänger hatte, wurden ihre Gegner zu Kritikversammlungen bestellt. Sie waren nicht in der Lage, sich gegen die lautstarken Vorwürfe zu verteidigen, wurden manchmal mißhandelt und geschlagen und wurden dann oft unter öffentliche Aufsicht gestellt und auf unbestimmte Zeit zur Arbeit aufs Land geschickt. Häftlinge wurden von der Außenwelt völlig abgeschnitten in inoffiziellen Gefängnissen festgehalten, die man als Stätten der politischen Umerziehung ausgab. Gestanden sie Fehler ein, nahmen ihre Verhörer dies als Beweis dafür, daß sie mehr politische Erziehung benötigten. Waren sie nicht willens, belastendes Material gegen andere Kader des gemäßigten Flügels vorzubringen, war dies ein noch klareres Anzeichen dafür, daß man die Häftlinge für weitere politische Studien dortbehalten mußte. Im allgemeinen war es der radikale Flügel, welcher derartige Mittel politischer Verfolgung gegen seine Gegner verwendete.

Aber die Anhänger der Radikalen fanden auch Gründe zur Klage. Im Sommer 1974, als die Macht der Zentralbehörden erstarkte, sammelten extreme Aktivisten der Kulturrevolution und Mitglieder des radikalen Flügels genug Rückhalt, um sich auf Wandzeitungen in Peking über die Maßnahmen zu ihrer Unterdrückung zu beschweren. Sie behaupteten, daß viele von ihnen, die sich als Rebellen im Sinne Maos bewährt hatten, nach der Kulturrevolution auf die schwarze Liste kamen und in Fabriken oder in der Verwaltung keine Arbeit finden konnten. Einige von ihnen waren von der Polizei wegen extremistischer Aktionen verhaftet worden, an denen sie unschuldig zu sein behaupteten. Ihre Wandzeitungen erschienen während der Kampagne gegen Konfuzius und Lin Biao, so daß Gegner als Anhänger von Lin Biao und Konfuzius etikettiert wurden. Die Radikalen klagten, wo sie »proletarische Bündnisse« geschaffen hätten, seien von den etablierten Kadern mit Stöcken und Steinen bewaffnete Fabrikarbeiter organisiert worden, um die Rebellen zu verprügeln, und die Organe der öffentlichen Sicherheit hätten sie unnachsichtig verfolgt. Als der Machtkampf sich von den hohen Parteiorganen auf die Ebene der Provinzen, Städte und Fabriken verlagerte, gab es keine legalen Möglichkeiten zum Schutz derjenigen, die sich für gute Kommunisten und Anhänger Maos hielten, aber für den einen oder anderen Flügel ein Hindernis auf dem Weg zur Macht geworden waren. Es bestand keine Möglichkeit, vor Gericht gehört zu werden oder eine objektive, neutrale Untersuchung zu erlangen. Allein ein solches Anliegen zu äußern, war ein Zeichen für eine falsche Einstellung, denn unabhängig vom Klassenkampf und der Parteilinie konnte es keine objektive Justiz geben.

Als die »Viererbande« einen Monat nach Maos Tod verhaftet wurde, war ein großer Teil der Erleichterung, die man in Peking verspürte, ein Ergebnis der Hoffnung, daß die Zeit der persönlichen und politischen Unsicherheit vorbei sei und daß nach den Linienkämpfen Ordnung und Stabilität wiederkehren würden. Für viele oder die meisten Chinesen schienen starke öffentliche Sicherheitsorgane anstelle der Drohungen und der Gewalt radikaler Gruppen wünschenswert. Selbst ein starkes Polizeisystem ohne rechtliche Kontrollinstanzen schien besser als der Zusammenbruch der geordneten Verwaltung und die unberechenbaren Konsequenzen des Krieges zwischen den Parteiflügeln. In einem Land, das zwei Jahrhunderte des Aufruhrs und der Zerrüttung hinter sich hatte, nur um dann die zentrale Autorität einer kommunistischen Regierung von deren radikalen Vertretern unterminiert zu sehen, betrachtete man die Polizeigewalt als ein stabilisierendes Element. Die Geltung von Gesetz und geordneten Verfahren auf der Basis anerkannter Grundrechte ist in der chinesischen Rechtstradition nicht fest verwurzelt. Unter den Kaisern waren Gesetze nie kodifiziert worden, und die Versuche, einen Kodex nach europäischen Modellen in der Republik einzuführen, faßten nie wirklich Fuß und hatten keinerlei Einfluß auf die chinesische Gesellschaft und das Leben des einzelnen. China ist nie eine pluralistische Gesellschaft gewesen, in der für Andersdenkende gesicherter Platz wäre. Aber Vorstellungen von Fairneß und Gerechtigkeit waren in China ebenso lebendig wie in anderen Nationen. Richter sollten gerecht und unbestechlich sein, wenngleich man diesem Ideal in Zeiten der Wirren nur selten nahekam. Kaiserliche Zensoren sollten sich an den Kaiser wenden, wenn er ungerecht handelte oder wenn seine Beamten Willkür übten. War der Kaiser mit dem Einspruch nicht einverstanden, konnte der Zensor hingerichtet werden. Aber viele Zensoren, Richter und Beamten waren bereit, das zu riskieren, und die chinesische Volksliteratur ist ihres Lobes voll. Streben nach Gerechtigkeit ist ein Teil des chinesischen Erbes, obwohl es keine starke Tradition formalisierter Rechtsprechung gibt.

Es gibt kein Gesetzbuch in der Volksrepublik China. Das geltende System von Sanktionen und Normen scheint sowohl auf den chinesischen Traditionen gesellschaftlicher Konformität als auf sowjetisch-marxistischen Konzeptionen vom Staat als dem legalen Garanten der Diktatur des Proletariats zu beruhen. In mancher Hinsicht passen chinesische und marxistische Rechtsauffassungen recht gut zueinander. In anderer Hinsicht widerspricht Maos Idee der permanenten Revolution dem sowjetischen System kodifizierter und formalisierter Sanktionen, so biegsam sie auch unter politischem Druck sein mögen. Im maoistischen Denken stellen kodifiziertes Recht und feststehende rechtliche Verfahrensweisen Hindernisse für revolutionäre soziale Veränderungen dar. Das Fehlen von Gesetzen und Verfahrensweisen wird als ein wertvolles Instrument betrachtet, mit dessen Hilfe Bewegungen und Unsicherheitsfaktoren geschaffen werden können, um die Entwicklung eines versteinerten bürokratischen Systems und neuer Klassenstrukturen zu verhindern. Aber es kann kaum Zweifel geben, daß der verschwommene Rahmen von Verwaltungsnormen und ideologischen Forderungen in einem riesigen Land mit mehr als 800 Millionen Menschen eigene Probleme aufwirft. Die maoistischen Konzepte der gesellschaftlichen Interaktion entstanden in den Jahren der revolutionären Kämpfe in kleinen Gebieten, die selbst für chinesische Verhältnisse unterentwickelt waren. Wo jeder jeden kennt, funktionieren informelle Verfahren zur Beilegung gesellschaftlicher Konflikte sehr gut. In einem riesigen Land mit einer sich entwickelnden modernen Industrie werden die Beziehungen immer komplexer, und verläßliche Standards zur Beilegung von Streitigkeiten oder zur Bestrafung von Verstößen werden immer notwendiger.

Da in chinesischen Zeitungen nicht über Urteile und Strafen berichtet wird und es, von wenigen Ausnahmen abgesehen, auch keine Beschreibungen von Gerichtsverfahren gibt, sind ausländische Beobachter bei ihrer Einschätzung des Strafmaßes für Verbrechen auf die Hinweise in Maueranschlägen angewiesen, die sie zufällig zu sehen bekommen. Soweit sich solche Erkenntnisse verallgemeinern lassen, werden Mordtaten gewöhnlich mit dem Tod durch Erschießen bestraft. Bei Vergewaltigungen schwankt das Strafmaß zwischen fünf Jahren und 25 Jahren, aber für solche Unterschiede mag es gute

Gründe geben, die aus dem kurzen Text der Maueranschläge nicht hervorgehen. Anders läßt sich kaum erklären, daß ein Mann nur mit fünf Jahren Arbeitslager bestraft wurde, obwohl ihm vorgeworfen wird, fünf Bauernmädchen aus seiner Kommune vergewaltigt zu haben, während in anderen Fällen eine Vergewaltigungsanklage zu einer Strafe von 25 Jahren führt. Noch schwieriger sind Delikte zu beurteilen, bei denen auf den Maueranschlägen politische Vorwürfe Teil der Anklage sind. Da kann einem Dieb konterrevolutionäres Verhalten vorgeworfen werden, eben weil das Stehlen Ausdruck eines falschen politischen Bewußtseins ist, aber er wird bestraft wie jeder gewöhnliche Dieb. Andererseits erfuhren Ausländer von Todesstrafen, die für konterrevolutionäre Akte während des Kampfes mit der »Viererbande« ausgesprochen wurden – ohne daß sich aus den Maueranschlägen erkennen ließe, ob der Bestrafte an blutigen Ausschreitungen gegen politische Funktionäre teilgenommen oder nur die Ideen der »Viererbande« vertreten hätte. Es scheint als sei in einem Fall die Kritik am Vorsitzenden Hua Guo-feng mit dem Tode bestraft worden, aber diese Kritik soll in einem Schreiben an eine Stelle in Hongkong geäußert worden sein und vielleicht handelte es sich eigentlich um einen Spionagefall. Die Vermischung politischer und juristischer Vorwürfe macht es schwer möglich, die Urteilsbegründungen zu analysieren und richtig einzuschätzen.

Mehr noch als andere Bereiche des chinesischen Lebens stand das Rechtssystem im Mittelpunkt der Auseinandersetzungen zwischen den verschiedenen Parteiflügeln. Es schien in den Fluten der Kulturrevolution verschwunden zu sein, um in den Jahren der Wiedereinführung einer zentralen Autorität erneut aufzutauchen. Kein Ausländer hat je auch nur den geringsten Einblick in die internen Diskussionen zwischen chinesischen Juristen und politischen Funktionären bekommen. Aber es gab in den Jahren zwischen 1972 und 1975 Anzeichen dafür, daß man sich bemühte, verläßliche Rechtsnormen und Verfahrensweisen wieder einzuführen. Nach dem Sturz der »Viererbande« wurden diese Bemühungen wieder aufgenommen, obwohl die »Bande« und ihre Anhänger kaum davon profitierten. Ihr Fall war jedoch ein besonderer und Teil des revolutionären und konterrevolutionären Kampfes und der Verschwörung – zu politisch und zu gefährlich, um ihn den Gerichten zu überlassen. Auf die Dauer wird China sich wieder der Aufgabe widmen müssen, ein Justiz- und Schlichtungssystem zu schaffen, das den Anforderungen eines riesigen, sich modernisierenden Landes sowie den Bedürfnissen seiner Bürger und seiner Industrie gerecht wird, mit Normen, die so flexibel sind, daß es sich älteren Konzeptionen und künftigen sozialen Veränderungen anpassen kann.

Justiz ohne Gesetzbuch: Wie chinesische Juristen das Rechtssystem erklären

1974 trafen meine Frau und ich mit fünf leitenden Mitgliedern des Instituts für Rechts- und Politische Wissenschaften in Guandong zusammen, ein Institut der Provinz Guandong, das in seinen Funktionen der Abteilung für Rechtswissenschaft der Akademie der Wissenschaften in Peking vergleichbar ist. Der Hauptsprecher der Gruppe, Gao Kun-feng, war Vorsitzender des Instituts und war früher Präsident des Mittleren Gerichts der Stadt Kanton gewesen. Einen Nachmittag lang erklärte er mir geduldig das Rechtssystem der Volksrepublik China. Meine Frau und ich schrieben die Antworten wörtlich mit. Soweit ich weiß, gibt es keine ähnliche Aufzeichnung eines Interviews mit chinesischen Rechtsexperten.

Frage: Was sind die Hauptaufgaben der chinesischen Gerichte?

Antwort: China ist ein sozialistischer Staat. Die Gerichte sind Werkzeuge des Proletariats. Sie beschäftigen sich mit Kriminal- und Zivilfällen. Ihre Aufgaben bestehen darin, Verbrecher zu bestrafen, zivilrechtliche Klagen zu entscheiden, die Diktatur des Proletariats zu stärken, die öffentliche Ordnung zu erhalten, öffentliches Eigentum zu schützen, die Rechte und Rechtsansprüche der Bürger zu bewahren und sicherzustellen, daß die sozialistische Revolution und der sozialistische Aufbau erfolgreich durchgeführt werden. Durch die Tätigkeit der Gerichte werden die Bürger dazu erzogen, für das sozialistische Mutterland zu arbeiten und den vom Staat festgelegten Gesetzen und Verordnungen Folge zu leisten. Dies sind die Aufgaben des Gerichts. Grundlagen der Arbeit des Gerichts sind die Politik der Partei und das Gesetz des Staates. Die Gerichte arbeiten auch im Interesse und nach den Wünschen des Volkes. In Kriminalfällen stützt sich ihre Arbeit auf Beweise und Untersuchungen. Erzwungene Geständnisse sind streng verboten. Die Grundlagen der Durchführung zivilrechtlicher Prozesse sind das Vertrauen in die Massen und eine sorgfältige Untersuchung, die Vorrangstellung der gütlichen Einigung und die Lösung der Probleme an Ort und Stelle bzw. am jeweiligen Ort.

Frage: Was ist die Rechtsgrundlage der Tätigkeit der Gerichte?

Antwort: China ist ein sozialistisches Land. Die ideologische Grundlage, an der sich die Tätigkeit der Gerichte orientiert, ist die marxistisch-leninistische Staats- und Rechtsauffassung. Die Gerichte folgen dem Kurs der Massen unter der Führung der Partei. Wir arbeiten im Sinne der Politik der Partei und im Interesse des Volkes. Unser Land hat jetzt kein veröffentlichtes Gesetzbuch, aber wir haben Einzelbestimmungen bezüglich besonderer Strafen. Zum Beispiel Bestimmungen für die Bestrafung von Konterrevolutionären.

Trifft keine besondere Bestimmung für einen Fall zu, handeln wir im Sinne der Parteilinie.

Frage: Wie ist das Gerichtssystem aufgebaut? Gibt es Berufungsmöglichkeiten?

Antwort: Wir unterscheiden zwei Arten von Gerichten: den Obersten Gerichtshof und örtliche Gerichte. Diese gliedern sich in verschiedenen Ebenen: a) die Hohen Gerichte in Provinzen und Großstädten unter der direkten Aufsicht der Zentralregierung und in den autonomen Regionen; b) die Mittleren Gerichte in Provinzdistrikten und Städten, die direkt der Provinz unterstehen; c) die Basisgerichte (Unteren Gerichte) in Bezirken und kleineren Städten unter direkter Autorität der Distrikte und in den Verwaltungsdistrikten größerer Städte, die der Provinz unterstehen. Um den Bedürfnissen der sozialistischen Revolution und des sozialistischen Aufbaus gerecht zu werden, gibt es einige Sondergerichte, die für besondere Fälle zuständig sind, also Militärgerichte, Gerichte in Bergwerksgebieten und Eisenbahngerichte.

Frage: Was ist die Aufgabe des Obersten Gerichtshofes?

Antwort: Die Höheren, Mittleren und Basisgerichte in Provinzen und Ortschaften haben alle das Recht, strafrechtliche Fälle zu entscheiden. Beispielsweise führen sie Verhandlungen, verurteilen einige Kriminelle zu Zwangsarbeit und vollstrecken Strafen wie Zwangsarbeit, Gefängnis oder die Todesstrafe. Lokale Gerichte können sich mit all diesen Fällen beschäftigen. Wenn sie die Todesstrafe verhängen, müssen sie sich an das nächsthöhere Gericht wenden und dieses wieder an das nächsthöhere, bis auch der Oberste Gerichtshof zustimmt. Die Todesstrafe kann nur nach der Zustimmung des Obersten Gerichtshofes vollstreckt werden.

Wenn der Angeklagte nicht von dem Urteil überzeugt ist, besteht die Möglichkeit eines Berufungsverfahrens. Wir haben ein zweistufiges Verhandlungssystem. Ein Fall kann nur zweimal verhandelt werden, und dann ist er erledigt. Zum Beispiel kann ein Basisgericht den Fall behandeln und den Angeklagten verurteilen. Er kann sich dann an ein Mittleres Gericht wenden. Das Mittlere Gericht spricht das endgültige Urteil. Man kann nur einmal Berufung einlegen. Das Mittlere und das Höhere Gericht entscheiden nach dem zweiten Verfahren über das endgültige Urteil. Im Ortsgericht (Basisgericht) kann es ein Vorverfahren und ein abschließendes Verfahren geben. Beim Obersten Gerichtshof gibt es nur ein abschließendes Verfahren. Das Mittlere oder das Höhere Gericht führen abschließende Verfahren durch. Aber um den ernsten Charakter des Gesetzes zu bewahren, um einen Fall unter Einbeziehung aller Tatsachen zu behandeln und um einer ernsthaften und umsichtigen Haltung willen kann es ein drittes Verfahren geben. Ist der Angeklagte nach dem zweiten Verfahren nicht überzeugt, muß er sich dem Urteil fügen und dorthin gehen, wohin er geschickt wird, aber er kann sich doch an das nächsthöhere Gericht wenden. Das ist nicht Teil des normalen Rechtsweges, aber es ist erlaubt. Betrachtet das Höhere Gericht den Fall als korrekt behandelt, wird die Berufung abgelehnt. Ansonsten kann das Höhere Gericht ein neues Verfahren verlangen, damit ein gerechteres und korrekteres Urteil zustande kommt.

Frage: Was ist der Zuständigkeitsbereich der verschiedenen Gerichte?

Antwort: Wenn ein Unteres, Basis- oder Mittleres Gericht mit einem Fall befaßt wird, den es für wichtig oder schwierig hält, oder mit einem Fall, der Bereiche oder Aspekte enthält, für die es sich nicht als ausreichend kompetent betrachtet, kann das Untere Gericht ein Höheres Gericht ersuchen, das Vorverfahren zu übernehmen. Kommt ein unkomplizierter Fall, bei dem das Delikt nicht schwer ist, vor ein Mittleres oder Höheres Gericht oder vor den Obersten Gerichtshof, braucht dieses nicht das Vorverfahren durchzuführen. Das Gericht kann den Fall an ein niedrigeres Gericht verweisen oder weiterleiten.

Frage: Gibt es hauptberufliche Richter, Staatsanwälte und Verteidiger?

Antwort: In China hat eine beispiellose Revolution stattgefunden. In ihren späteren Stadien haben wir unsere Aufgabe – Kampf, Kritik und Veränderung – erfüllt. Um den Überbau, der einer sozialistischen ökonomischen Basis nicht entsprach, zu vereinfachen, zu verbessern und zu verändern und um das Verfahren im Bereich der Rechtsprechung zu vereinfachen, wurde das Amt des Staatsanwalts abgeschafft. Bei Gericht gibt es heute keinen Anklagevertreter mehr, ebensowenig wie besondere Verteidiger. Da wir keine hauptberuflichen Rechtsanwälte haben, sprechen der Angeklagte und der Kläger für sich selbst. Aber das Recht zur Verteidigung ist erhalten geblieben.

Kurz nach der Befreiung hatten wir Verteidiger, denn die Volksrepublik bestand noch nicht lange. Vielen Menschen hatte man vor der Revolution ihr Recht auf Bildung vorenthalten. Das alte China war kulturell rückständig. Für die arbeitende Bevölkerung gab es keine Schulbildung. Nach der Einführung der neuen Gesellschaft konnte das kulturelle Niveau nicht so schnell angehoben werden. Die Leute konnten sich nicht selbst verteidigen, weil sie die Gesetze oder Vorschriften nicht lesen konnten. Darum blieb das Verteidigersystem noch einige Zeit nach der Befreiung erhalten. Das Land machte eine wirtschaftliche Wandlung durch; es beseitigte das Analphabetentum und führte soziale Reformen und politische Bewegungen durch. Die Revolution, die sozialistische Bewegung und der sozialistische Aufbau verbesserten den Lebensstandard der arbeitenden Bevölkerung. Die Kinder gehen jetzt zur Schule, und ältere Leute besuchen Kurse, in denen sie lesen lernen. Als Ergebnis stiegen das politische Bewußtsein und das kulturelle Niveau an. Jetzt vertrauen wir prinzipiell den Massen und folgen ihrem Kurs. Wir haben Gesetze und Verordnungen veröffentlicht und haben sie dem Volk bekanntgemacht. Die erste Verfassung wurde nach ausgiebiger Diskussion durch die Massen veröffentlicht. Deshalb kennt das Volk die Gesetze und Verordnungen. Wenn sie vor Gericht müsssen, erscheinen sie dort, um für sich selbst zu sprechen. Sie geben kein Geld für einen Rechtsanwalt aus. Als Folge davon verschwand das Verteidigersystem von selbst. Es gab sie noch, aber niemand beanspruchte sie. Der Angeklagte hat das volle Recht, für sich selbst zu sprechen, obwohl es keinen Verteidiger gibt. Das ist keine absolute Regel. Wenn der Angeklagte meint, seine Geschichte wegen eines Gebrechens selbst nicht klar darlegen zu können – er mag ein schlechtes Gedächtnis haben, alt, taub oder stumm sein oder Sprachschwierigkeiten haben –, kann er einen Verwandten oder Leute von der Institution, der er angehört, bitten, für ihn zu sprechen. Im Falle eines angeklagten Ausländers mit Sprachschwierigkeiten übernimmt das Gericht die Aufgabe, einen Dolmetscher für ihn zu finden. Der angeklagte Ausländer darf die Institution, bei der er arbeitet, Leute, die er kennt oder Universitätsprofessoren oder Professoren der Institute für Politik- und Rechtswissenschaft vorschlagen und sie bitten, für ihn zu sprechen und ihn zu verteidigen.

Wir arbeiten nach dem Staatsgesetz und den Lehren Mao Tse-tungs. Er lehrt uns, jeden Konterrevolutionär zu beseitigen, bei jedem Fall Fehler zu korrigieren, unsere Wachsamkeit zu erhöhen, jeden Sonderagenten des Feindes zu vernichten und uns vor Abweichungen zu hüten, um einem Unschuldigen nicht unrecht zu tun. Selbst wenn es keinen Verteidiger gibt, sollte ein Fall vom Gericht korrekt behandelt werden. Wir lassen uns von den oben genannten Grundsätzen leiten. Was hauptberufliche Richter angeht, so gibt es keine auf Lebenszeit berufenen Richter. Wir nennen sie auch nicht mehr Richter und auch nicht Beamte wie im alten China, wo sie hohe Beamte waren. Wir nennen sie einfach Mitarbeiter des Gerichts oder Justizarbeiter. Das kommt den einfachen Leuten näher. Jemand mag Präsident eines Gerichts sein oder ein Justizarbeiter oder ein Gerichtsstenograph – alles Beamte auf verschiedenen Ebenen –, sie alle sind ungeachtet ihrer Stellung Diener des Volkes.

Die meisten Justizarbeiter stammen aus Arbeiter-, Bauern- oder Militärkreisen. Sie werden durch tägliche revolutionäre Arbeit ausgebildet, durch Beteiligung an Kampf und Praxis. Eine kleine Minderheit kommt von der Universität – aus den juristischen Abteilungen oder von den Instituten für Politik- und Rechtswissenschaft. Vom Gerichtspräsidenten bis zum Justizarbeiter eines beliebigen Gerichtes – sie werden alle vom Revolutionskomitee derselben Ebene berufen.

Frage: Welche Rolle spielen die Massen als Ankläger und Verteidiger?

Antwort: Wenn wir uns bei unserer Arbeit mit einem Fall beschäftigen, berücksichtigen wir prinzipiell den Kurs der Massen und die Arbeit besonderer Organisationen. Wenn der Fall vorliegt, geht das Justizpersonal zu den Massen, um die Untersuchung durchzuführen und Nachforschungen anzustellen, um die Wahrheit zu finden, die Beweise zu überprüfen und die Massen nach ihrer Ansicht zu fragen. Das Gericht fällt das endgültige Urteil in dem Fall, wenn diese Arbeit getan ist, wenn die Tatsachen klar, die Beweise unumstößlich sind und die Meinung der Massen berücksichtigt ist. Ist es ein Fall von großer Tragweite oder hat er eine wichtige erzieherische Bedeutung, wird das Material nach der Untersuchung durch das Gericht in der Öffentlichkeit verbreitet – in Fabriken, Kommunen und anderen Organisationen – und der Name des Angeklagten, sein Alter, sein Geburtsort und sein Verbrechen bekanntgegeben. Die Massen können dann den Fall diskutieren und Vorschläge machen, wie der Angeklagte bestraft werden soll, z. B. ob lebenslänglich oder Todesstrafe. Nach der Verteilung des Materials und einer Massendiskussion sammelt das Gericht das Urteil und die Meinungen der Massen, analysiert sie und sieht, was die Massen meinen, und welche Meinung richtig ist. Das Gericht analysiert sie und hält sich an die richtige, die ihm bei der Urteilsfindung hilft. Wenn der Fall so behandelt wird, ist der Richterspruch korrekter und trägt zur Erziehung der Massen bei. Deshalb beachten die Massen das Gesetz und die Verordnungen auf der Grundlage ihres gehobenen politischen Bewußtseins. So behandelte Fälle zeigen auch, daß die Bevölkerung Herr im eigenen Land geworden ist.

Frage: Welche Strafen gibt es?

Antwort: Strafen fallen in zwei Kategorien. Es gibt die Hauptstrafe und die Neben- oder zusätzliche Strafe. Die Hauptstrafe besteht aus Zwangsarbeit, lebenslänglicher oder begrenzter Haft oder dem Tod. Zusatzstrafe kann die Aberkennung der politischen Rechte sein, die Beschlagnahmung des Eigentums. Diese Nebenstrafen sind normalerweise an eine Hauptstrafe gebunden. Zum Beispiel kann zu einer Gefängnisstrafe von fünf Jahren eine Aberkennung der politischen Rechte auf zwei Jahre kommen. Manchmal wird die Zusatzstrafe auch unabhängig davon ausgeführt; beispielsweise durch die Beschlagnahmung des Eigentums.

Frage: Welche Rolle spielt die Umerziehung durch Arbeit?

Antwort: Alle zu Gefängnisstrafen verurteilten Verbrecher werden auf Bauernhöfe oder zur Umerziehung durch Arbeit geschickt, damit sie sich durch körperliche Arbeit bessern. Der Zweck der Umerziehung durch Arbeit ist es, einen Kriminellen dazu zu bringen, sich selbst zu erziehen, damit er ein Arbeiter wird, der von seiner eigenen Arbeit leben kann. Das bedeutet, daß wir die Rache des Proletariats an der reaktionären Klasse ausführen. Wir zerstören die reaktionären Elemente nicht physisch, sondern schicken sie an einen Ort, wo sie sich durch körperliche Arbeit bessern können. Während der Gefangenschaft werden sie auch ideologisch erzogen. Dadurch werden sie zu einer neuen Art von Mensch, der sich durch seine eigene Arbeit ernähren kann. Weil diese Reaktionäre vorher nicht körperlich gearbeitet haben und Arbeit ablehnten, werden sie ideologisch umerzogen, so daß sie fähig sind, auf der Seite des Sozialismus zu stehen. So sind sie in der Lage, ein Mensch neuer Art zu werden. Das Prinzip der Behandlung von Kriminellen ist es, Druck mit Nachsicht zu verbinden – Nachsicht für den, der gesteht, und Strenge für den, der Widerstand leistet. Der Verbrecher kann die Schwere der Tat mildern, wenn er zur Beilegung des Falles beiträgt. Ist sein Beitrag groß, kann er nachsichtig behandelt oder sogar belohnt werden – wenn der Verbrecher, der auf der Umerziehungsfarm arbeitet, sein Verbrechen zugibt und sich dem Gesetz unterwirft, wenn er bereit ist, sich zu ändern, keine kriminellen Handlungen mehr zu begehen und sich normal zu betätigen. Das Gericht kann, wenn er erzogen und gebessert ist und sich gut verhält, die Strafe verringern oder verkürzen, je nach den Vorschlägen der Umerziehungsfarm. Nur zu Haftstrafen verurteilte Verbrecher kommen auf eine Umerziehungsfarm. Die Umerziehung findet hauptsächlich in der Landwirtschaft statt, in einigen Fällen in der Industrie.

Solche Täter, die zu einer anderen Strafe als Haft verurteilt sind, werden unter öffentliche Aufsicht gestellt. Sie arbeiten an ihrem alten Arbeitsplatz, dürfen sich aber nicht an Versammlungen usw. beteiligen und werden öffentlich beaufsichtigt. Sie müssen sich bei einem Gremium melden, das ihr Verhalten überwacht. Diese Art von Tätern wird nicht auf eine Umerziehungsfarm geschickt. Die Massen überwachen ihre Tätigkeiten, können dem Gericht Vorschläge über die Dauer der Strafe machen und sie verkürzen. Die längste Überwachungsperiode beträgt drei Jahre.

Es gibt Täter, die mit abscheulichen Verbrechen die Massen sehr aufgebracht haben. Wenn die Massen nach dem Urteil besänftigt werden können, sprechen wir die Todesstrafe aus, aber mit einem Aufschub von zwei Jahren. Statt erschossen zu werden, muß er Zwangsarbeit tun, um zu zeigen, wie er sich verhält. Wenn er nach zwei Jahren Zwangsarbeit ein Geständnis ablegt, sich unterwirft und gut aufführt, wird die Todesstrafe nicht vollstreckt. Er wird neu verurteilt, zu lebenslanger oder begrenzter Haft.

Frage: Es gab Berichte von Hinrichtungen in Kanton. Was waren die Verbrechen?

Antwort: In der Volksrepublik China ist die Todesstrafe nicht abgeschafft worden, aber wir glauben nicht an Exekutionen – die Erschießung von Verbrechern –, um die Macht des Staates zu behaupten. Sehr, sehr wenig Verbrecher werden zum Tode verurteilt. Es hat kaum Täter gegeben, die so gräßliche Verbrechen begangen haben, daß die Massen nur beruhigt werden konnten, indem man die Täter erschoß. Diese wenigen werden zum Tode verurteilt und hingerichtet. Obwohl einige Verbrecher monströse Verbrechen begangen haben, kann der Zorn der Massen besänftigt werden, wenn man die Täter auf Umerziehungsfarmen schickt.

Was die Nachrichten über die Hinrichtung einer bestimmten Zahl von Verbrechern angeht, so ist es wahr, daß wir ein paar Personen zum Tode verurteilt haben. Die Zahl war übertrieben. Quellen in Hongkong haben kürzlich berichtet, daß in Guangzhou eine Gruppe von Kriminellen getötet worden sei; Dutzende seien erschossen worden. Die Leute, die diese Nachricht verbreitet haben, hatten unterschiedliche Beweggründe. Sie berichten vielleicht über China mit Hintergedanken. Vielleicht sind es Leute, die gern übertreiben oder Leute, die das Gras wachsen hören. Sie hören etwas über einen Fall und machen ein bißchen mehr daraus. Sie versuchen, Gerüchte zu übertreiben oder auszumalen und bauschen sie auf. Wer die chinesische Sprache nicht gut beherrscht, sieht die Namensliste und nimmt an, man habe alle erschossen. Das ist nicht wahr. Auf der Liste standen sehr wenige, die monströse Verbrechen begangen hatten, wo die Massen nur beruhigt werden konnten, indem man sie erschoß. Es gab auch viele, die zu Haftstrafen verurteilt waren. Auf der Liste standen sogar Leute, die neu verurteilt wurden und deren Strafe verkürzt wurde. Und es standen auch die Namen von Personen darauf, denen man die Strafe wegen guter Führung erlassen hatte. Die Namensliste umfaßt verschiedene Arten von Personen mit verschiedenen Strafen. Auf der Liste gab es sehr wenige, die zum Tode verurteilt und hingerichtet wurden. Solche Personen sind feindliche Spezialagenten. Einer schlich sich mehr als zehnmal nach Kanton ein. Er sammelte Informationen über militärische Angelegenheiten, politische Bewegungen, Wirtschaft und Kultur. Er versuchte auch, die konterrevolutionäre Organisation zu verbreiten, machte konterrevolutionäre Propaganda, brachte reaktionäre Blätter und Zeitschriften mit. Nach seiner Verhaftung weigerte er sich, ein Geständnis abzulegen und sein Verbrechen zuzugeben. Er ging von seinem reaktionären Standpunkt nicht ab. In seinem Fall konnten die Massen nur dadurch besänftigt werden, daß er hingerichtet wurde. Personen wie er – ein feindlicher Agent – werden zum Tode verurteilt.

Frage: Warum gibt es in China noch Verbrechen?

Antwort: Seit der Gründung der Volksrepublik China sind 20 Jahre vergangen. In 20 Jahren wurden sozialistische Reformen durchgeführt, die sozialistische Revolution, und mit der Revolution und dem sozialistischen Aufbau wurden große Erfolge erzielt, besonders auf dem Gebiet der Industrie und Landwirtschaft. Der Lebensstandard des Volkes ist gestiegen. Die Diktatur des Proletariats hat sich gefestigt. Die sozialistische Sicherheit und die sozialistische Ordnung sind größtenteils erfolgreich. Die Zahl der Kriminalfälle und Vergehen ist gesunken. Warum werden heute noch Verbrechen verübt? Der wesentliche Grund ist die Existenz von Klassen. Solange es Klassen gibt, werden Verbrechen begangen, besonders heute, in einer Welt, in der es noch immer Sozialimperialisten, Imperialisten, Revisionisten und Reaktionäre gibt. Chiang Kai-shek, der Feind des ganzen chinesischen Volkes, verschanzt sich immer noch in der Provinz Taiwan. Alle diese Reaktionäre versuchen auf tausendundeine Weise, die Volksrepublik China umzustürzen oder zu untergraben. Sie schicken oft Sonderagenten, Spione auf das chinesische Festland, um sich in Verschwörungen und subversive Tätigkeiten einzuschalten. Diese Tätigkeiten sind Verbrechen. Die reaktionäre Klasse ist besiegt, aber reaktionäre Elemente gibt es noch. Es ist sehr schwer, den reaktionären Standpunkt, reaktionäres Denken und reaktionäre Ideologie zu verändern. In China selbst gibt es noch Landbesitzer, reiche Bauern, reaktionäre Elemente und Konterrevolutionäre, die nicht gründlich umerzogen worden sind. Diese Reaktionäre, Landbesitzer, reiche Bauern, reaktionäre Kapitalisten und einige schlechte Elemente sind noch Reste von Chiang Kai-sheks Regime; sie beteiligten sich nicht an körperlicher Arbeit, sondern lebten von den Früchten der arbeitenden Bevölkerung und hegen einen bitteren Haß gegen das neue China.

In der internationalen Arena gibt es Imperialisten, Sozialimperialisten, Revisionisten und Reaktionäre, die gegen China tätig sind. Sie verschaffen den schlechten, ungebesserten, reaktionären Elementen Gelegenheiten und geben ihnen eine Chance. Deshalb haben die konterrevolutionären Tätigkeiten von Reaktionären in der Welt ebenfalls die Qualität des Klassenkampfes. Das ist der wesentliche Grund, warum noch Verbrechen verübt werden. Es ist die Existenz von Klassen und Klassenwidersprüchen und Klassenkampf.

Unter diesen komplizierten Gegensätzen bestehen einige zwischen dem Feind und uns, aber auch Gegensätze zwischen uns selbst. Es gibt einen Gegensatz zwischen den Arbeitern und der Bourgeoisie, der den Charakter eines Kampfes auf Leben und Tod mit dem Feind hat. Nach der Befreiung wollte man die Bourgeoisie verändern, sich ihrer bedienen und ihre bürgerlichen Aktivitäten eingrenzen. Akzeptieren sie die Veränderung, kann der Gegensatz zwischen der Arbeiterklasse und den Kapitalisten und der Bourgeoisie zum Gegensatz im Volk gemacht werden. Wenn die schlechten Elemente sich gegen das chinesische Volk verschwören oder die Diktatur des Proletariats untergraben, sind sie konterrevolutionär. Wird ein solcher Gegensatz im Volk nicht richtig behandelt, dann kann er dem Gegensatz zwischen dem Feind und dem Volk ähnlich werden. Das ist der Grund für den Aufstieg der neuen Konterrevolutionäre. Diese Feinde treten nur während scharfer, komplizierter Klassenkämpfe auf. Wenn der Gegensatz zwischen Feind und Volk richtig behandelt wird, wenn reaktionäre Elemente erzogen werden und die Führung der Partei anerkennen, wenn sie Versuche, die Volksrepublik China umzustürzen, aufgeben, dann wird der Gegensatz zu einem Gegensatz im Volk.

Die wesentlichen Gründe dafür, daß heute Verbrechen verübt werden, sind die Existenz von Klassen, Klassengegensätzen und Klassenkampf. Klassenkampf ist ein Kampf auf Leben und Tod. In den vergangenen 20 Jahren hat uns die Erfahrung gelehrt, daß der Klassenkampf sehr lange dauern und mitunter sehr schwierig sein wird. Somit hat die Zahl der Verbrechen viel mit dem Grad der Intensivierung und der Schärfe des Klassenkampfes zu tun.

Seit 1949 haben wir die Gesetze des Klassenkampfes beobachtet. Er wogt hin und her, wird manchmal intensiver, dann wieder schwächer. Wenn der Klassenkampf sich also verschärft und intensiviert, bedeutet dies, daß die Konterrevolutionäre wieder aktiv dabei sind, die Volksrepublik China zu untergraben. In einer derartigen Periode kann sich die Zahl der Verbrechen erhöhen. Sonst nimmt sie ab. Somit wird die Zahl der Verbrechen vom Kampf in der Welt, in der internationalen Arena, beeinflußt. Wenn die Imperialisten, Revisionisten und Reaktionäre eine antikommunistische und antichinesische Stimmung anheizen, dann verschärft sich der Klassenkampf, und dann werden mehr Verbrechen begangen. Das verschafft den Landbesitzern und Reaktionären in China Gelegenheit zu konterrevolutionären Aktivitäten. Die Zahl der Verbrechen steht in direkter Beziehung zu der Intensivierung des Klassenkampfes.

Frage: Ist der Angeklagte bei Massendiskussionen anwesend?

Antwort: Bei der Massendiskussion ist der Angeklagte nicht anwesend. Im allgemeinen liefert die Massendiskussion den Massen Material über das Verbrechen (die Einzelheiten der Tat) und über den Verbrecher. Es gibt Gelegenheiten, wo der Angeklagte anwesend sein kann: wenn die Versammlung zur Kritik an dem Verbrechen, zur Bekämpfung des Verbrechens und zur Verdammung des Verbrechens dient. Die Kritik- und Diskussionsversammlungen werden von den Massen in der Ortschaft durchgeführt, wo das Verbrechen begangen wurde.

Frage: Finden die Hinrichtungen in der Öffentlichkeit statt?

Antwort: Die Hinrichtung ist öffentlich.

Frage: War die Exekution des Spions die einzige in der letzten Zeit?

Antwort: Es gab auch einen Mörder, der zwei Menschen umgebracht hatte.

Frage: Wo fanden die Hinrichtungen statt?

Antwort: Auf dem Richtplatz.

Es ist bezeichnend für die Flexibilität des chinesischen Justizsystems, daß der Vorsitzende des Instituts für Rechts- und politische Wissenschaften in Guandong schon im Frühjahr 1974 davon sprechen konnte, daß die Staatsanwaltschaften abgeschafft worden seien, obwohl dies erst Anfang 1975 mit Annahme der neuen Verfassung offiziell beschlossen wurde. In den Auseinandersetzungen nach der Kulturrevolution ließen sich Veränderungen in der staatlichen Rechtsstruktur offensichtlich auch ohne gesetzliche Grundlagen vollziehen. Im März 1978 erschien die Institution der Staatsanwaltschaften ohne besondere Ankündigung wieder in der neuen Verfassung. Kein Bürger dürfe ohne Haftbefehl eines Volksgerichts oder einer Staatsanwaltschaft verhaftet werden, sagt die Verfassung von 1978. Der Artikel fährt fort: »Die Verhaftung muß durch Organe der Öffentlichen Sicherheit vorgenommen werden.« Westlichen Beobachtern mag das neue Grundgesetz Chinas durchaus als eine *Law-and-Order-*Verfassung erscheinen, die die Pflichten gegenüber Staat und Gemeinschaft stärker betont als die individuellen Rechte. Aber der häufige Hinweis auf Recht und Gesetz, der in der Verfassung selbst und in den Reden des 5. Volkskongresses immer wieder auftauchte, vermittelte den Chinesen ein Gefühl größerer Sicherheit. In den Jahren des Machtkampfes hatten die Anhänger der »Viererbande« ihre Gegner durch Volksmilizen verhaften und in eigenen Umerziehungslagern festhalten können. Da mußte die Rückkehr zu strengen Gesetzen und einer Stärkung der Öffentlichen Sicherheitsorgane mit Erleichterung aufgenommen werden. Nach der Furcht und Unsicherheit in den Jahren des radikalen Machtkampfes erscheint selbst die Wiederherstellung starker staatlicher Machtstrukturen als ein Schritt zur Verwirklichung eines elementaren Menschenrechts auf Schutz vor Willkür.

Jeder kann mitmachen: eine Nachbarschaft in Shanghai

Vom alten Shanghai ist nur noch die Hülle übriggeblieben: die Silhouette aus westlichen Hotels, Banken und Clubs entlang dem Bunt, der herrlichen Promenade am Whampoa-Fluß. Sonntags posieren junge Paare für Fotos in dem kleinen Park, der einst für »Chinesen und Hunde« verboten war. Frühmorgens versammeln sich Hunderte von Leuten, um ihre Übungen am Fluß zu absolvieren, z. B. die komplizierten Figuren des Schattenboxens oder einfache Gymnastik. An Wochenenden scheinen sich Hunderttausende durch die Nanking-Straße zu drängen, die einst eine der teuersten Einkaufsstraßen der Welt war, wo jetzt aber die alltäglichen chinesischen Gebrauchsgegenstände verkauft werden. Shanghaier Geschäfte bieten immer noch ein größeres Angebot an Konsumgütern als die in anderen chinesischen Städten. Die Schuhe in den Schaufenstern sehen irgendwie modischer aus, obwohl sie sich nicht wirklich von der durchschnittlichen chinesischen Fußbekleidung unterscheiden; und es gibt Leute in Peking, die sich ihre blauen Winterjacken von Freunden aus Shanghai in die Hauptstadt schicken lassen. Man kann es am Schnitt erkennen, daß sie eleganter sind, sagen sie, und nach einigen Monaten oder Jahren erkennt sogar das Auge eines Ausländers die feinen Unterschiede. Es gibt immer noch ein Café, das Wiener Apfelstrudel und Torten an zahllose Shanghaier Bürger verkauft, und ein Restaurant, das früher »Chez Louis« und heute »Das Rote Haus« heißt, in dem die Chinesen westliche Gerichte mit Messer und Gabel essen. Es schien sogar einen kleinen schwarzen Markt in einer der Seitenstraßen beim Fluß zu geben, wo die Leute verstohlen Fahrradteile und handgeschriebene Broschüren austauschten – keine Untergrundliteratur, sondern Kochbücher und Basteltips, soweit ich herausfinden konnte. An den Kinos gab es Schilder, wonach die Bürger ihre Karten nur am Kassenschalter und nicht von Schiebern und schlechten Elementen kaufen sollten.

Die Rennbahn ist zu einem öffentlichen Park geworden. Die verlockenden Nachtclubs sind schon lange geschlossen, ebenso die billigen Tanzhallen, in denen chinesische Mädchen reihenweise auf ausländische Seeleute warteten. Die durch Romane berühmten Opiumhöhlen wurden in den frühen fünfziger Jahren geschlossen, als eine harte und strikte Säuberungskampagne die größte Drogenszene und die berüchtigtste Unterwelt der Welt ausrottete. Die Bürogebäude, Apartmenthäuser und Villen in den früheren ausländischen Pachtgebieten Shanghais weisen zerbrochene Fenster auf, behelfsmäßige Reparaturen an den Fassaden und Türen sowie lange Leinen mit Wäsche auf den Balkonen. Für den Lebensstil reicher ausländischer Kaufleute mit vielen Bediensteten gebaut, sehen sie für die jetzt chinesische Stadt zu groß aus und sind in kleine Wohnungen für viele chinesische Familien aufgeteilt worden. Die neue Gesellschaft hatte keine Verwendung für das Erbe Shanghais und stand dem Zentrum der Stadt wohl mit Abneigung gegenüber. Aber Shanghai zu zerstören war schwierig, und etwas von seinem Magnetismus lebt weiter. Als Chinas größte Stadt beflügelt es immer noch die Phantasie von Millionen. Und in bezug auf Güter und Unterhaltung bietet sie eben mehr als andere Städte, denen noch ein Zug des ländlichen Lebens anhaftet, ganz gleich, wie groß sie sind. Shanghai war das Machtzentrum für die radikalste Fraktion in Chinas Führung, die Operationsbasis für Jiang Qing, Zhang Chun-qiao, Yao Wen-yuan und Wang Hung-wen. Aber trotz ihrer Agitation und scheinbar drakonischen Maßnahmen machte Shanghai auf mich stets den Eindruck der bürgerlichsten Stadt in China. Den vier radikalen Führern gelang es nie, das Etikett des großstädtischen Elitegefühls abzuschütteln. Auf eine harmlose und unpolitische Art stehen alle Shanghaier bei ihren Landsleuten im Verdacht, den Mund zu voll zu nehmen.

Shanghai ist Chinas größte Stadt und laut internationalen Statistiken die größte Stadt der Welt. Aber diese Statistiken sagen nur die halbe Wahrheit. Fast 11 Millionen leben in der Verwaltungseinheit Shanghai, aber nur ein kleiner Teil wohnt im Stadtzentrum, den früheren ausländischen Pachtgebieten, und viel mehr in den Arbeitersiedlungen, Satellitenstädten und -dörfern. Einmal war der Bevölkerungsstand auf 11 Millionen angewachsen, begann dann aber abzufallen bis auf 10,7 Millionen im Jahr 1975. »Shanghai ist immer noch zu groß«, sagen städtische Beamte, wenn sie über Bevölkerungszahlen diskutieren. 5,6 Millionen leben in der eigentlichen Stadt und 4,5 Millionen in den Kommunen der ländlichen Gebiete. Etwas über eine Million bewohnt die Landstädte, die zu der Verwaltungseinheit Shanghai gehören. Mit 10 000 Fabriken, von denen 3000 etwa 10 000 bis 20 000 Arbeiter beschäftigen, ist Shanghai nicht nur die größte Industriestadt Chinas. Es umfaßt auch 198 Volkskommunen, die Reis, Baumwolle, Weizen und Gemüse anbauen, Schweine, Geflügel und Vieh züchten. Die Verwaltungseinheit Shanghai kann sich mit Gemüse selbst versorgen, und man hofft, soviel Getreide anzubauen, wie verbraucht wird. Jeden Tag bringen die Lastwagen den 5,6 Millionen Stadtbewohnern 1,2 Millionen Kilo Gemüse.

1975 gab es in Shanghai 16 Universitäten und andere höhere Bildungsinstitute mit 25 000 Studenten sowie 170 Arbeiter-Oberschulen, die von den Fabriken betrieben werden und 15 000 Arbeiter ausbildeten. 2,53 Millionen Schüler besuchten die 4500 Grund- und Mittelschulen. In den Jahren von 1966 bis 1974 wurde mehr als eine Million Schüler nach Abschluß der Mittelschule in die Dörfer und die Grenzgebiete aufs Land geschickt. Welche Zahlen die Shanghaier Beamten auch mitteilen, immer sind sie riesig, und es geht um gewaltige Probleme.

Ich bin schon oft in Shanghai gewesen, überwältigt von den Massen, die die Einkaufsstraßen bevölkerten, entzückt von den jungen Paaren, die aneinandergeschmiegt die Flußpromenade entlang schlenderten, beeindruckt von der Ausstellung der Shanghaier Industrieprodukte, und hatte mich nach den Lebensbedingungen in den Wohngegenden erkundigt. Als ich um Erlaubnis bat, einige Tage in einem einzigen Wohnbezirk zu verbringen, hatte ich die Hoffnung, das Leben, die Dienstleistungen und die Verwaltungsstruktur leichter verstehen zu können, indem ich mich auf eine Nachbarschaft konzentrierte. Aber ich hatte vergessen, daß in Shanghai alles groß ist und das Gebiet eines Nachbarschafts-Revolutionskomitees in der Regel etwa 70 000 Einwohner umfaßt. Chao Yang, eines der über 100 Arbeiterwohngebiete, hatte die Durchschnittsgröße von 16 000 Haushalten und 70 000 Personen. Das war mehr, als ich erwartet hatte, aber auf der anderen Seite hatte man fair ausgewählt: keine der modernsten Siedlungen, sondern in den fünfziger Jahren gebaut, in den nordwestlichen Außenbezirken gelegen und durch Gemüsefelder und Fabriken von der Stadt getrennt.

Wir trafen unsere Gastgeber in der Halle einer Kinderkrippe, und sie schienen etwas unsicher zu sein, als sie anfingen, uns Fragen zu stellen. Warum kamen meine Frau und ich für einige Tage nach Chao Yang? Es gebe dort nichts Besonderes zu sehen, sagten sie, und alles, was sie zu zeigen hätten, würde für einen halben oder eventuell für einen Tag reichen. Was wir danach tun wollten? Schließlich verstanden sie, daß wir Zeit haben wollten, um Häuser, Fabriken, Schulen und

Geschäfte anzusehen und mit Kadern, Arbeitern und Hausfrauen zu reden. Sie schienen richtig erfreut zu sein, daß wir nicht die Standardführung machen, sondern wirklich wissen wollten, wie sie lebten, arbeiteten und ihr Viertel organisierten. Sechs Frauen und ein Mann warteten auf uns in der Kinderkrippe. Die Leiterin der Gruppe war Frau Zhou, 45 Jahre alt, eine untersetzte, kräftige Frau, immer hellwach. Wenn sie uns die Straßen von Chao Yang, Schulen, Werkstätten und Höfe zeigte, hielt sie manchmal an, um mit einer Gruppe von Frauen zu sprechen, wobei sie vielleicht den Arm um eine legte, viel lachte, aber auch ernste, interessierte Fragen stellte. In ihrer Art war viel Freundlichkeit, aber auch Autorität. Frau Zhou ist eine der Stellvertretenden Vorsitzenden des Revolutionskomitees von Chao Yang, der westliche Titel wäre 2. Bürgermeister eines Stadtteils mit 70 000 Einwohnern.

Chao Yang ähnelt sehr einer Kleinstadt. Die meisten Häuser sind zwei- oder dreistöckig, während die fünfstöckigen Mietshäuser erst am Rand aufragen. Hier enden die Straßen in Gemüsefeldern und Baustellen. Im Zentrum Chao Yangs, das sich seit 1951 entwickelte, stehen die kleinen Häuser zwischen winzigen Parks mit Bänken an den Straßenecken und in kleinen Blumengärten. Man sieht Blumenkästen auf den Balkons und Bambusstäbe zum Abstützen von Wäscheleinen. Um einen See liegt ein größerer Park, wo Männer auf Bänken sitzen, sich unterhalten, Karten spielen, und die Kinder kommen mit nassen Badeanzügen vom Schwimmunterricht zurück. In der Hauptstraße ist das Kino, das größte Gebäude, das neben der Post steht, sowie die Bank, ein Warenhaus, ein Friseur und ein Schneider. Das Viertel macht einen sauberen Eindruck, und man sieht, wie die Straßenreiniger auf kleinen Kehrmaschinen vorbeifahren und die Verkäufer vor dem Warenhaus Papier auflesen.

Als die ersten Häuser des Arbeiterwohnviertels gebaut wurden, war dies noch ein Gebiet mit Reis- und Gemüsefeldern, Slums, Wassergräben und Tümpeln. Die ersten 1000 Familien zogen 1952 in die neuen Häuser ein. Sie kamen aus den schlimmsten Slums von Shanghai, aus Kellern, Dachkammern, Strohhütten und den Booten, die in der Soochow-Bucht lagen. Die meisten hatten nur einige Decken, Körbe und Töpfe, und die neuen Wohnungen schienen viel zu groß für sie. Heute würden viele Familien gerne in geräumigere Unterkünfte umziehen und den einen oder die zwei Räume gegen eine neuere Wohnung eintauschen. Aber die Erinnerung an früher ist in Chao Yang noch sehr wach, und es hält die Gemeinschaft zusammen, wenn die alten Leute ihren Kindern erzählen, daß das Leben jetzt so viel besser für sie ist.

Frau Zhou vom Revolutionskomitee kam erst 1959 in diesen Bezirk und hat ihre eigene schwere Geschichte zu erzählen. Sie wurde in einem der schlimmsten Slums von Shanghai geboren, in einem Gebiet, das man »die Kalkhöhlen« nannte. Ihr Vater arbeitete als Kupferschmied auf der Werft und starb an Tuberkulose, als sie zwei Jahre alt war. Ihre Schwester begann mit elf Jahren, in einer Fabrik zu arbeiten, aber sie hatte ein schwaches Herz und starb. Frau Zhou und ihre Mutter wohnten in einem Teil eines Bodens, der durch rohe Bretter abgetrennt war. Sie arbeiteten beide in einer Papierfabrik, verdienten aber nicht genug für zwei Mahlzeiten am Tag, so daß die Großeltern das kleine Mädchen unterstützen mußten. »Als ich zu arbeiten anfing, war ich 14 Jahre alt, mein Monatslohn entsprach 12 Stücken Seife und zwei Handtüchern«, sagte Frau Zhou und gab damit einen typisch chinesischen Vergleich. »Um in der Fabrik arbeiten zu können, mußte ich eine Karte mit einer Nummer von der Polizei bekommen. Aber ich war Analphabetin und wußte nicht, was auf der Karte stand. Als mich die Posten am Fabriktor nach der Nummer fragten, konnte ich sie ihnen nicht sagen und verstand nicht, warum sie wütend auf mich wurden. Aber sie ließen mich trotzdem arbeiten. Ich arbeitete in dieser Papierfabrik bis 1953, aber nach der Befreiung im Jahre 1949 änderte sich einiges. Ich konnte eine Abendschule besuchen. Ich lernte Lesen und Schreiben und studierte so eifrig, daß ich etwa 1953 auf der Stufe eines Drittkläßlers war. Ich engagierte mich auch sehr für die Frauenbefreiung und wurde politisch aktiv. Deshalb berief man mich 1953 in das Verwaltungsbüro eines Stadtteils. Ich war Stellvertretende Vorsitzende dieses Büros und immer noch fast Analphabetin. Ich lernte in Abendschulen und Ausbildungslehrgängen weiter, bis ich schließlich soweit war, als hätte ich die Unterstufe der Mittelschule besucht. Aber zuerst war alles sehr schwierig für mich. Ich hatte Angst, vor Zuhörern zu sprechen, und wenn ich mich für eine Versammlung vorbereiten mußte, arbeitete ich manchmal fünf bis sechs Stunden an meiner Rede. Aber wenn ich dann 100 Leuten gegenüberstand, konnte ich im besten Fall 20 oder 30 Minuten sprechen, so schüchtern war ich. Heute können die Kinder einer Grundschule besser sprechen als ich zu Beginn meiner Arbeit als Stellvertretende Vorsitzende eines Verwaltungsbüros. Jetzt bin ich Stellvertretende Vorsitzende eines Nachbarschafts-Revolutionskomitees, zuständig für Frauenangelegenheiten, Ausbildung der jüngeren Schüler und öffentliche Gesundheitsfürsorge. Ich hätte nie einen solchen Fortschritt machen können ohne die Hilfe der KP, der ich 1953 beitrat.«

Das Chao-Yang-Nachbarschaftskomitee ist Teil der Stadtverwaltung von Shanghai. An der Spitze steht das städtische Revolutionskomitee, dem 1976 159 Personen angehörten, von denen 69 ganztägig als Stellvertretende Vorsitzende und Abteilungsleiter tätig waren. Sie sind verantwortlich für die 20 Stadtteile, die ihrerseits jeweils ein Revolutionskomitee haben. Unter den Stadtteilen stehen die Nachbarschaften oder – in ländlichen Gebieten – die Volkskommunen mit ihren Revolutionskomitees. Die Nachbarschaften sind die unterste Ebene der Verwaltung und arbeiten zusammen mit kleineren Komitees, die für einen Wohnblock zuständig sind und von Freiwilligen und Massenorganisationen betrieben werden.

In Chao Yang besteht das Revolutionskomitee aus 17 Mitgliedern. Sieben davon sind sogenannte Vertreter der Massen, die nicht an der täglichen Verwaltungsarbeit beteiligt sind, sondern unregelmäßig zu Versammlungen über Nachbarschaftsangelegenheiten kommen. Die zehn anderen sind der Vorsitzende, der Stellvertretende Vorsitzende und die Leiter von verschiedenen Verwaltungsssektionen. Sie bilden den »ständigen Ausschuß« und treffen sich alle zwei Wochen, um ihre Arbeit zu besprechen; mit den Vertretern der Massen hingegen kommen sie ungefähr einmal alle drei Monate zusammen. Das Revolutionskomitee regelt allgemeine Verwaltungsangelegenheiten, während die anderen spezielle Nachbarschaftsaufgaben haben. Es gibt die Sektion für politische Bildung, die Studienzirkel für die Einwohner organisiert; die Sektion, die sich mit den Organisationen befaßt, die die Verwaltungskader der Nachbarschaft ausbilden; die Erziehungssektion, der die Grundschule, der Kindergarten und die Kinderkrippe unterstehen; die Produktionssektion, die für die Werkstätten für Hausfrauen und das Dienstleistungszentrum zuständig ist; ein Büro für die Schüler, die aufs Land geschickt wurden; die Sektion für medizinische Versorgung, die für die Nachbarschaftskliniken und vorbeugende hygienische Maßnahmen verantwortlich ist.

Herr Gu, der Vorsitzende des Revolutionskomitees, ist ein alter Verwaltungshase. In den fünfziger Jahren war er Vorsitzender derselben Abteilung im Stadtzentrum, in der seine Stellvertretende Vorsitzende, Frau Zhou, ihre Verwaltungskarriere begann. Herr Gu ist ein älterer Mann, der seine Worte sorgfältig wählt und in der etwas trockenen Art eines erfahrenen Beamten spricht. Sein Temperament unterschied sich merklich von dem Frau Zhous, mit der er so viele Jahre zusammengearbeitet hatte. Sie zeigte manchmal Anzeichen von Ungeduld bei seiner bedächtigen, trockenen Art, etwas zu erklären oder zu tun. Wenn sie sich manchmal über bürokratische Tendenzen in der Verwaltung der Nachbarschaft beklagte, kicherten ihre Kolleginnen etwas, und mir schien, daß sie an Herrn Gu dachten. Aber Frau Zhou war auch immer bereit, ihre eigenen Schwächen zuzugeben: »Ich mache meine Arbeit oberflächlich, bin nicht so sorgfältig, und einige meiner Kollegen, die gewisserhafter bei ihrer Arbeit sind, kritisieren mich oft.« Ich hatte das Gefühl, daß sich die verschiedenen Arbeitsstile ergänzten, obwohl eine gewisse Reibung bestand zwischen denen, die sich als nüchterne, eher abgehobene Stützen der Verwaltung verstanden und denen, die der Motor für Wandel und Engagement der Nachbarschaft sein wollten.

Das Revolutionskomitee wird vom Parteikomitee der Nachbarschaft geführt und kontrolliert. Es arbeitet mit der Kommunistischen Jugendorganisation und der Frauenvereinigung zusammen, die beide unter Führung ihres jeweiligen Kreiskomitees stehen. Es gibt noch andere Verwaltungsorgane der Stadt, die in der Nachbarschaft operieren, ohne unter die Aufsicht des Revolutionskomitees zu fallen: die Polizeistation des Ministeriums für öffentliche Sicherheit, die Geschäfte und Märkte, die von der Kreishandelsorganisation betrieben werden, die Mittelschulen und das Nachbarschaftskrankenhaus. Die Planung und Verteilung von neuen Wohnungen ist Aufgabe der Wohnungsbehörde des Kreises, die Entscheidungen trifft; aber das Revolutionskomitee der Nachbarschaft gibt dazu seinen Rat und macht Vorschläge. Die Nachbarschaften regeln einen Großteil ihrer Angelegenheiten selbst, aber die höheren Verwaltungsorgane können ihre Entscheidung revidieren. »Wichtige Fragen sollten im Kollektiv von den Massen diskutiert werden, aber für die Führung gilt das Prinzip des demokratischen Zentralismus«, erklärte Vorsitzender Gu. »Der Bau neuer Wohnungen ist Sache der städtischen Planungsabteilung. Sie haben einen einheitlichen Plan, wieviel Wohnraum jedes Jahr gebaut werden soll. Das Revolutionskomitee der Nachbarschaft weiß, wie viele Familien in überfüllten Wohnungen wohnen, wie viele Personen heiraten wollen und teilt das der Planungsabteilung oder der Wohnungsbehörde des Kreises mit. Wenn die Nachbarschaft eine neue Werkstatt für Hausfrauen eröffnen will, mehr Wäschereien oder Friseure braucht, stellt sie einen Plan auf und legt ihn den Behörden des Kreises vor. Diesem Plan muß zuerst das

Parteikomitee der Nachbarschaft zustimmen. Normalerweise stimmen die Kreisbehörden unseren Vorschlägen zu. Aber es gibt Ausnahmen, wenn unser Plan ihrer Planung widerspricht.« Ich fragte Herrn Gu, ob die Nachbarschaft noch höhere Autoritäten ersuchen könne, Entscheidungen des Kreises zu revidieren, aber er schien dieses Problem nicht zu kennen. »Wenn unser Plan nicht mit dem einheitlichen Stadtplan konform geht, muß sich die untere Ebene der höheren unterordnen«, meinte er. Er betonte, daß es einen solchen Fall noch nicht gegeben habe; falls jedoch ein solcher Gegensatz auftreten sollte, könnte der Kreis seine Leute zur Nachbarschaft schikken, um sich die Sache einmal anzusehen. Sein Ausgangspunkt waren Verwaltungsentscheidungen, die auf höherer Ebene getroffen werden. Aber er wußte wahrscheinlich aus langer Erfahrung in Verwaltungsangelegenheiten, wie diese Probleme entstehen, wie man sie behandelt und mit wem man sprechen sollte. Das Revolutionskomitee, dessen Vorsitzender er ist, wurde 1969 eingesetzt, und seither gab es nur wenige Veränderungen. Nur wenn ein Mitglied stirbt oder sich zurückzieht, wird entweder ein neues ernannt oder ein neuer Vertreter eingesetzt, der mit den Massen ausgewählt wurde.

Unterhalb dieser Verwaltungsebene ist die Beteiligung der Einwohner an der Organisierung ihrer Nachbarschaft viel größer. Wohnblockkomitees und »sozialistische Höfe« sind keine offiziellen Verwaltungsorgane, sondern eher freiwillige Organisationen. Rentner und Leute aus der Nachbarschaft tun die Hauptarbeit. Im Arbeiterwohngebiet Chao Yang gibt es zwölf Wohnblockkomitees, denen hauptsächlich Rentner angehören und die sowohl Aufgaben erfüllen, die ihnen das Revolutionskomitee übertragen hat, als auch ihre Arbeits- und Lebenserfahrung bei der Verbesserung ihrer Lebensbereiche einsetzen.

Der Leiter des Wohnblockkomitees im Arbeiterdorf Nr. 1 ist Herr Shu, der bis vor kurzem in der Stadtverwaltung von Shanghai tätig war und jetzt im Ruhestand ist. Er arbeitet mit 476 anderen Rentnern zusammen, um ihre Nachbarschaft sauber, ordentlich und auf dem korrekten ideologischen Kurs zu halten. »Wir helfen den Leuten, die Politik der Regierung zu verstehen und die Diktatur des Proletariats zu festigen«, erklärte Herr Shu. »Wir organisieren die Leute für die Produktion, kümmern uns um ihr Wohlergehen und helfen ihnen, ihre alten Gewohnheiten und Bräuche zu ändern. Eine der wichtigsten Aufgaben für uns alten Arbeiter ist es, die jüngere Generation zu erziehen. Wir sind zwar physisch im Ruhestand, aber ideologisch immer noch aktiv.«

Die Erziehung der jüngeren Leute ist das Hauptinteresse der Wohnblockkomitees. Sie bilden das Verbindungsglied zwischen Schule und Elternhaus. Frühmorgens, bevor die Kinder in den Kindergarten oder die Schule gehen, spielen sie eine Stunde unter Leitung der Rentner. Das ist besonders hilfreich, wenn die Eltern Nachtschicht hatten und noch schlafen. Wenn die Schüler aus der Schule kommen, helfen ihnen die Rentner dabei, Arbeitsgruppen für die Hausarbeiten zu bilden.

»Sie sollten von früher Kindheit an lernen, zwischen dem richtigen und dem falschen politischen Kurs zu unterscheiden«, erklärte Herr Shu. »Deshalb erzählen die Rentner Geschichten und erklären ihnen den Unterschied zwischen Vergangenheit und Gegenwart. In der Praxis ist die Unterscheidung zwischen Richtig und Falsch nicht immer eine Frage des hohen ideologischen Niveaus. Es kann bedeuten, daß man den Kindern sagt, sie sollen nicht stehlen und fremdes Eigentum, das sie finden, nicht behalten. Wo immer es möglich ist, loben wir Schüler, die ein Beispiel der Ehrlichkeit gegeben haben. Das ist wichtiger, als mit Kindern zu schimpfen, die etwas Falsches getan haben. Ein Schüler der vierten Klasse ging kürzlich ins Kino und fand auf seinem Sitz eine Armbanduhr. Er übergab sie sofort der Leitung. Eine Schülerin der ersten Klasse fand auf der Straße einen Schal und brachte ihn zu unserem Wohnblockkomitee. Das Komitee hat sie öffentlich gelobt und dem Lehrer davon erzählt. Ihre gute Tat ist auf ein kleines Plakat geschrieben worden, das in ihrer Schule und in der Straße, in der sie wohnt, aufgehängt wurde. Von früh an sagen wir den Kindern, daß es verdienstvoll ist, Sachen, die sie finden, abzugeben. Diese Sachen zu behalten ist eine Sünde.«

Während wir mit Herrn Shu sprachen, hatte ein stämmiger Mann in den späten Vierzigern schweigend zugehört. Er stellte sich selbst nicht vor, als er anfing zu reden, aber aus seiner Art, sich auszudrükken, konnte man klar ersehen, daß er ein Beamter der Abteilung für öffentliche Sicherheit war. »Am 12. September um vier Uhr nachmittags fand ein Junge namens Chu eine Handtasche auf der Straße«, sagte er. »In der Tasche waren 27 Yuan und ein Sparbuch über 100 Yuan. Früher hatte dieser Junge Chu Sachen gestohlen. Aber diesmal brachte er das Portemonnaie in das nächste Büro der Abteilung für öffentliche Sicherheit. Es gehörte einer Arbeiterin aus dem Dorf Nr. 6, und sie bekam ihr Eigentum zurück. Der Junge war von den alten Arbeitern erzogen worden, nachdem man ihn beim Stehlen erwischt hatte und hatte sich offensichtlich gebessert. Deshalb ist er öffentlich für das Abgeben des Portemonnaies gelobt worden.«

Wie Herr Shu vom Wohnblockkomitee betonte, kommen im Arbeiterdorf Nr. 1 nicht viele Verbrechen vor: »Es gab in dieser Nachbarschaft von 1616 Familien seit 1965 fünf Verbrechen. Vier davon waren Diebstähle. Unsere Arbeit ist es, die Diebe zu erziehen und ihnen klar zu machen, daß Stehlen eine schändliche Sache ist. Wir kooperieren mit dem Nachbarschaftsbüro der Abteilung für öffentliche Sicherheit, besonders, wenn ein Fall ernst ist. Von den vier Dieben sind drei zur Arbeit aufs Land geschickt worden, weil jeder von ihnen mehrere Verbrechen begangen hatte und die Erziehung keine Wirkung zeigte. Ein anderer Mann aus unserer Nachbarschaft ist ins Gefängnis geschickt worden. Er war ein Schurke und ein Rowdy, der Leute verprügelte. Er versuchte, einen Mann mit einem Messer umzubringen, und obwohl das nicht gelang, war es klar, daß er ein gefährlicher Krimineller war. Deshalb nahm sich die Abteilung für öffentliche Sicherheit dieses Falles an und brachte den Mann vor Gericht. Nur ein Gericht kann einen Kriminellen zur Umerziehung durch Arbeit in einem Lager oder zu einem Gefängnisaufenthalt verurteilen.«

Nur wenige Fälle kommen in China vor Gericht. Normalerweise kümmert man sich um die ersten Straftaten durch den Umerziehungsprozeß in der Nachbarschaft. Aber im Arbeiterdorf Nr. 1 hatte ein Dieb wiederholt Verbrechen begangen, obwohl ihm die alten Arbeiter erzählten, wie beschämend seine Taten waren. Deshalb berief die Abteilung für öffentliche Sicherheit eine Massenversammlung in der Nachbarschaft ein, um seinen Fall zu diskutieren. Man faßte den Beschluß, ihn aufs Land zu schicken, damit er in einer Volkskommune arbeitete, wo ihn die Bauern beobachten und erziehen konnten. Als er nach zwei Jahren zurückkam, fing er wieder an zu stehlen. Deshalb wurde sein Fall vor Gericht gebracht. Die Richter kamen ins Arbeiterdorf Nr. 1, um die Meinung seiner Nachbarn zu erfahren, und verurteilten den Verbrecher dann zu sieben Jahren Arbeitslager. »Das Stehlen ist ein Widerspruch innerhalb des Volkes. Normalerweise können die Leute ihn selbst lösen, und wenn es um einen ersten Verstoß geht, braucht sich die Abteilung für öffentliche Sicherheit nicht damit zu befassen«, erklärte Herr Shu. »Wir schlagen junge Straffällige nicht. Beim erstenmal machen wir ihnen nicht einmal öffentliche Vorhaltungen. Wir geben uns große Mühe, sie zu erziehen und ihnen klarzumachen, daß sie falsch gehandelt haben. Rentner erzählen ihnen über das Leben in der alten Gesellschaft und wie schlecht es war. Manchmal fordern sie den jungen Straffälligen auf, schriftlich zu versprechen, daß er nicht mehr stehlen wird. Die Angehörigen des Wohnblockkomitees müssen mit den Eltern zusammenarbeiten. Nur wenn die Erziehung nichts nützt, muß sich die Abteilung für öffentliche Sicherheit mit einem jungen Mann beschäftigen, der seine schlechten Taten wiederholt.«

Der Mann von der Polizeistation fing wieder an zu sprechen. »Bis heute haben im Arbeiterdorf Nr. 1 sieben junge Leute durch Aufstacheln der anderen oder durch Stehlen gegen das Gesetz verstoßen. Sie haben keine schweren Verbrechen begangen, ihre Straftaten waren geringfügig. Wir glauben, daß sie sich durch eine Zusammenarbeit zwischen Wohnblockkomitee, Lehrern und Eltern bessern können. Drei der sieben jungen Straffälligen führen sich jetzt gut. Einer von ihnen ist sogar Gruppenleiter in seinem Hof geworden.« Herr Shu fügte hinzu, daß es nicht gut gewesen wäre, diesen jungen Mann zu isolieren und bloßzustellen. Für ihn war es besser gewesen, ihm in seiner Freizeit Arbeit zu geben, seine Schwächen aufzuzeigen und ihn zu loben, wenn er etwas gut machte. Bei Leuten, die zum erstenmal straffällig geworden sind, zeigt Lob eher Wirkung als Strafe«, sagte Herr Shu. Die Erziehung betrifft nicht nur junge Leute. Eine Aufgabe des Wohnblockkomitees ist es, alte Gewohnheiten und Bräuche zu ändern. Das ist eine sehr praktische Aufgabe, bei der es um die Beziehung zwischen Nachbarn und innerhalb der Familie geht. »Wir sind zwar Arbeiter, aber trotzdem auch von Konfuzius beeinflußt worden«, erklärte Herr Shu. »Obwohl wir nicht viele Bücher von ihm gelesen haben, glauben wir an seine abergläubischen Ideen. Vor der Befreiung war ich Buddhist. Ich war arm und dachte, es sei mein Schicksal, arm zu sein. Und ich hielt Frauen gegenüber Männern unterlegen. Wenn ich Ärger bei der Arbeit hatte und in der Fabrik vom Vorarbeiter beschimpft oder geschlagen wurde, ging ich nach Hause und ließ meinen Ärger an meiner Frau aus, sogar durch Schläge. Das war der Einfluß der feudalistischen Ideen. Ich wollte nie bei der Hausarbeit helfen, aber jetzt habe ich gelernt, meinen Teil dazu beizutragen.«

Die neuen Rollen von Männern und Frauen klarzulegen, scheint eine der schwersten Aufgaben des Wohnblockkomitees gewesen zu sein. Vertreter der Frauenvereinigung oder auch Schüler der Mittelschule sind manchmal geholt worden, um Streitigkeiten in der Nachbarschaft zu schlichten. Ein Paar, das ein Jahr lang miteinander gestritten hatte, beschloß, die Scheidung zu beantragen. Das Wohnblockkomitee stellte Nachforschungen an. Die Auffassung von der männlichen Vorherrschaft spielte eine Rolle, meinte Herr Shu, aber der Fall sei komplizierter gewesen. Die Frau war ein Einzelkind, wollte immer nach Hause gehen und viel Zeit mit ihren Eltern verbringen. Deshalb vernachlässigte sie die Hausarbeit. Der Ehemann hatte etwas gegen ihre häufigen Familienbesuche und weigerte sich ebenfalls, im Haus zu arbeiten. Sie beschuldigten sich gegenseitig, nicht ihren Teil zu leisten. Die Frau sagte, daß Männer und Frauen gleichberechtigt seien und sie ein Recht habe, ihre Familie zu besuchen, wann immer sie wolle. Der Mann behauptete, daß Frauen die Hausarbeit tun müßten. Schließlich schritt das Nachbarschaftskomitee ein. »Wir fanden heraus, daß das Problem durch konfuzianische Gedanken aus der alten Gesellschaft verursacht war«, sagte Herr Shu. »Wir haben sie beide erzogen, und heute teilen sie die Hausarbeit untereinander auf.«

Familienkonflikte zu schlichten ist eine Aufgabe, die nicht oft auf das Wohnblockkomitee zukommt. Seine Mitglieder sowie die Rentner verbringen die meiste Zeit damit, sich um die Erziehung der Kinder und der jungen Schüler zu kümmern. Das Gebiet ist in »sozialistische Höfe« aufgeteilt, d. h. Gruppen aus Familien, die ein oder zwei Häuser bewohnen. Sie sind zusammen dafür verantwortlich, die Nachbarschaft sauber und frei von Fliegen und Mücken zu halten. Sie organisieren Arbeitsgruppen für die Schüler der Grund- und Mittelschule, Sportwettkämpfe mit anderen Nachbarschaften und Laienaufführungen. Von der Mitte des Nachmittags bis zum frühen Abend, zwischen 21 und 22 Uhr, wenn die meisten Bewohner zu Bett gehen, bemühen sich die sozialistischen Höfe, ihre Mitglieder beschäftigt zu halten.

Abends waren die Straßen und Häuser von Chao Yang fast völlig dunkel. Die Straßenlampen stehen in großem Abstand voneinander, und die schwachen Lampen in den Wohnungen geben kein Licht durchs Fenster ab. Wenn es warm ist, verbringen die meisten Leute den Abend draußen; sie sitzen ruhig vor dem Haus oder versammeln sich in Gruppen, um an Veranstaltungen des Wohnblockkomitees teilzunehmen. Als wir im Arbeiterdorf Nr. 1 umhergingen, hörten wir einmal den Klang einer Geige. Um ein zehnjähriges Mädchen herum standen Kinder, Eltern und alte Leute, während sie die Melodie zu »Unsere Dankbarkeit dem Vorsitzenden Mao gegenüber kann nicht in Worten ausgedrückt werden« spielte. Einige Häuser weiter hatte ein pensionierter Lehrer einige ältere Arbeiter um sich versammelt. Er las ihnen die Zeitung vor und erklärte die Bedeutung des Leitartikels. Einige Schüler der Mittelschule hörten zu und warfen manchmal Erklärungen ein, die sie in der Schule gelernt hatten. Vor einem anderen Haus saßen Kinder bei einer alten Frau. Die meisten waren Mädchen zwischen acht und zwölf, denen die alte Frau die Geschichte ihrer Kindheit erzählte. »In der alten Gesellschaft war ich Bettlerin«, sagte sie. »Ich aß das, was andere Leute weggeworfen hatten, und manchmal habe ich den Schweinen das Futter gestohlen. Es konnte durchaus geschehen, daß ich einen ganzen Tag lang bettelte und absolut nichts bekam.« Die Kindheit in der alten Gesellschaft sei schwer und qualvoll gewesen; und während sie ihre Geschichte erzählte, überkamen sie ihre Erinnerungen, und Tränen rollten ihr über die Wangen.

Die Leute gingen von einer Gruppe zur anderen. Die meisten blieben vor einem Fenster stehen, auf dessen Fensterbank man einen Fernseher gestellt hatte. Sie sahen eine revolutionäre Oper, wobei sie leise Kommentare zu Qualität und Stil des Gesanges abgaben. In der nächsten Straße leuchtete uns eine alte Frau mit einer Taschenlampe den Weg durch einen dunklen Hof. In dem einstöckigen Gebäude hinter dem Zaun spielten in einem Raum Jungen Tischtennis, und im nächsten las eine Gruppe von Grundschülern, die den Schal der »kleinen roten Soldaten« trugen, Comics mit einer politischen Aussage oder schauten sich die Bilder in der farbigen Zeitschrift »China im Bild« an. In einem Zimmer des Kinderzentrums saßen Schulmädchen auf Bänken und hörten still zu, wie ein alter Mann die Geschichte seines Lebens erzählte. Er sprach mit viel Sinn für Dramatik, hob die Stimme und schlug mit der Faust auf den Tisch. Manchmal, wenn er besonders bewegende Erlebnisse erzählte, hob eines der Mädchen die Faust und rief: »Wir werden nie die bitteren Erfahrungen der Vergangenheit vergessen. Wir werden uns immer an ihre Leiden erinnern und stets klassenbewußt sein.« Danach wiederholten die anderen Mädchen zusammen den Spruch.

An der Tür der Versammlungshalle stand eine Tafel, auf der der Vortragende, ein Rentner aus der Nachbarschaft, begrüßt wurde. Als ich den Rentner Wang einige Tage später in seinem Haus besuchte und er mir seine Lebensgeschichte noch einmal erzählte, unterschieden sich seine Worte kaum von denen, die ich im Kinderzentrum gehört hatte, außer daß er seine Erlebnisse nicht dramatisierte. Als ich auf dem Hocker in seinem Wohnzimmer saß, sprach er leise, aber mit tiefer Überzeugung. »Ich habe nie vorher einen ausländischen Freund kennengelernt, und in der Vergangenheit konnte ich mir noch nicht einmal vorstellen, einen als Gast in meinem Haus zu haben. Ich war Bettler, als ich jung war, und drei Generationen lang hatten meine Leute vor allem Betteln gelernt. Eine Zeitlang arbeitete mein Vater in einer Baumwollfabrik, wo er 38 Cents monatlich verdiente, und als ich ihm helfen durfte, die Fabrikfußböden zu fegen, bekam ich als Kind 19 Cents. Mein Vater mußte acht Kinder in unserer Familie ernähren, was konnten wir also tun außer betteln? Als ich dreizehn war, verunglückte mein Vater in der Fabrik. Er reinigte gerade die Decke, fiel von der Leiter und verletzte sich schlimm. Ich habe ihn nach Hause gebracht und in der Nacht mit ihm in einem Bett geschlafen. Ich wußte nicht, daß mein Vater im Sterben lag und merkte nicht, als er starb. Morgens kamen Polizisten, um seinen Unfall zu untersuchen, und als sie sahen, daß er tot war, nahmen sie die Leiche mit. Meine Mutter war zu der Zeit nicht zu Hause, und als ich ihr alles erzählte, bat sie mich, meiner Großmutter nicht zu sagen, daß mein Vater kein Begräbnis bekommen hatte, sondern von der Polizei weggeschafft worden war. Meine Großmutter erfuhr es aber doch und regte sich so auf, daß sie ein paar Tage später starb. Zwei meiner Brüder waren schon gestorben. Jetzt war ich das einzige Familienmitglied mit Arbeit und verdiente 19 Cents im Monat. Die Schwestern und zwei Brüder, die noch lebten, mußten Unkraut und Abfall essen. Ihre Bäuche schwollen an, und schließlich starben sie alle. Nur meine Mutter und ich blieben übrig. Als ich dreizehn war, heiratete sie wieder, nahm mich aber nicht mit in ihr neues Heim. Deshalb bettelte ich die nächsten sechs Jahre. Ich war neunzehn, als ich Arbeit fand. Morgens um drei fing ich an zu arbeiten, und vorher suchte ich die Abfallhaufen nach Essen ab. So lebte ich weiter. 1949, als Shanghai befreit wurde, war ich schon 45 Jahre alt. Drei Jahre später zogen wir aus unserem Slum nach Chao Yang in diese Wohnung um.«

Herr Wang hat nicht viel Geld, aber wenn er sein jetziges Leben mit dem in den früheren Jahren vergleicht, ist er sehr zufrieden. In den fünfziger Jahren bekam er Arbeit in der Radiofabrik Nr. 1 mit einem monatlichen Verdienst von 34 Yuan. Aber er wurde nie wieder richtig gesund und mußte schon mit 56 Jahren aufhören zu arbeiten. Deshalb bekommt er nicht seine volle Rente, sondern nur 50,40 Yuan im Monat. Seine Frau verdient in einer der Nachbarschaftswerkstätten 30 Yuan. Jeden Monat bringt Frau Wang 5 Yuan auf das Sparkonto bei ihrem Betrieb. So bleiben Herrn und Frau Wang mit ihrer fünfzehnjährigen Tochter 75 Yuan für die monatlichen Ausgaben. Die drei geben 45 Yuan für Essen, 5,45 Yuan für die

Miete und etwa 1 Yuan für Strom aus. Ein Sohn, der in der Radiofabrik arbeitet, wohnt zu Hause und zahlt seinen Mietanteil, aber einen Beitrag zu seinen anderen Ausgaben verlangt Herr Wang von seinen Kindern nicht. Seine zwei älteren Söhne arbeiten in anderen Provinzen, und normalerweise unterstützen die Kinder in China ihre Eltern. Dazu ist Herr Wang zu stolz. »Ich habe meinen Söhnen gesagt, sie sollen das, was sie verdienen, behalten. Sie sind jung, müssen sparen und sich auf die Zeit vorbereiten, wenn sie heiraten. Deshalb nehme ich kein Geld von ihnen, aber sie schicken uns manchmal Geschenke, z. B. eine Decke oder eine warme Jacke.« Die Wangs haben eine Wohnung mit zwei Zimmern, die durch einen Vorhang voneinander getrennt sind. In dem einen Zimmer teilen sich Herr Wang und sein Sohn ein Bett, in dem anderen schlafen Mutter und Tochter zusammen in einem Bett. Ihre Möbel sind einfach: zwei Tische, vier Hokker, drei Bambusstühle, ein Kleiderschrank und eine Kommode. Ein Bild vom Vorsitzenden Mao und ein Foto, auf dem Herr Wang mit einigen Kollegen bei einer Parteiversammlung zu sehen ist, hängen an der Wand. Sein Sohn hat eine Ehrenurkunde für seine Arbeit in der Fabrik erhalten, die auch sauber gerahmt an der Wand hängt. In einem Tontopf, der auf der Kommode steht, hält Herr Wang einen Goldfisch.

Seine Frau ist 51 Jahre und ist einfach gekleidet mit ihrer roten Hose, einem schwarzen Pullover und einer grauen Jacke. Ihr linkes Ohrläppchen fehlt, sie kann darüber eine Geschichte erzählen. »Ich mußte als Kind auf dem Feld arbeiten, aber ich konnte nicht schwer arbeiten, deshalb schlug mich der Großgrundbesitzer und zog mich an den Ohren, und eines Tages riß er mir das Ohrläppchen ab. Ich rannte zu meinem Vater nach Hause, aber er sagte, er kann mir nicht helfen und schickte mich zum Großgrundbesitzer zurück. Später lief ich weg nach Shanghai und arbeitete als Hausmädchen. Als ich einmal Handtücher wusch, paßte ich nicht auf und beschädigte eins. Zwei Monate lang behielten sie meinen Lohn ein, und ich mußte umsonst arbeiten. Zu der Zeit hatten die Frauen keine Rechte in der Gesellschaft. Jetzt haben sich die Dinge geändert. Ich arbeite in einer Werkstatt, die von der Nachbarschaft betrieben wird, und obwohl der Lohn nicht hoch ist, haben wir genug zum Leben, und niemand behandelt mich schlecht.« Mit 55 Jahren wird Frau Wang aufhören zu arbeiten. Dann wird die Familie noch weniger Geld haben. Aber sogar dann werde sie zurechtkommen und keine Unterstützung von meinen Kindern brauchen, meint sie. »Unsere Söhne bitten uns nicht um Geld und wir sie aucz nicht.«

Wenn sie den jungen Leuten in der Nachbarschaft ihre Lebensgeschichte erzählen und das Leben in der alten und der neuen Gesellschaft miteinander vergleichen, tragen sie ihren Teil zur Erziehung und politischen Stabilität bei. Herr Wang arbeitet in der Grundschule mit. 1968, als er schon drei Jahre im Ruhestand war, wurde er Mitglied der Arbeiterpropagandagruppe, die sich an der Reorganisation der Schule nach der Kulturrevolution beteiligte. »Ich helfe bei der Bildungsrevolution. Wenn ein Schüler faul ist und nicht fleißig lernt oder seine Hausarbeiten vernachlässigt, erzähle ich ihm, wie das Leben in der alten Gesellschaft war. Ihr könnt von Glück sagen, daß ihr zur Schule geht, sage ich ihnen. Als ich in eurem Alter war, war ich ein Bettler, ganz allein auf der Welt. Meine Aufgabe als Mitglied des Revolutionskomitees in der Grundschule ist es, ideologisch und politisch mit Lehrern und Schülern zu arbeiten. Wenn zwei Lehrer streiten und sich nicht einigen können, spreche ich zunächst mit dem einen und dann mit dem anderen, und später bringe ich sie zu einer Diskussion zusammen. Manchmal sind Kinder in der Schule schwierig, dann gehe ich zu den Eltern und berichte ihnen über das Benehmen des Kindes. Die Erziehung ist nicht nur eine Aufgabe für die Schule. Auch die Eltern sind verantwortlich und müssen mitarbeiten. Natürlich sind die Eltern manchmal auch schwierig. Sie mögen nicht zugeben, daß ihr Sohn ein ungehorsamer Schüler sein könnte. Er ist so ein lieber Junge, sagen sie, macht niemals Lärm, ist immer ordentlich. Dann frage ich sie, ob sie darauf geachtet haben, wie er seine Hausaufgaben macht. Sie müssen an seiner Erziehung mitarbeiten, sage ich ihnen. Sie waren so arm wie ich, und wir sind in der alten Gesellschaft nie zur Schule gegangen. Deshalb müssen wir zusammenarbeiten. Wenn sich später das Benehmen des Jungen in der Schule gebessert hat, gehe ich zu den Eltern und erzähle ihnen davon. Ich sage auch dem Lehrer, er soll den Schüler vor den anderen loben. Das macht ihn froh und er ist bereit, fleißiger zu lernen. Letzte Woche sah ich zwei Jungen, die sich auf der Straße prügelten. Einer hatte eine Wunde an der Stirn. Die Eltern waren nicht zu Hause, deshalb brachte ich den Jungen ins Krankenhaus und bezahlte die Behandlung. Die Eltern waren sehr dankbar und gaben mir das Geld zurück. Dann hatte ich ein langes Gespräch mit den Jungen, und ich hoffe, daß sie sich nicht wieder schlagen.«

Herr Wang nennt das seine politische und ideologische Arbeit. Aber daran ist nichts Abstraktes, und Herr Wang ist ein sehr praktischer Mensch, der sich auf die Erfahrungen seines langen Lebens stützt. Er nimmt seine Arbeit sehr ernst. Sie gibt ihm eine Rolle in der Gesellschaft. Er ist nicht bloß ein alter Rentner, der in den Tag hinein lebt.

Im Wohngebiet Chao Yang gibt es 2500 Rentner, von denen sich 1400 an der Kindererziehung beteiligen, in den »sozialistischen Höfen« helfen. Viele andere verrichten nützliche Arbeiten, kümmern sich um die Bäume und Pflanzen in den Gärten und Parks, helfen bei der Insektenvernichtung oder lehren andere die Grundzeichen der chinesischen Schrift. Natürlich arbeiten sie nicht die ganze Zeit. Frühmorgens versammeln sie sich zum Schattenboxen und zur Gymnastik. Um die Mittagszeit sitzen viele von ihnen auf den Parkbänken und spielen Schach. Aber alle, die gesund sind und den Willen dazu haben, können eine kleine Aufgabe in einer der vielen Gruppen oder Komitees der Nachbarschaft finden.

Donnerstags ist in Shanghai Putztag. Früh am Morgen, noch bevor der Kindergarten anfängt, sind Gruppen von Kindern draußen vor dem Kaufhaus und an der Bushaltestelle und halten rote und grüne Papierfahnen. »Spuck nicht auf die Straße«, steht darauf, oder »Trinkwasser muß gekocht werden«, »Wirf Abfall in die Abfalleimer« und »Achte auf die Hygiene«. Manchmal liest ein Mädchen aus der Grundschule den kleineren Kindern die Sprüche vor, und sie rufen alle zusammen: »Bietet alle Kräfte auf! Jeder muß helfen, Ungeziefer zu vernichten.« Sogar die Frauen mit Besen und Schaufeln haben ihre Abfallwagen mit Parolen auf buntem Papier dekoriert.

Vor der Arbeiterhochschule fegen ein Lehrer und eine Gruppe von Studentinnen den Bürgersteig. Sie haben um 6 Uhr angefangen zu arbeiten und brauchen drei oder vier Stunden, um die Umgebung und den Hof sauberzumachen. Auf der anderen Straßenseite sind die Postbeamten mit Besen aufgetaucht, und beim Warenhaus sind alle Angestellten bei der Arbeit. Sie putzen die Fenster, wischen die Flure, säubern den Gehweg, heben Papier in dem kleinen Vorgärtchen auf, harken die Blätter zusammen und gießen die Pflanzen. Jeden Tag verbringen sie vor der Arbeit eine halbe Stunde mit Aufräumen, aber am Putztag fangen sie auch um 6 Uhr an. Man sieht den Leiter des Warenhauses draußen in blauen Arbeitshosen und weißem Unterhemd mit einem Besen in der Hand.

In den Nebenstraßen sammeln Gruppen von älteren Männern Abfall; sie kehren ihn zusammen und füllen damit Löcher im Bürgersteig aus. An der Grundschule wischen und kehren die Kinder draußen den Hof. Andere putzen die Fenster, Türen und Pulte. Die Reinigung der Nachbarschaft ist die vorrangige Aufgabe am Donnerstag, aber die meisten Hausfrauen machen dann auch den großen Hausputz. Öffentliche und private Hygiene fallen zusammen. Die Stadtreinigung schickt ihre Leute täglich: die Frauen auf den kleinen Straßenreinigungsmaschinen und die Müllabfuhr. Aber Nachbarschaft und Wohnblockkomitee haben eigene Gruppen aus Rentnern und anderen Freiwilligen aufgestellt. »Für Fliegen und Mücken gibt es keine Grenzen«, sagte eine ältere Frau. »Wenn sie in einer Wohnung Fuß fassen, sind sie bald überall. Deshalb hilft eine Gruppe in unserem Wohnblock, die Häuser zu inspizieren. Wenn eine Familie ihre Wohnung nicht putzt, hat unser Inspektionsteam das Recht, sie zu kritisieren und Vorschläge zu machen. Das ist gut. Ich erinnere mich an die Zeit, als unsere Hauptstraße ein einziger Sumpf war und überall Mücken waren. Mein Vater ist mit 39 Jahren an Cholera gestorben und eins von meinen Kindern an hohem Fieber. Heute ist die Nachbarschaft sauber und einigermaßen frei von Ungeziefer. In den letzten zehn Jahren sind die hygienischen Verhältnisse besser geworden. Aber wir müssen wachsam sein, deshalb inspizieren die Rentner, die Familienangehörigen und die Schwestern vom Gesundheitszentrum alle 14 Tage die Häuser und die Nachbarschaften, kritisieren, loben und diskutieren die getane Arbeit.« Die ältere Frau hatte zehn Jahre freiwillige Hygienearbeit geleistet. Sie ist auch auf eine neue Methode zur Fliegenvernichtung gekommen. Sie kaufte Fischmägen auf dem Markt, tränkte sie mit einer giftigen Flüssigkeit und legte sie auf den Rasen in Parks und kleinen Gärten. Ihre Methode funktionierte gut, und als man sie in anderen Gebieten einführte, wurde die Frau der Hygieneabteilung im Stadtteil zugeteilt.

»Die Leute müssen die Vorteile der Hygiene und Sauberkeit verstehen«, sagte ein Rentner. Er gehört zur Hygienegruppe in seinem Wohnblockkomitee. »Gelegentlich finden wir immer noch Leute, die bei der Hygiene nachlässig sind. Deshalb haben wir zweimal in der Woche Arbeitsgruppen, in denen wir nicht nur Zeitung lesen und über Politik diskutieren, sondern auch Erfahrungen in der Hygienearbeit austauschen. Manchmal laden wir die Schwestern aus der Poliklinik zu Vorträgen über öffentliche Gesundheit und die Vorteile der Hygiene ein.«

Die Polikliniken sind die unterste Ebene des allgemeinen Gesundheitswesens. Die Klinik, die wir besuchten, war zuständig für die 4000 Einwohner eines Wohnblockkomitees. Die einfache Ausrüstung und die Medizinschränke waren in der Erdgeschoßwohnung eines Wohnhauses aufgestellt. Die vier Frauen, die hier arbeiteten, hatten ihre Arbeit nach Gebieten und Spezialisierung aufgeteilt. Drei von ihnen kümmerten sich jeweils um einige Straßen, wobei sie mit den Freiwilligen für Gesundheitsdienst zusammenarbeiteten, die für jeweils 20 Familien zuständig sind. Außerdem ist die eine für Insektenbekämpfung im ganzen Gebiet verantwortlich, die zweite für Familienplanung und die dritte ist auf chinesische Heilkräuter spezialisiert. Die vierte junge Frau arbeitet in der Klinik und nimmt Impfungen vor. Sie impft gegen Diphtherie, Keuchhusten, Tuberkulose und Pocken. Die Schüler in der Unterstufe der Mittelschule werden zudem gegen Hirnhautentzündung geimpft. »In den ersten Jahren nach der Befreiung hatten wir immer noch viele Fälle von Hirnhautentzündung, weil es noch viele Mücken gab, die diese Krankheit verbreiteten. Heute sind hier auch noch ein paar Mücken, deshalb machen wir mit den Impfungen weiter, obwohl die Krankheit praktisch nicht mehr existiert.« Weil seit vielen Jahren keine Typhusfälle mehr aufgetreten sind, hat man völlig aufgehört, gegen Typhus zu impfen.

Die vier Frauen sind schüchtern, wenn sie mit Ausländern sprechen, aber sie wirken sehr kompetent, nachdem sie lange genug in der Nachbarschaft sind, um ihre Probleme und die Bedürfnisse der Patienten zu kennen. Jeden Nachmittag behandeln sie in ihrer kleinen Station ambulant. Morgens gehen sie zu Patienten, die das Haus nicht verlassen können, überprüfen Säuberungs- und Hygienearbeiten und besuchen die Werkstätten der Nachbarschaft. »Diese Station ist für die Leute sehr bequem«, erklärte mir ein alter Mann, einer ihrer Patienten. »Früher saßen die Ärzte in ihren Büros im Krankenhaus. Heute haben wir sie in jeder Straße«.

Die vier Frauen sind bescheidener, wenn sie ihre Arbeit beschreiben. Sie selbst nennen sich nicht Ärztin, sondern medizinisches Personal. Zwei von ihnen sind sechs Monate im Krankenhaus der Nachbarschaft ausgebildet worden. Die anderen haben eine Berufsschule für Medizin und Hygiene abgeschlossen. Sie behandeln nur einfache Krankheiten, verschreiben etwa Patienten mit einer Erkältung oder Magenbeschwerden chinesische Heilkräuter. Die meiste Zeit verbringen sie damit, Vorsorgearbeit zu leisten, Hygiene zu lehren und Patienten mit ansteckenden und schweren Krankheiten ins Krankenhaus der Nachbarschaft zu überweisen. Wenn die Krankenhausärzte etwas verschrieben haben, passen sie auf, daß die Patienten ihre Medizin regelmäßig nehmen und die Anordnungen des Arztes befolgen. Anstatt für jede Injektion ins Krankenhaus zu gehen, können die Patienten in der Poliklinik oder zu Hause behandelt werden.

All ihre Patienten sind in irgendeiner Form krankenversichert. Arbeiter bei Behörden, in Fabriken und Nachbarschaftsgeschäften genießen freie medizinische Behandlung. Ihre Familienangehörigen, meist Kinder und alte Leute, bezahlen 0,20 Yuan im Monat, ein Versicherungsbeitrag, der von Rentnern jedes Wohnblockkomitees eingesammelt wird. Diese Summe deckt nicht die Ausgaben für kostenlose Behandlung und Medizin in den zwölf Polikliniken Chao Yangs, weshalb die Nachbarschaft einen Teil der Gewinne aus ihren eigenen Werkstätten dazu verwendet, das medizinische System an der Basis zu finanzieren.

Das Krankenhaus der Nachbarschaft ist kaum anderthalb Kilometer entfernt. Das zweistöckige weitläufige Gebäude umgibt einen Hof, wo bald ein neuer Flügel errichtet werden soll. Als es gebaut wurde, betrug die Einwohnerzahl Chao Yangs 40 000; jetzt ist sie fast doppelt so hoch, und die Einrichtungen müssen erweitert werden. Im Krankenhaus wird größtenteils ambulant behandelt; es gibt nur wenige Betten für Notfälle und für Patienten, die unter Beobachtung stehen. Zu dem medizinischen Personal von 79 Leuten gehören 17 Ärzte für westliche Medizin, 4 Ärzte für traditionelle chinesische Medizin, 3 Röntgenspezialisten, 7 Apotheker, 3 Laboranten und 27 Schwestern. Nur sieben der Ärzte sind an der Universität ausgebildet worden, die anderen auf der medizinischen Mittelschule und in praktischen klinischen Kursen in größeren Krankenhäusern.

Ein Großteil der Arbeit ist der Vorbeugung von Krankheiten gewidmet. Die Ärzte arbeiten eng mit dem medizinischen Personal der Fabriken, Schulen und Nachbarschaften zusammen. Sie untersuchen regelmäßig Kinder und Arbeiter und führen Buch über Impfungen aller Einwohner. Eine Sektion kümmert sich um die Gesundheit schwangerer Frauen, untersucht Kleinkinder alle drei Monate und berät bei Kinderpflege und -ernährung. Die Ärzte sind dabei, ein Krebsdiagnosezentrum in Zusammenarbeit mit dem Gesundheitszentrum der Wohnblockkomitees einzurichten.

»Unsere Ausrüstung ist immer noch sehr einfach«, erklärte einer der Ärzte. »Deshalb überweisen wir schwere Fälle an das Stadtteilkrankenhaus oder bei besonders komplizierten Fällen an städtische Spezialkrankenhäuser. Das Netz an medizinischen Einrichtungen ist in diesem Bezirk Shanghais sehr dicht, aber seine Struktur ist kompliziert. Es gibt zwei allgemeine Krankenhäuser, 21 Spezialkrankenhäuser und Zentren für Zahnbehandlung, Hals-, Nasen-, Ohrenerkrankungen und eine Augenklinik. Außerdem haben die großen

Fabriken eigene Hospitäler, und das Amt für Textilindustrien betreibt ein großes Krankenhaus für Arbeiter aus seinen Fabriken. Das Stadtteilkrankenhaus, an das die meisten Patienten von Chao Yang überwiesen werden, behandelt täglich 1500 Patienten ambulant und hat 420 Betten, von denen einige in Zimmern für vier Patienten stehen, aber die meisten in Achtbettzimmern. Es hat elf Stationen, die ungefähr denen westlicher allgemeiner Krankenhäuser entsprechen, aber es gibt auch einige traditionelle und einige hochentwickelte Spezialabteilungen. Die chinesische traditionelle Medizin und Akupunktur werden praktiziert, aber das Krankenhaus besitzt auch moderne Geräte wie Isotopenapparate zur Krebserkennung. In diesem Stadtteilkrankenhaus arbeiten 143 Ärzte, erklärte der Verwaltungsbeamte. 26 Chirurgen, 32 Internisten, 10 Geburtshelfer und Gynäkologen, 16 Kinderärzte, 17 Hals-, Nasen-, Ohrenspezialisten, 14 Ärzte für traditionelle chinesische Medizin und 28 Ärzte mit anderen Spezialgebieten. 80 Ärzte sind an Universitäten ausgebildet worden, 30 kommen von medizinischen Oberschulen. Einige sind zuerst in Abendkursen der Universitäten und dann weiter klinisch und theoretisch ausgebildet worden. Mehrere haben als Pfleger angefangen. »Sie haben in ihrer Freizeit und durch Erfahrung gelernt und wissen jetzt genug, um als Arzt arbeiten zu können«, erklärte der Krankenhausverwalter. Wie auf anderen Gebieten auch, ist die Ausbildung für den öffentlichen Gesundheitsdienst eine Mischung aus formalisierter und nichtformalisierter Ausbildung. Die Ärzte müssen einen Teil ihrer Zeit bei den mobilen Ärzteteams außerhalb des Krankenhauses verbringen. Drei Gruppen aus jeweils zehn Ärzten und Schwestern verbringen immer ein ganzes Jahr in Fabriken, um die Arbeiter zu versorgen und das medizinische Personal der Fabrikkliniken auszubilden. Neun der Krankenhausärzte haben ein Jahr bei den Bauern in den Bergen von Guizhou verbracht, wo das Gesundheitswesen immer noch unterentwickelt ist.

In dem Stadtteil, für den es zuständig ist, bildet das Krankenhaus Arbeiter oder Frauen der Nachbarschaft in Erster Hilfe und vorbeugender Medizin aus. 40 Arbeiter kamen 1974 zu einem sechsmonatigen Kurs, im ersten Halbjahr 1975 waren es 50 Frauen. Sie verbrachten die eine Hälfte ihrer Zeit mit theoretischen Kursen, die andere in den klinischen Abteilungen, und am Ende des Kurses gingen die lehrenden Ärzte mit den Schülern in die Fabriken und Nachbarschaften, um sie bei der Allgemeinuntersuchung ihrer Kollegen zu unterstützen. Die Kinderärzte machen regelmäßig ihre Runde in den

Kinderkrippen, Kindergärten und Polikliniken. Die Gynäkologen führen Massenuntersuchungen bei den Frauen in den Fabriken, Werkstätten und Nachbarschaften durch. Als sie 1974 10 000 Frauen untersuchten, fanden sie zwei Fälle von Brust- und vier von Gebärmutterkrebs. Im ersten Halbjahr 1975 hatten sie 7500 Frauen untersucht und nur eine Krebserkrankung festgestellt. »Die Krebsrate ist generell niedrig«, erklärte einer der Chirurgen. »Aber es ist schwierig, ihn im Magen oder in den Verdauungsorganen festzustellen. Wir arbeiten immer noch intensiv daran, unsere Untersuchungsmethoden zu verbessern. Wir wollen ihn früh entdecken, so daß die Behandlungs- und Genesungschancen größer sind.«

Ich fragte einen der Chirurgen, wie das Krankenhaus zur Abtreibung steht. »Frauen, die nicht noch mehr Kinder haben wollen oder in schlechtem Gesundheitszustand sind, können eine Abtreibung bekommen. Nur in seltenen Fällen raten wir ihnen ab, und zwar nur aus Gesundheitsgründen. In diesem Krankenhaus haben wir etwas mehr als 100 Abtreibungen jährlich.« Das schien mir eine geringe Zahl zu sein, deshalb fragte ich, was mit unverheirateten Mädchen geschehe, die um eine Abtreibung bitten. Die Ärzte und Gesundheitsarbeiter blickten erst einander an, dann starrten sie mich erstaunt an. »Es ist äußerst selten, daß eine unverheiratete Frau eine Abtreibung will«, sagte der Arzt. »Falls es ihr Wunsch ist, wird es gemacht.« Die Gesundheitsarbeiterin, eine Frau mittleren Alters, fügte eine Erklärung hinzu: »Wenn eine unverheiratete Frau um eine Abtreibung bittet, sind die Ärzte für die medizinischen Entscheidungen verantwortlich. Aber man muß auch der Organisation ihrer Fabrik oder Nachbarschaft darüber berichten, so daß man sie erziehen kann.« Ihrem Tonfall war klar zu entnehmen, daß sie voreheliche sexuelle Beziehungen stärkstens mißbilligte, und daß die betreffenden Organisationen dafür sorgen würden, daß sich solche Mädchen besserten. Es gab auch keine besondere oder vertrauliche Beziehung zwischen der Frau und ihrem Arzt, die ihn daran hinderte, Informationen weiterzugeben.

Ärzte genießen in China hohe Achtung, aber hinsichtlich des Einkommens sind sie keine privilegierte Gruppe. Beim Stadtteilkrankenhaus lag das durchschnittliche Monatseinkommen bei 80 Yuan, während das höchste 110 Yuan betrug. Demnach entspricht das Höchsteinkommen dem eines hochqualifizierten, erfahrenen Fabrikarbeiters, während der Durchschnitt etwa 20 Prozent höher liegt als die Arbeiterlöhne in Shanghai.

Ärzte und medizinisches Personal sind Teil eines Gesundheitssystems, das darauf zielt, Kosten und Ausgaben niedrigzuhalten, erklärte der Krankenhausverwalter. In der Shanghaier Stadtverwaltung erhalten 2,5 Millionen Fabrik- und Büroarbeiter kostenlose medizinische Versorgung. Die Familienangehörigen der Arbeiter bezahlen 50 Prozent der Kosten, die Familien von Behördenangestellten dagegen müssen sie voll tragen, soweit sie nicht durch das genossenschaftliche Gesundheitssystem ihrer Nachbarschaft abgedeckt sind. Die Kommunemitglieder in den ländlichen Gebieten gehören auch zu einem genossenschaftlichen System und bezahlen einen Jahresbeitrag von etwa 2 Yuan. Sie müssen 50 Prozent der medizinischen Kosten übernehmen. »Behandlung und Medikamente sind billig«, erklärte der Verwalter. Eine Blinddarmoperation, die als eine kleinere Operation betrachtet wird, würde 10 Yuan kosten. Davon werden 50 Prozent von der Fabrik getragen, oder, wenn der Patient kein Arbeiter ist, von dem genossenschaftlichen System der Nachbarschaft. Komplizierte Brust- oder Gehirnoperationen können sehr viel teurer sein, zum Beispiel 30 Yuan. Und in schweren Fällen können die medizinischen Kosten bis auf 50 Yuan jährlich ansteigen. Dann kann die Nachbarschaft, die Kommune oder die Fabrik einspringen und dem Patient und seiner Familie helfen, diese Beträge zu bezahlen.« Familienangehörige von Patienten, die schwer krank sind oder sich von einer größeren Operation erholen müssen, halten sich oft im Krankenhaus auf, helfen den Schwestern und machen bei der Nachtwache mit. Für die anderen ist nachmittags Besuchszeit, und dann kommen die Verwandten, um einen Schwatz zu halten oder etwas zu essen zu bringen. Das chinesische Gesundheitssystem kommt für Medikamente, Behandlung und das Krankenhausbett auf, aber nicht für das, was die Patienten essen. Sie können zwischen verschiedenen Gerichten der Krankenhauskantine wählen, aber sie müssen selbst entscheiden, wieviel sie für Essen ausgeben können. Im chinesischen System wird nicht versucht, für alles zu sorgen.

Wie sich herausstellte, war der Krankenhausverwalter der Mann von Frau Zhou aus dem Revolutionskomitee der Nachbarschaft. Im Krankenhaus hatten beide kaum erkennen lassen, daß sie sich kannten; wie die Chinesen es gewöhnlich tun, behielten sie private Angelegenheiten für sich. Erst auf dem Rückweg, als ich Frau Zhou nach ihrer Familie und ihren Kollegen fragte, fing sie an zu kichern und gab zu, daß ich ihren Mann kennengelernt hatte. Er sei früher Chemiearbeiter gewesen und zur Arbeit in der Stadtverwaltung ausgewählt worden, und sie hätten sich kennengelernt, als sie beide Nachbarschaftsarbeit leisteten. »Auch er war zur Zeit der Befreiung Analphabet, aber er war beim Lernen besser als ich. Wir sahen uns immer bei Versammlungen, und dann beschlossen wir, zu heiraten. Jetzt ist er Verwalter eines Stadtteilkrankenhauses und ich bin Vizevorsitzende eines Nachbarschafts-Revolutionskomitees.« Beide verdienen 80 Yuan im Monat, und Frau Zhou findet, daß ihre Familie ein hohes Einkommen hat, aber es ist nicht ungewöhnlich hoch. Mit ihrer Mutter und drei Kindern teilen sie eine Zweizimmerwohnung und bezahlen 6,50 Yuan Miete, 3 Yuan für Gas, 4 Yuan für Strom und fließend Wasser. Wie sie sagen, werden 70 bis 75 Yuan für Lebensmittel ausgegeben, so daß immer etwas Geld fürs Sparkonto übrig ist, sogar wenn kleinere tägliche Ausgaben und gelegentliche Kleiderkäufe abgezogen sind.

Frau Zhou und ihr Mann können doppelt soviel Geld ausgeben wie der Rentner Wang mit Frau und Tochter. Aber in Frau Zhous Familie leben sechs Personen von 160 Yuan, während die Familie Wang aus nur drei Leuten besteht. Das Familieneinkommen von Frau Zhou gehörte tatsächlich zur oberen Mittelgruppe. Wenn ihre drei Kinder nach Abschluß der Schule arbeiten, könnte es noch höher werden.

In der Nähe der Poliklinik hielt uns eine alte Frau an und bestand darauf, daß wir ihre Wohnung besichtigten und eine Tasse Tee trinken. Sie hatte fast keine Zähne mehr und sprach ziemlich unzusammenhängend, aber sie ließ nicht locker. Einer ihrer Söhne sei auf Besuch zu Hause, und er solle Gelegenheit haben, Ausländer zu treffen. Als wir in ihre Wohnung im zweiten Stock heraufkamen, schien der junge Mann zurückhaltend und überrascht zu sein. Er habe sie nicht gebeten, die Ausländer ins Haus zu bringen, sagte er seiner Mutter und erklärte uns, daß er auf dem Rückweg zu der Fabrik sei, wo er wohne. »Er wird nicht mehr lange in einem Fabrikwohnheim bleiben«, unterbrach seine Mutter. »Er wird nächstes Jahr heiraten und seine eigene Wohnung bekommen.«

Die zwei Zimmer, die uns die alte Frau zeigen wollte, waren einfach möbliert und sehr sauber. In jedem Raum war ein Doppelbett, und es gab die übliche Kommode, Kleiderschränke, Tische und Hokker. Ein Kalender mit einem Bild eines Opernstars und ein Foto von Mao hingen an der Wand. Auf den Tischen lagen weiße, bestickte Tischdecken, und man sah Glasvasen und einen Pandabär aus Porzellan. Eine Katze hatte sich scheu unter das Bett verzogen. Dies sei eine Musterwohnung, sagte die alte Dame stolz. Küche und Toilette gehörten dazu und mußten nicht mit anderen Familien geteilt werden. Das fünfstöckige Gebäude war 1973 gebaut worden und viel bequemer als die alten Häuser von Chao Yang. Sie bezahlten 4,90 Yuan Miete, 2 Yuan für Wasser, 1,50 Yuan für Strom und 4 Yuan für Gas. Die ganze Familie verdiente im Monat 210 Yuan. Die alte Mutter bekam eine Rente von 40 Yuan, ihr Sohn war Schweißer auf einer Schiffswerft, ihre Schwiegertochter arbeitete in einer Baumwollfabrik, und beide verdienten jeweils 80 Yuan. Bei dieser Aufstellung fehlten 10 Yuan, aber die alte Frau bestand darauf, daß sie monatlich 210 Yuan hätten; sie schien nicht zu verstehen, daß der Gesamtbetrag dessen, was sie angegeben hatte, nur auf 200 Yuan kam. Vielleicht gab der unverheiratete Sohn seiner Mutter monatlich 10 Yuan. Die drei Erwachsenen und die zwei Enkel könnten bei diesem Familieneinkommen gut leben, wiederholte die alte Dame immer wieder. Das Leben in dem neuen Haus war bequem, weil direkt nebenan ein Lebensmittelgeschäft war, nur sei die Straße vorm Haus noch nicht asphaltiert. Die Räder der Lastwagen hatten tiefe Spuren in den Boden gegraben, und man hatte Gräben ausgeschachtet für die Verlegung der Rohre für die Wasserversorgung. Die Gemüsefelder auf der anderen Straßenseite würden bald verschwinden, und man werde drei alte Bauernhäuser abreißen, um Platz für neue fünfstöckige Häuser zu schaffen.

»Nächstes Jahr werden wir einen neuen Kindergarten bauen«, sagte Frau Zhou vom Revolutionskomitee und zeigte auf die Gemüsefelder. Sie ist auch für das Bildungswesen der Nachbarschaft Chao Yang verantwortlich. Die acht Mittelschulen stehen unter der Leitung des Bildungsamtes im Stadtteil, aber Kinderkrippen, Kindergärten und Grundschulen werden von der Nachbarschaft betrieben. In den sieben Kinderkrippen und sechs Kindergärten Chao Yangs sind etwa 2000 Kinder. Die anderen werden von ihren Großmüttern gehütet, und einige der Kleinsten sind in den Fabrikkrippen, wo die Mütter sie während der Arbeitspausen stillen können. In der zentralen Kinderkrippe, einem Komplex von ein- und zweistöckigen Gebäuden in einem kleinen Park, spielten 370 Kinder in den Räumen und draußen im Garten an einer kleinen Pagode, einer hölzernen Wippe und einem Klettergerüst. In einem der Räume spielte die Kindergärtnerin Klavier, während ihre Assistentin dirigierte und die dreijährigen Mädchen und Jungen ein kleines Lied sangen, das Sauberkeit und Disziplin pries. In einem anderen Raum fand ein Wettrennen von zwei Mannschaften über niedrige grüne Bänke statt, wobei es eine kleine Fahne zu gewinnen gab. Kinder, die mit weißen Kaninchenhüten herumhüpften, wetteiferten um einen ähnlichen Preis, und vor einem der Räume spielten winzige Knirpse ein Spiel, das sie lehrte, wie man Gemüse pflanzt. Wie alle chinesischen Kinder waren sie diszipliniert, aber nicht schüchtern, schnell bereit, ihre ausländischen Besucher an der Hand zu nehmen und herumzuführen.

Die Kinder in der Krippe waren eineinhalb bis dreieinhalb Jahre alt, und damit sie ihren Mittagsschlaf halten können, gab es an der Wand doppelstöckige Betten. Die ersten kamen morgens kurz nach sechs, wenn ihr Eltern zur Arbeit gingen. Einige frühstückten in der Krippe, die meisten aßen zu Mittag, und andere blieben auch noch zum Abendessen, weil ihre Eltern so lange arbeiteten. Es gab 50 Angestellte, Köche und einen Diätkoch, die für sie sorgten. Die Unterbringung in der Krippe war nicht umsonst. Der Staat bezahlte eine Unterstützung von 7 Yuan monatlich für jedes Kind, aber die Eltern mußten noch 2 Yuan dazu beitragen und für das Essen bezahlen. Das Frühstück kostet 0,05 Yuan, Mittagessen, Nachmittagstee und Abendessen jeweils 0,10 Yuan. Der Diätkoch sorgte dafür, daß die Kinder eine ausgeglichene Nahrung erhielten: 40 Gramm Protein und 1200 Kalorien für die jüngeren, 50 Gramm Protein und 1400 Kalorien für die älteren.

Die meisten Kinder waren schon in den Tageskrippen der Fabriken gewesen. »Sie sind schon etwas vorbereitet, wenn sie zu uns kommen«, erklärte eine mütterliche Kindergärtnerin. »Wenn sie zweieinhalb Jahre alt sind, fangen wir an, sie einfache Sachen zu lehren, die alle verstehen können. Natürlich gibt es schwierige Kinder, vielleicht wegen Familienproblemen oder einer Krankheit. Wir haben keine besonderen Kräfte für sie, aber wir betreuen sie zusätzlich und helfen ihnen, mit ihren Gruppen zurechtzukommen.« Der größte Teil des Personals hat Mittelschulabschluß, aber es gibt auch einige Leute mit pädagogischer Ausbildung an Hochschulen und Universitäten. Im Kindergarten sind alle Kräfte in Spezialkursen oder an pädagogischen Hochschulen ausgebildet worden. Der Kindergarten, den wir besuchten, hatte 14 Betreuer für 250 Kinder zwischen dreieinhalb und sechseinhalb Jahren. Sie erhielten eine Vorschulerziehung, und es schien kaum ein Spiel ohne erzieherischen Zweck zu geben. Die Kinder saßen an Pulten und malten Bilder von der Tafel ab oder diskutierten Bilder, die an der Wand hingen. Da war ein Gemälde mit Kindern, die Tauziehen spielten. Die Verlierer lagen am Boden, und die Gewinner halfen ihnen, wieder aufzustehen. »Was bedeutet dieses Bild«, fragte die Kindergärtnerin, und die Schüler antworteten, ohne zu zögern: »Alle Leute sollten sich gegenseitig helfen und sich lieben.« In einem anderen Klassenzimmer standen vier Kinder um eine Waschschüssel herum, die sich auf einem der Tische befand. Sie wuschen Handtücher, während die Kindergärtnerin den übrigen erklärte, daß Würde in der physischen Arbeit liege. Andere Kinder hatten Musikunterricht im Garten. Kinder in der Tracht der nationalen Minderheit Chinas spielten Trommel, Tambourin, klingelten mit kleinen Glöckchen und sangen dabei ein Lied. »Wie man ein gutes Kind ist«, war der Titel, und die Aussage, daß man die Worte des Vorsitzenden Mao hören, fleißig lernen und jeden Tag Fortschritte machen sollte.

Die Grundschule, zu der uns Frau Zhou führte, war die älteste in der Nachbarschaft, die erste, die nach der Gründung Chao Yangs gebaut worden war. Frau Yen, die Rektorin, hatte einige Lehrer und Schüler im Konferenzraum zusammengeholt, die uns über ihre Schule erzählen sollten. Es müssen Musterschüler gewesen sein, denn sie sprachen ohne Zögern in den anerkanntesten Begriffen und Formulierungen der chinesischen Erziehung. Meist nickten sich die Lehrer glücklich zu, wenn einer der Schüler sein Stück aufgesagt hatte. Aber sogar sie mußten lachen, als eine achtjährige Schülerin auf meine Frage, wie sie ihre Freizeit nach der Schule verbrachte, loslegte: »Nach 6.30 Uhr abends studiere ich den Marxismus, den Leninismus und die Mao-Tse-tung-Ideen.« In dieser Grundschule sind 1100 Schüler, die mit sechseinhalb Jahren anfangen und bis zur fünften Klasse bleiben. Die meisten kommen um 7.30 Uhr und stehen Schlange, bis die Tür um 7.45 Uhr geöffnet wird. Von 8 Uhr bis 8.15 Uhr machen sie ihre Morgengymnastik, dann sind drei Stunden Unterricht, eine Mittagspause von einer Stunde und von 12.30 Uhr bis 15 Uhr wieder Unterricht. Sie haben Politik, Chinesisch, Rechnen, Sport und Kunst, sagte die Rektorin, und ab vierte Klasse haben sie auch Englisch. Einer der Musterschüler unterbrach die Rektorin. »Wir haben nicht nur Unterricht, wir nehmen auch an der körperlichen Arbeit teil«, sagte ein Mädchen mit langen Zöpfen. »Ich gehöre zur Gemüsegartengruppe. An drei Nachmittagen baue ich auf einem Stück Land Gemüse, Getreide, Sojabohnen und Heilkräuter an. Diese Gemüse werden zur Nachbarschaftskantine geschickt. Einige Schüler lernen, ihren Klassenkameraden die Haare zu schneiden.« Eine andere Schülerin fiel ein: »Die Teilnahme an der körperlichen Arbeit ist Ehrensache. In den Sommerferien gehen wir freiwillig in die Kindergärten und -krippen, um den kleinen Kindern zu helfen, ihre Schuhe zu putzen und ihr Gesicht zu waschen. Manchmal boten uns die Lehrer in den Kindergärten Geld oder Eis an, aber wir sagten, wir wären da, um dem Volk zu dienen, und wir wollten nichts annehmen. Die Teilnahme an der körperlichen Arbeit hat uns geholfen, unser politisches Bewußtsein zu erhöhen. Wir wollen immer dem Volk dienen, so gut wir können.«

Sie sprach immer noch, als es zur Pause klingelte. Ich war fast froh, als ihre Worte in dem Lärm draußen auf dem Flur untergingen, wo ihre Klassenkameraden vorbeirannten, um auf den Schulhof zu kommen. Ihre lärmende und fröhliche Unterhaltung war eine erfreuliche Pause in der Vorführung dieser vorzüglich dressierten Grundschulmädchen. Ich fand, die Jungen, die am Konferenztisch saßen, antworteten in einer einfacheren und praktischeren Art als die Mädchen. Sie sprachen von Tischtennis- und Fußballspielen nach der Schule, vom Radiohören und davon, beim Abwaschen und Fegen zu Haus zu helfen. Aber sie waren alle der Meinung, daß es Arbeiten für die Nachbarschaft zu erledigen gab: Frühmorgens vor der Schule beim Reinigen der Straße helfen oder andere Kinder bei ihren Hausaufgaben unterstützen. Alle leisteten in irgendeiner Form körperliche Arbeit während der Schulzeit. Die ersten zwei Klassen verbringen 80 Minuten in der Woche damit, an ihren Pulten verknotete Seidenfasern zu entwirren. Die dritte, vierte und fünfte Klasse verpacken jede Woche einen halben Tag lang kleine Glühbirnen für Taschenlampen und befestigen Druckknöpfe auf quadratischen Karten. Sie haben kein Arbeitssoll zu erfüllen. Eines der beiden Mädchen, die bewiesen hatten, daß sie ehrgeizige Musterschülerinnen sind, behauptete, daß ein Schüler 81 Karten an einem halben Tag fertiggestellt hätte, aber die Lehrerin korrigierte sie: »Das war nicht in unserer Schule, kleine Li.«

Es gibt keine Kinder, die eine Klasse wiederholen müssen, erklärte die Rektorin. Diejenigen, die Schwierigkeiten haben, könnten Förderunterricht oder besondere Betreuung durch Lehrer oder Klassenkameraden bekommen. Kinder mit einer besonderen Begabung könnten für eine Abendschule für Sport, Tanzen oder Musik ausgewählt werden; ein elfjähriger Junge sei kürzlich aufgefordert worden, bei der Gruppe für darstellende Kunst der Kleinen Roten Soldaten in Nanking mitzumachen. Es gebe auch Ganztagsschulen für Musik und Ballett und eine Fremdsprachenschule, auf der hauptsächlich Englisch gelehrt werde. Nur sehr wenige Kinder werden für diese spezialisierten Schulen ausgewählt. Die anderen bleiben in ihren Kursen und hinken weder hinterher noch überspringen sie eine Klasse. »Wenn einer besonders weit voraus ist, sollte er seine Zeit damit verbringen, denen etwas beizubringen, die langsamer lernen«, sagte die Rektorin.

Die Lehrer stehen in engem Kontakt mit den Eltern der Schüler. Am Ende jedes Halbjahres findet eine Elternversammlung statt, aber oft besuchen die Lehrer die Eltern zu Hause, um die Fortschritte und die Haltung eines Schülers zu diskutieren, wobei sie die Eltern um ihre Meinung oder um ihre Unterstützung bitten. Jedes Halbjahr bekommen die Schüler ein Zeugnis. Sie werden in den einzelnen Fächern benotet und allgemein beurteilt, was ihre Haltung zum Lernen und zur Arbeit angeht. Die Zeugnisse sind nach der Kulturrevolution nicht abgeschafft worden, aber es gab einige Änderungen. In den ersten drei Klassen veranstalteten die Lehrer Gruppendiskussionen mit allen Schülern, bevor sie die Zeugnisse schrieben. Die Schüler der vierten und fünften Klasse müssen am Ende jedes Halbjahres eine Zusammenfassung ihrer Erfahrungen abfassen, und dann wird ihr Bericht über ihr Lernen und Verhalten vom Lehrer und den Klassenkameraden diskutiert. Es gibt einige allgemeine Anforderungen, nach denen die Schüler beurteilt werden, und angesichts der Schwierigkeiten der chinesichen Sprache müssen sie fleißig arbeiten, um das Ziel zu erreichen. Am Ende der zweiten Klasse wird von den Schülern erwartet, daß sie 1000 bis 1500 Schriftzeichen beherrschen. Am Ende der Grundschule sollen sie in der Lage sein, eine Zeitung zu lesen.

Das Vokabular chinesischer Zeitungen ist begrenzt und hochpolitisch. Das gleiche gilt für das Vokabular, das die Kinder im Fremdsprachenunterricht lernen. Die Kapitel in ihrem Englischlehrbuch enthielten mehr politische als allgemeine Informationen, wie man den Titeln entnehmen konnte: »Unsere Partei ist eine große Partei. Zwei kleine Kommunisten. Wie spät ist es? Das Leben in unserer Schule. Diene dem Volk!« Im Chinesischunterricht sangen die Kinder das Lied »Lerne von Vorbildern«. In einem anderen Raum erklärte ein junger Lehrer geometrische Figuren, wobei er Holzmodelle von Maschinenteilen benutzte. »So kombinieren wir Theorie und Praxis«, erklärte er. An der Wand hing eine kleine rot-goldene Fahne, der Preis für die beste Leistung bei der Morgengymnastik. Zweifellos machte Sport ihnen Spaß. Eine Stunde später sah ich sie auf dem Schulhof, wo sie sich sehr anstrengten, ein Staffelrennen gegen eine andere Klasse zu gewinnen, und die Jungen und Mädchen am Rand riefen ihren Freunden aufgeregt zu, mit »voller Kraft voraus« zu laufen.

Der Grundschulbesuch ist nicht kostenlos. Die Eltern zahlen 6 Yuan jährlich für jeden Schüler, plus 0,50 Yuan für Bücher in der untersten und 2,50 Yuan in der letzten Klasse. In der Mittelschule erhöhen sich die Gebühren auf 12 Yuan im Jahr.

Die Mittelschule untersteht nicht dem Nachbarschafts-Revolutionskomitee, sondern dem Bildungsamt von Shanghai. In der Mittelschule Nr. 2 von Chao Yang sind 1800 Schüler und 130 Lehrer. 18 der Lehrer sind Arbeiter aus nahegelegenen Fabriken, die an einem Tag in der Woche unterrichten. Der Direktor der Mittelschule, ein älterer Herr, betonte die Verbindung von theoretischem Unterricht mit praktischer Erfahrung und die Zusammenarbeit der Lehrer mit den Nachbarschaftsorganisationen und den Eltern.

»Die Hauptaufgabe der Schüler ist Lernen, deshalb wird 70 Prozent der Zeit damit verbracht, theoretisches Wissen zu erwerben«, sagte der Direktor. »Aber landwirtschaftliche und industrielle Arbeit, Militärwesen und Kritik an der Bourgeoisie sind auch wichtige Schulfächer.« Wie in der Grundschule gibt es wöchentlich einen Nachmittag militärische Ausbildung und Übungen. Sechsmal in der Woche haben sie politischen Unterricht und zweimal politische Versammlung auf Schul- oder Klassenebene. Für die Lehrer sind sechs Stunden politische Schulung vorgesehen, und zwar in zwei Sitzungen zu drei Stunden. Noch mehr politische Aktivitäten haben die Schüler, die der Roten Garde angehören. In der Mittelschule Nr. 2 sind es 130. Um der Roten Garde beitreten zu können, müssen sie vier Qualifikationen nachweisen, sagte der Direktor: »Sie müssen den Marxismus, den Leninismus und die Gedanken Mao Tse-tungs ernsthaft studieren; sie müssen Bahnbrecher sein, zur Revolution bereit; sie müssen gute Kameraden der anderen Schüler sein; sie müssen fleißig und gut in der Schule lernen.«

Lange nach den Schulstunden gibt es immer noch Kurse. In einem Raum hält ein Arbeiter der Stoppuhrenfabrik von Shanghai einen Vortrag über Sicherheit bei der Verwendung von Elektrizität. Das Schulorchester probt in der Aula. In einer der Werkstätten lernt eine Gruppe von einem jungen Techniker aus einer Fabrik, wie man Fernsteuerungen für Modellflugzeuge baut. Zwanzig sprachbegabte Schüler haben einen Arbeitskreis gebildet. Sie lernten ein Lied in englischer Sprache: »Ich liebe das blaue Meer und verteidige mein Land gerne.« Es gibt noch weitere Arbeitsgemeinschaften, so für Zeichnen und sogar für die Reparatur von elektrischen Lampen und Schaltern. Die Tischtennistische in einer der Hallen sind fast ständig besetzt, viele Schüler sind beim Basketball, und die Schulmannschaft trainiert verbissen, um im Shanghaier Volleyballturnier über ihren dritten Platz hinauszukommen. Ein paar hundert Meter entfernt haben Schüler ein riesiges Loch ausgehoben, sie karren Erde und tragen Steine. Sie haben den ersten Teil eines Luftschutzbunkers für ihre Schule gebaut, und einige Jungen installieren elektrisches Licht in den Gängen.

In den fünf Jahren Mittelschule lernen die Schüler Chinesisch, Mathematik, Englisch oder Russisch, Geschichte, Geographie, Literatur und Grundwissen für Landwirtschaft und Industrie. In den Stunden körperlicher Arbeit befestigen die Jüngeren Druckknöpfe an Karten, wie sie es in der Grundschule gelernt haben, während die Älteren Schleifen und das Montieren von Transformatoren für eine große Shanghaier Fabrik lernen. Der Chemielehrer leitet ein Labor, wo einfache Grundstoffe für Medikamente hergestellt werden. Lernen, mit den Händen zu arbeiten, ist genauso wichtig wie Bücher lesen, erklären die Lehrer. »Sie müssen begreifen, daß Wissen nicht Privatbesitz ist und zu keinen Privilegien berechtigt«, sagte der Direktor. »Jeder sollte soviel lernen, wie ihm möglich ist, aber dann sollte er sein Wissen dazu benutzen, anderen Schülern zu helfen, die langsamer lernen. Es ist sehr wichtig, daß die Schüler lernen, sich gegenseitig zu helfen. Einer aus der Roten Garde, ein Junge namens Wang, hat ein halbes Jahr lang einer Gruppe von Schülern Nachhilfeunterricht gegeben und ihnen geholfen, aufzuholen. In den sechs Monaten konnten sie das Klassenziel erreichen. Auf diese Weise bleibt keiner sitzen.«

Im Shanghaier Stadtgebiet erhalten alle Kinder eine zehnjährige Schulausbildung. Alle haben denselben Lehrplan, und diejenigen, die mehr Begabung für Naturwissenschaften oder Sprachen oder Kunst haben, haben keine Wahlmöglichkeiten. Aber die Lehrer geben zu, daß zwar einige besonders begabte Schüler Arbeitsgemeinschaften beitreten, während anderen die letzten beiden Schuljahre schwerer fallen. »Sie bleiben trotzdem alle zehn Jahre, und alle schließen die Mittelschule ab«, erklärten die Lehrer. »Einige haben nicht alle Fächer geschafft, wenn sie die Schule verlassen. Aber sie haben später in den Abendkursen der Fabrik oder der Kommune Gelegenheit, ihr Wissen zu erweitern.«

In den letzten Jahren sind Mittelschulabgänger nicht mehr sofort an den Hochschulen und Universitäten zugelassen worden. 70 Prozent derjenigen, die die Mittelschule Nr. 2 abschlossen, gingen in die Fabrik oder zu Landwirtschaftskommunen in den ländlichen Gebieten. Die acht Mittelschulen in Chao Yang mit 10 000 Schülern schickten zwischen 1966 und 1974 etwa 10 000 Schulabgänger in Fabriken, Bergwerke und Kommunen. Die meisten derjenigen, die aufs Land gingen, sind in den Dörfern geblieben. Viele haben eine Stelle in der Schule, der Verwaltung oder im Gesundheitsdienst angenommen. 10 Prozent der 10 000 befinden sich heute in leitenden Positionen, wie die Statistik des Revolutionskomitees von Chao Yang belegt. Dreitausend sind der kommunistischen Jugendorganisation beigetreten, und 500 wurden Mitglied der Kommunistischen Partei. Es sind keine Zahlen vorhanden über diejenigen, die auf die Hochschule oder zur Universität gegangen oder aus familiären Gründen nach Shanghai zurückgekommen sind. Wenn die Eltern alt sind und sonst niemanden haben, der sich um sie kümmert, kann ihrem Sohn oder ihrer Tochter gestattet werden, nach Shanghai zurückzukommen, wo sie einen Arbeitsplatz in der Fabrik bekommen. Im Revolutionskomitee von Chao Yang gibt es eine Abteilung, die sich um die jungen Leute kümmert, die sich auf dem Land angesiedelt haben. »Wir helfen ihnen, am Fernunterricht teilzunehmen, der von den Schulen und Universitäten veranstaltet wird, und achten darauf, daß sie das nötige Studienmaterial erhalten«, sagte ein junger Mann vom Revolutionskomitee. »Wir bleiben mit ihnen und ihren Eltern in Verbindung. Manchmal gibt es Probleme, wenn sie Schwierigkeiten haben, sich an die Lebensbedingungen oder das Wetter in den Gegenden zu gewöhnen, in die sie geschickt wurden. Wenn sie auf Urlaub nach Hause kommen, zur Zeit des Frühlingsfests oder nach der Ernte, laden wir sie zu Aufführungen und kulturellen Veranstaltungen ein. Bei Versammlungen halten sie Reden, um die Leute unserer Nachbarschaft zu lehren, was sie auf dem Land gelernt haben. Wir organisieren auch Kurse, in denen sie sich nützliche Kenntnisse für ihre Arbeit auf dem Land aneignen können: wie man Haare schneidet, Möbel schreinert, elektrische Leitungen legt und Maschinen repariert. Unser Ziel ist es, die Unterschiede zwischen Kopf- und Handarbeit und zwischen Stadt und Land zu beseitigen. Konfuzius lehrte, daß Kinder mit ihren Eltern zusammenbleiben sollen. Lin Biao verbreitete das Gerücht, junge Leute aufs Land zu schicken sei eine Art von Zwangsarbeit. Wir müssen gegen diese Trugschlüsse kämpfen und propagieren, daß es sehr wichtig ist, junge Schüler aufs Land und in die bergigen Gegenden zu schicken.«

Natürlich fanden es viele junge Leute aus Shanghai schwierig, das Leben auf dem Land zu ertragen. Als sie mit dem harten Leben der Bauern und der Eintönigkeit des Dorflebens vertraut wurden, versuchten viele, zurückzukehren. Eine Anpassung war schwierig inmitten von Bauern, die sie für verwöhnte Städter hielten, die nicht an die Arbeit auf den Reisfeldern und in Ställen gewöhnt waren. Das galt besonders, als Hunderttausende in rückständige und abgelegene Gebiete geschickt wurden, wie die Ebenen des kalten Nordostens oder die Grenzgebiete. Zwischen 1966 und 1974 wurde eine Million junge Leute aus Shanghai auf Land geschickt. Aber die meisten von ihnen kamen in Fabriken des Shanghaier Gebiets oder in Kommunen Zentralchinas, deren Bräuche und Lebensart ihnen nicht so fremd sind. Auch in Zukunft werden junge Leute aus den großen Städten ins Hinterland gehen müssen, um ihren Beitrag zur Modernisierung der chinesischen Volkswirtschaft zu leisten. Aber mehrjährige Arbeit auf den Feldern gilt nicht mehr als Wert an sich und ist nicht mehr Vorbedingung für die Zulassung zum Studium. Für die meisten Arbeiterkinder Chao Yangs ist diese Politik nicht allzu schwer zu akzeptieren. Viele ihrer Eltern sind in den Dörfern geboren. Es fällt nicht schwer, dem Aufenthalt in einer Kommune Zentralchinas zuzustimmen, wenn sich die Chance bietet, Leiter einer Arbeitsgruppe, Lehrer oder Buchhalter zu werden. Der alte Herr Shu, Leiter des Wohnblockkomitees Nr. 1, behauptet sogar, daß sich seine Tochter und einige andere geweigert hätten, nach Shanghai zurückzukommen, als sie zurückbeordert wurden. »Zuerst hoffte ich, daß meine Tochter bald zurückkommen würde«, sagte er. »Aber nach drei Jahren heiratete sie, und jetzt hat sie ein Kind. Sie und ihr Mann sind beide Kader geworden und wollen auf dem Land bleiben. Zuerst war ich traurig, aber heute glaube ich, daß sie recht haben, wenn sie sagen, daß die Dörfer junge Leute brauchen und junge Leute die Dörfer.«

Das Leben mit den Bauern oder Arbeitern in einer Fabrik gehört mit zur Erziehung. Der Vorsitzende Mao lehrte, daß junge Leute nach zehn Jahren die Erfahrung körperlicher Arbeit brauchen, weil sie sich vom wirklichen Leben in China abheben könnten, wenn sie zu lange in der Schule bleiben. Sogar die älteren Bürokraten und Parteikader brauchen diese Erfahrung, verkündete der Vorsitzende. Deshalb sind in Shanghai wie in allen chinesischen Städten, sieben »Schulen des 7. Mai« für die städtischen Angestellten und die Manager der Fabriken gegründet worden. Frau Zhou vom Revolutionskomitee in Chao Yang war gerade im letzten Jahr drei Monate in einer 7.-Mai-

Schule gewesen, wo sie mit den Bauern gearbeitet und mit ihren Kollegen politische Theorie studiert hat: »Ich konnte richtig auftanken«, bemerkte sie. »Schließlich ist es mehr als 20 Jahre her, daß ich aufgehört habe, in der Fabrik zu arbeiten.«

Von den Kadern und Büroangestellten in Shanghai wird erwartet, daß sie jährlich zwei Monate körperliche Arbeit leisten. Die meisten arbeiten jeden Donnerstag in einer Fabrik und irgendwann im Jahr einmal zwei Wochen lang. Eine der Frauen vom Revolutionskomitee, die in der Nähe einer Uhrenfabrik wohnt, verbringt ihre Donnerstage damit, Uhren zu polieren. Eine andere Angestellte verpackt Kekse in einer Fabrik. Aber nicht alle Tätigkeiten müssen Handarbeit sein. Einer der Stellvertretenden Vorsitzenden des Revolutionskomitees von Chao Yang verbringt seinen Arbeitstag in der Finanzabteilung einer Fabrik, wo er die Buchhaltung prüft. Das ist seine Art, mit dem Leben der Fabrikarbeiter in Kontakt zu bleiben, und er empfindet es als Teil seiner politischen Erziehung.

Eines Tages zur Mittagszeit sahen wir eine Kolonne Arbeiter mit Fahnen, Becken und Trommeln, die durch das Zentrum Chao Yangs marschierten. Sie hatten ihre kleine Kapelle auf der Plattform eines Dreirades postiert. Jemand in der Gruppe, eine Frau, trug eine große rote Papierblume und winkte mit einer zusammengerollten Urkunde. Wir folgten ihnen ins Kulturzentrum. Der Eingang war mit roten Spruchbändern und Laternen dekoriert, an der Tür stand eine dicke Frau und schlug eine rote Trommel. Die Arbeiterhochschule der Nachbarschaft Chao Yang eröffnete ihr erstes Semester. Ein älterer Mann an der Tür wurde als Leiter der Hochschule vorgestellt. »Unser Ziel ist es, das politische und berufliche Wissen der Nachbarschaft zu erweitern«, führte er aus. »Die Werkstätten verlangen ein bestimmtes Niveau der Bildung und des technischen Verständnisses, und viele Hausfrauen, die dort arbeiten, hatten nie Gelegenheit, das in der Schule zu lernen. Andere können in Hygiene und zur medizinischen Arbeit in ihren Straßen ausgebildet werden. Sie werden zu sechsmonatigen Kursen hierher kommen, vier Tage in der Woche studieren und zwei Tage an ihrem Arbeitsplatz arbeiten. Im ersten Semester nehmen wir achtzig Studenten auf. Einige von ihnen sind Leiter politischer Studiengruppen ihrer Werkstätten und von ihren Kollegen zu weiteren politischen Studien ausgewählt worden. Alle Arbeiter aus Nachbarschaftsbetrieben können sich bewerben. Dann diskutieren deren Arbeitskollegen, wer dazu ausersehen werden soll, und die Hochschule trifft die endgültige Entscheidung.« Die Lehrer werden aus den sieben Mittelschulen Chao Yangs und aus Shanghaier höheren Bildungsinstituten kommen. Wie bei den Universitäten wird man kein Unterrichtsgeld zahlen müssen. Aber nur ein Teil der Betriebskosten wird vom Staat übernommen. Der Rest wird durch die Gewinne der Hausfrauenwerkstätten gedeckt.

96 Prozent der Frauen unter 45 Jahren arbeiten in Fabriken, Einkaufs- und Dienstleistungszentren oder in den Nachbarschaftswerkstätten. Bei den älteren Frauen ist der Prozentsatz geringer, aber viele versuchen, das Einkommen ihres Mannes aufzubessern. Ursprünglich wurden die Nachbarschaftswerkstätten errichtet, weil es für Frauen nicht genug Stellen in der Industrie gab. Als 1958 die ersten Werkstätten eingerichtet wurden, war die Zeit des Großen Sprungs nach vorn, bei dem man viel Wert auf die Dezentralisierung und Lokalinitiative in der Industrie legte. Die Ziele waren viel realistischer, als die meisten der neuen Werkstätten nach 1970 gegründet wurden. Die Werkstätten sollten eher großen Fabriken zuarbeiten als selbst zu Fabriken werden. Gleichzeitig wurde damit ein politisches Ziel verfolgt. Alle Frauen sollten einen Arbeitsplatz haben, denn das Hausfrauendasein hielt sie vom Produktionsprozeß und der politischen Erziehung fern.

Das Revolutionskomitee von Chao Yang betreibt 23 Werkstätten, in denen 2560 Hausfrauen beschäftigt sind. Ihre Haupterzeugnisse sind Spielzeug und elektrische Luftpumpen, die sie für Shanghaier Fabriken montieren. In der Werkstatt für Spielzeug waren etwa 200 Frauen in Kitteln, die batteriebetriebene Schnellboote, Rennwagen und kleine Tischventilatoren zusammensetzten. Die Einzelteile kommen in großen Kisten aus der Fabrik, und die Frauen montieren sie an langen Tischen. Die Spielzeugwerkstatt ist die älteste der Nachbarschaft. 1958 schlossen sich sechs Hausfrauen zusammen und fingen an, zu Hause Spielzeug zusammenzusetzen. Als mehr Frauen dazukamen, erlaubte man ihnen, von der Nachbarschaft ein Haus zu mieten. Sie brachten ihr eigenes Werkzeug mit; Scheren, Hammer, Schraubenzieher und sogar Öfen und Tische aus ihren eigenen Häusern. Aus einer Fabrik in der Nähe liehen sie sich einen Wagen, um die Sachen zu holen und abzuliefern. Zuerst verdienten sie nichts, weil sie alle Gewinne in den Bau einer Werkstatt steckten. Sie arbeiten immer noch in sehr einfachen Gebäuden. Im Sommer ist es heiß, und nur der Raum, in dem das Spielzeug geleimt wird, hat an der Decke Belüftungsrohre. Zwei Arbeiter aus der Fabrik sind hier ständig tätig und überwachen die Einhaltung der Sicherheitsbestimmungen und die Qualität der Produkte.

Die Luftpumpenwerkstatt des Wohngebietes Nr. 3 ist viel besser ausgerüstet. Als sie 1970 in Betrieb genommen wurde, schickte die Nachbarschaft 27 Hausfrauen in eine Fabrik, um zu lernen, wie man die Drehbänke und andere Geräte der neuen Werkstatt benutzt. Zunächst wurden Manometer und andere Instrumente montiert, später Teile für Luftpumpen hergestellt, die sie mit anderen Teilen, die aus der Fabrik kamen, zusammenmontierten. Ein erfahrener Fabrikarbeiter war von Anfang an bei ihnen, gab Instruktionen und half bei den komplizierteren Produktionsprozessen.

Die meisten der neueren Werkstätten sind auf diese Weise, also in Kooperation mit einer Fabrik, aufgebaut worden. Aber die Spielzeugwerkstatt der sechs Hausfrauen, die aus eigener Kraft anfingen, ist immer noch ein vielgelobtes Vorbild. »Sie ist durch harten Kampf und Selbstvertrauen aufgebaut worden«, erklärte Frau Yu, die für die Produktion der Nachbarschaft Chao Yang verantwortlich ist. »Vor 1959 gab es viele unbeschäftigte Frauen. Die Errichtung von Werkstätten half, dieses Problem zu lösen und sie von bloßen Hausfrauenpflichten zu befreien. Die Betriebe sind für die Hausfrauen nicht nur ein Arbeitsplatz, sondern auch ein Ort, an dem sie ihr politisches Bewußtsein erhöhen. Sie studieren zweimal in der Woche Politik, und in manchen Werkstätten lesen sie jeden Tag eine halbe Stunde die Zeitung und diskutieren darüber.« Die Werkstätten sehen von außen wie kleine Fabriken aus, aber Status und Organisation unterscheiden sich beträchtlich von den Fabriken, die vom Staat, den Provinzen oder den Städten betrieben werden. Man betrachtet die Hausfrauenwerkstätten als Kollektivbesitz der Arbeiter und der Nachbarschaft. Irgendwann einmal werden sie in staatlichen Besitz übergehen, aber bis dahin existieren Unterschiede bei Einkommen und den Sozialleistungen. In den Hausfrauenwerkstätten sind die Löhne festgesetzt auf 25 Yuan im Monat für diejenigen, die nach 1970 angefangen haben und auf 30 Yuan für die erste Gruppe, die in der 1958 gegründeten Spielzeugwerkstatt arbeitete. In normalen Fabriken werden alle medizinischen Kosten der Arbeiter und 50 Prozent für ihre Familienangehörigen von der Fabrik bezahlt. In den Nachbarschaftswerkstätten werden die Beiträge für das genossenschaftliche Gesundheitswesen den Arbeitern gezahlt, nicht aber ihren Angehörigen. Mit 55 Jahren hört man auf zu arbeiten, aber es gibt keine Rente. Die ehemaligen Arbeiterinnen einer Hausfrauenwerkstatt können eine Unterstützung von 10 bis 15 Yuan monatlich erhalten. »Sie bekommen Geld für das, was sie zum Leben brauchen«, sagte Frau Yu. »Wenn eine Frau allein lebt, reichen 10 bis 15 Yuan nicht. In dem Fall stellt ihr die Nachbarschaft ein Zimmer mietfrei zur Verfügung. Im Winter versorgt sie die Werkstatt mit wattierter Kleidung. Falls sie Kinder hat, brauchen sie kein Schulgeld zu zahlen. Die Nachbarschaft und die Werkstatt unterstützen sie finanziell. Trotz unserer geringen Löhne sind wir glücklich, weil unsere Werkstätten der ganzen Nachbarschaft dienen und das Leben unserer Kinder verbessern.« Die Gewinne der Hausfrauenwerkstätten werden teilweise dazu benutzt, neue Maschinen anzuschaffen. Aber davon werden auch die kollektiven Fernsehgeräte in den Wohngebieten bezahlt, die Polikliniken an der Basis Bücherei-Bücher, Sportausrüstungen und die Instandhaltung der öffentlichen Parks und Gärten.

Nicht alle Leute, die in den Nachbarschaftsbetrieben arbeiteten, waren Hausfrauen. Zu dem erfahrenen Arbeiter in der Luftpumpenwerkstatt, der sein normales Gehalt von der Fabrik bezog, kamen noch einige junge Männer hinzu, die mit den Frauen an den Montagetischen saßen. Sie waren nicht in die Fabriken oder aufs Land geschickt worden, weil sie körperlich nicht in der Lage waren, schwerere Arbeit zu leisten oder weil sie in ihrer geistigen Entwicklung etwas zurückgeblieben waren. Für sie war die Arbeit in einer Hausfrauenwerkstatt eine nützliche Aufgabe in der Gesellschaft und im Produktionsprozeß. Die Lage junger unverheirateter Frauen, die von den Behörden einer Nachbarschaftswerkstatt zugeteilt worden sind, ist wenig günstig. Da es keine Chance gibt, in eine höhere Gehaltsgruppe zu kommen, hoffen sie entweder auf eine Stelle in einer großen Fabrik oder auf Heirat. Wenn die kollektiven Werkstätten zu staatlichen Fabriken werden, wird diese Benachteiligung aufhören. Aber lange Zeit schöpfte man in China die Mittel der Nachbarschaften und Hausfrauen aus, um das nötige Kapital für den Aufbau einer modernen Industrie anzusammeln und die kommunalen Dienstleistungen bezahlen zu können.

Die Frauen, mit denen ich in Chao Yang sprach, schienen in diesem System keine Ungerechtigkeit zu sehen. Sie sprachen nur über die Vorteile: Hausfrauen konnten zum Familieneinkommen beitragen und sich von ihrem traditionellen Platz am Küchenherd befreien. Als ich Frau Li, die Leiterin der Frauenvereinigung in Chao Yang, fragte, ob es immer noch Probleme gebe, was die ökonomischen Rechte der Frauen angehe, antwortete sie: »Es gibt Unterschiede in der Lebensart auf dem Land und in der Stadt. In den Volkskommunen verrichten die Frauen auf dem Feld manchmal dieselbe Arbeit wie Männer, bekommen aber weniger Lohn. Gleicher Lohn für gleiche Arbeit ist manchmal immer noch ein Problem, das von der Frauenvereinigung in ländlichen Gebieten gelöst werden muß. Aber in unserer Werkstatt gibt es keine ungleiche Bezahlung für Frauen und Männer, die dieselbe Arbeit machen.«

Frau Li und die Frauenvereinigung arbeiten unter Leitung des Revolutionskomitees der Nachbarschaft. Aber das Revolutionskomitee von Chao Yang sei mehrheitlich von Frauen besetzt, betonte Frau Li. »Es ist nicht immer einfach, Frauen zu finden, die aktiv leitende Arbeit leisten wollen«, sagte sie. »Einige Frauen fühlen sich immer noch den Männern unterlegen. Als wir Wahlen zu leitenden Posten hatten, weigerten sich einige Frauen, die Posten, für die sie gewählt worden waren, anzunehmen. Sie sagten, daß sie sich diesen neuen Aufgaben nicht gewachsen fühlten und es wäre besser, Rentner zu wählen. Schließlich überzeugte ich eine, daß es falsch ist, wenn Frauen denken, sie sind nicht so gut wie Männer. Wir benutzen die Bewegung der Kritik an Konfuzius hauptsächlich dazu, Frauen zu erziehen und sie das Gefühl der Unterlegenheit verlieren zu lassen.« Deshalb organisiert die Vereinigung die Frauen sowohl zu politischen Studien als auch zu sportlichen und kulturellen Aktivitäten, wie etwa Laienaufführungen. Aber sie gibt auch viele praktische Ratschläge zur Gesundheitsfürsorge der Frauen und Kinder und ist verantwortlich für die Propaganda zur Familienplanung.

»Wir erklären den Mädchen, daß eine späte Heirat besser für sie ist. Generell sind wir für ein Heiratsalter über 25 Jahren. Wenn ein junges Mädchen heiraten will, erklären wir ihr, daß eine frühe Heirat weder für ihre Gesundheit noch für ihre Arbeit gut ist. Körperlich ist sie immer noch im Wachstumsstadium. Die meisten verstehen das, aber einige sind dickköpfig und sagen, daß das legale Heiratsalter bei 16 Jahren liegt. Dann geben wir weitere Erklärungen, warum eine spätere Heirat besser ist. Ich habe einmal ein Mädchen kennengelernt, das sehr hartnäckig war und unseren Rat absolut nicht annehmen wollte. Deshalb baten wir die Fabrik, in der sie arbeitet, uns bei ihrer Erziehung zu unterstützen, und wir diskutierten die Angelegenheit auch mit ihrer Familie. Schließlich war sie einverstanden und verschob ihre Heirat.«

Die späte Heirat ist ein Weg, das Bevölkerungswachstum niedrig zu halten. Ein anderer ist die Verteilung der Pille und anderer Verhütungsmittel in Fabriken und Nachbarschaften. Die Sterilisation, für Mann und Frau kostenlos, scheint am wenigsten populär zu sein und wird bei Frauen sehr viel häufiger vorgenommen als bei Männern. Die Frauenvereinigung propagiert kleine Familien mit zwei Kindern im Abstand von sieben Jahren. In Chao Yang war man beim Senken der Geburtenrate erfolgreich. Zur Zeit der Befreiung lag sie bei 20 pro Tausend Einwohner. Um 1960, als sich die Lebensbedingungen verbessert hatten, stieg sie auf 33,3 pro Tausend. Die Propaganda für späte Heirat und Familienplanung hatte sie bis 1974 auf 5,6 pro Tausend sinken lassen. Einige Shanghaier Nachbarschaften waren sogar noch etwas erfolgreicher. Die meisten Frauen zwischen 25 und 35 haben heute zwei Kinder, während der Durchschnitt in der Gruppe zwischen 35 und 45 bei drei Kindern und bei den älteren Frauen oft noch viel höher liegt.

Der Fortschritt fiel nicht leicht, gab Frau Li zu. »Das Volk wurde stark von den Doktrinen des Konfuzius und Menzius beeinflußt. Frauen waren Menschen zweiten Ranges, und jede Familie wollte viele Söhne haben. Das gilt immer noch bei einigen alten Leuten. Die Großeltern sind mit ihren Schwiegertöchtern nicht zufrieden. Wenn ihre Kinder schon ein oder zwei Töchter haben, sollen sie noch einen Sohn dazubekommen. Aber die jüngeren Frauen wollen oft nur ein oder zwei Kinder, auch wenn es Mädchen sind. Wir müssen diese Frauen gegen den Druck ihrer Eltern, Schwiegereltern oder sogar ihres Mannes unterstützen.«

Kürzlich hatte eine Frau der Nachbarschaft die Frauenvereinigung um Rat und Unterstützung gebeten. Sie beklagte sich, daß es immer Streitereien in der Familie gab und das Leben unerträglich wurde. Sie hatte zwei Töchter und wollte kein weiteres Kind bekommen. Aber ihr Mann und ihre Schwiegermutter sagten ihr, sie solle die Pille absetzen, weil sie immer noch keinen Sohn zur Welt gebracht habe. Die Frauenvereinigung der Nachbarschaft übergab ihren Fall dem Wohnblockkomitee, in dem sich sieben Mitglieder um Frauenprobleme kümmern. Sie taten sich mit Angehörigen der Frauenvereinigung zusammen, die im Haus der jungen Frau wohnten. Sie luden die Schwiegermutter zu einer Diskussionsversammlung ein und sprachen privat mit ihr. Zur selben Zeit informierte die Frauenvereinigung die Fabrik, in der der Ehemann arbeitete; er wurde dort zu erzieherischen Gesprächen bestellt. Es dauerte einige Wochen, sagte Frau Li, aber schließlich war der Streit geschlichtet und die Frau nimmt die Pille weiter.

Die meisten Fälle, die Wohnblockkomitees und deren weibliche Mitglieder bearbeiten, werden nicht an die Fabriken oder Büros weitergeleitet, in denen die Frauen und Männer arbeiten. Fast alle werden in Diskussionen am Ort gelöst. »Wir müssen den alten Leuten beibringen, daß die Zeiten sich geändert haben, und zwar besonders den Männern«, sagte Frau Li. »Was Männer können, können Frauen auch. Wir arbeiten in der Industrie und im Büro, also können sie auch im Haushalt arbeiten. Früher mußten die Frauen alle Arbeiten im Haus machen. Es gibt immer noch einige männliche Genossen, wenigstens in diesem Gebiet, die sich weigern, Hausarbeit zu verrichten, und einige tun nur sehr wenig. Deshalb erläutern wir die Irrtümer der feudalistischen Ideologie und ermutigen die Männer, sich an der Hausarbeit zu beteiligen. Jede Arbeit hat ihre eigene Würde. Die Männer akzeptieren das im Prinzip, aber manchmal helfen sie trotzdem nicht. Dann kommen die Frauen mit ihren Klagen zu uns, und wir versuchen, ihre Ehemänner zu überzeugen.«

Es gibt in Chao Yang 40 Dienstleistungszentren für die täglichen Bedürfnisse der Bevölkerung: Kantinen für Leute, die keine Zeit zum Kochen haben, Schneider, Schuster, Friseure und öffentliche Telefone. Sie werden vom Revolutionskomitee der Nachbarschaft betrieben, und es arbeiten dort Hausfrauen, ältere Arbeiter und einige junge Mitarbeiter. Als die ersten Zentren gegründet wurden, brachten die Schuster ihr eigenes Werkzeug und die Hausfrauen ihre eigenen Nähmaschinen mit. Die Nachbarschaft bezahlt denen, die immer noch auf ihrer eigenen Maschine nähen, im Jahr 2 Yuan Miete für das Gerät. Aber die meisten der 150 Nähmaschinen in den Zentren sind heute Kollektivbesitz. Das Revolutionskomitee von Chao Yang verwaltet ein eigenes Budget für die Nachbarschaftswerkstätten und die Dienstleistungszentren und kann deren Gewinn und Verlust gegeneinander aufrechnen. Einige machen vergleichsweise große Gewinne. Die Luftpumpenwerkstatt erwirtschaftete zwischen 1970 und 1974 fast 50 000 Yuan. Die öffentlichen Telefone hingegen, wo man hingeht, um zu telefonieren, und zwei Leute beschäftigt sind, machen jährlich ein Defizit von 100 bis 120 Yuan. Die Produktionsabteilung des Revolutionskomitees gleicht das aus. Aber insgesamt sollte jedes kleine Unternehmen sein Budget unabhängig ausgleichen und Verbesserungen aus eigenen Rücklagen bezahlen. Wenn es nur um kleinere Geldbeträge geht, entscheiden die Angestellten selbst. Für teure Änderungen und Verbesserungen ist die Erlaubnis des Revolutionskomitees nötig. Beim Friseur im Zentrum Chao Yangs hatten die Friseure von sich aus eine Neuerung eingeführt. Sie standen nicht beim Haareschneiden, sondern hatten rund um die Friseurstühle ein Geländer am Boden angebracht mit einem kleinen Hocker auf Rädern darauf, so daß sie im Sitzen rollen und von allen Seiten an den Kopf des Kunden herankommen konnten. Sie hatten die Friseurstühle und die Rollhocker von dem Geld bezahlt, das sie in der Zeit angesammelt hatten, als sie einfachere Geräte benutzten, erzählte einer der Friseure stolz. Frauen und Männer, die durch Wandschirme voneinander getrennt sitzen, können Waschen und Schneiden für 0,30 Yuan haben. Außerdem sind die Friseure gerne bereit zu einer kostenlosen Kopfmassage, falls ihr Kunde Kopfschmerzen oder einen steifen Nacken hat. »Wir sind hier, um dem Volk zu dienen«, so erklärte der Friseur die kostenlosen Leistungen.

Es gibt andere Geschäfte und Dienstleistungen, die nicht von der Nachbarschaft betrieben werden. Die Abteilung für Lebensmittelversorgung des Stadtteils organisiert 80 Fleisch- und Gemüsemärkte, die morgens von 5.30 bis 7 Uhr und nachmittags von 14.30 bis 17 Uhr geöffnet sind. In Chao Yang, wo die meisten Leute arbeiten und ganz wenige sich nur um den Haushalt kümmern, sind das die wichtigsten Stunden zum Einkaufen. Die kleinen Geschäfte und die Filiale eines Warenhauses sind von morgens bis abends auf. Sie sind nicht so gut bestückt wie das Warenhaus Nr. 1 in der Stadt, das in China als das beste überhaupt berühmt ist, aber sie haben im Angebot das, was die Leute der Nachbarschaft am meisten brauchen: Konserven und abgepackte Lebensmittel, Nadeln und Garn, Bürsten, Seife, Handtücher, Unterwäsche und Kleidung. In zwei Stockwerken sind Luxusgüter ausgestellt. Kleine Schwarzweißfernseher für 300 Yuan, zu dessen Kauf der Kunde jedoch eine schriftliche Zustimmung seiner Fabrik oder seines Wohnblockkomitees braucht. Auch eins der Fahrräder von 125 bis 170 Yuan kann man nicht ohne ein solches Dokument erwerben. Aber Uhren kann jeder kaufen, chinesische für 50 bis 125 Yuan, importierte ausländische im Preis bis zu 290 Yuan. Uhren spielen für die Chinesen eine große Rolle: Es ist fast das einzige industrielle Konsumgut, das die Regierung importiert. Alle Verkäuferinnen in dem Warenhaus scheinen eine zu haben, mit einem Wert von zwei bis drei Monatsgehältern.

Einige Schritte weiter ist das Kulturzentrum, das ebenfalls unter Leitung des Stadtteils und nicht der Nachbarschaft steht; viele Freizeitaktivitäten Chao Yangs finden hier statt. Der große Saal war völlig still, als wir eintraten. Nur ab und zu hörte man ein überraschtes Atemholen oder einen geflüsterten Kommentar. Zwei Arbeiter aus Chao Yang, als gute Schachspieler bekannt, saßen auf der Bühne, und jeder Zug wurde von einem kleinen Jungen auf einer großen Tafel angezeigt. Das Publikum bestand größtenteils aus alten Arbeitern, kaum ein Dutzend Frauen darunter. Schach ist bei den alten Männern der beliebteste Sport, sie spielen zu Hause und in den Parks. Jetzt sahen sie zwei Experten zu, die zwischen großen Stoppuhren saßen und mit einem Zeitlimit von zwei Stunden spielten.

Auf der Rückseite des Gebäudes lernten etwa hundert Kinder in farbenfroher Kleidung die Tänze für die Nationalfeiertage und wie man große Papierblumen schwenkt. Zwei Lehrer dirigierten sie mit Megaphonen. Die meisten Aktivitäten fanden in kleineren Klassenräumen statt, wo Kinder und Erwachsene lernten, chinesische und westliche Musikinstrumente zu spielen, Lieder aus revolutionären Opern zu singen oder klassisches Ballett zu tanzen. Es gab Unterricht im Malen, Kalligraphie, dem Schreiben revolutionärer Gedichte und Schminkkurse für die Schauspieler der Nachbarschafts-Laientheatergruppen. Das Kulturzentrum wird von der Shanghaier Stadtverwaltung finanziert. 60 000 Yuan werden jährlich für die Bezahlung des Personals, die Musikinstrumente, die Kostüme und laufende Kosten ausgegeben. Viele Leute aus Chao Yang besuchen das Kulturzentrum, aber es sind nur ungefähr 1000 aktive Teilnehmer in den Kursen. Um daran teilnehmen zu können, muß man von den Schulen und Fabriken der Nachbarschaft vorgeschlagen werden. Aber das Zentrum hilft auch dabei, Kurse und Laientheatergruppen in den Schulen und Klassen aufzubauen. Von den sieben Ballettkursen wird nur einer im Zentrum abgehalten Die restlichen treffen sich in verschiedenen Schulen, und zehn Angestellte des Zentrums geben Instruktionen und halten nach besonders talentierten Amateuren Ausschau.

Eines Abends wurden wir vom Zentrum zu einer der Vorstellungen eingeladen, die normalerweise an Nationalfeiertagen stattfinden. Die Talente der Nachbarschaft versammelten sich auf der Bühne. Der Hausfrauenchor der Spielzeugwerkstatt trat auf, jede Frau in ihrer besten blauen Jacke, und sie wirkten selbstbewußt, als sie »Die Frauen stützen die Hälfte des Himmels« sangen. Sie seien noch nie vorher vor Ausländern aufgetreten, erzählte man uns, und die Zuschauer reckten die Hälse eher nach uns als nach dem Chor. Kleine Mädchen mit Schleifen im Haar und Jungen in weißen Hemden mit roten Halstüchern zeigten, was sie im Kindergarten gelernt hatten. Die Tanztruppe einer Mittelschule trat in mongolischer Tracht auf und spielte: Frauen der Miliz auf Wache in den Grenzgebieten. Die

Kunstgruppe einer anderen Mittelschule kam mit Orchester, um ein selbstgeschriebenes Stück zu spielen. Es zeigte, wie die jungen Leute an der Arbeit in der Nachbarschaft teilnehmen, die Straßen saubermachen, sich der Roten Garde anschließen und militärische Übungen durchführen. Zum Finale trat ein anderer Chor auf, einige Sänger humpelten ein wenig und stützten sich auf den Arm ihres Mitsängers. Vierzig Männer und Frauen im Ruhestand, der älteste schon 76 Jahre, begannen hingebungsvoll zu singen. Sogar die Zahnlosen sangen bei dem Lied »Mit rotem Herzen vorwärts marschieren« mit. Sie sangen sehr laut, um zu zeigen, daß das Alter ihre Begeisterung für das neue Leben nicht gedämpft hatte.

Es gibt jährlich etwa 30 bis 40 Aufführungen dieser Art im Kulturzentrum. Aber in den verschiedenen Abteilungen der Nachbarschaften, in den kollektiven Fernsehern und im Kino finden auch viele andere Laienaufführungen statt. Karten für die neueren Filme kosten 0,20 Yuan, für die älteren 0,10 Yuan. Aber das Programmangebot war sehr klein, weil nur wenige Filme durch die Zensur Jiang Qings gegangen waren. Die Amateuraufführungen unterschieden sich auch nicht sonderlich voneinander. Deshalb war ein Dokumentarfilm über Pandabären oder eine von Reptilien und Schlangen bewohnte Insel eine erfreuliche Abwechslung, und bei Puppenspielen war das Kino normalerweise überfüllt. Die jungen Männer gingen abends zum Tischtennis oder Basketball.

Es gibt in Chao Yang Aktivisten, die den größten Teil ihrer Freizeit in Versammlungen, beim politischen Studium oder der Propagandaarbeit in der Nachbarschaft verbringen. Aber die meisten Familien nehmen das Leben etwas leichter als die radikalen Theoretiker der Nachbarschaftsorganisation gehofft haben mögen.

Die Familie Chen wohnt im zweiten Stock eines der ältesten Häuser in Chao Yang. Ihre beiden Zimmer sind hübsch möbliert, und sie sind mit ihrem Leben zufrieden. »Als wir 1952 hier einzogen, machte ich mir etwas Sorgen«, sagte die alte Frau Chen. »Zuerst wollte ich nicht in dieses neue Zimmer ziehen. Ich hatte keine Möbel, nur das große Holzbrett, das ich immer noch zum Wäschewaschen benutze. Wir waren die erste Gruppe von Leuten, die nach Chao Yang zogen, und wir kamen alle aus den schlimmsten Vierteln Shanghais. Die Leute von der Seidenfabrik sagten, wir sollten hier einziehen, Möbel könnten wir später noch kaufen. Sie hatten recht. Wir kauften unsere Möbel nach und nach, erst ein Bett, dann eine Truhe, einen Kleiderschrank, einen Tisch und Stühle, dann eine Uhr und ein Radio. Zu der

Zeit hatten mein Mann, unser kleiner Sohn und ich nur eine Baumwolldecke. Jetzt haben wir zwei für den Sommer und zwei für den Winter.« Der alte Herr Chen und seine Frau haben in der Seidenfabrik zu arbeiten aufgehört. Sohn und Schwiegertochter arbeiten beide in der Chemiefabrik. Sie haben ein Baby, anderthalb Jahre alt, das eine grün-gelbe Jacke und eine grüne Hose trägt, die ihm seine Mutter gestrickt hat.

Der alte Herr Chen ist ein kleiner, ruhiger Mann. Er sagt wenig, wenn seine Frau erzählt, und in den Stunden, die ich mit den Chens verbracht habe, sprach er nur drei oder vier Sätze. »Ich habe noch nie ausländische Freunde kennengelernt«, sagte er sofort, als wir kamen. »Ich würde mich freuen, wenn Sie mit uns essen.« Sobald wir annahmen, verschwand Herr Chen. Er rief einen alten Freund, ebenfalls ein Rentner, und die beiden zogen Küchenschürzen an. In den nächsten zwei Stunden hackten, schnitten und kochten die beiden alten Männer in der Küche, um ein festliches Mahl zu bereiten: Schweinefleisch und Erdnüsse, Kohl und Muscheln, süß-sauren Fisch, Eieromelett, Gemüse, Schweinekoteletts und Suppe.

Der alte Herr Chen kocht meistens, erklärte seine Frau, während sie auf das Baby aufpasse, wenn die Eltern zur Arbeit sind. Wenn Herr Chen spricht, wird klar, daß in dieser Familie die konfuzianischen Konzepte der männlichen Überlegenheit nicht mehr gelten. Bei den jungen Chens sind die Rollen umgekehrt. Er, groß und gutaussehend, ist selbstsicher und gesprächig. Die junge Frau Chen ist hübsch und zurückhaltend, und die meiste Zeit hört sie dem zu, was ihr Mann und ihre Schwiegermutter zu sagen haben.

Die alte Frau Chen spricht gerne von der Zeit vor der Befreiung und von dem harten Leben in ihrer Jugendzeit, um anzudeuten, daß die jungen Leute es etwas zu einfach haben und ihren Eltern gegenüber dankbarer sein sollten. »Ich ging schon mit acht Jahren in einer Seidenfabrik arbeiten. Die Maschinen waren so hoch, daß ich auf einem Hocker stehen mußte. Meine Eltern lebten in einer Bretterbude, und wenn es draußen regnete, dann drinnen auch. Als ich 25 Jahre war, schloß die Fabrik wegen des Krieges, und als unsere Hütte von den Japanern bombardiert wurde, mußten wir in ein Flüchtlingshaus ziehen, eine große Scheune, in der viele Familien, alt und jung, zusammenlebten. Meine Eltern dachten, es sei das beste für mich, zu heiraten, aber natürlich heirateten arme Leute auch einen Armen. Sie redeten mit einem Heiratsvermittler, und eines Tages brachte er meinen Mann zu uns. Ich sah ihn an unserem Hochzeitstag zum erstenmal. Meine Eltern wußten wenig über ihn, aber sie sagten, er sei wenigstens ehrlich. Es gab keine große Feier, wir hatten kein Geld, um Freunde einzuladen, deshalb war nur eine Tante da, und das einzige Geschenk, das wir bekamen, waren zwei Paar Schuhe von meiner Schwester. Der Heiratsvermittler sagte, wir seien verheiratet, und das war alles.«

Ihr Sohn, der junge Herr Chen, wurde 1940 geboren. Er war zwölf, als seine Eltern nach Chao Yang zogen. »Ich war ziemlich aufgeregt«, sagte er. »Wissen Sie, ich hatte noch nie vorher eine Toilette mit Wasserspülung gesehen. An der Kette zu ziehen war so interessant. Das erste, was ich in der Schule tat, war einen Aufsatz über unser neues Heim zu schreiben. Ich schrieb, wie glücklich ich war und wie schön die Nachbarschaft war, mit Straßen, in denen viele schattige Bäume standen. Mein Lehrer mußte mich verbessern. Zu der Zeit gab es nicht viele Bäume, und sie waren viel zu klein, um Schatten zu spenden.« Herr Chen besuchte die Grund- und die Mittelschule in Chao Yang. Als er 1962 seinen Abschluß machte, gingen einige seiner Klassenkameraden zur Universität, die meisten wurden Fabriken zugeteilt. Chen bewarb sich für einen Kurs an einer technischen Schule, die dem Ministerium für chemische Industrie unterstellt war, und absolvierte einen einjährigen Kursus. Nach zweijähriger Lehre bekam er ein Gehalt von 40,50 Yuan, das 1973 auf 51 Yuan anstieg. Zu dem Zeitpunkt war Herr Chen seit zwei Jahren verheiratet. Er hatte seine Frau in der Fabrik kennengelernt, sie arbeitete dort seit 1968. Sie besaß mehr Ausbildung als ihr Mann, vier Jahre Studium an der Hochschule der Chemieindustrie, und sie verdient 7 Yuan mehr als er. Bevor sie in das Labor für die Qualitätsprüfung versetzt wurde, hatte sie einige Zeit in derselben Werkstatt wie ihr zukünftiger Ehemann gearbeitet. »Zuerst haben wir Produktionsprobleme diskutiert«, sagte Herr Chen. »Dann lernten wir uns durch unsere Arbeit besser kennen. Manchmal gingen wir im Park spazieren. Ich bat sie, uns zu besuchen, und sie lud mich ein, ihre Eltern kennenzulernen. Wir kannten uns zwei Jahre, und dann heirateten wir.« Ich fragte, wer von beiden zuerst vorgeschlagen habe, zu heiraten. Herr Chen strahlte: »Ich bat sie, mich zu heiraten. Die Männer müssen die Initiative ergreifen. Aber wir hatten uns schon verliebt, wir verstanden uns gut und arbeiteten schwer. Sie war etwas zurückhaltend, als ich sie bat, mich zu heiraten, sie wollte erst die Zustimmung ihrer Eltern einholen. Aber ihre Eltern waren natürlich einverstanden. Wir hatten sogar kleine Geschenke ausgetauscht. Ich kaufte ihr eine Uhr, und sie sagte mir, daß sie Geld für Möbel spare.«

Frau Chen hatte gerade die Fünfundzwanzig erreicht, das anerkannte Heiratsalter, als das Paar zum Revolutionskomitee der Nachbarschaft ging. Sie füllten die Antragsformulare aus und wurden gefragt, ob sie beide mit ihrer Heirat einverstanden wären. Sonst gab es keine Fragen, und einige Zeit später schickte ihnen das Revolutionskomitee die Heiratsurkunde zu. Da war die Hochzeit schon vorüber. Die Chens hatten ihre Gäste an dem Tag eingeladen, an dem sie ihre Heiratsurkunde eingereicht hatten. Zwanzig Verwandte, Freunde und Kollegen kamen zu einem Essen, das Chens Vater und einige seiner Kollegen im Ruhestand zubereitet hatten. Die Chens bekamen an ihrem Hochzeitstag von ihren Freunden Geschenke: eine Thermosflasche, Laken und eine Jacke. Die Eltern der Frau schenkten ihnen Bettwäsche und Bettdecken. »Wir haben drei Tage frei bekommen. Wir sind einfach zu Hause geblieben. Einige unserer Freunde sind nach der Hochzeit nach Hangzhou gefahren, aber wir hatten keine Lust zum Reisen. Wir haben keine Verwandte außerhalb Shanghais«, sagte Herr Chen.

Die Fabrik, in der Herr und Frau Chen arbeiten, hatte mit der Wohnungsbehörde der Nachbarschaft entsprechende Vereinbarungen getroffen, und dem jungen Paar wurde eine Einzimmerwohnung im Haus 81 zugeteilt, einige Straßen von seinen Eltern entfernt. Aber die alte Frau Chen hielt ihre Augen offen, und als ein Nachbar Vorbereitungen zum Umzug traf, stellte sie sofort einen Antrag auf diese Wohnung. »Das ist so bequem«, sagte sie. »Mein Mann und ich sind beide Rentner, deshalb sind wir den ganzen Tag da, um uns um das Baby und den Haushalt zu kümmern.« Die alte Frau Chen führt die Familienkasse. Sie und ihr Mann bekommen eine Rente von je 42 Yuan. Der junge Herr Chen verdient 51 Yuan, von denen er aber 3 Yuan monatlich auf sein Sparkonto der Fabrik einzahlt. Seine Frau bekommt 58 Yuan, spart in der Fabrik 5 Yuan und gibt ihren Eltern 10 Yuan. Ihre Mutter war Stickerin gewesen, ihr Vater arbeitet noch in einem Fotostudio. Sie wohnen eine halbe Stunde mit dem Bus entfernt, und sie besucht sie zweimal im Monat.

Die alte Frau Chen ist für das Geld in der Familie verantwortlich. 25 Yuan werden für alle auf ein Sparkonto gebracht. Dann seien immer noch 153 Yuan übrig, wirklich genug, um davon leben zu können, sagt sie. Sie geben 6,30 Yuan für die Miete der Zweizimmerwohnung, 1,50 Yuan für Strom, 4 Yuan für Gas und 2 Yuan für Wasser aus. »Wir verbrauchen viel Gas, seit das Baby geboren ist«, erklärt die alte Frau Chen. »Man muß andauernd Milch heiß machen,

Wasser kochen und so weiter. Das Essen für die Erwachsenen kostet 60 Yuan. Natürlich ist es teurer, das Baby zu ernähren. Es braucht Traubenzucker, Milch, Lebertran und solche Sachen, so daß wir nochmal 35 Yuan für das Kind ausgeben müssen.«

Als die jungen Chens heirateten, hatten sie genug Geld gespart, um für 600 Yuan Möbel zu kaufen. In alle sind Ornamente geschnitzt: eine komplette Garnitur Kleiderschränke, Kommode und ein Nachttisch. Das Bett der Chens und das des Babys sind einfach und praktisch, eine Plattform mit einer Reisstrohmatte, auf der ordentlich gefaltet die Decken und Laken liegen. Sie haben zwischen Bett und Tür einen Plastikvorhang gehängt, und auf dem Tisch liegt eine Glasplatte über einer weißen bestickten Tischdecke und Farbfotos von der Ehefrau und dem Baby. Ein Stapel Bücher, hauptsächlich technische Lexika und Handbücher, liegt auf dem Nachttisch, eine Gummigans oben auf dem Kleiderschrank. Auf der Kommode stehen neben der hölzernen Uhr eine blaue Glasvase mit festlichen Blumen, ein rot-weißer Porzellanpinguin, eine kleine Landschaftsdarstellung aus Muscheln und Kiefernrinde und ein langbeiniger gefiederter Kranich unter Glasschutz. Herr Chen hat zwei Neonlampen angebracht, eine in der Mitte des Zimmers und eine über dem Bett. Ein Gedicht des Vorsitzenden Mao, ein Plakat mit einem jungen Bauernmädchen und Landschaftsfotos des Sees bei Hangzhou und der neuen Brücke von Nanking schmücken die Wände. »Wir waren beide da«, sagt Herr Chen, für seine Frau und sich sprechend. »Während der Kulturrevolution sind wir nach Peking, Xian, Soozhou, Hangzhou und Nanking gereist.«

Außerdem hängt ein kleiner Plastikbeutel mit dem Bild eines roten Pandabären an der Wand, auf den das Baby verlangend zeigt. Und da ist das gelbe Kofferradio, ein Zankapfel in der Familie. Das junge Paar hat sich letztes Jahr eine Nähmaschine gekauft und will jetzt für einen Fernseher sparen. »Ich habe andere Vorstellungen als die jungen Leute«, sagte die alte Frau Chen. »Ich hatte schon ein Radio, als sie sich ihres kauften. Ich sagte ihnen, sie könnten mein Radio benutzen, wann sie wollen. Aber sie mußten sich ihr eigenes Radio für 135 Yuan kaufen, und wissen Sie, was passierte? Zwei Monate später fielen die Preise, und jetzt könnten sie sich dasselbe Gerät für 90 Yuan kaufen.«

Das Zimmer der alten Chens unterscheidet sich nicht besonders von dem des jungen Paares, aber die Möbel sind einfacher: ein quadratischer Tisch mit einer Plastikdecke, zwei Holzbänke, drei Hokker, drei Holzstühle und ein Korbstuhl, in dem die alte Frau Chen sehr gerne sitzt. Dann sind da zwei Kommoden, und die mit der geschnitzten Kante ist das erste Möbelstück, das sich Frau Chen je gekauft hat. Sie haben die gleiche hölzerne Uhr wie die jungen Leute, und neben den Thermosflaschen, den Teekannen und den Vasen mit Plastikblumen steht das große holzverkleidete Radio, das die jungen Chens immer hätten benutzen können, wenn sie nicht so halsstarrig und leichtsinnig gewesen wären. Haken für Handtücher und Kleider sind in die Wand geschlagen, und die alten Chens haben zwei Bilder aufgehängt: ein Foto von Maos Geburtshaus und einen seidenen Wandbehang, der den Vorsitzenden beim Tischtennisspielen zeigt.

»Wir haben wirklich alles, was wir brauchen«, sagte die alte Frau Chen mit einem Blick auf ihre Schwiegertochter. »Wir haben alle eine Uhr, und beide Kinder haben Fahrräder. Wir essen gut. Zum Frühstück gebratene Fladen, Reis und Gurken, zum Mittag- und Abendessen oft Fisch oder Fleisch mit unserem Gemüse. Ich war immer dünn, aber jetzt bin ich dick. Das zeigt, daß ich keine Sorgen habe.«

»Einige Lebensmittel sind rationiert, aber die Rationen reichen völlig aus«, meinte Frau Chen. Jedes Familienmitglied bekommt monatlich einen halben Liter Pflanzenöl, ein Pfund Zucker und 30 Pfund Reis, Getreideprodukte oder Brot. Das Nachbarschaftskomitee verteilt die Coupons, und im Winter, wenn die Eier rationiert sind, wird bei jedem Eierkauf ein Stempel ins Haushaltsbuch gedrückt. Gemüse, Fleisch und Fisch sind frei erhältlich.

Ich frage die junge Frau Chen, ob sie weitere Kinder haben wolle. »Wir werden darüber in drei oder vier Jahren nachdenken«, sagte sie, ihren kleinen Jungen auf dem Arm haltend. »Mehr Kinder würden jetzt zuviel Schwierigkeiten machen, deshalb überlegen wir uns das später.« Ihr Mann nickte zustimmend, und die alte Frau Chen hatte dem nichts hinzuzufügen. Wie sie ihren Tag verbringen? Großvater kocht und macht einen Teil der Hausarbeit, dann geht er in den Park oder ins Kino. Nach dem Mittagessen hält er ein Schläfchen. Großmutter ist in der Nachbarschaft aktiv, sie ist sowohl in der Kommunistischen Partei als auch bei der Frauenvereinigung Mitglied, und es stehen immer Versammlungen an. Manchmal geht sie im Park spazieren oder fährt mit dem Bus ins Stadtzentrum. Die jungen Chens fahren öfters ins Geschäftszentrum Shanghais, obwohl die Busfahrt fast eine Stunde dauert. »Da ist mehr Abwechslung, mehr in den Schaufenstern zu sehen. Da ist immer was los«, sagte der junge Herr Chen.

Sie gehen nicht so oft zu Versammlungen wie ihre Großmutter. Sie waren in der Kommunistischen Jugendorganisation, aber jetzt sind sie dafür zu alt, und in die Partei sind sie nicht eingetreten.

Der junge Herr Chen und seine Frau arbeiten in der Shanghaier Pharmazeutischen Fabrik Nr. 6, eine halbe Stunde mit dem Fahrrad von ihrer Wohnung entfernt. Die Fabrikzone ist durch einen breiten Gürtel von Gemüsefeldern von Chao Yang abgetrennt. Die Straße kreuzt einen kleinen Kanal, auf dem Lastkähne Gemüse und Getreide nach Shanghai bringen. In der Nähe der Brücke warten Bauern auf Kunden, die Gemüse – das sie auf privatem Boden angebaut haben – oder in der Saison einen Korb Flußkrebse kaufen. In der Nähe der Fabrik herrscht ein süßlicher, durchdringender Geruch. Die Pharmazeutische Fabrik Nr. 6 stellt Saccharin für den Export her, Aspirin, Vitamintabletten, Antibiotika und andere Arten westlicher und chinesischer Medikamente.

Herr und Frau Chen gehören nicht zu den hochbezahlten Arbeitern ihrer Fabrik. Beide verdienen weniger als den Durchschnittslohn von 70 Yuan, und die Arbeiter in der Lohnstufe A verdienen 120 Yuan, mehr als doppelt soviel wie Frau Chen. Ein Ingenieur, der vor der Befreiung ausgebildet wurde, bekommt sogar ein Spezialistengehalt von 160 Yuan. Viele der 900 Männer und 300 Frauen verdienen mehr als die Chens.

Das Einkommen besteht nicht nur aus dem Lohn, erläutert Herr Chen. Es gibt noch andere Sonderleistungen und Vergütungen, die ihn mit seinem Arbeitsplatz zufrieden sein lassen. Die Fabrik stellt ihnen zwei Garnituren Arbeitskleidung, Mützen, Schuhe und Gesichtsmasken zur Verfügung. Am Ende des Arbeitstages können die Arbeiter im Badehaus baden, was für die Chens, die in ihrer Wohnung kein Badezimmer haben, praktisch ist. Die Fabrikklinik gibt ihnen kostenlose Verhütungsmittel. Dort arbeiten fünf medizinische Hilfskräfte mit Hochschulausbildung und zwei Arbeiterärzte, die im Stadtteilkrankenhaus ausgebildet wurden, Untersuchungen sowie Behandlungen durchführen und Medikamente verschreiben können. Falls einer der Chens zu Hause krank wird, kann er zum Nachbarschafts- oder zum Stadtteilkrankenhaus gehen, und die Fabrik übernimmt sämtliche medizinischen Ausgaben. Falls einer von ihnen einen Arbeitsunfall hat, zahlt die Fabrik den vollen Lohn weiter, auch wenn ein Arbeiter auf Dauer arbeitsunfähig wird. Falls man zu Hause einen Unfall hat, bezahlt die Fabrik sechs Monate lang den vollen Lohn weiter, und danach für diejenigen, die länger als acht Jahre dort gearbeitet haben, eine Rente von 60 Prozent, und für diejenigen, die weniger als acht Jahre in der Fabrik waren, 50 Prozent. Herr und Frau Chen machen sich kaum Gedanken über schlimme Unfälle, aber sie schätzen das Gefühl der Sicherheit, das ihre Eltern nie kannten. Es gibt auch einige Barzuschüsse im Monat. Jeder von ihnen bekommt 0,80 Yuan fürs Haareschneiden und drei Yuan Fahrgeld, obwohl sie mit ihren Fahrrädern kommen. Beide sparen etwas Geld im Fonds zur gegenseitigen Hilfe in ihren Werkstätten, einer ihrer Kollegen sammelt jeden Monat das Geld ein und bringt es zur Bank. Falls jemand Geld für dringende Ausgaben braucht, kann der Fonds zur gegenseitigen Hilfe aushelfen.

In der Fabrik gibt es eine Tageskrippe, wo Frau Chen ihr Baby hätte lassen können, wenn sich ihre Schwiegermutter nicht darum kümmern würde. Beide Chens nehmen eine Mahlzeit am Tag in der großen Halle der neuen Fabrikkantine ein. Am Anfang des Monats geben sie eine bestimmte Zahl Getreidecoupons ab und kaufen ihre Essenskarten für gekochten Reis und Dampfbrötchen. Gemüse- und Fleischgerichte, die am Büfett ausgesucht werden, bezahlen sie jeden Tag. Eine Schale Gemüse und Muscheln kostet 0,06 Yuan, Spiegeleier 0,12 Yuan, ein kleines Schweineschnitzel 0,15 Yuan. Das teuerste Gericht kostet 0,20 Yuan und ist nicht sehr gefragt. Das billigste Gericht auch nicht. Die Chens sagen, daß sie wie die meisten Leute essen, und für 26 oder 27 Kantinenessen, in Form von Fleisch- oder Gemüsegerichten, im Monat 3 Yuan und für Reis noch 1,60 Yuan ausgeben. In der Fabrik zu essen hat noch einen zusätzlichen Vorteil: sie brauchen nicht einen Teil ihrer Öl-, Zucker- oder Eierration abzugeben.

Es gibt in diesem System auch einige unsichtbare Vorteile, und obwohl sie teilweise nur klein sind, so kommt doch einiges zusammen. Dadurch, daß sich die Dienstleistungen, die von der Nachbarschaftsorganisation, den Regierungsstellen und der Fabrik angeboten werden, überschneiden, ist es für einen Ausländer schwer, statistische Vergleiche anzustellen. Es gibt keinen Weg, das Zahlenverhältnis von Ärzten zu Einwohnern festzustellen in einem Gebiet, wo die Patienten Zugang zu Kliniken und Krankenhäusern haben, die verschiedenen Organisationen unterstehen, wo die Bezeichnung »Arzt« zudem nicht mit der westlichen identisch ist. In Chao Yang wird das Individuum durch ein dichtes Netz von Wohnblockkomitees und Regierungsstellen unterstützt und erfaßt. Engagement und Beteiligung sowie ein vor allen Nachbarn offen geführtes Leben tragen dazu bei, anspruchsvolle Normen für das persönliche Verhalten oder auf einer einfacheren Ebene für Hygiene und Sauberkeit zu setzen. Eine auch nur kleine Aufgabe in Gemeinschaftsangelegenheiten kann dem Leben eines jeden Würde verleihen. Engagement und Beteiligung bedeuten aber auch, daß niemand sich von der Gemeinschaft absondern oder von gesellschaftlichen Normen abweichen kann. Es gibt nicht viele private Bereiche in einer Gesellschaft, die jede Aktivität, Sport und Unterhaltung, Ausbildung und Erziehung nach deren politischen Bedeutung bemißt.

Wenn die alten Leute ihre Nachbarschaft ansehen, erinnern sie sich an das Leben in den Slums, den Ausbeuterbetrieben, den Flußkähnen. Der junge Herr Chen hat immer noch vor Augen, wie glücklich er war, als seine Familie in eine Einzimmerwohnung in Chao Yang umzog. Aber die jungen Leute, die nach ihm geboren wurden, haben diese Erinnerungen an die Vergangenheit nicht mehr. Immer wieder erzählt zu bekommen, wie schwer das Leben in der alten Gesellschaft war, kann auf die Nerven gehen. Im Vergleich zur Vergangenheit geht es den Leuten in Chao Yang gut. Aber die jungen Leute haben einen anderen Hintergrund und könnten mehr Abwechslung, mehr Aufregungen und schnelleren materiellen Fortschritt verlangen.

Trotz der dicht angelegten Gesundheits- und Sozialleistungen ist China kein Wohlfahrtsstaat, dessen Zentralregierung seinen Bürgern kostenlose Unterstützungen zukommen läßt. Wenige Dinge werden in Chao Yan gratis angeboten. Bei den meisten Verbesserungen muß sich die Nachbarschaft auf schwere Arbeit und lokale Initiative stützen. Durch das Vertrauen auf die eigene Kraft wird ein Gefühl von Erfolg und Stolz geschaffen. Aber das administrative System ist für die Einwohner alles andere als transparent, und viele Entscheidungen höherer Autoritäten müssen bedingungslos akzeptiert werden. Die Überschneidungen von Organisationen und Verwaltungen schaffen Ungleichheiten in der Gemeinschaft. Ein Fabrikarbeiter kann für seinen Ruhestand oder im Falle eines Unfalls mit einer guten Rente rechnen. Eine Frau, die in einer Werkstatt der Nachbarschaft tätig ist, die einer Fabrik zuarbeitet, hat keine solche Sicherheit. Sie kann darauf vertrauen, daß sie von der Nachbarschaft in schweren Zeiten nicht im Stich gelassen wird; aber eine Unterstützung von 10 oder 15 Yuan wird sie kaum am Leben halten. Dezentralisierung, lokale Initiative und Vertrauen auf die eigene Kraft sind nützliche Konzepte und Methoden, Ressourcen zu erschließen und organisierte Gemeinschaften hervorzubringen. Ein Land von 900 Millionen Einwohnern kann nicht mit zentralen Verordnungen regiert werden. Die Verbindung von lokaler Initiative und Beteiligung mit einer zentralen Bürokratie hat jedoch ungelöste Widersprüche geschaffen. Chao Yang ist ein Beispiel für den Erfolg Chinas, zeigt aber auch, wie weit es noch von seinem Heil entfernt ist.

LANDWIRTSCHAFT

Reisplanzer und Traktoren: das Wirtschaftswunder der Bauern

Chinas Wirtschaftswunder fand auf dem Land statt. Die chinesische Geschichte ist gekennzeichnet durch Hungersnöte, in denen Millionen von Menschen umkamen. Unterernährung wurde für die Masse der Bevölkerung als normal betrachtet. China so zu organisieren, daß es sich zu einer Zeit, als sich die Bevölkerung verdoppelte, selbst ernähren und 900 Millionen Menschen ausreichend mit Nahrungsmitteln versorgen konnte, war eine der größten Leistungen der Volksrepublik. Heute werden im Jahr 260 bis 270 Millionen Tonnen Getreide geerntet. China hat gelernt, sich gegen Naturkatastrophen zu schützen, die früher in einer Reihe von schlechten Jahren ganze Provinzen entvölkerten.

Eine einzige Methode oder Technik, die Erfolg garantierte, gab es nicht. Weder eine bestimmte Art der Landgewinnung noch ein besonderes System von Dämmen und Kanälen verhalf zum Durchbruch. Der Schlüssel zur Steigerung der landwirtschaftlichen Produktion lag vielmehr in der harten Arbeit von Millionen Bauern sowie in der Anwendung neuer Methoden, die auf die lokalen klimatischen und geographischen Bedingungen der verschiedenen Regionen Chinas zugeschnitten waren. Innerhalb von 25 Jahren wurde in China die mit Getreide bebaute Fläche von 100 Millionen Hektar auf 135 Millionen Hektar vergrößert. Der Getreideertrag stieg jedoch von 108 Millionen Tonnen auf 270 Millionen Tonnen. Diese Verdoppelung der Ernteerträge wurde durch die intensive Bestellung der Felder bewirkt. Selbst das neu erschlossene Land wurde nicht durch Umpflügen riesiger Steppengebiete gewonnen, sondern durch geduldige Erschließung der Ödlandreserven in den dicht besiedelten Gebieten. Von Anfang an folgte China seinem eigenen Programm für die landwirtschaftliche Entwicklung und vermied so die verhängnisvollen Fehler der Sowjetunion, wo die Zerstörung der Landwirtschaft Hungersnöte in den dreißiger Jahren und in den siebziger Jahren ein permanentes Getreidedefizit zur Folge hatte, das durch Importe ausgeglichen werden mußte.

Als Chinas Kommunisten an die Macht kamen, hatten sie zuvor

zehn Jahre in den armen und rückständigen Gebieten im Nordwesten Chinas gelebt. Sie wußten, was die Bauern leisten konnten, und sie wußten, daß sie die Grundlage für eine industrielle Entwicklung nur in der Landwirtschaft finden konnten. Sie verließen sich nicht auf grandiose Projekte, sondern auf eine gewissenhafte und geduldige Modernisierung der Dorfgemeinschaft und der lokalen Anbaumethoden. Sie trugen 10 000 Hügel ab, gruben Millionen von kleinen und großen Bewässerungskanälen, entsalzten schlechten Boden in den Küstengemeinden und errichteten Schleusen zur Wasserregulierung. So verbesserten sie die Landwirtschaft ebensosehr, wenn nicht noch mehr, wie durch Riesenprojekte von Stauseen und Kanalsystemen, die niemals hätten effektiv funktionieren können ohne die kleineren Ergebnisse örtlicher Initiative. Überschwemmungskontrolle und Bewässerung waren die erste Verteidigungslinie zum Schutz gegen Naturkatastrophen. Dadurch erreichten die Bauern in Nordchina zwei Getreideernten pro Jahr, während man im Süden eine Weizen- und zwei Reisernten erzielte. Natürlicher und Kunstdünger sowie die Schädlingsbekämpfung verbesserten das Saatgut, und Maschinen wurden in einer seit Jahrhunderten stagnierenden Landwirtschaft eingesetzt.

Um örtliche Möglichkeiten rationell zu nutzen, mußten die Regionen, Provinzen und Bezirke eigene Methoden entwickeln. Ein Plan, der in den tiefgelegenen und feuchten Feldern im subtropischen Süden durchzuführen war, war nicht geeignet für die bergigen Gegenden oder die weiten Ebenen im kalten Nordosten. Veränderungen des Bodens konnten von Dorf zu Dorf unterschiedliche Voraussetzungen schaffen. Verbessertes Saatgut, das aus dem Ausland eingeführt wurde, gedieh nicht bei den verschiedenen Anbaumethoden, Böden und Düngern in China. Sogar hochwertiges chinesisches Saatgut gedieh nur an bestimmten Stellen gut, während es andernorts versagte. Die chinesischen Bauern mußten lernen, selber landwirtschaftlich zu experimentieren, wobei sie von staatlichen Forschungsorganisationen und Schulungskursen unterstützt, aber nicht dirigiert wurden. Sie mußten lernen, wie man jedes Kilo natürlichen Dünger am besten nutzt, und wie man selbst Kunstdünger herstellt. Wiederum lagen die unterschiedlichen Konzepte der Modernisierung in Konflikt miteinander. China konnte zwar große ausländische Werke importieren und die Dörfer mit Lkw-Ladungen von Kunstdünger versorgen. Doch die Entfernungen sind groß, das Transportsystem wenig leistungsfähig, und jede neue Großfabrik bringt eine Fülle von logistischen Problemen mit sich. Kleinere Fabriken mit lokalem Absatz schufen diese Probleme nicht. Sie absorbierten einen Teil der durch Mechanisierung freiwerdenden Arbeitskräfte, und sie trugen dazu bei, Bauern mit industrieller und technischer Arbeit vertraut zu machen. Chinas Landwirtschaftsplaner entschieden sich für ein dezentralisiertes System von Kunstdüngerwerken und griffen auf importierte Großfabriken nur dort zurück, wo die örtliche Initiative auf unüberwindliche materielle Schwierigkeiten stieß. Bei der Mechanisierung und Industrialisierung auf dem Land verfuhr man ähnlich. In verschiedenen Provinzen wurden große Traktoren- und Maschinenfabriken errichtet, aber zu gleicher Zeit ermutigte man die Volkskommunen, eigene Werkstätten zu bauen, die dort benutzten einfachen Geräte herzustellen und zu lernen, für andere Kommunen in ihrem Bezirk oder Kreis Maschinen zu produzieren.

Die Mechanisierung der Landwirtschaft ist eines der vorrangigen Hauptziele, die China sich für die kommenden Jahre gesetzt hat. Aber es ist ein langwieriger Prozeß. Einen Mechanisierungsgrad, den man mit Westeuropa vergleichen könnte, wird China selbst Ende des Jahrhunderts nicht erreichen. Es ist ein langer Weg bis zu der hohen Nutzung von Maschinen und dem geringeren Einsatz menschlicher Arbeitskraft im Weizengürtel der USA und Kanadas. Es gibt gute Gründe für ein langsames Vorgehen. Die fruchtbaren Gebiete Chinas sind bis auf den Nordosten dicht besiedelt. Auf den Feldern, die noch mit Handarbeit bebaut werden, sind die Hektarerträge viel höher als auf den mechanisierten Farmen im Mittelwesten der USA. China könnte das Sinken der Lebensmittelproduktion zusammen mit hoher Arbeitslosigkeit auf dem Land kaum verkraften. Die Veränderungen in der westlichen oder sowjetischen Landwirtschaft durch die moderne Technologie sind deshalb nicht mit der Mechanisierung der chinesischen Landwirtschaft zu vergleichen. Selbst die Kommunen in den Vororten Shanghais, die nach chinesischen Maßstäben als beinahe voll mechanisiert gelten, stützen sich noch weitgehend auf Handarbeit. In abgelegenen und gebirgigen Gebieten besitzen die Kommunen kaum mehr an maschineller Ausrüstung als ein oder zwei schwere Traktoren, ein halbes Dutzend kleine Handtraktoren, Mähbinder und Dreschmaschinen. Am Rande Pekings ziehen Maultiere schwere Steinwalzen über die Dreschplätze aus festgestampftem Lehm.

Eine Schwierigkeit bei der Mechanisierung kann man am Widerstand gegen die Maschine zum Umpflanzen der Reissetzlinge gut veranschaulichen. Viele Kommunen südlich des Yangtse-Flusses besitzen eine oder zwei Umpflanzmaschinen. Aber die meisten Leute sind gegen ihre Benutzung und arbeiten lieber mit der Hand. Die Reissetzlinge sind sehr empfindlich. Die Umpflanzmaschinen können sie leicht verletzen. Bei Feldern, die nicht völlig eben sind, pflanzen sie die Setzlinge leicht zu tief oder nicht tief genug. Viele Kommunen befürchten, daß der Hektarertrag darunter leiden wird, wenn die Handarbeit durch Maschinen ersetzt wird. Sie haben die Umpflanzmaschine gekauft, mit ihr experimentiert und sie verbessert. Aber sie waren selten zufrieden damit. Zur Umpflanzzeit zogen es die Leiter der Kommunen vor, alle Arbeitskräfte einzusetzen zu der harten Arbeit, die man während langer Stunden in den schlammigen Feldern nur gebückt verrichten kann. In Gegenden, wo auf einem Feld dreimal geerntet wird, ist die Zeit zum Umpflanzen kurz. Die empfindlichen Setzlinge müssen an Tagen, an denen es kalt ist und die Sonne nicht mehr stark scheint, am späten Nachmittag oder in der Nacht gepflanzt werden. Aber das manuelle Umpflanzen kostet viel mehr Zeit als das maschinelle. Deshalb muß die Leitung entscheiden, ob man eher eine Ertragseinbuße oder einen Verlust an Wachstumszeit riskiert. Außerdem müssen die Bauern in den Wintermonaten viel Arbeit in das Ebnen und Begradigen der Felder investieren. Chinesische Bauern müssen das ganze Jahr lang hart arbeiten, und auch ihre Kraft und Ausdauer ist begrenzt.

In der Ma-Lu-Kommune bei Shanghai steht es gut mit der Mechanisierung. Mit 180 Umpflanzmaschinen werden 70 Prozent ihrer Reisfelder bestellt. Aber die Kommune experimentiert schon seit 1968 mit maschinellem Umpflanzen. Sie ist mit Werkstätten gut ausgerüstet, liegt in der Nähe eines modernen Industriezentrums, und sie hat Tausende von Versuchen mit gekauften oder selbstgebauten Umpflanzmaschinen durchgeführt. Ihr Land war von vornherein flach, und die Felder wurden mit Traktoren und anderen kommuneeigenen Maschinen sorgfältig eingeebnet. Ma Lu ist eine der am stärksten mechanisierten Kommunen Chinas, aber selbst hier wird noch 30 Prozent der Pflanzarbeit von Hand ausgeführt. Es wurden noch keine Maschinen erfunden, die die Reisschößlinge vorsichtig genug aus den Saatbeeten nehmen können. Auf Feldern, auf denen sie eingesetzt wurden, haben die Umpflanzmaschinen die Pflanzzeit jedoch um fast 90 Prozent gekürzt; und die Leiter der Kommune versichern, daß der Ernteertrag gestiegen ist, weil die Maschinen die Arbeit gleichmäßiger als Menschen verrichten.

In Ma Lu hatte die Mechanisierung keine Arbeitslosigkeit zur Folge. Ein Großteil der Arbeit wird immer noch mit der Hand erledigt. Die Bauern verteilen den Dünger mit Schaufeln, schneiden den Weizen mit Sensen, und mit Stangen auf den Schultern transportieren sie in Körben die Erde auf jene Felder, die geebnet werden müssen. Aber die Art der Arbeitsteilung beginnt sich zu ändern. Acht Prozent der Arbeitskräfte sind vom Ackerbau zur Viehzucht übergewechselt. Ein kleiner Teil der Arbeiter ist in nahegelegenen staatlichen Fabriken beschäftigt, während die übrigen Familienangehörigen noch auf den Kommunefeldern arbeiten. 15 Prozent der Arbeitskräfte wanderten in nichtlandwirtschaftliche Tätigkeiten ab. Sie werden im Handwerk, bei der Schreinerei, in kleinen halbindustriellen Werkstätten sowie in ein paar Fabriken der Kommune beschäftigt. Sie stellen landwirtschaftliche Geräte her, zum eigenen Verbrauch wie auch zum Verkauf an andere Kommunen. In der Ma-Lu-Kommune hat sich die Mechanisierung und der Aufbau von kleinen Industriebetrieben ausgezahlt. Nur 15 Prozent der Arbeitskräfte sind in Handwerk und Industrie beschäftigt, aber sie erwirtschaften 40 Prozent des Gesamteinkommens der Kommune.

Die Werkstätten haben die Mechanisierung der Feldarbeit in der Ma-Lu-Kommune gefördert. Für ihre 2292 Hektar Land hat die Ma-Lu-Kommune einen ungewöhnlich großen Maschinenpark: 43 Traktoren, 150 Handtraktoren, 40 Mähmaschinen, 530 Dreschmaschinen, 180 Reisumpflanzer, 2 Mähdrescher, 37 elektrische Ent- und Bewässerungsanlagen und 876 Motoren für verschiedene Zwecke. Außerdem gibt es 4700 tragbare Spritzen für Schädlingsbekämpfungsmittel. 50 Prozent des Landes werden für Getreideanbau genutzt, 35 Prozent für Baumwolle, und auf dem Rest werden Melonen und Gemüse angebaut.

Die Hektarerträge sind drastisch gestiegen. Während die Ausgangszahlen für 1949 höchst unzuverlässig sein müssen, ist der Vergleich zwischen 1953 und 1974 beeindruckend:

	1949	1957	1974
Getreide – Hektarertrag	3,114 kg	3,324 kg	27,577 kg
Baumwolle – Hektarertrag	59 kg	311 kg	675 kg

1974 besaß die Kommune 45 305 Schweine im Vergleich zu 678 im Jahre 1957. Der Viehbestand vermehrte sich um 190 Milchkühe, außerdem hatte man mit der Hühner- und der Entenzucht begonnen. In einem kleinen Gebäude wurden weiße Kaninchen wegen ihrer Angorawolle gehalten. Zur Produktion der Grundessenz für Parfüm hielt man einige Moschus. Bei der Mechanisierung und Produktionserweiterung hat es die Ma-Lu-Kommune zu etwas gebracht.

All diese Anstrengungen brachten für die Bauern ein Einkommen weit über dem Durchschnitt. Es stieg auf 200 Yuan pro Kommunemitglied. Hinzu kommt noch die kostenlose Reisration, sie besitzen ein eigenes Haus, und auf einem privaten Stück Land wächst eigenes Gemüse. Die Spareinlagen auf der Bank der Kommune beliefen sich 1974 auf 1,3 Millionen Yuan, zwanzigmal mehr als die privaten Spareinlagen 1953. Die Leiter der Kommune stellen gerne heraus, was die Bauern alles an materiellen Gütern erworben hatten: in der Kommune gibt es 5193 Fahrräder, 5727 Uhren und 1312 Nähmaschinen. Jeden Monat bekam der Laden der Kommune ein paar Fahrräder geliefert. Bauern, die sich eins kaufen wollten, mußten sich bei der Kommuneverwaltung eine Bescheinigung holen. Denn, wie die Leiter zugaben, entsprach das Angebot an Fahrrädern nicht immer der Nachfrage. Aber niemand mußte länger als ein halbes Jahr warten. Für einen westlichen Besucher mag die Anzahl der Fahrräder, Uhren und Nähmaschinen nicht besonders beeindruckend klingen. Aber den Bewohnern der Ma-Lu-Kommune, die sich auf 7200 Haushalte verteilen, geht es im Vergleich zur Mehrheit der Landbevölkerung sehr gut.

Für den Erfolg der Ma-Lu-Kommune gibt es viele Gründe. Die Bauern steckten eine enorme Menge an Überstunden in das Einebnen der Felder und den Aufbau eines Entwässerungssystems. Die Kommuneleiter waren höchst einfallsreich bei der Erweiterung der Produktion. Die Nähe der Industriestadt Shanghai machte es leichter, sich Rat zu holen beim Aufbau der kleinen Fabriken, und erfahrene Arbeiter, die sie in Gang halten konnten, waren auch nicht weit. Baumwolle ist einträglicher als Reis, und die Versorgung der Großstadt mit Gemüse erhöht das Einkommen fast jeder Kommune, die in der Nähe großer Bevölkerungszentren liegt. Die Ma-Lu-Kommune war sehr erfolgreich, und ihre Bauern hoffen, daß die Kosten der weiteren Mechanisierung durch steigende Gewinne gedeckt werden können statt durch Abstriche von ihrem Einkommen. Für sie schließt sich die Kluft zwischen dem Leben in der Stadt und dem Leben auf dem Lande zusehends. In ihrer Kommune gibt es 24 Schulen mit mehr als 5000 Schülern. Alle besuchen nach der Grundschule die Unterstufe der Mittelschule, ein kleinerer Teil auch die Oberstufe. Es gibt ein Krankenhaus und zahlreiche kleine Kliniken und Sanitätsstationen, die alle Brigaden und Produktionsgruppen versorgen. 47 voll ausgebildete Ärzte arbeiten für die Kommune. Ihnen stehen die 59 »Barfußärzte« und 179 Leute an medizinischem Personal zur Seite. Die Kommunemitglieder sind krankenversichert, was sie 2 Yuan jährlich für kostenlose Behandlung und Medikamente kostet. Ma Lu gehört sowohl in ökonomischer Hinsicht als auch in bezug auf soziale Sicherung zur Spitzengruppe der chinesischen Kommunen. Überraschenderweise hat sie jedoch einige Veränderungen nicht durchgeführt, die man bei anderen Kommunen finden kann, die als besonders fortschrittlich gelten. In Ma Lu halten sich die Bauern immer noch eigene Hühner, Schweine und Schafe. Sie bearbeiten eigene Felder und verkaufen einen Teil ihres selbstgeernteten Gemüses an Straßenekken und Brücken in den Außenbezirken von Shanghai. Das wird als Möglichkeit akzeptiert, durch die sich die Bauern der meisten Kommunen etwas dazuverdienen. Der private Anteil an der Lebensmittelproduktion ist viel geringer als in den sozialistischen Wirtschaftssystemen der Sowjetunion und Osteuropas, aber trotzdem können die chinesischen Städter es spüren, wenn die Bauern in Zeiten politischer Kämpfe ihre eigenen Produkte zurückhalten. In den am weitesten entwickelten Kommunen ist das eigene Stück Land abgeschafft, und die private Tierhaltung ist eng begrenzt.

Es gibt frappierende Einkommensunterschiede zwischen den chinesischen Kommunen. Selbst in Gebieten, wo die Bauern sehr hart zur Bodenverbesserung gearbeitet haben, ist das Einkommen oft nur halb so hoch wie im fruchtbaren Süden oder in der Nähe einer Großstadt. Die Bedingungen sind härter in den regenarmen Bergen des Nordwestens und in den weiten Ebenen des Gelben Flusses. Bezahlung und Lebensstandard können selbst zwischen den Produktionsgruppen einer Kommune erheblich variieren. Produktionsgruppen sind die kleinste Einheit einer Kommune, sie arbeiten auf eigene Rechnung und teilen die Gewinne unter den Mitgliedern auf. Eine Produktionsgruppe auf hügeligem Land arbeitet schwerer als eine, die ebene Felder und genügend Wasser hat, und verdient trotzdem weniger. Über der Produktionsgruppe steht die Brigade. Sie stellt der Produktionsgruppe mit dem schlechten Land zwar Maschinen zur Bodenverbesserung zur Verfügung, aber die Arbeit muß von den Bauern der Produktionsgruppe selbst geleistet werden. Die Kommune koordiniert größere Projekte im Straßen- und Kanalbau und bietet allen Produktionsgruppen Verwaltungs- und soziale Dienste, aber die Produktionsgruppen sind im wesentlichen noch immer auf sich gestellt. Dieses System bringt das Eigeninteresse der Bauern zum Tragen, doch im Laufe der Jahre sind seine Grenzen deutlich geworden. Damit aus der Mechanisierung der Landwirtschaft der größte Nutzen gezogen wird, müssen die Produktionsgruppen koordiniert und immer mehr Aufgaben der Brigade und der Kommune übertragen werden. Je mehr sich die Landwirtschaft entwickelt, desto mehr Zentren der Kleinindustrie bilden sich in den Bezirks- und Kreisstädten. Das Konzept der Selbstversorgung verschiebt sich auf eine höhere Ebene, von den Produktionsgruppen der Dörfer auf die Kommunen, die Kreise und die Bezirke.

China kann sich keine gefährlichen Experimente und plötzliche tiefgreifende Änderungen in seiner Agrarpolitik leisten. Es produziert genug Lebensmittel für seine Millionen Menschen, aber auch kaum mehr als das. Die Getreideimporte in den siebziger Jahren beliefen sich zwar nie auf mehr als zwei oder drei Prozent der Eigenproduktion, aber nötig waren sie eben doch. Sie vermindern den Devisenbetrag, den China für den Import zur Verfügung hat, so daß weniger Industrieanlagen, Maschinen und Technologie vorhanden sind, die China zur Beschleunigung seiner Entwicklung verwenden könnte. Aber die Landwirtschaft trägt auch am meisten dazu bei, ausländische Zahlungsmittel zu gewinnen; der Export von Fleisch und anderen tierischen Produkten, von Fisch, Obst und Gemüse hat sich in den Jahren 1970 bis 1975 verdoppelt. Fast 80 Prozent der chinesischen Bevölkerung leben auf dem Land. Von ihren Erfolgen hängt es ab, ob China zu einem modernen und wohlhabenden Land werden kann.

Mitte der fünfziger Jahre begann die chinesische Führung, den Kurs der Agrarpolitik zu ändern; sie organisierte Nationalkonferenzen zu ihrer Modernisierung und verbreitete in Millionen von Dorfversammlungen neue Richtlinien. Man erarbeitete neue Modelle der Agrarentwicklung, die ahnen ließen, wie die ländliche Wirtschaft und das Leben der Bauern in den nächsten Jahrzehnten aussehen soll. Die unterschiedlichen Arbeits- und Lebensstile, die ich während meiner zahlreichen Besuche von Kommunen beobachten konnte, werden sich nicht leicht und rasch einander angleichen lassen. Aber die Richtlinien sind gesetzt, und die Zukunft des Landlebens wird erkennbar bei Brigaden wie Hua Xi im östlichen Zentralchina.

»Ausgedörrte Frösche« werden zu begehrten Schwiegersöhnen: Die Brigade Hua Xi entwickelt sich selbst

Der kleine, künstlich angelegte Hügel inmitten der Reisfelder ist nett anzusehen, wie er mit jungen Bäumen und Limabohnen bepflanzt ist. Wu Xi-dong war damit sehr zufrieden. »Wir wollen hier einen kleinen Park anlegen«, sagte er. »Die Städte haben Parks, warum die Dörfer nicht auch? Das wird den Unterschied zwischen Stadt und Land verringern.« Der Stellvertretende Leiter der Hua-Xi-Brigade zeigte auf einen kleinen Teich weiter unten. »Jeder Park braucht einen Berg und einen Fluß. Vielleicht werden wir ein Teehaus bauen, damit wir oben auf diesem Hügel Tee trinken können.« Wu freute sich über diese Idee und war begeistert davon. Durch die Mechanisierung der Feldarbeit hätten die Leute von Hua Xi mehr Freizeit. Sie würden sie bestimmt gerne in einem kleinen Park verbringen, fand er.

Die letzten 25 Jahre brachten in Hua Xi viele Veränderungen mit sich. Die Felder sind wie ein Schachbrett abgesteckt worden. Nur ein kleines Stück Land in der Nähe des Teiches sah so aus wie vor der Kollektivierung. Mit seiner Einteilung in 13 Felder, einige ganz winzig und alle unbegradigt, ist es dort geblieben, um die Menschen daran zu erinnern, wie die Felder der Kleinbauern in der alten Gesellschaft aussahen. Ganz in der Nähe ein kleines Haus, das Strohdach vom Wetter verzogen. Es ist ein Bauernhaus von früher, aber jetzt wird es als Hühnerstall benutzt. Wenn die Leute von Hua Xi daran vorbeigehen, können sie es mit den neuen Häusern vergleichen, in denen sie jetzt leben.

Auf der gegenüberliegenden Seite des Hügels ist ein anderes kleines Gebäude, mit Wänden aus weißgekalkten Ziegelsteinen und einem Ziegeldach. Zwei Zimmer sind fast leer; es stehen nur einige landwirtschaftliche Geräte darin, und mehrere Schwalbenfamilien bauen ihre Nester unter der Decke. In dem dritten Raum liegen zwei Kränze aus Papierblumen auf dem Boden, ein dritter hängt an der Wand. Auf einem Regal stehen ungefähr 25 kleine Holzkästchen. Darin befindet sich die Asche der Dorfbewohner, die in den letzten Jahren starben. Früher waren die Gräber überall in den Reisfeldern, erklärte Wu. Aber 1969 war das letzte Jahr, in dem eine Familie auf einem traditionellen Begräbnis bestand. Heute werden die Toten im Kreisverwaltungszentrum eingeäschert. Danach findet in diesem Gebäude, das von Gärten mit Heilkräutern umgeben ist, eine kleine Zeremonie statt. »Heute haben die Leute mehr Verständnis für die Einäscherung. Sie ist hygienischer und auch wirtschaftlicher, denn das Kollektiv trägt die Kosten«, sagte der Stellvertretende Vorsitzende. Er ist 28 Jahre alt. Seit 15 Generationen arbeitet seine Familie auf diesem Land, zu dessen Veränderung er jetzt beiträgt. Die Produktionsbrigade von Hua Xi ist ein Vorbild für die landwirtschaftliche Entwicklung geworden, von dem Bauern anderer Brigaden und Kommunen lernen sollen. Sie ist nicht so bekannt wie die Dazhai-Brigade im Nordwesten von China. Hua Xi wendet die Lehren der Berge von Dazhai auf das flache Reisgebiet in Ost-Zentralchina an. Jeden Tag fahren Busse an dem kleinen Empfangszentrum in der Nähe des Dorfes vor. Einige Besucher bleiben nur wenige Stunden und gehen in einer langen Reihe durch die Felder und vorbei an der alten Bauernhütte zu den modernen Ställen; dabei hören sie Vorträge darüber, wie Hua Xi seine Landwirtschaft entwickelte. Andere Gruppen kommen von weither und bleiben über Nacht. Etwa 10 000 bis 12 000 Besucher kommen jedes Jahr nach Hua Xi und kehren dann in ihre Kommunen zurück mit neuen Ideen und einer Erfolgsgeschichte, die sie anspornen wird, dem Beispiel von Hua Xi zu folgen.

Den Besuchern beweist Hua Xi, daß die chinesischen Bauern sich aus eigener Kraft von der Armut befreien können. Es hat harte, zermürbende Arbeit gekostet, wie jeder in der Brigade zugibt. »Zwischen 1964 und 1970 hatten wir wenige arbeitsfreie Tage, vielleicht sieben oder acht im Jahr«, sagte Wu. Die jungen Männer von Hua Xi arbeiteten so schwer, daß ihre Bräute aus anderen Dörfern die Verlobung lösten. Diese jungen Männer von Hua Xi seien nur noch »ausgetrocknete Frösche«, beklagten sich einige zukünftige Schwiegermütter aus den anderen Dörfern. Sie arbeiteten einfach zu hart, um einen guten Ehemann abzugeben. Aber nach zehn Jahren Plackerei sind Lebensstandard und Einkommen in Hua Xi drastisch gestiegen. Die jungen Männer haben keine Probleme mehr, wenn sie im Nachbardorf eine Braut finden wollen.

Hua Xi zeigt kaum Ähnlichkeit mit traditionellen chinesischen Dörfern. Die weißgetünchten einstöckigen Häuser mit den Ziegeldächern stehen in Reih und Glied zwischen zwei vierstöckigen Gebäuden. Es gibt sogar eine Straße mit zweistöckigen Doppelhäusern aus Beton. Sie würden in die Arbeitersiedlungen der Außenbezirke von

Shanghai passen, aber sie stehen am Rande der Felder. Bis 1980 werden alle Bauern in solche Häuser umgezogen sein, erklärte der Stellvertretende Vorsitzende. Die Häuser, in denen die Mehrzahl der Bauern wohnt, sind nicht wirklich alt. Sie wurden nach 1965 gebaut, als 12 Dörfer zusammengeschlossen wurden und 15 Produktionsgruppen sich zu dieser Brigade vereinigten. Nun teilen sich die 1026 Einwohner die Arbeit und den Gewinn aus ihren Feldern, Ställen und Werkstätten.

Meine Frau und ich lebten fünf Tage lang in einem der neuen zweistöckigen Häuser. Wir schliefen in dem großen Bett mit vier Pfosten, das einem jungen Paar gehörte. So ein riesiges Ding ist bei den Bauern dieser Region sehr beliebt. In die Pfosten und das Holzdach – behängt mit roter, bestickter Seide und grünen Quasten – waren Blumen und Vögel geschnitzt. Wir lebten nicht ganz so wie Bauern. Die Leute vom Ort merkten, daß Ausländer ihr einfaches Essen nicht gewohnt sind und holten einen Mann und eine Frau vom Kreisgästehaus sowie deren Koch mit seinem Lehrling, die sich um uns kümmern sollten. Immer, wenn wir von Interviews, Diskussionen und Spaziergängen nach Hause kamen, warteten rotlackierte Holzwannen mit heißem Wasser auf uns. Unser Personal war etwas verlegen wegen der sanitären Einrichtungen: zwei rotlackierte Kübel mit schweren Holzdeckeln. Die Häuser in Hua Xi haben kein fließendes Wasser. Aber das Leben war bequem für uns und bei einem Betrag von 1,50 Dollar täglich spottbillig. Die Familie, der das Haus gehörte, war ausgezogen, um Platz für uns zu schaffen, aber sie wollten von ausländischen Gästen kein Geld nehmen.

Das Haus hatte eine große Küche und fünf Zimmer, zwei unten und drei oben. Die Wände waren weiß gestrichen und die Türen rot. In unserem Zimmer gab es außer dem großen Bett noch zwei Schränke, die übereinander standen. Auf einer Truhe waren zwei emaillierte Waschschüsseln. Ein weiterer Schrank stand in der Ecke. Alle Möbel waren im gleichen Rot gestrichen, und an einigen befand sich eine Leiste, in die Vögel und Blumen geschnitzt waren. Auf diesem Schrank sah man einen aufstellbaren Spiegel, zwei Vasen mit Plastikblumen und Plastiktüten darüber sowie zwei Thermosflaschen. Eine Glasplatte schützte die vielen Familienfotos auf einem Pult mit drei Schubladen. Es gab auch eine Reihe Bücher: drei Bände Mao, drei Broschüren von Lenin, eine Einführung in die Lenintexte, eine Biographie des »Guten Soldaten Lei Feng«, ein Buch über Soziologie und ein Band mit patriotischen Kurzgeschichten. Außerdem zwei

Holzschemel und zwei Bambusstühle in Blau, Gelb und Grün. An der einen Wand hing ein Bild mit dem Vorsitzenden Mao auf einem Schiff, an der anderen ein Plakat, das ihn bei einer Fabrikbesichtigung zeigte.

Von den anderen Räumen waren nur zwei möbliert, weil die Familie erst kürzlich in das neue, größere Haus gezogen war. Die Eltern des jungen Paares wohnten im unteren Stockwerk in einem einfacher eingerichteten Schlafzimmer. Unten enthielt das größere Zimmer, das gleichzeitig als Eingangshalle diente, nur einen großen Eßtisch und genug Stühle für die acht bis zehn Leute bei einem Familientreffen. Zur Zeit sei das Haus wirklich noch zu groß für sie, sagten die alten Leute, aber schließlich seien Sohn und Schwiegertochter erst ein Jahr verheiratet, und später würden sie Platz für die Kinder brauchen.

In den Dörfern haben die Leute meist mehr Wohnraum als die Stadtbewohner. Die zweistöckigen Häuser waren ungewöhnlich groß für eine vierköpfige Familie – selbst nach ländlichen Maßstäben. »Als wir anfingen, diese neuen Häuser zu planen, meinten einige Leute, daß daraus nichts würde – dieses Gerede über neue Häuser mit zwei Stockwerken, elektrischem Licht und Telefon. Aber jetzt haben wir die ersten Häuser mit elektrischem Licht, und wir können vom Brigadezentrum aus telefonieren«, erklärte die junge Frau stolz. Ihr Schwiegervater sprach gern davon, wieviel besser sein Leben jetzt sei. Alles, was er vor 1949 hatte, war eine baufällige strohgedeckte Hütte und 0,2 Hektar Land. In guten Jahren erntete er 600 Kilo Reis – nicht genug, um sich, seine Frau, zwei Söhne, eine Tochter und seine alte Mutter zu ernähren. Obwohl er noch als Tagelöhner für den Großgrundbesitzer arbeitete, war nie genug Geld für Essen oder warme Winterkleidung vorhanden. Jetzt sei er ein alter Mann, sagte er, zu alt, um schwere Arbeit zu verrichten, und so habe ihm die Brigade die Betreuung der Gänsezucht übertragen, aber er bekomme noch ebensoviel Geld wie zu der Zeit, als er noch auf den Kollektivfeldern arbeitete. Seine drei Söhne und eine Tochter sind verheiratet und alle neun Enkelkinder gesund.

Der große Umschwung kam für Hua Xi zwischen 1964 und 1965, als der Boden verbessert und die gesamte Landwirtschaft diversifiziert worden war. 1962 lag der Hektarertrag für Getreide zwischen 3750 und 4500 Kilo. 1975 betrug er 18 877 Kilo. Während dieser Jahre haben die Bauern von Hua Xi 290 000 Arbeitsstage investiert, um 1 370 000 Kubikmeter Erde zu bewegen. Sie haben 57 Hügel abgetragen, 48 Flußbette aufgefüllt, 3000 Meter Bewässerungskanäle und einen Bewässerungstunnel von 1000 Metern gebaut. Sie gewannen 2 Hektar Land, indem sie aus 1300 unregelmäßigen Feldern 400 rechteckige Felder machten. Die neuen Felder waren leichter zu bearbeiten und vor Dürre und Überschwemmung sicherer. Ihre Überlegenheit hatten sie in dem schlechten Jahr 1975 bewiesen. Mitte Mai hatte ein Hagelsturm den Weizen und die Gerste geschädigt. Später, als die Reispflanzen gerade zu sprießen begannen, kam ein Gewittersturm. Es gab sogar noch eine Insektenplage, aber trotzdem stieg der Hektarertrag an Getreide gegenüber dem Vorjahr um 1410 Kilo an.

1964, vor der großen Wende, hatte sich die Brigade vorwiegend auf Getreide und andere Futterpflanzen gestützt. Jetzt züchtete sie Schweine, Schafe, Hühner, Enten, Gänse, Kaninchen, Fische und im Fischteich sogar Süßwasserperlen. Die Brigade unterhielt 31 kleine Werkstätten, und 55 Prozent ihres Einkommens bezog sie aus der Viehzucht und Kleinindustrie. 1963 lag das Pro-Kopf-Einkommen bei 90 Yuan. Die besten Arbeiter, die 10 Punkte erreichen, konnten 0,70 Yuan pro Tag verdienen. 1975 stieg das Pro-Kopf-Einkommen auf 185 Yuan, und der Lohn eines 10-Punkte-Arbeitstages betrug 1,47 Yuan.

Jeder bekam im Durchschnitt 300 Kilo Getreide, 50 Kilo mehr als 1963. 1957 hatten die Brigademitglieder 120000 Yuan auf ihre Sparkonten eingezahlt. Die Wohnfläche in ihren Häusern hatte sich verdoppelt. Es gab noch mehr Fortschritte, die man nicht am individuellen Lebensstandard feststellen konnte: Die neuen Schulen und die medizinische Versorgung halfen ebenso die Lebensqualität zu verbessern wie die ersten Schritte in Richtung der Mechanisierung die Arbeit erleichterten.

Mitte Mai, als wir da waren, ist bei der Hua-Xi-Brigade Erntezeit. Auf einigen Feldern müssen Gerste und Weizen geerntet werden, während die anderen schon auf das Reiseinpflanzen warten, und die Bauern stehen stundenlang bis zu den Knöcheln im Schlamm, um die Reissetzlinge einzupflanzen. Zu dieser Jahreszeit stehen die Bauern vor 5 Uhr morgens auf. Von 5.30 Uhr bis 7 Uhr arbeiten sie auf dem Feld. Dann haben sie eine Stunde für das zweite Frühstück, Einkaufen oder Hausarbeiten. Von 8 bis 11 Uhr geht die Feldarbeit weiter. Zwischen 11 Uhr und 13 Uhr gehen sie nach Hause, um zu Mittag zu essen und sich auszuruhen. Zwischen 13 Uhr und 18.30 Uhr arbeiten sie wieder und legen nach Bedarf kleine Pausen ein. An vielen Tagen finden Versammlungen oder politische Schulungskurse statt, und zwar abends von 19.30 Uhr bis 20.30 Uhr. Das ist ein ausgefüllter Tag. Meine Frau und ich nutzten gerne die Mittagsstunden, um sie in ihren Häusern zu einem kleinen Schwatz zu besuchen oder ihre Mahlzeiten zu teilen. In den großen Eingangshallen mit ihrem festgestampften Erdboden und den offenen Dachbalken saßen die Familien um den Tisch, meistens drei Generationen zusammen. Sie aßen gut: Gemüse, Reis, fettes Schweinefleisch, Eier und Fisch. Dies sei nicht ihre normale Kost, betonten sie, denn die Familien essen besser während der Erntezeit, wenn die Arbeit am schwersten ist. Aber sogar zu anderen Zeiten war das Essen reichlich und gut. Eine alte Frau erklärte uns: In einem Brigadegeschäft kostet ein Pfund Fleisch 0,74 Yuan, 0,11 Yuan weniger als in der Stadt Wu Xi. In Peking hätte man ihrer Meinung nach noch mehr zu zahlen. Öl war rationiert, aber zum Kochen reichte es, und Zucker war markenfrei. Jeden Tag bekamen sie ein Pfund Gemüse gratis von den Brigadefeldern. Von dem aus, was wir gesehen haben, schien es keine bemerkenswerten Unterschiede zwischen dem Essen und den Häusern der verschiedenen Familien zu geben.

Sogar in langen Gesprächen konnte man nicht immer leicht herausfinden, wie die Familie lebte und wie hoch ihr Einkommen und ihre Haushaltsausgaben waren. Das Wort »Familie«, so wie es im Dorf gebraucht wurde, konnte viele verschiedene Bedeutungen habe. Oft lebten drei Generationen in einem Haus, legten ihre Einkommen zusammen und führten einen gemeinsamen Haushalt. In anderen Häusern rechneten die älteren Leute mit ihrem Sohn und ihrer Schwiegertochter getrennt ab. Einige Familien hatten erst vor einem Jahr, als ihr Sohn heiratete, mit der getrennten Haushaltsführung angefangen, konnten aber nicht klar unterscheiden zwischen dem jetzigen Zustand und dem davor, obwohl das gar nicht lange her war. Ein alter Mann konnte stolz aufzählen, wie viele Uhren seine Familie besaß und dabei durchaus seine Söhne und Töchter mit einschließen, die schon in andere Städte umgezogen waren. Aber man war sehr geduldig und stets zu neuem Erklären bereit, wenn die ausländischen Gäste nicht zu verstehen schienen. Eines Tages nahm uns ein funfundzwanzigjähriges Mädchen, die Kommandeurin der Ortsmiliz, mit zu ihren Eltern nach Hause zum Mittagessen. Wir setzten uns in eins der Schlafzimmer, das unserem Zimmer sehr ähnelte. Es gab dasselbe vierpfostige Bett, hinter jedem zwei Truhen, außerdem an der Wand ein Bild von Mao und neben einem Plakat, das ein glückliches Kind zeigte, eine Karte von China. Weiterhin die Familienfotos auf dem Pult mit den Schubladen, ein Topf mit Hautkrem, ein Standspiegel, zwei Porzellankatzen mit erhobener hohler Pfote, denn es waren Teekannen und die Pfoten die Tüllen. Es gab einige Erdnüsse und Kürbiskerne, und wie alle spuckten wir die Kerne auf den Boden. Man bot uns ein Glas Wein an, und zwar einen ganz besonderen. Jedes Jahr zur Erntezeit bekommt jeder Arbeiter von diesem Wein drei Flaschen gratis von der Brigade. Es ist ein Gesundheitswein, sehr gut zur Steigerung der Arbeitskraft. Er war auch für viele andere Dinge gut, wie das Etikett anpries: »Gesundheitswein, stärkt das Blut, den Magen, die Männlichkeit und die Nerven. Wenn Ihre Augen sich trüben, wenn Sie Ohrensausen verspüren, wenn Sie Ihren Appetit verlieren oder vergeßlich und leicht ängstlich werden, dann nehmen Sie täglich zwei bis drei Löffel am Morgen und vorm Schlafengehen.« Alle Chinesen lieben es, an ihre Gesundheit zu denken und darüber zu sprechen. Die kostenlose Flasche Wein wurde als Beweis dafür angesehen, daß die Brigadeleitung gut für die Bauern sorgen wollte. Wir tranken ihn, und er schmeckte wie ein süßer Wermut. Wir machten einen Rundgang durch das Haus und versuchten, die Anzahl der Familienmitglieder herauszufinden und ihre Verwandtschaftsbeziehungen. Da gab es zunächst unsere Milizkommandeurin von fünfundzwanzig, dann ihre sechsundsechzigjährige Mutter und ihren achtundsechzigjährigen Vater. Außerdem einen Sohn, seine Frau und zwei Kinder und noch zwei andere Kinder des ältesten Sohnes, der mit seiner Frau in einer Färberei des Kommunezentrums arbeitete und nur ab und zu nach Hause kam.

Wie sich herausstellte, hatten wir im Schlafzimmer des zweiten Sohnes, seiner Frau und seiner Kinder gesessen. Ein zweiter Raum wurde zur Hälfte als Küche benutzt, in der anderen Hälfte stand ein Bett für den Großvater und eines der Kinder seines ältesten Sohnes. Ein weiteres Bett war für den Sohn und seine Frau, wenn sie zu Besuch kamen. Das dritte Zimmer war auch halb Küche, im anderen Teil standen ein Bett für die Großmutter und ein anderes Kind des ältesten Sohnes sowie ein zweites Bett für ihre Tochter, die Milizkommandeurin. Das vierte Zimmer wurde als Lagerraum benutzt, und sie hielten darin zwei Kaninchen und zwei Ziegen in Privatbesitz. Der fünfte Raum war die Eingangshalle mit zwei runden Eßtischen und Stühlen. Im sechsten Zimmer standen die Möbel des ältesten Sohnes und ein Bett für Besucher. In einer Ecke waren noch eine Reihe von Möbeln gestapelt: ein kleiner Kleiderschrank, vier Holzstühle, vier Holztische und ein Satz von dreizehn rotlackierten Kübeln und Wannen. Das waren die Möbel, die von der Milizkommandeurin für den Zeitpunkt gesammelt wurden, an dem sie heiraten würde; die Kübel und Wannen waren ein wichtiger Teil davon. Einige waren zum Wasserholen, andere für die Wäsche und zum Aufbewahren von Getreide, eine Wanne zum Waschen von Händen und Gesicht, die andere für die Füße. Es gab eine Badewanne und einen Toilettenkübel. Der ganze Satz ist nicht billig, wie man uns sagte. Wenn der Dorftischler ihn herstellt, kostet er ungefähr 120 Yuan, in der Stadt wäre er sogar noch teurer. Aber er hält mindestens einige Dutzend Jahre, wie Großmutter Zhao erklärte. Heirat war das letzte, was die Milizkommandeurin mit Ausländern diskutieren wollte. Als ich danach fragte, wurde sie rot und bot mir eine Zigarette an. Dann stellte sie fest, daß ich schon rauchte und wurde noch nervöser. Daß sie die Möbel von ihrem eigenen Geld mit einer kleinen Beihilfe ihrer Eltern gekauft hatte, war alles, was sie sagen wollte. Erst nach einigen weiteren Fragen erklärte sie sich bereit, noch etwas hinzuzufügen. »Vielleicht heirate ich mit siebenundzwanzig. Vor einer Heirat muß ich noch mehr lernen und studieren. Zur Zeit habe ich einen Freund, den ich vielleicht heirate, aber wir haben darüber noch nicht gesprochen«. Wir alle spürten, daß das Gespräch schwierig wurde und gingen höflich zu den Eßtischen in der Eingangshalle.

Der zweite Sohn und seine Frau hatten das Essen zubereitet. Wir fingen mit kleinen Reisklößchen in einer süßen Suppe an, eine Spezialität des Ortes, die normalerweise für Freunde und Verwandte auf Besuch gekocht wird. Dann wurden immer mehr Gerichte aus der Küche gebracht: gehacktes grünes Gemüse mit etwas Bohnenquark vermischt; Salat aus Bambussprossen und verschiedenen Gemüsen; kalte Stücke Entenfleisch; gekochter Fisch; geröstete Erdnüsse; Spiegeleier in einer braunen Soße; Muscheln und Bohnenquark; einige Schüsseln mit klebrigem Reis, mit Süßigkeiten und mit Salzgebäck; mit Gemüse gefüllte Ravioli und gebratene Wasserkastanien. Es war ein ziemlich üppiges Essen, und ich hatte den Verdacht, daß die Familie einige Sonderrationen bekommen hatte, um die ausländischen Gäste zu bewirten. Sie erzählten uns, daß sie gewöhnlich zu Jahresanfang, wenn Frühlingsfest ist, etwas Fisch aus den Kommuneteichen bekommen. Vielleicht hatten sie den Fisch und die Ente von ihrem eigenen Geld gekauft, gastfreundlich wie sie waren. Außerdem verdienten sie genug, um es sich leisten zu können.

Wie wir erfuhren, führte man in der Familie getrennte Kassen. Das alte Ehepaar und ihre unverheiratete Tochter legten ihr Geld zusammen, aber der zweite Sohn und seine Frau hatten ein eigenes Budget und bezahlten ihr Essen selbst. Der alte Herr ist Chef der Gruppe von älteren Leuten, die sich um den Gemüsegarten kümmern. Seine Frau macht nur Hausarbeit. Ihre unverheiratete Tochter, die Milizkommandeurin, arbeitet auf dem Feld und bekommt die meisten Arbeitspunkte. Sie und ihr Vater verdienten 1975 zusammen 701 Yuan, neben den etwa 200 Yuan für die Getreideration der Familie und das Stroh als Brennmaterial für die Küche. Ihrer Meinung nach können sie etwa 400 Yuan im Jahr sparen, obwohl ein Teil des Geldes noch für Kleidung oder die Möbel ihrer Aussteuer ausgegeben wird.

Großvater Zhao war recht stolz auf den Wohlstand in der Familie. »Wir besitzen fünf Armbanduhren und zwei andere Uhren, ohne meine zwei Töchter, die in andere Dörfer heirateten, mitzuzählen«, sagte er lebhaft, und er redete dabei so laut wie jemand, der entweder sehr enthusiastisch ist oder schwerhörig. »Wir tragen keine geflickten Kleider und Schuhe mehr. Die Kinder wollen keine geflickten Sachen anziehen. Jeder in unserer Familie besitzt mindestens zwei Pullover. Früher hatten wir kein Geld für warme Sachen.« Vor 1949 war der alte Mann Feldarbeiter und armer Bauer gewesen. Er mußte eineinhalb Zimmer in einer Hütte mit fünf weiteren Familienmitgliedern teilen. »Jetzt haben wir genug zu essen, genug Kleidung, alles was wir brauchen. Das verdanken wir dem Vorsitzenden Mao und der Kommunistischen Partei«, fügte seine Frau hinzu. Vor 1949 hatte auch sie als Landarbeiterin bei einem Großgrundbesitzer gearbeitet. »Es gab nie genug zu essen und kaum Brennmaterial im Winter«, sagte sie. »Obwohl ich jetzt zu alt bin, um auf dem Feld zu arbeiten, verdiene ich mein Geld durch die Arbeit in den Gemüsegärten«, sagte der alte Mann. »Wenn ich mich nicht gut fühle, brauche ich nicht zu arbeiten. Ich arbeite nur, wenn ich mich gut fühle.« Er begann, von der alten Zeit zu erzählen. Sein Vater hatte sich vom Großgrundbesitzer Geld geliehen und konnte es nicht zurückzahlen. Deshalb kam der Großgrundbesitzer, um ihn, den Sohn, zu holen. Sie zogen ihm die Kleider aus und fesselten ihn an einen Baum, um ihn zu schlagen. So, wie er das erzählt, klingt es wie eine Geschichte, die er schon oft zur Erbauung der jüngeren Leute bei Versammlungen und Diskussionen vorgetragen hat, was nicht heißen soll, die Geschichte sei nicht wahr. Als wir später seine Frau nach ihren winzigen Füßen fragten, fing sie an zu weinen. »Es war ein Brauch zu meiner Jugendzeit, die Füße geschnürt zu haben«, sagte sie. »Mit kleinen Füßen war es schwierig, auf dem Feld zu arbeiten, aber was konnte ich machen? Manchmal habe ich bei der Feldarbeit vor Schmerzen geweint. Jedes Mädchen mußte kleine Füße haben. Ohne kleine Füße konnte man nicht aus dem Haus gehen. Wenn Mädchen mit großen Füßen auf die Straße gingen, wurden sie von den Leuten des Großgrundbesitzers geschlagen. Als ich fünf Jahre alt war, begann man, mir die Füße zu schnüren. Es war sehr schmerzhaft. So war damals der Brauch, und er hielt sich bis 1949.« Die alte Frau saß auf ihrem Hocker, trug eine altmodische blaue Bauernjacke, die an der Seite geknöpft wurde, und in ihren durchstochenen Ohrläppchen hatte sie kleine goldene Ohrringe. Die ganze Zeit vorher hatte sie ruhig gelächelt, und nun rannen Tränen ihr Gesicht herunter. Die Tochter steuerte einen politischen Kommentar bei: »Meine Mutter erzählte mir, daß die Frauen in ihrer Jugend keine politische Macht oder politischen Rechte hatten. Heute können die jungen Leute sich frei bewegen, zur Schule gehen und studieren.« – »Als wir heirateten, wurde die Ehe von einem Heiratsvermittler arrangiert. Zu der Zeit gab es fast nur arrangierte Ehen. Es gab ein Fest, und je besser das Festessen war, desto mehr Lob konnte man im Dorf einheimsen. Einige Leute liehen sich eine Menge Geld und mußten später sehr schwer arbeiten, um es zurückzuzahlen. Bei mir war es anders, unsere Familien waren sehr arm. Als ich noch ein kleines Kind war, wurde ich zu meiner zukünftigen Schwiegermutter geschickt, um bei ihrer Familie zu leben. Ich wurde ganz einfach hingeschickt, um zu arbeiten, und viele Jahre später betrachtete man uns als verheiratet. Es gab keine Geschenke und keine Feier.« Wir fragten ihren Sohn, wie man es heute macht. Er ist 31 Jahre, seine Frau 30 Jahre. Sie haben 1968 geheiratet, als das Haus, in dem sie jetzt wohnen, gerade fertig war. »Meine Frau ist auch aus Hua Xi. Ich habe sie gefunden und selbst gewählt. Ich fragte meine Eltern, was sie von meinen Heiratsplänen hielten, und sie sagten, ich soll selbst entscheiden. Meine Eltern kannten sie bereits, sie war oft in unserem Haus zu Besuch gewesen. Wir entschieden uns dann, in drei Jahren zu heiraten. Die drei Jahre waren nötig, um uns besser kennenzulernen, und wir mußten ja auch Geld sparen. Wir kauften für 300 Yuan Möbel, bevor wir heirateten. An unserem Hochzeitstag gingen wir zuerst zum Revolutionskomitee der Brigade. Dann mußten wir ins Kommunezentrum zur ärztlichen Untersuchung, weil wir zu dem Zeitpunkt keine Barfußärzte in unserer Brigade hatten. Wir gingen zum Revolutionskomitee der Kommune und bekamen unsere Heiratsurkunde. Dann kehrten wir nach Hua Xi zurück. Zu Hause hatten wir einige Gäste, und zwar Verwandte und drei Arbeitskollegen aus meiner Werkstatt. Es ist nicht mehr üblich, Geschenke zu machen, aber unsere Freunde schenkten uns die Werke des Vorsitzenden Mao. Dann haben wir zusammen zu Abend gegessen. Das war alles, wir wollten kein Geld verschwenden.«

Herr Zhao junior ist Fahrer und Mechaniker, er bastelt gerne an Maschinen herum, weiß bei allem, wie man es wieder in Ordnung bringen kann, und in seiner Freizeit repariert er die Uhren der Dorfbewohner. Er ist hager, das Gesicht ein bißchen wie ein Pferd, und die Kollegen in der Werkstatt sprechen mit großer Achtung von ihm. Im Jahr seiner Heirat, 1968, hatte er die erste elektrische Pumpe für die Bewässerungsanlage gebaut, und später arbeitete er mit anderen Kollegen an einem selbstkonstruierten Mähdrescher. Mit achtzehn Jahren hatte er gelernt, mit einem Dieselmotor umzugehen. Zu der Zeit wußte kaum jemand in Hua Xi etwas über Maschinen. Aber Herr Zhao mochte sie und kennt sich damit aus. Bei der Heirat war er 24 Jahre und seine Frau 23 Jahre. Ihre sechsjährige Tochter geht zur Grundschule, der vierjährige Sohn in den Kindergarten, und die Großmutter versorgt die beiden, wenn sie nach Hause kommen. Zhao und seine Frau arbeiten beide, er in der Werkstatt, und sie auf dem Feld. 1975 besaßen sie noch 720 Yuan, nachdem sie ihre Ration Getreide und Brennmaterial bezahlt hatten. Dieses Jahr erhielt die Familie 1010 Kilo Getreide im Wert von 180 Yuan. Herr Zhao erklärte, wie die Höhe der Getreideration festgesetzt wird. »Jedes Jahr haben wir eine Versammlung, in der jeder sagt, was er oder sie braucht. Dann beschließen wir, was jeder bekommen sollte. Kinder essen weniger und bekommen weniger Getreide. Kräftige Arbeiter brauchen mehr als die durchschnittlichen 300 Kilo im Jahr. Das Revolutionskomitee prüft die einzelnen Forderungen, macht eine Empfehlung, und dann diskutieren alle Brigademitglieder, ob sie ihr zustimmen oder nicht. Ein kräftiger junger Mann, der schwere Arbeit leistet, bekommt etwa 350 bis 400 Kilo Getreide. Junge Leute von 16 oder 17 Jahren brauchen nicht so hart zu arbeiten, deshalb können 250 bis 300 Kilo reichen. Kranke und alte Leute bekommen auch etwa 250 bis 300 Kilo jährlich, und damit kommen sie gut aus. Die Kinder bekommen ihren Betrag nach Alter und Bedürfnissen. Das Geld für das Getreide wird von unserem Einkommen abgezogen. Wir bezahlen nur 18 Yuan für 100 Kilo. Der Staat bezahlt 28 Yuan für jede 100 Kilo, die er der Brigade abkauft.«

Herr Zhao ist in der höchsten Einkommensgruppe. Er hat Geld auf der Sparkasse und einiges zu Hause. Er wartet auf den Zeitpunkt, an dem er sich eines der zweistöckigen Häuser kaufen kann. Aber er arbeitet dafür schwer, und an freien Tagen fährt er oft den Brigadelastwagen in die Stadt Wu Xi oder in die Kreisstadt. Aber es gibt sowieso nicht viele freie Tage. Nationalfeiertage sind: der 1. Mai, der 1. Oktober, die Zeit des Frühlingsfests und der chinesische Neujahrstag. Das ergibt etwa sechs Tage. Während der Erntezeit gibt es keinen Sonntag und keinen freien Tag. Sonst gibt es alle zehn Arbeitstage einen Urlaubstag. Insgesamt hat man grob geschätzt 26 Urlaubstage im Jahr. Für jeden anderen Urlaubstag muß die Brigade eine Sondererlaubnis geben – um zu heiraten, einen Verwandten zu besuchen oder wenn man krank ist. Hin und wieder veranstaltet die Brigade einen Ausflug für ihre Mitglieder. Sie fahren mit dem Lastwagen oder auf dem Anhänger des Traktors und besichtigen vielleicht Wu Xi oder Nanking. Fast jedes Brigademitglied hat die riesige Brücke, die über den Fluß führt, besichtigt, erzählt Herr Zhao. Mir scheint, daß er nicht viel Zeit auf Ausflüge und Besichtigungen verwandt hat. Er hat es 1975 mit Überstunden auf 400 volle Arbeitstage gebracht.

»Natürlich kann es viele Gründe dafür geben, nicht zur Arbeit zu gehen«, sagt Herr Zhao. »Nehmen Sie zum Beispiel meine Frau.« Frau Zhao hält nicht inne bei ihrer Arbeit und läßt lieber ihren Mann für sie sprechen. »Als meine Frau im sechsten Monat schwanger war, wurde ihr leichtere Arbeit zugeteilt. Sie arbeitete bis zum Ende ihrer Schwangerschaft. Dann hörte sie etwa zwei Monate mit der Arbeit auf. Als unser erstes Kind, das Mädchen, geboren wurde, bekam sie kein Geld während des Mutterschaftsurlaubs. 1957, als unser Junge geboren wurde, hatte sich einiges geändert. Die Geburt fand in der Sanitätsstation unserer Brigade statt, und während ihrer 50 Tage Mutterschaftsurlaub nach der Geburt bekam sie ihren normalen Lohn weiter ausgezahlt. Und sie erhielt noch 30 Yuan extra von der Brigade für mehr Lebensmittel. Jetzt bekommt man für das erste Kind eine Sonderzuteilung an Baumwolle sowie Kupons für 10 Meter Stoff, fast das Doppelte einer Jahresration für Erwachsene.«

Als wir zwischen den gepflegten weißen Häusern durch die Straßen gingen, trafen wir ab und zu alte Männer, die vor den Wohnhäusern kleine Gemüsegärten bestellten, aber das waren Gärten des Kollektivs. Andere alte Männer trugen Körbe voll Gemüse und gingen damit von Haus zu Haus, um die tägliche Ration auszuteilen. Da standen Bambusstangen vor den Häusern, an denen frischgewaschene Baumwollschuhe oder Schnüre mit getrocknetem Fisch befestigt waren. Die großen hölzernen Türen standen zur Mittagszeit immer offen, und wir konnten in die großen Flure mit den Eßtischen blicken. Die Leute in Hua Xi wußten, daß wir Ausländer bei ihnen lebten, um etwas über ihre Arbeit und ihr Leben zu erfahren. Es machte ihnen nichts aus, wenn wir auf einen Schwatz hereinkamen, und sie beantworteten bereitwillig unsere Fragen. Einen Ausländer im Haus zu haben, war ein Erlebnis, über das Freunde und Verwandte gerne etwas erfahren würden.

In einem anderen vierstöckigen Haus lebten neun Personen: Ehemann und Ehefrau, drei Söhne, zwei Töchter und zwei Schwiegertöchter. Die beiden älteren Söhne hatten gerade vor drei Monaten, während des Frühlingsfests, geheiratet. Die beiden Paare hatten ihre eigenen Zimmer, gut möbliert im Stil von Hua Xi, während ihre Eltern, der unverheiratete Sohn und die beiden jüngeren Töchter sich eine scheunenartige Halle teilten. Durch Vorhänge und Wandschirme war sie aufgeteilt worden in einen Schlafbereich für die Eltern, einen Lagerraum mit einem Bett für die beiden Mädchen und einen großen Bereich, in dem das Bett der Söhne neben den beiden Ziegen der Familie stand. Es schien eine seltsame Anordnung zu sein, aber die Familie fand sie nicht ungewöhnlich, und niemand gab einen Kommentar dazu ab. Bei vier arbeitenden Männern und einer Mutter, die halbtags arbeitete, war es der Familie im Vorjahr gut gegangen – sie verdiente insgesamt 2002 Yuan. Jetzt gehe es ihnen sogar noch besser, mit den zwei Schwiegertöchtern im Haus, sagte der Haushaltsvorstand. Er war vor 1949 Feldarbeiter gewesen. Jetzt ist er für die Wasserverteilung im Bewässerungssystem verantwortlich. Ein bißchen Lesen lernte er in der politischen Abendschule, während seine Söhne zur Mittelschule gingen und sein jüngster Sohn in seiner Freizeit Agrartechnik studiert.

In dem Zimmer des zweiten Sohnes und seiner Frau lagen unter Glas die Heiratsurkunden auf dem Schreibtisch. »Mann und Frau sind gleich«, sagte der Schwiegervater, »deshalb bekommt jeder eine Urkunde.« Sie waren in Rot und Gold gedruckt, und große rote Laternen, Symbole einer chinesischen Feier, waren darauf abgebildet. Die Urkunde enthielt Registriernummer, Name, Geschlecht und Alter der Ehepartner. Das Dokument gab ihre Willenserklärung zur Heirat wieder, und daß nach einer Prüfung festgestellt worden war, sie könnten in Übereinstimmung mit den Gesetzen der Volksrepublik China heiraten. Darunter der Stempel des Revolutionskomitees der Volkskommune Hua Xi. Die Urkunde trug das Datum des 25.

April 1976. »Aber ich dachte, Sie hätten während des Frühlingsfests geheiratet, also zwei Monate früher«, sagte ich. »Haben wir auch«, sagte der junge Ehemann. »Wir haben die mündliche Zusage bekommen, deshalb heirateten wir am Frühlingsfest, aber dann brauchten wir noch einige Zeit, um zum Kommunezentrum zu gehen, wegen der Formalitäten und der Urkunde.«

Wie wir herausfanden, gab es eine richtige, gut organisierte Heiratszeremonie während des Frühlingsfests. Die beiden Brüder hatten nicht in der traditionellen Art Hochzeit gefeiert, mit einem großen Bankett für Freunde und Verwandte, sondern mit einem Fest, das von der Brigade veranstaltet wurde. »Heute heiraten die meisten Paare am Frühlingsfest, wenn auf den Feldern nicht viel zu tun ist«, sagte der zweite Sohn. »Jedes Jahr heiraten dann ungefähr zehn Paare. Letztes Jahr waren es zwölf. Wir sind alle zum Versammlungssaal gegangen, wo ein kulturelles Programm stattfand. Die meisten Brigademitglieder waren da, und diejenigen von uns, die heiraten wollten, saßen in einer Reihe vor dem Publikum. Jeder trug eine große rote Papierblume. Einer aus der Führungsmannschaft hielt eine Rede, in der er uns aufforderte, all unsere Kräfte der Revolution zu widmen. Dann erhielten wir unsere Geschenke, Werke vom Vorsitzenden Mao, von Marx, Engels und Lenin. Wir alle bekamen einige kleine Landwirtschaftswerkzeuge. Auf meinem stand: ›Halte nie inne auf dem Weg der Revolution, geh immer vorwärts.‹ Meine Frau bekam eine Schaufel mit der Aufschrift: ›Für die Eisernen Frauen von Hua Xi.‹ Es gab auch ein kulturelles Programm. Die Schüler der Grundschule sangen Lieder, und die Kleine Rote Garde führte einen Sketch auf. Außerdem zeigten die Kinder Kampfübungen.« Bei diesen Feiern begrüßt die Brigade die neuen Bräute aus anderen Dörfern und verabschiedet die Mädchen, die zu den Familien ihrer Zukünftigen in andere Brigaden gehen werden. Diese höchst politische, aber auch farbige und fröhliche Zeremonie wurde 1968 eingeführt. Seit 1970 wird ein gemeinsames Bankett für die Paare, ihre Verwandten und Gäste arrangiert. Die Familien bezahlen die Lebensmittel, aber die Brigadekantine kocht für sie das Essen und richtet die Tische her. »Das ist eine gute Methode, Geld zu sparen«, bemerkte der zweite Sohn.

Als wir ein anderes Haus besuchten, hatten wir das Glück, dem Gehilfen eines Buchhalters zu begegnen, genau dem richtigen Mann, um uns zu erklären, wie der Haushaltsetat einer Familie aus Hua Xi aussieht. Der Buchhaltergehilfe war ein ruhiger, etwas zurückhaltender Mann, aber seine Antworten waren kurz und präzise. Seine Familie besteht aus fünf Personen: er und seine Frau, zwei Kinder und seine alte Mutter. Nur der Ehemann und seine Frau arbeiteten. 1975 verdienten sie 806 Yuan, nachdem 310 Yuan für Getreide und Brennmaterial abgezogen worden waren. Alle fünf zusammen erhielten 1310 Kilo Getreide und 1500 Kilo Brennstoff, hauptsächlich Stroh. Das Getreide wird unbearbeitet verteilt. 50 Kilo ungeschälter Reis ergeben 35 Kilo Kochreis. 50 Kilo Weizen entsprechen 41,5 Kilo Mehl. Mit anderen Worten, die Durchschnittsration von jährlich 300 Kilo Getreide war in Wirklichkeit geringer als sie schien, da sie in unbearbeitetem Getreide gemessen wurde. In der Brigademühle konnte das Getreide gemahlen werden, und die Mitglieder mußten 0,70 Yuan pro 50 Kilo zahlen. Zweimal im Jahr wird Getreide verteilt. Im Frühsommer bekommen die Brigademitglieder ihren Weizen, im Herbst ihren Reis. »Gleichzeitig wird der Preis für das Getreide vom Jahresverdienst abgezogen«, sagte der Buchhaltergehilfe, »aber man kann entscheiden, ob man alles auf einmal mitnehmen oder es bei der Brigade lassen will und immer dann kleinere Mengen bekommt, wenn man sie braucht. In meinen Akten habe ich für jede Familie eine Karteikarte. Der Grundbetrag an Getreide, der ihnen zugestanden wurde, steht oben auf der Karte, und jedesmal, wenn eine Familie etwas Getreide abholt, mache ich einen Eintrag. So wissen wir, daß jeder seinen Anteil bekommt und niemand zuviel nimmt. Wenn eine Familie nicht soviel Reis braucht, wie sie beantragt hat, dann kann sie ihn an die Brigade zurückverkaufen. Niemand darf das Getreide auf dem freien Markt oder in den Städten verkaufen, weil Brigademitglieder weniger für ihr Getreide bezahlen als die Stadteinwohner.«

Wie der Buchhaltergehilfe erklärte, gibt es noch andere Kosten und Vorteile für die Brigademitglieder. Seine Familie bezahlt ungefähr 10 Yuan im Jahr für Strom. Das Haareschneiden beim Brigadefriseur kostet nichts. Jeden Tag wird ein Pfund Gemüse an jedes Familienmitglied umsonst verteilt. »Das ist mehr als wir brauchen. Ein alter Mann, der im Gemüsegarten arbeitet, bringt es uns. In Hua Xi haben wir keine privaten Felder mehr. Die alten Leute kümmern sich für uns alle um das Gemüse. Wir bekommen auch kostenlos Obst: Wassermelonen, Erdnüsse, Kürbiskerne und andere Erzeugnisse aus dem Obstgarten. Für Fleisch und Fisch bezahlen wir im Geschäft. Eier werden kostenlos verteilt. Zu manchen Zeiten bekommen wir alle paar Tage Eier. Bis jetzt, also in den ersten vier Monaten dieses

Jahres, wurden acht Eier pro Kopf ausgegeben. Wenn wir mehr brauchen, können wir sie im Geschäft kaufen.« Brigademitglieder können ihren Lohn zweimal im Jahr ausbezahlt bekommen, einmal im Sommer und einmal im Winter. Wenn sie nicht knapp bei Kasse sind oder wissen, wie sie ihr Budget am besten einteilen, dann kassieren sie nur einmal. Der Buchhaltergehilfe bekommt sein ganzes Geld im Winter. Fast die Hälfte des Geldes hat er 1975 auf ein Sparkonto gebracht. »Zur Zeit brauche ich nichts, aber wenn ich etwas Größeres anschaffen will, werde ich meine Ersparnisse verwenden«, sagte der Buchhalter. Ich fragte, wieviel er auf der Bank habe. Der Buchhaltergehilfe starrte mich an. »Die Sparkonten sind geheim«, sagte er streng.

Wu, der Stellvertretende Leiter der Brigade, beschloß, das Thema zu wechseln. »Ich kann Ihnen konkret erzählen, wieviel ich verdiene«, sagte er. »Ich habe zwei Kinder. Meine Frau arbeitet auf dem Feld. Ich bekomme kein Geld für die Verwaltungsarbeit, sondern nur reguläre Arbeitspunkte. Letztes Jahr hatten wir 670 Yuan nach Abzug der Kosten für Getreide und Brennmaterial. 305 Yuan nahm ich mit nach Hause für Kleidung, Lebensmittel, Taschengeld und Süßigkeiten für die Kinder. 200 Yuan habe ich auf das Sparkonto bei der Bank gelegt. 165 Yuan ließ ich auf meinem Konto bei der Brigade. Am Ende jedes Monats hole ich mir von diesem Konto 15 Yuan. Das ist eine sehr praktische Regelung. Sie hilft den Brigademitgliedern, ihre Ausgaben zu planen und ihren Haushalt übersichtlich zu halten. Manche der Leute, die ihr gesamtes Geld auf einmal erhalten, geben es sofort aus. Bei der anderen Methode entscheiden die Familien zu Beginn des Jahres, wieviel sie auf ihrem Brigadekonto lassen und heben es in kleinen monatlichen Beträgen ab. Die Brigade deponiert ihr Geld auf einem Sparkonto, und wir bekommen Zinsen, als ob wir es selbst auf die Bank gebracht hätten. Aber es ist leichter, meine 15 Yuan jeden Monat hier bei der Brigade abzuholen, als jedesmal zur Bank ins Kommunezentrum gehen zu müssen.«

Der Stellvertretende Leiter Wu Xi-dong steckt voller Energie. Er sieht jünger aus als die 28 Jahre, die er ist. Überall, wo er hingeht, gerät er in eine Diskussion, stellt Fragen und gibt Ratschläge. Er hockt auf dem Boden und spricht mit älteren Leuten oder kauert auf den Holzstühlen in den Häusern der Familien, die Beine hochgezogen, immer eine Zigarette in der Hand. Sein Benehmen ist selbstsicher, und er klingt entspannt beim Sprechen, aber man merkt, daß er voll von rastloser Energie ist. Sein Vater war ein armer Bauer und Tagelöhner, der mit 12 Jahren anfing, auf dem Feld zu arbeiten, erzählte er über seine Familie. Der ältere Onkel begann mit elf zu arbeiten. Der zweitälteste Sohn mußte zehn Tage nach der Geburt weggegeben werden, weil seine Mutter ihn nicht ernähren konnte. Ein anderer Onkel starb mit sechs Jahren, weil die Familie kein Geld für Medizin hatte. Seine Tante wurde mit sechs ins Haus ihrer zukünftigen Schwiegermutter geschickt, um für sie zu arbeiten. 1949, als die Kommunisten an die Macht kamen, besaß die Familie nur den 25. Teil eines Hektars Land.

Wu hat nicht viel reguläre Ausbildung genossen, aber seine Kollegen nennen ihn einen Mann mit vielen Fähigkeiten. Nach der Grundschule ging er auf den Brigadefeldern arbeiten, aber er lernte für sich allein weiter. »Ich glaube, ich habe ebensoviel Wissen wie ein Schüler von der Unterstufe der Mittelschule, was Landwirtschaft angeht«, sagte er bescheiden. »Ich weiß mehr über landwirtschaftliche Maschinen und Techniken, wahrscheinlich genausoviel wie ein Absolvent der spezialisierten Oberstufe der Mittelschule.« In Wirklichkeit weiß er eine Menge mehr. Bevor er vor vier Jahren Stellvertretender Brigadevorsitzender wurde, hatte er viel politische Studien betrieben. »Er kennt sich in der Theorie wirklich gut aus«, fügt einer seiner Kollegen hinzu. »Er war auf einer Parteischule der Provinz und hat dort zwei Monate Marx und Lenin studiert.« Man braucht sich den jungen Wu nur einmal anzusehen, und schon weiß man, daß er genau der Typ Mann ist, der ein Dorf auf Trab hält. Manchmal habe ich mich gefragt, ob er der Sohn von Parteisekretär Wu Ren-bao war.

Die Familie, bei der meine Frau und ich wohnten, gehörte auch zu den Aktivisten in Hua Xi. Zhao Feng-ti, die junge Ehefrau, sieht nicht aus wie eine robuste, kräftige Feldarbeiterin. Aber sie ist drahtig und zäh. Ein schmales Gesicht unter dem kurzen, schwarzen Haarschopf, ein offener, freundlicher Blick, die Zuvorkommenheit einer chinesischen jungen Frau. Sie ging gern mit meiner Frau Hand in Hand, wenn wir Spaziergänge machten, und immer, wenn wir zu Hause waren, drängte sie ihr Süßigkeiten auf. Sie ist 25 Jahre und Führerin der »Eisernen Mädchen«. Diese Gruppe von 60 Frauen zwischen 17 und 27 Jahren meldet sich freiwillig für die schwerste Feldarbeit. Zhao Feng-tis jüngere Schwester hatte die »Eisernen Mädchen« gegründet, als sie 1968 von einem Besuch bei der Modellbrigade Dazhai zurückkam. Jetzt verrichtet sie verantwortungsvolle Arbeit in der Verwaltung, und Feng-ti hat die »Eisernen Mädchen« übernommen. Aktivität liegt in der Familie. Feng-ti ist – wie ihr Ehemann und ihr Schwiegervater auch – Parteimitglied.

Zhao Feng-ti hat am 1. Mai letzten Jahres geheiratct, gleich nach der Rückkehr ihres Mannes aus der Armee. Er ist ein kleiner, molliger Geselle, der Ruhige in der Familie, immer mit einem Lächeln auf seinem runden Gesicht. In der Armee war er Koch, und so sieht er auch aus. Mit achtzehn meldete er sich freiwillig zum Militärdienst, und er war einer der wenigen, die in Hua Xi ausgewählt wurden.

Sieben Jahre lang war er in der nordöstlichen Provinz Liaoning stationiert, eine mehr als dreißigstündige Bahnfahrt entfernt. In den ersten fünf Jahren war er überhaupt nicht nach Hause gekommen. »Normalerweise fahren Soldaten nur nach Hause, wenn es einen Notfall in der Familie gibt«, sagte er. »Nach fünf Jahren bekommen die Soldaten einen Monat Urlaub im Jahr, die Reisezeit nicht eingeschlossen. Wenn ein Mann verheiratet ist, kann seine Frau freibekommen, um ihn einmal im Jahr zu besuchen. Aber damals war ich noch nicht verheiratet.« Die normale Dienstzeit ist drei Jahre, aber er hatte sich freiwillig für einen längeren Dienst gemeldet. Als er nach fünf Jahren zum erstenmal nach Hause kam, wurde ihm klar, daß er und Zhao heiraten könnten. Sie hatten sich in den Jahren davor geschrieben, aber während seines Urlaubs nicht direkt von Heirat gesprochen. Sie wurden sich etwas später darüber einig, als sie sich wieder Briefe schrieben.

Eines Tages beschlossen Zhao Feng-ti und ihre Familie, für uns ein richtiges Essen wie zu Hause zu kochen. Sie machten dem Personal des Gästehauses sehr deutlich klar, daß wir dafür nichts zu bezahlen hätten und daß sie das Essen ganz allein organisieren würden. Schließlich seien wir ihre Gäste, wie Feng-tis Vater nachdrücklich sagte. Wir saßen alle um den großen Eßtisch in der Eingangshalle, und unsere Gastgeber türmten kleine Berge von Süßigkeiten vor uns auf, während wir auf den ersten Gang warteten. Zhao Feng-tis Schwiegervater war aus seinem Gänsestall gekommen, wo er sonst schläft, um seine Herde vor wilden Tieren zu schützen. Seine Frau, die an normalen Tagen in die Häuser ihrer drei Söhne geht, um die Mahlzeiten zuzubereiten, brauchte heute nicht zu kochen. Der Ex-Armeekoch sollte zeigen, was er mit den Produkten der Hua-Xi-Brigade anfangen konnte.

Wir sollten das bekommen, was es normalerweise bei ihnen zu essen gibt, sagte Zhao Feng-ti. Sie wußte, daß wir Bohnenquark mochten, und ihr Ehemann würde ihn für uns zubereiten. Es würde weniger Fleischgerichte geben, weil Fleisch nicht zu ihrer täglichen Kost gehört. Wir fingen mit Süßigkeiten, Erdnüssen und Kürbiskernen an.

Dann tauchte ihr Mann aus der Küche auf, wo er an dem großen Steinherd gearbeitet hatte – Töpfe und Pfannen über den Kochstellen, in denen Strohfeuer brannten, hin- und herschiebend. Als erstes brachte er die süße Suppe mit den Reisklößchen, die man normalerweise Gästen in dieser Gegend anbietet. Dann gab es verschiedene Gerichte mit Bohnenquark, insgesamt fünf oder sechs, mit verschiedenen Soßen und Gemüsen, aus weichem, hartem oder der Haut von Bohnenquark gemacht. Zwischendurch aßen wir hartgekochte Gänseeier, Birnen, Datteln und Mandarinen. Es gab drei Arten von Klößen, einige mit grüner Bohnenkrem, andere sehr scharf. Klebriger Reis war mit grünen Blättern umwickelt und mit süßer, roter Bohnenkrem oder salzigem Hackfleisch gefüllt. Teller mit grünen Gemüsen, Blumenkohl, Muscheln, Bohnensprossen und Nudeln wurden auf den Tisch gestellt, und schließlich, noch lange vor der Fischsuppe, verloren wir den Überblick. Daß es mehr als fünfzehn Gerichte gegeben hatte, dessen waren wir uns sicher. Alle waren hervorragend gewesen, und wir lobten den Koch. Aber er schüttelte den Kopf und sagte, er bedaure, daß das Essen nicht gut gewesen sei. Doch wir wußten, daß er wirklich sehr zufrieden war mit seiner Leistung und nur die höfliche Bescheidenheit der Chinesen zeigte.

Sein alter Vater war ebenfalls stolz und zufrieden. Dieses Essen zeige, wieviel sein Sohn in der Armee gelernt habe, meinte er. Er hatte von allen Gerichten gegessen, obwohl es an diesem Tag sein zweites Mittagessen war. Er steht um halb fünf morgens auf, um die Gänse zu füttern und an den Fluß zu führen. Um sieben Uhr hatte er eine Schale Reis zum Frühstück gegessen, und um elf eine Schale Reis und Gemüse. Er war so daran gewöhnt, um elf zu Mittag zu essen, daß er das große Essen, das sein Sohn für ein Uhr kochte, vergessen hatte. Glücklich zeigte er uns seine Armbanduhr, die er letztes Jahr gekauft hatte, die erste Uhr seines Lebens. »Alle Söhne in unserer Familie besitzen eigene Uhren, eine Schwiegertochter auch«, erzählte er uns. »Vor zwei Jahren haben wir eine große Uhr aus Holz gekauft, für die wir 45 Yuan bezahlt haben.« Er, seine Frau, sein Sohn und die Schwiegertochter waren erst vor zwei Monaten in das neue Haus gezogen. Es hat sie 800 Yuan gekostet. Aber sie haben nicht alles bar bezahlt. Ihr altes Haus hatten sie an die Brigade verkauft, und weil es in gutem Zustand war, erzielten sie einen guten Preis. Die 800 Yuan für das neue zweistöckige Haus sind nur die Kosten für das Baumaterial. Die Arbeitslöhne werden vom Kollektiv getragen. Ich versuchte, herauszufinden, wie die Besitzer der ersten sechs neuen Häuser ausgesucht wurden, aber die Erklärungen waren nicht sehr klar. Man konnte beim Revolutionskomitee ein neues zweistöckiges Haus beantragen, und das Komitee wählte diejenigen aus, die es am dringendsten benötigten. Als ich die anderen fünf Familien in der Straße mit den zweistöckigen Häusern besuchte, hatte ich den Eindruck, daß die meisten mehr Platz hatten, als sie brauchten oder nutzen konnten. Jedes Haus hatte fünf Zimmer und eine große Küche. Es gab keine Ställe für privat gehaltene Tiere und keine Badezimmer. Viele Räume waren unmöbliert und wurden zum Abstellen benutzt. Aber die Familien waren schließlich erst vor einigen Wochen eingezogen und hatten es vielleicht aufgeschoben, mehr Möbel zu kaufen. In jedem Haus standen die meisten Möbel in dem einen Zimmer mit dem großen vierpfostigen Bett – so eins wie das, in dem wir schliefen – konzentriert. Das war gewöhnlich das Zimmer, in dem das junge Paar wohnte, während die alten Eltern sich mit einem einfacheren Bett, einigen Hockern, einem Tisch und einer Truhe begnügten. Es hatte den Anschein, als gebe es einen Unterschied im Lebensstil zwischen der alten und der jungen Generation.

Die Familie im letzten Haus der Straße bewohnte eigentlich zwei miteinander verbundene Häuser. Für fünf Leute hatten sie zehn Zimmer und eine Küche. Es kostete sie 1600 Yuan, aber das war billig, wie das Familienoberhaupt sagte. Vorher hatten sie in einem sehr großen Haus gewohnt, und als er es verkaufte, bezahlte ihm die Brigade 2400 Yuan. So hatte er in Wirklichkeit vom Umzug profitiert. Er hatte das große Doppelhaus beantragt, weil seine Söhne bald heiraten wollten und Platz für ihre zukünftigen Familien brauchten. An den Wänden seines Wohnzimmers hingen vier Urkunden, rot und gold bedruckt, die der Haushaltsvorstand und seine Söhne für ihren Einsatz bei Arbeit und politischen Studien lobten.

Im nächsten Haus wohnten nur drei Personen in den fünf Zimmern, ein Techniker, seine Frau und ihr drei Monate altes Kind. Der Techniker war vor einigen Jahren in die Hua-Xi-Brigade gekommen. Er erhält 10 Arbeitspunkte pro Tag und seine Frau 9,5 Punkte. Sie hätten drei oder vier Jahre gespart, um das Haus bezahlen zu können, erzählten sie. Im dritten Haus lebten fünf Personen: ein Kind, seine Eltern und seine Großeltern. Der junge Ehemann arbeitete in einer Fabrik. Seine Frau war Vizevorsitzende des Revolutionskomitees der Kommune, verbrachte die meiste Zeit im Kommunezentrum und kam nur ab und zu nach Hause.

In den anderen drei Häusern sah es ähnlich aus: spärlich möblierte

Zimmer und relativ wenige Leute. Ich hatte den Eindruck, daß bei den meisten Familien in diesen neuen Häusern Familienmitglieder entweder in Verwaltungspositionen oder politische Aktivisten oder Techniker waren. Vielleicht waren sie wegen der Arbeit, die sie für das Kollektiv verrichteten, als erste ausgewählt worden. Aber manchmal fragte ich mich, ob nicht manche anderen Bauernfamilien in der Brigade weniger erpicht darauf waren, in ein neues Betongebäude zu ziehen und so ihre traditionellen, verwinkelten Häuser zu verlassen, in denen sie Kaninchen und Ziegen halten konnten. Sicherlich waren viele Veränderungen in der Wirtschaft und im Lebensstil in Hua Xi von einem kleinen harten Kern engagierter Aktivisten durchgesetzt worden. Der Vorsitzende und Parteisekretär der Brigade, Wu Ren-bao, muß für viele der Neuerungen und für einen Großteil der Arbeit, die von den Bauern getan wurde, verantwortlich gewesen sein. Er hatte in den fünfziger Jahren nach der Landreform, als die armen Bauern und Landarbeiter Besitzer ihrer eigenen Felder wurden, das erste Team zur gegenseitigen Hilfe gegründet. Er hatte das Geld gesammelt, mit dem die Gruppe aus armen Bauern einen »kollektiven Wasserbüffel« zum Pflügen kaufen konnte. Er hatte viele von den Plänen zur Umgestaltung der Landwirtschaft und des dörflichen Lebens aufgestellt und sogar die neuen zweistöckigen Häuser entworfen. Als die Leute in Hua Xi mir von seinen Taten erzählten, dachte ich, daß Wu Ren-bao ein ungewöhnlich interessanter Mann sein müsse, ein Dynamo von einem Mann, ein Organisationstalent und politischer Führer, der die traditionell-konservativen Bauern dazu brachte, ihre Lebensweise zu ändern. Leider habe ich ihn nie kennengelernt. Er ist zwar immer noch Vorsitzender der Hua-Xi-Brigade, aber der größte Teil der Verwaltungsarbeit wird jetzt von seiner ersten Stellvertreterin, Zhao Feng-tis Schwester, geleistet. Wu Ren-bao ist in die Kreisstadt geholt worden. Seine neue Aufgabe als Vorsitzender des Revolutionskomitees des Kreises ist es, die Reformen der Hua-Xi-Brigade weiter zu verbreiten und den ganzen Kreis nach dem Muster von Dazhai umzugestalten.

Über zehn Jahre haben die Leute von Hua Xi ohne Unterbrechung gearbeitet. Ihr persönliches Einkommen ist gestiegen, aber nicht so sehr, wie es möglich gewesen wäre. Ein ungewöhnlich hoher Prozentsatz des Brigadeeinkommens ist nicht an die Bauern verteilt worden, sondern wurde in die Modernisierung der Wirtschaft und Verbesserung der Gemeinschaftseinrichtungen gesteckt. Die Führung muß hart gearbeitet haben, um die Bauern davon zu überzeugen, daß dies der richtige Weg sei. Ihre Kampagne stützte sich auf verschiedene Methoden: sie stellten sowohl die sozialistischen Ziele einer politischen Umformung als auch die materiellen Vorteile für die Bauern heraus. Es war teuer, ein Schulwesen, das Berufsbildungswesen, soziale Dienste und die Krankenversorgung aufzubauen, und es mußte aus dem Jahreseinkommen der Brigade finanziert werden. Manchmal waren Kader mit hochfliegenden Plänen gekommen, denen sich die Brigademitglieder widersetzten, wie der Bau einer neuen Halle für politische Versammlungen. Aber die meisten von der Brigadeführung verfochtenen Projekte verbesserten die Lebensqualität auf eine Weise, die jeder verstehen konnte.

Zwei große Räume im Erdgeschoß des vierstöckigen Schulgebäudes waren der medizinischen Station der Brigade vorbehalten. In einem Raum ist ein langer Tisch, auf dem die Patienten bei der Untersuchung liegen, an den Wänden hängen Akupunkturkarten, und außerdem stehen hier einige Stühle und ein Schreibtisch mit einer Erste-Hilfe-Ausrüstung und einem Instrument zum Messen des Blutdrucks. Die Chinesen achten sehr auf ihren Blutdruck, und der Stellvertretende Vorsitzende Wu ließ den seinen sogleich messen. Überraschenderweise war bei einem so unter Druck stehenden Mann alles in Ordnung. Der zweite Raum der medizinischen Station enthielt Regale und Holzkommoden voller Töpfe mit chinesischen Heilkräutern, auf jedem Name und ein Preis verzeichnet. Medikamente westlicher Art, Tabletten und Ampullen mit Antibiotika wurden in einer verschlossenen Vitrine aufbewahrt. Ein Plakat an der Wand zeigte zwei Kinder, die Abfälle auflasen und mit dem Finger auf einen Spucknapf wiesen. Darunter stand: »Halte die Umwelt sauber und ordentlich.« Dann noch einige Topfpflanzen, Beispiele für die wertvollen Heilkräuter, die wild auf Feldern und Wiesen wachsen. Das Personal der medizinischen Station lehrt die Kinder, diese Pflanzen in ihrer Freizeit zu sammeln und kauft sie dann für einen geringen Preis. Es beaufsichtigt auch den Anbau von Kräutern auf einem kleinen Feld. Die meisten davon verwendet die medizinische Station für die Patienten der Brigaden, aber einige werden in die Kreisstadt gebracht und gegen Kräuter ausgetauscht, die in Hua Xi nicht angebaut werden. Im hinteren Teil des Raumes standen hinter einem weißen Gazevorhang, neben dem Bett für den Barfußarzt im Nachtdienst, Kochtöpfe zum Destillieren der Kräutermedizin und die Geräte zur Sterilisation der medizinischen Instrumente.

Zwei Männer mittleren Alters und eine junge Frau besetzten die medizinische Station der Brigade. Tagsüber arbeitet normalerweise einer der Männer im Untersuchungszimmer und der andere auf dem Feld. Die Frau macht oft Hausbesuche, behandelt die Patienten, gibt ihnen Injektionen oder Medikamente oder Ratschläge zur Babypflege. Sie impft die Kinder gegen Pocken, Keuchhusten, Masern oder Tetanus. Die Barfußärzte leisten größtenteils erzieherische Arbeit. Sie inspizieren die Wasserversorgung in den Häusern, um sicherzustellen, daß keine Verunreinigung eintritt. Sie kontrollieren die Küchen und sagen den Familien, daß jemand mit einer ansteckenden Krankheit nicht kochen darf, daß Schüsseln und Töpfe immer saubergehalten werden sollen und Trinkwasser abgekocht werden muß. Früher hatten die 258 Familien von Hua Xi fast 300 kleine Toiletten, die nur aus Löchern im Boden bestanden. Jetzt sind sie durch zehn Latrinen ersetzt worden. Die Schweineställe sind nicht mehr bei den Häusern, sondern die Schweine werden in einem Stall außerhalb des Dorfes gehalten. Die Barfußärzte vergewissern sich auch, daß Müll, Abfälle und die Fäkalien aus den Latrinen vor ihrer Verwendung als Dünger bearbeitet werden. Im Laufe der Jahre haben sie Parasitenkrankheiten wie Würmer völlig ausgerottet, und die Zahl der Magen- und Darmerkrankungen ist zurückgegangen. Malaria war früher sehr verbreitet, tritt aber seit einer Anti-Mücken-Aktion in Hua Xi nicht mehr auf. Es gibt immer noch einige Leute im Dorf, die an Spätfolgen der Malaria leiden, aber keiner von ihnen zeigt die typischen Symptome. Cholera und andere Krankheiten sind unter Kontrolle.

Die drei Leute in der Sanitätsstation neigen nicht zum Prahlen. Ruhig und freundlich sprechen sie bescheiden über ihre Arbeit und über ihre Ausbildung. Der Mann, der für die westliche Medizin verantwortlich ist, sagt kaum ein Wort, wenn er nicht gefragt wird, und selbst dann gibt er kurze Antworten. Sein Kollege, ein hochgewachsener Mann, der seine Mütze sogar innerhalb der Station trägt, spricht etwas mehr. 1968 begannen sie ihre Arbeit zusammen, als die medizinische Station noch aus einer schindelgedeckten Hütte bestand. Zu der Zeit wurden sie von den Bauern der Brigade ausgewählt und zu einem dreimonatigen Kurs in das Kommunekrankenhaus geschickt. Später absolvierten sie den zweiten Teil ihrer Ausbildung, je zwei Monate Theorie und Praxis. Nachdem sie einige Jahre in der Brigadestation gearbeitet hatten, besuchten sie einen sechsmonatigen Kurs im Kreiskrankenhaus, wobei sie die Hälfte der Zeit auf Theorie und die andere Hälfte auf klinische Arbeit verwandten. »Dic wichtigste Methode ist das Lernen aus der Praxis«, sagte der Mann, der für die Behandlung mit chinesischen Medikamenten zuständig ist. »Wir sind jetzt auf dem Niveau eines Absolventen der spezialisierten Oberstufe der Mittelschule für Hygiene und medizinische Versorgung.« Er habe sich schon immer für Medizin interessiert, fügte er hinzu, sogar schon, als er noch ein kleiner Junge war, und dies sei eine gute Gelegenheit gewesen, eine entsprechende Ausbildung zu erhalten und zu lernen, wie man anderen Menschen hilft.

»Vor der Befreiung mußte ein Bauer, wenn er krank war, einen Arzt aus der Stadt rufen«, erzählten uns die beiden Männer. »Der Doktor wurde mit einer Sänfte ins Dorf getragen und man mußte ihm ein Huhn servieren. Ein Besuch konnte 80 Kilo Getreide kosten, und außerdem mußte man die Männer bezahlen, die seine Sänfte trugen. Krankheit war etwas Schreckliches. Eine schlimme Krankheit konnte die ganze Familie ruinieren. Bei einer leichten mußte man vielleicht das Nahrungsgetreide für ein ganzes Jahr verkaufen. Viele Familien machten Schulden. Heute sagen die Bauern, daß unser genossenschaftliches Gesundheitssystem gut ist, weil es wenig kostet und gute Behandlung gewährleistet.«

Die Krankheiten, mit denen die Barfußärzte hauptsächlich zu tun haben, sind Grippe, Erkältungen, Rückenschmerzen und Mandelentzündungen. Im Sommer muß man sich um Durchfall und Darmleiden kümmern. »Weil wir viel vorsorgende Hygienearbeit leisten, ist die Anzahl der Patienten gering, etwa zehn oder elf am Tag. Schwierige Fälle schicken wir ins Krankenhaus«, erklärten die Barfußärzte. Es gibt ungefähr 50 Ärzte und Krankenschwestern im Kommunekrankenhaus, die sich mit den üblicheren Operationen und komplizierten Behandlungen befassen. Sie wiederum können sehr schwere Fälle in das Kreiskrankenhaus oder in Spezialkliniken der Provinz überweisen. Einmal im Jahr kommen Ärzte ins Dorf, um eine Generaluntersuchung aller Brigademitglieder vorzunehmen, wobei sie ein Röntgengerät mitbringen. Letztesmal entdeckten sie bei einer Frau eine kleine Zyste oder einen Tumor, und sie wurde sofort ins Krankenhaus geschickt. In anderen Fällen verschreiben die Ärzte eine bestimmte Art Injektion, und die Barfußärzte gehen regelmäßig zu dem Patienten nach Hause, um die Behandlung durchzuführen.

In Hua Xi bezahlen die Brigademitglieder keinen jährlichen Betrag für die genossenschaftliche medizinische Betreuung. Die Behandlung wird halb durch den Gesundheitsfonds der Brigade und halb von den Patienten selbst getragen. Wenn eine Familie in finanziellen Schwierigkeiten ist, können die Brigademitglieder das Problem diskutierten, und vielleicht werden die Kosten durch den Gesundheitsfonds übernommen, falls das Revolutionskomitee zustimmt. Wenn die Kosten mehr als 50 Yuan monatlich betragen, werden sie ganz aus dem Gesundheitsfonds bezahlt. »Mitglieder, die so viel für medizinische Behandlung ausgeben müssen, haben gewiß auch noch andere Probleme. Sie brauchen wahrscheinlich besseres Essen und sind nicht arbeitsfähig«, erklärte der Barfußarzt. Bis jetzt ist so ein Fall noch nicht aufgetreten. Aber einige Patienten bekommen finanzielle Unterstützung, besonders, wenn sie viele Kinder und alte Verwandte haben.

1975 gab jedes Brigademitglied durchschnittlich 1,60 Yuan für medizinische Versorgung aus. Ein Patient, der mit einer Erkältung zur medizinischen Station kommt, bezahlt nicht für die Untersuchung, sondern nur die Medikamente; in seinem Fall wären das 0,10 Yuan für ein Kräuterheilmittel oder etwa 0,16 Yuan für Tabletten westlicher Art. Die andere Hälfte des Geldes kommt aus dem Gesundheitsfonds der Brigade. Ein Patient, der in das Krankenhaus überwiesen wird, bezahlt 0,05 Yuan Aufnahmegebühr und dann 0,40 Yuan täglich für Bett und Behandlung. Davon übernimmt die Brigade wieder 50 Prozent, aber sein Essen muß der Patient selbst bezahlen. Es hängt von ihm ab, wieviel er ißt, wie gut, und was es kostet. Eine Operation muß er auch bezahlen. Eine normale Blinddarmoperation kostet 10 Yuan. Wenn der Fall komplizierter ist, können die Kosten auf über 30 Yuan ansteigen. 50 Prozent davon wird vom Gesundheitsfonds übernommen, wie auch 50 Prozent einer Zahnbehandlung im Krankenhaus. Brillen oder ein Gebiß müssen die Patienten jedoch selbst bezahlen.

In Hua Xi kommen die meisten Kinder zu Hause zur Welt, aber manchmal werden Frauen, die arbeiten, in die medizinische Station gebracht. Die Barfußärztin ist als Hebamme ausgebildet. Sie verteilt auch die kostenlosen Verhütungsmittel an alle verheirateten Frauen der Brigade. »Sie können die Methode aussuchen, die ihnen am besten gefällt«, sagt die Ärztin. »Viele haben sich sterilisieren lassen, andere nehmen mechanische Verhütungsmittel oder die Pille. Ältere Frauen nehmen sehr oft die Pille, weil es für sie nur noch für wenige Jahre ist. Wenn ein junges Paar ein Kind hat, rate ich der Mutter meistens, die Pille zu nehmen und einige Jahre bis zum zweiten Kind zu warten. Im allgemeinen empfehle ich ihnen eher die Pille als ein Intrauterinpessar. Müttern mit zwei Kindern sage ich, daß es das beste sei, sich sterilisieren zu lassen. Während der vielen Jahre bis zur Menopause sollten sie nicht die Pille nehmen. Kürzlich hatten wir eine Frau, die nach sieben Jahren Ehe kinderlos war. Wir haben sie untersucht und behandelt, und jetzt ist sie schwanger.«

Ich führte ein längeres Gespräch über Familienplanung mit einem führenden Mitglied aus der Frauenvereinigung der Hua-Xi-Brigade. Die Geburtenrate wird vom Staat festgesetzt, erklärte sie. Sie sollte zwölf Geburten pro Tausend Einwohner betragen, aber in den letzten Jahren gelang es in Hua Xi, sie kontinuierlich zu senken, so daß sie schließlich bei neun pro Tausend lag. »Die Familienplanung gelang durch Propagandaarbeit und gute Vorbilder. Es gilt das Prinzip der freiwilligen Beteiligung«, erklärte die Leiterin der Frauenvereinigung. »Wir besuchen die Familien und erklären ihnen, daß zu viele Kinder nicht gut für ihre Gesundheit sind, und daß eine kleine Familie besser arbeiten und leben kann. Wir erinnern sie an die Zeit vor der Befreiung, als die Frauen keine Rechte, eine schlechte Gesundheit und ein schweres Leben hatten. Nach einer Geburt besuchen wir die Mutter und erzählen ihr, daß es besser wäre, nicht so bald noch ein Kind zu bekommen. Es ist nicht gut, ein zweites Kind zu haben, wenn das erste noch gestillt wird. Wenn eine Frau zwei oder drei Kinder hat, gehen wir wieder zu ihr und erklären, daß weitere Kinder der Gesundheit, dem Wohlstand und der Arbeit der Familie schaden. In den meisten jüngeren Familien sind die Frauen heute sterilisiert. In der ganzen Brigade sind 70 Prozent der Frauen mit zwei oder drei Kindern sterilisiert, der größte Teil der anderen ist schon älter und nimmt die Pille.«

Zur Sterilisation gehen die Frauen von Hua Xi ins Kommunekrankenhaus. Nach der Operation gibt ihnen die Produktionsbrigade einen Urlaub von 5 Tagen bei vollem Lohn und einem Bonus von 30 Yuan. Familien mit mehr als zwei Kindern werden von der Brigade nicht benachteiligt. Egal, wie viele Kinder sie haben, alle bekommen ihr Getreide und das kostenlose Gemüse. Die Methode besteht im Überreden – wenn auch sicher in sehr eindringlicher Form. Es waren lange Propagandasitzungen, Diskussionen und schließlich auch die öffentliche Mißbilligung, die traditionelle Ansichten der chinesischen Familien änderten. Und auch der Hinweis auf den größeren Wohlstand einer kleinen Familie wirkt. Kinderreichtum war für chinesische Eltern die Altersversicherung, auf die sie sich stützen konnten. Um diese Unterstützung auch im Falle einer hohen Sterblichkeitsrate zu gewährleisten, waren viele Schwangerschaften und Geburten nötig. Jetzt ist die Gesundheitsfürsorge verbessert, die Existenz ist sicherer. Deshalb braucht die Propaganda für Familienplanung sich nicht nur auf das Hauptargument zu stützen, daß China mit einer Geburtenrate, die in den ersten 25 Jahren seit Gründung der Volksrepublik die etwa 400 Millionen Menschen verdoppelte, nicht existieren kann.

Die Sorge vor einem weiteren Bevölkerungswachstum hat allerdings in manchen Nachbarschaften zur Einführung eines Systems geführt, das den meisten Chinesen, mit denen ich vor 1976 sprach, als beunruhigend und ungewöhnlich erschien. Da berechnet die Nachbarschaft anhand eines Prozentschlüssels, wie viele Kinder in einem Jahr geboren werden dürfen; und Frauen, die ein Kind bekommen möchten, stellen sich als Bewerberinnen einer Diskussion im Hygieneausschuß der Nachbarschaft. Dort wird entschieden, wer im laufenden Jahr ein Kind bekommen darf. Wer ohne Genehmigung ein Kind bekommt, muß damit rechnen, daß die Familie keinen Anspruch auf eine zusätzliche Reisration oder zusätzlichen Wohnraum hat. Es ist ein System, das nicht überall in China praktiziert wird, aber im Jahr 1978 hörte man weit häufiger als zuvor von den Vorteilen einer solchen Regelung für die künftige Entwicklung Chinas.

Die Frauenvereinigung von Hua Xi ist nicht nur für die Familienplanung verantwortlich. Neun leitende Mitglieder machen mit den Frauen regelmäßig Propagandaarbeit, organisieren sie zu politischen Studien und haben eine kleine Amateur-Theatergruppe gebildet, die bei Brigadeversammlungen Stücke aufführt. Die Leiterin ist eine Enddreißigerin, die normalerweise in der Kaninchenzucht der Brigade arbeitet, aber sie kümmert sich zusammen mit ihren Kolleginnen auch um die Familien und beschäftigt sich mit Problemen, die Frauen haben können. Seit zehn Jahren bekommen die Frauen der Hua-Xi-Brigade die gleiche Anzahl an Arbeitspunkten wie die Männer, wenn sie die gleiche Arbeit verrichten. Sie sagen, daß es nicht immer so war, aber jetzt bekommen viele Frauen neun oder zehn Punkte am Tag, die höchstmögliche Zahl. Wie die Frauen erklärten, sind auch andere Dinge verbessert worden: »Bei Familien mit wenig Essen und Kleidung gab es automatisch viele Streitereien. Jetzt ist das Leben viel besser, und daher gibt es natürlich weniger Krach. Wenn etwas schiefläuft, gehen die führenden Mitglieder der Frauenvereinigung zu der Familie, um sie zu erziehen. Manchmal kommen ältere Leute und erzählen dem Paar, das sich streitet, wie schwer das Leben in der Vergangenheit war.«

Einige Streitcreien entstehen aus der neuen Arbeitsteilung. Heute wird von den Männern erwartet, daß sie ihren Teil zur Hausarbeit beitragen. »Die Männer sollen dasselbe tun wie Frauen, und das machen sie jetzt auch. Aber es gibt natürlich Männer, die nicht soviel Hausarbeit machen wollen wir ihre Frauen. Unser Leben basiert auf dem Gleichheitsprinzip. Frauen haben dieselben politischen Rechte, verrichten dieselbe Arbeit auf dem Feld und studieren Kultur und Technik. Sie werden ihrer Arbeit entsprechend bezahlt. Deshalb müssen Mann und Frau auch zu Hause gleich sein.«

Die meisten Streitereien, von denen wir erfuhren, gab es zwischen Müttern und Schwiegertöchtern. Da war zum Beispiel die junge Zhong Shen-ti, die ihr erstes Kind zu Hause gelassen hatte, während sie zur Arbeit ging. Ihre Schwiegermutter, eine alte Frau namens Tang, kümmerte sich um das Kind. Aber auch sie mußte kochen und andere Arbeit im Haus verrichten, und manchmal ließ sie das Baby in seiner Wiege allein, ohne darauf aufzupassen und es zu wiegen. Wenn die Tochter nach Hause kam, hörte sie das Baby manchmal weinen, wurde ärgerlich und machte der Schwiegermutter Vorwürfe. Dann wurde die alte Frau wütend. »Du arbeitest auf dem Feld, das ist einfach«, sagte sie. »Aber ich muß kochen, den Haushalt versorgen und außerdem noch auf das Baby aufpassen. Das ist eine schwere Arbeit.« Nun ging die Leiterin der Frauenvereinigung zu der Familie, um Nachforschungen anzustellen. Die Quelle des Ärgers war, wie sie herausfand, die Schwiegertochter. Sie wollte, daß ihr Baby verwöhnt wurde und zeigte keinen Respekt vor ihrer Schwiegermutter. In der Familie neben dem Haus, in dem wir wohnten, gab es kürzlich ein ähnliches Problem. Die Schwiegertochter dachte ebenfalls, daß sich die Großmutter nicht genug um das Baby kümmere. Aber ihr Mann stellte sich auf die Seite seiner Mutter, und wandte ein, daß die alte Frau ihr Möglichstes versuche und tatsächlich auch alles Notwendige tue. Keiner der Beteiligten bat die Frauenvereinigung um Vermittlung, aber die Nachbarn sahen, was los war und informierten eine der leitenden Frauen. Also machte die Stellvertretende Leiterin, und zwar die, die in den Kaninchenställen arbeitet, an einem Abend einen Besuch. »Die alte Frau war sehr sauer auf ihre Schwiegertochter. Der Ehemann war böse auf seine Frau, weil sie keinen Respekt vor seiner Mutter zeigte, und böse auf seine Mutter, weil sie sich immer so aufregte!« Mit der Zeit und nach einigen Diskussionen beruhigte sich alles wieder. »Wegen so einer Sache müssen wir nicht geholt werden«, sagte die Leiterin der Frauenvereinigung. »Es weiß sowieso jeder in der Brigade, was los ist. Wir können diese Probleme unter uns lösen. Es ist nicht nötig, die Behörden im Kommunezentrum oder der Kreisstadt heranzuziehen.«

In dem vierstöckigen Gebäude am Rande des Dorfes nimmt die Schule den zweiten und dritten Stock ein. In den neun Klassen sind 247 Schüler. Die achte und neunte Klasse teilt sich ein Klassenzimmer und wird zusammen unterrichtet. Die Kinder saßen in ordentlichen Reihen an ihren Pulten, wahrscheinlich etwas beeindruckt von den ausländischen Gästen, aber überhaupt nicht schüchtern. Die Jüngsten in der Grundschule lernten gerade die Tonleiter, die sie piepsend absangen, während ihr Lehrer auf dem Harmonium spielte. In anderen Räumen wurde gelernt, auf dem Abakus zu rechnen oder gemeinsam eines der schwierigen Schriftzeichen an der Tafel zu lesen, wenn der Lehrer darauf zeigte. Zwölfjährige saßen vor einem Schaubild, das aufzeigte, wie Reis wächst und behandelt werden soll. Unbenutzt war das kleine Labor mit Flaschen und Röhren für den Chemieunterricht, einem Elektromotor und einer Lautsprecheranlage mit Anschluß an alle Klassenräume. Die Achtkläßler waren auf dem Feld und lernten von einem Techniker, wie ein Traktor funktioniert. Der Techniker hatte am Rand des Feldes eine Tafel aufgestellt und erklärte die Theorie, während die Jungen und Mädchen sich beim Pflügen abwechselten. Die ganze neunte Klasse hatte vorübergehend keine Schule, um bei der Weizenernte zu helfen. Ich hatte sie vorher gesehen, wie sie gebückt den Weizen mit ihren kleinen Sicheln schnitten und bündelten.

In der Grundschule verbringen die Kinder ihre meiste Zeit im Klassenzimmer. Während der vier Jahre Unter- und Oberstufe der Mittelschule steht mehr und mehr körperliche Arbeit auf dem Feld an, vor allem während der Erntezeit. Das ist Teil des Lehrprogramms, das Praxis und Bücherwissen miteinander verbindet, erklärten die Lehrer. Aber sie wiesen hin auf das, was Mao gesagt hatte: »Lernen ist die Hauptaufgabe der Schüler!« Also gibt es erst eine Stunde über Landwirtschaft, ehe die Lehrer zusammen mit den Schülern auf dem Feld arbeiten gehen. »Die Verbindung von Praxis und Lernen verbessert die Ideologie der Schüler. Sie lernen die richtige Haltung zur körperlichen Arbeit und gewöhnen sich daran«, sagte der Lehrer. Die Schüler der achten und neunten Klasse verbringen ungefähr 100 Tage im Jahr auf dem Feld. Während der Erntezeit arbeiten sie in der Schulzeit, sie helfen aber auch in den Ferien. Im späten Frühling und im Herbst arbeiten sie je 20 Tage ohne Bezahlung.

In den 40 Tagen Sommerferien liegt es bei ihnen, ob sie arbeiten wollen oder nicht, aber die meisten tun es. Viele helfen am Sonntag auf dem Feld. Für diese freiwillige Arbeit bekommen sie Arbeitspunkte wie die Erwachsenen. Aber die Lehrer betonten, daß die Schüler nur Arbeit bekommen sollen, die ihrem Alter und ihrer Kraft angemessen ist. Sogar die Kinder aus der Grundschule lernen, ein bißchen zu arbeiten, zum Beispiel eine Stunde Ährenlesen auf den abgeernteten Feldern.

Neun Jahre in der Schule zu verbringen ist etwas ganz Neues für die Leute von Hua Xi. Wenige ältere Bauern sind überhaupt zur Schule gegangen, und dann auch nur zwei oder drei Jahre. 1949 gab es nur eine Grundschule mit einem Lehrer und 40 oder 50 Schülern. Dann wurde eine einfache Grundschule für alle Kinder im Schulalter gegründet, langsam verbessert und erweitert. Die Schule wuchs mit den Schülern. Die Brigade fügte etwa 1968 die Unterstufe hinzu, und dann die zwei Jahre Oberstufe für die älteren Schüler. Jetzt besuchen alle Kinder von Hua Xi neun Jahre die Schule. »Natürlich sind die Kinder unterschiedlich. Einige haben mehr Begabung für theoretische Studien, andere interessieren sich für die praktische Feldarbeit«, gaben die Lehrer zu. »Aber wir behalten alle in der Schule, und diejenigen, die Schwierigkeiten haben, bekommen Hilfe oder ein Tutorium.«

Die Grundschüler lernen die Grundbegriffe im Lesen und Schreiben; politische Erziehung erhalten sie mit Hilfe kleiner Lieder und Geschichten aus bebilderten Lesebüchern. In der sechsten Klasse der Mittelschule gibt es die Fächer: Politik, chinesische Sprache und Literatur, Englisch, Mathematik, Musik, Kunst, Sport, Geschichte, Geologie und Landwirtschaft. In der siebten bis neunten Klasse kommt noch Physik, Chemie und ein Kurs über landwirtschaftliche Maschinen hinzu. Die Schüler kommen ungefähr um halb acht und lernen zunächst für sich. Die Lehrer sind zwar da, um ihnen zu helfen, aber der richtige Unterricht beginnt erst um acht. Morgens geht er bis 10.30 Uhr, und nach dem Mittagessen kommen die Schüler noch einmal von 13 bis 16.30 Uhr.

Die Regierung hat offizielle Richtlinien für das Zahlenverhältnis von Lehrern zu Schülern gesetzt. Für die Grundschule sind das 1,25 Lehrer pro Klasse, für die Unterstufe der Mittelschule 2 und für die Oberstufe der Mittelschule 2,5. Als man sich in Hua Xi entschloß, noch eine Oberstufe aufzubauen, war das Verhältnis Lehrer–Schüler zu gering, und das Erziehungsministerium konnte keine zusätzlichen

Lehrer mehr schicken. Hua Xi mußte sich selbst helfen. Jetzt gibt es 17 Lehrer für 247 Schüler. Zwölf wurden vom Erziehungsministerium geschickt und bekommen ihre normalen Gehälter vom Staat. Die ältesten verdienen monatlich 59 Yuan. Das Gehalt des Schulleiters beträgt 45 Yuan, das eines Lehrers, der erst vor zwei Jahren vom Staat geschickt wurde, 35,50 Yuan. Sie haben nicht den gleichen Status wie die Brigademitglieder. Für sie kommt der Staat für alle Krankheitskosten auf. Sie erhalten die Kupons für eine Getreidezuteilung wie in der Stadt und haben keinen Anspruch auf die kostenlose Gemüse- oder Eierausgabe in der Brigade. Sie müssen das, was sie brauchen, bezahlen. Neun der zwölf staatlich zugeteilten Lehrer haben an einem pädagogischen Institut studiert. Alle anderen haben die Oberstufe der Mittelschule abgeschlossen und zweimonatige Kurse im Kommunezentrum oder in den Verwaltungsstädten des Kreises und Distrikts besucht. Während der Schulferien absolvieren sie häufig Auffrischungskurse.

Fünf Lehrer von Hua Xi sind Brigademitglieder. Bevor sie von den Bauern für den Lehrgang im Kommunezentrum ausgesucht wurden, arbeiteten sie auf dem Feld. Sie werden nicht vom Erziehungsministerium bezahlt, sondern von der Brigade und bekommen normale Arbeitspunkte wie die Bauern. Die Versammlung aller Brigademitglieder entscheidet, wie viele Arbeitspunkte ihnen für das Unterrichten an der Schule zustehen. Eine Lehrerin Ende zwanzig sagte, daß sie ungefähr 37 Yuan im Monat verdiene. Sie müsse 50 Prozent aller Krankheitskosten selbst zahlen, sagte sie, aber andererseits bekomme sie das kostenlose Gemüse und kaufe ihr Getreide zu einem niedrigeren Preis als die Lehrer, die vom Staat geschickt wurden, nicht Mitglieder der Brigade und nicht in deren Verteilungssystem eingeschlossen sind.

Die Schule in Hua Xi werde sowohl vom Staat als auch von den Brigademitgliedern verwaltet, erklärten die Lehrer. Sie waren nicht direkt der Kreisschulverwaltung unterstellt, sondern dem Revolutionskomitee der Brigade. Aber offensichtlich überwachte das Bildungsamt des Kreises das Niveau. Krippe und Kindergarten wurden gänzlich von der Brigade betrieben. Die Betreuer der 118 Kleinkinder waren alle von den Bauern der Brigade ausgesucht worden und wurden nach Arbeitspunkten bezahlt. Die Oberaufsicht über Krippe und Kindergarten hatte jedoch der Schulleiter. Wie andere Anlagen von Hua Xi waren auch die Schulen ein Beispiel für die Kombination von staatlichen Einrichtungen mit lokaler Selbsthilfe und Initiative.

Lehrer und Schüler experimentierten auf einem kleinen Stück Land von 0,12 Hektar, um die Wirksamkeit verschiedener Düngemittel zu testen. Es liegt am Rand des brigadeeigenen Bodens, wo auch die landwirtschaftliche Versuchsgruppe von Hua Xi sich niedergelassen hat. Die Steigerung der Ernteerträge war nicht leicht; seit 1966 haben ältere Bauern, Techniker und junge Leute mit Mittelschulausbildung neue Anbaumethoden studiert. In Hua Xi gibt es jährlich eine Weizenernte und zwei Reisernten. Die Wachstumszeit der drei Ernten zusammen beläuft sich auf mehr als 400 Tage. Daß die Reissetzlinge vor dem Einpflanzen auf dem Feld auf Beeten gezogen werden, brachte einen Zeitgewinn. Aber der Fruchtwechsel muß gelernt sein, damit der Boden nicht ausgelaugt wird. Man muß die richtigen Reis- und Weizensorten auswählen. Die Experimentiergruppe untersucht die Anwendung von Insektiziden, weil einige der früher benutzten Chemikalien wie DDT und 666 gesundheitsschädlich waren und nicht mehr produziert werden.

Drei Männer arbeiten ganztägig bei der Agrarforschungsabteilung, und neun andere kommen in ihrer Freizeit hinzu. Sie haben einen langen Schuppen mit Lehmboden und Strohdach errichtet. Auf dem Tisch, an dem die Diskussionen geführt werden, stehen Teetassen, an den Wänden hängen Bilder von geschädigten Pflanzen, und Gläser mit verschiedenen Reis- und Weizensorten stehen herum. Die Gruppe trifft sich während der Ernte, wenn die Zeit knapp ist, normalerweise einmal in der Woche. Wenn es ein besonderes Problem gibt, muß man öfter tagen. Die Mitglieder haben keine Landwirtschaftsschule oder Universität besucht, aber einige haben Lehrgänge im Kommunezentrum oder in der Kreisstadt absolviert. Das meiste, was sie wissen, haben sie durch die Arbeit auf dem Feld gelernt, doch bald wird eine Agrotechnikerin kommen, um ihnen zu helfen. Es ist ein Mädchen aus einer Kleinstadt aus dem Kommunegebiet, die nach der Mittelschule nach Hua Xi zur Landarbeit geschickt worden war. Nach drei Jahren Feldarbeit schickte sie die Brigade zu einem zweijährigen Kurs in die Landwirtschaftsschule nach Soochow. Ein anderes Brigademitglied kam zum Institut für Agrarwissenschaften nach Nanking.

Die Agrarforschungsgruppe der Hua-Xi-Brigade kooperiert mit der Landwirtschaftsabteilung der Kommune, die die Erkenntnisse aller Forschungsgruppen der Brigaden und Produktionsgruppen sammelt. Wenn Hua Xi ein Saatgut entwickelt, das dort für besonders ertragreich gehalten wird, schickt man Proben davon an die Landwirtschaftsabteilung. Die erfolgreichsten Sorten werden zu weiteren Experimenten an das Institut für Agrarforschung des Kreises gesandt. Sie haben eine Reihe von Reissamen entwickelt, die den Namen »Hua Xi« tragen, wovon zwei zur Verteilung an andere Kommunen ausgesucht wurden. Sie bekamen auch einige verbesserte Sorten von einem staatlichen Forschungsinstitut, die sie unter lokalen Bedingungen getestet haben.

Saatgutentwicklung ist nur ein Teil ihrer Arbeit. Die Landwirtschaft von Hua Xi ist mit vielen verschiedenen Methoden verbessert worden. »Man sagte früher, daß die Pflanzen auf den Hügeln nach einem halben Monat Dürre vertrocknen und das tiefergelegene Land nach einem Tag Regen unter Wasser steht«, sagte der Stellvertretende Brigadevorsitzende Wu. »Deshalb war es wichtig, die Felder zu ebnen und ein einheitliches Kanalsystem zu bauen, mit dem wir jetzt jedes Feld individuell bewässern können. Die Versuchsgruppe prüft die Bedingungen. Der Grundwasserspiegel sollte nicht zu hoch liegen, weil der Boden Luft braucht. Früher dachten wir, Reisfelder sollten soviel Wasser wie möglich bekommen, aber als wir Untersuchungen machten, fanden wir heraus, daß die Pflanzen zu verschiedenen Zeiten verschiedene Wassermengen benötigen. Dasselbe gilt für Dünger. Deshalb düngen wir zuerst vor dem Pflanzen, dann vor dem 20. Juni für die erste Reisernte und um den 20. August für die zweite Ernte. Vor dem Pflanzen nehmen wir Kompost und später Kunstdünger.« Neben jedem Feld gibt es heute eine Kompostgrube mit Schweinemist und menschlichen Exkrementen, Unkraut, Blättern und einer bestimmten Art grüner Pflanzen, die als Düngemittel angebaut werden. 5900 Kilogramm Kompost bekommt jeder Hektar, was die Bauern etwa 1500 Gänge kostet, wenn sie ihn in Körben an Schulterstangen transportieren und mit Schaufeln ausbreiten. Das dauert zwar länger als die Verteilung des Kunstdüngers, aber die Ergebnisse seien besser, sagen die Bauern. Vor kurzem wurde ein neuer Dünger eingesetzt. Vor dem Pflanzen wird in den überfluteten Reisfeldern eine kleine, unkrautähnliche Pflanze gesetzt.

Ihre Größe verdoppelt sich alle drei Tage, und bald bedeckt sie das ganze Feld. Sie verhindert das Wachsen von Unkraut und wirkt als natürlicher, kostenloser Dünger, der Stickstoff, Kalium und Phosphor liefert. Aber es erfordert viel Arbeit, sie anzupflanzen. Die Bauern stehen stundenlang gebückt in dem schlammigen Feld, um mit den Händen die kleinen Pflanzen zu setzen.

»Von Dazhai haben wir gelernt, zweimal Reis zu ernten; wir passen diese Methode unseren klimatischen Bedingungen an. Zuerst haben wir sie auf 10 Prozent unserer Felder ausprobiert, und ernteten 7400 Kilo pro Hektar. Dann haben wir 50 Prozent der Felder bestellt und mit einem Ernteertrag von 11 850 Kilo pro Hektar bei einer Weizen- und zwei Reisernten das Doppelte des nationalen Zielertrags erreicht. 1972 haben wir verbessertes Saatgut benutzt und 14 800 Kilo Getreide pro Hektar geerntet. Durch Hybridenzüchtungen und systematische Selektion fanden wir die Samenarten heraus, die unseren Bedingungen am besten entsprechen. Auf einem unserer Versuchsfelder erzielt eine unserer Sorten, nämlich ›Hua Xi Nr. 7‹, bei einer Ernte sogar 8890 Kilo Reis pro Hektar. Jetzt müssen wir die Ergebnisse unserer Versuche auf größere Felder übertragen«, sagte Wu Xi-dong.

In Hua Xi wird versucht, neue Arten mit kurzer Wachstumszeit und hohem Ertrag zu züchten. Nicht alle Experimente gelingen. Auf einem der Felder war der Weizen zu hoch gewachsen, und der Wind blies ihn um. Auf dem Feld daneben hielt ein alter Mann einen quadratischen Rahmen über den Weizen und zählte die Ähren. Er schien mit dem Ertrag pro Quadratmeter zufrieden zu sein. »Für die landwirtschaftliche Produktion gibt es keine Grenze«, sagte Wu Xi-dong begeistert. »Man sollte nicht von Begrenzungen sprechen, sondern nur davon, was man zur Steigerung der Erträge tun kann. Wir haben diese Aufgabe noch nicht gelöst und sollten mit den Versuchen weitermachen. Natürlich gibt es immer Auseinandersetzungen. Einige Leute meinten, daß wir schon an die Grenze gestoßen seien, als wir das nationale Produktionsziel überschritten. Immer gibt es den Kampf gegen die Konservativen und sogar gegen die Rechten in der Partei, die behaupten, die Bauern wüßten nicht genug, um zu forschen. Wir haben es ihnen gezeigt. Unsere Experimente sind nicht gescheitert.«

Mit uns waren noch vier andere Männer im Schuppen der Forschungsgruppe: drei Techniker und einer der Männer, die ständig auf den Versuchsfeldern arbeiten, letzterer ein untersetzter Bauer mit breitem Gesicht, der gelegentlich praktische Erklärungen gab. Ein anderer, kühl und klug, war Leiter der technischen Werkstätten. Einer der übrigen war unser Freund Zhao mit dem Pferdegesicht, bei dessen Familie wir zum Mittagessen waren. Der vierte war ein kleiner, mundfauler Mann, der überhaupt nichts sagte. Sie sollten uns von ihrer Arbeit in der Arbeitsgemeinschaft für Landwirtschaftsmaschinen erzählen. »1964 besaß die Brigade nur einen Dieselmotor mit 25 PS«, sagte der leitende Techniker. »Dann lieh sich die Brigade 15 000 Yuan vom Staat, um mehr Maschinen anzuschaffen. Als sich die Wirtschaft weiterentwickelte, stieg das Einkommen, und es war mehr Geld da, um Maschinen zu kaufen. Jetzt besitzt die Brigade 63 Maschinen und Fahrzeuge, und das bedeutet, wir haben heute Voll- bzw. Halbmechanisierung bei der Be- und Entwässerung, der Schädlingsbekämpfung, dem Transport, dem Dreschen und der Getreideverarbeitung erreicht. Der größte Teil der Felder wird mit Traktoren gepflügt. Alle Felder können innerhalb von 24 Stunden bewässert werden. Alles Getreide der Brigade kann in vier Tagen gedroschen werden. Das Grünfutter für die Schweine wird maschinell geschnitten. Die Reissetzlinge können in elektrisch beheizten Gewächshäusern wachsen, womit Wachstumszeit eingespart wird.«

Heute hat die Brigade 1 Lastwagen, 2 Traktoren mittlerer Größe, 5 Handtraktoren, 1 Dieselmotor, 7 Dreschmaschinen, 4 elektrisch betriebene Bewässerungsanlagen, 28 Elektromotoren, 5 mechanische und 3 elektrische Geräte zum Versprühen von Insektiziden. Es gibt 2 Motorboote, um Getreide zur Stadt Wu Xi zu bringen, und eins mit einer Pumpanlage. Außerdem 1 Mähdrescher und 2 Reispflanzmaschinen, die aber nicht so gut funktionieren und nicht oft benutzt werden.

»Vor der Befreiung gab es in diesem Gebiet kaum Maschinen, nur einige Wasserbüffel«, sagte der Leiter der Werkstatt. »Später bekamen wir mehr Büffel zum Pflügen und dann einige kleine Maschinen. Jetzt kann die Mechanisierung der Landwirtschaft die Erträge steigern und Arbeitskräfte freisetzen. Wenn man drei Ernten erreichen will, findet man heraus, daß nicht genug Arbeiter vorhanden sind und mehr Maschinen gebraucht werden. Sie machen das Leben für die Brigademitglieder bequemer. Wenn einer von uns schwer krank ist, kann der Lastwagen ihn ins Krankenhaus bringen.«

Der Leiter der Werkstätten hat 1960 einen Kurzlehrgang für Mechanik besucht. Mittlerweile sind auch andere Brigademitglieder in Wartung und Bedienung der Maschinen ausgebildet. Sie können in den Werkstätten alle Reparaturen selbst ausführen. »Das meiste haben wir durch die praktische Erfahrung gelernt, aber damit kommen wir gut hin«, sagte der leitende Techniker. »Als wir 1968 unsere erste Pumpanlage bauen wollten, kam ein Techniker aus der Kreisstadt. Seine Pläne hätten uns viel Arbeit und 10 000 Yuan gekostet. Dann brachte Zhao seine eigenen Konstruktionspläne auf den Tisch. Wir nahmen sie, und alles ist gut gelungen.«

Ungefähr 15 Leute in der Brigade haben allein genug gelernt, um Maschinen reparieren und bauen, elektrische Leitungen in den Häusern legen, Fernseher, Lautsprecher, Filmprojektoren und Fotoapparate reparieren zu können. Acht haben den Führerschein. Das Netz an Reparaturwerkstätten und Tankstellen in der Kommune und im Kreis ist noch nicht dicht genug. Deshalb hat die Brigade Maschinen gekauft und Werkstätten errichtet, in denen einige der benötigten Ersatzteile sowie andere Maschinen und Geräte hergestellt werden. Zur Zeit sind die Mechaniker dabei, eine Transformatorenstation zu bauen. Zwei elektrische Netze werden der Brigade nützlich sein: Sie kann mit ihren Generatoren Maschinen antreiben und die Häuser beleuchten, wenn die Stromversorgung von außen ausbleibt. »Der Vorsitzende Mao lehrte uns, daß der richtige Weg der Landwirtschaft die Mechanisierung ist. Das Volk hat uns erzogen, und jetzt arbeiten wir für das Kollektiv und die Revolution«, sagte der Leiter der Werkstätten.

Die Werkstätten von Hua Xi liegen mitten im Dorf. Die einfachen Gebäude haben weißgekälkte Wände und Stroh- oder Ziegeldächer. 30 Frauen und Männer schliffen gerade kleine Maschinenteile, die für eine staatliche Fabrik bestimmt waren. Über jeder Maschine hing eine kleine Glühbirne mit einem Lampenschirm, der aus der Verpakkung der Birne gefaltet war. Die Frauen trugen einen Mundschutz aus Gaze und die üblichen Brillen mit Fensterglas, um die Augen gegen Splitter und Funken zu schützen. In einem angrenzenden Raum bediente ein junger Mann, der nach der Mittelschule aufs Land geschickt worden war, eine Metallbohrmaschine. In der Schmiede hatten die Arbeiter das Gebläse des Ofens an einen kleinen Elektromotor angeschlossen. Sie waren stolz darauf, daß sie es nicht mehr mit der Hand bedienen mußten und daß sie einen mechanischen Hammer konstruiert hatten, mit dem sie einfache landwirtschaftliche Geräte herstellten. In einem großen Raum waren vier Werkzeugmaschinen, mit denen die Schleifmaschinen hergestellt worden waren, die die Frauen in der anderen Werkstatt benutzen. Die Brigade stellte gerade einen Ofen zum Eisenschmelzen auf. Mit einer eigenen kleinen Gießerei ist sie unabhängiger von der Versorgung mit Ersatzteilen für die landwirtschaftlichen Geräte und kann neue Aufträge von staatlichen Fabriken annehmen.

In einer der Garagen arbeitete ein Mann an einem Zweieinhalb-Tonnen-Laster. »Die Fahrer machen die meisten Reparaturarbeiten selbst«, sagte er. »Dadurch sparen wir Geld für die Brigade.« In einer zweiten Garage sahen wir einen mechanischen Reispflanzer. Er schien in schlechtem Zustand zu sein, und einige Teile waren ausgebaut. Die Brigade hatte ihn vor zwei Jahren gekauft, aber er lief nicht gut. Die Reispflanzen wurden nicht ordentlich eingepflanzt, und der Verlust war zu groß, so daß er nur benutzt wurde, wenn wenig Zeit und Arbeitskräfte zur Verfügung standen. Jetzt bastelten die Mechaniker daran herum, in der Hoffnung, ihn zu verbessern. In derselben Halle stand der selbstgebaute Mähdrescher, den man erneut in seine Einzelteile zerlegt hatte. Auch er hatte nicht richtig funktioniert. Nicht alle Experimente gelingen gleich zu Anfang, meinten die Mechaniker.

In einem Schuppen mit Strohdach bedienten zwei Männer eine kleine, selbstgebaute Reisverarbeitungsmaschine. Die Reiskörner wurden geschält und die Spreu als Viehfutter abgesondert. Im angrenzenden Schuppen arbeiteten zwei Männer an einer kleinen Nudelmaschine. In einem abgetrennten Raum war ein riesiger Schlachtblock. Morgens verkauft der Metzger Schweinefleisch an die Brigademitglieder. Nachmittags kümmert er sich um die großen Körbe mit frischen Nudeln, die aus der Nudelmaschine kommen.

Die Brigade betreibt auch eine Schneiderei mit neun Nähmaschinen. Die meisten Sachen werden für Leute, die in Hua Xi wohnen, hergestellt. Sie bringen ihr eigenes Material, aus dem sie vom Schneider und seinen Gehilfen Jacken und Hosen nähen lassen. Da es ein Brigadebetrieb ist, bezahlen sie nur die Hälfte dessen, was es in einem staatlichen Geschäft im Kommunezentrum kosten würde – 0,25 Yuan für das Nähen einer Hose, 0,60 Yuan für eine Jacke. Der Schneider und sein erster Gehilfe, eine Frau, wurden wie die Bauern nach Arbeitspunkten bezahlt, und zwar beide 10 Punkte am Tag. In demselben Schuppen, aber in einem Extrazimmer, waren die Schuster. Neben dem Stuhl des jungen Mannes und des Mädchens, die hier arbeiteten, lehnten Krücken an der Wand. Beide waren halb gelähmt und als Schuster ausgebildet worden, damit sie Arbeit finden konnten. Das Material bringen die Bauern. Sie flechten zu Hause Strohsohlen, die sie so lange klopfen und festzurren, bis sie sehr stabil sind. »So gute Sohlen können sie in Peking nie finden«, bemerkte einer unserer Freunde. Die Schuster nähen sie an die Oberteile aus schwarzem Stoff und berechnen 0,20 Yuan pro Paar. Sie reparieren auch Lederschuhe und Lederstiefel. In einem anderen Raum saß ein behinderter Junge auf dem Boden und flocht Weidenkörbe. Die Dorfbewohner kommen zu ihm, sagen, was sie brauchen und bezahlen etwa die Hälfte dessen, was es in der Stadt kosten würde.

In einem kleinen Geschäft wurden landwirtschaftliche Geräte verkauft. An den Wänden hingen Seile, auf Regalen lagen Schaufeln, Hacken, große Bambushüte und Zerstäuber für Schädlingsbekämpfungsmittel. Der Angestellte hatte eine verkrüppelte Hand und konnte nicht auf dem Feld arbeiten. Er arbeitet nicht für die Brigade, sondern für die staatliche Handelsgesellschaft, die das Geschäft betrieb und subventionierte. Die Brigade kaufte hier große, teurere Geräte. Kleinere Geräte jedoch, wie die Tragestangen aus Bambus, Schaufeln, Hacken und alles unter 3 Yuan müssen die Bauern selbst bezahlen. In dem an das Geschäft angrenzenden Raum war ein alter Zimmermann, der ihre Tragestangen und Körbe reparierte. In diesem Geschäft wird sowohl ge- als auch verkauft. Auf einer Liste an der Wand standen die Preise – menschliches Haar: 11 Yuan pro Kilo; weiße Kaninchenwolle: 6 Yuan pro Kilo; Gänsefedern: 1,25 Yuan pro Kilo. Die Leute in Hua Xi halten zwar selbst keine Gänse, aber sie verkaufen die Federn der Tiere, die sie gegessen haben.

Die zwei Geschäfte für Haushaltswaren und Kleidung befanden sich im Erdgeschoß des neuen vierstöckigen Gebäudes im Zentrum des Dorfes. Sie werden auch von der staatlichen Handelsgesellschaft betrieben, arbeiten aber mit Gewinn. Die Brigade stellt die Räume für die Geschäfte zur Verfügung. Die Verkäufer arbeiten nicht ganztags. Wenn auf den Feldern zu tun ist, verlassen sie ihre Geschäfte, die nur in den Mittagsstunden und abends geöffnet sind. Sie werden wie die Bauern nach Arbeitspunkten bezahlt, und die staatliche Handelsgesellschaft entschädigt die Brigade für die Gehälter der Verkäufer. Die Handelsgesellschaft betreibt das Geschäft, besorgt die Waren und rechnet ab. Vor einigen Jahren gab es in Hua Xi keine Geschäfte, so daß die Dorfbewohner drei Kilometer in die Kreisstadt laufen mußten, wenn sie etwas kaufen wollten. Jetzt gibt es ein Geschäft mit Konserven, Süßigkeiten, Plätzchen, Äpfeln, Nüssen und anderen Nahrungsmitteln. Dann das Haushaltswarengeschäft, dessen Regale mit Töpfen und Thermosflaschen, Gummisandalen und Stiefeln, Stoffschuhen, Kämmen und Knöpfen gefüllt waren. Es gab bunte erbauliche Plakate zur Dekoration der Wohnung, Glasbehälter mit Eßstäbchen, Kugelschreiber, Mottenkugeln, Handkrems und sogar Uhren von 110 Yuan bis 247 Yuan. Im dritten Geschäft wurden Kleidung von der Stange und Stoff verkauft. Außerdem grelle Kindermützen für Sommer und Winter, Kinder-T-Shirts und Herrenhemden, blaue Mützen, Handschuhe, Socken, Handtücher und Garn. Für die Frauen, die ihre Blusen normalerweise selbst nähten oder beim

Schneider nähen ließen, gab es Baumwollstoffe mit über 40 verschiedenen Mustern und einige synthetische Stoffe. Draußen vor dem Geschäft war ein Briefkasten und drinnen auf dem Ladentisch ein Telefon. Auf derselben Ebene noch der Friseur, ein Dienstleistungsbetrieb der Brigade, die die drei Friseurstühle bezahlt hatte. Haareschneiden ist in Hua Xi umsonst, und jeder kann sich so oft die Haare schneiden lassen, wie er will, erklärte Wu Xi-dong. Eine Begrenzung sei nicht nötig, weil jeder weiß, wann seine Haare zu lang sind und sie nicht schneiden läßt, wenn sie kurz sind. Leute aus anderen Brigaden müssen für Waschen und Schneiden 0,15 Yuan bezahlen, die Hälfte dessen, was es in einem der staatlichen Friseurgeschäfte in der Stadt kostet.

Außerhalb des Dorfes hat die Brigade die Ställe für ihre Tiere gebaut. Am Fluß standen einige Strohschuppen für die Enten und Gänse, und unser alter Gastgeber schritt durch die kreischenden und zischenden Scharen und verteilte Grünfutter aus zwei Körben. In einem zweistöckigen Betongebäude waren im oberen Stock Hunderte von Käfigen mit weißen Kaninchen und im Erdgeschoß die Schweineställe. Nicht alle Tiere der Brigade werden in modernen Ställen gehalten, aber in zehn Jahren sollen sie alle aus den Ställen mit den Strohdächern und den weißgekälkten Lehmwänden umquartiert sein. In den letzten zehn Jahren hat die Hua-Xi-Brigade viel Arbeit und Geld in den Ausbau der Tierhaltung gesteckt. Die Anzahl der Hühner stieg von etwa 1000 im Jahre 1964 auf 34500 im Jahr 1975. In derselben Zeit vermehrten sich die Schweine von 470 auf 1395 und die Kaninchen von 150 auf 3500. Auch die Gänse-, Enten- und Schafherden wuchsen beträchtlich an, ebenso die Eierproduktion. Höhere Lieferungen an den Staat verbesserten das Brigadeeinkommen; das Fleisch und die Eier, die im Dorf behalten wurden, erhöhten den Eiweißanteil an der Nahrung der Bauern. Die meisten Hühner der Brigade sind in einem kürzlich gebauten Hühnerhaus, nur ein paar noch werden in dem alten Bauernhaus gehalten, das als Erinnerung an frühere Lebensbedingungen bestehen blieb. Die Eier, die aus diesem Schuppen kommen, werden nicht an den Staat verkauft, sondern an die Brigademitglieder verteilt. Auch die eineinhalb halbprivaten Hühner pro Einwohner befinden sich hier. In dem Punkt unterscheidet sich Hua Xi von allen anderen Brigaden in der Kommune. In anderen Dörfern halten die Leute die privaten Schweine und ihr Geflügel zu Hause, gemäß der Direktive, daß private und kollektive Tierhaltung gleichzeitig entwickelt werden sollen. Hua Xi faßte 1969 den Beschluß, diese Art der Viehzucht sei unhygienisch und schade außerdem den Feldfrüchten. Schweine und Hühner wurden aus dem Dorf verbannt, wenn auch einige Bauern immer noch ein paar Hühner halten. In den Häusern sind nur Ziegen und Angorakaninchen erlaubt, die Unkraut und Gras fressen, das Kinder und alte Leute sammeln.

Diese Kombination privater, halbprivater und kollektiver Elemente in Hua Xi erschwert es sehr, exakte Zahlen zu erhalten, wenn man das Einkommen der Brigade und ihrer Mitglieder schätzen will. Bei den privaten Einkünften ist es fast unmöglich, auszurechnen, wieviel eine Familie durch die Ziegenhaltung, den Verkauf von Kaninchenwolle oder menschlichem Haar dazuverdienen kann und wie sich die Verteilung kostenloser Nahrungsmittel auswirkt. Es ist schwierig, dem einen Pfund Gemüse, das jedes Brigademitglied erhält, einen Wert zuzumessen, und für die anderen Produkte werden überhaupt keine Zahlen angegeben. Oft differiert die tägliche Zuteilung je nach Jahreszeit. Es gibt acht Sorten Bohnenquark in den Geschäften von Hua Xi, wovon die Brigademitglieder fast jeden Tag irgendeine bekommen. Sie erhalten oft Erdnüsse, Sonnenblumenkerne, Kürbiskerne, Wasserkastanien und verschiedene Bohnenarten, versicherte der Brigadevorsitzende. Weniger häufig werden Hammelfleisch, Hühner, Enten, klebrige Reiskuchen und Limabohnen verteilt. Fisch gibt es meistens zur Zeit des Frühlingsfests. Eier aus einem der Geflügelställe werden während der Legezeit ausgegeben. Es gibt keine festgelegte Anzahl. Alte, Kranke oder Leute, die einen Arbeitsunfall hatten, bekommen vielleicht eine Sonderration, meist Huhn, weil Hühnersuppe als Medizin gilt. Diese Zuteilungen haben Einfluß darauf, was die Dorfbewohner kaufen, aber sie erschweren eine Berechnung der Lebenshaltungskosten in Hua Xi.

Das Brigadeeinkommen wird je nach den Arbeitspunkten, die sie im Jahr angerechnet bekamen, unter den Brigademitgliedern aufgeteilt. »Das Prinzip bei der Verteilung ist: Jedem nach seiner Leistung, jedem nach seinen Fähigkeiten. Wer mehr arbeitet, bekommt mehr. Wer nicht arbeitet, soll nicht essen«, sagte Wu Xi-dong. »Alte und kranke Leute behandeln wir aber nicht nach diesem Prinzip. Für sie gibt es die Fürsorgeunterstützung. In einer sechsköpfigen Familie war der Ehemann Zhao auf Dauer krank. Nur seine Frau konnte arbeiten, und nachdem sie für ihr Getreide und Brennmaterial bezahlt hatten, waren kaum mehr als 30 Yuan für das ganze Jahr übrig. Deshalb diskutierten die Brigademitglieder miteinander und beschlossen mit

Billigung des Revolutionskomitees, daß die Familie vom Kollektiv eine Unterstützung von 150 Yuan bekommen sollte, und zwar in kleineren monatlichen Beträgen.« Für alle anderen wird ihr Einkommen bei den regelmäßigen Versammlungen der Brigademitglieder festgesetzt. Laut ihrer Beschreibung geht das so vor sich: Zuerst gibt jeder eine Selbsteinschätzung seiner Arbeit, wobei er erklärt, wie viele Arbeitspunkte seine tägliche Arbeit wert sein sollte. Dann gibt es eine Diskussion in seiner Arbeitsgruppe. Die anderen Mitglieder beurteilen ihn nach der Menge und der Qualität der von ihm geleisteten Arbeit. Wenn Einigkeit erzielt ist über die Anzahl der Tagespunkte eines Mitglieds, stimmt die Brigadeführung zu oder gibt den Beschluß zu weiterer Diskussion zurück. Die Arbeiter auf dem Feld, in den Ställen, in den Werkstätten und auch die Kader, die neben ihrer landwirtschaftlichen Arbeit noch in der Verwaltung tätig sind, unterliegen alle diesem System. Die höchste Zahl, die pro Tag vergeben wird, ist 10, die niedrigste 5,5 Punkte. Junge Leute, die gerade angefangen haben zu arbeiten, können 5,5 Punkte bekommen, ebenso alte Frauen. »Aber früher verdienten sie viel weniger«, sagte Wu. Die meisten älteren Leute bekommen die leichteren Arbeiten, etwa die Pflege der Gemüsegärten oder Hilfsarbeiten im Stall. Wenn sie jedoch vorher für das Kollektiv gearbeitet haben, erhalten Männer über Sechzig und Frauen über Fünfundfünfzig die frühere Anzahl Arbeitspunkte, auch wenn sie jetzt leichtere Arbeit verrichten. Können sie überhaupt nicht für das Kollektiv arbeiten, so kommen normalerweise ihre Kinder für ihr Essen und Taschengeld auf, da die meisten dieser alten Leute auf ihre Enkelkinder aufpassen und bei der Hausarbeit und beim Kochen helfen. Es gibt keine Rente, aber die alten Leute ohne Familie werden von der Brigade in Form von Essen, Kleidung, medizinischer Behandlung und etwas Taschengeld unterstützt.

Das Einkommen variiert jährlich je nach dem Etat der Brigade. Am Ende des Jahres wird der Gewinn der kollektiven Wirtschaft errechnet und durch die Zahl der an alle Brigademitglieder vergebenen Arbeitspunkte geteilt. 1975 entsprachen einem Arbeitspunkt 1,47 Yuan. Jedes Mitglied der Brigade konnte seine Arbeitspunkte mit 1,47 Yuan multiplizieren und so sein Jahreseinkommen ausrechnen.

Über das Brigadeeinkommen zu sprechen war nicht einfach. Wir versuchten es wieder und wieder, mit den Leitern der Brigade wie mit ihren Buchhaltern. Zunächst stimmten die Zahlen offenbar nicht, weil die Brigademitglieder sich ihrer manchmal nicht so sicher waren und Ziffern aus dem Gedächtnis nannten, die beim Addieren nicht das tatsächliche Resultat ergaben. Schließlich machte sich der Buchhalter an die Arbeit und präsentierte uns eines Abends eine schriftliche Haushaltsaufstellung. Der Unterschied war gering. In einigen Fällen hatten uns die Brigadeleiter Prozentzahlen für die Landwirtschaftssteuer oder den Investmentfonds angegeben, die sich nicht auf das letzte Jahr bezogen, sondern auf die Ziele für die kommende Ernte. In anderen Fällen hatten wir den Kontext, in dem die Zahlen zitiert wurden, mißverstanden. Der Buchhalter klärte uns auf.

1975 betrug das Gesamteinkommen der Hua-Xi-Brigade 485400 Yuan. 44,5 Prozent, also 260000 Yuan, stammten aus der Getreideproduktion. Darin enthalten waren die Lieferungen an den Staat, der Verkauf von Getreide und Stroh an die Brigademitglieder, das Futtergetreide für die Tiere der Brigade und das für Notfälle gelagerte Getreide. 148600 Yuan kamen aus der Tierhaltung, 120600 Yuan aus den Werkstätten der Brigade.

189000 Yuan des Brigadeeinkommens – 39 Prozent – waren bar oder in Form von Getreide- und Strohrationen an die Mitglieder ausgezahlt worden. 110300 Yuan wurden an Betriebskosten und für Materialien, für die Viehzucht und die Werkstätten ausgegeben. Die Ausgaben für die Landwirtschaft beliefen sich auf 49800 Yuan. Die Verwaltungskosten konnten auf nur 143 Yuan gehalten werden, weil die Leiter ihr Geld durch Feldarbeit verdienten. Der Wohlfahrtsfonds, mit dem ärztliche Behandlungen, Fürsorge, kulturelle Veranstaltungen und Bildungsarbeit sowie Kollektivleistungen finanziert werden, lag bei 27900 Yuan. Zwei Beträge im Etat waren ziemlich ungewöhnlich für chinesische Kommunen: Die Agrarsteuer an den Staat betrug nur 8243 Yuan, kaum 1,7 Prozent. Der Kapitalbildungsfonds von 100000 Yuan machte 21,1 Prozent des Budgets aus. Diese Beträge erklären einige der Besonderheiten von Hua Xi. Die niedrige Agrarsteuer drückt den Erfolg der Brigade bei der Erhöhung der Ernteerträge aus. Die Agrarsteuer war 1964 festgesetzt worden, als die Getreideproduktion von Hua Xi viel niedriger war. Sie bezieht sich auf eine bestimmte Ertragshöhe, so daß der Prozentsatz mit steigenden Erträgen sank. Im Gegensatz zu anderen Brigaden und Produktionsgruppen in China, die normalerweise 3 bis 5 Prozent Agrarsteuer bezahlen, konnte Hua Xi die Steuer auf 1,7 Prozent reduzieren. Das war einer der Anreize zur Erzielung höherer Getreideerträge. Hinzu kam noch, daß der Staat für die Getreidelieferungen über dem Planziel, das auch 1964 bestimmt und nicht verändert worden war, einen etwas höheren Preis zahlte. Etwa 1975 lieferte die Hua-Xi-Brigade beinahe dreimal soviel Getreide an den Staat wie das Soll verlangte.

Während dieser Jahre vervielfachten sich die Schweine- und Geflügellieferungen. Aber die Steigerung des Brigadeeinkommens wirkte sich nur teilweise auf das Einkommen der einzelnen Mitglieder aus. Sie verdienten mehr als die Leute der Nachbarbrigaden, die vielleicht nicht so hart gearbeitet und weniger Erfolg bei der Produktionssteigerung hatten. Aber das Einzeleinkommen in Hua Xi lief dem nationalen Durchschnittseinkommen nicht davon. Trotz der größeren Ernte hatte es sich von 1974 auf 1975 nicht erhöht. Statt dessen sammelte man in Hua Xi viel Kapital zur Mechanisierung und zum Bau von Ställen und Häusern an. Die 21 Prozent, die jährlich darauf verwandt wurden, waren drei- bis siebenmal höher als das, was ich bei anderen Kommunen gefunden hatte. Die Brigade hatte sich entschlossen, mehr zu investieren und weniger auszuzahlen. Nachdem das durchschnittliche Einzeleinkommen einmal über das der anderen Bauern in der Region hinausgegangen war, konnte diese Politik einer hohen Kapitalanhäufung den Bauern in Hua Xi ganz gut einsichtig gemacht werden, sagten die Leiter der Brigade, wobei sie betonten, daß im Lauf der Jahre die Investitionen für Mechanisierung und Kollektivleistungen allen Brigademitgliedern zugute kommen würden.

Bei Versammlungen, Vorträgen und Bildausstellungen erklärte die Brigadeführung den Bauern immer wieder, wie sehr sich ihr Leben verbessert hatte unter einer sozialistischen und kollektiven Wirtschaft, in der Bedürfnisse und Ansprüche des Staates, der Brigaden und der einzelnen Familien respektiert und ausgewogen werden mußten. Das vierstöckige Gebäude im Zentrum des Dorfes beherbergt nicht nur die Kurse in politischer Bildung, sondern auch eine ständige Ausstellung, die die Geschichte und den Erfolg von Hua Xi im Bild dokumentierte. Gemälde zeigten arme Bauern in Lumpen gegenüber Großgrundbesitzern in der traditionellen langen Kleidung. Die armen und unteren Mittelbauern waren grausam ausgebeutet worden. »Die Großgrundbesitzer waren so giftig wie Schlangen und das Leben bitter wie Bitterwurz.« In den Dörfern, die jetzt zur Hua-Xi-Brigade zusammengefaßt waren, hatten 107 Landarbeiter gewohnt, zwölf von ihnen so arm, daß sie betteln gehen und das Land verlassen mußten. Sie waren macht- und mittellos, mußten sich von Schweine- und Hundefutter und während einiger Monate im Jahr von wilden Pflanzen ernähren. Die armen Bauern besaßen nur 13 Prozent des Bodens, der Rest gehörte wenigen Großgrundbesitzern. Die Armen wohnten in verfallenen Hütten, ihre winzigen und unebenen Felder wurden oft von Dürren und Überschwemmungen zerstört. 87 Mädchen waren als Haushaltshilfen an ihre zukünftigen Schwiegereltern verkauft worden. 57 Bauern waren ins Gefängnis geworfen, acht davon umgebracht worden. Einige der Bilder zeigten Guomindang-Soldaten und Beamte, die Großgrundbesitzer unterstützten, während die ermordeten und eingekerkerten Bauern meist Opfer der japanischen Besatzung waren. Auf einigen Bildern führten japanische Soldaten Bauern ab. In einem Dorf waren 50 Bauern eingesperrt und ein Mann ermordet worden. Zwei waren von den Japanern erschossen worden, der eine, weil er ohne Passierschein Verwandte besuchen wollte, der andere, als er am Fluß fischte und vorbeirudernde Soldaten ohne jeden Grund auf ihn schossen. Die Geschichte unseres alten Gastgebers wurde erzählt. Bei der Feldarbeit hatte er eine Taschenlampe gefunden und mit nach Hause genommen. Bei der Durchsuchung seines Hauses war sie für die Japaner ein Beweis, daß er dem Feind Zeichen gab. Er wurde eingesperrt und gefoltert. Zwei Monate später konnte ihn seine Familie mit 200 Körben Reis auslösen.

Die Ausstellung erinnerte die Dorfbewohner zwar an ihre Erlebnisse unter fremder Besatzung, doch die Leiden unter den chinesischen Großgrundbesitzern wurden noch mehr betont. Ein Bild zeigte Parteisekretär Wu Ren-bao als Junge beim Schilfschneiden. Er arbeitete für einen in der Stadt lebenden Großgrundbesitzer, und seine Hände und Füße bluteten, während er in dem eisigen Fluß stand. Die meisten jungen Leute hatten mit acht oder zehn Jahren angefangen, für den Großgrundbesitzer zu arbeiten, und nur wenige gingen je zur Schule, erklärte der Text.

Auf dem nächsten Bild wurde eine arme Bauernfamilie vom Großgrundbesitzer und Guomindang-Soldaten aus ihrem Heim verjagt. Im Text wurde erläutert, daß der arme Pächter vertrieben wurde, weil er nicht genug Getreide geerntet hatte, um die Pacht zu bezahlen. Auf einem anderen Bild bedrohten der Großgrundbesitzer und Beamte eine Familie, die sich 10 Posten Baumwollstoff geliehen hatte und ein Jahr später gezwungen wurde, 60 Posten zurückzuzahlen. Der Bauer war dreimal vor Gericht gegangen, um gegen diesen hohen Zinssatz zu protestieren, aber da er verloren hatte, mußte er jetzt sein Land verkaufen, und seine Familie war ruiniert. Das letzte Bild in der Darstellung des bitteren Lebens in der alten Gesellschaft zeigte einen Bauern, der seine drei kleinen Kinder wegführte. Im Text hieß es, daß es im Juni und Juli 1934 nicht geregnet hatte. Der Fluß und die Felder waren ausgetrocknet. Dieser arme Bauer mußte seine kleine Tochter als Haushaltshilfe und seine beiden Jungen als Rinderhirten beim Großgrundbesitzer weggeben.

Dann änderte sich der Grundton der Ausstellung. 1949 brachten die Kommunisten die Befreiung. Arme Bauern wurden Dorfvorsteher, Leiter von politischen Organisationen und Führer der bewaffneten Volksmiliz. Die Bilder zeigten Bauern, die fröhlich die Besitzurkunden der Großgrundbesitzer verbrannten, während diese mit gebeugten Köpfen dabeistanden und von den Bauern verhöhnt wurden. Dann wurden junge Soldaten von den Bauern beklatscht: Zur Zeit des Korea-Krieges hatten sich viele junge Leute freiwillig gemeldet, und fünf waren von der Armee angenommen worden. Auf anderen Bildern sah man die erste Abendschule, wo Bauern lesen lernten. Aber es wurden nicht nur die Erfolge gezeigt. Da war auch der alte Bauer, der mit seiner weinenden Familie auf dem Feld stand. Sie blickten auf die Besitzurkunde für das Land, das sie erst vor einem Jahr bei der Landreform erhalten hatten. Jetzt war der Bauer krank und konnte seine Familie nicht ernähren, so daß er ein Drittel des Landes, das er gerade bekommen hatte, verkaufen mußte. Dieses Bild sollte daran erinnern, daß die Landverteilung die Probleme der einzelnen Bauern nicht lösen konnte, daß nur die Kollektivierung ihr Leben und ihr Einkommen später gesichert hatte. Auch Szenen aus der Kollektivierungskampagne wurden gezeigt: Der Parteisekretär Wu Ren-bao sammelte Geld für einen Wasserbüffel in Gemeinbesitz und gründete das erste Team zur gegenseitigen Hilfe. Reiche Bauern sahen zu, das Gesicht von Haß verzerrt, während sie versuchten, Gerüchte zu verbreiten und antisozialistische Propaganda zu treiben. Auf einem Bild wurde einer der reichen Bauern von der Miliz der armen Bauern verhaftet; auf dem nächsten baten wohlhabende Bauern um die Erlaubnis, dem Team zur gegenseitigen Hilfe beizutreten und an den Erfolgen der Kooperative teilzuhaben.

An diesem Punkt der Ausstellung änderte sich der Stil. Anstelle der Bilder und Zeichnungen zeigten jetzt Fotos die Bauern während der Arbeit, bei politischen Studien, Versammlungen und Kampagnen. Es gab Darstellungen vom Ebnen der Felder und vom Graben der Bewässerungskanäle. Andere Fotos hielten fest, wie das Land vor der Verbesserung aussah. 1955 war die Kooperative gegründet worden. Privates Eigentum an Land und Produktionsmitteln war abgeschafft worden, was eine Einteilung in größere Felder ermöglichte und damit bessere Bedingungen schuf. Die Hua-Se-Volkskommune wurde 1958 konstituiert. Hua Xi ist eine ihrer 26 Brigaden, und zwar die fortschrittlichste.

Natürlich habe es die ganze Zeit Kämpfe gegeben, erklärte Wu Xi-dong und wies darauf hin, daß einige Jahre lang die landwirtschaftliche Entwicklung durch das frühere Staatsoberhaupt Liu Shao-qi und seine Verbündeten, die für eine Rückkehr zum Kapitalismus waren, behindert und sabotiert worden sei. Aber 1964 habe sich endlich das Blatt gewendet, denn Hua Xi hörte Maos Aufruf, folgte dem Beispiel der Modellbrigade Dazhai und kämpfte gegen die Widrigkeiten der Natur wie auch gegen Klassenfeinde, den revisionistischen Kurs und die kapitalistischen Tendenzen unter den Dorfbewohnern.

Zwischen 1964 und 1970 hatten sich die Bauern um den Durchbruch bemüht. Nachdem sie sich nur sieben oder acht freie Tage im Jahr gegönnt hatten – Sonntage und Feiertage eingeschlossen –, konnten die Brigademitglieder dann etwas langsamer treten und sich jährlich 40 bis 60 freie Tage gönnen. Insgesamt wurde der Fünfzehnjahresplan, den Parteisekretär Wu Ren-bao 1964 ausgearbeitet hatte, sechs Jahre früher, nämlich 1973, erfüllt. Aber das war kein Anlaß für eine Ruhepause. Neue Ziele wurden für 1985 gesteckt: Steigerung der Getreideproduktion auf 24000 Kilo pro Hektar, Weiterentwicklung der Viehwirtschaft und Kleinindustrie, Mechanisierung der wichtigsten landwirtschaftlichen Tätigkeiten und die Wahrung der Position Hua Xis in vorderster Reihe beim Kampf um den Fortschritt[1].

Zwischen 1968 und 1975 waren zwanzig junge Leute aus den Städten in das Dorf Hua Xi gekommen, um in der Landwirtschaft zu arbeiten, von den Bauern erzogen zu werden und bei der Modernisierung der Dienstleistungen und der Wirtschaft zu helfen. Sieben waren wieder weggegangen, weil sie von den Behörden zur Arbeit in andere Orte geschickt wurden. Wir hörten in Shanghau und Peking von den

[1] Im Juni 1977 verbrachte eine Delegation von amerikanischen Politikern als erste größere Gruppe ausländischer Besucher einen Tag in Hua Xi. Sie stellten fest, daß sich die Brigade um 16 Familien und 34 Personen vergrößert hatte. Der Getreidehektarertrag war auf 19680 Kilo gestiegen und dementsprechend auch die Lieferungen an den Staat. Aber das Durchschnittseinkommen war auf dem Stand von 1974 und 1975 geblieben. Alle führenden Mitglieder der Brigade hatten das stürmische Jahr im Kampf gegen die »Viererbande« überlebt.

Problemen der jungen Leute, die zu Millionen aufs Land geschickt werden, oft weit weg in Grenzgebiete oder den Nordosten. Die jungen Leute, die wir in Hua Xi trafen, schienen sich leichter angepaßt zu haben, doch fast alle kamen aus kleineren Städten in der Nähe oder aus der Stadt Wu Xi, die nur zwei Stunden entfernt ist. Für sie waren die Veränderungen nicht so groß, obwohl sie nicht aus Bauernfamilien kamen und wenig Erfahrung mit der Feldarbeit hatten.

Einer von ihnen war ein junger Mann, der die Oberstufe der Mittelschule in der Kreisstadt abgeschlossen hatte, bevor er nach Hua Xi geschickt wurde. Er arbeitet jetzt als Traktorist, Schweißer oder Mechaniker. »Seit Beginn der Mechanisierung können wir das, was wir in der Schule gelernt haben, anwenden«, sagte er. »Wir lernen auch von den armen und mittleren Bauern, durch Selbststudium und Abendschule.«

Für Technik und Maschinen hatte er sich schon immer interessiert, und in der Schule lernte er viel darüber. Jetzt fühlte er sich als Mechaniker nicht fehl am Platz. Als vollwertiges Mitglied der Brigade hatte er 1975 nach Abzug von 90 Yuan für seine jährliche Getreideration 430 Yuan verdient. Der junge Traktorist lebte allein in einem kleinen Haus nahe beim Zentrum des Dorfes. Ein Raum mit landwirtschaftlichen Geräten und Bambusstangen war seine Küche. Normalerweise ißt er in der Brigadekantine, aber ab und zu kocht er gern, wobei er seine Lieblingsgerichte, meistens Fisch, auf einem Petroleumkocher zubereitet. In seinem anderen Zimmer stand ein Bett, auf dem eine gefaltete Decke und drei wollene Strickjacken lagen. Drei Jacken hingen an Nägeln an der Wand und Handtücher über einer durch den Raum gespannten Wäscheleine. Auf dem Fußboden standen neben zwei großen Holzeimern Gummistiefel. Die Wände hatte er mit Bildern von chinesischen Landschaften dekoriert, auf einem Tisch neben seinem Bett standen ein paar Bücher: »Länder der Welt«, »Schweißen«, ein weiteres Buch über Mechanik und drei Romane.

In der Nähe teilten sich drei Mädchen ein kleines Haus. Sie hatten ihre Betten mit ordentlich gefalteten Decken und Moskitonetzen in ein Zimmer gestellt. Schuhe und Gummistiefel waren unter den Betten aufgereiht. Jedes Mädchen hatte eine kleine verschließbare Holzkiste für persönliches Eigentum. Ihre Kleider hingen innerhalb der vierpfostigen Betten. Auf den Kisten waren Dosen mit Creme, kleine Parfümflaschen, kleine Spiegel und Bücher. Weitere Bücher waren unter einem der Betten aufgestapelt. Gelbe und braune Vorhänge mit großen Blumenmustern hingen an den Fenstern im Schlafzimmer und im Wohnzimmer, das bis auf einen Tisch und Stühle fast leer war. Ein großes Mao-Bild hing an der Wand. In der Ecke ein Waschständer mit einer emaillierten Schüssel und ein großer roter Toilettenkübel. Die Küche sah unbenutzt aus. Die Mädchen essen in der Brigadekantine, wo sie einen Teil ihrer Getreideration abgeben und 5 bis 6 Yuan monatlich für ihr Essen bezahlen. Der Kantinenkoch kocht hauptsächlich für die jungen Leute, die aus den Städten geschickt wurden. Die Lehrer essen auch hier, und manchmal geben andere Brigademitglieder, die keine Zeit haben, zu Hause das Essen zu kochen, der Kantine im voraus Bescheid, daß sie hier essen wollen. Eins der Mädchen, mit einer karierten Bluse und langen Zöpfen, war neu in der Brigade. Sie hatte gerade erst mit der Arbeit in den Reisfeldern angefangen und sagte, daß sie noch nicht sehr gut sei. Am Ende des Jahres wird sie vor den anderen Mitgliedern ihrer Produktionsgruppe eine Selbsteinschätzung ihrer Arbeit geben, und die Brigade wird dann entscheiden, wie viele Arbeitspunkte und wieviel Geld sie bekommen soll. Im ersten Jahr zahlt ihr der Staat einen Zuschuß von 8 Yuan monatlich, der zu den Arbeitspunkten, die sie endgültig erhalten wird, hinzukommt. Sie wohnten lieber zusammen als mit einer Familie, sagten sie und ihre beiden Freundinnen. Einige der Jungen hingegen leben bei Bauern; und ein junges Mädchen, das als Lehrerin arbeitet, teilt ein Zimmer mit einer älteren Lehrerin.

Die junge Lehrerin war im Kommunezentrum aufgewachsen und hatte die Oberstufe der Mittelschule abgeschlossen. Als sie nach Hua Xi geschickt wurde, arbeitete sie dort ein Jahr auf dem Feld. Dann entschieden die Brigademitglieder, daß sie in der Schule lehren sollte, womit sie auch sofort anfing. Erst danach wurde sie zu Ausbildungskursen ins Kommunezentrum geschickt, wo sie zweimal vier Wochen verbrachte, um Pädagogik zu studieren. Das meiste hatte sie von den anderen Lehrern in der Schule gelernt, die ihr halfen, ihr Wissen zu vergrößern. Da sie nicht als Lehrer vom Staat geschickt, sondern Brigademitglied war, erhielt sie Arbeitspunkte, die sich auf ein Bareinkommen von 350 Yuan beliefen, dazu Getreide- und Brennmaterial im Wert von 90 Yuan.

Den meisten jungen Leuten, die aus den Städten kamen, hatte man verantwortungsvolle Arbeiten übertragen. Nur zwei, die erst kürzlich gekommen waren, verrichteten einfache Feldarbeit. Fünf waren Leiter von Produktionsgruppen geworden, zwei Traktoristen und Mechaniker. Einer der gebildeten Jugendlichen war ein führendes Mitglied der Zelle des Kommunistischen Jugendverbandes, der andere sein Stellvertretender Sekretär. Zwei junge Leute wurden auf höhere Institute geschickt. Ein Mädchen besuchte gerade die Landwirtschaftsschule. Ein sehr gut aussehender, intelligenter junger Mann hatte zweieinhalb Jahre am Pädagogischen Institut der Provinz verbracht. Jetzt war er zurück und arbeitete wie alle anderen Brigademitglieder auf dem Feld. Er war aber auch an der Freizeitoberschule der Brigade und an der Abendschule für politische Studien tätig. »Ich bin jetzt gleichzeitig Lehrer und Bauer«, sagte er. »Intellektuelle wurden zu Arbeitern und Arbeiter zu Intellektuellen.« Als Lehrer wurde er nicht bezahlt, aber wenn er neues Lehrmaterial zusammenstellte, konnte er für die dafür verbrachte Zeit zusätzliche Arbeitspunkte bekommen. Er kam aus der kleinen Stadt, die Kommunezentrum ist, aber seine Eltern waren keine Bauern. Nach 1968 hatte er zuerst auf den Feldern gearbeitet und wurde dann an das Pädagogische Institut geschickt. Jetzt arbeitete er an der Freizeitoberschule unter dem Stellvertretenden Vorsitzenden Wu. Sie war 1974 gegründet worden, um einigen jüngeren Leuten der Brigade praktisches und theoretisches Wissen beizubringen. In zehn Tagen kamen ihre 25 Schüler an drei Abenden zusammen. Ihre Fächer waren Landwirtschaftstechniken, landwirtschaftliche und elektrische Geräte, politische Theorie und Verfassen und Aufführen von unterhaltenden und erzieherischen Stücken. Der junge Mann, der das Pädagogische Institut besucht hatte, war für die Vorbereitung des Lehrmaterials und die Beurteilung der schriftlichen Arbeiten der Schüler zuständig. Regelmäßig kamen noch zwei Lehrer aus der Kreisstadt, ein Wissenschaftler vom Institut für landwirtschaftliche Maschinen und ein Lehrer der Kreisparteischule.

Der Unterricht der Freizeitoberschule fand in dem vierstöckigen Gebäude im Zentrum des Dorfes statt, dessen Klassenräume gewöhnlich für die politische Abendschule zur Verfügung stehen. An fünf Abenden einer Zehntageperiode ist politische Schulung. An den Abenden, die wir in Hua Xi verbrachten, hatten normalerweise sieben oder acht Gruppen von Bauern in verschiedenen Etagen des Gebäudes Unterricht. Sie saßen in großen Räumen, an Pulten unter Neonlicht, hörten Vorträge an und wiederholten, was sie gelernt hatten. Manchmal hörten wir sie ein Lied singen, meistens am Anfang und am Ende einer Sitzung. Dann klang der Vers »Schlage den Wind von rechts zurück« aus den Fenstern über die Dächer der Häuser im Dorfzentrum. Wir waren dort zur Zeit der Kampagne gegen Deng Xiao-ping und die Vertreter des »kapitalistischen Weges innerhalb der Partei«, und als wir die Klassen besuchten, erfuhren wir mehr darüber.

Unsere Gastgeberin Zhao Feng-ti, die Leiterin der »Eisernen Mädchen«, leitete eine der Klassen. Sie saß in ihrer guten blauen Jacke an einem kleinen Tisch vor der Klasse und forderte ihre Schüler auf, zu wiederholen, was sie gelernt hatten. Diese saßen an großen Pulten, waren alle sonnengebräunt und sahen zum Teil ziemlich müde aus. Die meisten hatten Bücher und Broschüren sowie Füller und Notizbücher auf ihrem Pult. Einige hatten Aufsätze mitgebracht, die Zhao Feng-ti überflog, während sie den Reden anderer zuhörte. Der Stellvertretende Vorsitzende Wu trat zwischen die Pulte, nahm ein ungeöffnetes Buch in die Hand, unterstrich einige Sätze und gab es einem Mädchen zurück. Sie las sie und nickte.

Die Klasse las gerade die »Kritik am Gothaer Programm der Sozialistischen Arbeiterpartei Deutschlands«, eines der Standardwerke von Marx. »Jetzt ist die richtige Zeit, um besonders die Distributionstheorie zu studieren«, bemerkte Wu Xi-dong, »denn zur Zeit ist Weizenernte und danach werden wir die Verteilung des Getreides diskutieren.«

Ein Mann mittleren Alters stand an seinem Pult in der zweiten Reihe und sagte: »Wie sollte die Verteilung in einer sozialistischen Gesellschaft aussehen? Nur wenn wir gemäß den Lehren vom Vorsitzenden Mao, Marx und Engels handeln, kann eine sozialistische Verteilung realisiert werden. Lassalle hatte unrecht, als er behauptete, der Reichtum, der durch Arbeit produziert wird, könne direkt an alle verteilt werden. Man muß die Interessen des Staats, des Kollektivs und der einzelnen Familie berücksichtigen. Meine Studien brachten mich zu der Meinung, daß bei diesen drei Beziehungen die Interessen des Staates besonders in Betracht gezogen werden müssen. Sonst können die Interessen des Kollektivs nicht gewahrt werden, und wenn das Kollektiv nicht gut organisiert ist, sind die individuellen Interessen nicht gewahrt. In unserer Brigade waren die Ernteerträge früher niedrig, nur 1500 bis 3000 Kilo pro Hektar. Heute haben wir hohe Erträge, und in jedem Haushalt gibt es einen Getreidevorrat. Meine Studien haben mir aufgezeigt, daß wir nach marxistischen Prinzipien und den Lehren des Vorsitzenden Mao handeln müssen, um das Kollektiv zu entwickeln. Letztes Jahr hatten wir ein Pro-Kopf-Einkommen von 185 Yuan. Nur wenn der Kapitalfonds erhöht wird, kann sich die Produktion schnell entwickeln. Unser Kollektiv besitzt jetzt 63 Maschinen. Nur durch die Stärke des Kollektivs kann man Naturkatastrophen widerstehen. Wenn mehr Geld für den Wohlfahrtsfonds bereitgestellt wird, erhöht sich der Lebensstandard. Der Schulbesuch kostet unsere Kinder nichts. Das genossenschaftliche medizinische System übernimmt 50 Prozent aller medizinischen Kosten. Haarschnitte sind umsonst. Für alte Leute, die nicht mehr arbeiten können, ist der Lebensunterhalt garantiert. All diese Fürsorgeleistungen sind durch den Kapital- und den Wohlfahrtsfonds ermöglicht worden. Wenn der Kapitalfonds nicht schnell erhöht wird, können wir unsere Kollektivwirtschaft nicht schnell entwickeln. Warum ist der Unterschied zwischen hohen und niedrigen Einkommen in unserer Brigade so gering? Weil wir den Klassenkampf begriffen haben, den Kapitalismus kritisiert haben und dem Weg des kollektiven Wohlstands gemäß den Lehren von Marx gefolgt sind. Wir haben uns für einen hohen Beitrag zum Kapitalfonds entschieden, weil das im Interesse der einzelnen liegt. Liu Shao-qi, Lin Biao und Deng Xiao-ping haben die absurde Theorie verbreitet, daß mehr vom Einkommen an die einzelnen verteilt werden und weniger dem Kollektiv bleiben solle. Sie haben die Massen durch den Vorschlag beleidigt, alle Produkte zu verteilen und alles aufzuessen. Sie hofften, daß das Kollektiv geschwächt und der Kapitalismus restauriert würde. Ich komme aus einer armen Bauernfamilie. Ich werde ihnen nie erlauben, mich wieder dem Kapitalismus auszuliefern. Das sind einige der Schlußfolgerungen, die ich aus dem Studium der ›Kritik am Gothaer Programm‹ zog. Ich werde weiterhin gewissenhaft meine Studien betreiben und mich nicht von Liu Shao-qi, Lin Biao und Deng Xiao-ping täuschen lassen.«

Ein Mädchen mit Zöpfen in der letzten Reihe sagte mit hoher, schriller Stimme: »Ich habe die ›Kritik am Gothaer Programm‹ analysiert. Hier sind einige seiner oberflächlichen Gedanken darüber: Lassalle schrieb nichtssagende Worte über die Distribution, hat aber die Produktionsmittel nicht erwähnt. Auch die Revisionisten versuchten, uns zu verleiten, nur über die Distribution nachzudenken. In der alten Gesellschaft waren die Produktionsmittel in der Hand von Kapitalisten und Großgrundbesitzern. Die Arbeiter mußten ihre Arbeitskraft verkaufen. Sie hatten nichts Gutes zu essen und keine warme Kleidung. Die Kapitalisten und Großgrundbesitzer arbeiteten nicht, sondern beuteten nur andere aus, aßen gut und waren gut angezogen. Nach der Befreiung ging der Privatbesitz in Kollektiveigentum über. Wir wurden die Herren des Staates. Wir folgten dem Weg des gemeinsamen Wohlstands. Jeder Haushalt besitzt ein Sparkonto und einen Getreidevorrat. Lassalle behauptete, die Distribution sei der entscheidende Faktor. Genauso Liu Shao-qi, Lin Biao und Deng Xiao-ping. Sie behaupteten, die Bauern hätten nicht genug zu essen und nicht genug anzuziehen. Sie versuchten, uns vom sozialistischen Weg abzubringen. Wir müssen ihren revisionistischen Weg entschlossen bekämpfen.«

Ein Mann in der ersten Reihe entschloß sich, einen Beitrag zu leisten. Er hob die Hand und wurde von Zhao Feng-ti aufgerufen. »Das Prinzip ›Jedem nach seinen Fähigkeiten‹ muß begrenzt werden. Wir verteilen das Getreide nicht nach der Arbeitskraft der einzelnen. Statt dessen schätzt jeder seine Arbeit selbst ein, und dann diskutieren wir darüber. Alte Leute, die nicht mehr ihre volle Kraft besitzen, erhalten genauso viel Geld wie vorher. Das zeigt, daß die Mitglieder der Brigade für die Revolution und nicht für Arbeitspunkte und individuelles Einkommen arbeiten. Wenn ein Mann einen Arbeitsunfall hat, erhält er weiterhin seinen vollen Lohn. Das alles trägt dazu bei, die bourgeoise Rechte einzuschränken und die kommunistischen Ideen weiterzuentwickeln. Aber dadurch, daß Deng Xiao-ping den materiellen Anreiz propagierte, nahm er die Position der Großgrundbesitzer und der Kapitalisten ein. Wir müssen unsere Kritik an Deng Xiao-ping erweitern.«

Man fuhr damit fort, in Reden die Errungenschaften und Probleme der Hua-Xi-Brigade mit der marxistischen Theorie und der politischen Kampagne gegen Deng Xiao-ping in Verbindung zu setzen. Zwar verschwand seit Oktober 1976 die Kritik an Deng Xiao-ping aus den Schulungskursen, aber ihr wesentlicher Inhalt brauchte kaum geändert zu werden. Es ist nützlich, den Bauern mit einer einheitlichen politischen Theorie zu erklären, warum nur ein Teil des Brigadeeinkommens an sie verteilt und mehr und mehr in Maschinen, Gebäude und kommunale Dienstleistungen investiert wird. Es erscheint seltsam, daß chinesische Bauern ihre Probleme im Rahmen einer politischen Debatte diskutieren, die 100 Jahre früher unter deutschen Industriearbeitern und Staatsphilosophen geführt wurde. Namen wie Dühring, Lassalle und andere sowie die Zielscheiben polemischer Schriften von Marx und Engels sind in ihren Geburtsländern fast vergessen. Warum sich chinesische Bauern mit schwer auszusprechenden Namen deutscher politischer Schriftsteller und den komplizierten Ideen des dialektischen Materialismus belasten, fragte ich mich. Doch diese Namen waren zu Codebegriffen gemacht worden und dienten als Beweis dafür, daß Marx und seine Anhänger immer recht gehabt hatten. Es hatte Sinn, marxistische Schriften auf das Leben in Chinas Landgebieten anzuwenden, jedenfalls so, wie es in der Abendschule von Hua Xi getan wurde.

Es gab eine kleine Bibliothek mit politischer Literatur. Auf den Regalen waren das Kommunistische Manifest, Standardwerke von Marx, Engels, Lenin und Stalin sowie die Bände mit den Schriften Maos. Daneben eine Biographie von Lenin und die Memoiren seiner Witwe. Des weiteren eine Einführung in die Statuten der Kommunistischen Partei Chinas, Studienmaterialien für die Volksmiliz, eine Sammlung von Zeitungsartikeln aus der Shanghaier »Wen Hui Bao«, mit dem Titel »Der rote Reporter«, Bücher über die Modernisierung der Landwirtschaft und die Errichtung von Kreisen nach dem Typ Dazhai. Es gab wenige Romane und Kurzgeschichten, und die meisten handelten von den heroischen Taten der Volksmiliz und von vorbildlichen Soldaten, Bauern und Arbeitern. Eine Sammlung von Geschichten Lu Xüns war alles, was es an schöngeistiger Literatur gab. Schließlich waren da noch mehr als fünfzig kleine Broschüren, die wie Comics illustriert waren, aber über historische und aktuelle Ereignisse zur politischen Erbauung der Bauern berichteten.

Ich hatte den Eindruck, daß die Bauern in Hua Xi erstaunlich viel Zeit auf politische Studien verwendeten. Zu der einen Stunde an jedem zweiten Tag können noch politische Kurse während Schlechtwetterperioden und kurze Vorträge oder Diskussionen von Zeitungsartikeln während der Pausen bei der Feldarbeit hinzukommen. Einige Brigademitglieder tun sogar noch mehr. Die in der Abendschule haben pro Zehntageperiode noch an drei Abenden Unterricht, wobei sie nicht nur etwas über landwirtschaftliche Techniken lernen, sondern auch über Politik. Die 70 Mitglieder der Kommunistischen Jugendorganisation verbringen alle zehn Tage einen Abend in Versammlungen. Für die leitenden Mitglieder kommt noch eine Sitzung hinzu. Einer von ihnen, ein Lehrer, nahm außerdem an dem monatlichen Lehrertreffen teil. Die 56 Parteimitglieder hatten ihre Parteizellensitzungen. Die Funktionäre gingen zu weiteren Sitzungen, und außerdem, da einige von ihnen auch dem Revolutionskomitee angehörten, zu Versammlungen am Abend; abends fiel für sie auch die Verwaltungsarbeit an. Die Frauengruppe hatte ihre Treffen, und es gab mehrere Laientheatergruppen, die Stücke schrieben und aufführten. Für andere gab es die Sitzungen der landwirtschaftlichen und technischen Versuchsgruppen. Als ich Hua Xi besuchte, war gerade der Höhepunkt einer politischen Kampagne, und vielleicht ist der

Stundenplan der Schulungskurse heute nicht ganz so gedrängt. Aber im Sommer 1976 verbrachten alle Brigademitglieder mindestens fünfzehn Abende im Monat beim politischen Studium, und die leitenden Mitglieder hatten kaum sechs freie Abende. Beim Stellvertretenden Vorsitzenden Wu waren fast alle Abende ausgebucht. Er fand, daß das ganz richtig war. »Wir möchten die Freizeit mit sozialistischen Gedanken verbringen. Wenn nicht der Sozialismus diesen Platz einnimmt, wird es der Kapitalismus tun. Wir müssen die Offensive ergreifen und ein Programm verschiedener Freizeitbetätigungen organisieren. Überall entwickeln sich neue sozialistische Dinge und Gewohnheiten. So beschleunigt sich die ideologische Revolution, und die Produktion entwickelt sich schnell.«

Die Bauern von Hua Xi bilden ein Bataillon der Volksmiliz und halten regelmäßig Kampf- und Schießübungen ab. Einmal nahm uns Zhao Hu-fu, die uns zum Mittagessen bei ihren Eltern eingeladen hatte, zur Milizübung mit. Die fünfundzwanzigjährige kommandiert das Milizbataillon von Hua Xi. In ihrer grün-weiß-karierten Bluse und einer guten Hose stand sie vor der Kolonne von 29 Milizkämpfern und befahl ihnen, über den Hof zu marschieren und Nahkampf mit dem Bajonett zu üben. Sieben Mädchen waren in der Milizgruppe. Alle schienen ihre besseren Kleider und Schuhe zu tragen, vielleicht weil wir da waren, und hatten breite Khaki-Patronengürtel mit Trägern angelegt. Während sie mit ihren Bajonetten vorstürmten und dabei im Chor »Tötet, tötet, tötet« riefen, lief ein alter Mann durch ihre Reihen und gab Anweisungen und Ratschläge. Er war früher in der Armee gewesen und jetzt für die militärische Ausbildung und die Übungen der Volksmiliz von Hua Xi verantwortlich.

Sie nahmen uns mit zu ihrem Schießplatz. Drei Kilometer vom Dorf entfernt, zwischen frisch mit Bäumen bepflanzten Hügeln, hatten sie einen Tisch mit Thermosflaschen und Teetassen, Strohstühle, Waschschüsseln und Handtücher aufgebaut, so daß wir ihre Übungen in aller Bequemlichkeit beobachten konnten. Auf den Hügeln waren rote Fahnen aufgestellt, um die Reichweite zu markieren, und dort hielten andere Milizsoldaten die Bauern aus dem Gefahrenbereich. Auf der anderen Seite des Hügels waren Büchsen mit Kalk als Ziele aufgebaut, und wenn die Kugeln trafen, stieg der weiße Staub auf. Liegend, knieend oder stehend schossen die Milizkämpfer mit Karabinern und Maschinenpistolen, und die Kalkwolken zeigten, daß sie gute Schützen waren.

Wir saßen auf unseren Strohstühlen, schlürften Tee und hörten den

Erklärungen von Zhao Hu-fu zu: »Gemäß Artikel 18 unserer Verfassung ist die Volksmiliz eine Massenorganisation unter Führung der Partei und ein Instrument der Diktatur des Proletariats. Sie hat einen klaren Klassen- und Parteicharakter. Die Partei befiehlt über die Gewehre, und wir werden nie den Gewehren erlauben, der Partei zu befehlen. Die Volksmiliz ist eine Armee ohne Uniform, eine Armee mit Hacken und Gewehren. Sie wird das Land gegen Aggression von außen, gegen den Imperialismus und den Sozialimperialismus verteidigen. Innerhalb des Landes verhindert und bekämpft sie die Restauration des Kapitalismus, organisiert die Zivilverteidigung gegen Luftangriffe und schlägt die Sabotage konterrevolutionärer Agenten zurück. Ein breites Netz an Milizorganisationen ist aufgebaut worden, und wir werden den Feind völlig vernichten, ob er über Land, auf dem Wasser oder aus der Luft angreift. Wir verteidigen die sozialistische Revolution, den sozialistischen Aufbau, unser heiliges Territorium, unser sozialistisches Heimatland.«

Die Hua-Xi-Brigade stellt ein Bataillon von 238 Personen. Wie Armee-Einheiten hat es einen Politkommissar, den Parteisekretär Wu Ren-bao. In großen Städten wie Peking oder Shanghai ist die größte Organisationsform die Division. In ländlichen Gebieten ist die größte Milizeinheit das Regiment, das von der Volkskommune gebildet wird, erklärte Zhao Hu-fu. In ihrem Bataillon gibt es drei Kompanien und sieben Züge. Mädchen zwischen 16 und 25 sowie Männer zwischen 16 und 35 Jahren bilden die Grundeinheit, und für jeden steht im Arsenal der Brigade ein Gewehr oder eine Maschinenpistole zur Verfügung. Frauen zwischen 26 und 35 sowie Männer von 36 bis 45 Jahren gehören zur allgemeinen Miliz, die weniger Übungen hat und weniger Zeit für die Ausbildung aufwendet. Die älteren Leute, von denen einige in der Miliz gewesen sind, erhalten auch noch eine gewisse Ausbildung, damit sie im Kriegsfall im Hinterland und bei Versorgungsdiensten eingesetzt werden können.

Für die Jüngeren aus der Grundeinheit der Miliz finden jeden Tag in der Freizeit kurze Schulungen und Übungen statt. Einmal im Jahr nehmen sie an einem kurzen Ausbildungslehrgang teil, während im Winter und im Frühjahr auf dem Schießplatz der Brigade Bataillonsübungen stattfinden. Einige Einheiten des Bataillons nehmen einmal im Jahr an Übungen des Kommuneregiments teil. Die Männer und Frauen der Miliz bilden auch eine Einsatzgruppe, die bei dringenden Feldarbeiten, etwa wenn Schlechtwetter die Ernte bedroht, oder bei anderen Notfällen tätig wird. Außerdem bewachen sie die Dreschplätze nach der Ernte und die Werkstätten und Maschinendepots.

In Hua Xi gibt es keine Polizeistation und auch keine Vertretung der Abteilung für öffentliche Sicherheit. Ein Mitglied des Revolutionskomitees ist verantwortlich für Sicherheitsangelegenheiten. »Der Klassenkampf ist nicht vorbei«, sagte Wu Xi-dong. »Wir müssen noch immer auf der Hut sein gegen Reaktionäre, Konterrevolutionäre und kapitalistische Tendenzen.« Wir baten ihn um Beispiele und Erklärungen. »Sogar nach der Kulturrevolution war der revisionistische Einfluß noch nicht völlig ausgelöscht«, sagte Wu. »1969 dachten einige Genossen, daß wir bei der Entwicklung der Getreideproduktion weit genug seien. Wir sollten jetzt weniger Getreide und mehr Zuckerrohr anbauen, weil Zuckerrohr mehr Geld bringt. Aber die Kader und die Massen hatten ein hohes politisches Bewußtsein und kritisierten diese Ansichten als Zeichen einer kapitalistisch-revisionistischen Tendenz. Wenn wir in einem Jahr nur an den Verdienst durch Zuckerrohr und im nächsten an den durch Wassermelonen denken, dann ist das die kapitalistische Produktionsmethode. Deshalb haben wir unter den Kadern und Mitgliedern erzieherische Arbeit geleistet. Wir lehrten sie, zu gleicher Zeit an die Interessen des Staats, des Kollektivs und der einzelnen Familie zu denken. Der Genosse, der den Bebauungsplan ändern wollte, erkannte seinen Fehler.

Sogar das Kollektiv kann kapitalistische Tendenzen entwickeln, wenn es von der revisionistischen Linie verwirrt wird, erklärte Wu. Eine Abweichung vom staatlichen Anbauplan und der Verkauf der landwirtschaftlichen Produkte sei eine Folge. Die Befürwortung materieller Anreize und des Verkaufs von Produkten auf dem freien Markt sei eine andere Form revisionistischen Denkens. Sich auf die Theorie der Produktionskräfte zu stützen, könne bedeuten, daß jede Methode zur Steigerung der Produktion für zulässig gehalten wird, ohne die Politik und die Interessen des Staates zu berücksichtigen. Zwar habe sich Deng Xiao-ping nicht dafür eingesetzt, Produkte auf dem freien Markt zu verkaufen, aber seine Behauptung, es sei egal, ob eine Katze schwarz oder weiß sei, wenn sie nur Mäuse fange, habe die Auffassung begünstigt, man müsse hauptsächlich Geld verdienen, ohne dabei auf die sozialistischen Methoden zu achten. Während der Kampagne gegen Deng Xiao-ping sei der Widerstand gegen kapitalistische Tendenzen im Kollektiv und in der Partei Wu Xi-dongs Hauptgedanken gewesen.

Er erzählte uns von der Arbeitsgruppe Nr. 1, die in den frühen sechziger Jahren, als die Brigade noch aus halbautonomen Produktionsgruppen bestand, den Anbauplan für ihr Land änderte. »Von Dengs Theorie von der Katze beeinflußt, wollte sie auf ihre eigene Rechnung wirtschaften und ihre Produkte unabhängig verkaufen. Der Leiter der Gruppe führte materielle Anreize ein, damit die Bauern mehr arbeiteten. Manchen Leuten gab er bestimmte Aufgaben und sagte, sie würden mehr Arbeitspunkte oder Getreide bekommen, wenn sie sie erfüllen. Deshalb dachten die Leute nur an sich. Sie versuchten, schwerer Arbeit aus dem Weg zu gehen und statt dessen leichtere Arbeit mit mehr Arbeitspunkten zu finden. Der Leiter der Gruppe behauptete, er wolle nur die Kollektivwirtschaft entwickeln, wenn er die Bauern anwies, mehr Wassermelonen und Obst anzupflanzen als Reis. Der Leiter wollte mehr vom Einkommen der Gruppe an die einzelnen Mitglieder auszahlen und weniger für den Kollektivfonds verwenden. Zwischen den Mitgliedern vergrößerten sich die Unterschiede im Lebensstandard. Egoistische Familien mit mehreren Arbeitsfähigen wurden im Verhältnis reicher. Alle, die mehr für den Sozialismus arbeiteten, nicht so kräftig waren, Kranke oder viele Kinder in der Familie hatten, sahen, daß ihr Lebensstandard im Vergleich zu dem der anderen sank. In der Tat wurde eine Minderheit reicher und eine Mehrheit ärmer. Die Mitglieder der Gruppe spalteten sich und stritten sich um Arbeitspunkte. Zur selben Zeit wurde weniger Geld in die Verbesserung der Landwirtschaft investiert. Die Ernteerträge sanken. Das Durchschnittseinkommen der Mitglieder stieg nicht an. Zuerst war die Produktionsgruppe Nr. 1 unter den zehn Produktionsgruppen an fünfter Stelle. Ein Jahr später war sie mit 10380 Kilo Getreide pro Hektar an letzter Stelle der Liste, als die Durchschnittsproduktion der Brigade 14820 Kilo betrug.«

Ich bat Wu Xi-dong um Beispiele von Einzelpersonen, die in ihrem Verhalten kapitalistische Tendenzen gezeigt hatten. Wieder ging er mehr als zehn Jahre zurück. »Ein Mitglied der Gruppe Nr. 1, ein Mann namens Sun, dachte nur an sich und wie er zu mehr Geld kommen könnte. Er ging los und fing Fische und Krabben oder sammelte Heilkräuter, die er für sich verkaufte. Er wollte nicht für das Kollektiv arbeiten und hörte nicht auf uns. Er sagte, unsere Brigade sei zu festgelegt und zog 1964 in die Provinz Chekiang um, weil er dachte, daß die Situation dort besser sei. Drei Jahre später kam er zurück. In Chekiang war er auch kritisiert worden, und jetzt verstand er, daß man mit seinen Methoden in unserer Gesellschaft nicht durchkommen kann. Er hatte sein Haus nicht verkauft, sondern für den Notfall behalten. So besuchte ihn der Brigadevorsitzende Wu Ren-bao und sprach mit ihm. Beide waren vor der Befreiung Landarbeiter gewesen, und gemeinsam erinnerten sie sich an das harte Leben in der alten Gesellschaft und die Verbesserung der Lage heute. Wu Ren-bao sprach von den Gefahren kapitalistischer Tendenzen und von den guten Perspektiven der Kollektivwirtschaft. Zu der Zeit dachten einige Leute in der Brigade, daß man ihm nicht hätte erlauben sollen wegzuziehen und jetzt nicht zulassen sollte, daß er zurückkommt. Aber Suns Denken hatte sich gewandelt. Die Kader erklärten, er sei unser Klassengenosse und sollte willkommen sein, wenn er mit uns arbeiten wolle. Heute ist er ein ganz anderer Mensch, ein fortschrittliches Mitglied, das gegen kapitalistische Tendenzen kämpft, die von außen kommen. 1972 kam ihn ein alter Bekannter besuchen und sagte: ›Ich weiß, wie wir mehr Geld verdienen können, wenn wir auf dem freien Markt verkaufen.‹ Aber Sun sagte, daß er davon genug habe und es nicht noch einmal versuchen wolle. Er wolle lieber mit dem Kollektiv arbeiten.«

Wu Xi-dong kannte auch einige Beispiele, die zeigten, daß der Klassenkampf die Ursache der meisten Schwierigkeiten war. Er erzählte aus den frühen fünfziger Jahren, als die früheren Großgrundbesitzer und reichen Bauern gegen die Landreform waren, und wie unzufrieden einige von ihnen immer noch waren, weil sie jetzt mit ihren eigenen Händen arbeiten mußten und andere nicht mehr ausbeuten konnten. Die Gründungen der Teams zur gegenseitigen Hilfe, der Kooperativen und der Kommunen sowie die Bewegung zum Lernen von Dazhai mißfiel ihnen schon immer. Wu erzählte: »Zur Zeit der Landreform sagte ein reicher Bauer, der auch Wu hieß, daß er sein Land zurückbekommen würde, weil Chiang Kai-shek zurückkäme. Als das Team zur gegenseitigen Hilfe gegründet wurde, fing er an, Gerüchte und abergläubische Geschichten zu verbreiten, wonach auf den Feldern ein Teufel lebe, der die Bauern bestrafen würde. In Wirklichkeit hatte er sich als Teufel verkleidet, auf den Feldern versteckt und Leute, die vorbeigingen, mit Erdklumpen beworfen. Einige Leute dachten, daß die Geister gegen die Teams zur gegenseitigen Hilfe seien und bekamen Angst. Wu Ren-bao stellte eine Gruppe von Bauern zusammen, um den Teufel zu jagen. Als sie den reichen Bauern Wu fingen, hatte er noch Erde unter den Fingernägeln und konnte seine Schuld nicht leugnen. Das öffnete den armen und unteren Mittelbauern die Augen. Als die Partei später die Resolution über das gemeinsame Kaufen und Verkaufen landwirtschaftlicher Produkte verabschiedete, versuchten andere reiche Bauern, den staatlichen Plan zu sabotieren. Es gab eine Getreideknappheit, und sie horteten Getreide, um es zu hohen Preisen zu verkaufen. Sie wurden von den Kadern und den Massen demaskiert, und wir kämpften bei den Versammlungen gegen sie, wobei wir ihre egoistischen Absichten herausstellten. Die Massen erfuhren, daß man bei jedem Schritt vorwärts auf den Widerstand des Klassenfeindes stößt. Als das Bewußtsein der Massen nach der Gründung der Volkskommune höher war, benutzten die Klassenfeinde andere Taktiken. Einer ihrer Tricks war, alte Ideen und Gewohnheiten zu benutzen, um die Leute zu verwirren. Als man anfing, die Felder zu ebnen, verbreiteten die Großgrundbesitzer und die reichen Bauern das Gerücht, daß wir alle wegen der harten Arbeit sterben würden. Ein Großgrundbesitzer vergrub heimlich einen Grenzstein auf dem Feld, um seinen früheren Besitz zu markieren. Die Frau des reichen Bauern Wu, der den Teufel gespielt hatte, versuchte, das ideologische Bewußtsein der Kader zu untergraben. Sie lud sie zum Essen ein, machte ihnen Geschenke und nannte sie ihre Verwandten. Ihr Name war Wang, und sie beeinflußte einen Gruppenleiter, der auch Wang hieß. Er war schon von den Gedanken Liu Shao-qis beeinflußt worden und meinte, daß die Frau gar nicht so schlecht sei. Er nahm ihre Geschenke an, ging zu ihr zum Essen und konnte deshalb diese Leute nicht mehr entschlossen bekämpfen. Wie das Sprichwort sagt: ›Wenn du von jemand anderem etwas annimmst, wird dein Arm kürzer, und wenn du von jemand anderem Essen annimmst, bekommst du den Mund nicht mehr so weit auf.‹ Schließlich war der Gruppenführer Wang so weit, daß er den Staat betrog. Er mischte das Getreide, das abgeliefert wurde, mit Erde und behielt das ungemischte Getreide für die Gruppenmitglieder. Als man dahinterkam, berief die Brigade eine Versammlung ein. Die Kader führten mehrere Gespräche mit dem Gruppenleiter und gaben ihm Klassenerziehung. Das Klassenbewußtsein aller Mitglieder erhöhte sich. Sie verstanden, daß es immer noch Klassenfeinde gibt, die sich mit ihrer Niederlage nicht abfinden und mit allen Mitteln Sabotage betreiben. Der Klassenfeind kriecht durch jedes Loch, das er findet und stützt sich in hohem Maße auf alte Gewohnheiten. Aber es gibt nur die Liebe zur eigenen Klasse und keine sogenannte Liebe unter sogenannten Verwandten.«

Wu erzählte von der alten klanähnlichen Beziehung zwischen Chinesen mit demselben Vornamen und solchen, die aus derselben Gegend kommen. Wie er sagte, versuchten reiche Bauern und schlechte Elemente sogar noch nach der Kulturrevolution, diese Beziehung auszunützen. Einer von ihnen war zum Brigadevorsitzenden gekommen und hatte gesagt: »Vor einigen 100 Jahren gehörten wir zur selben Familie.« Aber der Brigadevorsitzende wies ihn zurück mit den Worten: »Heute gibt es nur eine Klassenverwandtschaft, nicht die Liebe unter Verwandten. Wir haben zwar denselben Familiennamen, aber vor der Befreiung wurden meine Vorfahren von deinen Vorfahren ausgebeutet. Du versuchst mich nur deshalb als deinen Verwandten hinzustellen, weil wir jetzt die Herren des Staates sind.« 1970 hatte einer der Leute, die als schlechtes Element betrachtet wurden, seinen Kindern gesagt, sie sollten herumgehen und seine Meinung verbreiten: Hühnereier für 78 Fen pro Pfund an den Staat zu verkaufen ist nicht gut. Auf dem freien Markt können wir 90 Fen pro Pfund bekommen.« Er versuchte, die Brigade davon abzuhalten, einen kollektiven Hühnerstall zu bauen, er wollte sein Geflügel privat halten. Aber die Mehrheit der Mitglieder habe ihn sofort kritisiert, sagte Wu Xi-dong, weil er den kapitalistischen Weg beschreiten und sie gegen die sozialistische Entwicklung einnehmen wollte.

In der Hua-Xi-Brigade wurden einmal dreizehn Leute zur gleichen Zeit als »schlechte Elemente« betrachtet. Sechs davon sind erfolgreich umerzogen worden. Die anderen unterstehen immer noch der »Kontrolle durch die Massen«. Vier Gruppen der Bevölkerung werden als »schlechte Elemente« bezeichnet: Großgrundbesitzer, reiche Bauern, Konterrevolutionäre und Kriminelle. »Falls sie ihre Ansichten verbessern, geben wir ihnen eine Chance, und sie können die vollen Bürgerrechte erhalten«, erzählte Wu Xi-dong. »Diejenigen, die sich noch nicht gebessert haben, werden von den Massen beobachtet. Politisch sind sie machtlos. Sie können weder wählen noch gewählt werden und nicht an den Vollversammlungen der Brigademitglieder teilnehmen. Man achtet darauf, daß sie von ihrer eigenen Hände Arbeit leben. Sie müssen die Vorschriften einhalten und dürfen keine Reden gegen unser System halten oder gegen die Gesetze verstoßen. Wir erziehen sie, damit sie ihr früheres Verbrechen der Ausbeutung begreifen. Ein- oder zweimal im Monat sprechen Mitglieder des Revolutionskomitees mit ihnen, um sie zu erziehen. Wenn sie ihre Ideologie verändern, können sie neue Menschen werden, die nicht mehr Feinde der Massen sind. Wenn sie beweisen, daß sie auf der Seite des Volkes stehen und dem sozialistischen Weg folgen wollen, können sie ihre Rechte zurückerhalten – nach einer Diskussion der Massen und nach der Zustimmung durch höhere Autoritäten.«

Es gibt einige sehr praktische Beschränkungen der Rechte derjenigen, die noch nicht volle Brigademitglieder sind. Sie dürfen das Brigadegebiet nicht ohne Erlaubnis des Revolutionskomitees verlassen und sind nicht in der genossenschaftlichen Krankenversicherung. Auf einem Schild an der Hauswand der Sanitätsstation steht: »Alle Brigademitglieder haben Anspruch auf die Behandlung mit 50 Prozent Ermäßigung.« Die sieben »ungebesserten schlechten Elemente« in der Hua-Xi-Brigade sind fast nur ältere Leute. Ihre Kinder gelten als volle und gleichberechtigte Brigademitglieder – solange sie zeigen, daß sie dem sozialistischen Weg folgen wollen und keine Spuren eines Einflusses durch ihren familiären Hintergrund zeigen. Ohne Zweifel müssen sie sich besonders sorgfältig an die korrekte Linie halten. Sie leben mit ihren Eltern in einem Haus, aber man erwartet, daß sie »eine klare ideologische Trennungslinie zwischen sich und ihren Eltern ziehen«. Mit anderen Worten, sie sind verpflichtet, ihre Eltern zu beobachten, sie bei ideologischen Abweichungen zu kritisieren und die Brigadeführung über die Aktivitäten ihrer Eltern informiert zu halten. Von den sieben Leuten, die noch unter Beobachtung durch die Massen stehen, ist der jüngste ein Mann Mitte Vierzig, Er ist der Sohn des reichen Bauern Wu, der den Teufel in den Feldern spielte. Einmal wurde er verhaftet und ins Gefängnis geschickt. »Er versuchte, unter den Familien Zwietracht zu säen und Ehen in der Brigade zu stören«, berichtete Wu Xi-dong. »Er handelte gegen das Gesetz und schadete dem Kollektiv. Deshalb wurde er von den Organen des Gesetzes bestraft. Als er in die Brigade zurückkam, wurde er unter die Kontrolle durch die Massen gestellt.«

Was immer der Mann getan haben mag, ein früherer Großgrundbesitzer, der etwas mit anderen Frauen hat, wäre konterrevolutionärer Absichten verdächtig. Aber er muß seine Taten vor mehr als zehn Jahren begangen haben. Die Brigadeleiter behaupten, daß es seit 1964, als die Kampagne zum Lernen von Dazhai begann, keine Verbrechen und ungesetzlichen Taten gegeben hat. »Natürlich gab es Streitereien in der Familie, aber niemand hat eine Scheidung beantragt. Ehemänner und Ehefrauen streiten sich manchmal darüber, wie das Geld ausgegeben werden soll, oder es gibt Differenzen, wenn der eine strenger mit den Kindern sein will als der andere. Aber im Unterricht über Klassenkämpfe, die Parteilinie und Gesetze hat jeder gelernt, daß die Interessen des Volkes gewahrt werden. Unter den früheren reichen Bauern gab es die Tendenz, das Kollektiveigentum für die eigenen Interessen zu nutzen. Vor der Kulturrevolution bedienten sich einige Brigademitglieder selbst im Obstgarten. Als wir diese Obstbäume pflanzten, meinten einige Leute, daß wir das Obst genau vor dem Maul des Tigers anpflanzen. Heute spricht niemand mehr davon. Alte Leute und Kinder geben alles Kollektiveigentum ab, das sie finden – Obst oder Enten- und Gänseeier, die auf dem Feld gelegt worden sind. Nur sehr kleine Kinder brechen manchmal Zweige von einem Obstbaum ab oder laufen auf Feldern mit junger Saat herum. Sozialistische Sitten setzen sich durch, und die Leute befolgen die Gesetze aus freiem Willen.

Wie alle Kommunen und Produktionsbrigaden in China wird Hua Xi von einem Revolutionskomitee unter Führung des Parteikomitees geleitet. Die meisten führenden Mitglieder der Parteizelle gehören auch dem Revolutionskomitee an. Die Partei legt die Ziele und die allgemeine Linie fest. Die tägliche Verwaltungsarbeit wird von den Mitgliedern des Revolutionskomitees gemacht. Dessen sieben Männer und vier Frauen sind für verschiedene Tätigkeitsbereiche verantwortlich: ideologische Arbeit, landwirtschaftliche Produktion, Kleinindustrien, Finanzen, Bildung, Gesundheit, Kultur und Sport, Frauen- und Jugendorganisationen. Einem Mitglied sind die Sicherheitsmaßnahmen übertragen worden, d. h. die Verhinderung von Aktivitäten der Klassenfeinde und die Organisierung der Miliz.

Man berichtete uns, daß es wenigstens einmal im Jahr eine Vollversammlung aller Brigademitglieder gibt, um das Revolutionskomitee zu wählen. »Bei der Versammlung kann jeder reden, wählen und gewählt werden. Das Revolutionskomitee legt eine Liste mit den Namen derjenigen vor, die für das Revolutionskomitee im nächsten Jahr vorgeschlagen werden. Dann können sich alle Brigademitglieder an der Diskussion beteiligen. Es erfolgt eine geheime Abstimmung, wobei auf den Stimmzetteln alle Leute stehen, die das Revolutionskomitee vorgeschlagen hat. Jedes Mitglied der Brigade kann ankreuzen, ob er für oder gegen einen bestimmten Kandidaten ist. Er kann den Namen durchstreichen und einen anderen Namen auf den Stimmzettel schreiben. Das ist schon vorgekommen, aber bis jetzt sind alle vom Revolutionskomitee vorgeschlagenen Kandidaten gewählt worden. Aber in anderen Brigaden ist es vorgekommen, daß ein Vorschlag des Revolutionskomitees nicht genug Unterstützung durch die Massen fand.

Der Vorsitzende des Revolutionskomitees von Hua Xi ist auch der Parteisekretär. Die Führung der Parteizelle und des administrativen Organs decken sich. Aber die Partei befiehlt, und das Revolutionskomitee ist seinen Entscheidungen untergeordnet. Die Parteiführer werden von den 56 Parteimitgliedern in Hua Xi gewählt. Der Einfluß der normalen Brigademitglieder ist daher begrenzt, und zudem muß das Revolutionskomitee von der Kommune als höherer Autorität bestätigt werden. Wenn seine Aufgaben spezifiziert werden, beansprucht das Revolutionskomitee keine Unabhängigkeit. Seine drei Aufgaben sind: »Die Politik der Partei, die Direktiven der führenden Organe und die revolutionäre Linie des Vorsitzenden Mao verwirklichen, dem sozialistischen Weg folgen und die sozialistische Erziehung fördern; den von den führenden Organen festgesetzten Plan ausführen, die Kollektivwirtschaft entwickeln, die Aufgaben, die von den führenden Organen an die Produktion gestellt wurden, erfüllen und das Getreide als Schlüssel zur Garantie einer umfassenden Entwicklung der Landwirtschaft nutzen; den Lebensstandard und das Einkommen der Brigademitglieder Schritt für Schritt erhöhen.«

Alle Mitglieder des Revolutionskomitees arbeiten auf dem Feld, außer dem Vorsitzenden und Parteisekretär, der in die Kreisstadt berufen wurde. Sie wissen, wie die Mitglieder ihrer Arbeitsgruppen zu aktuellen Fragen stehen, und bevor sie Entscheidungen treffen, diskutieren sie mögliche Reaktionen der Brigademitglieder. Wenn sie ihre Entscheidungen getroffen haben, diskutieren die Angehörigen des Revolutionskomitees, die in der Mehrzahl Leiter von Arbeitsgruppen auf dem Feld sind, mit den Bauern darüber während der Arbeitspausen und erklären, was getan werden soll. Aber das Revolutionskomitee beruft auch Versammlungen aller Brigademitglieder ein, in denen um Vorschläge und Kritik gebeten wird. »Wir müssen nicht bis zu diesen Versammlungen warten«, sagte Wu Xi-dong. »Wir haben alle schwielige Hände, wir wissen, was andere Feldarbeiter denken. Manchmal sind einzelne Kader öffentlich kritisiert worden. Das ist die beste Methode, denn sie stehen ihren Kritikern Auge in Auge gegenüber, und es gibt kein Gerede hinter ihrem Rücken. Einmal schlug ein Kader vor, daß unsere Brigade eine schönere Versammlungshalle bauen sollte, aber die Brigademitglieder sagten: ›Es ist wahr, daß unser Leben sich verbessert und die Brigade mehr Geld hat, aber wir müssen immer noch sparsam sein.‹ Deshalb treffen wir uns noch in derselben Halle. In einem anderen Fall billigte der für die Finanzen zuständige stellvertretende Vorsitzende des Revolutionskomitees die Anschaffung von Nylonseilen zum Preis von 5 Yuan pro Stück. Aber die Brigademitglieder fanden diese Seile unpraktisch und zu teuer. Deshalb kritisierten sie sofort seine Entscheidung.«

Es ist für einen ausländischen Besucher unmöglich, in wenigen Tagen herauszufinden, wie eine Brigade organisiert ist, wie Entscheidungen getroffen werden und wieviel Einfluß die Meinungen der Mitglieder haben. Auf die Massen hören ist nur ein Faktor in diesem Prozeß, die Erziehung der Massen zu sozialistischem Handeln und Denken ein weiterer, und zwischen diesen beiden Zielsetzungen muß es oft einen Konflikt geben. Im Endeffekt kann die Autorität der Partei nicht in Frage gestellt werden, wenn auch praktische Entscheidungen durch die Kritik der Mitglieder und bessere Vorschläge korrigiert oder beeinflußt werden können.

Alle existierenden Freizeitaktivitäten in Hua Xi sind Teil der politischen Erziehung. Ich hatte das Gefühl, daß sogar den Tischtennisspielern in dem vierstöckigen Gebäude, die den Ball über das Netz schlugen, nahegelegt worden ist, im korrekten Sinne des sozialistischen Sports zum Schläger zu greifen. Wenn die Mädchen-Basketballmannschaften im Scheinwerferlicht auf den Hof im Brigadezentrum liefen, riefen sie: »Die Frauen stützen die Hälfte des Himmels.
Wir können Basketball spielen und den Himmel aufreißen.
Wir können ebensogut auf dem Feld arbeiten wie Basketball spielen.
Wir können den Wind von rechts zurückschlagen.
Wir werden die Doktrinen von Konfuzius hinwegfegen.«

Sie erklärten, daß sie den Männern gleich seien, nicht mehr die zweitrangige Hälfte der alten Gesellschaft ausmachten, daß sie ebenso schwer arbeiten könnten und wollten wie Männer.

In der Aula der Schule agierte die Amateurkindergruppe von Hua Xi, die »Kleinen Roten Blumen«, vor vollem Haus. Mit erstaunlicher Fähigkeit und Anmut gingen kleine Mädchen und Jungen die komplizierten Figuren der klassischen Kriegskünste durch, Schattenboxen und Fechten mit Lanzen, Säbeln, Messern und Ketten. Der Briefträger, der Experte in diesen traditionellen Sportarten war, die in den Dörfern südlich des Yangtse kultiviert werden, hatte sie trainiert. Diese Kriegskünste wie auch Gymnastik sind mehr als nur Sport. Heute bereiten sie die Kinder für die Arbeit und die Verteidigung vor. Jungen in grünen Uniformen, Angehörige der »Kleinen Roten Soldaten«, begleiteten die Lieder des Kinderchors auf westlichen und chinesischen Instrumenten. Die meisten Lieder gingen um das »Lernen von Dazhai«. Sogar das einfachste Kinderlied, das »Die kleinen Bienen« hieß, erzählte von einer Biene, die die Hua-Xi-Brigade besucht und sie sehr schön findet. Hübsche kleine Mädchen mit großen Schleifen im Haar führten einen Tanz auf: Wie Dung für die Brigade gesammelt wird. Sie hoben bewundernd die Hände über die Augen und lächelten lieblich, als der imaginäre Dunghaufen anwuchs. Ihr Tanz hatte eine Aussage: Keine gewöhnliche Arbeit, die man für das Kollektiv tut, sollte schlecht angesehen oder verschmäht werden.

Brigademitglieder hatten drei Sketche geschrieben und einstudiert, die zeigten, wie Hua Xi durch das Lernen von Dazhai Fortschritte gemacht hatte. Der Leiter der Freizeitaktivitäten, ein entschlossen dreinblickender Mann, der seine Mütze gerade über den Ohren trug, kam auf die Bühne, um uns eine Einführung zu geben. Er sagte, die Sketche zeigten, daß es immer noch einige Klassenfeinde und reaktionäre Spalter gebe, daß das Volk aber entschlossen sei, voranzuschreiten.

Drei Leute kamen hinter dem Bühnenvorhang hervor, ein weiblicher Parteisekretär, ein alter armer Bauer und ein junges Mädchen. Wie wir aus der Unterhaltung erfuhren, war der Vater des jungen Mädchens in Gefahr, von Klassenfeinden beeinflußt zu werden. Es würde nötig sein, ihn davon zu überzeugen, daß der Fünfzehnjahresplan gut und zu erfüllen sei, sagte der Leiter einer Arbeitsgruppe. Von der anderen Seite erschienen gemein aussehende Männer, früher reiche Bauern, die eine Skizze mit einem Ochsen und einer Maus im gleichen Geschirr herumreichten. Die Wörter »Ochse« und »Maus« zusammen hören sich im lokalen Dialekt wie das Wort für »Prahlen« an. Aber bevor sie ihre heimtückische Propaganda verbreiten konnten, erschienen die Männer von der Miliz. In heroischer Haltung beschlagnahmten sie die Skizze und nahmen die Übeltäter fest. Jetzt verstand der Leiter der Arbeitsgruppe, daß er irregeleitet worden war und schloß sich dem Plan der anderen an, den Weißen Tigerberg abzutragen und in schwerer Arbeit die Felder wiederherzustellen. Die Zuschauer klatschten begeistert, obwohl sie kaum vom Ausgang eines Sketchs, den sie schon oft gesehen hatten, überrascht sein konnten.

Das zweite Stück stand ganz in der lokalen Tradition des Geschichtenerzählens mit rhythmischer Begleitung. Sechs Mädchen und ein Junge brachten sich Stühle auf die Bühne und begannen ihre Geschichte in einem Singsang, den sie in einem monotonen Rhythmus mit Kastagnetten begleiteten. Sie erzählten, wie schwer die Brigade arbeitete, um einen Hügel für den Bau einer Pumpanlage abzutragen. Aber in anderen Dörfern ging das Gerücht herum, die jungen Männer von Hua Xi arbeiteten so hart, daß sie nur noch ausgetrocknete Frösche seien. Eine alte Dame war so entsetzt, daß sie dagegen war, daß ihre Tochter einen Mann aus Hua Xi heiratete, und die Hochzeit abzublasen versuchte. Sie kam jedoch, um sich mit eigenen Augen zu überzeugen und fand heraus, daß sogar die Kader schwer arbeiteten und jeder drei warme Mahlzeiten täglich, gute Unterkunft, Kultur und Erziehung genoß. Die Laiengruppen von Hua Xi hatten aus einer Anekdote eine erbauliche Geschichte gemacht.

Zwei alte Männer sorgten auf der Bühne für lustige Abwechslung. Sie machten einfache Witze, zum Beispiel wie einer von ihnen in die Stadt gehen wollte zum Teetrinken, und der andere wollte Gras schneiden. Ein junges Mädchen tauchte auf, die Tochter des einen Bauern, die Schwiegertochter des anderen. Sie brachte eine alte Teekanne und erzählte deren Geschichte: Als ihre Mutter bei ihrer Geburt starb, war kein Geld für Medizin da, und ihr Vater mußte weggehen, um als Landarbeiter in einem anderen Dorf zu arbeiten. Er ließ das einzige, was er besaß, nämlich das Baby und die Teekanne, bei einem alten Freund. Als sie ihre Geschichte erzählte, begannen die beiden alten Männer, tief bewegt durch die Erinnerung, kummervoll zu stöhnen. Beide entschieden sich nun, nicht Tee zu trinken, sondern Gras zu schneiden, denn sie hatten begriffen, daß alles bis jetzt erreichte nicht genug war, die Arbeit und der Kampf weitergehen mußten. »Jeder Erfolg zeigt, daß es noch mehr für die Brigade, für China und für die Welt zu tun gibt«, rezitierten die drei unisono.

Der Kinderchor kam auf die Bühne, winkte uns mit roten Blumen zu und sang ein Lied, das man gerade erst gelernt hatte: »Wir sagen unseren Gästen aus Westdeutschland auf Wiedersehen. Wir wollen für Freundschaft und Verständigung zwischen den Völkern arbeiten. Laßt uns die rote Flagge gemeinsam erheben gegen Hegemoniestreben und Intervention.«

Für uns war die Zeit zum Abschied gekommen. Das graue Shanghaier Auto wartete, um uns nach Wu Xi zurückzubringen. Unsere Gastgeberin, das Eiserne Mädchen, ihr Mann und ihre Schwiegermutter kamen, um uns zu winken. Der alte Mann war wieder bei seinen Gänsen, aber einige der anderen, die wir kennengelernt hatten, wollten uns die Hände schütteln, und natürlich war Wu Xi-dong da, rauchte seine Zigarette und erklärte dem Fahrer den Weg. Das Eiserne Mädchen schien Tränen in den Augen zu haben, als sie meiner Frau auf Wiedersehen sagte, und wir winkten alle, bis das Auto außer Sicht war.

Die Veränderungen und Reformen, die in Hua Xi in der Mitte der siebziger Jahre eingeführt worden waren, behielten ihren Modellcharakter für die chinesische Landwirtschaft. Die innenpolitische Auseinandersetzung hatte niemals so tief in die landwirtschaftlichen Volkskommunen hineingewirkt wie etwa in die Universitäten und Industriebetriebe. Zwar war es in manchen Volkskommunen zu Kampagnen gekommen, durch die die leitenden Funktionäre unter Druck gesetzt und abgesetzt werden sollten, doch hatte auch die »Viererbande« nicht gewagt, durch radikale politische Machtkämpfe die Lebensbasis des chinesischen Volkes zu erschüttern. Nach dem Sturz der »Viererbande« trat freilich auch nicht ein, was manche ausländischen Beobachter erwartet hatten. Es gab keine Reprivatisierung der Landwirtschaft, und das private Gartenland der Bauern oder ihre privaten handwerklichen Nebentätigkeiten wurden nicht in den Mittelpunkt der Bemühungen um eine Produktionssteigerung gestellt.

Ich hatte nicht die Zeit, um Hua Xi noch einmal zu studieren, aber ich fuhr in die Volkskommune Nan Yuan im Süden Pekings, die ich in den Jahren zuvor kennengelernt hatte. Ich besuchte die gleiche Brigade, die gleichen Familien und sprach mit den gleichen Leuten, die mir zuvor über ihr Leben und die Organisation der Kommune erzählt hatten. Einiges hatte sich geändert: Auch in Nan Yuan haben die Bauern kein eigenes Gartenland mehr, das jede Familie selbständig bebaut; ein Stück Land, das in der Größe den früheren Gärten entspricht, wird gemeinsam von den älteren Leuten bebaut, die das Gemüse dann an die Mitglieder ihrer Brigade verteilen. Wäre es nicht einfacher, auch dieses gemeinsame Gartenland einfach mit den Gemüsefeldern zusammenzulegen und dann einen prozentualen Anteil der Gesamtproduktion an die Kommunemitglieder zu verteilen, fragte ich. Aber die Funktionäre winkten ab: Das könnte die Gesamtablieferung an den Staat beeinflussen. In Wirklichkeit liegen die Dinge so, daß in den Treibhäusern der Kommune Nan Yuan und unter großen Plastikplanen mit moderneren Methoden mehr Gemüse geerntet wird als auf dem Stück Land, das die älteren Leute mit einfachen Werkzeugen bebauen. So bleibt es bei einer klaren Trennung zwischen dem Land der Kommune und dem in der Theorie noch privaten Gartenland, das nun gemeinsam bebaut wird.

Nan Yuan ist einen Schritt weitergegangen als Hua Xi und hat nicht nur die Brigaden, sondern die ganze Kommune mit ihren 41 000 Menschen zur gemeinsamen Verrechnungseinheit gemacht. Investitionen und Sozialausgaben werden gemeinsam geplant und verwaltet, aber das System ist in dieser Phase der Entwicklung dennoch uneinheitlich geblieben und wird es auf lange Zeit sein. In den einzelnen

Arbeitsbrigaden sind die Einkommen der Bauern durchaus unterschiedlich. In einer erfolgreichen Brigade ist die Arbeit mehr wert als in einer, die weniger produziert. In den erfolgreichen Brigaden zahlt die Kommune die Kosten der Gesundheitsversicherung und der Schulausbildung, in den weniger produktiven Brigaden müssen die Bauern zur Krankenversicherung und zu den Schulkosten ihren freilich bescheidenen Beitrag leisten. Die Verwaltung der Kommune sorgt für einen gewissen Ausgleich zwischen den Einkommen der Brigaden, aber das Prinzip des materiellen Anreizes ist in der Landwirtschaft erhalten geblieben, und es gibt keine Pläne, es in absehbarer Zukunft zu verändern. Was sich in Nan Yuan in den letzten Jahren verändert hat, dient in erster Linie einer Vereinfachung der Verwaltung, die in größerem Maßstab Mechanisierung und Investitionen planen kann und die auf die Einkommen aller Brigaden zurückgreifen kann, um die industriellen Nebenbetriebe in kleine Fabriken umzuwandeln. Das Durchschnittseinkommen der Arbeitskräfte in der Landwirtschaft stieg zwischen 1975 und 1978 von 150 Yuan auf 197 Yuan. Aber die Bauern können nicht mehr wie früher über den Verkauf des Gemüses, das sie in eigenen Gärten anbauten, frei verfügen. Und nicht mehr die einzelnen Bauernfamilien bauen sich mit Unterstützung der Kommune neue Wohnhäuser, sondern die Kommune baut Häuser, und die Bauern sind nicht mehr Besitzer, sondern Mieter der neuen Wohnungen. Nicht überall in China vollziehen sich die Veränderungen im landwirtschaftlichen System so zügig wie in Nan Yuan oder Hua Xi, und die Unterschiede im Einkommen und in der Organisationsform der Volkskommunen bleiben auch in Zukunft noch groß. Aber die Richtung ist klar zu erkennen, und der Kurs ist auch durch Machtkämpfe und Machtwechsel nicht verändert worden.

DER MACHTKAMPF

Die Rebellion der Radikalen: Wandzeitungen, Straßenkämpfe und der Selbstmord eines Bauernmädchens

Chinas Bauern müssen mit den Naturgewalten kämpfen, um das Volk vor Hungersnöten zu bewahren. Auch die radikale Fraktion in der Führung konnte es nicht riskieren, die Ernährungsbasis des Landes durch ständige Eingriffe zu zerstören, und die Weite des Landes erschwerte es, die Machtkämpfe aus der Hauptstadt und aus den Provinzstädten mit gleicher Schärfe auf die Dörfer zu übertragen. Das weite Bauernland schien ruhig dazuliegen, nur vom Echo der Machtkämpfe und Kampagnen aus den Städten erreicht. Aber in den großen Städten durchlebten die Chinesen ein Jahrzehnt des verdeckten Bürgerkriegs, versuchten sie an Zeitungsartikeln und Schulungsmaterial abzulesen, ob die radikale Fraktion nach dem Rückschlag Anfang der siebziger Jahre wieder auf dem Vormarsch sei. Eine politische Kampagne löste die andere ab. Marschall Lin Biao, der am Ende der Kulturrevolution zum Nachfolger Maos designiert worden war, wurde öffentlich entlarvt: Mit Hilfe ultralinker Elemente habe er einen ultrarechten Staatsstreich vorbereitet und Mao zu ermorden versucht. Die Entlarvung Lin Biaos warf einen Schatten auf Jiang Qing und ihre Gefolgsleute, die in der Kulturrevolution seine Verbündeten gewesen waren. Nun mußten sie Lin zum Ultrarechten stempeln, um sich von ihm abzugrenzen. Ihre Propagandamedien verbanden die Kritik an Lin Biao mit einer historischen Abrechnung mit Konfuzius, und sie ließen in kaum getarnten Hinweisen durchblicken, daß Ministerpräsident Zhou En-lai und die Führer des Regierungsapparats ebenso wie deren Verbündete in der Partei unbekehrte und daher reaktionäre Konfuzianer seien. Was wie eine theoretische Auseinandersetzung mit der chinesischen Geschichte aussah, wurde zur Waffe im Machtkampf benutzt.

In Millionenauflagen wurden die Werke des Konfuzius gedruckt, übersetzt in modernes Chinesisch und mit eindeutigen Kommentaren versehen. In endlosen Stunden politischen Unterrichts versuchten die Anhänger des radikalen Parteiflügels, die Massen mit historischen Argumenten darauf vorzubereiten, daß die etablierte Führung im Interesse der Revolution gestürzt und entmachtet werden müßte. Aber der Einfluß der Radikalen war nicht gesichert. Im Laufe der Jahre stieg er an, um dann wieder für Perioden zurückzufallen. Die Bevölkerung wurde vom politischen Wellenschlag hin- und hergeworfen. Zunehmend breitete sich eine Kampagnenmüdigkeit aus. Die Chinesen fragten sich, wo Mao Tse-tung in diesem Streit der Meinungen stehe. Die Konfuzius-Diskussion schien einerseits von seinem Denken geprägt, aber andererseits konnten die Chinesen nicht glauben, daß Mao einer Verschwörung gegen seinen alten Kampfgefährten Zhou En-lai wissentlich Vorschub leistete. Gelegentlich zeigte das chinesische Fernsehen Aufnahmen aus Maos Arbeitszimmer, wo der Vorsitzende und der Premierminister beim Besuch ausländischer Staatsmänner vertraut beieinander saßen. Mao war umgeben von Büchern, während seine Frau im Lande eine Kampagne führte, die das Bücherlesen fast zur konterrevolutionären Aktivität stempelte. Mao und Zhou hatten den ehemaligen Generalsekretär der KP Chinas, Deng Xiao-ping, aus der politischen Verbannung zurückgeholt, und das wirkte wie ein politisches Signal dafür, daß nun der Kurs wieder auf ordentliche Staatsverwaltung und organisierten Wirtschaftsaufbau gerichtet sei. Mit Deng kamen erfahrene Fachleute zurück, die während der Kulturrevolution aus ihren Ämtern gestoßen worden waren.

Die Leute, die damals ihre Plätze eingenommen hatten, fühlten sich nun gefährdet. Sie waren das Potential, mit dem der radikale Flügel das Bündnisnetz seiner politischen Macht wieder errichten wollte. Während die Zentralinstitutionen von der Hauptstadt aus mit dem Wiederaufbau des Staats- und Wirtschaftsapparats begannen, setzten die Radikalen in den Provinzen, in denen sie Stützpunkte hatten, eine neue Wandzeitungskampagne in Gang.

Wandzeitungen sind in China eine übliche und sogar von der Verfassung gebilligte Form der politischen Äußerung. Während politischer Kampagnen entsprechen die meisten dem Inhalt offizieller Zeitungsartikel und den Texten von Schulungskursen. Um ihr richtiges Denken zu beweisen, verspüren Studenten vielleicht das Bedürfnis, eine Wandzeitung anzubringen. Wenn sie sichergehen wollen, schreiben Sie Teile von Zeitungsartikeln mit einigen kleinen Variationen ab und beginnen mit: »Meine Meinung ist:« und fügen am Ende »Das ist meine Meinung« hinzu. Aber bei Wandzeitungskampagnen entsteht normalerweise auch eine Reihe von Plakaten, die persönliche Beschwerden, Anklagen gegen Mißwirtschaft oder autoritäres Verhalten von Kadern oder manchmal generelle politische

Kritik am System und an der Führung enthalten. Im Frühling und Sommer 1974 bewirkte die offizielle Kampagne gegen Lin Biao und Konfuzius eine Flut von Wandzeitungen in fast allen Städten und Dörfern Chinas. Viele gingen weit über die theoretische Kritik, die von den Medien veröffentlicht wurde, hinaus und zeugten von dem Kampf um die Reorganisierung des politischen und wirtschaftlichen Lebens in China nach der Kulturrevolution. Die meisten Plakate stammten von unzufriedenen Arbeitern und Studenten, die sich darüber beklagten, daß die Verwaltungsorgane die Führung völlig übernommen hätten und die Massen von politischer Beteiligung ausschlössen. In den Revolutionskomitees, die nach der Kulturrevolution gebildet wurden, sollten die Verwaltungskräfte und die Vertreter der Massen Entscheidungen gemeinsam treffen.

In den Städten war das Revolutionskomitee als Kombination von Stadtverwaltung und Stadtrat aufgestellt worden, aber hauptberufliche Verwaltungsbeamte hatten die Arbeit übernommen, während Vertreter der Massen, die nicht ganz ein Viertel des Revolutionskomitees ausmachten, nur zu drei oder vier Sitzungen im Jahr kamen. Die Verwaltungsbeamten gaben sogar gelegentlich in Gesprächen mit Ausländern zu, daß die Vertreter der Massen nur eine unbedeutende Rolle spielten. Die offizielle Entschuldigung war, daß diese Vertreter mit ihrer eigenen Arbeit zu beschäftigt seien, um an der Verwaltungsarbeit teilnehmen zu können. Aber es ging um mehr als nur organisatorische Fragen, was sechs Arbeiter, die Vertreter der Massen im Revolutionskomitee von Peking waren, im Sommer 1974 öffentlich herausstellten.

Sie erhoben ihre Anschuldigungen auf Wandzeitungen gegenüber dem Gebäude des Revolutionskomitees, direkt im Herzen Pekings. Wie sie schrieben, waren sie systematisch von der Komiteearbeit ausgeschlossen worden, und sie erhoben Vorwürfe gegen ein hohes, aber ungenanntes Mitglied der Führung. »Wir als einfache Arbeiter und Vertreter der Massen sind besorgt über die Richtung, die die Bewegung zur Kritik an Lin Biao und Konfuzius einschlägt. Die Schwierigkeiten sind von leitenden Genossen geschaffen worden, die behaupten, es seien keine Anhänger Lin Biaos im Revolutionskomitee und ein Linienkampf sei unnötig. Das ist falsch. Es gibt schwarze, konterrevolutionäre Gruppen in der Hauptstadt, und sie folgen einem schwarzen Kurs. Sogar in Peking, dem Herzen Chinas, dem Ort an dem der Vorsitzende Mao lebt, sind bedeutende Personen auf Lin Biaos Piratenschiff geklettert. Sie behaupten, daß Lin Biao ein Ultrarechter war, sie führen diese Kritik aber nur, um die revolutionären Rebellen zu unterdrücken und Errungenschaften der Kulturrevolution, wie das Revolutionskomitee, zu schwächen. Sie kämpfen nicht gegen Ultrarechte. Während der Großen Proletarischen Kulturrevolution, als die bourgeoisen Stützpunkte bombardiert wurden, priesen die Genossen Jiang Qing und Zhou En-lai die Revolution in Shanghai. Aber seit damals sind viele Vertreter der Massen und revolutionäre Rebellen als konterrevolutionäre Elemente der Bewegung 516 verfolgt worden. Sie wurden festgenommen oder in andere Arbeitsgebiete geschickt. Ihre Probleme sind immer noch nicht gelöst. Viele Revolutionskomitees sind nur dem Namen nach revolutionär, in ihrer Arbeit aber nicht.«

Die Wandzeitung war von sechs Arbeitern aus einer Werkzeugmaschinen-, Färberei-, Textildruck- und einer Glasfabrik, einer Kokerei und einer Transportgruppe unterschrieben. Als ihr Plakat am nächsten Tag von der Wand entfernt worden war, nahmen weitere Plakate, von zwei Frauen aus der Kommunistischen Partei unterzeichnet, den Fall wieder auf. Sie unterstützten die sechs Arbeiter und beschwerten sich, daß die Führung des Revolutionskomitees deren Wandzeitung zerstört hätte. »Hier kann man sehen, wie die leitenden Genossen die Errungenschaften der Kulturrevolution negieren«, schrieben sie und wiesen darauf hin, daß Mao immer gelehrt habe, Debatten öffentlich und offen zu führen. Die Tatsache, daß sechs Vertreter der Massen praktisch von der Arbeit des Revolutionskomitees ausgeschlossen worden waren, zeigte, daß es leitende Personen gab, die einer falschen politischen Linie folgten, war die Schlußfolgerung der Frauen.

Ein Mann, der sich als altes Parteimitglied bezeichnete, unterstützte ihre Position. Er schrieb, daß nur einem der ursprünglichen Massenvertreter im Revolutionskomitee erlaubt worden sei, verantwortliche Arbeit zu übernehmen. Die Vertreter der Roten Garde und der Straßenkomitees seien alle ausgeschlossen worden, aber der Ausschluß allein sei noch ziemlich harmlos. »Die Mehrheit der Massenvertreter sowie viele revolutionäre Rebellen sind beschuldigt worden, Konterrevolutionäre zu sein. Sie wurden festgenommen, kritisiert, an andere Orte geschickt und verloren ihre Stellungen.« Acht Arbeiter, von denen einigen als Massenvertreter im Revolutionskomitee der Pekinger Baugesellschaft Nr. 5 unterschrieben, hingen Wandzeitungen auf, wonach in ihrer Gesellschaft eine ähnliche Situation herrsche wie im Pekinger Revolutionskomitee. »Seit 1970 existiert unser Revolutionskomitee nur dem Namen nach. Seit dreieinhalb Jahren gibt es keine Vollversammlung. Führende Angehörige der Fabrik benutzten die gegenwärtige Kampagne zum Angriff auf die Massen und die Rebellen. Sie versuchten sogar, gewaltsame Maßnahmen gegen einige Genossen des Revolutionskomitees zu veranlassen.« Die acht Arbeiter beschrieben, wie die revolutionären Rebellen in ihrer Fabrik während der Kulturrevolution gegen die frühere Stadtverwaltung gekämpft hätten und wie die Vertreter der Massen in die Führung eingegliedert worden seien. Aber seit 1970 habe man die Rebellenführer verfolgt und gezwungen, zuzugeben, daß sie Mitglieder einer extremistischen konterrevolutionären Organisation seien. Ähnliche Beschuldigungen wurden von Arbeitern der Pekinger Verkehrsgesellschaft veröffentlicht. »Das Revolutionskomitee ist eine Rote Kraft, die in der Kulturrevolution geboren wurde«, schrieben sie über die Zustände in ihrer Gesellschaft. »Aber viele Mitglieder des Revolutionskomitees sind als Angehörige der konterrevolutionären Clique 516 verleumdet worden. Zwei Jahre lang mußten sie sich politischen Schulungskursen unterziehen, und ein Jahr lang wurden ihnen keine Löhne ausgezahlt. Auf viele Arten wurden sie angeklagt und verfolgt. 90 Prozent der Massenvertreter denunzierte man als Konterrevolutionäre, und jetzt sind kaum noch welche von ihnen im Komitee. Die Anhänger Lin Biaos haßten das neue Revolutionskomitee, besonders die Vertreter der Massen und die jungen Kader. Die alte Clique konnte sie nicht beherrschen, weil diese neuen Kräfte keine gehorsamen Werkzeuge des Revisionismus sind. Tatsachen bleiben Tatsachen, und die Wandzeitungen der sechs Genossen des Pekinger Revolutionskomitees beschreiben weitverbreitete Zustände.«

Ein Arbeiter einer Werkzeugmaschinenfabrik brachte heftige Anschuldigungen gegen höchste politische Führer der Hauptstadt vor. Er nannte sich »Der Goldene Affe«, nach einem Gedicht Maos, in dem der mythische goldene Affe seinen großen Knüppel erhebt, um die Überbleibsel der alten Gesellschaft zu zerstören. Der »Goldene Affe« und seine politischen Freunde hatten in ihrer Fabrik Ärger bekommen, weil sie revolutionäre Arbeiter waren, die der korrekten Linie des Vorsitzenden Mao folgten und die Errungenschaften der Kulturrevolution verteidigten, stand in der Wandzeitung. »Nachdem die bourgeoisen Stützpunkte Liu Shao-qis in der Kulturrevolution zerstört worden waren, holten viele Genossen tief Luft und dachten, daß jetzt alles ruhig sein würde. Unter Lin Biao hatten Produktionsfragen Vorrang und dominierten alles. Die Errungenschaften der Kulturrevolution sind vernichtet worden. Statt dessen ist das Ritual aus der Zeit vor der Kulturrevolution wieder eingeführt worden. Die Kritik an Liu Shao-qi ist zu leerem, formalem Gerede geworden. Einige Kader wurden gegen die Massen gestellt, man stellte sogar Massen gegen Massen. Als wir es wagten, unsere Stimme zu erheben und den korrekten Kurs zu unterstützen, organisierte man sofort eine Bewegung unter den 6000 Arbeitern unserer Fabrik unter der Parole: ›Schlagt die Affen.‹ Von März bis Juni berief man mehr als 100 Versammlungen ein, um die ›Affen‹ zu kritisieren, außerdem wurden wir in mehr als 1000 Wandzeitungen kritisiert. Das Ziel dieser organisierten Bewegung war klar: Die ›Affen‹ sollten getötet oder erzogen werden, die 6000 Kader und Arbeiter der Fabrik sollten politische Erziehung erhalten. Jetzt sind nur ein paar Plakate übriggeblieben, auf denen wir ›Affen‹ unsere Meinung kundtun. Die Bewegung zur Kritik an Lin Biao ist abgewürgt worden, es existiert nur noch Stille und Einsamkeit. Das gilt für ganz Peking. Die Bewegung, die ›Affen‹ zu schlagen, wurde von einer hohen Persönlichkeit des Pekinger Revolutionskomitees angestiftet, die im März in unsere Fabrik kam, um Direktiven zu erteilen und die Bewegung zur Kritik an Lin Biao in eine Kritik an den ›Affen‹ umzuwandeln. Peking ist historisch eine Brutstätte der Reaktion, ein unabhängiges Königreich, wo nichts geändert werden kann. Eine Kulturrevolution reicht nicht, um die alten Einflüsse auszurotten. Die jüngsten Entwicklungen sind Ausdruck des Linienkampfes und zeigen, daß im Revolutionskomitee der Hauptstadt immer noch Leute der Linie Lin Biaos anhängen.«

Arbeiter aus anderen Provinzen veröffentlichten ihre Beschwerden in Peking in der Hoffnung, daß ihre Wandzeitungen bei der höchsten Führung im Zentralkomitee Beachtung fänden. Eine Gruppe aus Chekiang berichtete, daß ihre Freunde eine Organisation namens »Das Große Proletarische Bündnis« gegründet hätten, die lokale Führung sie jedoch mit Gewalt zerstört habe. »Fabrikarbeiter mit Stöcken und Steinen sind gekommen, um die Versammlung des ›Großen Proletarischen Bündnisses‹ zu zerschlagen.« Wandzeitungen wie diese gaben einen Hinweis auf die Unruhen in den Provinzen, wo die Kampagne gegen Lin Biao zu inoffiziellen Versammlungen, Wandzeitungen, Streiks und sogar zu Sabotageakten geführt hatte, wie später, als die Bewegung wieder unter Kontrolle war, in einem Parteidokument zugegeben wurde. Eine Frau aus Szechuan, wo die heftigen Kämpfe noch bis Ende 1976 dauerten, protestierte in einer

Pekinger Wandzeitung dagegen, daß man ihr verboten hatte, ihre Klagen in der Hauptstadt aufzuhängen. »Ich war 329 Stunden im Gefängnis Nr. 2 eingesperrt. Ich mußte alle möglichen Beleidigungen, illegalen Handlungen und Schläge ertragen. Ich mußte mich zu einer Untersuchung ganz ausziehen, und die Vertreter des Büros für öffentliche Sicherheit untersuchten jeden Teil meines Körpers, sogar meine Haare und meinen Hintern. Wer die Untersuchung verweigerte, wurde gefesselt. Ich bin Bürgerin der Volksrepublik China, und gemäß der Verfassung habe ich das Recht, die Abteilung für öffentliche Sicherheit anzuzeigen. Sie haben mein Geld und meine Getreidekupons beschlagnahmt, 22 Yuan und Marken für 4 Kilo Getreide. Sie haben versprochen, daß ich alles zurückbekomme, ich habe aber nichts zurückerhalten. Ich mußte unterschreiben, daß ich alles zurückbekam, sonst hätten sie mich nicht freigelassen. Sie haben auch die Materialien beschlagnahmt, mit denen ich unsere Anklagen veröffentlichen wollte. Diese Papiere waren der Beweis, daß es in der Provinz Szechuan Machthaber gibt, die den Kapitalismus wiederherstellen wollen.«

Eine achtseitige hektographierte Zeitung war an die Hauswände in der Nähe des Revolutionskomitees geklebt worden. Sie stammte von einer Gruppe in der Provinz Hunan, die sich »Vorbereitendes Komitee zur Roten Einheit« nannte, und sie schilderte die Geschichte und die Verfolgung einer Organisation der Roten Garde, die nach der Kulturrevolution konterrevolutionär genannt und von den Provinzbehörden unterdrückt worden sei. Eine andere Gruppe aus Hunan hängte eine Wandzeitung auf, die sich direkt an Mao wandte. »Verehrter und geliebter Vorsitzender Mao! Wie geht es Dir? Wir sind eine Gruppe von Arbeitervertretern der Stadt Chao Yang in der Provinz Hunan. Wir haben Berge und Flüsse überwunden, um nach Peking zu kommen und Dich über den Stand der Kampagne in unserer Heimatprovinz zu informieren.« In ihrem Kreis, schrieben sie, habe die Führung die Kampagne gegen die Massen gewandt. Diese Führer weigerten sich, Konfuzius und Lin Biao zu kritisieren, und versuchten zu erreichen, daß die Massen gegen die Massen kämpfen. »Diese Führer benutzten aber auch jeden Trick. Mit Versprechen auf höhere Positionen und Erfüllung aller Wünsche versuchten sie, eine kleine Minderheit von Führern der Massen zu korrumpieren. Sie spalteten die Massen in drei Gruppen und schoben so der Revolution einen Riegel vor. Revolutionäre Rebellen werden als ›ultrarechte Elemente‹ verleumdet.« Die Wandzeitung lobte die Aktivität der Rebellen während der Kulturrevolution, klagte Führer der Provinzen an, daß sie Kritik unterdrückten, und behauptete, daß einige von ihnen Konfuzius nicht kritisieren wollten. Revolutionäre Organisationen, die Maos Linie verteidigten, seien aufgelöst und unterdrückt worden, während Reste der »Liu-Shao-qi-Clique« und Lin Biao wieder in Machtpositionen gelangt waren. »Wir haben diese Informationen an das Parteikomitee der Provinz weitergegeben, aber sie wurden nicht anerkannt, und einige Leute versuchten, uns unter Druck zu setzen. Also sind wir nach Peking gekommen, um unsere Anklagen beim Kaiser vorzubringen. Wir müssen uns an das Zentralkomitee und dessen Führung wenden, und wir ersuchen Euch dringendst, die Probleme in unserer Heimatprovinz zu untersuchen. Es kann sein, daß unsere Ansichten und unsere Informationen falsch sind, wir schreiben diese Briefe aber aus der Tiefe eines Herzens, das für den revolutionären Kurs kämpft. Wir wünschen Dir beste Gesundheit.«

In einer anderen Wandzeitung beklagte sich eine Frau aus der Provinz Hunan, daß die Führer in ihrer Provinz falsche Anschuldigungen gegen ehrenhafte revolutionäre Rebellen erhöben, wobei sie den Namen einer dieser Führer nannte: der Erste Parteisekretär Hua Guo-feng. Aber den Namen des Mannes, der zwei Jahre später Maos Nachfolger werden sollte, hatte man ausgestrichen und durch drei X ersetzt.

Eine Woche lang waren die Hauswände in der Nähe des Pekinger Revolutionskomitees voller Wandzeitungen. Gruppen von Arbeitern kamen mit Leimtöpfen, trugen Bündel von roten, gelben, grünen und weißen Plakaten, auf denen sie ihre Klagen und Argumente in sorgfältig geschriebenen Schriftzeichen notiert hatten. Große Menschenmengen standen vor den Plakaten und kommentierten öfter die Schrift als den Inhalt. Die meisten Leser schwiegen; immer waren Leute da, die die Texte abschrieben, vielleicht, um sie in Wandzeitungen zu verwenden, die sie in ihren Fabriken oder Schulen aufhängen wollten. Die meisten Zeitungen hingen einige Tage, aber einige wurden während der Nacht entfernt oder sogar innerhalb von wenigen Stunden in Stücke gerissen.

Ende Juni veröffentlichten die beiden Frauen, die vorher die Anklagen gegen das Revolutionskomitee unterstützt hatten, eine neue Klageschrift gegen die Behörden, die ihren Protest zu unterdrücken versuchten. »Gestern mittag kamen wir zwei Genossinnen hierher, um ein neues Plakat zur Unterstützung der sechs Genossen aufzuhängen. Wir wollten sie an das Eisentor gegenüber dem Gebäude des

Revolutionskomitees kleben. Wir wußten nicht, daß dieses Tor der Eingang zu einem Club ist, in dem einige führende Genossen schwimmen und sich erholen. Wir wußten nicht, daß wir ihre Würde verletzten. Aber man sagte uns, daß wir die leitenden Genossen stören würden, und mehrere Leute kamen heraus, um die Plakate abzureißen. Sie hatten den Befehl, uns zwei Frauen zu schlagen. Sie verletzten uns an den Armen, die Finger von einer von uns sind geschwollen. Dann öffneten sie das Tor, brachten einen Schlauch und bespritzten uns mit Wasser. Wir waren total naß und konnten kaum atmen. Die Plakate in unseren Taschen waren durchweicht. Die Leute, die die Wandzeitungen lasen, wurden auch naß und waren empört. Viele sagten, diese Handlungsweise erinnere sie an die Guomindang. Deshalb mußten sie sich mit ihrem Schlauch zurückziehen, aber sie schickten Polizisten, um Druck auf uns auszuüben.«

In der Nacht hatte jemand ein kleines weißes Stück Papier auf das Plakat der zwei Frauen geklebt, auf das mit Kugelschreiber geschrieben war: »Die zwei Autorinnen dieser Wandzeitung haben seit der Kulturrevolution Gerüchte und üble Nachreden verbreitet. Sie schreiben puren Unsinn. Ihr wirkliches Ziel ist es, die Kulturrevolution zu sabotieren. Eine von ihnen ist schuldig, viele Missetaten gegen die Polizei begangen und Parteikader aufgestachelt zu haben. Beide Frauen wurden kritisiert, aber ihre Haltung hat sich nicht gebessert, und sie hören mit ihren Tricks und Lügen nicht auf. Sie nehmen nicht regelmäßig an der produktiven Arbeit teil, sondern lungern herum. Wir fordern das Revolutionskomitee von Peking auf, diese schlechten Elemente strengstens zu bestrafen. Wir müssen unsere revolutionäre Wachsamkeit erhöhen und dürfen niemals den Klassenkampf vergessen.« Diese Bemerkungen waren nicht mit einem Namen unterschrieben; deshalb konterten die beiden angegriffenen Frauen mit einer weiteren kleinen Notiz, in der sie darauf hinwiesen, daß Wandzeitungen gezeichnet sein sollten, weil Mao gelehrt habe, die Debatte offen und nicht konspirativ zu führen.

An einem anderen Tag im Juli 1974 hingen an einer Wand hinter dem Pekinger Revolutionskomitee 18 große, handgeschriebene Wandzeitungen mit dem Titel: »Bitte an das Zentralkomitee, den Tod durch Verfolgung eines gebildeten Mädchens zu untersuchen, das aufs Land geschickt wurde und eine Aktivistin beim Studium der Gedanken des Vorsitzenden Mao war.« Der ältere Bruder des jungen Mädchens hatte die Wandzeitung aufgehängt. Er erzählte die Geschichte von Chao Bao-feng, einem zwanzigjährigen Mädchen, das seit 1969 in einer Kommune der Provinz Hunan arbeitete. Sie hatte sich entschlossen, auf dem Land zu arbeiten, um mit den Bauern zu arbeiten, schrieb ihr Bruder, und sie arbeitete von morgens bis abends, sogar in der größten Hitze. »Sie lernte bescheiden von den armen Bauern und studierte eifrig den Marxismus, den Leninismus und die Mao-Tse-tung-Ideen. Bevor sie anfing, an der ideologischen Arbeit teilzunehmen, war die Brigade, in der sie arbeitete, gegen die Linie des Vorsitzenden Mao. Zwei Feinde in der Brigade verbreiteten das Gerücht, Chao Bao-feng habe mit einem Mitglied des Revolutionskomitees geschlechtlich verkehrt. Sie forderten ihren Ausschluß aus einer Vereinigung von Aktivisten und versuchten, das Mitglied des Revolutionskomitees zum Selbstmord zu bringen.«

Dem Bruder des Mädchens zufolge versuchten die schlechten Elemente, das Mitglied des Revolutionskomitees in Mißkredit zu bringen, weil er leitende Kader der Kommuneverwaltung kritisiert hatte. Sie informierten die Abteilung für öffentliche Sicherheit in der Kreisstadt, und das Mädchen wurde 16 Stunden lang verhört. »Einige Leute im Büro für öffentliche Sicherheit wollten, daß sie zugebe, von dem Angehörigen des Revolutionskomitees vergewaltigt worden zu sein. Als sich das Mädchen, Chao Bao-feng, weigerte, zwangen sie es mit Gewalt, sexuelle Beziehungen mit dem Mann zuzugeben. Die zwei Parteisekretäre der Brigade veröffentlichten das erzwungene Geständnis auf Wandzeitungen in der Kreisstadt.« Ihre Eltern schickten eine Beschwerde an das Parteikomitee der Stadt, erhielten aber keine Antwort. Das Mädchen verzweifelte. »In den Jahren zuvor war sie der Arbeit keinen einzigen Tag ferngeblieben, aber jetzt mußte sie um sieben Tage Urlaub bitten. Am 20. April kehrte sie an ihren Arbeitsplatz zurück. Am 21. April starb sie im Bahnhof. Das Amt für öffentliche Sicherheit der Provinz Hunan und das Sicherheitsbüro des Bahnhofs ordneten eine Autopsie an. Die Ergebnisse bewiesen, daß es keine sexuellen Beziehungen gegeben hatte. Erst am 26. April informierte man die Eltern über ihren Tod und erlaubte ihnen, den Leichnam zu sehen. Am 9. Mai wurde er in die Kommune gebracht, aber bis jetzt hat die Brigade noch kein Material für einen Sarg zur Verfügung gestellt. Das Problem ist immer noch nicht gelöst.« Der ältere Bruder behauptete, daß sie ein Opfer hoher politischer Kader der Provinz Hunan sei, die immer noch der konterrevolutionären, revisionistischen Linie Lin Biaos anhingen und die Anhänger der korrekten Linie Maos verfolgten.

Eines Morgens erschienen sechs kräftige Arbeiter mit einem Leimtopf und 23 Wandzeitungen, die Details ihrer Anklage gegen den Parteisekretär der Stadt Zhengzhou in Hunan enthielten. Als sie anfingen, ihre Plakate an der Hauswand gegenüber dem Pekinger Revolutionskomitee aufzuhängen, kamen einige Angestellte der Stadtverwaltung, um es ihnen auszureden, aber die Arbeiter machten ihnen klar, daß man sie nicht einschüchtern konnte, und schickten sie zurück. Ihre Wandzeitungen nannten sich »tiefempfundene Worte der Arbeiter vom Kohlentransport der Stadt Zhengzhou«. Sie beklagten sich im Namen von 200 Mitgliedern einer Kooperative, die auf Dreirädern Kohle transportierte. Ihre Kooperative war aufgelöst worden, die Sonderration Getreide für ihre Mitglieder abgeschafft, und man hatte die Arbeiter anderen Stadtteilen und anderen Organisationen zugeteilt. »Wir wollen den Hintern des Tigers berühren«, verkündeten ihre Plakate, was bedeutete, daß sie einen Mann hohen Ranges kritisieren wollten. Sie klagten die Führer ihrer Stadt an, den Kampf gegen die Linie Lin Biaos und gegen die Lehren des Konfuzius verboten zu haben.

Eine weitere Serie von Wandzeitungen tauchte an den großen Toren auf, die zu den Kasernen der Allgemeinen Politischen Abteilung der Volksbefreiungsarmee führten. Ein Mann klagte, daß er als dienstuntauglich entlassen worden sei von Kompanie- und Bataillonsführern, die dem Kurs Lin Biaos folgten. Er habe ihre Behauptung zurückgewiesen, daß er geistesgestört sei, aber ohne Erfolg, schrieb der Mann. Von da an habe er unzählige Briefe geschrieben und die Mühe auf sich genommen, die Privatadressen aller führenden Mitglieder der Allgemeinen Politischen Abteilung herauszufinden. Er hatte versucht, sie zu Hause zu besuchen, aber sie waren nicht bereit, seinen Fall zu diskutieren. Man habe ihn sogar eingesperrt und in sein Heimatdorf zurückgeschickt, behauptete der entlassene Soldat und bat um eine Untersuchung der politischen Tragweite seines Falles auf höchster Ebene.

Einige der Wandzeitungen in der Nähe des Revolutionskomitees waren allem Anschein nach nicht ernst zu nehmen. Einer behauptete, er habe ein neues System zur Vereinfachung der chinesischen Schrift erfunden, doch die Agenten Lin Biaos hätten ihm die Tasche gestohlen, in der er seine Notizen aufbewahrte, und ihre Verfolgung habe seine Gesundheit dermaßen geschädigt, daß ihn jetzt immer Magenbeschwerden und Durchfall plagten. Ein Arbeiter aus der Provinz Hunan berichtete in seiner Wandzeitung, daß zehn Jahre lang alle seine Vorschläge zur Rationalisierung in seiner Fabrik von der Leitung zurückgewiesen worden seien. Er habe dem Vorsitzenden mehrere Briefe in der Angelegenheit geschrieben, aber der Vorsitzende habe nie geantwortet, und jetzt fragte sich der Arbeiter, ob Mao diese Post je erhalten habe.

Einige Tage lang lasen sich die Wandzeitungen im Zentrum Pekings wie die Leserbriefe einer westlichen Zeitung. Einige Plakate enthielten höchst persönliche Beschwerden oder bezogen sich auf Streitereien, die kaum mit der politischen Kampagne in Verbindung gebracht werden konnten. Die anderen waren schwieriger zu analysieren. Die meisten waren Anklagen von Mitgliedern früherer linker Gruppen, die während der Kulturrevolution Aktivisten gewesen und später beiseitegeschoben worden waren. Ausländische Beobachter können die Fakten, die hinter den Beschwerden und Anklagen stekken, nicht prüfen, und sie können nicht wissen, ob die Autoren für große oder kleine politische Gruppen sprechen. Es scheint sicher zu sein, daß die Gruppen, die ihre Protestwandzeitungen in Peking veröffentlichten, sich der Unterstützung von Leuten der höchsten Parteiebene gewiß waren, vielleicht sogar der von Mao selbst. Aber die Meinungen, die in einigen dieser Plakate ausgedrückt wurden, paßten nicht in das einfache Schema des Kampfes zweier Fraktionen. Teilweise liegt die Schwierigkeit der Analyse von Wandzeitungen in der Tatsache, daß einige von ihnen offiziellen Rückhalt haben und andere nicht. Die Entscheidung, zu welcher Kategorie eine Wandzeitung gehört, ist oft schwierig. In der chinesischen Polemik benutzt man die Technik, Bezeichnungen und Argumente umzudrehen, so daß Gegner, die kurz vorher noch angeklagt waren, Ultrarechte zu sein, jetzt Ultralinke genannt werden. Manchmal kann man diese Technik rechtfertigen. Eine Gruppe, die versucht, den Massen ein ultralinkes Programm aufzuzwingen, kann ultrarechts geheißen werden, weil sie die Methoden einer elitären Diktatur anwendet. Aber genausooft ist die Verkehrung von Bezeichnungen ins Gegenteil nur eine politische Bequemlichkeit: Man wirft gegenwärtige Opponenten mit verschiedenen früheren Parteifeinden, die schon lange diskreditiert sind, in einen Topf. Die Wandzeitungen des Sommer 1974 zeigten, daß hinter der Fassade von offiziellen Verlautbarungen und Zeitungsartikeln immer noch alte Fehden der Kulturrevolution schwelten. Sie waren der Beweis für harte Machtkämpfe in vielen Provinzen und für tiefe Unzufriedenheit unter einigen Kadern und Aktivisten, die in der Kulturrevolution zu Macht und Einfluß gelangt waren. Weil die Parteiführer die Unruhe fürchteten, die durch eine heftige Wandzeitungskampagne bewirkt werden könnte, einigten sie sich 1974 auf eine Direktive, die die Bildung linksgerichteter Vereinigungen verbot, und stellten so zeitweise die Ordnung wieder her. Aber die radikale Fraktion um Jiang Qing glaubte sich potentieller Verbündeter in einem zukünftigen Machtkampf sicher. In politischen Studienzirkeln im ganzen Land verbreiteten Yao Wen-yuan und Wang Hung-wen die Kritik an anderen Führern, denen sie vorwarfen, dem »kapitalistischen Weg« zu folgen. Sie behaupteten, eine neue Bourgeoisie habe Machtpositionen in der Partei übernommen, so daß »Rebellieren gerechtfertigt« sei. Beim 10. Parteikongreß 1973 hatte Ministerpräsident Zhou En-lai der Modernisierung der Landwirtschaft, Industrie, Wissenschaft und Verteidigung Chinas hohe Priorität eingeräumt. Die Radikalen behaupteten, die Forderung nach Modernisierung und Produktion sei nur ein Trick der etablierten Führung, die »einen Satelliten in den Himmel schießen, um die rote Fahne herunterzuholen«, und ökonomische Ziele über den revolutionären Wandel stellten. Für sie waren beim 10. Parteikongreß nicht die Zitate der Rede Zhous wichtig, sondern die Worte Wang Hung-wens, des kürzlich ernannten jungen Stellvertretenden Vorsitzenden der Partei, der während der Kulturrevolution in Shanghai aufgestiegen war. »Wenn es um die Frage der richtigen Linie und die generelle Situation geht, muß ein wahrer Kommunist den Mut haben, gegen den Strom zu schwimmen, ohne an sich selbst zu denken – sogar wenn dies einen Verlust seiner Position, Parteiausschluß, Gefängnis, Scheidung oder den Verlust seines Kopfes bedeuten kann«, hatte Wang gesagt, wobei er sich an eine ältere Rede des Vorsitzenden Mao anlehnte. Hinter der Fassade von Einigkeit formierten sich die Fronten.

Die Anhänger der »Viererbande« bauten das Netz ihrer Stützpunkte in den Partei- und Verwaltungsapparaten der Provinzen aus. Mit Wandzeitungskampagnen und Kritikversammlungen setzten sie die Kader unter Druck. Die Redaktionen der Massenmedien aus Peking setzten Untersuchungsgruppen in Marsch, die Fehler und Verstöße der Verwaltungsstellen auszuforschen und nach Peking zu melden hatten – nicht zur Veröffentlichung, sondern für die Dossiers der radikalen Fraktion. Unüberprüfbare Beschuldigungen wurden an die Führer der »Viererbande« in Peking geschickt und kamen in Form von Aufrufen zu Sturz und Bestrafung in die Provinzen zurück. Die örtlichen Führer der Radikalen rühmten sich ihrer guten Beziehungen zur Frau Mao Tse-tungs und drohten, ein Telefonanruf in die Hauptstadt würde genügen, um von dort Unterstützung im Kampf gegen örtliche Kader herbeizuholen. In Extremfällen organisierten sie Überfälle auf regionale Dienststellen, ließen ältere Kader verprügeln und erzwangen die Neubesetzung von Partei- und Revolutionskomitees. Aber in keiner der Provinzen gelang es ihnen, die Macht völlig in die Hand zu bekommen. Sie blieben eine straff organisierte Minderheit, die durch Einschüchterung und Gewalt einzelne Machtpositionen erobern konnten, aber fast überall waren sie isoliert. Wieder versuchten sie, selbstorganisierte Kaderschulen zur Bestrafung und Isolierung widerspenstiger Funktionäre und Intellektueller einzusetzen. Aber diesmal funktionierte ihr Einschüchterungssystem weniger gut als zu Beginn der siebziger Jahre. Ihre Herrschaft war nicht total. Gegner, die sie zur Landarbeit in abgelegene Kaderschulen verschicken wollten, entzogen sich dem Zwang und wurden von Freunden oder Verwandten versteckt und ernährt, wenn sie ihre Arbeitsplätze in Zeitungen, Theatern, Filmstudios oder Verwaltungsstellen verloren hatten. Es gab genug Provinzen und Städte in China, in denen führende Kader die Opfer der radikalen Verfolgung deckten. Zu stark war die Erinnerung daran, daß persönliche Gegner Jiang Qings am Ende der Kulturrevolution in Kaderschulen verschwunden waren, aus denen sie 1976 noch immer nicht zurückkehren durften.

Die Kampagne gegen sogenannte »Vertreter des kapitalistischen Weges« erzeugte bei der großen Mehrheit der chinesischen Bevölkerung mehr Ablehnung als Zustimmung. Wenn den angegriffenen Funktionären vorgeworfen wurde, sie gäben dem Aufbau der Industrie und einem geordneten Verwaltungswesen den Vorrang vor dem Klassenkampf, so weckte das in der Bevölkerung das Gefühl, nun bereite sich wieder eine bürgerkriegsähnliche Kulturrevolution vor, deren Folge ein Zusammenbruch der Produktion und ein Sinken des Lebensstandards sein würde. In ihrem Kampf um die Macht versuchten die Radikalen, das Transportsystem in die Hand zu bekommen, das den Zusammenhalt zwischen den weit entfernten Provinzen und Städten erhält. Dort, wo die Radikalen die Verwaltung von Eisenbahnstrecken übernahmen, brach der regelmäßige Betrieb zusammen – mit der Folge, daß in der Industrie Versorgungsengpässe entstanden und Betriebe die Arbeit einstellen mußten. In großen Industriewerken, in denen radikale Gruppen um die Macht kämpften, standen die Maschinen wochenlang oder monatelang still. Weniger als ein Jahr nach Zhou En-lais Aufruf zu zielstrebiger Modernisierung Chinas, der im chinesischen Volk Hoffnungen auf eine stabile, kontinuierliche Entwicklung geweckt hatte, schienen alle Hoffnungen wieder in Frage gestellt.

In Peking und auf Konferenzen in den Provinzen war der stellvertretende Ministerpräsident Deng Xiao-ping dabei, mit Chinas Wirtschaftsplanern und Wissenschaftlern Programme für die Modernisierung von Forschung und Industrie und die Neuorganisierung der chinesischen Wirtschaft zu erarbeiten. Solche Bemühungen gefährdeten den Machtzuwachs der Radikalen, die nun in Massenmedien den Kampf gegen den »größten Machthaber auf dem Wege zum Kapitalismus« verschärften. Sie wollten die Qinghua-Universität zum Ausgangspunkt einer Kampagne gegen ihre Gegner in Regierung und Forschungsakademien machen, weil ihre Kontrolle über die Massenmedien noch nicht stark genug war, um die Gegner in Zeitungen und Rundfunk namentlich zu beschuldigen. Vom Herbst 1975 an steigerten sie die Wandzeitungskampagne in der Qinghua-Universität, brachten ihre Gefolgsleute in Bussen und Lastwagen auf das Universitätsgelände und ließen sie dann die dort kopierten Texte in anderen Universitäten und in Fabriken anschlagen. Zuerst richtete sich die Kampagne gegen den Erziehungsminister und seine Versuche, das Bildungswesen zu reformieren. Dann schossen sich die Wandzeitungen auf Deng Xiao-ping ein.

Gegen die Blitz-Aufsteiger, für Ordnung und Aufbau: Deng Xiao-ping wird abgeschossen

Im Februar 1976 wurde im Hof der Pekinger Universität, wo die »Vertreter des kapitalistischen Weges« schon seit Wochen angegriffen worden waren, eine viele Seiten lange Wandzeitung mit großen Schriftzeichen aufgehängt. Sie enthielt Zitate aus Reden des Vizeministerpräsidenten Deng Xiao-ping. Eine Sammlung seiner Aussprüche hatte unter den Studenten zirkuliert, damit sie ihn kritisieren konnten. Außer der Überschrift gab es zu der Wandzeitung mit Zitaten Dengs keinen Kommentar. Sie lautete: »Konterrevolutionäre revisionistische Zitate Deng Xiao-pings, des größten Machthabers, der in der Partei den kapitalistischen Weg geht.« Seine Feinde schienen anzunehmen, daß seine Trugschlüsse und seine bösen Absichten für sich selbst sprächen. Aber die Zitate gaben auch einen Einblick in den politischen Kampf und wiesen auf die Bedingungen des politischen und ökonomischen Lebens in China hin, die Deng ändern wollte.

»Heute herrscht in der Partei eine anomale Situation. Viele Genossen fürchten sich vor diesem oder jenem, sie fürchten aber nicht, daß der Aufbau des Staates nicht gut geleistet würde. Ich hoffe, jeder wird seine ganze Kraft einsetzen, um die vier Modernisierungen (der Landwirtschaft, Industrie, Wissenschaft und Verteidigung) noch in diesem Jahrhundert zu verwirklichen.«

»Wir fürchten uns nicht zu sagen, daß die Technologie den Oberbefehl haben muß. Die Technologie muß vom Marxismus-Leninismus geführt werden, aber sie ist notwendig. Ohne Technologie kann weder für die Partei, noch für das Volk, noch für das Individuum etwas erreicht werden. Jemand, der ernsthaft Technologie studiert, muß nicht zwangsläufig ein engstirniger Experte werden. Leute, die die Toilette besetzt halten, ohne sich zu entleeren, sollten gehen. Jemand, der von seinem Arbeitsbereich nichts versteht, sollte anderen Platz machen.«

»Wir sind gegen die Theorie vom Primat der Produktivkräfte. Aber beim Aufbau des Sozialismus muß man die Produktion, die Wissenschaft und die Technologie vorantreiben. Wenn wir Arbeit, Produktivität, Wissenschaft und Technologie für wichtig erachten, bedeutet das nicht, daß wir für das Primat der Produktivkräfte sind.«

»Die Ideen Mao Tse-tungs und der Marxismus-Leninismus sind auch Theorie. Sollen wir auch diese Theorie verdammen? In allen Ministerien benötigen wir Leute mit theoretischer Bildung und Universitätsausbildung. Aber heute gibt es diese Leute, die sogar die Existenz theoretischer Studien in den wissenschaftlichen Instituten kritisieren. Wir haben Transistoren gebaut. Aber in Japan haben sie 2000 Transistoren durch einen einzigen ersetzt. Das zeigt, daß in unseren theoretischen Studien vieles fehlt. Wir hatten einige Erfolge. Aber es waren Zufallserfolge. Die Theorie muß rehabilitiert werden.«

»Wenn man bloß unsere Industrieausstellung in Shanghai ansieht, wird man durch falsche Eindrücke irregeleitet. Wir produzieren nur 20 Millionen Tonnen Stahl. Wir wollen nicht über die USA sprechen, sondern über Deutschland und England. Diese Länder produzieren 30 Millionen Tonnen, haben aber nur 60 Millionen Einwohner. Wir haben 900 Millionen Einwohner und 20 Tonnen Stahl. Wenn wir das Niveau von Frankreich und England erreichen wollen, müssen wir 300 Millionen Tonnen produzieren. Verglichen mit den Vereinigten Staaten sollten wir auf 500 Millionen Tonnen kommen. Aus dieser Sicht muß man China betrachten.«

»Wissenschaft und Technik müssen an vorderster Stelle in einem Staat stehen. Auf der Konferenz zum Lernen von Dazhai habe ich gesagt, daß die Rückständigkeit der Landwirtschaft den Aufbau der Industrie verlangsamen kann. Sie sagen, daß Wissenschaft und Technologie mit praktischer Arbeit verbunden werden muß, aber das ist ohne theoretische Arbeiten nicht möglich. Wir brauchen eine Liste von Technikern mit den Namen aller erstklassigen Leute, von denen wir erwarten können, daß sie Erfolge erzielen. Wenn nur 1000 unter 150 000 sind, ist das immer noch lohnend. Die Institute und Fabriken müssen die Probleme in bezug auf Wohnungen, Kinderkrippen und der Zusammenführung getrennter Familien von Wissenschaftlern und Technikern lösen lassen. Sie müssen ihnen leitende Positionen zuweisen. In manchen Fällen wurde das schon getan, aber heimlich, als ob es ein Verbrechen wäre.«

»Was Richtlinien und Bestimmungen angeht, ist das entscheidende Problem die Frage der Verantwortung. Heute ist niemand für nichts verantwortlich. Das muß die zentrale Fragestellung sein.«

»Die Massen müssen mobilisiert werden, und die notwendigen Richtlinien und Regeln müssen festgelegt werden. Bis heute hat niemand davon gesprochen. Heute kann jemand zur Arbeit gehen, wenn er sich danach fühlt, oder er geht eben nicht. Man kann die Bestimmungen befolgen oder es sein lassen. Wohin soll das führen? Es wäre besser, wenn wir strengere Bestimmungen hätten.«

»Auf allen Gebieten stehen wir dem Problem der Reorganisation gegenüber. Das sind nicht nur wenige, sondern sehr viele Probleme. In der Industrie und Landwirtschaft, überall, auf allen Gebieten, müssen wir das Problem der Reorganisation in Angriff nehmen. Wieviel Prozent der landwirtschaftlichen Kollektivwirtschaft sind gescheitert? Wieviel und in welchen Kreisen? In manchen Kreisen liegt der Prozentsatz hoch, in anderen niedriger.«

»Man muß sich gut um die Beziehung zwischen der Armee und dem Volk kümmern. Falls man das vernachlässigt, werden die Soldaten schlechte Gewohnheiten annehmen, und der traditionelle gute Arbeitsstil unserer Armee ist in Gefahr, verlorenzugehen. Früher standen Armeeangehörige im Bus auf und überließen ihren Sitz alten Leuten oder Frauen mit Kleinkindern. Heute bleiben sie stehen.«

»Als früher ein Befehl gegeben wurde, befolgte man ihn sofort. Es gab keinen Widerspruch. Ganze Einheiten respektieren Befehle nicht.«

»Die Macht unserer Armee ist sehr groß. Die Armee ist eine Macht hinter den Kulissen geworden. Cliquenbildung hat in der Armee um sich gegriffen. Viele Einheiten sind in zwei Gruppen gespalten.«

»In der Armee findet sich Arroganz. Während der Großen Proletarischen Kulturrevolution hat sich die Armee durch die Unterstützung der Linken Verdienste erworben. Das schuf aber auch neue Probleme. Unter den Armee-Einheiten, die die Linke unterstützen, haben nicht nur Individuen, sondern ganze Einheiten viel Macht erlangt. In einigen dieser Einheiten entsteht Arroganz. Einige sind arrogant und voller Stolz.«

»Die Militärkomission hat in Wirklichkeit nur zwei Aufgaben, wie der Vorsitzende Mao gesagt hat: 1. Ordnung in der Armee schaffen, 2. für den Kriegsfall vorbereiten. Dies ist das Hauptglied für die Arbeit in der Armee. Wir haben die Reorganisation schon angepackt. Jetzt müssen wir uns um die Rüstung kümmern. Wir müssen uns sorgfältig mit dem Problem der Bewaffnung beschäftigen. Das muß in geplanter Weise geschehen. Wir müssen mit einer wissenschaftlichen Analyse beginnen, sonst wird nichts dabei herauskommen.«

»Unsere Armee spricht vom harten Kämpfen. Wenn man einen harten Kampf führen will, braucht man mehr Nichteisen-Metalle.

Wir müssen die Zeit nutzen und mit dem Aufbau voranschreiten. Entwicklungen warten nicht auf uns. Wenn die große Unruhe in der Welt wirklich ausbricht, wird es viele Probleme bei den unterdrückten Völkern und Nationen geben.«

»Die alten Kader müssen befreit und in Positionen gebracht werden, in denen ihre Führungsqualitäten von Nutzen sind. Vielerorts ist dieses Problem nicht gelöst worden. Heute sagen einige Leute: ›Die zurückkehrenden Truppen sind wieder da, die Restauration beginnt.‹ Wenn diese Truppen jedoch zum Proletariat gehören und die Bourgeoisie verjagen, dann ist das ausgezeichnet. Laßt euch nicht von dummem Geschwätz irritieren. Egal was man tut, man wird immer Feinde haben. Chiang Kai-shek hat uns verflucht, ebenso Chruschtschow und Breschnew. Sollen sie doch. Leute, die die Fahne des Kampfes gegen die Restauration schwingen, wollen nur selber Restauration. Diejenigen, die gegen zurückkehrende Truppen protestieren, bereiten nur ihre eigene Rückkehr vor.«

»Alte Kader müssen entschlossen handeln. Sie brauchen wegen ihrer Vergangenheit keine Angst zu haben. Wir müssen einen neuen Anfang wagen. Es ist möglich, daß man ein zweitesmal niedergeschlagen wird. Habt deswegen keine Angst. Sogar jemand, der ein zweitesmal niedergeschlagen wird, hat seine Arbeit gut getan. Was heißt das, ein zweitesmal niedergeschlagen werden? Es kann sogar ein Verdienst sein.«

»Kürzlich habe ich eine Rede gehalten. (Im März 1975, bei einem Empfang für Parteisekretäre der Industrie.) Einige Leute sagten nachher, daß es dabei um die Restauration gegangen sei. Natürlich gibt es solche Leute. Aber man braucht keine Angst vor ihnen zu haben.«

»Junge Leute mit vielversprechenden Anlagen sollten einige Jahre in die Fabrik oder aufs Land gehen. Dann sollten sie Schritt für Schritt aufsteigen. Wie ein Hubschrauber aufsteigen, das funktioniert nicht. Wie eine Rakete aufsteigen, das funktioniert nicht. Sie können ihren gegenwärtigen Rang behalten, sollen aber an die Basis zurückgehen. In der Armee gibt es Kompanieführer, die plötzlich in den Rang eines Armeekommandeurs befördert wurden. Diese Leute werden nicht akzeptiert. Sie sollten zurückgehen und Stellvertretende Bataillonskommandeure werden.«

»Ich war nie gegen die Drei-in-eins-Kombination von alten Kadern, solchen mittleren Alters und jungen Kadern. Aber wir sollten die Kader der mittleren Generation nicht unterschätzen. Sie sind sehr wichtig für uns. Revolutionäre Nachfolger können nur schwer herangebildet werden. In erster Linie sind sie unter den Kadern über vierzig Jahre, den Kreisparteisekretären und den Leitern von Fabriken und so weiter vertreten.«

»Wenn ein Institut nur das Niveau einer Berufsschule erreicht – wofür sind dann wissenschaftlich-technische Institute gut? Die Arbeiteruniversität des 21. Juli der Shanghaier Werkzeugmaschinenfabrik ist eine mögliche Form, aber nicht die einzige. Wissenschaftlich-technische Bildungsinstitute müssen gut geführt werden. Jene Schüler, die gut in Mathematik, Physik, Chemie und Fremdsprachen sind, müssen ausgewählt werden. Kinder von Kadern sollten keine Privilegien genießen. Ohne Mathematik, Physik, Chemie und Fremdsprachen kann man keine hohen Gipfel ersteigen, nicht einmal mittelhohe. Vielleicht kann man ein paar kleine Berge erklimmen. Wir sind in einer Krise. Das Bildungsniveau hat die Modernisierung verlangsamt.«

»In einem Institut für Nichteisenmetalle sind achthundert wissenschaftliche und technische Mitarbeiter. Die Bibliothek ist im letzten halben Jahr nur siebenhundertmal benutzt worden. Wenn sich das nicht ändert, wird es schwierig sein, einen höheren Entwicklungsstand zu erreichen.«

»Überall kann man feststellen, daß nicht Menschen, sondern Mäuse die ausländischen wissenschaftlichen Veröffentlichungen lesen.«

»Von den 150000 Wissenschaftlern und Kadern wagt es keiner, die Räume für wissenschaftliche Veröffentlichungen zu betreten. Alle haben Angst, als ›weiße Experten‹ angeklagt zu werden. Die jungen Leute haben Angst, die alten sogar noch mehr. Das ist der Grund dafür, daß unsere Technologie keine Fortschritte macht. Die Landwirtschaft hängt wie ein Gewicht an den Beinen der Industrie. Wissenschaft und Technologie entwickeln sich nicht weiter und halten die Entwicklung der Industrie auf.«

»In den Schulen verbreiten sie heute die Meinung, daß nichts zu lernen bedeute, die Ideen Mao Tse-tungs zu realisieren. Das ist Verleumdung. Der Vorsitzende Mao sagte, daß die Schüler von einer schweren Studienbelastung erdrückt würden und von der proletarischen Politik, den Arbeitern und Bauern sowie der produktiven Arbeit getrennt würden. Der Vorsitzende Mao hat das kritisiert, damit die Schüler besser lernen können. Er hat den jungen Leuten und Kindern gesagt, daß man jeden Tag lernen und sich anstrengen muß, um Fortschritte zu machen.«

»In vielen Schulen wollen die Schüler keine Zeit mehr über ihren Büchern verbringen. Der Vorsitzende Mao sagte: ›Lernen ist die Hauptaufgabe der Schüler.‹ Zhou Zhong-xin, du bist der Erziehungsminister. Lernen ist ein großes Problem geworden, und trotzdem hast du keine Rede darüber gehalten. Ich habe von der Akademie der Wissenschaften gehört, daß sie an der Verwirklichung der vier Modernisierungen und an den drei großen revolutionären Kämpfen teilnehmen will. Aber sogar diejenigen, die mit der wissenschaftlichen Forschung zu tun haben, lesen keine Bücher mehr. Kaum ein Wissenschaftler betritt eine Bibliothek. Sobald die Arbeitszeit vorbei ist, gehen sie nach Hause und kochen ihr Abendessen. Wie können wir da das hohe internationale Niveau erreichen?«

»Karten für die vorbildlichen Opern des revolutionären Theaters können nicht mehr verkauft werden. Viele Leute können den Text ganzer Stücke auswendig.«

Laut der Wandzeitung an der Pekinger Universität hatte Deng alle diese Bemerkungen zwischen Oktober 1974 und September 1975 gemacht. Um das Maß vollzumachen, hatten die Autoren der Wandzeitung ein älteres Zitat hinzugesetzt. Deng habe am 5. Juni 1968 sogar die Autorität Maos in Frage gestellt und gesagt: »Jedes menschliche Wesen urteilt subjektiv. Auch er. Der Vorsitzende Mao hat fruchtbare Ideen, was Wirtschaft und besonders Landwirtschaft angeht. Er hat sie jedoch nie systematisiert.«

Die Zitate auf der Wandzeitung waren zwar aus dem Kontext gerissen aber authentisch. Seine Feinde nahmen sie als Beweis dafür, daß Deng ein verstockter Revisionist sei, der China in ein russisches Partei- und Regierungssystem führen wollte. Aber Deng hatte viele Bewunderer, und sogar die Chinesen, die seine Art, Leute hart anzufassen, nicht mochten, gewannen neuen Respekt für den dynamischen kleinen Vizeministerpräsidenten, als er auf die Schwächen hinwies, die viele von ihnen selbst festgestellt und erfahren hatten. Sie machten sich auch deshalb Sorgen, weil der zweiundsiebzigjährige Vizeministerpräsident es für nötig hielt, so scharf und offen zu sein, wobei er sogar die Gruppen kritisierte, die seine Verbündeten sein konnten. Offensichtlich glaubte der zähe alte Mann, daß der Zustand der Partei, Armee, Verwaltung und Wirtschaft so schlecht sei, daß er die größten Risiken eingehen müsse, um seine Reformen durchzuboxen. Premier Zhou lag auf dem Totenbett, und jeder hatte Befürchtungen über eine Zukunft, in der das alte Team Mao und Zhou aus dem Gleichgewicht sein würde.

Millionen trauern um Zhou En-lai: Massendemonstrationen und Aufruhr im Herzen von Peking

Am 9. Januar starb Zhou En-lai, und tiefe Trauer breitete sich über Peking aus. Man hatte gewußt, daß er krank war, aber die Nachricht von seinem Tod kam wie ein Schock. Zhou hatte für die Chinesen als ein idealer Staatsmann gegolten. Ihn umgab eine Aura intellektueller Eleganz zusammen mit selbstloser Hingabe für das chinesische Volk. Er war der Ministerpräsident, der Mann, der über die Jahre der permanenten Revolution Stabilität und Kontinuität garantiert hatte. Es gab Legenden über seine langen Arbeitstage, seine Bereitschaft, Konflikte durch geduldige Verhandlungen zu lösen, sein menschliches Verständnis für die Sorgen und Schwierigkeiten der Intellektuellen wie auch der einfachen Leute, seine Verehrung für seine Frau und seine persönliche Bescheidenheit. Auf dem Tian-An-Men-Platz und vor dem ehemaligen Tempel der Kaiserlichen Ahnen, wo seine Asche auf einer Plattform aufgestellt wurde, weinten und schluchzten Tausende von Menschen, hielten einander fest, als habe sie die Trauer überwältigt. Aber es gab auch bedenklich stimmende Anweisungen: Keine Trauerdekorationen in den Schaufenstern, keine Fahnen auf Halbmast vor den Häusern; nur die Fahnen am Tien-An-Men-Platz, beim großen Volkspalast, am Außenministerium und an den wichtigsten Regierungsgebäuden sollten auf Halbmast gesetzt werden. An der Universität setzten Studenten die Fahne auf Halbmast, aber sie wurden verwarnt, und die Flagge wurde wieder an die Spitze des Mastes gezogen. Es sollte kein Grab oder Denkmal für Zhou geben. Er selbst hatte in seinem Testament verfügt, daß er verbrannt und die Asche über die Flüsse und Felder Chinas verstreut werden sollte. Es schien angemessen für einen Mann, der nur Bruchstücke einer Biographie hinterlassen hatte, keine gesammelten Werke außer der Arbeit, die er für sein Land geleistet hatte. Doch die Menschen meinten, es müsse ein Denkmal für den Ministerpräsidenten errichtet werden. Viele waren zornig. Während der letzten Jahre hatten sie die versteckten Angriffe auf Zhou entdeckt, die sich in Zeitungsartikeln fanden, bei denen es scheinbar um Ereignisse in der alten Geschichte Chinas ging. Den Lesern waren die Anspielungen auf den »letzten großen Konfuzianer« und auf die bösen Kanzler, die alle fortschrittlichen Leistungen eines Kaisers nach dessen Tod zunichte gemacht hatten, nicht entgangen. Die »Reference News«, in denen Artikel aus dem Ausland für etwa acht Millionen chinesische Leser abgedruckt werden, brachten einen Beitrag aus einer obskuren ausländischen Quelle, in dem behauptet wurde, Zhou habe der Guomindang in 1927 bei der Unterdrückung des Shanghaier Arbeiteraufstandes geholfen. Die Reaktion darauf war massiv. Ausländer im Dienst der chinesischen Regierung fanden in dem Korridor, der zu ihren Büros führte, handgeschriebene Proteste gegen diesen Artikel auf einer Wandtafel. Ihre chinesischen Kollegen protestierten gegen den für den toten Ministerpräsidenten beleidigenden Artikel und fragten, warum er veröffentlicht worden sei. Einige Tage später brachten die »Reference News« eine Entschuldigung, die auch auf Tafeln und Wandzeitungen erschien, in der es hieß, der Artikel sei versehentlich aufgrund eines Irrtums eines unerfahrenen jungen Redakteurs gedruckt worden. In ihrer Trauer für Zhou En-lai waren die Leute erbittert über die verschleierten Verleumdungen von seiten der Feinde seiner Politik, die es noch nicht wagten, sein Andenken offen anzugreifen. Sie wußten, daß Jiang Qing und ihre Verbündeten hinter diesen Artikeln standen, und viele fragten sich, welche Rolle der Vorsitzende Mao dabei spielte. Warum ließ er diese Angriffe gegen seinen langjährigen Kampfgenossen zu? War er nicht bereit, ihn zu verteidigen, oder nicht fähig, seine Frau zurückzuhalten? Viele Leute waren über die Passivität und Unzugänglichkeit des Vorsitzenden enttäuscht. Sie schmückten Zhous Bilder zu Hause und in den Büros mit schwarzer Gaze, hängten handgeschriebene Bekenntnisse zum Lobe des Ministerpräsidenten auf und nahmen die Porträts von Mao von der Wand.

Die Pekinger sahen die politische Kampagne mit Angst und Sorge. Die Wandzeitungen in den Universitäten waren nur die Spitze eines Eisbergs, der in der Zeitungspolemik gegen Deng Xiao-ping immer deutlicher sichtbar wurde. Der Mitarbeiter Zhous, der Mann, der die Festrede bei der Trauerfeier für den Ministerpräsidenten gehalten hatte, wurde attackiert; aber in der Verwaltung, in der Industrie und in der Partei selbst bereitete sich der radikale Flügel auf den Machtkampf vor. Angegriffen wurden zusammen mit Teng, der versucht hatte, die radikalen Bastionen im Bereich der Kultur und der Bildung aufzubrechen und dabei gescheitert war, auch die Politik Zhou Enlais in Richtung der Modernisierung und der Entwicklung eines wohlhabenden, industrialisierten Chinas. Es schien, als habe sich Mao im Kampf über das Bildungswesen auf die Seite der Radikalen gestellt. Doch Mao war ein kranker, sterbender Mann, der seit Jahren nicht in der Öffentlichkeit aufgetreten war und keine umfassenden Erklärungen zu den Problemen Chinas abgegeben hatte. Niemand wußte, ob er wahrheitsgemäß über die Situation informiert wurde. Es gab sogar einen Streit zwischen Deng Xiao-ping und den Radikalen über eine seiner Direktiven. Hatte Mao gleiches Gewicht gelegt auf Klassenkampf, Produktion und Einheit, wie Teng behauptete, oder hatte er nur den Klassenkampf betont und Produktion sowie Einheit nur geringere Priorität zuerkannt? Man hatte der Bevölkerung zunächst die eine Interpretation geboten und dann die andere. Würden die Radikalen China erneut erschüttern und es in den Tumult und das Chaos zurückwerfen, die während der Kulturrevolution geherrscht hatten? Es war klar, daß der radikale Flügel an Macht gewann, aber noch war Teng im Amt, und der Machtkampf über die Zukunft Chinas schien noch unentschieden zu sein.

In den ersten drei Monaten des Jahres 1976 wuchs die Spannung. Sie entlud sich in einem der ungewöhnlichsten Ereignisse der Geschichte Chinas, der größten spontanen Demonstration seit der Gründung der Volksrepublik. Drei Monate nach dem Tode Zhous demonstrierte mehr als eine Million Menschen auf dem Tian-An-Men-Platz, dem Herzen Pekings und Chinas, für seine Vorstellungen von der Zukunft Chinas und zur Verteidigung seines Erbes.

Das erste Anzeichen des Bevorstehenden war geheimnisvoll und kam den Ausländern in Peking am 28. März zur Kenntnis. Ein ausländischer Diplomat hatte aus dem Zug von Shanghai nach Peking in der kleinen Stadt Zhangzhou dicht neben den Geleisen ein großes Plakat gesehen. Offensichtlich war es aufgestellt worden, damit die Reisenden es sehen konnten: »Ehrt das Andenken des Revolutionsmärtyrers Yang Kai-hui.« Qingming, die Zeit des Totengedenkens, stand bevor, und Spruchbänder zum Andenken der Märtyrer von Revolution und Bürgerkrieg waren ganz normal. Aber warum gerade für Yang Kai-hui, die zweite Frau Maos, die vor 45 Jahren von der Guomindang hingerichtet worden war? Ihr Bild steht in dem Museum am Geburtsort Maos. Ein Gedicht, das Mao für die Witwe eines gleichfalls hingerichteten Freundes schrieb, enthält eine bewegende Huldigung an sie. Aber man hatte ihren Namen aus den erklärenden Fußnoten in den letzten Ausgaben entfernt. Zu einer Zeit, als Maos vierte und letzte Frau, Jiang Qing, offensichtlich an politischem

Einfluß gewann, war ein Spruch, der ihre Vorgängerin ehrte, eindeutig eine politische Aussage.

Die Woche des Qingming begann am Montag, dem 29. März. Im Zentrum Pekings schien alles ganz normal zu verlaufen. Gruppen der Jungen Kommunisten und Schulklassen marschierten zum Märtyrerdenkmal auf der Südseite des riesigen Tian-An-Men-Platzes. Sie legten Kränze zu Ehren der Opfer des revolutionären Kampfes nieder, entfalteten rote Fahnen, sangen die Internationale und hoben die Faust, während ihr Redner einen Ergebenheitsschwur an die Chinesische Kommunistische Partei verlas. Aus allen Richtungen der Stadt marschierten organisierte Gruppen junger Leute zum Tian-An-Men-Platz und brachten Kränze aus Papierblumen und Silberpapier im Gedenken an den Kampf der Märtyrer. Seit beinahe zehn Jahren waren die Qingming-Feiern so verlaufen.

Am nächsten Tag erschienen die ersten Zeichen des bevorstehenden Ausbruchs. Auf dem großen Platz standen chinesische Zuschauer, Menschen, die von der Arbeit kamen, und Besucher vom Lande, starrten auf die Terrasse des Denkmals, still, aber überrascht. Auf der Vorderseite des Denkmals, genau in der Mitte, war auf einem Kranz ein Bild des Ministerpräsidenten Zhou En-lai. Die Leute traten heran, traten wieder zurück und blickten um sich, um die Reaktionen der anderen zu erkennen.

Auf der Südseite des Denkmals hatte sich eine Gruppe von 20 oder 30 jungen Leuten gebildet. Auch sie legten Kränze für Zhou En-lai nieder, doch sie gingen nicht still wieder fort. Ein Mädchen verlas eine Lobrede auf den verstorbenen Ministerpräsidenten. Als sie mit ihrem Text zu Ende war, trat ein anderer Student vor. Mehrere Stunden lang wechselten sie sich ab, hielten Reden und priesen Zhou. In der Menge holten Leute Notizbücher und Bleistift hervor. Sie wollten festhalten, was am Fuß des Denkmals gesagt wurde, es mit nach Hause nehmen oder in Versammlungen in Schulen und Fabriken verwenden. Die Menge war angespannt und tief bewegt. Frauen begannen zu weinen. Hinter den Studenten zeigte das Fries am Denkmal Szenen des früheren revolutionären Kampfes. An der Stelle, wo sie standen, wurden die Studenten der Bewegung des 4. Mai geehrt: Junge Leute, die einem Intellektuellen in der traditionellen Kleidung des Gelehrten zuhörten. Das war ein bemerkenswert geeigneter Ort für die Versammlung der Studenten.

In einiger Entfernung vom Denkmal versammelten sich Arbeiter. Sie standen still um ihren Kranz für Ministerpräsident Zhou herum, während ein älterer Mann ruhig, aber mit starkem Gefühl sprach: »1883 sagte Engels über Marx: ›Sein Tod ist ein schmerzlicher Verlust und hat eine Lücke geschaffen in Europa, die man bald spüren wird.‹ Nicht einmal hundert Tage sind seit dem Tod des Ministerpräsidenten Zhou vergangen, und wir haben bereits festgestellt, daß sein Tod eine Lücke gerissen hat, die sich nicht schließen läßt. Sein ganzes Leben lang war er der loyale Kampfgenosse und Berater des Vorsitzenden Mao. Auf dem langen Marsch, während der Peng-De-huai-Affäre, in der Kulturrevolution und bei der Lin-Biao-Affäre spielte er eine entscheidende Rolle. Sein Leben war selbstlos der Befreiung des chinesischen Volkes gewidmet. Wenn sein Leben kritisiert werden soll, wie können wir dann weiterleben?«

Man spürte einen Ton des Trotzes in dem letzten Satz seiner Rede, der in den kurzen Sprüchen und Gedichten, die von den Studenten am Fuß des Denkmals aufgestellt worden, noch nicht zu bemerken war. Viele davon waren einfach handgeschriebene Zeilen auf Blättern, die aus Heften herausgerissen waren. Sie priesen das Leben Zhous und gelobten seiner Politik Treue. Ein paar hundert Menschen drängten sich um das Denkmal, versuchten die kleinen Anschläge zu lesen und die Kränze zu betrachten, aber nur wenige konnten nahe genug herankommen, um die Schriftzeichen zu entziffern. Studenten kletterten die Steingeländer hinauf. Sie lasen die Texte laut vor, sprachen langsam und erklärten die schwierigen Schriftzeichen, so daß andere sie auch mitschreiben konnten. Eins der einfachsten handgeschriebenen Plakate schien besonders beliebt zu sein. Es wurde immer wieder vorgelesen und in den nächsten Tagen überall am Fuß des Denkmals erneut angeschlagen: »Der Ministerpräsident liebte das Volk. Der Ministerpräsident litt zusammen mit dem Volk. Deshalb liebt das Volk den Ministerpräsidenten.«

Weiter südlich auf der Eisenbahnstrecke nach Shanghai fand sich bereits ein nachdrücklicher Ausdruck des Protests und des Widerstandes. Der politische Inhalt der Spruchbänder war schärfer. Offenbar war es an der Nanking-Universität schon im März zu Studentenprotesten gekommen. Unterstützt von dem Parteichef der Provinz hatten die Studenten sich in Wandzeitungen gegen die Verleumdungen gewandt, die von Shanghai aus gegen Ministerpräsident Zhou En-lai gerichtet wurden. Ihre Gegenparolen schrieben sie mit weißer Farbe auf die Eisenbahnzüge, die nach Shanghai rollten. Am 31. März bemerkte ein ausländischer Reisender beim Aufenthalt auf dem Bahnhof von Nanking einen Studenten, der die Passagiere mit einem

Megaphon ansprach. Er forderte sie auf, gegen die hinterhältigen Angriffe auf den verstorbenen Ministerpräsidenten zu protestieren. Überall auf dem Bahnhof hingen Anschläge. Es hieß dort: »Die Wenhuibao-Artikel vom 5. und vom 25. März waren die ersten Salven eines konterrevolutionären Staatsstreiches. Die Wenhuibao-Artikel vom 5. und vom 25. März richteten Lanzen auf den geachteten und geliebten Zhou En-lai. Vernichtet die Wenhuibao-Verschwörung. Die Massen – Soldaten, Bauern und Arbeiter – müssen aufwachen und zum Gegenangriff auf die schwarze Wenhuibao-Verschwörung antreten. Wer seine Lanze auf den Vorsitzenden Mao und Ministerpräsident Zhou richtet, muß 10000 Tode sterben. Sie werden sehen, daß es sehr schwer ist, der Strafe für ihr Verbrechen zu entgehen.«

Wenhuibao war eine in Shanghai erscheinende Zeitung, die nicht nur örtliche Bedeutung besaß. Es war das Organ der radikalen Gruppe um Jiang Qing und Zhang Chun-qiao. In zwei Artikeln, die anderen Quellen nachgedruckt wurden, hatte Wenhuibao Zitate Zhou En-lais ausgelassen. Die Chinesen verstehen es, zwischen den Zeilen ihrer Zeitungen zu lesen. Die Auslassungen deuteten auf einen Angriff gegen den toten Ministerpräsidenten hin. Schwieriger war es, zu erraten, gegen wen sich die Angriffe in Sprüchen wie den folgenden richteten: »Vernichtet jeden, der sich gegen Ministerpräsidenten Zhou wendet. Vernichtet den chinesischen Chruschtschow und seinen Traum von der Machtergreifung in der Partei.« Der chinesische Chruschtschow Nr. 1 war Liu Shao-qi gewesen, das ehemalige Staatsoberhaupt, der in der Kulturrevolution gestürzt worden war. Nr. 2 war der Vizeministerpräsident Deng Xiao-ping, der gerade von den Radikalen attackiert wurde. Doch auf Plakaten, die sich gegen die Shanghai-Gruppe richteten, konnte es kaum Deng sein, der wegen seiner Opposition gegen Ministerpräsident Zhou kritisiert wurde. Es hatte den Anschein, als gäbe es jetzt einen Chruschtschow Nr. 3. Die Fronten und Beschuldigungen hatten sich verkehrt – ein klassisches Mittel in der chinesischen Polemik. Zielscheibe mußte einer der vier radikalen Führer sein.

Viele von diesen Sprüchen kamen mit dem Zug nach Peking. Da die überregionalen Nachrichtenmedien sich fest in der Hand der Radikalen befanden, wurden die Züge zu einem Kommunikationsmittel. Am 1. April kam der Shanghaier Zug in Peking mit einem in weißer Farbe gemalten Spruch an: »Der Weg, der gegen Zhou ist, führt zum Ruin.« Von dem Tag an trugen Züge aus dem Süden Sprüche, die den Beschuldigungen ähnelten, die Ausländer zuerst im Bahnhof von Nanking gesehen hatten. Die Sprüche wurden in Peking aufgegriffen. Einige davon reisten weiter in die Industriezentren des Nordostens, wo sie das Andenken Zhous verteidigten und Wenhuibao und seinen neuen Chruschtschow attackierten.

Mitte der Woche versammelten sich die Menschen auf dem Tian-An-Men-Platz in Peking nicht mehr zu Hunderten; jetzt waren es Tausende. Die Marschgruppen des Bundes der Jungen Kommunisten mit ihren Standardhuldigungen für die Märtyrer der Revolution waren zur Minderheit geworden. Ihre Kränze wurden von Kränzen für Zhou En-lai zugedeckt. Ein paar ehrten auch Yang Kai-hui und sogar Marschall Chen Yi. Diese Botschaften blieben nicht unbemerkt. Sie wandten sich nicht offen gegen irgendeinen politischen Kurs oder eine politische Gruppierung, aber sie bezeugten stille Opposition gegen den radikalen Flügel der Partei, der die Kulturrevolution bis zu ihren destruktiven Exzessen getrieben hatte. Jetzt griff er Deng Xiao-ping an, der die Regierungsverantwortung übernommen hatte, als Zhou im Sterben lag. Seine Angriffe bedeuteten Opposition gegen die Modernisierungspolitik Zhous, und mit vorsichtigen Andeutungen in Zeitungsartikeln wurde Zhou beschuldigt, ein Konfuzianer zu sein. Die Menschen, die zum Tian-An-Men-Platz kamen, wagten es nicht, Unzufriedenheit mit Mitgliedern der Führungsspitze zum Ausdruck zu bringen. Aber das Totengedenken drei Wochen nach Zhous Tod gab ihnen Gelegenheit, ihre Haltung deutlich zu machen, ohne damit eine politische Position zu beziehen. Schließlich konnte es keinen Verrat bedeuten, den Tod des Ministerpräsidenten zu beklagen und sein Andenken zu ehren. Die radikale Gruppe in der Führung konnte sich kaum gegen Trauerbekundungen für einen Mann wenden, der ein halbes Jahrhundert lang Seite an Seite mit Mao gekämpft hatte.

In Amtsstuben und Universitäten, in Fabriken und in Wohnvierteln wurden aus weißem Papier kleine Blumen gefaltet – das Symbol der Trauer. Gruppen kamen zusammen und flochten immer größere Kränze. Gelegentlich wurden sie verwarnt: Parteifunktionäre erklärten, Trauerdemonstrationen für Ministerpräsident Zhou seien nicht empfehlenswert. Doch diese Warnungen waren meist nicht sehr nachdrücklich. Erst gegen Ende der Woche wurden Universitätslehrer und Studenten sowie Beamte eindringlich aufgefordert, nicht auf den Platz zu gehen. Sie gingen trotzdem und erzählten einander stolz, daß sie ihren Vorgesetzten getrotzt hätten. Die Anhänger des radikalen Flügels hatten Schwierigkeiten, ihren Widerstand gegen die Trauer für Zhou zu erklären. Zudem gab es auch andere Kader, die wissen ließen, niemand habe etwas zu befürchten, wenn er sich mit einem Kranz auf den Tian-An-Men-Platz begab. Das Trauern für Zhou war für die Bevölkerung Pekings eine ganz natürliche Sache. Es war schwer, ein Verbot durchzusetzen. Den meisten Leuten war klar, daß die Führungsspitze ihre Trauerbekundung nicht verurteilt hatten. Sicher war es auch eine Möglichkeit, politische Unzufriedenheit zu demonstrieren, aber viele der Menschen, die zum Platz strömten, waren der Meinung, sie hätten die stillschweigende Unterstützung wichtiger Leute in der Parteiführung, und diese Leute waren kaum weniger mächtig als die radikale Gruppe, durch die der Propagandaapparat kontrolliert wurde.

Die Trauernden kamen von weit her. Aus entfernten Außenbezirken fuhren Menschen mit weißen Papierblumen an der Jacke mit dem Fahrrad zum Tian-An-Men-Platz. Lastwagen mit Kränzen und Trauernden rollten nach Peking. Fabrikarbeiter und Verwaltungsangestellte trugen ihre Kränze die Chang-An-Avenue entlang. Immer mehr Kränze kamen zusammen. Der Fuß des Denkmals auf dem Tian-An-Men-Platz wurde von ihnen zugedeckt. Die immergrünen Hecken rund um das Denkmal waren weiß, wie schneebedeckt: Trauernde hinterließen ihre Papierblumen in den Zweigen und brachten kleine Papierstücke mit einem Text dort an. Ein Soldat der Grenztruppe hängte eine Seite aus seinem Notizbuch auf: »Laßt uns ein Denkmal für Ministerpräsident Zhou bauen!« Daneben hängte jemand eine kleine Plastiktüte, und man begann, Geld für ein Denkmal zu sammeln. Andere Sprüche erschienen auf der Hecke: »Kämpft für das Programm des Ministerpräsidenten Zhou.« Oder: »Bis zum Tod laßt uns seiner gedenken.« Die Terrassen um das Denkmal herum und der Raum zwischen den Hecken reichten nicht aus für die Massen von Kränzen, die am Wochenende eintrafen, so daß man die Kränze auf dem Platz aufstapelte, der dem großen Tor am Nordende gegenüberliegt. Ein Wald von Kränzen wuchs immer näher an das riesige Porträt des Vorsitzenden Mao heran.

Auf diesem Tor des Himmlischen Friedens hatte der Vorsitzende Mao 1949 gestanden, als die Volksrepublik China ausgerufen wurde. Siebzehn Jahre später hatte der Vorsitzende vom Balkon aus Millionen Roter Garden inspiziert, die voller Enthusiasmus vorbeimarschierten, um die Kulturrevolution zu verbreiten und die Feinde Maos in Partei und Regierung zu vernichten. Auf den Reihen von

Kränzen, die immer näher an das Tor heranrückten, befand sich das Bild Zhou En-lais. Manchmal war es auf eine Landkarte Chinas geklebt, manchmal auf einen roten Stern. Diese Ehre war immer für Mao selbst vorbehalten geblieben. Enthielten die Trauerbekundungen für Ministerpräsident Zhou eine Herausforderung gegen Maos Autorität? Wenn dem so war, dann waren nur wenige der Tausenden auf dem Tian-An-Men-Platz bereit, ihr Ausdruck zu geben. Mao in Frage zu stellen hieß, die Grundlage in Frage zu stellen, auf der das neue China erbaut war. Nur wenige Leute auf dem Tian-An-Men-Platz waren dazu bereit, obwohl sie gegen eine Gruppe demonstrierten, an deren Spitze Maos Frau stand, ein Flügel, der noch zu Lebzeiten Maos die Macht anstrebte. Es gab nur einen Satz in diesem Sinne, in kleinen Schriftzeichen mit dem Kugelschreiber geschrieben auf einem Stück Papier am Fuß des Denkmals: »Wir haben hier viele Kränze gesehen, aber keinen Kranz aus dem Nordwesten.« Im Nordwesten des Platzes, in dem von einer Mauer umgebenen Zhongnanhai-Park, lag der Vorsitzende Mao in seinem Haus auf dem Krankenbett. Die große Mehrzahl der Menschen, die auf den Platz strömten, war nicht politisch aktiv. Es war das Volk, das über einen beliebten Ministerpräsidenten trauerte, beunruhigt durch Kritik an ihm und seiner Politik, und auch in Sorge über das Schicksal Chinas und ihr eigenes, falls die radikale Gruppe die Macht ergreifen sollte. Die Menschen kamen voller Traurigkeit auf den großen Platz im Herzen Pekings und fanden sich in einer nach Tausenden zählenden Menge, die das gleiche fühlte. Die Stimmung auf dem Platz entspannte sich, ja es breitete sich Heiterkeit aus, als die Trauer sich in eine selbstbewußte Demonstration von Hoffnungen, Wünschen und Überzeugungen verwandelte. Am Samstag und Sonntag waren den ganzen Tag über mindestens 40000 oder 50000 Menschen in der Nähe des Denkmals. Sogar noch gegen Mitternacht waren es einige Tausend, die versuchten, die Anschläge am Denkmal mit Taschenlampen zu entziffern. Im Morgengrauen kamen wieder 2000 oder 3000, die versuchten, möglichst viel zu lesen, bevor die großen Massen wieder erschienen und die Botschaften an den Marmorwänden abschrieben.

Am Wochenende wurde der Platz zu einem beliebten Ziel für Familienausflüge. Man kam mit Großmüttern und Kleinkindern. Es war eine endlose Prozession durch die langen Reihen von Kränzen und Plakaten auf Gestellen. Die Stimmung der Menge war freundlich. Nachdem es tagelang zugelassen worden war, daß eine große Menschenmasse das Andenken des Ministerpräsidenten ehrte, fühlten sich die Leute sicher und ruhig. Sie hatten nichts dagegen, daß sich Ausländer unter sie mischten. Ein westlicher Diplomat erinnert sich: »Die Leute waren außerordentlich freundlich. Einmal schrieb ich den Text von Anschlägen auf, und die Leute neben mir sagten: ›Seine Schriftzeichen sind nicht schlecht.‹ Ich bemerkte: ›Sie sind nicht sehr gut.‹ Antwort: ›Sie sind großartig.‹ Dann fragten sie: ›Sie sprechen auch Chinesisch?‹ – ›Wo kommen sie her?‹ – ›Sind sie Dolmetscher?‹ Ich antwortete auf alle ihre Fragen und erklärte, mein Chinesisch sei nicht so gut, daß ich Dolmetscher sein könnte. Sie lachten und fanden, es sei ganz prima. Dann fragten sie mich über mein Land aus: ›Wie ist es dort?‹ – ›Wann hat es diplomatische Beziehungen mit China angeknüpft?‹ Ich sagte ihnen, der Ministerpräsident werde dieses Jahr nach China kommen; und ein Mann erzählte mir, er habe die Ausführungen des Ministerpräsidenten über die sowjetische Flottenpräsenz im Indischen Ozean gelesen. In den drei Tagen, die ich dort war, hatte ich mindestens vier oder fünf solcher Diskussionen. Man half mir auch viel bei der Übersetzung. Beim Abschreiben eines Gedichtes konnte ich ein Schriftzeichen nicht deuten. Ein Mann sprach mich auf englisch an, erklärte, wie das Wort ausgesprochen wird, und sagte: ›Es bedeutet *ergreifen*.‹ Studenten von der Qinghua-Universität legten einen großen Kranz an der Seite des Denkmals nieder. Wir waren ziemlich weit entfernt und konnten kaum hören, was der Menge, die es aufschrieb, vorgelesen wurde. Ich war zusammen mit meinem Botschafter dort, und wir wiederholten füreinander, war, wir verstanden. Ein Mann sagte uns auf englisch, wir sprächen gut Chinesisch. Er meinte: ›Soweit wir wissen, war der Ministerpräsident nicht nur in seinem eigenen Land geachtet und beliebt, sondern er wurde auch in anderen Ländern bewundert.‹ Ich hatte das Gefühl, daß diese Leute wirklich sein Andenken gegen Angriffe schützen wollten und jedem gegenüber, der dies Gefühl teilte, freundlich eingestellt waren.«

Vielen Ausländern wurde von den Chinesen geholfen, wenn sie Gedichte und Plakate lasen oder niederschrieben. Manchmal waren da auch Chinesen, die gleichfalls den Text eines Gedichts, das man ihnen vorlas, nur schwer verstehen konnten. Dann schrieben sie die Schriftzeichen aus den Notizen eines neben ihnen stehenden Ausländers ab. Umstehende erklärten einer osteuropäischen Korrespondentin, die ein vierzeiliges Gedicht vom Denkmal abschrieb, sie habe mit der letzten Zeile angefangen, weil es im traditionellen Stil von rechts nach links geschrieben sei. Die Leute sprachen über ihre

Handschrift und machten ihr Komplimente wegen ihres Chinesisch. Es schien ihnen nichts auszumachen, daß dieses Gedicht hochpolitisch war, aber sie erklärten der Ausländerin auch nicht seine versteckte Bedeutung.

Das vierzeilige Gedicht war von einer Gruppe aus der Akademie der Wissenschaften oben auf dem Denkmal auf beiden Seiten eines großen Kranzes mit dem Porträt Zhous in der Mitte einer Karte von China angebracht worden. Die Gruppe war feierlich auf den Platz marschiert. Junge Leute halfen, ihren Kranz mit dem Gedicht auf den höchsten Punkt des Märtyrerdenkmals zu heben. So lautete der Text:

Rote Herzen tragen die Früchte des Sieges.
Dein Jadeblut wird in Blumen der Revolution erblühen.
Auch wenn Dämonen giftiges Feuer speien,
werden Krieger da sein, die Hexen und Ungeheuer zu besiegen.

Es schien ein wenig originelles Gedicht im klassischen Stil mit einigen schwierigen Schriftzeichen zu sein. Der Gegensatz roter Herzen mit jadegrünem Blut ist in der chinesischen Dichtung einigermaßen üblich. Doch es erinnerte die chinesische Führung an eine alte Volksgeschichte: Ein hochstehender, selbstloser Beamter war einmal von verräterischen Untergebenen denunziert worden. Der Kaiser glaubte den Verrätern, und der ehrliche Mann wurde zum Tode verurteilt. Wo er hingerichtet wurde, sagte der Beamte voraus: Als Beweis seiner Unschuld werde sein Blut binnen drei Monaten zu Jade werden. Drei Monate nach Zhous Tod und während einer Kampagne gegen sein Andenken war die Botschaft oben auf dem Märtyrerdenkmal klar. Die Quelle dieser Geschichte ist fast 2200 Jahre alt, und der Philosoph Chuang faßte sie damals schon in einen Vierzeiler zusammen. Er heißt »Lied des kaiserlichen Zensors Jiang« und lautet:

Einsam und treu war es ihm genug
seinem roten Herzen zu vertrauen.
Denn nach drei Jahren würde es sich
in Jadeblut verwandeln.

Die Leute aus der Akademie der Wissenschaften hatten das alte Gedicht nicht nur variiert, sondern um zwei Zeilen mit einem bitteren Wortspiel ergänzt. Das Schriftzeichen für »Dämon« besteht aus zwei Teilen. Der obere wird »Yao« ausgesprochen, der untere ist das Symbol für »weiblich«. Ganz gleich, ob die Verfasser des Gedichts daran gedacht hatten oder nicht – chinesische Leser bemerkten, daß »Yao« auch der Familienname von Yao Wen-yuan ist, einer engen Mitarbeiterin des Anführers in der Vierergruppe, Jiang Qing. Das Gedicht wurde am 2. April angeschlagen. Am nächsten Morgen war es verschwunden. Doch Tausende von Menschen hatten es gelesen und erzählten anderen davon.

Die angeschlagenen und vorgetragenen Gedichte waren für die jüngeren Leute oft schwer verständlich. Alte Männer erläuterten geduldig die seltenen Schriftzeichen, die aus der klassischen Literatur stammten und von den meisten jungen Lesern mißverstanden oder falsch ausgesprochen wurden. Es fanden sich Anspielungen auf die klassische Dichtung und religiöse Volkserzählungen. Selbst ein hochgebildeter Besucher aus Übersee hatte Schwierigkeiten, einige der Gedichte zu verstehen, und konnte sich einige Anspielungen nur mit Hilfe eines mythologischen Wörterbuches erschließen. Die meisten Gedichte waren ohne Unterschrift. Auf anderen stand lediglich, sie seien von »jungen Fabrikarbeitern« verfaßt worden. Eins davon lautete:

Geachteter und geliebter Ministerpräsident Zhou!
Deine Söhne und Töchter haben dich im Stich gelassen.
Deine heldenhafte Seele kann nicht einmal jetzt ruhen.
Wir halten unser Herz in unseren Händen
und können dennoch nicht all unserer Trauer um dich Ausdruck geben.
Mit blutigen Tränen
können wir dir immer noch nicht von unserem kochenden Zorn erzählen.
Dein Leben selbst ist dein höchstes Lob.
Deine Verdienste erreichen Sonne und Mond,
ihr Echo ertönt überall auf der Welt.
In alle Ewigkeit wird die Weltgeschichte
deine Stimme und dein lächelndes Antlitz verzeichnen.
Der Weg der Revolution ist gezeichnet
von deinen besten Schritten.
Wind und Wolken sind in Bewegung.
Götter und Geister weinen.
Wenn der große Stern herabfällt, erbebt die Erde.
Über Ozeanen und Kontinenten
wehen die Fahnen auf Halbmast.

Junge Leute lasen solche Gedichte auf den Terrassen des Denkmals, und in der Menge kamen Zuhörern die Tränen; sie sagten einander, wie schön es sei, diese Lobesworte für den Ministerpräsidenten zu hören. Familien kamen mit Fotoapparaten und nahmen ihre Kinder vor dem Hintergrund der Kränze auf. Sie baten Umstehende, sie zu knipsen, damit sie ein Andenken an diese bewegenden Momente hätten. Gruppen von Angestellten aus einem Ministerium oder einer Fabrik bewegten sich durch die Menge und legten einen Kranz nieder. Sie trugen ihre besten Kleider, stellten sich oft zu einem Gruppenbild auf. Großmütter schoben Bambuskinderwagen durch die Menge, aus denen vier oder fünf kleine Gesichter herausschauten. Kindergärtnerinnen brachten Scharen von Kindern auf den Platz, die einander die Hand hielten, damit niemand verlorenging. Eine Familie kam mit dem Lastenfahrrad, mit dem sonst Waren transportiert wurden: diesmal saß die Großmutter darauf und hielt die Topfpflanze fest, die man am Denkmal aufstellte. In die Trauer mischte sich eine Festtagsstimmung, eine gewisse Heiterkeit, so als ob eine große Last von den Menschen genommen worden sei.

Diese Stimmung wurde nicht von den Beamten geteilt, mit denen Ausländer gewöhnlich sprachen. Sie erklärten vielmehr, auf dem Platz gehe gar nichts Besonderes vor. So erklärte ein Reiseführer einer Gruppe Touristen, deren Bus in der Menge nicht weiterkam, es sei nun einmal die Qingming-Woche, in der man immer die Toten ehre. Am 2. April war die Menge im Zentrum Pekings bereits so dicht, daß der Botschafter eines westlichen Landes auf dem Weg zum großen Volkspalast aufgehalten wurde. Der Botschafter kam verspätet zu seinem Treffen mit Vizeministerpräsident Zhang Chun-qiao, entschuldigte sich und erwähnte die Massen auf dem Platz. Darauf Zhang Chun-qiao: »Es ist eine alte chinesische Tradition; wir halten nicht viel von diesen Dingen da draußen, aber in der Kulturrevolution haben die Roten Garden Qingming zu einer Gedenkzeit für die Toten der Revolution gemacht, und das können wir jetzt nicht einfach abschaffen.« Der Vizeministerpräsident schaute finster drein. Er hatte nichts übrig für die Massen auf dem Platz. Sie ehrten den Ministerpräsidenten, den die von ihm kontrollierten Zeitungen angegriffen hatten. Vielleicht fühlte sich Zhang in seinem Büro im Palast belagert. Auf dem Platz wurden die Anschläge deutlicher und politischer. In der Südostecke versammelten sich zahlreiche junge Leute und intonierten den Text einiger Wandzeitungen genau und immer wieder. Sie riefen: »Wir sind gegen die Lügen Wenhuibaos. Wir, das chinesische Volk, sind auf der Hut. Wir werden dem Weg Chruschtschows nicht folgen. Wir werden bis zum Ende, bis zum Tode für Zhou En-lai kämpfen.« Auf kleinen Anschlägen erschienen Warnungen gegen die Leute, die hinter der Zeitung Wenhuibao standen. Einige Ausländer meinten, sie hätten den folgenden Sprechchor gehört: »Nieder mit der Kaiserinwitwe.« Es gibt dafür keine sicheren Beweise, aber sechs Monate später wurde Jiang Qing beschuldigt, sie habe Studien über verwitwete Kaiserinnen, die China nach dem Tod ihrer Gatten regiert hatten, gefördert. Somit hätte ein Sprechchor gegen Kaiserinwitwen eine politische Bedeutung gehabt. Auf handgeschriebenen Zetteln wurde Lin Biao, der Verbündete Jiang Qings während der Kulturrevolution, ein schlechter Mann ohne ein Grab genannt. Die Erde, so hieß es, habe ihn nicht aufnehmen wollen, während die Asche Zhous Teil des Landes und der Flüsse Chinas geworden sei. Einige Verfasser drückten sich sehr einfach aus: »Ministerpräsident Zhou, du hast Gutes für das Volk getan. Doch jetzt wollen schlechte Menschen ändern, was du getan hast. Wir werden dich verteidigen.« Solche Texte wurden gelegentlich von den Wänden des Denkmals abgerissen, aber an ihrer Stelle erschienen neue Zettel wie: »Zhou En-lai war ein guter Mensch, und das Volk wird ihn nicht verraten.« Noch nie war ein toter Ministerpräsident vom Volk mit soviel Inbrunst geehrt worden. Auf den Anschlägen nannte man ihn »den Retter Chinas, den großen Marxisten-Leninisten, den großen Gefährten Maos, den großen proletarischen Internationalisten, den rettenden Stern«. Er wurde gepriesen als der Mann, der den großen Plan des Zentralkomitees zur Modernisierung Chinas und Stärkung des Landes vertrat. Eine gut organisierte Gruppe von etwa 50 Mädchen sammelte sich südlich des Denkmals, so nahe, wie sie sich in der Menge nur herandrängen konnten. Einige Mädchen wechselten sich ab im Verlesen einer Lobrede auf Zhou. Manchmal mußten sie aufhören, weil sie schluchzten und die Schriftzeichen nicht mehr entziffern konnten. Ein junger Mann kletterte auf eine Laterne und sang ein von ihm verfaßtes Trauerlied für Zhou. Tausend Menschen um ihn herum sangen Zeile für Zeile mit. Die Melodie war eigenartig, fast religiös, und als er sein Lied zu Ende gesungen hatte, verbeugte er sich dreimal vor der Menge nach Art eines anderen Zeitalters. Dann versuchte er zu gehen, aber die Menge ließ ihn nicht fort und verlangte, er solle noch einmal singen. Am Sonntagnachmittag ließen einfallsreiche junge Leute zwei gelbe Ballons mit Botschaften zu Ehren des Ministerpräsidenten aufsteigen.

Am Wochenende, dem 3. und 4. April, war die Stimmung am Tian-An-Men-Platz gefühlsgeladen, wann immer sich Gruppen von 50 oder 100 Menschen um einen Sprecher herum bildeten. Es gab keine Sprechchöre, und auch nicht den üblichen Lärm von Gongs, Becken und Trommeln, der gewöhnlich bei organisierten politischen Demonstrationen ertönte. Die Massen hatten eine andere Ausdrucksform gefunden. Erschienen sie in Gruppen, so gingen sie zum Denkmal, hörten eine kurze Rede über Zhou und suchten dann einen Platz, an dem sie ihren Kranz niederlegen konnten. Immer weiter mußten sie sich von dem Denkmal entfernen, um einen Platz für den Kranz zu finden. Dort standen sie dann still, während ihr Kranz auf ein hölzernes Gestell gelegt wurde, das sie mitgebracht hatten. Schließlich schluckte sie die riesige Menschenmenge auf dem Platz wieder, die anderen Lobreden und anderen Liedern zuhörte, die Hunderte von Botschaften lasen, die am Denkmal, an den Hecken und an den Kränzen angebracht waren. Sie schauten sich die Kränze an, um herauszufinden, wer sie niedergelegt hatte.

Man hatte den Eindruck, daß jeder dort gewesen war. Da lagen Kränze von Ministerien, Fabriken, Verlagen, Außenhandelsgesellschaften, Übersetzungsbüros, Abteilungen der Akademie der Wissenschaften, Universitäten und Mittelschulen. Gewöhnlich waren die Kränze von den Organisationen nicht offiziell geschickt worden, sondern, so hieß es, von »Mitgliedern der Organisation«. Aber inzwischen trugen viele das Hammer-und-Sichel-Zeichen, das Symbol von Parteigliederungen und -zellen. Eine Fabrik in der Regie der Volksbefreiungsarmee war durch einen Kranz vertreten, aber sonst schienen sich Armee-Einheiten fernzuhalten. Wissenschaftliche und technische Institute waren in großer Zahl repräsentiert. Am Sonntag kamen die ersten Kränze aus der Provinz an, von Fabriken auch aus so entfernten Städten wie Harbin und Wuhan. Ein Kranz kam von der Redaktion einer Zeitschrift, die noch nie erschienen war. Sie nannte sich »Die ideologische Front« und war von Deng Xiao-ping gegründet worden, um dem Einfluß des radikalen Flügels in der ideologischen Debatte entgegenzuwirken. Sie war nie gedruckt worden, aber der Kranz von den Redakteuren zeigte, daß es sie noch gab und sie ihre Stimme erhoben. Aus den Aufzeichnungen ausländischer Beobachter geht hervor, daß mit einer Ausnahme alle Ministerien Kränze zum Denkmal geschickt hatten. Lediglich das Ministerium für öffentliche Sicherheit hatte Zhou nicht geehrt. Agenten dieser Behörde in Uniform und Zivil überwachten die Menge, fotografierten und schrieben Texte ab. Sie hatten keine Anweisung, einzuschreiten, aber sie machten ihre Aufzeichnungen. Geschäftig registrierten sie die vielen tausend Kränze und Botschaften. Viele Kränze trugen nur den Namen einer Einzelperson oder eine Aufschrift wie »Von der Familie Zhang«. Meist enthielten sie lediglich Worte der Trauer um Zhou, und nur selten eine politische Aussage. Das galt auch für beinahe alle Kränze von offiziellen Organisationen. Es war gar nicht notwendig, deutlich zu werden. Die Aussage der Kränze selbst war deutlich genug. Die Menschen, die Kränze brachten, blieben auf dem Platz und lasen die schärferen politischen Botschaften, hörten den Reden zu, die in den Gruppen junger Männer und Frauen gehalten wurden. Die stillen Besucher mittleren Alters betrachteten die radikaleren Sprüche mit Interesse, aber äußerten sich nicht. Sie ließen auch keine Überraschung erkennen. Die Mehrzahl verhielt sich wie neugierige Zuschauer, die einige Stunden auf dem Tian-An-Men-Platz verbrachten. Aber viele machten sich Notizen. Manche, die kein Papier mitgebracht hatten, schrieben auf ihre Handflächen, damit sie ihren Freunden zu Hause genau berichten konnten, was sie gelesen und gehört hatten.

Niemand weiß, wie viele Menschen am Samstag und Sonntag auf dem Platz waren. Er bietet einer halben Million Platz, und am Wochenende waren dort bis zu 100 000 Menschen in ständigem Kommen und Gehen. Für die meisten von ihnen war es ein friedliches Wochenende, sie brachten ihre alten Verwandten und kleinen Kinder mit. Doch inmitten der riesigen Menschenmenge gab es Tausende, die über Chinas Zukunft debattierten und ihren Gedanken immer offener Ausdruck gaben. Gegen zwei Uhr nachmittags am Sonntag bildete sich in der nordöstlichen Ecke des Platzes um einen jungen Mann mit grüner Uniformjacke eine riesige Menschenmenge. Er wurde von Freunden auf den Schultern getragen. Wer in seiner Nähe war, versuchte, seine Hand zu ergreifen oder ihn zu berühren. Am Rand der Menge konnte man hören: »Er ist Student an der Qinghua-Universität. Er ist in der Universität verprügelt worden.« Jetzt hielt er einen Strauß weißer Plastikrosen in der einen und ein großes Stück weißer Seide in der anderen Hand. Er war am linken Handgelenk verbunden. Ein ausländischer Beobachter, der sich unter die Menge gemischt hatte, erfuhr, daß der junge Mann ein Dokument mit seinem eigenen Blut geschrieben habe. Dann hob die Menge einen anderen auf die Schultern. Er nahm die weiße Seide, um das mit Blut geschriebene Dokument zu zeigen und es für die weiter entfernt Stehenden vorzulesen. Es war ein Gelöbnis mit neun Einzelpunkten unter dem Titel: »Wer versucht das Urteil über Ministerpräsident Zhou umzustoßen?« Der Text lautete:

1. Wir schwören, uns zu vereinigen und den Vorsitzenden Mao und Ministerpräsident Zhou zu schützen.
2. Vereinigt euch und widersteht allen falschen Marxisten-Leninisten und führt den Kampf gegen den Revisionismus bis zum Ende.
3. Wir alle trauern um Ministerpräsident Zhou.
4. Wir werden eine blutige Schlacht kämpfen gegen jeden, der unseren Ministerpräsidenten Zhou angreift, und jeden, der die Urteile über Ministerpräsident Zhou umzustoßen versucht.
5. Seid besonders wachsam gegen Karrieristen und Verschwörer nach Art Chruschtschows. Wir wollen nicht, daß solche Leute die Macht in der Partei usurpieren. Das chinesische Volk will Ministerpräsident Zhou, und das chinesische Volk will nicht Chruschtschow.
6. Wer immer sich gegen das Volk und gegen die Interessen des Volkes stellt, gräbt sich sein eigenes Grab.
7. Was ist im Augenblick das größte Problem? Das größte Problem ist: Wohin geht China? Wessen Macht ist die größte? Macht dem vereinigten Volk!
8. Wir müssen von Ministerpräsident Zhou lernen und den Aufruf des Vorsitzenden Mao zu Staatsangelegenheiten befolgen. Führt die Revolution bis zum Ende durch – lang lebe die größte proletarische Kulturrevolution.
9. Folgt der Aufforderung des Ministerpräsidenten Zhou, unsere Wirtschaft in diesem Jahrhundert umzugestalten, und kämpft mit Entschlossenheit darum, China zu einem starken, modernisierten Land zu machen.

Der junge Mann, der den Text der Menge vorlas, rief dann aus: »Folgt den Fußstapfen der revolutionären Vorgänger. Singen wir die Internationale. Bewahrt das glorreiche Bild des Ministerpräsidenten Zhou für immer.« Die Umstehenden jubelten und applaudierten, dann sangen sie mit dem jungen Mann zusammen die Internationale. Die Menge wollte den Text immer wieder hören. Man hatte nichts dagegen, daß Ausländer zuhörten und fotografierten oder filmten. Zwei westliche Studenten an der Universität Peking, die chinesisch gekleidet waren, waren auf eine nahestehende Laterne geklettert und feuerten den Sprecher an: »Du hast recht, Junge, sag es ihnen nur«, riefen sie auf englisch und chinesisch. Die Menge kümmerte sich nicht darum. Sie drängte sich immer mehr an den jungen Mann mit dem verbundenen Handgelenk. Man reichte ihm Papier, als wollten sie Autogramme. Ein paar Zuschauer am Rand der Menge meinten, bei dem jungen Mann könnte es sich um einen Verwandten Zhou En-lais handeln, aber sie schienen auch nicht genau zu wissen, was das alles bedeuten sollte. Ein Ausländer beschrieb seine Erlebnisse so: »Ich war ungefähr eine Stunde dort. Der Mann wurde von Zeit zu Zeit hochgehoben, damit er den Text verlesen konnte. Nach meiner Schätzung waren etwa 5000 Menschen da. Einmal beim Vorlesen gab es plötzlich Unruhe etwa 30 Meter vom Mittelpunkt der Gruppe entfernt. Ich hörte Leute sagen: ›Jemand hat sich gegen das Gelöbnis zur Verteidigung Zhous ausgesprochen.‹ Dann geriet die Gruppe in Bewegung. Mir wurde klar, daß es keinen Widerstand gegeben hatte, sondern der Student am Gehen war. Ich ging der Menge nach, die Chang-An-Avenue entlang bis zu einer Bushaltestelle. Der Student, der das Dokument mit seinem Blut geschrieben hatte, stieg in einen Bus ein. Das letzte, was ich von ihm sah, waren die weißen Rosen, die aus dem Fenster des Busses heraushingen. Dann richtete die Menge ihre Aufmerksamkeit plötzlich auf uns. Die Leute sagten: ›Merkwürdiger Ausländer.‹ Ich begriff, daß es nicht ratsam war, mit der Menge zu laufen. Fast im gleichen Augenblick kam ein Mann von der öffentlichen Sicherheit auf uns zu und sagte mir: ›Sie wären auf der anderen Straßenseite besser aufgehoben.‹ Ich überquerte die Straße.«

Es hatte am Nachmittag einige Rempeleien gegeben, aber auf dem riesigen Platz zwischen Zehntausenden von Menschen waren das kurze Zwischenfälle, deren Bedeutung nicht klar war. Einmal wurde ein Mann mit einem Fotoapparat am Kragen gepackt, und ein paar Männer brachten ihn über die Chang-An-Avenue und stießen ihn zu dem Gerüst am Fuß des Tian-An-Men-Denkmals. Er wurde gegen die Mauer gedrückt und geschlagen. Die Menge umdrängte ihn, und man konnte in die Luft gereckte Fäuste sehen, dann auch eine Hand, die einen Schuh hielt. Polizisten versuchten, sich durch die wachsende Menge unter dem riesigen Porträt Maos hindurchzudrängen, aber eine Zeitlang gelang es ihnen nicht. Schließlich gelangte ein Mann vom Amt für öffentliche Sicherheit bis an das Opfer und zog ihn aus der Menge heraus. Uniformierte Polizisten führten ihn in östlicher Richtung zum Tor des Arbeiter-Kulturpalastes. Nur etwa 100 Menschen folgten ihnen und sahen still zu, wie die Polizisten und der Fotograf verschwanden. Über den Zwischenfall gab es keine Diskussionen und auch keine Erklärung.

Im allgemeinen hatten die Massen auf dem Platz nichts dagegen, fotografiert zu werden, aber vielleicht hatten sie den Verdacht, daß dieser Fotograf Bilder für die Polizei aufnahm. Viele Leute machten voneinander Fotos. Gelegentlich traten sie sogar an Ausländer, die mit ihren Kindern gekommen waren, heran und baten sie, sich vor den Kränzen fotografieren zu lassen. Ein westlicher Korrespondent machte Bandaufnahmen von Studenten, die Gedichte verlasen, und spielte sie ihnen dann vor. Sie fanden, daß es gut klang, und schienen darüber glücklich zu sein. Nicht einer unter den mehreren Hundert Ausländern, die auf den Tian-An-Men-Platz gingen, hatte unerfreuliche Erlebnisse. Die meisten kamen freudig bewegt zurück. Nie zuvor waren sie so dicht bei einer chinesischen Menschenmenge gewesen und nie zuvor so sehr akzeptiert worden. Einigen Ausländerfamilien war völlig unklar, daß sie an einem politischen Ereignis teilnahmen. Die chinesischen Familien um sie herum schienen entspannt wie bei einem Sonntagsnachmittagstreffen. Der Platz ist so groß, daß Besucher am Rand, die kein Chinesisch verstanden, die Bedeutung der Reden und Gedichte nicht erkannten.

Für die jungen Chinesen in der Menge muß es viel Mut gekostet haben, die Sprüche und Gedichte zu rezitieren. Manche hatten sie selbst verfaßt, andere waren von Anschlägen abgeschrieben und dabei oft verändert worden. Gelegentlich tauchten ein paar Zeilen aus einem längeren Gedicht als kurze Sprüche auf, wobei nur die aktuellsten Sätze erhalten blieben. So hieß es in einem:

> Drei Menschen nennt man eine Handvoll.
> Achthundert Millionen sind die Massen.
> Der kahlköpfige Chruschtschow verursachte eine Gegenströmung.
> Im Yangtze-Fluß.
> Wir werden gegen den Strom schwimmen und den Traum der Bourgeoisie zunichte machen.

Der Yangtze fließt dicht an Shanghai vorbei. Die »Handvoll« waren die drei Shanghaier Verbündeten Jiang Qings. Niemandem konnte die Bedeutung entgehen. Doch jetzt hatte man die Polemik der jüngsten Kampagne umgedreht, und die Shanghaier Radikalen wurden als die Bourgeoisie attackiert. Man ehrte Zhou und warnte seine Verleumder:

> Gewaltiger als der Tai-Berg ragtest du über China auf.
> Wie der Große Vogel schwebtest du über dem ganzen Universum.

Dein Bild lebt im Herzen des Volkes und wird nie verblassen.
Ihr, die ihr die Urteile der Geschichte umstoßen wollt –
hört auf zu furzen.

Es gab noch andere kurze Sprüche dieser Art:

In vergangenen Zeiten beklagten wir unsere Lieben an ihren Gräbern.
Dieses Jahr weinen wir um den Ministerpräsidenten.
Der Versuch der Rechten, die Geschichte zurückzudrehen, wird vergeblich bleiben.
Wer kann uns, die wir unsere Herzen kennen, widerstehen?
Deine Asche ist in Flüssen und Bächen verstreut.
Achthundert Millionen Kämpfer hören die Botschaft.
Die bösen Ströme des Teufels Chruschtschow können nicht zu einer Flut werden.
Wir werden den Gang der Ereignisse lenken und den Sieg erringen.
Im Schatten des Denkmals kochten die Gefühle, trauriger, spontaner Ausdruck dessen, was unsere Herzen fühlen.
Revisionisten haben Angst, während Marxisten jubeln.
Die Geschichtsverdrehung scheitert, der Strom fließt weiter.

Ein langes Gedicht war unterschrieben von einem »jungen Arbeiter, der schwört, den Willen des Ministerpräsidenten auszuführen«. Es war am Fuß des Denkmals angeschlagen, und viele Menschen versuchten es abzuschreiben:

Die Wälder und Berge schluchzen und seufzen.
Die Knochen dieser treuen Seele halten immer noch seine Wärme.
Die Ozeane der Erde, alle Flüsse und Seen weinen.
Die Asche dieses heldenhaften Geistes ist noch nicht auf den Boden gesunken.
Der klare, helle Tag naht.
Die Wunden der Nation schmerzen wieder.
Dunkelheit breitet sich aus, heimatlose Geister flüstern miteinander.
Doch der himmlische Buchhalter hat verkündet, daß dein Fall geklärt ist.
Die Welt der Geister und die Welt der Menschen neigen demütig ihre Häupter.
Mit Freude ehren sie deinen Namen.

Was also kann man gewinnen, wenn man den Geisterfänger Guci zurückbringt?
Wenn der goldene Hahn auf den Berggipfel fliegt und dreimal kräht
wird die Sonne wieder aufgehen.
Die Welt wird klar und hell sein.
Unser Held lebt ewig.

Wer immer der »junge Arbeiter« sein mochte – er verstand es sehr gut, poetische Metaphern mit politischen Anspielungen zu vermischen. In der chinesischen Volksmythologie verfolgt der Geisterfänger Guei die Geister böser Menschen in der Unterwelt. Doch sein Name war auch erwähnt worden in einem Brief, den der Vorsitzende Mao angeblich 1966 auf dem Höhepunkt der Kulturrevolution an Jiang Qing geschrieben hatte. Der Brief wurde innerhalb der Partei verbreitet, nachdem man Lin Biao als Verräter entlarvt hatte, und Mao beklagte sich darin über die Tatsache, daß Lin seinen Namen als den eines Geisterfängers verwendet habe, um Kritiker innerhalb der Partei mundtot zu machen. Jetzt wurde der radikale Flügel in dem Gedicht beschuldigt, in seinem eigenen Machtkampf Maos Namen zu benutzen.

Typisch für die langen Oden an Zhou war ein Gedicht, das Arbeiter aus einer Metallwarenfabrik angeschlagen hatten:

Unsere Herzen sind eine schwere Last.
Wir weinen, bis uns unser Schluchzen ersticken macht.
In tiefster Trauer legen wir vor dir nieder
die hellen weißen Blumen unserer Herzen.
Den bitterkalten Wind, der sich erhebt, fragen wir,
glaubst du, du kannst diesen mächtigen Bergriesen umwerfen?
Dem Fluß der Zeit sagen wir:
du kannst unsere Gedanken an den Ministerpräsidenten nicht fortspülen.
Der Frühlingswind hat den Winter fortgeblasen.
Die Zweige der Fichte leuchten in noch frischerem Grün.
Der Frühlingsregen fällt auf die großen Weiten unseres Vaterlandes.
Die Rosenbüsche werden wieder zu rosa Wolken.
Mehr als fünfzig Jahre, bis an dein Lebensende,
kämpftest du ohne Unterlaß,
bis heute unser Land rot wie die Fahne ist.

Und du unter der Erde deinen ewigen Schlaf schläfst.
Nein! Du lebst noch:
auf den Feldern und in den Fabriken.
Du bist in den Kasernen und bei den Posten.
Deine Ideale stehen in dem Eid, den deine Nachfolger geschworen haben.
Dein Geist ist in unserem Blut.
Dein Lächeln wärmt unser Herz wie der Frühlingswind.
Der Klang deiner Schritte geht auf im Vormarsch der großen Revolutionsarmee.
Du lebst noch.
Deine revolutionäre Persönlichkeit erhebt sich gewaltig
im Herzen der großen Massen.
Dein revolutionärer Geist dehnt sich aus inmitten des Ringens.
Weil du ein hervorragender kommunistischer Kämpfer bist,
gibt es Leute, die dich im Dunkel verleumden.
Sieh, die Renegaten im Kreml
konnten bei deinem Tod nicht jubilieren, sie konnten dich nicht beschimpfen.
Für sie bedeutete er ein Dilemma und Verlegenheit.
Sie haben die Nachricht einfach auf die Seite vier gesetzt.
Kein Kommentar, als ob sie taubstumm wären.
Sogar die nachlässigen Zeilen auf Seite vier haben diesen Verrätern Angst eingejagt.
Mit dieser Bande des Abschaums der Geschichte wird das Volk eines Tages abrechnen!
Du bist ein großer proletarischer Revolutionär.
Solange du am Leben warst, fand der Feind keinen Mut.
Als du starbst, befiel sie Furcht;
weil dein Geist das Volk bewog,
sich noch fester zusammenzuschließen, wurde es in seinem Kampfeswillen bestärkt!
Deinen Schritten folgend, mit festem Schritt vorwärts marschierend,
im Gefolge des Vorsitzenden Mao,
werden wir Wind und Regen nicht fürchten!
Soll doch die Erde aufbrechen, das Gebirge einstürzen,
das wird uns nicht erschüttern.
Wir werden aus Trauer Stärke machen.
Wie groß wird unsere Kraft sein!

Groß genug, die tobende See zu besänftigen.
Groß genug, den höchsten Berg zu sprengen.
Geliebter, geachteter Ministerpräsident Zhou!
Das Vertrauen deiner Asche über die Weiten unseres Vaterlandes
läßt überall in China rote Blumen blühen.
Das Verstreuen deiner Asche in den Flüssen und Bächen unseres Vaterlandes
erzeugt weiße Schaumkronen auf den Wogen der Revolution.
Deine Asche wird in die Provinz Taiwan getragen werden
und uns unsere teure Insel zurückgeben.
Und so China wieder vereinigen.
Das Verstreuen deiner Asche in unsere Herzen wird uns dazu bringen, die Revolution fortzusetzen.
Dein Geist wird sich über die ganze Erde verbreiten,
revolutionäre Saat aufgehen lassen.
Vereint euch für den Kampf gegen Imperialismus,
gegen Revisionismus und gegen Hegemonismus!
Blicken wir auf die Welt von morgen.
Der Wind läßt die rote Fahne flattern.
Wenn das Jahr 2000 kommt, falls wir dann noch leben,
werden wir mit unseren Händen Wasser aus den Flüssen dieses alten Landes schöpfen.
Mit unseren zwei Händen werden wir unsere chinesische Erde aufsammeln.
Dann wirst du hören, wie wir laut rufen:
in die Vergangenheit,
in die Zukunft,
in die See,
in das Gebirge.
Geliebter Ministerpräsident Zhou!
Sieh,
wir haben deine Wünsche erfüllt!
Mit tiefster Trauer in unseren Herzen
haben wir mit größter Sorgfalt
diese weißen Blumen gemacht,
die wir vor dir niederlegen.
Geachteter Ministerpräsident Zhou!
Ruhe in Frieden.

Das ist keine große Poesie, aber es bewegte die Leser auf dem Tian-An-Men-Platz, wenngleich die Bilder Klischees aus konventionellen Gedichten und Schlagworte aus den Zeitungen waren. Es war kein Protestgedicht, jedenfalls nicht auf den ersten Blick. Nur in der besonderen Situation eines Machtkampfes über Zhou En-lais Erbe konnte es aufregend klingen. Indem sie den toten Ministerpräsidenten lobten, gaben die Arbeiter der Metallwarenfabrik ihrer Opposition gegen jene Führer Ausdruck, die nur die radikalen Seiten der Lehren Maos betonten. Aber die Arbeiter stellten die Autorität Maos nicht in Frage. Sie benutzten seinen Namen, um zu unterstreichen, daß Ministerpräsident Zhou und sein Modernisierungsprogramm recht hatten. Und sie benutzten die Sprüche und Schlagworte der jüngsten Kampagnen gegen die Politik Zhous dazu, um jene Führer, die Zhou angriffen, ins Unrecht zu setzen. Es war ein schlaues politisches Gedicht. Doch es gewann seine Kraft aus den ersten Strophen und deren Anklängen an die klassische Dichtung. Es bewies, daß literarische Traditionen noch lebendig sind und daß China über die Phrasen des Marxismus hinaus noch immer seine Sprache besitzt. Die Gedichte, die während der Qingming-Woche 1976 auf dem Tian-An-Men-Platz angeschlagen wurden, waren keine Fingerübungen in klassischer oder archaischer Schriftstellerei. In einigen wurde die Bildersprache chinesischer religiöser Traditionen ausgiebig verwendet, aber vielleicht bedeuteten diese Worte nichts anderes als den Glauben an den letztendlichen Triumph des Guten über das Böse. Dennoch beweisen die Gedichte, daß zumindest in ihrer künstlerischen traditionellen Bildersprache ältere chinesische Vorstellungen noch immer lebendig sind. Literarische Traditionen leben sogar in aktueller politischer Poesie weiter. Doch die Dichter vom Tian-An-Men-Platz betrachteten sich nicht als Fürsprecher einer Rückkehr zum vorkommunistischen China. Ihre Verwendung klassischer Phraseologie wies auf die Verbindung zum historischen Erbe Chinas hin, ohne Nostalgie für die chinesische alte Gesellschaft auszudrükken. Ein Bekenntnis zum Erbe Zhous war das Eingehen einer Verpflichtung zum Aufbau eines modernen Chinas. Und es ehrte einen Mann, der als prinzipientreuer Revolutionär immer individuellen Terror und persönlichen Ehrgeiz verachtet hatte. Er hatte China zusammengehalten und ihm gleichzeitig zum Wandel verholfen. Er hatte niemals den Kampf gesucht, um damit seinen persönlichen Interessen zu dienen, so glaubten die Menschen auf dem Tian-An-Men-Platz. Dagegen waren in ihren Augen Ehrgeiz und Machthunger das Motiv seiner Kritiker, der radikalen Gruppe aus Shanghai.

Einige Gedichte geben diesem Gedanken offen Ausdruck, andere hielten sie nur versteckt im Lob für den toten Ministerpräsidenten. Das schärfste politische Gedicht erschien und verschwand wieder am Denkmal – manchmal des Nachts abgerissen und dann wieder am nächsten Tag vollständig oder in Auszügen angeschlagen. Für die radikale Gruppe in der Führung muß dieses Gedicht das Gefahrensignal gewesen sein.

Die Winde und Wolken sind in Bewegung.
Die Götter und Geister weinen.
Der Fall eines großen Sternes bestürzt Himmel und Erde.
Auf jedem Ozean und Kontinent wehen Fahnen auf Halbmast.
Doch die läppische Gruppe von Clowns wird nie die Grenzen ihrer Kraft begreifen.
Wahnsinnig versuchen sie wiederum, einen Sturm des Blutes und den Gestank von Fleisch heraufzubeschwören.
Sie schwatzen und plappern, hängen am Rock eines Weibes.
Sie tragen ein rotes Kleid, aber darunter einen schwarzen Gürtel.
Sie reden kämpferisch und rüsten sich zur Schlacht.
Die Affen waschen ihre Kronen – was für ein Anblick.
Ameisen leben in einem hohlen, harthölzernen Baumstamm und glauben, es sei ein Kontinent.
Insekten versuchen, einen großen Baum zu schütteln – leichter gesagt als getan.
Macht die Augen auf und schaut, ihr Clowns!
Vor Tian An Men liegen Blumen, tief wie Schnee.
Am Fuß des Denkmals
fallen Tränen wie Regentropfen.
Ihr werdet nicht seinetwegen trauern, doch wir tun es.
Ihr werdet nicht für ihn beten, doch wir tun es.
Der Geist des Ministerpräsidenten wird weiterleben von einer Generation zur nächsten.
Söhne und Enkel werden die rote Fahne hochhalten.
China ist nicht mehr das China von ehedem.
Die Menschen lassen sich nicht mehr an der Nase herumführen.
Die Feudalgesellschaft von Qin Shi Huang ist endgültig tot.
Wir glauben an den wahren Marxismus-Leninismus.
Jene Gelehrten, die den Marxismus kastrierten, sollen zur Hölle gehen.
Was wir wollen, ist die wahre Lehre.
Für sie fürchten wir nicht, uns zu exponieren und unser Blut zu vergießen.

Für sie sind wir bereit, ins Jhinggang-Gebirge zu gehen und wieder die gerechte Fahne aufzuziehen.
Wir werden den Willen des Ministerpräsidenten ausführen.
An dem Tag, an dem die vier Modernisierungen verwirklicht sein werden, werden wir Opfer bringen und erneut dir huldigen.
Ruhe in Frieden, geliebter Ministerpräsident Zhou.

Zeilen aus diesem Gedicht wurden später in der Volkszeitung aus dem Zusammenhang gerissen zitiert als Beweis dafür, daß die Qingming-Demonstrationen konterrevolutionäre Ziele gehabt hätten. Die Stellen über Clowns waren zu deutlich gegen Jiang Qing und ihre Verbündeten gerichtet, als daß sie von der Zeitung hätten verwendet werden können; die Erwähnung des Sturmes von Blut und des Gestankes von Fleisch waren gleichfalls zu gefährlich, warnten sie doch vor Absichten der Radikalen, mittels einer neuen Kulturrevolution an die Macht zu gelangen. Das Gelöbnis, die Fahne des Jhinggang-Gebirges zu ergreifen, der ersten Guerrillabasis Maos, paßte nicht in das konterrevolutionäre Muster, das der offizielle Bericht zu verzeichnen suchte. Dementsprechend wurden die Zitate auf die Zeilen über den Kaiser Qin Shi Huang beschränkt. Für die Volkszeitung bewiesen sie, daß es sich bei dem Gedicht um einen klaren Angriff auf den Vorsitzenden Mao und damit um ein Sakrileg handelte. Es gab tatsächlich Grund zur Annahme, daß sich Mao nachdrücklich mit dem 2200 Jahre zuvor verstorbenen Kaiser identifizierte. In den letzten politischen Kampagnen hatte man den Kaiser dafür gelobt, daß er Staat und Gesellschaft des alten China geeint habe. Die Propagandisten behaupteten, es habe sich um einen progressiven Schritt gehandelt, als unter seiner legalistischen Herrschaft 400 konfuzianische Gelehrte lebendig begraben wurden. Doch in den Zeilen, die verkündeten, die Feudalgesellschaft Qin Shi Huangs sei tot, und in der Forderung nach der wahren Lehre des Marxismus fand sich mehr als ein Angriff auf den Vorsitzenden. Die Verfasser des Gedichtes erläuterten ihre Vorstellungen nicht, aber sie machten deutlich, daß sie sich weder gegen die Revolution noch gegen den Kommunismus stellten. Die Schlüsselworte ihres Gedichtes enthielten die Gedanken, die in inoffiziellen Wandzeitungen und politischen Aufsätzen verbreitet wurden. Seit dem Ende der Kulturrevolution hatten linke Gruppen und frühere Rote Garden die demokratische Diskussion gefordert und gegen eine neue Feudalgesellschaft protestiert, die die Massen unterdrücke. Ihre Kritik paßte nicht in den Kampf zwischen den beiden Gruppen in der Parteiführung. Indem sie Ideen der Kulturrevolution proklamierten, hätten sie ihre Verbündeten in Jiang Qing und ihrem Flügel finden sollen, aber sie betrachteten diese Gruppe als Manipulatoren der Massen, die eine repressive Gesellschaft unter ihrer eigenen elitären Führung errichteten. In diesen Gruppen, nicht unter den Anhängern von Deng Xiao-ping, muß man die Verfasser der radikaleren Gedichte suchen.

Als die Tian-An-Men-Demonstration offiziell verurteilt wurde, ignorierte die chinesische Presse diese Implikationen und behandelte das Gedicht nicht als Angriff auf den Vorsitzenden. Die Presse wurde ja von dem radikalen Flügel kontrolliert, und dieser fand es ratsam, den Eindruck zu erwecken, daß die Angriffe nicht gegen sie, sondern gegen Mao gerichtet seien. Sie interpretierten die Tian-An-Men-Demonstrationen als Beginn eines »ungarischen Aufstandes«. Als sie Deng Xiao-ping der Absicht beschuldigten, der Imre Nagy Chinas zu werden, erfanden sie lediglich eine weitere Beschuldigung für ihren Feldzug gegen ihn. Aber vielleicht fürchteten sie tatsächlich, daß der von Studenten und Intellektuellen ausgelöste Protest sich zu einer Lawine auswachsen könnte, die das System erschüttern würde.

Zweifellos wußten sie, daß sie um ihr politisches Leben kämpften, als die Angriffe auf Plakaten und Wandzeitungen am Sonntagnachmittag immer deutlicher wurden. Möglicherweise verstanden nur wenige Leute unter den Zehntausenden auf dem Platz den Sinn der Sprechchöre junger Leute südlich vom Denkmal. Dort hörte man: »Wir sind für Ministerpräsident Zhou und gegen Franco. Wir sind für Freiheit und Demokratie, gegen Faschismus. Wir wollen keine schmutzige Kaiserin.« Den Massen auf dem Platz blieb das Ganze etwas dunkel, aber sie hörten die Wörter »Ministerpräsident Zhou« und »Kaiserin«, und das bedeutete etwas für sie. Ein Anschlag am Denkmal zog viele faszinierte Leser an. Sein eher vorsichtiger Text schien vielen aus der Seele zu sprechen:

1957 habt ihr die Partei atemlos angegriffen.
In engem Bund mit der Sekte, die hinter der Bourgeoisie steht.
Heute besitzt ihr die Unverschämtheit, die Worte des Ministerpräsidenten auszulöschen.
Es scheint, daß ihr (unleserliches Schriftzeichen) eure Einstellung ändern müßt.
Welches Übel verbergt ihr im Herzen?
Welche Dämonenbrut bläht euch auf?
Welcher Klasse dient ihr?

Welche Veröffentlichung wollt ihr?
Öffnet die Augen und blickt um euch.
Der Ministerpräsident wurde innig geliebt
vom Volk des ganzen Landes.
Wer immer sich gegen den Ministerpräsidenten stellte, ist nicht richtig im Kopf.
Ihr seid wie die Gottesanbeterinnen, die den Wagen aufzuhalten versuchten.
Das Rad der Geschichte wird sich weiterdrehen.
Wenn ihr auf eurem üblen Wege weitergeht mit eurer Opposition.
wird die Macht der ungezählten Massen wie eine tosende See
euch mit schäumender Wut in die Tiefe reißen.

Um ganz sicherzugehen, daß jeder begriff, an wen das Gedicht gerichtet war, trug es die Überschrift: »Anklage gegen Wenhuibao.«

Am späten Nachmittag befanden sich noch immer Zehntausende auf dem Platz, die um den Ministerpräsidenten trauerten oder einfach an den Kranzreihen entlanggingen und die Texte lasen. Im Norden des Denkmals hatte sich die Stimmung nicht verändert. Doch im Süden, in der Nähe der Fichten eines kleinen Parks, bildeten sich entschlossene Gruppen. 30 oder 40 Leute standen im Kreis um einen Sprecher, und immer mehr drängten sich heran, um die aufgebrachten Reden zu hören. Manchmal wurden Schlagworte aus der Kampagne gegen Deng Xiao-ping gerufen, aber ihre Bedeutung schien einen subtilen Wandel erfahren zu haben. Andere priesen Zhou als großen Helden. Einige Gruppen sangen die Internationale. Andere hörten einem Mann zu, der auf einer Kiste stand und ein traditionelles Lied sang. Am Rand des kleinen Parks ruhten sich ältere Leute auf dem Boden aus. Einige Männer widmeten sich der traditionellen chinesischen Übung des Schattenboxens und kümmerten sich nicht um die politische Debatte. Immer noch kamen vom Süden her zahlreiche Menschen mit Kränzen. 300 bis 400 Männer und Frauen trugen ein Porträt Zhou En-lais mit sich und riefen: »Wir erlauben niemandem, den Namen Zhou En-lais zu beschmutzen. Wenhuibao hat einen sehr eigenartigen Artikel gebracht.« Es wurde dunkel, und es war jetzt schwer, genau zu verfolgen, was zwischen den Kranzreihen, zwischen den Hecken um das Denkmal und unter den Fichten geschah. Während der Dämmerung erschien zum erstenmal ein kleiner Anschlag mit Angriffen, in denen Jiang Qing namentlich genannt wurde, am

Sockel des Denkmals. Eine stille Menschengruppe sammelte sich darum herum. Eine Stunde später war der Anschlag verschwunden. Etwas nach 21 Uhr wurde er an der Südwestecke des Denkmals wieder angebracht. Jetzt stand darum herum eine große, erregte Menge im trüben Licht der großen Laternen, die den Platz umgeben. Zwischen den Hecken begannen kleinere Prügeleien. Ein Dutzend Leute schlugen still im Dunkel aufeinander ein. Man hörte keine Rufe oder Schreie. Polizisten sahen zu und gingen dann fort. Zwei westliche Diplomaten wurden durch die Menge angezogen. Sie konnten nicht nahe genug an den Anschlag gelangen, wohl aber einige blitzschnell gelesene Worte verstehen: »Wohl mehrere Tausend Menschen standen ständig um den Anschlag herum. Jemand las den Text alle fünf Minuten laut vor, worauf eine große Gruppe weiterging und eine neue herantrat. Einer las laut, andere wiederholten seine Worte. Sie wurden niedergeschrieben und die Notizen weitergegeben. Die Menschen hörten aufmerksam zu. Es war eine Aufzählung von Ereignissen der letzten Jahre, an denen Zhou beteiligt gewesen war. Dann hieß es, dem Genossen Deng seien von Mao und Zhou wichtige Parteifunktionen anvertraut worden. Warum wurde er jetzt angegriffen? Wörtlich: ›Die Revision von Entscheidungen verdient nicht die Sympathie des Volkes.‹ Dieses Schlagwort wurde mit großem Nachdruck ausgesprochen. Ich glaube, es betraf die Revision der Entscheidung, Deng zu rehabilitieren. Ich hatte das Gefühl, daß Deng unter den Lebenden das größte Ansehen besaß. Deng war ein potentieller Held, der durch die Kritik an Status gewonnen hatte.«

Die Menge war Ausländern freundlich gesonnen, aber zu dieser Zeit war es unmöglich, nahe genug heranzukommen, um den Text besser zu verstehen. Aber immer noch wurde vorgelesen. Ein junger Mann stand auf der Balustrade des Denkmals und hielt eine Taschenlampe, damit ein anderer lesen konnte. Die Menschen riefen ihnen zu, sie sollten wieder anfangen, sobald sie mit dem Text fertig waren, und man bat sie, langsam zu lesen, damit jeder mitschreiben konnte.

Der Text schien auf einer Seite geschrieben zu sein, die aus einem Schulheft gerissen worden war. Der Titel lautete »Der Kampf der Elften Linie«:

1. Im Januar 1974, zu Beginn der Bewegung zur Kritik an Lin Biao und Konfuzius, versuchte Jiang Qing, die Spitze dieser Kampagne gegen unseren geliebten Ministerpräsidenten Zhou zu wenden.

2. Im Dezember 1974 verleumdete Jiang Qing in einem Gespräch mit einem ausländischen Journalisten führende Mitglieder des Zentralkomitees und versuchte, beim 4. Nationalen Volkskongreß Ministerpräsidentin zu werden.
3. Im Januar 1975 durchschaute der Vorsitzende Mao den brennenden Ehrgeiz Jiang Qings und stimmte dem Vorschlag des Ministerpräsidenten Zhou En-lais zu, den Nationalen Volkskongreß einzuberufen. Zu jener Zeit nahm der Genosse Deng Xiao-ping die Arbeit im Zentralkomitee wieder auf, und das war der erste Sieg in unserem Kampf. Er wurde vom Volk im ganzen Land mit großem Jubel begrüßt.
4. Im Sommer 1975 kritisierte der Vorsitzende Mao Jiang Qing scharf und befahl ihr, ihre Tätigkeit auf die Arbeit im Zentralkomitee zu beschränken. Während die Krankheit des Ministerpräsidenten Zhou En-lai schlimmer wurde, wurde dem Genossen Deng Xiao-ping die Leitung der Arbeit des Zentralkomitees anvertraut, und das war ein entscheidender Sieg in unserem Kampf.
   Heute ist der sogenannte Kampf gegen den rechtsabweichlerischen Wind tatsächlich ein Versuch einer Gruppe von Karrieristen, die versuchten, die Urteile umzustoßen. Der Vorsitzende Mao hat mit Recht gesagt, der Versuch, die Urteile zu revidieren, verdiene nicht die Unterstützung des Volkes. Deshalb ist der Plan der Karrieristen fehlgeschlagen, und sie können nicht die Unterstützung des chinesischen Volkes gewinnen.

Es war ein verblüffender Anschlag. Die Menschen hörten dem Text zu, ohne sich schockiert zu zeigen und ohne zu protestieren. Jiang Qing wurde noch nicht einmal »Genossin« genannt, als ob man sie aus der Partei ausgestoßen hätte. Aus der Rückschau ist festzustellen, daß ähnliche Beschuldigungen mit mehr Detail ein halbes Jahr später veröffentlicht wurden, nach ihrer Verhaftung. Die Informationen auf dem Anschlag waren nicht ganz zutreffend. Das dort erwähnte Gespräch mit einem ausländischen Journalisten kann kaum im Dezember 1974 stattgefunden haben. Es handelte sich dabei viel eher um die langen Unterhaltungen Jiang Qings mit der amerikanischen Gelehrten Roxanne Witke im Jahre 1972. Viele Leute in Peking hatten davon gehört, und das Gerücht ging um, Mao sei darüber verärgert gewesen und habe seine Frau kritisiert. Einige der anderen Beschuldigungen waren gleichfalls etwas vage. Aber etwas unheimlich ist die

Voraussicht der Autoren schon, die ein halbes Jahr vor dem Fall Jiang Qings den wesentlichen Inhalt der späteren offiziellen Anklagen vorwegnahmen.

Am Abend des 4. April kam eine erregende Nachricht. Möglicherweise löste sie die ersten gewalttätigen Auseinandersetzungen und Verhaftungen in der Nähe des Denkmals aus. Ein osteuropäischer Beobachter beschreibt seine Eindrücke so:

»Kurz nach 22 Uhr passierte etwas. Aus der Menge, die vor dem Anschlag stand, kam plötzlich eine kleine Gruppe gelaufen. Die Leute rannten in südlicher Richtung, wo die Fichten stehen, und man stritt sich heftig. Ein größerer Teil bewegte sich vom Denkmal fort gegen den Westen des Platzes, und bei den Hecken entstanden Prügeleien. Wir hielten uns in einiger Entfernung und gingen auf die Straße, die auf der Südseite des Platzes entlang läuft. Dort sahen wir, wie einige Leute geschlagen wurden. Sie trugen lange, gesteppte Mäntel, wie sie häufig von der Volksmiliz und der Sicherheitspolizei getragen werden. Etwas später bewegte sich die Menge in Richtung Norden auf das Osttor des großen Volkspalastes zu. Hier parkten Polizeiwagen. Einige Polizisten sprachen mit den Leuten, und in einem Wagen wurden ein paar Menschen abtransportiert. Man sah viele Polizisten und Milizionäre, aber sie taten nichts. So gingen wir zum Denkmal zurück. An der Südostecke des Denkmals war ein Gedicht angeschlagen. Es schien ein sehr gutes Gedicht zu sein, weil es den Leuten dort außerordentlich gut gefiel. Sie wollten es immer und immer wieder hören. Der Mann las es ihnen Zeile für Zeile vor und bat die Menge, ihm nachzusprechen. Viele riefen: ›Lang lebe Zhou En-lai.‹ Es war schwer, den Text des Gedichtes zu verstehen, und ich konnte nicht nahe genug herankommen. Es war Mitternacht, als die Miliz und die Polizei sich in Bewegung setzten. Wir hörten Leute hinter den Hecken an der Südseite des Denkmals schreien. Die Soldaten kamen aus dem Nordosten durch eine Lücke in den Hecken. Wir liefen in südlicher Richtung. Dort zerrten Polizei und Miliz einen Mann fort. Eine Frau lief nebenher und rief irgend etwas. Dann traten einige Milizionäre auch hinzu und ersuchten mich, fortzugehen. Ich sah, wie ein Polizeikordon das Denkmal einschloß und Menschen umherstieß.«

Kurz nach Mitternacht sahen auch andere Ausländer, wie mehrere Menschen in der Nähe des Denkmals festgenommen wurden. Zu jenem Zeitpunkt gingen zwei westeuropäische Frauen am Denkmal vorbei:

»Zuerst wurden wir von Männern der öffentlichen Sicherheit an der Straße, die zur Westseite des Platzes führt, angehalten. Einer sagte, wir könnten nicht weitergehen, weil auf dem Platz etwas passiere. Wir sahen eine Polizeikette vor dem großen Volkspalast. Dann gingen wir zu unserem Wagen zurück und fuhren auf die Ostseite des Parks, wo wir vor dem historischen Museum parkten. Wir sahen viel Milizionäre, Polizisten und Soldaten. Wir überquerten den Platz vor dem Denkmal. Viele Leute lasen die Texte auf den Kränzen und schrieben Wandzeitungen ab. Im Nordwesten des Denkmals stand eine kleine, dicht gedrängte Gruppe. Sie sang ein kurzes, trauriges Lied, dann die Internationale. Südlich vom Denkmal standen viele Milizionäre unter den Bäumen. Man sah auch eine Feuerwehr. Ein Mann war auf den steinernen Sockel einer Straßenlaterne geklettert. Er rezitierte ein Gedicht, und die Leute sprachen ihm nach. Niemand sagte uns etwas. Dann entstand plötzlich Bewegung. Polizisten kamen aus südwestlicher Richtung an die Stelle gelaufen, wo der Mann das Gedicht rezitierte. Zwei oder drei junge Männer liefen rasch in südlicher Richtung davon. Ein paar junge Leute liefen ihnen nach, vielleicht Milizionäre. Auf dem Platz herrschte Verwirrung. Ich fragte einen Soldaten, ob diese Leute Klassenfeinde seien, aber er antwortete nicht. Dann stellte ich einem Mädchen dieselbe Frage, und sie sagte: ›Nicht viele.‹ Wir sahen eine Menschenmenge aus dem Südwesten näherkommen. Ein paar junge Männer wurden abgeführt und versuchten, sich loszureißen. Sie wurden in einen Jeep gedrängt. Einer von ihnen, der eine blaue Jacke trug, rief irgend etwas laut in die Menge. Diese Gruppe kam so schnell auf uns zu, daß wir rasch auf die Blumenbeete flüchteten, um Platz zu machen. Ein Mädchen zog mich zur Seite. Sie bedeutete mir, vorsichtig zu sein. Wir gingen in Richtung unseres Wagens. Dabei kamen wir an zwei oder drei Milizionären vorbei, die einen Mann im langen, gesteppten Armeemantel abführten und in einen Jeep steckten. Niemand sprach ein Wort. Auf der anderen Seite des Platzes sahen wir, daß die Lichter im großen Volkspalast an waren. Aber es standen keine Wagen davor.«

Jetzt befanden sich weniger Leute in der Nähe des Denkmals, aber ganz menschenleer waren die Terrassen noch nicht. Zwei ausländische Studenten, die in ihren chinesischen Anzügen und Mützen nicht auffielen, verweilten noch etwas, während eine einfache Milizkette versuchte, die Menschen vom Denkmal fernzuhalten. Es war eine lockere Kette, und die Milizionäre forderten die Menschen auf, fortzugehen. Als sie die ausländischen Studenten als solche erkannten, wurden diese gleich aufgefordert zu gehen. Die anderen Leute auf der Terrasse des Denkmals beachteten sie nicht. Sie schauten herunter auf die Polizeikette, die den Platz räumte. Die Menschen schienen eher neugierig als erregt. Männer und Frauen in gesteppten Mänteln mit den Armbinden der Miliz gingen die Stufen zur Terrasse, um das Denkmal herum, hinauf. Noch immer standen Gruppen herum, lasen Anschläge im Licht von Taschenlampen und rezitierten Gedichte. Der letzte Text, den die Studenten lasen, lautete: »Ihr streckt eure Teufelsklauen aus. Glaubt ihr, ihr könntet das Land regieren? Wagt ihr es, diesen Kranz herunterzureißen?«

Nach 1 Uhr früh am Montagmorgen konnten Ausländer den Platz nicht mehr betreten. Ein westlicher Korrespondent wurde von Soldaten barsch angehalten und zurückgeschickt. Andere gelangten bis an den Rand des Platzes. Auf der Chang-An-Avenue warteten mehrere hundert Leute, viele davon mit ihren Fahrrädern, in feierlicher Stille. Am Südende des Platzes fuhren Lastwagen auf, und Arbeitskolonnen wurden zusammengestellt. Die Kränze lagen immer noch an Ort und Stelle. Aber alle Ausländer waren zu weit weg, um sehen zu können, was beim Denkmal geschah. Je nachdem, wo sie am Rand des Platzes standen, erschien ihnen die Menge wütend oder nur neugierig.

Man ließ keine Fußgänger mehr auf den Platz, aber ausländische Wagen konnten immer noch an den Seiten entlangfahren. Polizei, Militär und Miliz hatten eine Kette um das Denkmal herum gebildet; sie standen in etwa einem Meter Entfernung voneinander. Es hatte den Anschein, als lautete die Reihenfolge: stets ein Polizist, ein Soldat mit aufgepflanztem Bajonett und dann ein Milizionär. Die Kette war zu weit weg, als daß man hätte sagen können, ob es sich bei den Soldaten um Angehörige der Armee oder um Einheiten der öffentlichen Sicherheit handelte. Ein Ausländer, der vorüberfuhr, blendete die Scheinwerfer seines Wagens auf und wurde sogleich von einem Polizisten verwarnt. Im Nordwesten des Platzes, auf der kleinen Straße zwischen der verbotenen Stadt und Zhungnanhai, wo Mao wohnte, standen etwa 50 Jeeps, 65 Lastkraftwagen und 10 Feuerwehrwagen. Eine Einheit von 200 Soldaten kam im Laufschritt von der Nordseite der Chang-An-Avenue und nahm am Eingang des großen Volkspalastes Aufstellung. Um das Denkmal herum wurde eine lebhafte Aktivität entfaltet. Es schien, als arbeiteten Soldaten und Zivilisten dort, nahmen Kränze ab und beluden Lastwagen. Gegen 3 Uhr früh waren alle Kränze entfernt worden. Der Platz war leer. An der Nordseite des Tian-An-Men-Platzes standen noch einige Menschen.

Offensichtlich war die Führung zu dem Schluß gelangt, daß die Demonstrationen zu weit gingen. Aber bis heute wissen wir nicht, wer die Entscheidung traf und wie man zu ihr gelangte. Sogar nach der Verhaftung der »Viererbande« vermied die chinesische Presse das Thema der Demonstrationen. Es hätte nützlich sein können, darauf hinzuweisen, daß die Massen schon während der Qingming-Woche spontan gegen Jiang-Qing und ihre Verbündeten demonstriert hatten. Aber es waren auch andere Erwägungen im Spiel, die das Geschehen am Tian-An-Men-Platz zu einem schwierigen, gefährlichen Thema machten.

Durch später in Peking kursierende Gerüchte wurde die »Viererbande« beschuldigt, bewußt Unruhen provoziert zu haben, indem sie die Kränze entfernen ließ. Es ist jedoch wahrscheinlicher, daß die Entscheidung, den Platz zu räumen, von einer breiteren Gruppe der Führungsspitze getroffen wurde. Eine Million Demonstranten im Herzen Pekings muß alle Gruppierungen beunruhigt haben. Eine Woche lang war die Menschenmenge Tag für Tag angewachsen. Die Stimmung wurde immer gereizter, auf den Anschlägen wurden Mitglieder des Politbüros angegriffen. Die Entwicklung geriet außer Kontrolle. Für den radikalen Flügel war dies ein gefährliches Anzeichen dafür, daß die Massen sich auf die Seite der Gemäßigten und Zentrumsführer stellen würden. Für Deng Xiao-ping, den die Radikalen direkt attackierten, mag die Demonstration ein willkommener Beweis dafür gewesen sein, daß seine Stellung im Volk stärker war, als es die Presse erscheinen ließ. Doch Deng ist ein erfahrener Dirigent des Partei- und Regierungsapparates, und er konnte kaum hoffen, durch gesteuerte Straßendemonstrationen die Macht wieder zu gewinnen. Andere Mitglieder des Politbüros wußten, daß die »Viererbande« die Kampagne gegen sie zu lenken suchte. Aber sie fühlten sich für eine Konfrontation noch nicht stark genug, und sie hatten nicht die Absicht, die Entscheidung durch Massendemonstrationen zu suchen, die sie nicht organisiert hatten und nicht kontrollierten. Aus verschiedenen Gründen hatten alle Mitglieder der Führung Gründe, den Demonstrationen ein Ende zu machen.

Die große Mehrzahl der Leute, die auf den Platz gekommen waren, wußte das nicht. Sonst hätten die meisten nicht zu kommen gewagt. Doch eine Woche lang war die Polizei nicht eingeschritten. Die meisten Chinesen konnten sich nicht vorstellen, daß im Zentrum Pekings eine Massendemonstration ohne Unterstützung oder gegen den Willen der Führung stattfinden konnte. Sie waren der Meinung, Teile der Führung stünden entschieden hinter ihnen. Doch auf höchster Ebene war keine Entscheidung gefallen. Organe der öffentlichen Sicherheit hatten keine Befehle erhalten und schritten nicht von sich aus ein. Sie wußten, daß ein Kampf innerhalb der Führungsspitze der Partei stattfand, konnten aber dessen Ergebnis nicht kennen. Seit der Kulturrevolution hat es die chinesische Polizei gelernt, sich aus Massendemonstrationen herauszuhalten. Für sie war es sicherer, die Demonstrationen weitergehen zu lassen, vor allem, weil die Trauer um Ministerpräsident Zhou politisch durchaus akzeptabel war. Wandzeitungen aufzuhängen ist kein verräterischer Akt; das Recht dazu wird sogar in der Verfassung garantiert. Doch als sich die Angriffe auf vier Mitglieder des Politbüros konzentrierten und die Demonstrationen sich auf andere Städte ausdehnten und an Stärke zunahmen, ließ sich eine Entscheidung nicht mehr vermeiden.

Doch die Führungsspitze war gespalten, und als sie eine Entscheidung erreichte, kam diese spät und erschien improvisiert. Normalerweise werden die Massen in China auf Akte der Führung lange vorbereitet. Informationen sickern durch – über die Parteizellen und Schulungsgruppen von Nachbarschaften und Fabriken. Sie werden über Drahtfunkradio erklärt und in Versammlungen diskutiert. Diesesmal gab es keine Vorträge über die Bedeutung der Qingming-Demonstrationen. Man sagte dem Volk nicht, warum das Trauern um Ministerpräsident Zhou aufzuhören hatte und die Kränze entfernt werden mußten. Die Kränze wurden ohne eine Verlautbarung mitten in der Nacht weggenommen. Die Führung ging das Risiko unvorbereiteten Handelns ein. Daß man Truppen und Arbeitskräfte schickte, um den Platz während der Nacht zu säubern, wurde als ein Signal betrachtet, das deutlich genug war, um der Bevölkerung eine Einstellung der Demonstrationen nahezulegen. Möglicherweise ging die radikale Gruppe davon aus, ein hartes Eingreifen der Polizei könnte schlimmstenfalls einen Zwischenfall auslösen, der die friedlichen Demonstrationen diskreditieren würde. Höchstwahrscheinlich schätzte die Führung die Stimmung der Massen falsch ein.

Bei Tagesanbruch am Montagmorgen fuhr der große Strom von

Radfahrern auf dem Weg zur Arbeit über einen leeren Platz. Die Leute waren überrascht. Kleine Gruppen hielten an der Chang-An-Avenue an und blickten über den Platz zum Denkmal. »Die Kränze sind weg«, konstatierten sie verblüfft. Während der Nacht war der Platz auch mit Wasser abgespült worden. Hier und da standen noch Wasserlachen, doch von Kränzen und Papierblumen war nicht einmal mehr eine Spur zu sehen. An der Nordseite des Platzes standen Soldaten mit weitem Abstand voneinander. Sie hielten Radfahrer nicht an, die auf Straßen nach Süden am Denkmal vorbeifuhren. Allmählich versammelten sich auf dem Platz Menschen. Gegen 7 Uhr früh waren es zwei- oder dreihundert unmittelbar im Norden des Denkmals. Etwa hundert Angehörige der Miliz bewachten den Zugang zum Denkmal und ließen niemanden mehr heran. Es gab keine Reden oder Debatten. Die Leute standen einfach da. Es war ruhig, aber unheimlich. Auf den Seitenstraßen südlich des Denkmals wurden einige Ausländer von Polizisten angehalten und zurückgeschickt. Einen Straßenblock weiter östlich, beim Hauptquartier der Pekinger Garnison, entstiegen Soldaten ihren Militärlastwagen. Ein Ausländer schrieb: »Es standen da 16 Lastkraftwagen mit je 35 Soldaten. Die Soldaten hatten Gewehre. Das Absitzen war eine präzise Operation, ganz großartig. Die Soldaten sahen schneidig, gebügelt, rasiert aus – wie Elitetruppen. Sie waren schlank und verließen die Lastwagen mit raschen Bewegungen. Dann sah ich noch mehr Lastkraftwagen mit Verdeck kommen. Man sagte mir, ich solle weitergehen, was ich tat.«

Bis 8 Uhr früh waren mehrere hundert Menschen bis an die Terrassen des Denkmals herangekommen. Der Milizkordon leistete ihnen keinen Widerstand. Ein paar Leute klebten Gedichte und Wandzeitungen an die niedriger gelegenen Mauern des Denkmals, die in der Nacht gesäubert worden waren. Der Armeekordon an der Nordseite des Platzes war zurückgezogen worden. Gruppen von Milizangehörigen standen auf dem Platz. Drei oder vier Feuerwehren fuhren bei dem Postamt südöstlich des Denkmals vor. Auf dem Platz, wo die Menge nicht mehr Hunderte, sondern Tausende zählte, wurde gesungen und gerufen. Dann kam ein junger Mann von der Südseite des Denkmals her gelaufen. Ein paar Männer bedrängten ihn. Andere Leute folgten dieser Gruppe. Die Menge rannte in westlicher Richtung über den Platz und wandte sich dann nach Norden, zum Eingang des großen Volkspalastes. In der Nähe der westlichen Ecke des Platzes wurde ein anderer junger Mann geschlagen, aber dann rasch in

Ruhe gelassen; er entfernte sich etwas taumelnd mit einem blutigen Taschentuch. Die Gruppe mit dem ersten jungen Mann erreichte den Fuß der Treppen zum großen Volkspalast. Sie füllte den Zugang aus, aber nahm nur ein paar Stufen an der Nordseite der Treppe in Anspruch. Jemand lief rasch die Treppen hinauf, vielleicht der junge Mann, den man geschlagen hatte. Er wurde von Soldaten ergriffen, die man vorher nicht gesehen hatte, wurde geschlagen und dann wieder in die Menge zurückgestoßen. Mehrere hundert Mann Arbeitermiliz kamen über den Platz und verschwanden in der Menge vor dem großen Volkspalast. Am Denkmal kamen Soldaten, die auf der obersten Terrasse gestanden hatten, die Treppen hinunter und begannen, die unteren Terrassen von Menschen freizumachen. Ein Wagen mit Lautsprecher auf dem Dach fuhr vor der Ostseite des Großen Volkspalastes auf und ab. Eine Frauenstimme forderte die Menschen auf, die öffentliche Ordnung zu wahren und zitierte den Vorsitzenden Mao. An beiden Seiten der breiten Treppe zum großen Volkspalast befinden sich steinerne Plattformen, und Menschen begannen, die an der Nordseite zu besteigen.

Zu dieser Zeit traf ein ausländischer Student an der nordwestlichen Ecke des Tian-An-Men-Platzes ein. Er hörte den Lautsprecher und sah, wie eine Menge den Wagen umgab:

»Eine Menge Leute stand auf der Straße. Ich hörte einen Lautsprecher auf dem Dach eines alten osteuropäischen Wagens. Er forderte die Leute auf, die Straße vor dem Großen Volkspalast zu räumen. Dann bewegte sich eine große Menschenmenge rasch zur nordöstlichen Ecke des Palastes. Es war eine Menge Menschen auf der Straße, aber wenige Fahrzeuge, und die Autos kamen kaum durch. Die Menschen umdrängten den Lautsprecherwagen und brachten ihn zum Stehen. Ich war 50 Meter entfernt, als ich das Rufen hörte. Die Menge kippte den Wagen um. Ich sah Fäuste in der Luft, konnte aber nicht sehen, ob gekämpft wurde. Der Wagen lag auf dem Dach, und Leute kletterten drauf. Ein chinesischer Zivilist trat an mich heran und sagte: ›Hier gibt es nichts zu sehen. Gehen Sie weg.‹ Ich ging im Kreis und kam wieder. Niemand sonst nahm Notiz von mir. Zwanzig Meter in nördlicher Richtung von dem umgestürzten Wagen umgaben Menschen einen kleinen grünen Lastwagen, der hinten offen war. Sie schoben einen Mann auf die Ladefläche und riefen ihm etwas zu. Später ließ der Mann den Kopf hängen und sah niedergeschlagen aus. Er sagte nichts. Alle schrien auf ihn ein. Dann stand eine andere Person neben ihm und dirigierte die Kritik. Manchmal wandte er sich dem Mann zu, der kritisiert wurde, und brüllte ihn an, dann wieder sprach er zu der Menge. Der Mann, der kritisiert wurde, war blau gekleidet, vielleicht war er Polizist, aber er hatte keine roten Spiegel mehr am Kragen. Vielleicht hatte man sie abgerissen. Die Menge warf sich eine Polizeimütze zu. Der Mann, der die Kritik führte, war ein magerer Bursche mit Brille, ungefähr 25 Jahre alt. Das Gebrüll dauerte etwa 20 Minuten. In der Menge standen etwa zehn Luftwaffenangehörige, und einer von ihnen bestieg den Lastkraftwagen. Er sprach mit dem Mann mit der Brille, dann brüllten sie einander heftig gestikulierend an. Als der Luftwaffensoldat vom Lastkraftwagen hinabstieg, jubelte die Menge. Sie bewegte sich in südlicher Richtung, und ich ging mit. Als ich zurückblickte, lag der Wagen immer noch da, aber es stand niemand mehr drauf.«

Beim Denkmal waren immer noch Soldaten dabei, die Leute zum Gehen aufzufordern, aber die Terrassen wurden nicht völlig geräumt. Sogar Ausländer konnten die Stufen hinaufgehen und das Geschehen auf dem Platz fotografieren. Vor der Treppe des großen Volkspalastes schob und drängte eine große Menschenmenge gegen die Kette, die von den Soldaten gebildet worden war. Es gibt verschiedene Schätzungen, aber gegen 9 Uhr müssen sich etwa zehntausend Menschen vor dem großen Volkspalast befunden haben. Polizei und Miliz in der Menge hatten es nicht leicht. Ihre Mützen und Armbinden wurden in die Luft geworfen. Am Rand der Menge bewegten sich erregte Gruppen, die sich zu kurzen Auseinandersetzungen bildeten, wieder zerstreuten und sich neu bildeten. An den Seiten des Platzes, 50 oder 100 Meter von dem Gedränge entfernt, sammelten sich Häufchen von Zuschauern. Da waren Großmütter mit kleinen Kindern. Ein Vater ließ seinen fünfjährigen Sohn mit einer Spielzeug-Maschinenpistole für ein Foto posieren. Besucher vom Lande, die Tian An Men sehen wollten, setzten sich unter die Bäume und sahen zu. Sie zeigten keinerlei Erregung. Sogar die Menge vor dem Großen Volkspalast schien eher neugierig als tatendurstig. Als junge Männer versuchten, die steinernen Plattformen an den Seiten der Treppe zu ersteigen und von Soldaten zurückgestoßen wurden, sahen die meisten dem Handgemenge wie einem Sportwettkampf zu.

Auf der Chang-An-Avenue hielten Verkehrspolizisten Ausländer an und hinderten sie daran, auf den Platz zu fahren. Zur Erklärung hieß es, es habe einen Unfall gegeben; doch zu Fuß durften sie auf den Platz gehen. Das Fotografieren wurde schwieriger. Einer Ausländerin wurde grob bedeutet, sich zu entfernen:

»Ich hielt den Fotoapparat am Auge, als ein Mann mit einer Zeitung auf die Linse schlug. Er sagte: ›Sie dürfen hier keine Fotos machen. Wir erlauben das nicht.‹ Ich versuchte, fortzugehen, aber er holte mich ein und herrschte mich an, die Kamera in die Handtasche zu tun. Nur er und ein anderer Mann waren aufgeregt. Die anderen Leute um mich herum zeigten kein Interesse. Der Mann folgte mir zum Denkmal. Er sprach mit irgendeinem Uniformierten. Ich ging hinüber zum Historischen Museum und machte einige Aufnahmen. Mein Wagen wartete auf mich, aber der Mann tauchte wieder auf und rief: ›Steigen Sie nicht ein, bleiben Sie noch hier.‹ Ich fragte, warum? Und er sagte, ich hätte fotografiert. Ich antwortete: ›Es ist nicht verboten, zu fotografieren.‹ Inzwischen standen viele Leute um meinen Wagen herum. Sie sagten: ›Das ist nicht die Angelegenheit des Staates. Es ist unsere Angelegenheit, die der Massen. Hier ist die Arbeiterklasse an der Macht.‹ Ich fragte, was sie wollten, aber das machten sie nicht sehr deutlich. Ich bot an, den Film aus der Kamera zu nehmen. Der Mann und die Menschen diskutierten, ob es genügen würde, den Film zu belichten, oder ob ich sie nur täuschen wolle. Ich nahm den Film heraus, belichtete ihn und durfte wegfahren.«

Die Tausende zählende Menschenmenge hielt nur den Westen des Platzes und das Gebiet in der Nähe des Denkmals besetzt. In der Mitte und an der Nordseite sammelten sich kleinere Gruppen um Sprecher, die auf Plattformen und Kisten standen, von denen aus normalerweise Berufsfotografen Aufnahmen von Touristen machten. Zwei Reihen von Milizangehörigen erschienen und bildeten eine Kette an der Nordseite des Denkmals. Sie trennten die Gruppen auf dem Platz von der großen Menschenmenge auf der Nordterrasse des Denkmals. Die Südseite war von Soldaten besetzt. Dicht bei der Milizkette waren zwei Männer auf die Plattform eines Dreirades geklettert. Einer hielt eine Art Rede. Es klang unzusammenhängend, und der andere Mann schien ihn zu stützen. Ein Soldat kletterte gleichfalls hinauf und versuchte, den Sprecher hinunterzuziehen. Es gab etwas Gerangel, und dann verschwand der Sprecher in der Menge. Er wurde herumgestoßen, aber nicht ernsthaft geschlagen, und etwas später erschien er mit seinem Begleiter am Rand der Menge und entfernte sich. Aber in der Mitte hatte es stärkere Auseinandersetzungen gegeben, und ein Mann kam mit blutigem Gesicht heraus. Die Leute am Denkmal waren aufgeregt. In etwas weiterer Entfernung diskutierten Zuschauer die Ereignisse recht ruhig. Sie erklärten einander, was ihrer Meinung nach vorging. Ein älterer Chinese erzählte seinen Freunden, jemand habe den Menschen gesagt, die Kränze hätten noch ein oder zwei Tage länger liegen bleiben sollen. Einige Leute wollten sie zurückhaben. Doch andere hätten gesagt, man hätte überhaupt keine Kränze hinlegen sollen. Diese Meinungsverschiedenheiten seien die Ursache der Diskussionen und Schlägereien, so hieß es unter den Zuschauern. Doch sie waren ebenso wie die Ausländer meist zu weit entfernt von den Auseinandersetzungen, um das Gesagte verstehen zu können.

Die Kette aus Männern und Frauen der Miliz blieb vor dem Denkmal stehen, aber hielt die Menge nicht mehr zurück. Eine Gruppe von jungen Leuten trug einen Kranz auf die Terrasse des Denkmals. Ein Junge kletterte auf die Schultern eines anderen, um den Kranz ganz oben anzubringen. Einmal verlor er den Halt und fiel beinahe, als er es aber geschafft hatte, lachte und applaudierte die Menge auf dem Platz. Der Kranz kam von den Schülern der Klasse 4, fünftes Jahr, der Pekinger Mittelschule Nr. 173. Links davon wurde ein zweiter Kranz angebracht, dann eine Fotografie Zhou En-lais im Goldrahmen. Die Menge im Norden des Denkmals applaudierte und sang die Internationale.

Auf der Chang-An-Avenue und im südlichen Teil der Stadt marschierten immer noch Menschen mit Kränzen. Beim Bahnhof, etwa anderthalb Kilometer entfernt, wurde einer dieser Gruppen bedeutet, das Trauern sei vorüber, und irgend etwas Schlimmes gehe auf dem Platz vor sich. Die Gruppe wurde langsamer, hielt an, diskutierte und ging dann nicht weiter. Beim Peking-Hotel saß ein Mädchen allein auf dem Bürgersteig und bewachte einen Kranz für Zhou. Ihre Gruppe hatte sich aufgelöst. Zwanzig Personen marschierten aus dem Tor des Außenhandelsministeriums an der Chang-An-Avenue hinaus. Ein paar hundert Meter weiter hielten sie an, drehten um und nahmen ihren Kranz wieder mit zurück ins Ministerium. In vielen Büros und Fabriken standen Kränze herum, die man nicht mehr zum Platz gebracht hatte.

Am Tian-An-Men-Platz drängte die Menge gegen die Kette der Soldaten, aber kam auf der Treppe zum Großen Volkspalast nicht vorwärts. Um 9.45 Uhr trennte sich eine Gruppe von hundert jungen Leuten von der Menge und rannte in südlicher Richtung. Sie liefen um die Ecke des großes Volkspalastes und stürmten die Treppen zum Südeingang hinauf. Neben der Tür standen zwei Soldaten. Als sie die

Gruppe kommen sahen, traten sie in das Gebäude, legten ihre Waffen ab, kamen wieder heraus und schlossen die Tür. Sie hoben die Hände als Aufforderung, stehenzubleiben. Rasch waren sie umringt. Es gab eine Debatte und dann eine Schlägerei. Einer der Soldaten blieb unbehelligt. Der andere erhielt Schläge auf den Kopf und wurde die Stufen hinuntergestoßen. Die Menge erschien wie eine blaue Fläche, und der Soldat in seiner grünen Uniform hob sich deutlich davon ab. Als erstes verlor er seine Mütze, dann wurde ihm der Mantel ausgezogen, und weiter unten auf den Stufen wurde sein weißes Hemd zerrissen. Er hatte Blut im Gesicht. Der Soldat riß sich von der Menge los, einzelne folgten ihm und versuchten, ihn zu treten und zu schlagen. Er lief über die Auffahrt auf einen bewaffneten Uniformierten zu. Dieser stand still und rührte sich nicht. Er schien nicht zu bemerken, was vorging. Der Soldat mit dem Blut im Gesicht rannte an ihm vorbei und sprang über den Zaun. Die Menge hielt inne und wandte sich zur Eingangstür zurück. Zehn Minuten lang dauerte eine Diskussion zwischen der Menge und dem anderen Soldaten, der dort geblieben war. Dann trat der Soldat, der geschlagen worden war, wieder aus der Tür heraus, und die Debatte wurde heftiger.

Zu dieser Zeit stand ich am Fuß der Treppe und versuchte zu fotografieren. Mehrere Männer mittleren Alters gingen hinauf zu der Gruppe vor der Tür, sprachen mit den jüngeren Männern und zeigten mit dem Finger auf mich. Die Gruppe wandte sich um und kam die Treppe herab auf mich zu. Nur die beiden Soldaten und ein paar von den älteren Männern blieben oben bei der Tür. Ich ging mit raschen Schritten auf eine kleine Straße zu, die nach Süden führt. Ich hoffte, in das Gebäude der Bank von China zu gelangen, bevor die Menge mich erreichte. Normalerweise bewachen Soldaten die Bankgebäude. Ich drehte mich nicht um, aber hörte Menschen im Laufschritt und erregte Stimmen näherkommen. Dann war ich von einer Menge von jungen Leuten umgeben. Die mir am nächsten Stehenden waren weder unhöflich noch gewalttätig. Aber sie wurden von der Menge hinter ihnen geschoben und drückten mich gegen die Hausmauer. Sie wollten den Film aus meinen Kameras, aber ich hatte nicht genug Platz, sie zu öffnen und die Filme herauszunehmen. Leute, die weiter hinten standen, begriffen nicht den Grund für die Verzögerung. Sie fingen an zu rufen. Nach fünf Minuten drängten sich einige Soldaten in die Menge. Der Druck ließ etwas nach. Ich nahm die Filme heraus, einer der jungen Leute hielt sie hoch. Die Menge schien zufrieden und begann sich zu zerstreuen, als eine weitere Gruppe um die Ecke gerannt kam mit dem Ruf: »Wo ist der Ausländer?« Ich eilte in die Bank von China. Während ich wartete, kam ein Polizist in Zivil herein und ließ sich von den Schalterbeamten zeigen, wo ich war. Dann kam einer der jungen Männer aus der Menge. Er gab mir die Filmkassetten, die er aus meinem Apparat genommen hatte. Sie wollten nicht mein Eigentum, so erklärte er, nur den Film. Zehn Minuten später war die Menge verschwunden, und ich konnte die Bank verlassen.

Inzwischen hatte die Menge im Westen des Großen Volkspalastes versucht, die Treppen hinaufzugelangen. Doch eine lockere Reihe von unbewaffneten Soldaten, die vier oder fünf Stufen oberhalb des Bürgersteiges standen, konnte sie zurückhalten. Ein Mann mit blutverschmiertem Gesicht trat aus der Menge heraus und sprach mit den Soldaten. Er durfte die Treppen hinaufgehen. Sechs junge Männer versuchten, ihm zu folgen. Es war nicht klar, ob sie seine Freunde oder seine Verfolger waren. (Zwei Jahre später erzählten mir chinesische Bekannte, die den Vorfall nicht selber gesehen hatten, der junge Mann habe gerufen, Zhou En-lai sei ein Verräter, und sei dann durch die erregte Menge in den Großen Volkspalast geflohen, wo ihn Wang Hung-wen, ein Mitglied der »Viererbande«, erwartet habe.) Ein Armeeoffizier kam die Treppe herunter und sprach mit der Gruppe, die den blutenden Mann verfolgt hatte. Nach einer kurzen Diskussion versuchte er, sich den Weg durch die Menge zu bahnen, aber die sechs Männer umringten ihn. Er wurde in die Mitte der Menge gestoßen und war für eine Weile nicht zu sehen. Als er wieder zum Vorschein kam, war sein Gesicht verschwollen und seine Jacke zerrissen.

Auch an anderen Stellen in der Menge gab es Prügeleien und lautstarke Auseinandersetzungen. Unmittelbar im Norden der Treppe rannten Leute unter die Bäume und hinter die Hecke, die den Großen Volkspalast umgibt. Gruppen von jungen Leuten, ihr Durchschnittsalter erheblich unter dem der Menge, bildeten eine Art Keil. Zuerst gab es Rempeleien mit den Soldaten. Leute brüllten, man sollte vorrücken, und dann durchbrach der Keil die Kette. Sie kletterten auf die Plattform an der Nordseite der Treppen und schwärmten von hier aus, bis sie im Rücken der Soldaten standen und sich nun zwischen diesen und den Eingangstüren befanden. Der Kordon aus Soldaten war noch da, aber sah aus, so formulierte es ein britischer Beobachter, wie »eine khakifarbene Schinkenscheibe in einem großen blauen Sandwich«. Die jungen Leute um den Kandelaber am Nordende der Treppe riefen Parolen und sangen die Internationale. Einige riefen: »Lang lebe Mao.« Andere: »Lang lebe Zhou.« Die meisten brüllten: »Macht die Türen auf.« An verschiedenen Stellen auf der Treppe begannen in kleinen Gruppen Prügeleien. Ein junger, schwergewichtiger Mann in einer alten Uniformjacke wurde von einer kleinen Gruppe heruntergezerrt, geschlagen und auf den Platz hinunter verfolgt. Andere wurden geschubst und gestoßen, vor allem junge Leute um die zwanzig. Man schlug auf sie ein, wenn sie vorbeikamen: Ein Mann hatte eine Schnittverletzung am Kopf. Er konnte kaum laufen und wurde fast getragen. Der junge Mann in der Uniformjacke war irgendwie zurück zu den Stufen gelangt und wurde erneut geschlagen. Er war im Gesicht verletzt, hatte Blut um den Mund und geschwollene Augen. Mindestens ein halbes Dutzend junge Männer wurden geschlagen und fortgejagt.

Ausländer konnten sich keine klare Vorstellung davon machen, was eigentlich vorging. Wenn eine Gruppe, die einen Mann schlug, sich Ausländern näherte, war es ratsam, aus dem Weg zu gehen. Umstehende Chinesen winkten Ausländern, zurückzutreten, aber sie waren nicht bereit, Fragen zu beantworten oder Erklärungen zu geben. Aus ihren Unterhaltungen war zu schließen, daß auch viele Leute in der Menge nicht wirklich wußten, was auf der Treppe vorging. Sie sprachen über die Ereignisse. »Das ist organisierte Sabotage. Man darf das nicht zulassen«, sagte ein Mann mittleren Alters. Ein anderer: »Soldaten können nicht auf das Volk schießen. Die Beziehung zwischen Soldaten und Volk darf nicht zerstört werden.«

Die Menge wurde Ausländern gegenüber mißtrauisch. Man bekam gesagt, man solle keine Notizen machen und nicht fotografieren. Ein Chinese aus Übersee wurde umringt, und jemand in der Menge rief: »Er ist ein ausländischer Spion.« Doch er konnte sie beruhigen, und als er seinen Film aushändigte, ließ man ihn gehen. Ältere Männer in der Menge traten an Ausländer heran und sagten höflich, aber entschieden: »Bitte gehen Sie. Das ist eine Angelegenheit für das chinesische Volk!« Einer wandte sich dann an die Chinesen in der Menge und erklärte, was am Eingang des großen Volkspalastes geschehe: »Sie wollen die Kränze nicht zurückgeben, weil gestern abend einige schlechte Elemente die Gelegenheit benutzten, Mitglieder des Zentralkomitees und hervorragende Führer anzugreifen. Sie haben uns gesagt, das wäre der Grund.« Die Menge hörte zu, aber zeigte keine Reaktion.

Oben an der Treppe war die Tür zum Großen Volkspalast mehrmals geöffnet worden, um Leute heraus- oder hereinzulassen. Möglicherweise fand eine Art Verhandlung statt. Einmal kam ein Offizier an der Südseite der Treppe hinab und sprach zu der Menge. Nach einer kurzen Diskussion forderte er sie auf, zu gehen. Aber die Leute blieben, und die Gruppe Soldaten, die den Offizier umgab, stand in der Menge, ohne irgendwie tätig zu werden. Zu jeder Zeit war es schwierig, die Bewegungen der Sicherheitskräfte zu begreifen. Auf dem Platz bildeten sich Ketten und Gruppen von Polizisten und Milizangehörigen, um sich dann wieder aufzulösen. Manchmal wurden die Zugänge zum Platz im Norden abgeriegelt, dann wieder im Süden und schließlich wieder geöffnet. Ausländische Militärattachés meinten, dies sei eine sehr geschickte Art, mit der Situation fertig zu werden. Die Soldaten zeigten höchste Disziplin, vermieden Gewalttätigkeit und Auseinandersetzungen mit den Massen. Sie schienen sich mit der Menge zu bewegen, sie in ihrem Versuch, den Großen Volkspalast zu betreten, zu verlangsamen und eine Schlacht zwischen Demonstranten und Sicherheitskräften zu verhindern.

Diese Sicherheitskräfte bestanden aus verschiedenen Einheiten. Es ist nicht bekannt, ob sie jederzeit einem einheitlichen Kommando unterstanden. Es gab Einheiten der regulären Armee, Soldaten mit grünen Uniformen und einem roten Stern an der Mütze. Andere Soldaten sahen fast ebenso aus, trugen aber statt eines roten Sternes eine runde Plakette mit dem Bild von Tian An Men. Selbst auf kurze Distanz war es unmöglich, sie von Soldaten der regulären Armee zu unterscheiden. Es waren paramilitärische Polizeieinheiten, die wahrscheinlich dem Ministerium für öffentliche Sicherheit unterstanden. Die regulären Polizisten waren in ihren blauen Uniformen leicht erkennbar. Eine kleine Anzahl von Männern in grünen Uniformjacken mit blauen Hosen gehörte zu den Grenztruppen oder zu Zolleinheiten. Zivilisten ohne irgendwelche Abzeichen, die gelegentlich Ausländer zum Fortgehen aufforderten, könnten Beamte der öffentlichen Sicherheit in Zivil gewesen sein. Die Volksmiliz waren Arbeiter und Bauern aus den Vororten, die ihre Arbeitskleidung oder abends lange wattierte Mäntel trugen. Sie hatten entweder Armbinden um mit der Aufschrift »Arbeitermiliz der Hauptstadt«, oder die schweren Mäntel waren selbst beschriftet. Einige Frauengruppen, die Straßen südlich des Platzes bewachten, nannten sich »Volkskommunen-Miliz«. Es ist nicht klar, wie die Miliz in die Kommandostruktur einzuordnen ist. Die erste Milizeinheit, die aus dem nördlichen Vorort Haidien eintraf, wurde von einem Offizier der regulären Armee kommandiert. Es hat den Anschein, als sei es den Radikalen nicht gelungen, die Pekinger Miliz der Führung durch die Armee zu entziehen, wie es in einigen Provinzen geschehen war. Der Parteikader, dem die Pekinger Miliz unterstand, Ni Zhi-fu, sollte ein halbes Jahr später in Shanghai auftauchen, um die Stadtverwaltung den Anhängern der »Viererbande« zu entreißen. In den Tagen, die unmittelbar auf die Unruhen am Tian-An-Men-Platz folgten, schien die Pekinger Miliz bei der Verfolgung verdächtiger Demonstranten von den Organen der öffentlichen Sicherheit unabhängig zu operieren. Am 5. April deutete nichts darauf hin, daß die verschiedenen Sicherheitskräfte auf dem Platz einander widersprechenden Befehlen gehorchten. Vielmehr hatten die meisten Ausländer den Eindruck, daß vom Vormittag bis zum frühen Abend viele Einheiten nicht wußten, was sie tun sollten. Bei allen ihren Operationen schien die Entschlossenheit zu fehlen, den Platz unter ihre Kontrolle zu bringen.

Die Volksmengen auf dem Platz sahen unorganisiert aus und schienen nicht genau zu wissen, was sie wollten. Aber es gab einen kleinen Kern von einigen hundert jungen Leuten, der die Massen in Bewegung hielt.

Sie waren im Mittelpunkt diskutierender Gruppen oder an der Spitze kleinerer Gruppierungen, die über den Platz liefen und eine größere Menge nach sich zogen. Sie hatten den Keil gebildet, der zum Eingang des großen Volkspalastes durchgebrochen war, und ihre Führer waren es, die verhandeln oder eine Petition unterbreiten wollten. Aber man konnte nicht erkennen, daß ihre Bewegungen irgendwie gesteuert wurden, es gab keinen deutlichen Plan und kein Hauptquartier, von dem aus Befehle gegeben wurden. Diese Gruppen junger Aktivisten zeichneten sich in der großen Menge der Umstehenden deutlich ab. Aber die Massen verhielten sich ihnen gegenüber nicht feindselig und schienen im allgemeinen zustimmend. Selbst dann, wenn es Schlägereien gab, sah die Menge unbewegt zu und zeigte nichts außer Interesse. Sie zeigten einander, daß irgendwo auf der Treppe eine Prügelei begonnen hatte. »Schau mal, da oben schlagen sie jemanden«, stellten sie fest, wie wenn sie einem Boxkampf zusahen. Sie lächelten, einige schienen sogar glücklich über all die Aufregung. Die Menschen, die der Treppe am nächsten standen, waren engagierter, applaudierten oder bekundeten Mißfallen, wenn übel zugerichtete Leute von der Nordseite der Treppe herunterkamen. Man ließ sie durch, aber viele versuchten dabei, auf sie einzuschlagen. Je weiter sie sich von der Treppe entfernten, desto mehr wurden sie in Ruhe gelassen, bis sie in der Masse der weniger erregten Menschen verschwanden. Ein junger westlicher Korrespondent, der eher wie ein Student aussah, stand in der Menge bei der Treppe mit dem Rükken gegen die Hecke, die den großen Volkspalast umgibt:

»Die Menge ließ mich in Ruhe. Ich war Zuschauer wie die Leute um mich herum. Ein Mann, der übel zugerichtet war, kam in meiner Richtung die Treppe hinunter. Man machte Platz, so daß er durchkonnte. Die Leute in meiner Nähe wollten nichts damit zu tun haben. Der Mann hatte Blut im Gesicht und ging direkt auf mich zu. Ich sprang über die Hecke und verfolgte die Szene von der anderen Seite. Einige Leute sprangen mit mir. Er hatte die Nase gebrochen und einen tiefen Schnitt über einer Augenbraue. Blut war auch auf der linken Seite seines Gesichts. Er lehnte mit dem Rücken gegen die Hecke. Dann kamen ein paar junge Leute, zwanzig bis fünfundzwanzig Jahre alt, ihm nach die Treppe herunter. Er war etwas älter als sie. Sie bildeten einen Halbkreis um ihn. Er schrie sie an, und sie brüllten etwas zurück. Als sie vortraten, um wieder auf ihn einzuschlagen, brach er durch und rannte auf den Platz hinaus. Aber er war nicht schnell genug, und die anderen kamen nach und schlugen ihn wieder. Als er weg war, versuchte ich, wieder über die Hecke zu steigen. Zwei oder drei Leute halfen mir. Sie lächelten. Ich fragte sie, wer der Mann war, aber sie wußten nicht, was sie antworten sollten. Sie schienen nicht zu wissen, wer die Guten und wer die Schlechten waren. Ich hatte den Eindruck, sie meinten, daß er schlecht sein müsse, weil er geschlagen wurde.«

Mehrere Leute wurden auf der Treppe des großen Volkspalastes zusammengeschlagen, die meisten an der Nordseite, wo die Menge den Militärkordon zuerst durchbrochen hatte. Einige wurden durch die Menge geschleift oder getragen. Die Milizeinheiten auf dem Platz griffen nicht ein, um ihnen zu helfen. Etwas früher hatte es am Denkmal eine Schlägerei gegeben, und ein junger Mann wurde auf der oberen Terrasse noch immer geschlagen. Er war zusammen mit einer Gruppe von fünfzehn oder zwanzig jungen Leuten gekommen. Sie hatten sich durch die Menge gedrängt und versucht, auf den Absatz zu klettern, wo die beiden Kränze und das Bild Zhou En-lais standen. Andere junge Leute auf dem Absatz und direkt darunter hatten die Kränze verteidigt und die Angreifer zurückgeschlagen. Die Menge glaubte, diese Angreifer seien Studenten der Qinghua-Universität und wollten die Kränze herunternehmen. Sie wurden zurückgestoßen und die Stufen hinunter verfolgt. Die meisten verschwanden in der

Menge. Doch ein junger Mann wurde von seinen Verfolgern eingeholt, bis fast an die Spitze des Denkmals gebracht und dort gestoßen und getreten. Die Menge sah nur zu. Drei oder vier Soldaten standen in der Nähe. Wenn Gruppen vom Großen Volkspalast her gerannt kamen und einen ihrer Feinde trugen oder vor sich her stießen, machte die Menge ihnen Platz. Ein Mann hatte einen Schnitt über einem Auge und ein blutiges Gesicht. Er wurde mit dem Rücken gegen das Denkmal gestellt und an den Armen festgehalten. Er schien beinah bewußtlos, während man auf ihn einbrüllte, Fäuste vor seinem Gesicht schüttelte und ihn schlug. Gelegentlich sprach er mit leiser Stimme, und die Leute sagten weiter, was sie gehört hatten. Anscheinend mußte er Verfehlungen gestehen, die er in der Kampagne der Radikalen an der Qinghua-Universität gegen Deng Xiao-ping und Zhou En-lai begangen hatte. Jemand in der Menge rief: »Schlagt ihn tot. Wenn ihr ihn tötet, könnt ihr sein Geständnis hören.« Ein Westeuropäer sah von der obersten Terrasse des Denkmals aus zu:

> »Der junge Mann war Anfang zwanzig, war gut aussehend, blaß. Ihm am nächsten standen fünf oder sechs Jungen, noch sehr jung, vielleicht dreizehn, und darumherum eine dicht gedrängte Masse. Die Schultern des jungen Mannes waren entblößt, seine Kleider zerrissen. Es sah aus, als werde er mit Draht über den Oberarmen an dieser Stelle festgehalten. Er hatte eine schlimme Wunde an der linken Wange und einen merkwürdigen Schnitt am Hals, entweder von dem Draht oder von einem Messer. Er hatte die Augen niedergeschlagen, still und würdevoll. Die Leute riefen durcheinander. Ich fragte, was los sei, und die Antwort lautete: ›Er ist Qinghua-Student.‹ Die Leute riefen ›Gestehe‹ oder grobe Schimpfwörter. Die Kinder um ihn herum stießen und schlugen ihn. Die Stimmung der Menge war weder hysterisch noch zornig. Man kicherte nervös.«

Der junge Mann mußte niederknien, während er sein Geständnis machte, wurde dann wieder hochgezogen, geschlagen und die Treppe hinunter in die Menge gestoßen. Er fiel nach vorn, und die Menge drängte näher. Es herrschte Verwirrung, es wurde durcheinandergerufen, und einige der Rufe klangen wie: »Bringt ihn um!« Ausländische Beobachter waren Zeugen von drei oder vier ähnlichen Zwischenfällen, die sich gegen 11 Uhr am Denkmal abspielten.

Etwa 200 Mann Miliz marschierten in Zweierreihe über den Platz, durch die Hecken nördlich des Eingangs des Großen Volkspalastes und erschienen wieder oben auf der Treppe. Sie schritten die Treppen in lockerer Formation hinab, während die Leute auf sie einriefen. Ein paar wurden herumgestoßen, aber nicht geschlagen. Ihre roten Armbinden wurden abgerissen und in die Luft geworfen. Viele wurden ihre Mützen los in einer Art Spiel, bei dem Umstehende die Mützen einander zuwarfen, sie fingen und dann wieder in die Luft warfen. Die Miliz rückte vor in den Bereich hinter den Hecken im Nordosten des Großen Volkspalastes. Eine Gruppe von Soldaten kam von der Südseite der Treppen herab und folgte der Miliz. Während sie durch die Menge marschierten, wurden auch ihnen einige Armbinden abgerissen. Ein paar Soldaten nahmen die Armbinden selbst ab, als sie die Hecke erreichten. Die Menge beherrschte jetzt die Treppe bis hin zu den Eingangstüren des Großen Volkspalastes, versuchte aber nicht einzubrechen. Kleine Gruppen von Soldaten befanden sich noch immer inmitten der Menge. Ein paar wurden geschlagen, und ihre Uniform zerriß, als sie die Treppen hinuntergestoßen wurden. Die Leute schienen ihnen Beleidigungen zuzurufen. Unmittelbar vor den Eingangstüren wurde alles etwas organisierter. Einige Leute, die dem Eingang am nächsten standen, sprachen die Menge durch ein Megaphon an. Es schienen drei Führer zu sein, zwischen 30 und 35 Jahren. Sie reichten das Megaphon einander weiter, und ihre Ansprachen ernteten Applaus von der Menge. Aus größerer Entfernung waren ihre Worte schwer zu verstehen, aber ausländische Beobachter sind sich einig über den Inhalt. Sie beklagten sich darüber, daß die Kränze während der Nacht fortgenommen worden waren. Das, so hieß es, war ein Versuch, die Erinnerung an Zhou zu zerstören. »Die Vertreter des Ministeriums für öffentliche Sicherheit haben mit Gewalt und Waffen unsere Kränze weggenommen, die Ausdruck unserer Liebe für den Ministerpräsidenten waren«, erklärte einer der Sprecher, »und sie sind verpflichtet, uns eine Erklärung dafür zu geben.« Die Menge rief: »Es ist unmöglich, Zhou gegen Mao zu stellen. Lang lebe der Vorsitzende Mao, lang lebe Ministerpräsident Zhou.« Manche ausländische Beobachter waren der Meinung, es habe mehr Beifall für Zhou als für Mao gegeben. Einer der Sprecher versicherte, die Entfernung der Kränze bedeute eine Leugnung des revolutionären Rechts auf Meinungsäußerung. Vor dem großen Volkspalast waren 20000 bis 30000 Menschen versammelt, und sie schienen den Sprechern zuzustimmen. Sie wiederholten die Ansprachen mit ihren eigenen Worten. Die Stimmung wurde gespannter, und Leute in der Menge riefen: »Holen wir uns unsere Kränze zurück.« Oben an der

Treppe wurden die Reden für etwa zehn Minuten unterbrochen. Eine Gruppe von fünf Leuten, darunter einer der Sprecher, durften den Großen Volkspalast betreten. Als sie zurückkamen, ergriff ein Sprecher das Megaphon erneut und verkündete: »Wir wollen erklären, was geschehen ist und warum die Kränze entfernt wurden. Wir haben mit den Wachen drinnen gesprochen und verlangten eine Erklärung. Sie gaben uns eine Erklärung. Sie sagten, die Aktion gestern nacht habe stattgefunden, weil konterrevolutionäre Elemente diesen Anlaß auszunutzen versuchten, um eine Bewegung gegen das Zentralkomitee der Partei zu organisieren. Es habe gestern abend zwei Stunden gegeben, als schlechte Menschen reaktionäre Wandzeitungen aufhingen. Die für die Sicherheit des Platzes Verantwortlichen beschlossen, ihn zu säubern.« Die Massen vor dem Großen Volkspalast hörten ruhig zu, als der Sprecher fortfuhr: »Es ist jetzt Zeit, die Konterrevolutionäre, die ihre Köpfe wieder heben, scharf anzufassen. Wir müssen streng sein. Wir alle haben die Pflicht, dem Vorsitzenden Mao und dem Zentralkomitee zur Seite zu stehen und zu helfen, die Konterrevolutionäre in Schach zu halten.« Die Menge rief: »Lang lebe der Vorsitzende Mao, lang lebe das Zentralkomitee, lang lebe Ministerpräsident Zhou.« Die Menge schien sich zu spalten. Ein Teil wurde zorniger und verlangte Taten. Ein anderer Teil schritt langsam die Stufen hinunter und verteilte sich auf dem Platz. Es sah aus, als löse sich die Versammlung auf. Unter den Leuten, die blieben, hörte man Rufe: »Sie haben unsere Kränze gestohlen.«

Am Eingang des Großen Volkspalastes fand eine Diskussion zwischen den Anführern statt. Einige Minuten lang schien es ungewiß, wer das Megaphon bekommen solle. Dann sprach ein Mann zu der Menge und beschuldigte die Organe der öffentlichen Sicherheit, Menschen in der vergangenen Nacht mißhandelt zu haben. Ein anderer Mann übernahm das Megaphon und erklärte: »Seht über den Platz. Gruppen von Menschen aus den Vororten sind in Lastwagen gekommen, um Kränze am Monument niederzulegen. Aber man hat ihnen nicht erlaubt, ihre Kränze dort zu lassen. Die Kränze wurden von der Polizei und den Wachen auf dem Platz beschlagnahmt. Da drüben beim Museum könnt ihr die Miliz, die Polizei und ihre Wagen sehen. Sie haben uns nicht erlaubt, Kränze zum Denkmal zu bringen. Gehen wir dort rüber. Man muß uns erlauben, die Kränze wieder zum Denkmal zu bringen.«

Die Menge applaudierte und begann, die Internationale zu singen. Aber sie setzte sich nicht in Bewegung. Man hörte Rufe wie: »Besetzen wir das Museum, holen wir unsere Kränze zurück.« Aus Gesprächen in der Menge entnahmen Ausländer, daß der Eindruck herrschte, die Kränze seien im Historischen Museum oder dahinter, an der Ostseite des Tian-An-Men-Platzes aufbewahrt. Der Sprecher wandte sich erneut an die Menge und forderte sie auf, die Internationale zu singen und zum Museum zu marschieren.

Vor der Treppe gingen viele Leute zur Seite und schoben ihre Fahrräder aus dem Weg. Drei- oder viermal versuchte der Sprecher, sie zurückzurufen. Dann wandte sich der Großteil der Demonstranten auf der Treppe um und überquerte den Platz. Massen von Zuschauern folgten ihnen, aber man ging nicht direkt zum Museum. Die Menge hielt in der Nähe des Denkmals an und begann eine Diskussion. Man sah keine Miliz oder Soldaten, die sie zurückhielten. Ein paar Minuten später setzte sich die Menge wieder in Richtung Museum in Bewegung, zunächst langsam, dann im Laufschritt. Eine Reihe von Leuten, die auf der Treppe des Museums gesessen hatten, liefen ins Gebäude, als die Menge sich näherte. Vier Armeelastwagen kamen an und parkten auf der Straße in der Nähe des Museumseingangs. Die Soldaten waren unbewaffnet. Sie blieben auf ihren Lastkraftwagen völlig ruhig, während die Demonstranten ein paar Eisengitter umstießen und die Museumstreppen hinaufliefen. Sie versuchten, durch den Haupteingang hineinzukommen. Es schien ein Handgemenge zu geben, dann gingen ein paar Leute durch die Türen hinein und wurden kurz darauf wieder herausgestoßen. Als die Soldaten die Lastwagen verließen, fragten sich Leute in der Menge: »Auf wessen Seite wird sich die Armee stellen?« Eine Gruppe von Soldaten marschierte auf das Denkmal zu und schwenkte dann nach Norden um, auf die Mitte des Platzes. Die Menge lachte, weil sie es sich anders überlegt hatten. Andere Soldaten schoben sich langsam die Treppe hinauf zum Eingang des Museums. Es schien keinen Widerstand zu geben, als die Menge sich langsam in Richtung der Südterrasse des Museumseingangs bewegte. Die Leute folgten einem Mann mit Megaphon.

Auf der gegenüberliegenden Seite des Platzes hatte die Menge den Eingang des Großen Volkspalastes verlassen. Zwanzig oder dreißig Personen saßen noch auf der Treppe. Eine Einheit von etwa 150 Soldaten erschien an der Nordseite der Treppe, bildete vor den Türen eine Kette und bewegte sich langsam abwärts, wobei sie den verbliebenen Leuten bedeuteten, die Treppe zu räumen. Es gab keinen Zwischenfall, und die Soldaten bildeten am Fuß der Treppe einen Kordon. Unter den Bäumen im Norden des Eingangs und im Süden des Denkmals saßen Milizangehörige und aßen zu Mittag.

Um die Mittagszeit war die Atmosphäre auf dem Platz ruhig, aber ungemütlich. Die Menge hatte das Denkmal fest in der Hand. Es wurde geredet und diskutiert, aber es gab keine heftigen Auseinandersetzungen, und niemand wurde geschlagen. Man schien nicht recht zu wissen, was vorging. Ein neuer Kranz war angekommen und lag auf der oberen Plattform; er stammte von einer Maschinenbaufabrik in Haidien, einem Vorort von Peking. Ein Miniaturkranz in einem Plastikbeutel war an die Mauer des Denkmals geklebt worden. Ein paar Leute nahmen ihn ab, öffneten ihn und lasen einen Brief, der sich darin befand. Er stammte von einem jungen Intellektuellen aus Shanxi. Der Brief enthielt eine Huldigung an Zhou En-lai zusammen mit den Parolen der radikalen Kampagne und dem Versprechen, der Autor werde weiterhin hart arbeiten für sein Land. Man hatte am Denkmal mehrere Wandzeitungen angebracht, und Leute waren dabei, sie abzuschreiben. Auf einer wurden die Zeilen wiederholt, die am Abend zuvor angebracht worden waren, wonach das feudalistische Regime des Kaisers Qin Shi-Huang vorbei sei. Ein anderes Gedicht pries Ministerpräsident Zhou, weil er konsequent den Vorsitzenden Mao bei allen seinen Kämpfen unterstützt habe. Dabei wurden vier Linienkämpfe erwähnt: gegen Li Li-san, Wang Ming, Liu Shao-qi und Lin Biao. Es wurde behauptet, parasitische Elemente versuchten, den Ruf Zhous zu zerstören, und das Gedicht endete: »Wir werden bis zum Tod gegen diese Elemente kämpfen. Wir werden Dich verteidigen. Selbst wenn sie unsere Köpfe schlagen, bis unser Blut fließt, unser Blut wird zu Fäusten werden und unsere Tränen zu Waffen.« Auf der obersten Plattform des Denkmals setzten sich Leute hin, wie wenn sie bei einer Versammlung wären. Jemand stand auf und sprach zu ihnen und setzte sich dann wieder, während ein weiterer Sprecher sich erhob. Die Menge stand dicht an dicht und ließ keine Ausländer durch.

Gelegentlich wurden Ausländer umdrängt und aufgefordert, fortzugehen. Ein Beobachter hob die Arme und rief: »Ich ergebe mich.« Die Leute lachten und schoben ihn fort. Andere Ausländer wurden von älteren Männern gewarnt, wenn die Mengen sich auf sie zu bewegten. Andere wurden von Polizisten in Zivil angehalten und nach ihrer Nationalität gefragt. »Wir wollen hier keine Sozialimperialisten«, so erklärte man ihnen. Wenn sie sagten, sie seien keine Russen, durften sie weitergehen. Ein sowjetischer Diplomat, der eine karierte

Mütze wie ein altmodischer englischer Tourist trug, wurde von einer schreienden Menge verfolgt. Die meisten seiner Kollegen auf dem Platz blieben unentdeckt. Kleine Gruppen von ihnen erschienen in einem Minibus und lösten sich beim Beobachten der Ereignisse ab. Auch viele andere ausländischen Botschaften schickten ihre Beobachter, wenn auch kaum in so organisierter Weise. Bis zum frühen Nachmittag hatten nur wenige von ihnen unerfreuliche Erlebnisse oder wurden von der Menge bedroht. Hatten sie Schwierigkeiten, so gewöhnlich deshalb, weil sie Tonbandgeräte oder Fotoapparate dabei hatten. Man sagte ihnen immer wieder, »die Massen« wünschen nicht, daß sie Aufnahmen machten. Gelegentlich folgte eine Gruppe einem Ausländer und umdrängte ihn. Sie forderten ihn auf, seinen Film aus der Kamera zu nehmen; aber gewöhnlich waren sie weder gewalttätig noch nahmen sie eine drohende Haltung ein. Eine junge Frau aus Westeuropa, deren Hartnäckigkeit einem naiven Mut gleichkam, hatte das folgende Erlebnis:

»Ich kam mit einem Fotoapparat, den mir mein Mann gegeben hatte, damit ich Aufnahmen von den Kränzen machen konnte. Ich fotografierte zum erstenmal. Als ich auf den Platz kam, standen viele Leute an der südöstlichen Ecke und niemand auf der Treppe des Großen Volkspalastes. Es waren Leute am Denkmal, aber ich sah keine Kränze, so daß ich enttäuscht war. Ich machte eine Aufnahme von dem Denkmal. Dann kamen Soldaten vorbeigelaufen, und ich machte einige Aufnahmen von ihnen. Ich sah, daß an der Südostecke etwas los war, und ging in diese Richtung. Ich hatte meine Kamera um den Hals hängen, und jeder konnte sie sehen. Ich hörte Rufe hinter mir, aber begriff nicht, daß ich gemeint war. Plötzlich war ich von einer wütenden Menge umgeben. Man zog an dem Riemen der Kamera, und ich begriff, daß sie etwas von der Kamera wollten. Ich fühlte mich unschuldig. Ich hatte das Recht, Aufnahmen zu machen. Sie redeten die ganze Zeit auf mich ein, und ich sagte auf chinesisch: ›Ich verstehe nicht.‹ Dann sprach ich französisch mit ihnen. Ich meinte, als Frau eines Journalisten könnte ich ihnen den Film nicht geben. Wenn sie ihn wollten, so mußten sie ihn selbst aus der Kamera nehmen. Aber jedesmal, wenn ich sie ihnen hinreichte, schoben sie den Apparat zurück und machten dabei deutlich, daß sie die Kamera nicht wollten. Von allen Seiten wurde stark gedrängelt, und die Menge war nervös. Man schrie mich an. Ich sagte auf französisch, daß ich zur Polizeistation gehen wolle. Ein Mann in Zivil kam und sprach mich auf englisch an. Er sagte: ›Ich gebe Ihnen drei Minuten, um den Film zu belichten.‹ Er zeigte mir seine Uhr, und die Leute um mich herum fingen an zu zählen: eins, zwei drei! Ich stand und wartete. Zwei Frauen dicht bei mir waren wütend. Eine hatte ein Kind auf dem Arm. Diese beiden Frauen schubsten mich, und ich wurde auch von hinten gestoßen, aber das vielleicht nur, weil die Menge so groß und erregt war. Viele Minuten vergingen. Die Spannung wuchs. Ich glaubte, wenn ich ruhig bliebe, würde sich auch die Menge beruhigen, aber das war nicht der Fall. Da waren immer noch diese beiden militanten Frauen und außerdem zwei oder drei aufgeregte Männer. Sie verlangten immer wieder, daß ich den Film belichtete. Ich sagte, sie könnten ihn sich nehmen, aber ich würde ihn ihnen nicht geben. Der Mann, der englisch sprach, forderte, ich solle es selbst tun. Dann sagte er: ›Zeigen Sie mir, wie man den Apparat öffnet.‹ Ich wußte es gar nicht und wollte es auch nicht versuchen. Sie nahmen meine Hand und versuchten, mir zu zeigen, wie man den Apparat öffnet. Ich tat gar nichts. Schließlich nahm der Mann meine Kamera, die ich noch um den Hals hatte, und öffnete sie. Er belichtete ein Stück von dem Film. Die Menge schrie und schien glücklich zu sein, aber man wollte den ganzen Film belichtet haben, und der Mann zog ihn heraus. Ich sagte: ›Ihr habt euren Film, jetzt will ich zur Polizei gehen.‹ Die Menge begriff, daß ich immer noch etwas wollte, und war darüber ungehalten. Ich sah, daß in der Südostecke des Platzes noch immer viele Leute waren, und wollte dorthin gehen. Doch die Menge drängte mich in eine andere Richtung und ließ mich schließlich in Frieden. Ich sah einen Ausländer in einiger Entfernung und wollte ihm zeigen, was die Leute gemacht hatten. Deshalb hob ich meine offene Kamera mit dem heraushängenden Film hoch. Sofort lief die Menge hinter mir her. Der Ausländer wollte mich nicht sehen und wandte sich ab. Die Menge umdrängte mich, bis ich weiterging.«

Wenige Ausländer nahmen das Risiko auf sich, die Absichten der Menge so ausgiebig auf die Probe zu stellen. Die meisten bemerkten etwa um diese Zeit einen Stimmungsumschlag. An der Südostecke des Platzes und südlich des Denkmals sammelte sich eine anders geartete Menge. Die meisten Leute waren Männer zwischen 20 und 30 Jahren, mehr junge Arbeiter als Studenten. Viele hatten ihre grünen Mützen schief auf dem Kopf und Zigaretten im Mundwinkel. Sie standen in kleinen Gruppen herum. Ausländer vertrieben sie mit groben Rufen, wie »Hau ab!« oder ähnlichem. Eine Gruppe verfolgte einen Ausländer auf dem Fahrrad und schrie dabei: »Schlagt die Ratte.« Drei Korrespondenten, die den Platz in südlicher Richtung verließen, kamen an einer Gruppe von dreißig jungen Männern vorbei, die unter den Kiefern standen und miteinander sprachen. Die Männer drehten sich um, jemand sagte: »Greift die Ausländer.« Und die Männer liefen ihnen nach. Die Korrespondenten gingen mit eiligen Schritten auf eine Polizeikette zu, die den südlichen Zugang des Platzes blockierte. Die Polizisten blickten sie ausdruckslos an. Die dichtgedrängte Menge hinter der Polizeikette sah zu mit dem entspannten Interesse von Besuchern einer Sportveranstaltung. Die Korrespondenten waren noch fünf Meter vor ihren Verfolgern, als sie die Polizeikette erreichten. Die Polizisten öffneten eine kleine Lücke, um sie durchzulassen und schlossen sie wieder hinter ihnen. Die jungen Männer kehrten um. Sie schlossen sich der Menge in der Südostecke des Platzes an, wo die Stimmung erregter und erbitterter war. Die Menschen beim Denkmal schienen disziplinierter und stark politisch motiviert. Die Menge auf dem Platz bestand großenteils aus Zuschauern, sogar Eltern mit Kindern und alten Frauen, die nur sehen wollten, was los war. Es befanden sich auch viele Soldaten außer Dienst unter ihnen.

Gegen 12.30 Uhr spaltete sich die Menge, die sich auf der Südtreppe des Historischen Museums befand. Eine Gruppe bewegte sich auf das Denkmal zu, die andere schloß sich der Menge in der Südostecke des Platzes an. Sie drängten in Richtung des Einganges eines vierstöckigen Gebäudes, der Befehlszentrale für die Einheiten, die den Tian-An-Men-Platz bewachten. Die Leute riefen: »Gebt die Kränze zurück.« Einige von ihnen klopften an die Tür. Andere riefen: »Zheng«, das chinesische Wort für »Angriff«. Man zählte im Chor: »eins, zwei, drei«, als ob eine Gruppe sich auf einen entschlossenen Ansturm vorbereitete. Die Tür wurde geöffnet, und einige Demonstranten gelangten hinein, aber offenbar nicht sehr weit. Sie wurden wieder herausgedrängt, und ein Mann mit weißen Handschuhen stand in der Tür und sprach zu den Massen. Er wurde mit Buh-Rufen empfangen. Dann wandte sich ein junger Mann mit einem Megaphon an die Menge. Zwei andere Sprecher folgten, und die Menge rief: »Vereinigen wir uns! Vereint sind wir stärker.« Ein Trupp Soldaten kam vom Museum her und bewegte sich am Rand der Menge entlang. Kurze Zeit bildeten die Soldaten ein L zwischen dem Museum und dem Hof der Polizeistation. Die meisten Soldaten entfernten sich diszipliniert in nördlicher Richtung. Ein paar kletterten über die zwei Meter hohe Mauer in den Hof der Polizeistation. Die Menge rief nach den Kränzen, die sie hinter der Mauer glaubte.

Ein älterer Mann stand auf dem Gepäckträger seines Fahrrades und rief immer wieder: »Die Polizei kommt.« Man ignorierte ihn. Dann erschien eine Kolonne Polizisten aus südwestlicher Richtung. Der Mann rief lauter, triumphierend: »Ich hab euch gesagt, daß die Polizei kommt.« Er freute sich. Die Polizisten gelangten nicht bis zu der dichtgedrängten Menge vor der Polizeistation. Sie wurden herumgestoßen und gelegentlich geschlagen. Aber die Menge war nicht gewalttätig. Sie amüsierte sich mit Polizeimützen. Man warf sie in die Luft und raufte sich spielerisch darum, wer sie fing. Dann flogen die Mützen wieder durch die Luft. Am Rand der Menge versuchte ein vollbesetzter Bus, sich langsam einen Weg zu bahnen. Die Mütze eines Polizisten fiel direkt vor den Bus. Der junge Busfahrer wollte die Mütze haben, aber als er die Tür zu öffnen versuchte, waren die Massen draußen zu dicht gedrängt. Er fuhr den Bus vorsichtig etwas weiter bis über die Mütze und versuchte wieder, auszusteigen. Doch jemand aus der Menge hatte die Mütze bereits unter dem Bus hervorgeholt und in die Luft geworfen. Der Busfahrer grinste und winkte ihm zu. Die Leute lachten und applaudierten. Die Menschen an der Ostseite des Denkmals sahen dem ganzen fröhlich zu und klatschten in die Hände, wenn Mützen in die Luft flogen. Ein junger Soldat, der eindeutig keinen Dienst hatte, lachte und rief: »Das ist gut, das ist gut«, als die etwas ramponierten Polizisten sich nach Südwesten zurückzogen.

Die Nordseite des Platzes entlang der Chang-An-Avenue war durch eine Polizeikette abgeriegelt worden. Sie hielt eine Menge zurück, die auf den Platz wollte. Der kommandierende Offizier trat vor die Kette, um zu der Menge zu sprechen. Er wurde herumgestoßen und hochgehoben, und ein paar Leute drängten sich mit ihm durch die Polizeikette. Die Polizisten wehrten die Menge nicht ab. Sie standen unbewegt da, während ihr Offizier von einer Gruppe von Männern umdrängt wurde, die ihn anbrüllten, hochhoben, seine Mütze in die Luft warfen. Ein paar schlugen auf ihn ein, aber eher spielerisch und nicht sehr grob. Der Polizeioffizier schlug nicht zurück. Nach ein paar Minuten hatte er sich wieder zu seinen Männern durchgeschlagen.

Die Männer mit dem Megaphon und viele ihrer Anhänger kamen auf dem obersten Stockwerk des Denkmals an. Die Leute in ihrer nächsten Umgebung setzten sich, die anderen hörten aufmerksam zu. Die Stimmen der Sprecher waren heiser, der Ton ihrer Ansprachen trotzig. Einer erklärte, sie hätten Auskünfte eingeholt über die Nummer eines Lastkraftwagens, der zum Abfahren der Kränze benutzt worden war. Sie hätten die Nummer benutzt, um die Kränze zurückzubekommen, und einen Verantwortlichen gesucht, um mit ihm zu reden. Sie hätten die Auskunft erhalten, es sei niemand da. Man habe ihnen erklärt, sie könnten die Kränze nicht zurückbekommen. »Vielleicht müssen wir uns mit der Erklärung abfinden, daß die Kränze weggenommen worden sind«, meinte einer der Sprecher. »Diese Leute sind sehr schlau. Sie behaupten, wir wären Unruhestifter. Sind wir Unruhestifter?« Die Menge rief: »Nein.« Der Sprecher fuhr fort: »Wir haben ein Recht darauf, Kränze in Erinnerung an Ministerpräsident Zhou hier niederzulegen. Sie verweigern uns dieses Recht. Sie haben die Kränze weggenommen. Deshalb protestieren wir gegen diesen unvernünftigen Schritt der Behörden.« Die Menge jubelte und rief: »Wir bleiben hier. Sie werden uns mit Gewalt vom Denkmal verdrängen müssen.« Der Sprecher rief der Menge zu: »Gehen wir zum Tian An Men.« Er versuchte, zur Treppe zu gelangen, aber niemand folgte ihm. Es war 13 Uhr.

In diesem Augenblick hörten die Leute am Denkmal ein lautes zischendes Geräusch aus der Richtung der Bäume am Historischen Museum. Man konnte eine gelbliche Rauchwolke sehen. Ein Wagen brannte. Es gab Bewegung in der Menge in unmittelbarer Nähe. Ein halbes Dutzend junge Männer kam aus der Richtung des brennenden Wagens gerannt, sprang auf einen der Lastwagen, die nördlich davon parkten und fuhr mit hoher Geschwindigkeit davon, während ein paar noch dabei waren, hinten auf die Ladefläche zu steigen. Die Menge am Denkmal und auf dem Platz wandte ihre Aufmerksamkeit dem Rauch zu. Die Leute fragten einander, was vorgehe. »Ein Auto brennt«, sagte ein junges Mädchen. Ein Mann drehte sich zu ihr um und bemerkte gehässig: »Woher wissen Sie das?« Das Mädchen wandte sich ab. Von der Nordseite des Platzes kamen zwei Feuerwehrfahrzeuge, die sich langsam ihren Weg durch die Menge am Museum bahnten. Leute aus der Menge sprangen auf die Feuerwehr und nahmen sich die Helme der Feuerwehrleute. Das zweite Feuerwehrfahrzeug setzte ein Stück zurück, das erste fuhr dicht an den brennenden Wagen heran, und die Männer stiegen ab, um das Feuer zu bekämpfen. Die Leute in der Menge sahen interessiert zu und diskutierten das Vorgehen der Feuerwehrleute. Ein Diplomat schrieb ein paar Sätze ihrer Unterhaltung mit:

»Neben mir in der Menge am Denkmal stand ein Mann. Er war etwa vierzig und gut angezogen. Er fand alles amüsant. Zu allem mußte er seinen Senf geben. Als das Feuer ausbrach, sagte er: ›Wo ist die Feuerwehr? Das Ding wird abbrennen, bevor die Feuerwehr kommt.‹ Als die Feuerwehr eintraf, bemerkte er: ›Wasser nützt da nichts. Es hilft gar nichts, wenn Öl brennt.‹ Dann fragte er, warum es so lange dauerte, das Feuer zu löschen. Sein Schlußkommentar lautete: ›Es ist wie im Theater.‹«

Bei dem brennenden Wagen mußten die Feuerwehrleute nicht nur das Feuer bekämpfen, sondern sich auch gegen die Menge wehren. Halbwüchsige zogen an den Schläuchen, rissen an den Jacken der Feuerwehrleute, warfen Helme in die Luft und kletterten auf dem Feuerwehrwagen herum. Manche Zuschauer am Rand der Menge waren verwirrt und beunruhigt. Eine westliche Korrespondentin trat mit ihrer Dolmetscherin hinzu. Einige Chinesen versuchten, sie zu warnen, dann wurden sie von der Menge beiseite gedrängt: »Meine Dolmetscherin stand die ganze Zeit etwas hinter mir und hielt Abstand von mir. Als wir zurückkehrten, fragte sie mich immer wieder: ›Was bedeutet das?‹ Sie hatte mich nie zuvor etwas gefragt und noch nie irgendwelches Interesse oder Verwirrung gezeigt. Ich sagte, das müßte sie wissen.«

Als der Wagen nur noch schwelte, bestiegen die Feuerwehrleute wieder ihren Wagen und fuhren rückwärts in nördlicher Richtung vom Platz. An der Ecke wurde der Feuerwehrwagen von einer Menge umringt und angehalten. Die Feuerwehrleute stiegen ab und verschwanden. Nun bemächtigten sich Jungen und Mädchen, beinahe Kinder, des Wagens und spielten darauf während der nächsten Stunden.

Mehrere hundert Menschen hatten sich um den ausgebrannten Wagen versammelt; Ausländer wurden ruhig aufgefordert, sich zu entfernen. Die Leute waren Zuschauer, die meisten von ihnen jung. Sie sahen nicht aus wie Leute, die den Wagen angesteckt hatten. Eine größere Menge stand immer noch weiter südlich in der Nähe der Polizeistation. Ein chinesischer Minibus kam aus südwestlicher Richtung und war sofort von Menschen umdrängt. Eine Diskussion zwischen dem Fahrer und der Menge begann. Dann stiegen Fahrer und Fahrgäste aus. Die Menge schaukelte den Minibus auf. Sie kippten ihn fast um, dann stand er wieder aufrecht, und schließlich fiel er auf die Seite. Dinge wurden aus dem Bus genommen und in die Luft geworfen. Es sah aus wie große weiße Bälle, Teig vielleicht. Dann wurden eine große Pfanne und Küchengeräte herumgeworfen. Ein Trupp Soldaten kam vom Museum her gerannt und bezog zwischen dem Bus und der Polizeistation Stellung. Die Menge bewegte sich eilig in nördlicher Richtung, als die Soldaten erschienen. Doch nachdem klar war, daß die Soldaten nur Stellung bezogen, kehrte man zu dem Minibus zurück. Etwas weiter nördlich unter den Bäumen hörte man eine Explosion; ein weiterer Wagen ging in Flammen auf. Dann zündete jemand den Minibus an.

Der südliche Zugang des Tian-An-Men-Platzes wurde von Polizei und Miliz abgeriegelt. Milizmädchen bildeten die erste Reihe, hielten die Massen zurück und wiesen Ausländer freundlich ab: »Alles ist in Ordnung. Sie können hier nicht durch.« Uniformierte Polizisten sprachen zu den Massen: »Halten Sie revolutionäre Disziplin. Bitte gehen Sie nach Osten oder nach Westen.« Dreißig Meter nördlich von ihnen hielt eine engere Kette aus männlichen Angehörigen der Miliz Gruppen von Menschen zurück, die durch die ersten Linien hindurchgelangt waren. Gelegentlich wurde es organisierten Marschkolonnen erlaubt, den Platz zu betreten. Es waren disziplinierte Gruppen ohne irgendwelche Milizabzeichen. Wenn sie durch waren, schloß sich die Kette wieder hinter ihnen.

Im Norden des Platzes ließ eine lockere Kette von uniformierten Polizisten Leute durch. Ein halbes Dutzend Polizisten bewachten den Fahnenmast mit der Flagge der Volksrepublik China. Sie trugen Pistolen, die einzigen Waffen, die auf dem Platz zu sehen waren. Zwei Touristinnen kamen vom Peking-Hotel die Chang-An-Avenue hinab. Sie fielen auf in der Menge mit ihren leichten Sommerkleidern und den Fotoapparaten. Die eine erinnert sich:

> »Wir überquerten die Avenue bei Tian An Men und kamen an Verkehrspolizisten auf einer hölzernen Plattform vorbei. Sie lenkten den Verkehr. Einer von ihnen hatte ein Megaphon. Wir machten ein paar Aufnahmen vom Platz und gingen dann hinüber zum Denkmal. Die Volksmenge war etwa so groß wie am Vortag. Wir sahen Flammen in der Südostecke des Platzes und glaubten, die Kränze würden verbrannt. An der Treppe zum Denkmal gab uns ein junger Mann Zeichen, wir sollten zurückgehen. Doch innerhalb weniger Sekunden umdrängte uns eine erregte Menschenmenge. Ich versuchte, sie auf englisch anzusprechen, aber die Leute wurden nur noch aufgeregter. Meine Kamera wurde mir weggenommen, geöffnet und der Film belichtet. Dann gaben sie mir die Ka-

mera zurück. Die Menge schrie, zerriß den Film und warf ihn mir ins Gesicht. Ich konnte meine Freundin nicht mehr sehen. Sie war auch von Hunderten von Leuten umringt. Die Menge wurde immer dichter, und ich hatte schreckliche Angst. Ich wurde herumgestoßen. Ich hatte Angst, sie würden mich schlagen oder zu Boden stoßen. Ich hatte das Gefühl, die meisten Leute um mich herum wußten nicht, was sie taten und warum sie es taten. Unglücklicherweise trug ich an diesem Tag keine Jeans. Mehrere junge Männer hoben mir den Rock hoch und betasteten mich. Ich bin nicht ganz sicher, wie es weiterging, aber irgendwie konnte ich mich durch die Menge und in Richtung auf den Verkehrspolizeiposten bewegen. Dann stieß ein Radfahrer mit mir zusammen, die Massen waren plötzlich wieder da, und all die unerfreulichen Dinge von eben fingen wieder an. Dann kam ich durch zur Avenue, und die Menge blieb zurück wegen des Autoverkehrs. Ich versuchte, den Polizisten zu erreichen, und die schreiende Menge folgte mir. Wir waren von Hunderten von Menschen umgeben. Ein Polizist nahm mich am Arm, zog mich in Richtung der Mauern der Verbotenen Stadt und bedeutete mir, ich solle zu einem Tor hinüberlaufen. Die Massen bedrohten den Polizisten. Während er und seine Kollegen die Menge zurückhielten, rannte ich zu dem Tor. Dort standen Wachen, und die Menge konnte mir nicht zum Tor folgen. Ich wurde in ein Gebäude in der Nähe der Palastmauer gebracht. Jemand fragte nach meiner Nationalität. Dann wurde ich in einen kleinen Raum geführt, wo noch drei andere Deutsche und ein chinesischer Beamter waren. Ich wollte dem Beamten sagen, daß ich mir wegen meiner Freundin Sorgen machte. Er meinte, ich sollte mich nicht aufregen, niemand wolle uns etwas tun, wir seien willkommene Gäste in China. Normalerweise könnten wir fotografieren, aber im Augenblick seien manche Leute dagegen. Er fragte, ob ich verletzt sei oder man mir etwas gestohlen habe, und er entschuldigte sich. Im Augenblick könne er wegen meiner Freundin nichts unternehmen, erklärte er mir, weil zu viele Leute auf dem Platz seien.
Nach einer Weile wurden wir aufgefordert, ins Hotel zurückzugehen. Aber kaum waren wir aus dem Tor in der Mauer herausgetreten, als die Mengen wieder erregt wurden. Ein Polizist brachte uns durch die Verbotene Stadt und die Seitenstraßen bis zu unserem Hotel und sagte sehr freundlich: ›Auf Wiedersehen.‹
Gegen 16 Uhr kam auch meine Freundin zum Hotel zurück. Sie hatte in der Menge ähnliche Erlebnisse gehabt und war einigerma-

ßen mitgenommen. Man hatte sie längere Zeit als mich umdrängt, und schließlich hatten sie mehrere junge Chinesen beschützt. Ein Student brachte sie zu einem Bus und stieg mit ihr ein. Die Fahrgäste wollten sie nicht hereinlassen, und es hatte ein Handgemenge gegeben. Der Student brachte sie zu einer Polizeistation in erheblicher Entfernung vom Platz. Bevor er ging, schenkte er ihr ein kleines Abzeichen mit zwei roten Laternen. Sie war sehr gerührt von seiner Freundlichkeit. Dann hatte sie ein Jeep zu einer anderen Polizeistation gebracht, wo ein deutschsprechender Beamter oder Dolmetscher sie erwartete.«

Auf dem Platz versuchten ein paar hundert Leute erneut, das Historische Museum zu stürmen, und hielten auf der Treppe inne. Gruppen junger Leute kamen mit Sprechchören und Gesang aus nördlicher Richtung und marschierten auf das Denkmal zu. Sie brachten einen kleinen rot-weißen Kranz. Leute liefen aus allen Richtungen auf sie zu. Beim Denkmal ließ die Menge eine Gasse frei, und die jungen Leute gingen hinauf. Zwei junge Männer erkletterten den obersten Absatz und legten den neuen Kranz nieder. Einer der Kränze, die am Morgen gebracht worden waren, war vom Wind umgeweht worden; sie stellten ihn neben ihrem Kranz wieder auf. An diesem befand sich ein Bild von Zhou En-lai. In der Südostecke des Platzes kletterten Jungen über die Mauer, die den Hof der Polizeistation umgab. Sie reichten den Kranz herüber und trugen ihn zum Denkmal. Die Leute applaudierten, und ein paar lachten, als die Jungen versuchten, den Kranz festzumachen, weil der Wind ihn ständig umblies. Eine Gruppe warf einen der Jungen in die Luft – man amüsierte sich. Es war keine aggressive Gruppe. Manche Leute klebten kleine Plakate an das Denkmal, andere standen darum herum und lasen. Gelegentlich sang eine Gruppe die Internationale. Viele dienstfreie Soldaten waren in der Menge. Wie die meisten anderen Leute hörten sie den Diskussionen einfach zu, betrachteten die Entwicklung auf dem Platz und warteten. Die größte und militanteste Menge befand sich vor der Befehlszentrale. Einige Männer warfen Steine in die Fenster. Ein paar Steine waren in Papier gewickelt, das möglicherweise beschrieben war und eine Nachricht enthielt. Wenn ein Stein ein Fenster traf, lachten und jubelten die Leute. Soldaten standen in der Nähe, aber auf sie wurden keine Steine geworfen. Manchmal warf man mit Steinen auf ein paar Fahrräder, die neben der Tür standen. Gegen 15 Uhr kam ein ausländischer Korrespondent zur Südostecke des Platzes. Er berichtet:

»Die Atmosphäre hatte sich gewandelt. Viele junge Leute warfen Steine. Ich machte eine Aufnahme vor der Polizeistation. Ein junger Mann trat auf mich zu und verlangte den Film. Die Leute, die Steine geworfen hatten, kamen zu mir herübergerannt. Ich gab ihnen den Film sofort. Das reichte ihnen nicht, und sie schlugen mit Fäusten auf mich ein. Ich versuchte, in nördlicher Richtung zurückzugehen, und erklärte ihnen, ich hätte keine bösen Absichten. Fünfzig oder hundert Leute folgten mir und schlugen mich. Viele Leute saßen vor dem Museum auf dem Boden, darunter einige Soldaten. Sie sahen alle zu und taten nichts. Ich versuchte, zum Museum zu gelangen, und die Leute folgten mir und schlugen mich. Dann wollten einige ältere Leute meine Erklärung hören. Während ich zu ihnen sprach, schlugen die anderen immer noch auf mich ein. Sie forderten die jungen Leute auf, mich nicht zu schlagen. Ich stolperte einmal, und einige Leute stießen mich mit Füßen und bewarfen mich mit Steinen. Ich versuchte, zu erklären, warum ich dort war und daß ich meinen Film ausgehändigt hatte. Drei junge Männer wollten mich vor der Menge beschützen. Ich wurde immer noch geschlagen. Die drei jungen Männer nahmen mich zu der Soldatenkette mit, die das Museum schützte. Sie baten die Soldaten, uns durchzulassen. Sie wollten zu dem Offizier der Soldaten sprechen. Die Soldaten gaben uns keine Antwort. Ihre Befehle lauteten nur, den Eingang abzuriegeln. Fünfzehn oder zwanzig Minuten vergingen, die Menge schlug immer noch auf mich ein, und die jungen Männer baten sie, aufzuhören. ›Denkt doch an das Prestige der Volksrepublik China‹, riefen sie, ›schlagt keine Ausländer.‹ Dann sagten sie mir, ich solle allein weitergehen. Zunächst erlaubte mir die Wache nicht, die Kette zu überqueren. Ein paar Leute kamen aus dem Museum, und man verhandelte. Ungefähr um 16 Uhr ließ man mich ins Museum hinein. Zwei Barfußärzte der Armee behandelten mich etwas, und dann kamen zwei richtige Ärzte. Ich hatte Gesichtsverletzungen, Wunden am Kopf und Schmerzen am Bein. Es war nicht so schlimm. Zwei Männer vom Amt für öffentliche Ordnung kamen gegen 18 Uhr und sprachen mit mir. Während man mich schlug, büßte ich zwei Kameras, 300 Yuan, meinen Presseausweis, die Kreditkarte, meine Brieftasche ein. Man hatte mir alles außer den Schlüsseln aus den Taschen geholt.«

Am Nachmittag kam ein Miliztrupp aus dem Historischen Museum und bildete eine einfache Kette zwischen dem Museum und der Fahnenstange im Norden. Radfahrer und Fußgänger konnten die Linie unbehindert überqueren. Die meisten Milizangehörigen setzten sich nach einiger Zeit, ein paar von ihnen schliefen. Sie versuchten nicht, irgendwie tätig zu werden. Am Eingang des Großen Volkspalastes stand eine Kette unbewaffneter Soldaten vor der leeren Treppe. Ihnen standen keine Menschenmassen gegenüber. Etwa 10000 Personen waren zwischen dem Denkmal und der Polizeistation versammelt. Das Steinewerfen hatte aufgehört. Nördlich des Platzes auf der Chang-An-Avenue standen Tausende mit ihren Fahrrädern und wollten sehen, was vorging. Wenn sie den Verkehr behinderten, versuchten Polizisten, sie zurückzudrängen. Gelegentlich kamen Gruppen auf den Platz und gingen die Internationale singend auf das Denkmal zu. Die Menge im Norden des Platzes war nicht sehr eng gedrängt. Die Leute standen in Gruppen herum und sprachen miteinander; sie wurden still, sobald sich ein Ausländer näherte.

In den Nebenstraßen, ein oder zwei Blocks entfernt vom Platz, entstiegen Soldaten und Milizangehörige ihren Lastwagen. Viele Seitenstraßen waren von jungen Milizmännern abgeriegelt, die ihre Arbeitskleidung und neue Armbinden trugen. Westlich des Großen Volkspalastes waren bewaffnete Soldaten. Einen Block östlich des Platzes kamen Soldaten mit Lastwagen an und marschierten auf das Gelände der ehemaligen britischen Botschaft. Von hier gibt es eine Verbindung zum Ministerium für öffentliche Sicherheit, das auf dem Gebiet zwischen dem alten Botschaftsgelände und dem Historischen Museum liegt. Im Hof des Ministeriums befanden sich Soldaten und Lastwagen, die man vom Tor an der Chang-An-Avenue sehen konnte. Der Hof des Ministeriums hat in südwestlicher Richtung eine Verbindung zu einem Gebäude am Tian-An-Men-Platz. Es dient als Befehlszentrale für die Einheiten, die den Platz und seine Umgebung bewachen. Von dem Hof führt ein weiteres Tor in eine Nebenstraße. Durch dieses Tor ging ein ausländischer Diplomat am Nachmittag, gerade als man damit aufgehört hatte, Steine auf die Befehlszentrale zu werfen. Sein erster Versuch, aus südlicher Richtung auf den Platz zu gelangen, war fehlgeschlagen, so daß er es mit einem Umweg versuchte. Niemand hielt ihn an der Hintertür zur Befehlszentrale auf. In dem kleinen Hof saßen Gruppen von Polizisten und Soldaten auf der Erde. Neben dem Gebäude sah er Haufen von Kränzen, zerdrückten Papierblumen, hölzernen Gestellen und zerrissenen Wandzeitungen.

Der Diplomat ging vorbei und verließ den Hof durch eine kleine Tür neben der Polizeistation. Vor sich sah er die aufgeregte Menge und eine Gruppe von uniformierten Wachen. Sie nahmen keine Notiz von ihm. Etwas später erschienen einige Jungen auf dem Dach eines niedrigen Gebäudes im Hof der Polizeistation. Sie trugen einen Kranz und warfen Dachziegel nach Verfolgern am Boden, bevor sie über die Mauer kletterten.

Um das Denkmal war eine lockere Linie von Soldaten gezogen, aber es kamen immer noch Menschen an, während andere fortgingen. Gelegentlich kamen sie in kleinen Gruppen. Andere hatten gerade eingekaufte Lebensmittel bei sich und schauten einmal auf dem Heimweg vorbei. Ein Vater schob einen Bambuskinderwagen mit zwei kleinen Kindern. Neue Wandzeitungen wurden aufgehängt. Ein Mann aus dem Westen auf der obersten Plattform fragte die herumstehenden Chinesen, was vorgehe. Ein paar antworteten, sie wüßten es selber nicht. Ein junger Mann sagte: »Das geschah alles in Erinnerung an Zhou.« Er klang erbittert. Als ein westlicher Student fotografierte, wollten ein paar Umstehende, daß er seine Kamera zur Polizeistation brachte; andere meinten, das sei nicht nötig. Sie schärften ihm aber ein, das sei eine Angelegenheit, die nur die Chinesen angehe, und Ausländer sollten nicht dort sein. Der Student erklärte: »Die ganze Welt erinnert sich an Zhou En-lai.« Die Leute um ihn herum wiederholten seine Bemerkung. Ein paar lachten, aber nicht unfreundlich oder ironisch. Auf der Terrasse waren junge und ältere Leute. Auf dem Denkmal waren Soldaten und Polizisten in Uniform, aber sie hatten dienstfrei und erschienen nur als Zuschauer, die ganz am Rande beteiligt waren. Die Aktivisten waren junge Männer, die wie Studenten aussahen, und sie waren umgeben von anderen jungen Leuten im Mittelschulalter, die ihnen folgten oder die neu aufgehängten Wandzeitungen abschrieben.

Kurz nach 17 Uhr wurde die Menge vor der Befehlszentrale unruhig. Es kam zu Schlägereien, und die Armeewachen unmittelbar vor dem Gebäude wurden angerempelt und herumgestoßen. Die Menge schrie und brüllte. Sie drängte gegen die Tür der Polizeistation und warf die Fenster im Erdgeschoß ein. Man schleuderte Fahrradteile gegen die Fenster im Obergeschoß. Dann kam eine Gruppe mit einer großen Holzstange. Sie wurde gegen die Tür gerammt. Die Tür zersplitterte, und einige Leute gingen hinein. Sie warfen Akten, Bücher und Möbel aus dem Fenster. Aus einem der Fenster quoll Rauch, und die Menge an der Tür trat zurück, so daß andere die Akten und Möbel vor dem Gebäude aufschichten konnten. Dann wurde das Ganze angezündet, während andere durch die Erdgeschoßfenster stiegen und Kleidungsstücke und noch mehr Papier herauswarfen. Leute gingen in dem Gebäude ein und aus. Es schien eine kleine Gruppe zu sein, die die Polizeistation stürmte und plünderte. Die größere Menge draußen schrie, applaudierte oder schaute still zu. An der Ecke des Gebäudes stand eine Gruppe von Soldaten. Sie schienen nervös und sprachen mit Leuten am Rand der Menge. Zwischen den Soldaten und den Umstehenden gab es keine tätlichen Auseinandersetzungen, wohl aber innerhalb der Menge näher beim Eingang. Das Plündern der Polizeistation dauerte eine Dreiviertelstunde. Das Feuer drinnen schien eher zu schwelen als kräftig zu brennen. Ein paar Flammen waren durch die Fenster sichtbar, aber vor allem kamen dichte Rauchwolken heraus und schwärzten die Wände.

Lastwagenkolonnen fuhren aus allen Richtungen auf die Stadtmitte Pekings zu. Armeelastkraftwagen kamen die Chang-An-Avenue entlang aus östlicher Richtung mit blinkenden Lichtern und lautem Hupen, bogen dann nach Süden ab und hielten in der Nähe des Pekinger Revolutionskomitees, wo die Soldaten ausstiegen. Lastkraftwagen mit Frauen und Männern der Miliz fuhren am Nordosttor der Verbotenen Stadt vor. In den Seitenstraßen im Südwesten des Platzes saßen Hunderte von Milizangehörigen auf der Erde. Sie waren mit meterlangen Holzlatten bewaffnet, die frisch geschnitten aussahen. Nördlich des Tors des Himmlischen Friedens, knapp außer Sichtweite des Platzes, vollführte eine Kompanie Soldaten ihr Abendpensum an Schattenboxen. Zwischen den Mauern der Verbotenen Stadt und der Avenue saßen unbewaffnete Milizangehörige und unterhielten sich. Einen Block östlich und westlich des Platzes war die Avenue vorübergehend abgeriegelt: die erste Kette bestand aus Polizisten in blauen Uniformen, die zweite aus Miliz und die dritte aus Soldaten. Eine Weile lang schickten sie die chinesischen Radfahrer auf dem Heimweg von der Arbeit zurück und ließen ausländische Wagen durch. Dann wurden Ausländer zurückgewiesen, und schließlich wurde die Sperre ganz aufgehoben. Eine große Menschenmenge stand in feindseliger Haltung vor dem Tor des Geländes des Ministeriums für öffentliche Sicherheit und auf der gegenüberliegenden Seite an dem Tor in der Palastmauer, das zu einer Polizeistation führte. Während die Gruppen auf der Nordhälfte des Platzes sich entfernten, kamen junge Leute gelaufen, die einen Mann mit einem blutigen Kopfverband trugen. Es gab Geschrei und Gebrüll, als die Menge einen blonden Ausländer im braunen Mantel verfolgte. Er versuchte, die Avenue zu überqueren, und wurde von einem Verfolger zu Fall gebracht. Er versuchte, aufzustehen und zu einem Verkehrspolizisten zu laufen, aber dieser winkte ihm ab. Die Menge drängte ihn hinüber zu dem Tor, wo andere Ausländer vorher Polizeischutz erhalten hatten.

Im Süden des Platzes hatten sich Menschenmassen versammelt. Hunderte strömten auf den Platz, andere große Gruppen bewegten sich nach Süden. Einen Block vom Tian-An-Men-Platz entfernt, an der Südostecke der Zufahrtstraße, führten Polizisten in blauen Uniformen und Soldaten mit grünen Jacken und blauen Hosen Gruppen von Menschen in einen Hof. Am Tor standen Wachen mit Gewehren und Bajonetten. Das dahinterliegende Gebäude gehört zu dem Gefängnissystem und ist ein Ort, wo man inhaftierte Verwandte besuchen kann. Die Zuschauer ließen keine Reaktion erkennen. Durch die kleineren Seitenstraßen im Südosten und Südwesten des Platzes rannten junge Leute schwitzend und angestrengt vom Denkmal fort. Sie sprachen erregt miteinander. In einigen der kleineren Straßen hakten sich Polizisten unter und drängten die Menge zurück. Es wurde dunkel, und Rauchgeruch wehte vom Platz herüber.

Auf dem Platz hatte sich die Menschenmenge wieder vergrößert. Leute auf dem Heimweg hatten sich ihr angeschlossen, Studenten von der Universität Peking waren gerade eingetroffen. Die Leute im Norden des Denkmals liefen in kleinen Gruppen herum. Große Menschenmassen standen in der Nähe des Denkmals, und eine kleinere Gruppe sah zu, wie die letzten Rauchwolken aus den Fenstern der Polizeistation quollen. Alles schien richtungslos. Die Leute wußten nicht, was sie jetzt tun sollten. Nur die Tausende beim Denkmal hatten ein gemeinsamens Ziel: dort zu bleiben.

Um 18.30 Uhr wurden die Batterien von Lautsprechern um den Platz herum angestellt. Mit ruhiger Stimme wandte sich ein Ansager an die Menge. Der Genosse Wu De, der Vorsitzende des Pekinger Revolutionskomitees, werde jetzt sprechen. Wu De verlas seine Erklärung mit der trockenen, ausdruckslosen Stimme eines älteren Mannes:

»Genossen! Zu einer Zeit, als wir die wichtigen Lehren unseres großen Führers, des Vorsitzenden Mao, studierten, die Versuche der rechten Abweichler zur Außerkraftsetzung von Urteilen vereitelten und in den letzten paar Tagen die Revolution begriffen und die Produktion förderten, hat eine winzige Zahl schlechter Elemente mit bösen Hintergedanken absichtlich einen politischen Zwischenfall herbeigeführt, indem sie das Qingming-Fest ausnützten. Sie haben die Speerspitze direkt auf den Vorsitzenden Mao und das Zentralkomitee der Partei gerichtet in einem vergeblichen Versuch, zu einer Umkehrung der allgemeinen Orientierung zu gelangen, die zum Ziel hatte, den revisionistischen Kurs der unverbesserlichen Vertreter des kapitalistischen Weges zu kritisieren und den rechten Abweichlerwind zum Umsturz der Urteile abzuwehren.

Wir müssen den reaktionären Charakter dieses politischen Zwischenfalles klar begreifen, ihre finsteren Pläne bloßstellen und durchschauen, unsere revolutionäre Wachsamkeit erhöhen und dürfen nicht in ihre Falle gehen.

Revolutionäre Massen und revolutionäre Kader in ganz Peking sollten den Klassenkampf als Schlüsselbegriff erkennen, sich unverzüglich organisieren, konkrete Maßnahmen ergreifen, um den Vorsitzenden Mao und das Zentralkomitee der Partei zu verteidigen und den proletarisch-revolutionären Kurs des Vorsitzenden Mao sowie die große Hauptstadt unseres sozialistischen Mutterlandes verteidigen, entschlossene Schläge gegen konterrevolutionäre Sabotagetätigkeit führen, die Diktatur des Proletariats weiter stärken und festigen und die hervorragende Situation weiter entwickeln.

Sammeln wir uns um das Zentralkomitee der Partei unter Führung des Vorsitzenden Mao und schreiten wir voran zu noch größeren Siegen!

Schlechte Elemente haben Subversion geübt und heute am Tian-An-Men-Platz durch eine Reihe von konterrevolutionären Sabotageversuchen Unruhe gestiftet. Die revolutionären Massen sollten den Tian-An-Men-Platz sofort verlassen und sich nicht von ihnen täuschen lassen.«

In der neugierigen Menge auf der Avenue nördlich des Platzes begannen die Leute mit ihren Fahrradglocken zu läuten. Sie hatten auf dem Heimweg angehalten und wollten jetzt weiterfahren. Aus den Lautsprechern tönte das Lied von den »Acht Ordnungsregeln und drei Disziplinvorschriften« über den Platz. Dann kam wieder der Ansager und eine Wiederholung der Ansprache Wu Des. Es war dunkel geworden, und die Reihen der Kandelaber wurden angestellt. Es war wenig Bewegung auf dem Platz. Es rannten keine Gruppen mehr herum, aber es ging auch niemand fort. An den Fenstern der ausgebrannten Polizeistation standen Soldaten. Andere schütteten Sand auf die schwelenden Überreste der Feuer vor dem Gebäude. Die Soldaten machten sauber und gingen daran, die Schäden zu beseitigen. Ausländer auf dem Platz fanden die Atmosphäre gespannt, aber ruhig. Einige wurden aufgefordert, sich zu entfernen, aber es gab nur einen Zwischenfall, als ein ausländischer Korrespondent die Rede Wu Des auf seinem Tonbandgerät aufnahm. Als er nach der Ansprache fortging, fragte man ihn, was er getan habe. Ein junger Mann schrie ihn an und hielt das Mikrofon hoch, damit die Menge es sehen konnte. Mehrere hundert Menschen drängten heran, aber eine Gruppe junger Männer mit Abzeichen der chinesischen Eisenbahn hakten sich ein und hielten die Menge zurück. Sie sagten ihm, er solle sich keine Sorgen machen, und brachten ihn zu der Polizeistation hinter der Palastmauer. Die Polizei behielt ihn eine Stunde da, gab ihm Tee und Zigaretten und fragte, ob er geschlagen worden sei. Sie hörten sich seine Bandaufnahme an und beschlossen, daß er sie behalten dürfe. Als ihn ein Polizist zurück zum Peking-Hotel brachte, bemerkte der Korrespondent, daß man in dem Park hinter der Mauer grüne Zelte aufgestellt hatte und Truppen zusammengezogen wurden. Die Kränze lagen noch auf dem obersten Absatz des Denkmals. Unten am Sockel standen Menschen und lasen im Licht von Taschenlampen die Wandzeitungen. Auf dem Platz kamen und gingen die Leute. Am Denkmal waren Militär- und Polizeipatrouillen, die aber nichts unternahmen und niemanden verhafteten. Etwa 10000 Menschen standen um das Denkmal herum und sprachen leise miteinander. Sie hörten den Wiederholungen der Wu-De-Ansprache nicht mehr zu und schienen nicht darauf zu reagieren. Menschen verließen den Platz in südlicher Richtung, wo eine Milizkette jeden zurückhielt, der in nördlicher Richtung gehen wollte. Jeeps fuhren durch die Menge auf das Südtor des Geländes des Ministeriums für öffentliche Sicherheit zu. Die Menge schien der Meinung zu sein, daß sich darin verhaftete Demonstranten befanden.

Gegen 20 Uhr konzentrierte sich die Menge auf den Südteil des Platzes um das Denkmal herum. Die Straßen um den Platz waren wieder für den Verkehr freigegeben, und Ausländer konnten um das Denkmal herumfahren. Im Norden der Stadt und östlich und westlich des kaiserlichen Palastes waren die Straßen durch Lastwagen und Einheiten von Militär, Polizei und Miliz blockiert. Mit Maschinenpistolen bewaffnete Soldaten auf Motorrädern patrouillierten. Lange

Milizkolonnen marschierten vom Bahnhof auf den Platz zu. Lastwagen mit Milizangehörigen, die mit großen Stöcken bewaffnet waren, fuhren in Richtung Innenstadt. Am Osttor der Verbotenen Stadt verursachten mindestens zweihundert Milizlastwagen in einer Seitenstraße einen Verkehrsstau. Es waren Fabrik- und landwirtschaftliche Lastkraftwagen mit Pekinger Nummern, darunter ein paar Militärjeeps. Die Lastwagen hatten in einer Sackgasse angehalten. Die Miliz stieg ab, und die Lastkraftwagen konnten nicht zurückfahren, weil neue Lastwagen eintrafen und immer mehr Angehörige der Miliz zum Tor zu gelangen suchten.

Gegen 22 Uhr stürmten etwa tausend Mann Miliz aus dem Tor des Himmlischen Friedens heraus. Der Platz nördlich des Denkmals war leer. Die Männer rannten in Richtung auf die Südostecke. Doch dann hielten sie an und bildeten eine lockere, ovale Kette um das Denkmal. Diese Linie aus unbewaffneten Milizangehörigen wurde in beiden Richtungen von einzelnen Personen überquert. An der Südostecke des Platzes drängten Soldaten die Menge zurück. Es schien tätliche Auseinandersetzungen zu geben, und man trug verwundete Soldaten und Zivilisten eine Seitenstraße entlang in östlicher Richtung. Die Menge beim Denkmal verringerte sich. Reden wurden nicht gehalten. Gelegentlich rannte eine kleine Gruppe vom Denkmal hinüber zum Museum, dann zurück auf den Platz und zum Denkmal. Ungefähr zu dieser Zeit verließen die letzten ausländischen Beobachter das Denkmal und begaben sich an die Seiten des Platzes.

Nördlich und südlich des Platzes versammelten sich mehrere tausend Mann der Miliz mit Stöcken. Viele trugen lange wattierte Mäntel. Gruppen von Neugierigen saßen auf der Erde, sprachen ruhig miteinander und warteten darauf, daß etwas geschah. Massive Keile von Miliz und Polizei riegelten die Chang-An-Avenue auf beiden Seiten des Platzes ab. Die Kandelaber auf dem Platz wurden auf die halbe Leuchtstärke reduziert. Die kriegerische Musik aus den Lautsprechern wurde lauter. Von der Nord- und der Südseite des Platzes rannten mehrere tausend Mann Miliz mit neuen Holzstöcken und ein- oder zweitausend Soldaten auf den Platz und auf das Denkmal zu. Wegen der schwachen Beleuchtung konnten Beobachter an den Seiten des Platzes nicht erkennen, was am Denkmal geschah. Zwischen 20.30 und 23 Uhr schien es, als würden Gruppen von dreißig oder fünfunddreißig Menschen in der Nähe des Denkmals von der Menge getrennt und unter Bewachung von Miliz mit Stöcken über den Platz gebracht. Um 1 Uhr früh wurden immer noch Gruppen von

Gefangenen in das Gefängnis südöstlich des Platzes und in die Verbotene Stadt geführt. Ausländer konnten wieder auf dem Platz Auto fahren. Einige Beobachter gingen durch die Hunderte von Soldaten und Miliz zum Denkmal. In der Dunkelheit waren keine Anzeichen blutiger Kämpfe zu erkennen, und kein Ausländer war nahe genug gewesen, um spätere Gerüchte zu bestätigen, daß hundert Leute umgekommen seien. Nur ein Dutzend Polizisten in blauer Uniform bewachten die oberste Terrasse des Denkmals. In der Südostecke des Platzes saßen viele Leute auf dem Boden. Lastkraftwagen fuhren heran, und kleine Gruppen von Gefangenen mußten sie besteigen. In der Mitte des Platzes sah man nur noch Miliz und Soldaten in disziplinierten Formationen. In der Nähe des Museums sammelten Milizleute liegengebliebene Fahrräder auf. Eine Milizpatrouille forderte eine Gruppe von ausländischen Studenten auf: »Sie sollten jetzt nach Hause gehen und sich ausruhen. Es ist hier draußen zu kalt.« Die Studenten kamen an einigen Flecken auf dem Pflaster vorbei, die wie Blut aussahen. Glas von Fahrradlampen knirschte unter ihren Schuhen. Sie sahen, daß die Miliz eine Kette um den Platz herum gebildet hatte. Frauen und Männer jeder Altersstufe mit dem Abzeichen der Arbeitermiliz der Hauptstadt standen schweigend nebeneinander. Auf dem obersten Absatz des Denkmals stand noch ein Kranz für Zhou En-lai.

Am Morgen des 6. April war der einsame Kranz immer noch dort. Der Platz war nicht mehr von Miliz- oder Polizeiketten umstellt. An der Nordseite gegenüber dem Tor des Himmlischen Friedens standen die Berufsfotografen wieder auf ihren hölzernen Plattformen. Chinesische Besucher der Hauptstadt standen Schlange, um sich fotografieren zu lassen. Um den Fahnenmast stand eine Polizeiwache. Auf dem Platz standen kleine Gruppen von Männern und Frauen der Miliz. Leute gingen auf den Platz. Einige schritten zum Denkmal und lasen, was von den Wandzeitungen und Gedichten übriggeblieben war. Eine neugierige Menge versammelte sich vor der ausgebrannten Polizeistation. Vor dem Museum hatte man einen transportablen Metallzaun aufgestellt. Viele Leute kamen aus südlicher Richtung und gingen auf das Museum zu. Wachen hinter dem Eisenzaun forderten die Menge auf, weiterzugehen. Es gab einige Diskussionen. Dann wandte sich das Dutzend Soldaten um und ging in das Museum hinein. Eine junge Frau kam heraus und sprach zu der Menge. Als sie zurückging, wurde der Zaun umgeworfen, und die Menge stürmte die breite Treppe des Museums hinauf. Als sie oben standen, wußten sie nicht, was sie jetzt tun sollten. Man bemerkte eine Gruppe Ausländer vor dem Museum, und ein paar Leute liefen hinunter, um ihnen zu folgen. Die Ausländer bestiegen ihren Wagen, der von ein paar hundert Leuten umringt war, und fuhren vorsichtig auf die Avenue zu. Eine Kindergartengruppe mit ihrer Betreuerin ging über den Platz. Radfahrer erschienen und standen in kleinen Gruppen herum. Um 10 Uhr traf eine kleine Gruppe von Arbeitern aus einer Fabrik im Norden der Stadt ein und brachte einen Kranz zum Denkmal. Es kam etwas Unruhe in die Menge. Ein Vertreter der Arbeiter verteidigte ihr Recht, einen Kranz zu bringen, und viele Leute am Denkmal jubelten und applaudierten. Manche Leute versuchten, neue Wandzeitungen am Denkmal anzubringen, aber es standen Polizisten in Zivil auf den Terrassen des Denkmals und hinderten sie daran. Mehrere hundert Leute gingen ruhig auf dem Denkmal umher.

Eine große Menge versammelte sich an der Nordseite der Treppe zum Großen Volkspalast. Zweihundert unbewaffnete Soldaten kamen aus südlicher Richtung anmarschiert und bildeten eine Kette, die den Zugang zum Großen Volkspalast verwehrte. Die Menge rannte nach Norden und verfolgte einen Milizangehörigen mit einer Müllschippe über die Avenue. Ein Polizist hielt ihn am Arm fest und zog ihn hinüber zum Tor in der Palastmauer. Die Menge folgte ihnen und hielt an. Die meisten waren junge Leute, 12 bis 15 Jahre alt. Ein paar versuchten, zum Denkmal zu gelangen, aber jetzt forderte eine Kette aus Polizei und Miliz sie auf, umzukehren. Auf der Avenue hielten Radfahrer an, um das Geschehen auf dem Platz zu verfolgen, und blockierten damit mehrfach für kurze Zeit den Verkehr. Die jungen Leute traten dazu, umringten Autos und klopften an die Fenster. Als die Menschenmenge wuchs, wurde sie gewalttätiger. Ein Dutzend Busse wurden angehalten, aber die Fahrer schienen nicht beunruhigt zu sein. Sie lachten die Jungen an und öffneten gelegentlich die Türen. Jeeps wurden angehalten und die Fenster zerbrochen. Ein Schuljunge riß die Tür eines Jeeps auf und gestikulierte wütend. Er versuchte, einen Mann im grünen Mantel herauszuziehen, dann stieß ihn der Mann zurück, schloß die Tür, und der Jeep bahnte sich langsam einen Weg durch die Menge. Der aufgeregte Junge wandte sich dem nächsten Wagen zu. Es saßen Ausländer drin. Die Wut des Jungen löste sich in ein Lächeln auf. Die Ausländer winkten, und die umstehenden jungen Leute klatschten und jubelten. Sie machten Platz und ließen den ausländischen Wagen durchfahren. An anderen Stellen des Platzes wurden Ausländer von feindseligen Mengen verfolgt, aber es gab keine Zwischenfälle.

Den ganzen Tag über waren mehrere tausend Menschen auf dem Platz. Die meisten waren neugierige Zuschauer. Junge Leute, die wie Mittelschüler aussahen, zogen in Gruppen herum. Sie warteten darauf, daß etwas geschah. Am Nachmittag versammelten sich viele von ihnen in gereizter Stimmung in der Nähe des Tors in der Palastmauer, das zu der Polizeistation führte, und gegenüber dem Tor des Ministeriums für öffentliche Sicherheit. In der Verbotenen Stadt kampierten mehrere tausend Mann Miliz. Sie saßen vor Armeezelten oder provisorischen Unterkünften aus Balken und Strohmatten. Man hatte Kochmöglichkeiten geschaffen und gab warmes Essen aus. Die Milizleute schlenderten durch die Parks des Palastes, warfen Steine in den Graben, spielten Federball, Karten und Dame. Viele dösten auf dem Pflaster. Sie hatten ihre langen Stöcke beiseite gelegt. Die Straßen um die Verbotene Stadt herum waren durch Hunderte von Lastwagen und Bussen blockiert. Gegen Abend zogen sie ihre langen, wattierten Mäntel an und nahmen ihre Stöcke wieder in die Hand. Die Atmosphäre in der Verbotenen Stadt war völlig ruhig. Sie sah aus wie ein riesiges, gut organisiertes Militärlager. In der Verbotenen Stadt und den beiden anliegenden Parks müssen 10000 bis 15000 Mann Miliz gelegen haben. Auf den Straßen Pekings waren Sicherheitsmaßnahmen kaum bemerkbar. Die üblichen Militärwachen mit Gewehren und Bajonetten standen vor dem Tor zum Zhong-Nan-Hai, wo der Vorsitzende Mao und die Führungsspitze wohnten, und entlang den Mauern des Geländes gingen Patrouillen. Die Militärwachen, die gewöhnlich am Tor des Himmlischen Friedens standen, hatten auch Gewehre und Bajonette. Doch sonst gab es keine Anzeichen für einen militärischen Alarmzustand.

Am Morgen des 7. April war der Tian-An-Men-Platz von Soldaten und Polizisten umgeben. Niemand konnte ihn betreten. Eine Brigade von Frauen scheuerte das Pflaster. Es sah wie eine rituelle Reinigung aus.

In den Tagen nach den Unruhen herrschte Spannung in Peking. Die Chinesen lächelten nicht, und Ausländer fanden, daß sie selbst in ihren Lieblingsgeschäften, wo man sie vorher wie Freunde willkommen geheißen hatte, kurz angebunden und unfreundlich behandelt wurden. In den Nebenstraßen zogen Gruppen von jungen Männern herum, hielten Passagiere an, sprachen grob auf sie ein und nahmen sie gelegentlich mit. Es gab Gerüchte, wonach die Arbeitermiliz hart durchgreife. Vielleicht 40000 bis 60000 Menschen wurden zu Verhören festgenommen. Man fragte sie, ob sie während der Demonstrationswoche auf dem Platz gewesen seien. Ihre Wohnungen wurden nach Beweismitteln durchsucht – Abschriften von Wandzeitungen und Gedichten vom Platz. In manchen Gebieten der Stadt wurden ganze Nachbarschaften durchkämmt. In Schulen, Universitäten, Büros, Fabriken und Nachbarschaften wurden Versammlungen einberufen, bei denen die Demonstrationen verurteilt und die Teilnehmer kritisiert wurden. Grundschulkinder brachten Beschuldigungen gegen Leute vor, die möglicherweise auf dem Tian-An-Men-Platz gewesen waren, und einige gaben der Polizei die Zulassungsnummern von Fahrrädern, die sie in der Nähe des Tian-An-Men-Platzes gesehen hatten. Das organisierte Kontroll- und Überwachungssystem funktionierte wieder.

Mangels neuer Informationen diskutierte und analysierte die ausländische Kolonie die Ereignisse zwischen dem 29. März und dem 5. April. Man war der Auffassung, daß die Trauerdemonstrationen für Ministerpräsident Zhou weitgehend spontan gewesen waren. Es hatte sich um den Ausbruch eines tiefempfundenen Gefühls gehandelt, das durch einige mutige Aktionen von Aktivisten, die Wandzeitungen und Parolen aufhängten, symbolisiert wurde. Von Sonntag auf Montag hatte sich die Menge verändert. Am Sonntag waren die Massen auf dem Platz ein Querschnitt durch die Pekinger Bevölkerung gewesen, vielleicht mit einer leichten Überrepräsentation des intellektuellen, gebildeten Elements. Am Montag war die Menge jünger, und es waren weniger Frauen darunter. Während des Tages der Unruhen hatte sich die Menge wiederum verändert. Am Vormittag bestand sie vor allem aus Studenten und Arbeitern. Zu der Zeit, als das erste Auto brannte, versammelten sich gewalttätige Elemente in der Südostecke des Platzes. Viele Ausländer beschrieben sie als Rowdygruppen. Ein Grund für die Veränderung mag gewesen sein, daß die Zuschauer und die gemäßigteren Leute mittleren Alters sich von den Punkten entfernt hatten, wo Gewalt gegen öffentliches Eigentum geübt wurde. Osteuropäische Beobachter nannten die Demonstranten gelegentlich »linke Schreihälse« und meinten, bei den Unruhen habe es sich um eine organisierte Provokation durch Anhänger der radikalen Fraktion in der Parteiführung gehandelt. Westliche Beobachter waren sich dessen weniger sicher, wenn auch kaum jemand ausschließen wollte, daß es sich beim Verbrennen des ersten Autos um die Tat von Agents provocateur gehandelt hatte. Andererseits hatte es gelegentlich den Anschein gehabt, als versuchten die Anführer der Demonstration, die Massen zu beruhigen und ihre

Aufmerksamkeit vom Betreten des Großen Volkspalastes abzulenken zugunsten eines Marsches über den Platz zum Museum. Generell waren westliche und asiatische Beobachter der Auffassung, ein Gefühl der Frustration habe die Menge empfänglich gemacht für ziellose Gewalt, und besonders in der Südostecke des Platzes seien die Massen in einer Stimmung gewesen, daß sie jedem Vorschlag, etwas zu zerstören, gefolgt wären. Der harte Kern der Demonstranten, ganz bestimmt die Studenten auf dem Denkmal, schien klar politisch motiviert zu sein. Ihre Haltung war trotzig, ihr Ziel, auf dem Denkmal auszuhalten, um gegen die Schritte der Behörden zu protestieren. Um die Mittagszeit waren 100000 bis 200000 Menschen auf dem Platz gewesen. Später wurden es weniger, aber gegen Ende des Nachmittags wuchs die Zahl erneut. Die meisten Leute waren eher Zuschauer als Aktivisten gewesen. Was den ausländischen Beobachtern bedeutsam erschien, war die Reaktion der Massen. Sogar die neugierigen und zufälligen Passanten hatten sich nicht schockiert oder empört gezeigt, wenn Soldaten, Polizei und Miliz herumgestoßen und geschlagen wurden. Oft hatten die Mengen angefeuert und applaudiert. Die meisten Ausländer, die am Vormittag dicht beim Denkmal gewesen waren, erinnerten sich an das unablässige, grausame Einschlagen auf junge Männer und an die erregten, wütenden Gesichter ihrer jungen Verfolger. Die Ausländer fragten sich, was für verborgene Spannungen in der chinesischen Gesellschaft plötzlich an die Oberfläche kamen.

Es gab keine auf der Hand liegende Erklärung für das Verhalten der Sicherheitskräfte. Während des Tages hatten sie Befehl, keine Gewalt anzuwenden, nicht einmal zur Selbstverteidigung. Das Zurückhalten der Menge vor dem Eingang des Großen Volkspalastes hatte wie ein diszipliniertes Manöver der Massenkontrolle ausgesehen. Aber warum war der Zugang zum Platz zu manchen Zeiten verwehrt und zu anderen wieder geöffnet worden? Warum hatten sich Kolonnen von Soldaten, Polizei und Miliz gelegentlich einen Weg durch die Menge gebahnt, um dann zurückzuweichen und in der Menge zu verschwinden? Alle Beobachter waren sich einig, daß es seit dem Vormittag ausreichend Sicherheitskräfte in dem Gebiet um den Platz gab, um wirksame Kontrolle ausüben zu können und den Platz räumen zu lassen. Warum erlaubte man den Massen, sich zu sammeln, wenn man durch eine entschlossene Anstrengung jene Zehntausende, die nur Zuschauer und Passanten waren, hätte abdrängen können? Warum war die Rede, mit der die Leute zum Verlassen des Platzes aufgefordert wurden, erst um 18.30 Uhr über die Leutsprecher gegangen?

Eine Erklärung greift auf die Provokationstheorie zurück. Danach war der Widerstand der Sicherheitskräfte nur symbolisch gewesen, während Anhänger des radikalen Flügels Gewalttätigkeiten inszenierten, um Deng Xiao-ping und die Demonstranten für die Politik Zhou En-lais in Mißkredit zu bringen. Plausibel ist die Erklärung. Aber wer bereit war, Zwischenfälle und Unruhen zu provozieren, muß auch gewillt gewesen sein, ein unverhältnismäßig hohes Risiko einzugehen. Wer Unruhen auslöste, rief nicht nur bei der Bevölkerung einen tiefen politischen Schock oder ein Gefühl der Unsicherheit hervor, sondern erregte auch das Mißtrauen der Armee und der Sicherheitskräfte. Wenn es organisierte Agents provocateur gab, die für den radikalen Flügel tätig waren, könnte dies durchaus ein Faktor gewesen sein, der zum Sturz der »Viererbande« führte. Doch seitdem hat es keine Beweise für eine solche Tätigkeit gegeben, und keine solche Anklage wurde gegen die »Bande« erhoben.

Möglicherweise existierte eine sehr komplizierte politische Situation in der Spitzengruppe der Führung, die Entscheidungen und Befehlserteilung während des 5. April verzögerte. Als die Rede Wu Des am Abend am Platz abgespielt wurde, kam darin nicht der Name Deng Xiao-pings vor, und nur »Vertreter des kapitalistischen Weges« wurden für Zwischenfälle verantwortlich gemacht. Zwei Tage später, als der Text gedruckt erschien, enthielt er Dengs Namen. Das deutet darauf hin, daß die Parteiführer noch am Abend des Tages der Unruhen zu keiner Entscheidung über das Schicksal Dengs und den Ursprung der Unruhen gelangt waren. Möglicherweise spiegelten sich diese Unsicherheiten in den unkoordinierten Sicherheitsmaßnahmen wider. Sogar noch am folgenden Tag, dem 6. April, bewegten sich Mengen auf dem Platz ohne Einschränkung, während Wu Des Ansprache von den Lautsprechern wiederholt wurde. Erst am 7. April war der Platz wirksam abgeriegelt.

Die Entscheidungen der Partei wurden mitten in der Nacht vom 7. zum 8. April bekanntgegeben. Deng Xiao-ping hatte seine Ämter als Vizeministerpräsident und Stellvertretender Vorsitzender der Partei verloren. Hua Guo-feng war Regierungschef geworden. Am 8. April um 0.30 Uhr verließen fünf Marschkolonnen Miliz die Verbotene Stadt, warm angezogen in ihren langen wattierten Mänteln und ohne ihre Stöcke. Sie riefen Parolen, mit denen die Entscheidung der Partei gutgeheißen wurde. Dann trafen Lastwagen mit jungen Männern und Frauen der Miliz ein. Sie trugen rote Fahnen und schlugen Bekken und Trommeln. Die Lastwagen fuhren die Avenue auf und ab, vorbei an einer wachsenden Zahl von Milizangehörigen, die sich vor dem Tor des Himmlischen Friedens sammelten. Der Trommelklang wurde in die ruhigen, leeren Straßen im Herzen Pekings weitergetragen. Eine ausländische Korrespondentin nahm ihren fünfjährigen Sohn mit und fuhr zum Tian-An-Men-Platz, um herauszufinden, was vorging. Tagelang hatte der kleine Junge in seinem chinesischen Kindergarten viel über den großen Mann Zhou En-lai gehört. Jetzt war er überwältigt von den wehenden roten Fahnen in der Nacht und dem Lärm von Becken, Gongs und Trommeln. »Wir wollen aussteigen«, drängte er seine Mutter. »Wir müssen alle gehen und Revolution machen. Wir müssen für die Sache des Ministerpräsidenten Zhou kämpfen.« Seine Mutter versuchte, ihm klarzumachen, daß er drei Tage zu spät dran sei. An jenem Abend muß es viele Eltern in Peking gegeben haben, die ihren Kindern nahelegten, keine dummen Fragen zu stellen.

Im Gefolge der Ereignisse auf dem Tian-An-Men-Platz wurden unzählige Artikel in der chinesischen Presse veröffentlicht. In den meisten wurden Deng Xiao-ping und »die Bourgeoisie innerhalb der Partei« als Anstifter eines konterrevolutionären Zwischenfalls bezeichnet. In den Artikeln wurden gewöhnlich ausführliche Berichte über die Ereignisse auf dem Platz gegeben. Die Chronologie der Ereignisse, die zwei Tage nach den Unruhen im Volksblatt erschien, entsprach im wesentlichen den Beobachtungen von Ausländern, wenngleich es eine unerklärliche Differenz um eine Stunde gab für den Zeitpunkt, zu dem der Ansturm auf das Museum stattfand. Bei der Beschreibung der Stimmung auf dem Platz unterscheidet sich der Bericht des Volksblattes erwartungsgemäß von den Erinnerungen ausländischer Beobachter. Das Volksblatt betonte, die »revolutionären Massen« hätten mit Zorn und Empörung gegen die Parolen und Taten einer »Handvoll Klassenfeinde und Rowdys« reagiert, doch sonst war die Beschreibung der Ereignisse unerwartet genau und farbig, wie man es sonst selten in der chinesischen Presse findet. Im Schlußabsatz, der ein wenig blumiger und allgemeiner gehalten war als der übrige Artikel, wurden die Ereignisse nach Einbruch der Dunkelheit am 5. April beschrieben, die kein Ausländer beobachtet hatte: »Nachdem sie einen Befehl vom Pekinger Revolutionskomitee erhalten hatten, ergriffen Zehntausende von Angehörigen der Arbeitermiliz in Zusammenarbeit mit der Volkspolizei und Angehörigen der Volksbefreiungsarmee entschiedene Maßnahmen und setzten die Diktatur des Proletariats durch. Mit hoher Kampfmoral stießen die heroischen Pekinger Milizen tapfer auf den Tian-An-Men-Platz vor und führten mächtige Gegenangriffe. Sie umzingelten jene schlechten Elemente, die noch immer in der Nähe des Denkmals für die Helden des Volkes Unruhe stifteten und Verbrechen begingen. Sie nahmen die aktiven Kriminellen und Hauptverdächtigen fest. Angesichts der mächtigen proletarischen Diktatur konnte die Handvoll der Unruhestifter nicht einmal dem ersten Schlag widerstehen. Sie hockten sich nieder und zitterten wie streunende Hunde. Einige händigten eiligst ihre Dolche, Messer und Notizblöcke aus, auf denen sie die reaktionären Gedichte abgeschrieben hatten. Mehrere Verbrecher, die ihre Dolche zogen bei dem vergeblichen Versuch, sich zu wehren, wurden entsprechend bestraft. Die revolutionären Massen und die Bevölkerung der ganzen Stadt unterstützten und begrüßten die revolutionäre Aktion der Pekinger Arbeitermiliz, der Volkspolizei und der Angehörigen der Volksbefreiungsarmee.« Am 23. April veröffentlichte die »Rote Fahne«, die theoretische Monatsschrift der Partei, einen vom Generalkommando der Arbeitermiliz der Hauptstadt unterzeichneten Artikel. Er war voll von der Rhetorik theoretischer Auseinandersetzungen und betonte die politische Rolle der Miliz in dem Linienkampf gegen Deng und die »Vertreter des kapitalistischen Weges innerhalb der Partei«. Wenn man bedenkt, von wem der Artikel stammte, war es nicht erstaunlich, daß hier der Heroismus der Miliz besonders herausgestrichen wurde, während der Einsatz von Soldaten und Polizisten nur kurz Erwähnung fand. Diese Erklärung konnte jedoch kaum gelten für den Artikel, der am 26. April in »Guang Ming«, der zweiten in ganz China verbreiteten Tageszeitung, erschien. Er war nicht sehr systematisch geschrieben, und es wurde kein Versuch gemacht, eine genaue Chronologie aufzustellen, aber in dem dramatischen Bericht gab es viele Beispiele von hilflosen Soldaten und Polizisten, die von den »revolutionären Massen« gerettet wurden. Die Aussage war deutlich: Die Arbeitermiliz hatte den Ausschlag gegeben und die Hauptlast der Aktion getragen, während die etablierten Sicherheitskräfte unfähig gewesen waren, den konterrevolutionären Anschlag abzuwehren. Es hieß, Arbeiter, Postangestellte und eine junge Köchin hätten die Militärwachen in der Polizeistation gerettet, nachdem Rowdys sie zusammengeschlagen hatten, und die Polizisten erschienen in dem Bericht verwirrt und unentschlossen. »Am Nachmittag des 3. April schlugen einige Konterrevolutionäre ein reaktionäres Flugblatt an. Es ergriff offen Partei für Deng Xiao-ping, lobte seine sogenannten Verdienste und attackierte die führenden Genossen des Zentralkomitees mit verschlagenen Worten und gemeinen Tricks. Die Volkspolizei im Dienst wurde zornig und wollte es abreißen. Die Konterrevolutionäre schrien hysterisch: ›Das ist eine gute kleine Wandzeitung. Wer wagt es, sie abzureißen?‹ Aus der Masse trat jemand vor. Mit großem Zorn widersprach er den Konterrevolutionären: ›Wo ist die gute kleine Wandzeitung? Was ihr zusammenschreibt, sind durch und durch reaktionäre schwarze Dinge.‹ Der diensthabende Polizist fragte die Massen: ›Was haltet ihr davon?‹ – ›Reiß es ab. Wir erlauben diesen Leuten nicht, Gift zu spucken‹, antworteten die Massen einmütig. Die Konterrevolutionäre rannten fort, so schnell sie konnten.«

Die Tageszeitung Guang-Ming berichtete auch, daß Angehörige der Miliz und Mitglieder der Wohnblockkomitees in den Stadtbezirken Sicherheitsfunktionen übernommen hätten: »Am 6. April machten die Arbeitermilizen des Chuan-Shu-Bezirks, die gerade siegreich vom Tian-An-Men-Platz zurückgekehrt waren, keine Pause, sondern sie patrouillierten auf den Straßen. Am Nachmittag entdeckten sie einige Rowdys, die in verdächtiger Weise miteinander flüsterten. Als die Milizangehörigen herausfanden, daß die Rowdys davon sprachen, Leute zusammengeschlagen und Autos verbrannt zu haben, ergriffen sie sofort diktatorische Maßnahmen gegen sie. Am Vormittag des 8. April patrouillierten Mitglieder der Brigade für Kollektive Sicherheit auf den nördlichen Straßen bei Dung Hsi. Sie bemerkten einige Rowdys, die sich vor einem Kino prügelten. Einer davon war ein Konterrevolutionär, der versucht hatte, den Großen Volkspalast zu stürmen, und Polizisten angegriffen hatte. Die Mitglieder der Brigade bestraften diesen Konterrevolutionär streng. In allen Ecken der Hauptstadt nahm jeder aktiv an dem Kampf teil. Da waren kleine Rote Garden, noch nicht einmal 10 Jahre alt, und alte Leute von 60 oder 70 Jahren. Jede Straße, jeder sozialistische Hof wurde zu einer soliden Festung der Diktatur der Massen. Die Konterrevolutionäre konnten kein Versteck finden.« Die Unterschiede zwischen den Berichten des Volksblatts und der Guang-Ming-Zeitung waren auffällig. Die radikale Gruppe versuchte offenbar, die Rolle der Sicherheitskräfte herunterzuspielen und das Hauptgewicht der Arbeitermiliz zu geben, die sie zu kontrollieren hoffte. Die Radikalen wollten ihre Position stärken, indem sie der Miliz die Macht verliehen, Strafen und Sanktionen zu verhängen. Aber die Unterschiede in der Berichterstattung ließen sich nicht einfach erklären. Wollte die Guang-Ming-Zeitung auf die Gefahr verweisen, die sich durch die Verselbständigung der Macht der Volksmiliz und die Abwertung der staatlichen Sicherheitsorgane ergab, oder war die Redaktion der Zeitung zu diesem Zeitpunkt noch fester in der Hand der Radikalen als die Parteizeitung? Im Hin und Her des Machtkampfes jedenfalls hatten die Radikalen trotz ihres wachsenden Einflusses die Medien noch nicht völlig unter ihre Kontrolle gebracht.

Ende April wurden drei Männer, die beschuldigt wurden, konterrevolutionäre Rädelsführer bei den Tian-An-Men-Unruhen gewesen zu sein, bei Massenversammlungen in Peking vorgeführt. Ein Ausländer wurde Zeuge eines Teils des Verfahrens gegen sie im Pekinger Spracheninstitut. Andere Berichte kamen aus der Universität Peking und von einer Versammlung von Arbeitern der pharmazeutischen Industrie in der Hauptstadt. Die Beschreibungen der Versammlungen und der drei Beschuldigten stimmten im wesentlichen überein. Überall wurden die drei Männer »Kampfversammlungen« von zwei oder drei Stunden Dauer unterzogen. Sie wurden gezwungen, die ganze Zeit aufrecht mit durchgedrückten Knien und gebeugtem Oberkörper zu stehen. Gelegentlich zogen Polizisten oder Milizangehörige, die sie bewachten, ihnen den Kopf am Haar hoch, so daß sie die Menge anblickten. Die Versammelten riefen ihnen endlose Beschuldigungen zu. Die Gefangenen mußten Verbrechen gestehen wie, während der Zwischenfälle des 5. April Feuer angelegt zu haben und Soldaten die Uniform zerrissen und sie geschlagen zu haben. Einer von ihnen war Lastkraftwagenfahrer für die Pekinger Rundfunkstation. Der zweite war ein dreißigjähriger Arbeiter in einer Fabrik für destilliertes Wasser. Der dritte, der am meisten Aufmerksamkeit erhielt, war der Sohn von Yao Deng-shan, einem ehemaligen chinesischen Diplomaten, der während der Kulturrevolution kurze Zeit Außenminister wurde und angeblich die Roten Garden anführte, die damals in der britischen Botschaft Feuer legten. Bei den »Kampfversammlungen« erinnerte sein Sohn daran, daß Yao Deng-shan und seine Genossen während der Kulturrevolution den Ministerpräsidenten Zhou praktisch in dessen Büro einige Tage lang gefangen gehalten und versucht hätten, ihn verhungern zu lassen. Die Erwähnung der Geschichte der Missetaten des Vaters schien die Massen bei den Versammlungen davon zu überzeugen, daß die Unruhen auf dem Tian-An-Men-Platz tatsächlich von Leuten verursacht worden waren, die gegen Zhou En-lai waren. Des weiteren wurde der Sohn Yao

Deng-shans enger Beziehungen zu Deng Xiao-ping beschuldigt. Teilnehmer an einer der Versammlungen behaupteten, er habe, während er in einer Volkskommune bei Peking arbeitete, Briefe an Deng geschrieben, in denen er sich über die Arbeitsbedingungen beklagte. Er habe sogar den Vizeministerpräsidenten Deng mehrere Male antelefoniert. In den Versammlungen wurden die Teilnehmer gefragt, welche Strafe die drei Gefangenen erhalten sollten. Jedesmal entschied die Versammlung gegen die Todesstrafe und setzte sich für eine Verurteilung zur Erziehung durch Handarbeit in einem Arbeitslager ein. Dann verlangten die Teilnehmer, die Massen sollten die Verfasser von Gedichten und Parolen, die am Tian-An-Men-Platz angeschlagen wurden, ausfindig machen. »Wir werden die Diktatur des Proletariats in ihrer strengsten Form gegen die Schuldigen ausüben«, riefen die Massen bei einer Versammlung.

Über das Schicksal der drei Angeklagten ist nichts bekannt. Die »Kampfversammlungen« sollten der politischen Erziehung der Teilnehmer dienen, nicht als Gerichtsverhandlungen. Der Spruch der »Erziehung durch Arbeit«, zu dem die Versammlungen gelangten, ist nur ein Vorschlag, nicht ein die Behörden bindendes Urteil. Wir wissen noch weniger über jene Leute, die chinesischen Berichten zufolge durch die Miliz bestraft wurden. In Changsha, der Hauptstadt der Provinz Hunan, lasen Ausländer eine Wandzeitung, in der es hieß, ein Mann sei hingerichtet worden wegen Verbrechen, die er während der Tian-An-Men-Unruhen oder bei ähnlicher Gelegenheit begangen hatte. Im weit entfernten Kumming berichtete eine Wandzeitung von gewalttätigen Zwischenfällen in der Nähe der Stadt am 5. April. In Zhengzhou wurde auf Wandzeitungen behauptet, bei einem Zwischenfall am 5. April sei eine Person getötet worden, und man gelobte, die Verbrecher zu bestrafen. Demonstrationen zum Gedenken an Ministerpräsident Zhou hatte es in vielen chinesischen Städten gegeben, und zumindest in einigen waren daraus am 5. April gewalttätige Zwischenfälle geworden.

Noch im Frühjahr 1978 warteten die Chinesen vergeblich auf einen Bericht über Hintergründe, Hergang und Ausmaß der Zwischenfälle. In Gesprächen konnte man hören, daß viele Leute nun endlich eine offizielle Aufklärung erwarteten. Es gab Meinungsverschiedenheiten zwischen Chinesen darüber, wie viele Tote es am Abend des 6. April auf dem Tian-An-Men-Platz gegeben habe. Gar keine, sagte mir einer, aber ein anderer widersprach und glaubte von acht Toten zu wissen. Aber auch er konnte nicht sagen, ob diese acht auf dem Platz erschlagen worden oder ob einige von ihnen später erschossen worden seien. Manche Leute glaubten sogar, von vierzig Toten gehört zu haben.

In zwei Bänden erschienen gesammelte Gedichte aus den Tagen der Qingming-Demonstrationen, zusammengetragen von Studenten des Fremdspracheninstituts, die sich in einer Wandzeitung bei den Sicherheitskräften dafür bedankten, daß sie die Suche nach solchen Gedichten hilfreich unterstützt hatten. Aber ein offizieller Bericht über den Tag der Unruhen, der die Frage nach Anstiftern oder Provokateuren beantwortet hätte, war zwei Jahre später noch nicht erschienen.

Es gab einen mysteriösen Zwischenfall, den ausländische Beobachter nie aufklären konnten. Kurz nach dem Tian-An-Men-Zwischenfall explodierte eine Bombe vor der sowjetischen Botschaft. Weder chinesische noch sowjetische Beamte waren bereit, über diese Explosion zu sprechen. Es scheint, daß eine Gruppe von Männern versuchte, die Straße hin zu dem hohen, bewachten Tor des sowjetischen Botschaftsgeländes zu überqueren. Die Bombe explodierte, bevor sie das Tor erreichten, beschädigte das Wachhäuschen der chinesischen Polizei und ließ Fenster vom über hundert Meter entfernten Botschaftsgebäude ebenso wie von chinesischen Häusern auf der anderen Straßenseite zersplittern. Die sowjetische Botschaft liegt im Norden Pekings in einem weitläufigen Park auf Gelände, das früher der orthodoxen Kirche gehörte. Es gibt in der Nähe keine anderen Botschaften. Es dauerte mehr als zwölf Stunden, bis die Nachricht von der Explosion andere Ausländer erreichte. Bis dahin war der Schaden größtenteils beseitigt, und die sowjetischen Beamten behaupteten ohne Ausnahme, niemand von ihren Leuten sei nahe genug an dem Tor gewesen, um die Leute mit der Bombe oder die Explosion gesehen zu haben. Die Chinesen gaben schließlich einen kurzen inoffiziellen Kommentar; es habe eine Explosion gegeben, die von konterrevolutionären Elementen verursacht worden sei. Westliche Beobachter spekulierten über den politischen Hintergrund des Zwischenfalles, und einige osteuropäische Diplomaten, die gleichfalls nur wenige Informationen von ihren sowjetischen Kollegen erhalten hatten, tendierten zu der Annahme, die Schuld sei bei jungen Radikalen zu suchen, die durch antisowjetische Propaganda während der Kampagne gegen Deng aufgestachelt worden seien. Doch es gab nichts außer Spekulationen und – bei den chinesischen Bürgern in Peking – viele Diskussionen über den Zwischenfall, doch wenig Wissen über seine Bedeutung. Nach Gerüchten, die unter den Chinesen verbreitet waren, war die Explosion viel größer gewesen, als es den Tatsachen entsprach. Es war eine bedrohliche Angelegenheit, die an die Zeit der Kulturrevolution erinnerte, als Rote Garden die britische Botschaft geplündert hatten. Niemand wußte, was er davon halten sollte, aber die Stadt war nervös.

Das große Erdbeben und der Kampf um Maos Vermächtnis

Peking schien ruhig, aber die Leute wußten, daß der Kampf in der Führungsspitze des Landes noch nicht vorbei war. Deng Xiao-ping stand unter einer Art Hausarrest, so verlautete gerüchtweise. Er habe seine mächtigen Ämter verloren, aber es sei seinen Feinden nicht gelungen, ihn aus der Partei auszustoßen und ihn als konterrevolutionären Feind des Volkes zu brandmarken. Die radikale Gruppe habe ihren Sieg über Deng damit erkauft, daß sie Rückschläge in ihrem Kampf um die höchsten Partei- und Regierungspositionen hingenommen habe. Jiang Qing habe gehofft, daß der intelligenteste und erfahrenste ihrer Verbündeten, Zhang Chun-qiao, Ministerpräsident würde. Doch dieses Amt war an den amtierenden Ministerpräsidenten Hua Guo-feng gefallen, und er war sogar zum Ersten Stellvertretenten Parteivorsitzenden ernannt worden, womit er in der direkten Nachfolge Maos stand und den jungen Wang Hung-wen, ein weiteres Mitglied von Jiang Qings Shanghaier Gruppe, übersprungen hatte. Sie hatten den Durchbruch zur Macht nicht erzielt. Im Gegenteil, nun gab es einen neuen Rivalen, der durch Maos Direktive gestärkt war, die ihm die Verantwortung für die Angelegenheiten von Staat und Partei übertrug. Als Minister für öffentliche Sicherheit besaß er bereits eine Machtbasis in der chinesischen Politik. Viele Leute in Peking glaubten, daß er sowohl Mao Tse-tung als auch Zhou En-lai nahegestanden habe. Aber sie wußten wenig über ihn. Hua war ein Mann der nachrevolutionären Generation, ohne persönliche Geschichte der Führung auf dem langen Marsch oder in den Kämpfen gegen Japaner und Guomindang. Er hatte gewichtige Verdienste in der Parteiarbeit und Staatsverwaltung aufzuweisen, besaß aber kein Charisma. Aber er hatte etwas, das die Chinesen bewog, ihm Vertrauen zu schenken. Er sah aus, als sei er für die Position geeignet, bemerkten viele Chinesen über den großen, kräftigen Mann, der gleichzeitig reserviert und entspannt aussah. Vielleicht hatte Mao einen Mann der Mitte gewählt, der in der Lage wäre, mit verschiedenen Gruppen in der Führung zusammenzuarbeiten und die Einheit im Land wiederherzustellen, indem er ihre gegensätzlichen Ansichten ausglich. Zeitungsleser in Peking begannen zu zählen, wie oft Hua erwähnt wurde, wie oft sein Bild erschien, in der Hoffnung, ihn unter den sich bekämpfenden Gruppen zu größerer Macht und mehr Einfluß wachsen zu sehen. Etwas von dem Mythos, der Zhou umgeben hatte, färbte auf Hua Guo-feng ab, vielleicht von seinen Freunden und Verbündeten gefördert. Er war ein Mann, der die Schwierigkeiten und Sorgen der einfachen Leute verstand, ein Mann, dem man einen Brief über ein schwieriges persönliches Problem schreiben und eine Antwort oder vielleicht Hilfe erwarten konnte, so lauteten die in Peking kursierenden Gerüchte. Aber sie enthielten auch die Warnung, daß ihn Briefe möglicherweise nicht erreichten, weil die Agenten der radikalen Gruppe sie abzufangen versuchten. Zwischen den Zeilen von Zeitungsartikeln entdeckten manche Leute Anzeichen dafür, daß die Medien unter radikaler Kontrolle einen Angriff auf Hua vorbereiteten.

Für den radikalen Flügel lief die Zeit ab. Der Vorsitzende Mao lag im Sterben, und mit seinem Tod würde Jiang Qing ihre Kraftquelle verlieren: ihre Kontrolle des Zugangs zu Mao, über die Informationen, die ihn erreichten, und über die Verbreitung seiner Bemerkungen und Kommentare. Schon war Maos Nichte Wang Hai-jung aus seiner Umgebung entfernt worden, weil Jiang Qing sie im Verdacht hatte, Informationen über Maos Bemerkungen an andere Parteiführer weiterzugeben. An ihre Stelle waren die Tochter Maos und Jiang Qings und ein Neffe Maos getreten, der in der Provinz Liaoning Jiang Qings Verbündeter gewesen war. Die Menschen in Peking fragten sich, wieviel der Vorsitzende noch von dem wußte, was vorging, und ob seine Auffassungen richtig wiedergegeben wurden.

Jahrelang hatte Mao abgeschlossen hinter den roten Mauern gelebt, die den Süd-Mittel-See im Zentrum Pekings umgeben. Die Massen hatten den Vorsitzenden nur in kurzen Stummfilmsequenzen im Fernsehen gesehen, wenn er in seinem Arbeitszimmer ausländische Gäste empfing. Nur kurze Zitate neben den Überschriften auf der Titelseite der Zeitungen und fettgedruckte Sätze in Leitartikeln ließen ahnen, was Mao dachte. Der Kampf um die Führung wurde in seinem Namen geführt, aber der Vorsitzende hatte seit Jahren keinen umfassenden Artikel über China und seine Probleme veröffentlicht. Mao war zu einem Denkmal geworden, weit entfernt vom Leben von 900 Millionen Chinesen. Doch selbst aus den kurzen Filmen im Fernsehen ließ sich erkennen, daß das Denkmal nicht mehr lange leben würde. Er konnte nicht ohne Hilfe aufstehen, er schien Schwierigkeiten zu haben, die Hände zu bewegen. Die ausländischen Besucher berichteten, Mao spreche nur noch verschwommen und undeutlich. Sogar die Dolmetscher konnten ihn schwer verstehen. Sie mußten ihn fragen, was er gesagt habe, und warten, während Mao seine Antwort mit einem weichen Bleistift auf einen Notizblock schrieb. Er schien teilweise gelähmt zu sein, aber sein Gesicht war immer noch klar genug für ein einstündiges Gespräch oder wenigstens eins von zwanzig Minuten. Er komprimierte seine Gedanken in kurze Formulierungen – ein alter Mann, der wußte, daß ihm nur noch wenig Zeit blieb. Aber er war immer noch der alte Mao, den Gedanken über die Zukunft seines Landes noch zutiefst bewegten. »Ich bin kein Prophet, ich bin ein Kämpfer«, sagte Mao in einem seiner letzten Gespräche mit einem ausländischen Besucher.

In den chinesischen Zeitungen gab es keine Nachrichten über seinen Gesundheitszustand. Die Leute wußten, daß er rasch schwächer wurde, und sie machten sich Sorgen über die Ereignisse, die sein Tod auslösen konnte. Zhou En-lais Tod Anfang 1976 hatte einen tiefen Schock bewirkt. Jetzt konnte das Wissen, daß Mao kaum noch am Leben war, kein Gefühl der Stabilität und Sicherheit mehr hervorbringen. Es schien, als kündeten sogar Himmel und Natur eine Zeit der Unruhen an. Nachrichten von Dürren und Überschwemmungen ließen ältere chinesische Auffassungen wieder aufleben, daß solche Zeichen himmlischer Unzufriedenheit auf einen Wandel in der weltlichen Regierung hindeuteten. Man brauchte gar nicht altmodisch und abergläubisch zu sein, um an die alten Überzeugungen der einfachen Leute erinnert zu werden. Als das große Erdbeben kam, wiesen wenige neue Gebäude in Peking Anzeichen von Schäden auf. Doch auf dem Tian-An-Men-Platz sah man zwei große Risse in der Fassade des Großen Volkspalastes: zu beiden Seiten des riesigen Porträts des Vorsitzenden Mao.

Die Erdstöße hatten die Pekinger kurz vor Morgengrauen am 28. Juli 1976 aus den Betten getrieben. Niemand in der Hauptstadt wußte, wie stark das Erdbeben die 160 Kilometer entfernt liegende Industriestadt Tangshan getroffen hatte, und niemand konnte ahnen, daß die Katastrophe den Wendepunkt in dem Machtkampf bringen würde. Bei Sonnenaufgang begab sich die Bevölkerung Pekings auf die Straßen; man hielt hölzerne Hocker über den Kopf, um sich vor herabfallenden Steinen zu schützen, und setzte sich in ruhigen, geordneten Gruppen auf die Kreuzungen. Es hatte keine Warnung gegeben, aber im Vorjahr hatte die Bevölkerung Instruktionen über das Verhalten bei Erdbeben erhalten, und nun wurden sie von den Nachbarschaftsorganisationen praktiziert. Es gab keine lauten Befehle und keine Panik. Die Leute waren diszipliniert, ja sogar gelassen. Eine halbe Stunde nach den Erdstößen, sobald es hell genug war, begannen Gruppen von Arbeitern, an den Bordsteinen Karten zu spielen.

Als die Ankündigungen weiterer Erdstöße kamen, begab sich die ganze Bevölkerung in die Parks und auf breite Alleen. Innerhalb weniger Stunden hatte sich die Stadt in einen Lagerplatz verwandelt, wo Plastiktischtücher, Zeltplanen und Dachpappe den Menschen und ihrem Besitz Schutz boten. Innerhalb von zwei Tagen hatte sich alles eingespielt: Kleine Mädchen machten ihre Hausaufgaben in den improvisierten Zelten, Männer spielten Schach oder wuschen ihre Sachen in einem Wassereimer, alte Frauen mit Besen kehrten den Boden um ihre Zelte, während andere auf den Betten dösten, die sie aus ihren Wohnungen mitgebracht hatten, und ein Auge auf ihre Besitztümer hielten. Manche hatten ihre Katzen mitgebracht oder kleine Käfige mit Finken und Kanarienvögeln aufgestellt. Wenn die Sonne schien, konnte man beinahe den Eindruck gewinnen, daß den Chinesen das Leben in ihren Notunterkünften gefiel, aber Wolkenbrüche verwandelten das Ganze in ein Flüchtlingslager.

In dem Gewirr von Zelten und Unterkünften herrschten Ordnung und Disziplin. Innerhalb von Stunden hatten die Lebensmittelgeschäfte an Straßenecken Tische aufgestellt und verkauften Fisch, Büchsenfleisch, Nudeln, eingelegtes Gemüse und Zigaretten. Die Restaurants waren geschlossen, aber auf dem Gehsteig davor schenkten Kellnerinnen Bier aus Teekesseln aus. Apotheken schickten Dreiräder in die Parks, wo die Leute in Zelten wohnten, und die Verkäufer verteilten Kräutermedizin gegen Erkältungen und verkauften Tabletten. Die Straßenkomitees organisierten das Leben unter Notstandsbedingungen. Sie hatten Zelte mit Telefon und eine Erste-Hilfe-Station aufgestellt. Sie machten Pläne für die Notunterkünfte, errichteten größere Zelte für alte Leute, teilten Milizangehörige zur Bewachung der Häuser gegen Diebe und Plünderer ein, organisierten politische Studiengruppen. Während die Leute ängstlich auf neue Erdbebenwarnungen warteten, erhielten sie von den Zeitungen ideologische Schulung über die Situation in der zerstörten Stadt Tangshan: »Das ganze Gebiet wird beherrscht von der revolutionären Atmosphäre des gemeinsamen Kampfes und von der Entschlossenheit des Volkes, über Naturkatastrophen zu triumphieren. Das beweist die Überlegenheit des chinesischen sozialistischen Systems unter der Diktatur des Proletariats. Gestählt von der großen proletarischen Revolution und der Bewegung zur Kritik an Lin Biao und Konfuzius, schreitet das chinesische Volk triumphierend voran in seinem Kampf zur Kritik an Deng Xiao-ping und zur Abwehr des rechtsabweichlerischen Versuches, die korrekten Urteile umzustoßen.«

Die Nachbarschaftskomitees führten die Propaganda fort und forderten, daß die Leute in den Zelten Deng Xiao-ping und die »Bourgeoisie innerhalb der Partei« kritisierten. Doch die Parteiführer schwiegen. Tagelang erschien kein Mitglied des Politbüros oder der Regierung in den Lagern auf den Straßen. Sie hielten keine Reden im Fernsehen, gaben keine Presseerklärungen ab. Zeitungsartikel schufen den Eindruck, daß alle Hilfsmaßnahmen auf der niedrigen Ebene von Partei- und Straßenkomitees organisiert wurden. Die Regierung schien dabei keine Funktion zu haben. Sogar die Polizei trat kaum in Erscheinung, doch die Volksmiliz war überall. In den Zeltstädten der Universitäten, Forschungsinstitute und Verwaltungsabteilungen begannen sich die Menschen zu fragen, ob die Macht an der Spitze wieder gewechselt hatte. Gerüchte schufen neue Unruhe. Die Organisation zur Bewältigung des Notstandes nannte sich »Komitee zur Bekämpfung des Erdbebens und für die Dezentralisation der Bevölkerung«. Mancher befürchtete, der Name enthalte ein Programm. Dezentralisation der Bevölkerung könnte darauf hinweisen, daß Jiang Qing und ihre Verbündeten die Absicht hatten, dem Beispiel der kambodschanischen Revolutionäre zu folgen und die Stadtbevölkerung Pekings in die Landgebiete zu schicken.

In der ersten Augustwoche änderten sich plötzlich die Signale. Armeelastwagen mit Mauersteinen, Mörtel und Balken rollten nach Peking. Soldaten reparierten beschädigte Häuser, und Wandzeitungen erschienen, in denen die Hilfe durch die Armee begrüßt wurde. Eine Gruppe aus der Führungsspitze machte sich auf den Weg nach Tangshan, und ihr Leiter war Ministerpräsident Hua Guo-feng. Die vier prominentesten Mitglieder des radikalen Flügels waren bei der Verabschiedung der Regierungs- und Parteidelegation anwesend, aber gehörten ihr nicht an. In den Wochen danach sah man Fernsehberichte, die Hua Guo-feng in den Notstandsgebieten zeigten, seitenweise Fotos in den Zeitungen, auf denen er zu Rettungsarbeitern und Opfern sprach. Für die chinesischen Leser war die Aussage klar: Hua Guo-feng war verantwortlich für die Rettung der Überlebenden, die Hilfsaktionen und die Wiederherstellung der Ordnung in ihrer zerstörten Stadt. Die Zhou-En-lai-Legende wurde wiederbelebt, als man einander berichtete, Hua arbeite Tag und Nacht für das Volk, täglich 18 bis 20 Stunden. Nach so viel Propaganda über die Notwendigkeit, gegen Personen in der Führung zu kämpfen, gab es wieder ein Gefühl der Einheit und den Eindruck, daß jemand das Kommando führte. Die Gerüchte wandten sich gegen die führenden Radikalen. Sie hätten, so hieß es, Peking im Stich zu lassen versucht, als das Erdbeben drohte, und rasche Hilfsmaßnahmen behindert in der Hoffnung, die Verwirrung ausnutzen zu können, um mehr Macht zu gewinnen.

Es schien, als habe das Erdbeben die rivalisierenden Führer zu einer Entscheidung gezwungen. China war bereits durch Auseinandersetzungen und Streiks in den Provinzen geschwächt und hatte nun eine seiner großen Industriestädte verloren. In Tangshan waren 700000 Menschen umgekommen, vielleicht sogar noch mehr. Kein Haus, keine Fabrik stand mehr. Es war nicht die richtige Zeit zur Betonung von Klassenkampf und zum Widerstand gegen die erfahrenen Führer, wie die Radikalen meinten. Jetzt hatten jene Führer, die organisieren und etwas Ordnung aus dem Chaos schaffen konnten, die besseren Argumente. Indem sie Hilfskräfte mobilisierten und Armee-Einheiten verlegten, stärkten sie ihre Machtbasis, gewannen jene, die noch schwankten, und erhöhten ihr Prestige bei einer beunruhigten Bevölkerung.

Am 9. September um 15 Uhr wiesen die chinesischen Rundfunkstationen ihre Hörer darauf hin, daß um 16 Uhr eine wichtige Verlautbarung folgen werde. Auf den Straßen von Peking bildeten sich stille Menschengruppen um die großen Lautsprecher in der Stadtmitte und um junge Männer mit Transistorradios. Eine ähnliche Vorankündigung hatte man schon acht Monate früher gehört, eine Stunde, bevor der Tod Ministerpräsident Zhous bekanntgegeben wurde. Auf dem Tian-An-Men-Platz standen Besucher vom Lande noch Schlange vor den Fotografen. Als die Sendung um 16 Uhr begann, verließen sie ihre Plätze und stellten sich in einem großen Halbkreis gegenüber dem Fahnenmast auf, wo Soldaten die Flagge auf Halbmast setzten. Eine Kompanie Matrosen, die als Touristen in lockeren Gruppen umhergegangen waren, traten in militärischer Ordnung an. Die Soldaten standen mit gebeugtem Kopf, zwei von ihnen weinten. Alte Männer unter dem großen Porträt des Vorsitzenden Mao beugten sich in der traditionellen chinesischen Art zur Erde nieder. Ein paar Mädchen hatten ihre Fahrräder auf die Erde gelegt und hockten schluchzend daneben. Die Soldaten nahmen schwarze Armbinden aus der Tasche. Innerhalb von Stunden verwandelte sich Peking in eine trauernde Stadt, wo Menschen Schlange standen, um schwarze Armbinden oder gefaltete weiße Papierblumen zu kaufen, die sie an ihren Jacken, Fahrrädern und Autos befestigten.

Es gab wenige sichtbare Schmerzausbrüche und wenige Menschen, die auf der Straße weinten. Die Nachricht war nicht unerwartet gekommen, die Chinesen waren seit Wochen darauf vorbereitet. Während die Lautsprecher die Nachricht von Maos Tod immerzu wiederholten, gingen Menschen langsam und still auf dem Tian-An-Men-Platz umher. In der Abenddämmerung, als die Fahne abgenommen wurde, standen Hunderte still im Kreis darum und folgten dann dem Soldaten, der sie zum Tor des Himmlischen Friedens trug, wo Mao gestanden hatte, als er die Volksrepublik China ausrief. Tausende sammelten sich in der Dunkelheit um das Denkmal für die Märtyrer der Revolution. Ein Mann in einem altmodischen chinesischen Gewand ging auf der Terrasse auf und ab, murmelte etwas, das wie religiöse Gesänge klang, und berührte den Boden mit der Stirn. Die Wachen ließen ihn gewähren, wenngleich einer der Soldaten sichtlich nervös wurde, als eine Gruppe aus der Menge Kiefernzweige heraufbrachte, die mit weißen Papierblumen geschmückt waren und einen beschriebenen Zettel enthielten. Das war der einzige private Ausdruck von Trauer am Denkmal.

Die Trauer für Mao wurde als diszipliniertes, geordnetes Ritual organisiert. Die Geschäfte nahmen alle Waren aus den Schaufenstern und dekorierten sie schwarz und weiß. Auf den Höfen zwischen den Häusern errichtete man Gedenkaltäre, auf denen ein Porträt Maos von schwarzem und rotem Tuch, selbstgemachten Papierblumen und großen Kränzen aus Gold- und Silberpapier umgeben waren. Tausende von Bussen und Lastkraftwagen brachten Delegationen zum Großen Volkspalast, wo der tote Vorsitzende aufgebahrt war. Die Stimmung in der Stadt war düster, aber irgendwie unheimlich, so als versuchten die Führer bewußt, den Ausdruck starker Emotionen zu verbieten. Der offizielle Nachruf las sich, als sei er von einem Ausschuß verfaßt worden, der Material für politische Schulungskurse erstellte. Alle Parolen der jüngsten Kampagnen waren darin enthalten, sogar der Aufruf, Maos Tod als Anregung zu betrachten, Deng Xiao-ping schärfer als je zuvor zu kritisieren. Mao wurde »der größte Marxist der Gegenwart« genannt, aber nichts vermittelte ein starkes Gefühl des Verlustes, wie es der historischen Rolle eines Giganten der chinesischen Geschichte angemessen gewesen wäre. Mao war ein Meister des Wortes gewesen, hatte politische Ziele sogar in den Metaphern der klassischen Dichtung ausdrücken können. Die trockenen, kühl berechneten Worte des Nachrufs ließen erkennen, daß man ihn an seinem Todestag als Waffe im Machtkampf benutzte.

Eine Woche lang wiederholten Radio und Fernsehen die offizielle Verlautbarung und den Nachruf. Täglich zeigte das Pekinger Fernsehen ein Porträt Maos und danach den Text des Nachrufs in weißen Schriftzeichen auf blauem Grund, schließlich die sechs Fotos von Mao aus den Jahren 1919 bis 1931, die im Volksblatt erschienen waren. Das Fernsehen brachte Berichte, wie die Massen an Maos Bahre vorbeidefilierten. Zunächst gab es nur Bilder ohne Ton von der Führung, die im Großen Volkspalast trauerte, und den vorüberströmenden Massen. Nach einigen Tagen hörte man auch das Schluchzen von Menschen an der Bahre und sah Bilder von weinenden Männern und Frauen, die den Glaskasten zu berühren suchten, unter dem der Tote lag. Die ersten Berichte hatten Szenen von unemotionalen, rituellen Trauerdemonstrationen gezeigt. Die späteren Programme signalisierten etwas anderes: Es war in Ordnung, Schmerz zu bekunden und Tränen zu vergießen. Auf den Fabrikhöfen versammelten sich Männer und Frauen in geordneten Reihen. Wenn sie durch die Halle gingen, wo Maos Porträt inmitten von Kränzen stand, wurde geweint und laut geschluchzt. Doch wenn die Mengen sich auf der Straße auflösten, sprachen und schwatzten die Menschen wieder miteinander, so als ob ein Gefühlsausbruch genug gewesen sei. Am Tag der offiziellen Trauerfeier erlebte ganz China im Fernsehen und am Radio, was am Tian-An-Men-Platz geschah: Seit dem Morgengrauen waren 500000 Menschen zum Platz marschiert und hatten Stunden an ihren Plätzen gewartet, die auf dem Pflaster markiert waren. Kurz vor 15 Uhr begann die Fernsehübertragung mit einem Blick auf den ganzen Platz, dann brachten die Kameras die Führung auf der Tribüne am Tor des Himmlischen Friedens immer näher heran. Es war ein etwas merkwürdiger Augenblick, als Wang Hung-wen und Hua Guo-feng in Großaufnahme erschienen. Wang blickte nervös auf seine Armbanduhr, um die Feier rechtzeitig zu eröffnen. Er hatte nur einen Satz zu sagen, bevor Ministerpräsident Hua ernst und unbewegt den Nachruf verlas. Die Feier endete pünktlich: Um 15.31 Uhr begann die Führung, die Tribüne zu verlassen. Die Massen marschierten in geordneten Kolonnen zurück zu ihren Bussen und Lastwagen in den Vororten. Das strenge, disziplinierte Ritual wies wenig von dem spontanen Gefühl auf, das Peking in den Tagen nach Zhou En-lais Tod gekennzeichnet hatte. Einige Minuten lang hatten 900 Millionen Chinesen in stiller Erinnerung an den toten Vorsitzenden den Kopf gebeugt, doch in seinen letzten Lebensjahren war Mao zu einer fernen Gestalt geworden, deren Größe Achtung hervorrief, aber wenig persönliches Gefühl. Er hatte sich selbst überlebt und war ein Denkmal geworden.

Menschen kamen zum Tian-An-Men-Platz, um einen Blick auf die Reihen der Kränze zu werfen, die weit entfernt auf der Tribüne standen. Nur einer ragte heraus aus der Masse der traditionellen Kränze aus Silberpapier und Papierblumen. Jiang Qing hatte einen Kranz aus Maiskolben, Reis- und Weizenähren sowie Heilkräutern mit gelben Blüten geschickt. Die Zuschauer sprachen flüsternd darüber. Sie fragten sich, ob das ein westlicher Brauch sei. Dieselbe Frage beschäftigte die Menschenmengen, die in den großen Schaukästen die Fotografien der Trauerfeier betrachteten. Jiang Qing trug ein Kopftuch, während alle anderen Frauen barhäuptig waren. Bei Zhou Enlais Trauerfeier war Jiang Qing mit einer Armeemütze erschienen, bemerkten einige Leute mit unausgesprochenem Mißfallen. Zhous Witwe hatte keinen ausgefallenen Kranz zur Trauerfeier ihres Mannes geschickt. Sie hatte dem Aufgebahrten jeden Tag einen kleinen Blumenstrauß gebracht.

In der vierwöchigen Trauerzeit nach Maos Tod schien ganz Peking ruhig zu sein. Man achtete besorgt auf Anzeichen dafür, wer den Kampf um sein Erbe gewinnen würde. Neue Gerüchte waren im Umlauf: Die Radikalen hätten versucht, Deng Xiao-ping bei einem angeblichen Autounfall umzubringen, aber er habe überlebt und sei jetzt in Sicherheit in Südchina unter der Obhut führender Militärs. Maos Nichte Wang Hai-jung sei auch in Kanton, gerettet vor der Verfolgung durch Jiang Qing und ihre Verbündeten, die sie verdächtigt hatten, Hua Guo-feng über Maos Ansichten und Bemerkungen zu informieren und damit die Blockade zu unterlaufen, die Jiang Qing zu errichten versucht hatte, um den sterbenden Vorsitzenden zu isolieren. Es hieß, Mao sei lange Zeit über die wirkliche Entwicklung in China falsch informiert worden, und man habe ihm sogar die Nachrichten vom Tod alter Kameraden vorenthalten. Der alte Marschall Zhu De, Maos Kamerad vom Langen Marsch, sollte über Jiang Qings Tätigkeit so erzürnt gewesen sein, daß er in seinem Testament verlangte, sie solle von seinem Begräbnis ferngehalten werden. Diese Art Informationen blieben auf hohe Kader in der Hauptstadt und ihre Kinder oder Vertrauten beschränkt. Es war gefährliches Gerede, da ja schließlich Jiang Qings Verbündete versuchten, die Macht an sich zu reißen. Viele Leute meinten, Zhang Chun-qiao könnte Ministerpräsident werden, und Wang Hung-wen sollte seine Position in der Militärkommission der Partei dazu benutzen, ein Netz von Armee-Einheiten zu errichten, die zu den Radikalen hielten.

Ein Ausländer kann sich schwer vorstellen, wie sich Sitzungen der chinesischen Führungsspitze im Politbüro abspielten. Man mußte zusammenkommen, um die Trauerfeier zu arrangieren und sich auf einen Nachruf zu einigen, der die wichtigsten Parolen der rivalisierenden Gruppen enthielt. Beide Seiten wollten ihren Verbündeten in den Provinzen Signale geben: die Radikalen, indem sie die Fortsetzung des Kampfes gegen Deng Xiao-ping und die etablierte Führung betonten; ihre Gegner, indem sie die Notwendigkeit der Einheit angesichts eines großen Verlustes hervorhoben. Während sie formulierten und verhandelten, alarmierten die Radikalen ihre Anhänger in den Provinzen für die Machtübernahme, wohl wissend, daß Hua und die Mehrheit der Führung gleichzeitig Gegenmaßnahmen trafen. Beide Seiten wußten, daß es zu gewaltsamen Auseinandersetzungen kommen konnte, bei denen sie auf verschiedenen Seiten stehen würden. Vielleicht können sich nur Chinesen eine solche Situation vorstellen: Gegner, die um ihr politisches Leben kämpfen, wickeln politische Tagesgeschäfte ab und ziehen sich dabei hinter die rituellen Formeln einer politischen Sprache zurück, die für beide Seiten unterschiedliche Bedeutungen hat.

Am Morgen des 8. Oktober begrüßte mich ein chinesischer Freund aufgeregt und lächelnd: »Ich bin so glücklich«, rief er, »jetzt weiß ich, daß in China alles gut sein wird.« Ich kannte seine politische Haltung und versuchte zu raten: »Ist Madame etwas zugestoßen?« Der chinesische Freund lachte. »Bald werden Sie wissen, warum ich glücklich bin. Ich weiß jetzt, daß China ein großes, modernes Land sein wird.« Am nächsten Tag erschien eine große Wandzeitung neben einem Laden in der Straße des Östlichen Lichts, auf der die Entscheidung der Partei begrüßt wurde, die Herausgabe der Werke Maos Hua Guofeng zu übertragen. Aus den Formulierungen konnte man auch schließen, daß er möglicherweise Maos Nachfolger als Vorsitzender der Kommunistischen Partei Chinas geworden war. Vor der Wandzeitung standen mehr Ausländer als Chinesen, und die Chinesen sahen ihnen still, aber amüsiert zu. Sie wußten bereits, was die Ausländer noch herauszufinden versuchten. Doch dann wurde die Wandzeitung wieder abgenommen – vielleicht, weil sie sich auf der Hauptdurchgangsstraße befand, die Ausländer auf dem Weg von ihrer Wohnung zu den Botschaften benutzten. Wir Ausländer waren von neuem verwirrt. Bei Nacht suchten wir in dunklen Seitenstraßen und auf Höfen mit der Taschenlampe in der Hand nach neuen Hinweisen. Wir fanden immer noch Wandzeitungen, sogar noch deutlicher als die erste. Es war klar, daß Hua Guo-feng jetzt sowohl Partei- als auch Regierungschef war. Aber noch immer gab es keine offizielle Bekanntmachung.

Die Viferergruppe verlor den Kampf in der Nacht vom 6. zum 7. Oktober. Am Vormittag des 7. Oktober waren Jiang Qing und ihre Verbündeten in Haft. Auf einer Sitzung des Politbüros trugen Ministerpräsident Hua Guo-feng, Marschall Ye Jian-ying, der Leiter der Militärkommission der Partei, und Wang Dong-xing ihre Berichte darüber vor. Die führenden Leute aus den Provinzen wurden eingeflogen und besuchten eine Woche lang Sitzungen, diskutierten und hörten sich Berichte an.

Aus dem Ablauf der Dinge scheint klar hervorzugehen, daß Hua, Ye und Wang selbständig gehandelt und ihre Kollegen in der Führungsspitze am Morgen danach unterrichtet hatten. Peking war voll von Gerüchten. Die »Viererbande«, wie man Jiang Qing und ihre Verbündeten jetzt nannte, habe einen Staatsstreich versucht. Sie hätten versucht, eine Panzerdivision aus dem Nordosten und andere ihnen ergebene Truppen heranzuführen und ihre Rivalen zu verhaften. Vizeministerpräsident Zhang Chun-qiao und der Stellvertretende Parteivorsitzende Wang Hung-wen hätten kurz vor ihrer Festnahme ihr Ultimatum vorgelegt, in dem sie die Spitzenpositionen in Partei und Regierung verlangten. Doch Ministerpräsident Hua habe ruhig und entschlossen reagiert. Er habe die Wachen gerufen und sie verhaften lassen. In einigen Gerüchten hieß es, Wang Hung-wen habe einen Revolver zu ziehen und Hua zu bedrohen versucht. In anderen war die Rede von einer Schießerei, bei der Wang verwundet und Maos Neffe erschossen worden sei. Doch Informationen aus erster Hand gab es nicht, und die Pekinger Gerüchteküche braute noch alle möglichen Schnörkel um die blutrünstige Geschichte. Maos Witwe, Jiang Qing, hatte sich einigen Leuten zufolge buchstäblich in die Hosen gemacht, als die Soldaten sie festnahmen. Sie und ihre drei Verbündeten wurden angeblich in einem Mustergefängnis im Südwesten Pekings festgehalten. Verschiedene Geschichten waren im Umlauf über den Versuch der »Viererbande«, ihre Anhänger für einen Bürgerkrieg zu mobilisieren und über die Art und Weise, wie diese Versuche fehlgeschlagen seien.

Die Stimmung in Peking war entspannt; die meisten Leute waren erleichtert und glücklich. Sogar die Nachrichten aus Shanghai waren ermutigend. In der Bastion der »Viererbande« hatte die Arbeitermiliz nicht zu den Waffen gegriffen. Noch vor der offiziellen Bestätigung der Verhaftungen hatten Demonstrationen zugunsten Hua Guofengs stattgefunden. Wie üblich war Shanghai den Ereignissen etwas voraus, und Wandzeitungen begrüßten Li Xian-nian als neuen Ministerpräsidenten und Zhen Xi-lian als Verteidigungsminister. Während die höchsten Führer aus ganz China über Arrangements für die Zukunft berieten, waren die Gerüchte, die sich über ganz China verbreiteten, alles andere als verläßlich.

In den folgenden Wochen wurde eine wachsende Zahl von Parteikadern und -mitgliedern durch interne Dokumente und in geschlossenen Sitzungen über den Hintergrund der Festnahmen unterrichtet. Jiang Qing und ihre Verbündeten hatten danach versucht, Unterstützung bei Teilen der Armee und insbesondere der Marine zu finden. Ihre Verschwörung war Ministerpräsident Hua und Marschall Ye aufgedeckt worden. Doch sie hatte immer noch versucht, mit Ministerpräsident Hua zu einer Einigung zu gelangen. Am 29. September bat sie ihn um seine Unterstützung bei ihrem Versuch, Parteivorsitzende zu werden. Von ihren Verbündeten sollten Zhang Chun-qiao Stellvertretender Vorsitzender der Partei und Ministerpräsident werden, Wang Hung-wen Vorsitzender der Militärkommission der Partei. Ministerpräsident Hua hatte auch einen Platz in ihrem Plan: die Stellung des 2. Vizevorsitzenden der Partei. Waren dies tatsächlich ihre Pläne, so muß sie ihre Macht weit überschätzt haben. Als sie herausfand, daß sie Hua nicht auf ihre Seite bringen konnte, wurde die Propagandakampagne gegen ihn erneut auf Hochtouren gebracht, und in der Nacht ihrer Verhaftung druckten beide überregionalen Tageszeitungen Chinas denselben scharfen Leitartikel, in dem ungenannte Parteiführer angegriffen wurden, weil sie »die rote Fahne schwangen, um der roten Fahne entgegenzutreten«. In der Woche nach Maos Tod waren die Medien dazu benutzt worden, Jiang Qing und ihre Freunde als die Personen mit dem größten Prestige bei der Trauerfeier herauszustreichen, wobei fotografische Tricks verwendet wurden, um sie besonders hervorzuheben und den Provinzen zu signalisieren, daß Jiang Qing die neue Kraft sei, mit der es in der Zukunft zu rechnen gelte.

Die Medien und das intern verteilte politische Schulungsmaterial hatten unter der Kontrolle ihrer Verbündeten gestanden. Jetzt saßen ihre Feinde an diesen Hebeln, und alle Informationen hatten einen ganz anderen Akzent. Sie habe versucht, nach Maos Tod vertrauliche Dokumente in ihren Besitz zu bringen und zu fälschen, um ihren Machtanspruch zu stärken. Sie habe versucht, Maos Empfehlung zu unterdrücken, wonach Hua Guo-feng die Verantwortung für Staat und Partei übernehmen sollte. Nun wurden dem chinesischen Volk Maos wirkliche Direktiven mitgeteilt. Am 30. April hatte Ministerpräsident Hua den neuseeländischen Premierminister zu einem Treffen mit dem Vorsitzenden begleitet und war dann länger geblieben, um Mao über die Lage des Landes zu berichten. Danach hatte der Vorsitzende eine Direktive aus drei Punkten geschrieben: »Führt die Arbeit langsam aus, nicht hastig. Handelt entsprechend den früheren Grundsätzen. Wenn du die Verantwortung hast, bin ich beruhigt.« Mao persönlich hatte nach Zhou En-lais Tod Hua zum amtierenden Ministerpräsidenten ernannt; und als Hua bescheiden ablehnte, weil er sich nicht ausreichend qualifiziert fühle, hatte der Vorsitzende Mao erklärt: »Ich habe Sie genau aus dem Grund ernannt. Ein Mann, der seine Schwächen kennt, wird nicht stolz sein und wird weiter an sich arbeiten.« Bei einer anderen Gelegenheit hatte Mao angeblich über Hua ausgeführt: »Erstens hat er Erfahrung in der Arbeit auf Bezirks- und Provinzebene, und seine Leistungen als Minister für öffentliche Sicherheit in den letzten Jahren waren nicht schlecht. Zweitens ist er loyal und ehrlich. Drittens ist er nicht dumm.«

Andererseits war Mao seiner Frau und ihren Verbündeten gegenüber äußerst kritisch gewesen, erfuhren die Chinesen jetzt. Er selbst hatte das Wort von der »Viererbande« geprägt, so hieß es in einem Parteidokument, als er Jiang Qing und ihre drei Hauptverbündeten davor warnte, die Zentralorgane und Abteilungen der Partei zu übergehen. Anfang Mai hatte Mao über die vier angeblich gesagt: »Wenn dieses Problem nicht in der ersten Hälfte dieses Jahres gelöst wird, dann sollte es in der zweiten Jahreshälfte gelöst werden, und wenn nicht dieses Jahr, dann nächstes Jahr, und wenn nicht nächstes Jahr, dann das Jahr danach.« Er hatte seine Frau und ihre Verbündeten vor Intrigen und Verschwörungen gewarnt und sie eine Zeitlang angewiesen, ihn weder zu besuchen noch öffentlich Reden zu halten. Er sollte ihr erklärt haben: »Nichts ist gewonnen, wenn du mich sprichst. Die Bücher von Marx und Lenin und auch meine Bücher stehen alle zur Verfügung. Du liest keine Bücher von Marx und Lenin, und du liest meine Bücher nicht. Es hat keinen Sinn, mich zu sprechen. Du hast zu viele Feinde gemacht. Du hast Glück, daß ich noch da bin. Was wirst du nach meinem Tod tun? Ich bin achtzig, und meine Gesundheit ist schwach. Du behelligst mich immer noch mit Nichtigkeiten. Warum kannst du nicht rücksichtsvoller sein? Ich beneide Zhou En-lai und seine Frau.«

Man hatte schon früher Gerüchte gehört, wonach Mao zornig reagiert hatte auf das lange Interview, das Jiang Qing der amerikanischen Professorin Roxanne Wittk gegeben hatte. Was sie gesagt hatte, erboste ihn; aber noch mehr der Lebensstil, den sie bei dieser Gelegenheit gezeigt hatte, als sie mit einem Gefolge von Wachen, Ärzten und Dienern in eine aufwendige Villa im Süden gereist war. Jetzt hieß es, er habe ihr danach verboten, ausländische Gäste zu empfangen, er sei zutiefst besorgt gewesen wegen ihrer Forderungen nach mehr und mehr Geld, und er habe mit ihr nicht mehr im selben Haus gewohnt. Am Ende sollte sich Jiang Qing auch noch als schlechte Ehefrau erweisen, indem sie den schwerkranken Mao gegen den Rat der Ärzte transportieren ließ und die Stunden seines Todeskampfes bei Gesellschaften verbrachte. Die Informationen, die den Chinesen nach der Verhaftung der »Viererbande« zugänglich gemacht wurden, zeigten ein Bild des Luxuslebens an der Spitze mit Villen, Reitpferden, teuren Autos, prachtvollen Kleidern, Festen und Gesellschaften. Diese Enthüllungen und Kritik am luxuriösen Leben beschränkten sich auf Jiang Qing und ihre drei Verbündeten.

Die »Viererbande« hatte versucht, Maos unveröffentlichte Reden und Bemerkungen in ihre Gewalt zu bekommen, indem sie ein Dokument fälschte, das sich als Beauftragung Jiang Qings mit der Herausgabe interpretieren ließ. Dieses Dokument, das die »Viererbande« vervielfältigt und verteilt hatte, sollte auch dazu benutzt werden, ihren Anspruch auf die Führung der Partei zu stärken. Doch sogar dieses von der »Viererbande« verteilte Dokument enthielt eine Bemerkung des Vorsitzenden, die seine gute Meinung von Jiang Qing einzuschränken schien: »In Zukunft müßt ihr Jiang Qing helfen, das Rote Banner zu tragen, und dürft es nicht fallenlassen. Ihr müßt sie daran erinnern, frühere Fehler zu vermeiden.« Wenn Mao diese Worte gesprochen und sie als Empfehlung gemeint hatte, so hatte er anscheinend auch die führenden Mitglieder der Partei gewarnt. Weder vor noch nach dem Fall von Jiang Qing zirkulierte ein Dokument, das sich als Maos Direktive interpretieren ließ, die Macht über Partei und Regierung seiner Witwe und ihrer Gruppe zu übergeben.

Es schien, als sei die »Viererbande« in der Führungsspitze isoliert gewesen, denn kein anderes Mitglied des Politbüros verlor seine Positionen. Führer, denen ausländische Beobachter Sympathien für die Radikalen unterstellt hatten, tauchten in den Provinzen auf, stellten die Ordnung wieder her und führten Säuberungsaktionen gegen die örtlichen Anhänger der »Viererbande« durch. In Peking schieden nur wenige Mitglieder der Regierung, die Jiang Qing protegiert hatte, aus ihrer Stellung aus. Außenminister Qiao Kuan-hua wurde ein Opfer des Kampfes. Seine Frau hatte Jiang Qing nahegestanden, und ausländische Besucher erinnerten sich daran, daß die zwei Frauen während des letzten Nixon-Besuches im Großen Volkspalast lachend und im lebhaften Gespräch Hand in Hand gegangen waren. Sie hatten ein Konzert besucht, aber aus der Rückschau schien es noch einen weiteren Grund für ihre Freude zu geben: Am Nachmittag jenes Tages hatte Deng Xiao-ping seine Position als Stabschef verloren. Außenminister Qiao hatte den Fehler in den Wochen nach Maos Tod begangen: Bevor er zu den Vereinten Nationen fuhr, hatte er seine Rede sowohl von Ministerpräsident Hua als auch von seinem Rivalen Zhang Chun-qiao durchsehen lassen. In Peking glaubte man, der Ex-Außenminister werde eines Tages ein neues Amt als Leiter einer außenpolitischen Forschungsabteilung oder einer ähnlichen Institution erhalten. Für die »Viererbande« und ihre wichtigsten Organisatoren in den Provinzen würde es kein Zurück in die Politik geben. Ihr Schicksal, wie das Liu Shao-qis, des ehemaligen Staatspräsidenten, den sie während der Kulturrevolution abgesetzt hatten, würde Vergessenheit in dauerndem Hausarrest sein.

Nun wurden sie als Rechtsextremisten gebrandmarkt, ebenso wie Marschall Lin Biao. Sie hatten versucht, sich von dem Makel früherer Kollaboration mit ihm zu befreien, indem sie ihn als Rechten abstempeln ließen. In einer ironischen Wendung des Schicksals waren sie jetzt wieder an seiner Seite. Nun wurden die schlimmsten Exzesse der Extremisten während der Kulturrevolution ihnen vorgeworfen, nachdem sie sich Anfang der siebziger Jahre so angestrengt bemüht hatten, alle Beziehungen zu den radikalen Gruppen der Roten Garden abzubrechen und alle Spuren zu verwischen. Jetzt beschuldigten sie interne Parteidokumente schlechter Taten während der Kulturrevolution, als sie sich angeblich weigerten, der Direktive Maos Folge zu leisten, wonach die Debatte mit Argumenten und nicht mit Gewalt geführt werden sollte. In den letzten Jahren vor Maos Tod, so lauteten die Vorwürfe, hatten ihre Anhänger die Regierungsorgane gelähmt, die Produktionen in den Fabriken aufgehalten, Parteikomitees in den Provinzen mit ihren Anhängern zu besetzen versucht, Parteikader verfolgt und ihre Anhänger zu gewalttätigen Aktionen, dem Schlagen von Menschen, Zerstören von Gegenständen und Plündern ermutigt. Sie hatten eine konterrevolutionäre eigene Armee gebildet und dazu Waffen und Munition von der VBA entwendet sowie »faschistische Trupps für gewaltsamen Kampf und Bürgerkrieg« organisiert. Sie wurden einer Kampagne »des faschistischen weißen Terrors« beschuldigt. Während sich der Kampf gegen ihre organisierten Anhänger in den Provinzen noch monatelang hinzog, wurden immer mehr Einzelheiten über ihren luxuriösen Lebensstil und ihre extremistische Politik veröffentlicht.

Ausländische Beobachter hatten keine Gelegenheit, den Wahrheitsgehalt der Beschuldigungen nachzuprüfen. Für die Chinesen gab es nur eine offiziell gutgeheißene Version. In einigen Provinzen schienen die Massen wenig begeistert davon zu sein, sich an einer neuen Kampagne der Kritik zu beteiligen, da sie glaubten, es handele sich lediglich um eine weitere Form des Machtkampfes an der Spitze. In einigen Gebieten versuchten örtliche Führer, die Spuren ihrer früheren politischen Sympathien zu verwischen, während die wichtigsten Verbündeten und Organisatoren der »Viererbande« aus ihren Ämtern vertrieben und öffentlich kritisiert oder verhaftet wurden. Viele Tatsachen blieben ausländischen Beobachtern verborgen, andere offizielle Verlautbarungen erschienen undurchschaubar chinesisch. Es wurde behauptet, Mao habe eine Direktive als seinen letzten Willen hinterlassen, nämlich den Satz: »Handelt entsprechend den früheren Grundsätzen.« Die »Viererbande« habe den Text verändert, so hieß es nun, und daraus gemacht: »Handelt entsprechend den festgelegten Grundsätzen.« Es schien wenig Unterschied im Sinn der beiden Sätze zu geben, aber wer den einen oder den anderen benutzte, hatte gleichzeitig seine Unterstützung für die eine oder die andere der rivalisierenden Gruppen kundgetan. Man konnte die Stücke dieses chinesischen Puzzle auf vielerlei Art und Weise zusammensetzen, und es trug viele spezifisch chinesische Züge. In den internen Dokumenten hieß es, der Intellektuelle der »Viererbande« habe seine Schuld in Äußerungen des Grolls gegen Maos Entscheidung, Hua zum amtierenden Ministerpräsidenten zu machen, offenbart. Zhang soll sich am 12. März 1976 in einem Gedicht geäußert haben: »Ein Jahr geht vorbei mit dem Knallen von Feuerwerk. Der Frühlingswind wärmt den Wein in der Flasche. Wenn die Morgendämmerung die

Schwellen erreicht, werden frische Pfirsichblüten an die Stelle alter glückbringender Amulette treten.«

Beobachter von außen hatten lediglich die Schatten von Ereignissen gesehen, nur einige wenige der Akteure auf einer dunklen, übervollen Bühne bemerkt. Viele chinesische Führer in der Hauptstadt und in den Provinzen hatten sich an dem Kampf beteiligt, und man wußte wenig von ihren Aktionen und Absichten. Es scheint, daß Jiang Qing und ihre Gruppe die Regeln des politischen Kampfes in China verletzt hatten, indem sie zu ungestüm versucht hatten, sich über alle anderen Gruppen und Führer zu stellen. Als Mao im Sterben lag, und sogar noch mehr nach seinem Tod, waren sie bewußt das Risiko eingegangen, das Kräfteverhältnis zu ändern, indem sie eine extreme Taktik der Verschwörung wählten und eigene Bastionen paramilitärischer Macht aufbauten.

Sie hatten einen Durchbruch versucht, indem sie ihre Hauptrivalen isolierten und eliminierten. Doch sie hatten ihre Stärke überschätzt, und im entscheidenden Moment waren sie gescheitert. Aber die Folgen ihrer Verschwörung und das Netz ihrer Gefolgsleute in den Partei- und Verwaltungsapparaten der Provinzen waren nicht so schnell auszuschalten. Bis zum Sommer 1977 waren Chinas neue Führer damit beschäftigt, Gegner in den Provinzen zu bekämpfen, die Industrieproduktion wieder anzukurbeln, die Verwaltung zu reorganisieren und die in den Machtkämpfen geschwächte Partei wieder aufzubauen. Noch 1978 waren nicht alle früheren Opfer der »Viererbande« rehabilitiert und in neue Posten eingesetzt, war über Schuld und Schicksal radikaler Gefolgsleute nicht endgültig entschieden.

Selbst Vizepremier Deng Xiao-ping mußte monatelang warten, ehe er wieder in Ehren in seine Ämter eingesetzt wurde, und auf Wandzeitungen protestierten seine Anhänger gegen das Zögern der neuen Führung. Andere verdächtigten einzelne Männer, die im Politbüro an der Macht geblieben waren, als ehemalige Mitläufer der »Viererbande«. Die Auseinandersetzungen waren nicht vorüber, aber sie hielten sich in einem Rahmen, der die Einheit der Führung nicht gefährdete.

Als China im Sommer 1977 daranging, neue Pläne für die Modernisierung des Landes zu machen, gab Deng Xiao-ping wieder die Richtung an, und sein Programm baute auf jenen Sätzen auf, die anderthalb Jahre zuvor in der Qinghua-Universität auf Wandzeitungen diffamiert worden waren. Aber der Vizepremier wurde nicht erster Mann. Er und seine Spezialisten für Wirtschaft und Planung setzten die Richtlinien für den Aufbau von Industrie und Wissenschaft, aber ihre Forderungen stehen in der neuen Verfassung nur gleichberechtigt neben den politischen Zielen und Formeln, für die der Vorsitzende und Ministerpräsident Hua Guo-feng einsteht. Und während den Kadern in Verwaltung und Industrie größere Vollmachten und höhere Verantwortung zugeteilt werden, lobt die Volkszeitung die kleinen Parteimitglieder, die es wagen, die Betriebsleitungen zu kritisieren. Der Prozeß, in dem China seine Lebensformen der Zukunft sucht, ist keineswegs zu Ende.

Aber die Gegenwart ist geprägt von der Suche nach Kontinuität und Stabilität. Die »Viererbande« hatte verloren, als sie das Land in immer neue Machtkämpfe treiben wollte. Die große Mehrheit des Volkes und der politischen Führung hatten sich gegen sie vereint und nicht zuletzt hatten die Kommandeure der chinesischen Armee für Stabilität und Ordnung optiert und gegen einen permanenten Machtkampf, der 1976 in die Wirren einer neuen Kulturrevolution, vielleicht zu einem Bürgerkrieg zu führen schien.

DIE ARMEE

Volkskrieg, Atomkrieg und der Zwang zur Modernisierung: ein Gespräch mit Offizieren und Soldaten

»Wenn wir unsere Befehle erhalten, werden wir marschieren«, sagte mir der politische Kommissar der Division Nr. 196 beim Mittagessen. Ich fragte, welche Transportmittel die Division benutzen würde. Er schien überrascht: »Wir sind Infanterie, wir marschieren.« Die Artillerie würde von Pferden gezogen.

Die Division Nr. 196 hat ihr Hauptquartier 32 Kilometer nordwestlich von Tientsin. Da es von Peking aus mit dem Auto leicht zu erreichen ist, wird diese Einheit Ausländern oft gezeigt. Ich besuchte sie dreimal und diskutierte dann einen halben Tag lang Militärfragen mit ihren Offizieren und Soldaten, aber ich hatte auch eine andere Infanteriedivision in Nangking und die Panzerdivision Nr. 6 nördlich von Peking gesehen. Ich hatte den Eindruck, daß Division Nr. 196 sich nicht wesentlich von den anderen Einheiten unterschied. Ihre Einrichtungen und Ausbildungspläne schienen weitgehend ähnlich. Das Besuchsprogramm entsprach bei allen drei Einheiten demselben Muster. Besucher bekommen gewöhnlich ebensoviel von der »zivilen« Tätigkeit der Soldaten zu sehen wie von den militärischen Übungen auf den Schießplätzen. Die Armee sollte keine wirtschaftliche Belastung für das Volk darstellen, so wurde erklärt, und mußte daher ihre eigenen Lebensmittel anbauen und ihre eigenen Schweine halten. Bei der Division 196 standen lange Reihen von Schweineställen hinter den Kasernen sowie kleine Werkstätten, wo Soldaten Bohnenquark und Sojasoße herstellten. Andere arbeiteten als Schneider und Schuhmacher, voller Achtung vor dem Nähzeug mit Nadeln und Fäden, das sie von ihren Vorgängern der Revolutionskriege geerbt hatten. Soldatentrupps kamen von den Weizen- und Reisfeldern zurück, wo sie einen Teil des Getreides, das sie verzehren, anbauen. Und wie bei anderen Einheiten wurden den Besuchern die Werkstätten gezeigt, wo die Offiziersfrauen Wecker zusammensetzen, Ersatzteile bearbeiten oder lange Stunden an einer Sandkiste verbringen und Metallstäbe polieren, indem sie diese in einem langsamen, stetigen Rhythmus durch den Sand stoßen.

Division Nr. 196 hat ihr Hauptquartier und ihre zentralen Kasernen in einem Komplex von vier- bis fünfstöckigen Backsteingebäuden. Man findet dort einen Soldatenklub für jede Kompanie, große Räume mit Musikinstrumenten, eine Fotoausstellung und Erinnerungsstücke aus der Divisionsgeschichte. Sie beginnt im Jahr 1937, als eine Guerillagruppe in der Provinz Hopei östlich von Peking gegen die Japaner zu kämpfen begann. Kompanie Nr. 3 fing mit 15 Kämpfern und einem Gewehr an. Ein Jahr später waren es 100 Mann, die mittelalterlich aussehende Eigenbauwaffen benutzten. Dann eroberten sie japanische Waffen und schließlich in den letzten Jahren des Bürgerkrieges amerikanische Maschinengewehre, die der Guomindang-Armee geliefert worden waren. Sie sind voller Stolz in Glaskästen ausgestellt.

Gemälde und Fotografien zeigen heroische Einsätze der Division, rote Pfeile auf Landkarten ihre Bewegungen seit 1937 und die Schlachten, die sie schlug. Die Pfeile enden in Korea. Der stellvertretende Kommandeur berichtet: »Unsere Division war eine der Freiwilligeneinheiten, die dem koreanischen Volk zu Hilfe kamen. Die erste, zweite, dritte und vierte Kompanie des Regiments Nr. 3 nahmen an dem Krieg teil.« Die Karten zeigen, daß sie an den Kämpfen in der frühen Phase der chinesischen Intervention beteiligt waren, als die Masse der chinesischen Soldaten nach Süden rollte und die Truppen der USA und der Vereinten Nationen vor sich hertrieb, bis Luftüberlegenheit und hohe Feuerkraft die chinesischen Einheiten zum Stehen brachten. Als der ehemalige amerikanische Verteidigungsminister James R. Schlesinger diese Ausstellung besuchte, äußerte er, die Behauptungen über Erfolge im Kampf gegen die amerikanischen Truppen seien prahlerisch und unhöflich. Doch diese Einführung in die Divisionsgeschichte war nicht aufgestellt worden, um ihn zu demütigen. Er bekam zu hören, was alle Besucher zu hören bekommen und was in den politischen Schulungskursen für die Soldaten gelehrt wird.

Einen Stock unter dem Ausstellungsraum liegen die Schlafräume der Soldaten. In jedem Saal stehen 28 doppelstöckige Betten. Am Kopfende liegt ein khakifarbener Brotbeutel auf einem zusammengelegten Handtuch, am Fußende eine Khakidecke, die so zusammengelegt ist, daß sie ein genaues Quadrat bildet. Die Moskitonetze sind sämtlich bis zur gleichen Höhe gerafft. Die Waffen befinden sich in offenen Regalen an der Wand: 21 Gewehre, 4 Maschinenpistolen, 2 leichte Maschinengewehre, 3 Bazookas und 2 Granatwerfer. Die Waffen sind nur einen Schritt von den Betten entfernt. Auch die Munition wird direkt im Schlafsaal aufbewahrt. Die Soldaten sollen kampfbereit sein, sobald man sie weckt, erläutern ihre Offiziere.

Die Division besteht aus fünf Regimentern: drei Infanterieregimenter, ein Artillerieregiment und ein Panzerregiment. Jedes Regiment umfaßt drei Bataillone zu je fünf Kompanien, die wiederum in je vier Züge aufgeteilt sind. Etwa ein Fünftel der Soldaten ist in der Landwirtschaft tätig und produziert 35 Prozent des Fleisches und der Gemüse, die von der Division verzehrt werden. Chinesische Militäreinheiten sind ungeachtet des gegenteiligen Eindrucks mancher ausländischer Besucher nicht in der Lage, sich selbst zu versorgen. Schließlich ist die Hauptaufgabe der Armee, auf den Krieg vorbereitet zu sein, erklärten die Offiziere. Doch Division Nr. 196 trägt erheblich zu ihrer Versorgung bei und tut viel zur Unterstützung der Zivilbevölkerung in den nahegelegenen Dörfern. In Dürreperioden helfen die Soldaten den Bauern, Wasser auf die Felder zu tragen, und jedes Jahr kommen sie zum Reissetzen und zur Ernte. Für die Bauern dieser Gegend ist das Divisionshospital der nächstgelegene und beste Ort für medizinische Behandlung. In einem dreistöckigen Backsteingebäude sitzen ältere Bauern auf kleinen Bänken in einem Raum, der nach Desinfektionsmitteln riecht. Auf einem Anschlag an der Wand wird verkündet, daß es sich um den »Liebt-das-Volk-Konsultationsraum« handelt. Alle Zimmer sind nur mit dem Allernötigsten eingerichtet. Die Wände sind gekälkt, der Operationstisch selbstgemacht. Viele Dorfbewohner kommen zur Behandlung hierher. In einem Ausstellungsraum werden medizinische Erfolge demonstriert. In einem großen Glasgefäß liegt ein 14 Kilo schwerer Tumor in Alkohol. Eine Krankenschwester zeigt auf ihren Leib, als sie erklärt, woher er kam. Sie war ein Bauernmädchen gewesen, das ein paar Kilometer entfernt wohnte und fünfundzwanzigmal von den örtlichen zivilen Ärzten untersucht worden war, die ihre Krankheit als unheilbar betrachteten. Dann hatte das Armeehospital die Operation riskiert, und heute ist sie gesund und arbeitet dort als Krankenschwester. Wie andere chinesische Mädchen in Uniform wird sie im Kriegsfall nicht für Kampfaufgaben eingesetzt, aber sie habe genug Ausbildung, um sich zu verteidigen, erklärte sie uns.

Die Gewährung von medizinischer Behandlung und Hilfe bei der Feldarbeit für die örtliche Bevölkerung gehört zu den Erziehungsaufgaben, die Armee-Einheiten zu erfüllen haben. Sie schicken auch ihre Propagandatrupps, ihre Gesangs- und Tanz-Laiengruppen und führen bei Kampagnen politische Schulungskurse durch. Vertrauen und gute Beziehungen haben sich für die kommunistischen Armeen in zwanzig Kriegsjahren ausgezahlt. Die Kombination von zivilen und militärischen Aufgaben ist eins der Leitprinzipien der chinesischen Verteidigungspolitik. »Die Armee ist eine große Universität für die Bildung des Volkes«, erklärt der stellvertretende Kommandeur Kung Yu-ji. »Hier lehren wir militärisches Wissen, aber auch Kulturarbeit für die Massen und Produktionsarbeit. Körperliche Arbeit und enger Kontakt mit den Massen tragen dazu bei, die Ideologie der Kämpfer aufzubauen.«

Wenn ich bei der Division Nr. 196 zu Mittag aß, gab es eine große Mahlzeit aus guter chinesischer Küche mit Fleisch, Fisch und Eiern. »Natürlich ist das Essen nicht immer so gut«, sagte einer der jüngeren Offiziere, während wir an einem großen runden Tisch in der Kantine der Kompanie Nr. 3 aßen. »Wenn wir keine Gäste haben, essen wir gewöhnlich Reis oder Nudeln mit Gemüse. Schließlich sollten Soldaten wie die Arbeiter und Bauern leben.« Von den Soldaten wird erwartet, daß sie bescheiden auftreten und gute Taten verrichten, die dann im Kompanietagebuch verzeichnet werden. Während der letzten zwei Monate hatte Zug Nr. 1 in der Küche geholfen und einige Reparaturen durchgeführt. Zug Nr. 2 hatte den anderen Soldaten der Kompanie die Haare geschnitten. Etwas Geld war gefunden und an den Eigentümer zurückgegeben worden. 981 Soldaten übernahmen freiwillig 1724 Aufgaben.

In der Armee gibt es keine besonderen Uniformen oder Rangabzeichen für die Offiziere. Sogar der Begriff »Offizier« wird vermieden. Von dem Rang an aufwärts, der dem eines Leutnants entspricht, werden alle militärischen Führer Kader genannt. Sie werden entsprechend ihrer Funktion als Kompanieführer oder Divisionskommandeur angesprochen. Sie können auch nicht sicher sein, eine Position zu behalten, die sie erreicht haben. So können Regiments- oder Bataillonskommandeure in die Stellung eines Kompanieführers versetzt werden. Das scheint allgemein üblich zu sein und wird als erzieherisch betrachtet. Für die Kader ist es nicht immer leicht, und Leute, die eine bescheidenere Stellung mit Eifer und Enthusiasmus übernehmen, können mit Lob rechnen.

Armeeuniformen sind grün und ohne alle Eleganz. Die weiten, locker herabhängenden Jacken weisen zwischen Soldaten und Kadern nur einen Unterschied auf: Kader haben vier Taschen, Soldaten nur zwei. Alle tragen weite Baumwollhosen, darunter im Winter mehrere Schichten langer Unterhosen. An heißen Sommertagen rollen sogar Generäle die Hosenbeine bis übers Knie auf und tragen Stoffschuhe. Irgendwie hat die chinesische Armee ein überraschend ziviles Aussehen. Der stellvertretende Divisionskommandeur Kung Yu-ji erscheint nicht forsch oder schneidig. Doch ist er ein erfahrener Soldat. Er kam 1945 im Bürgerkrieg gegen Chiang Kai-shek zu der Division, als er 13 Jahre alt war. Mit achtzehn, als seine Einheit in den Koreakrieg zog, war er bereits ein kampferprobter Soldat.

Wie gut ist die Division Nr. 196? Manche ausländischen Besucher sind beeindruckt, wenn die Soldaten ihre Bajonettübungen vollführen und dabei wild »tötet, tötet, tötet« brüllen. Wenn sie auf das Übungsgelände laufen und dabei rufen: »Seid wachsam und verteidigt die Heimat.« Wenn sie sich auf den Boden werfen und die Zielscheiben aus Papier mit jedem Schuß treffen, beweisen die Soldaten, daß ihre Infanterieausbildung ausgezeichnet ist. Sie dürften sich gut bewähren bei Spähtrupps und im Nachtkampf auf Gelände, das sie kennen, und unter einer Bevölkerung, mit der sie enge Beziehungen haben. Doch es ist eine Einheit von begrenzter Beweglichkeit. Es handelt sich nicht um eine mechanisierte, moderne Infanteriedivision mit hoher Feuerkraft, die sich mit den Einheiten westlicher und osteuropäischer Armeen vergleichen ließe. Ihre Führung scheint Vorbereitungen für einen Krieg zu treffen, der sich stark von dem unterscheidet, den sich Strategen von Moskau bis Washington vorstellen. Sie denken im Rahmen langanhaltender Kämpfe in einem Land, das die Größe eines Kontinents hat. Der politische Kommissar, der so erstaunt reagierte, als ich ihn fragte, wie seine Truppen transportiert würden, dachte über das Problem der Mobilität nach und meinte dann: »Schnell kann langsam sein, langsam kann schnell sein.« Das war mehr als nur ein Stück chinesischer Volksweisheit. Eine Division, die daran gewöhnt ist, mehrere tausend Kilometer im Jahr mit schwerer Ausrüstung auf dem Rücken zu marschieren, kann immer noch mobil sein, wenn mechanisierte Einheiten ihre Fahrzeuge und ihre Treibstoffvorräte eingebüßt haben.

Ich hatte gehofft, mich mit Angehörigen der Division Nr. 196 ausführlicher unterhalten zu können, und es hatte den Anschein, als erhielte ich Erlaubnis, ein paar Tage im Hauptquartier zu verbringen. Doch dann zerstörte das Erdbeben vom Juli 1976 Tangshan und richtete in Tientsin großen Schaden an. Die Soldaten und Offiziere mußten ihre Kasernen verlassen. Die Einheiten arbeiteten in Städten und Dörfern, stellten die Versorgung sicher, brachten Baumaterial heran und bauten Häuser und Fabriken wieder auf. Sie hatten Wichtigeres zu tun, als einen ausländischen Journalisten zu empfangen. Aber man kam mir entgegen. Kurz bevor ich China verließ, wurde ich in die Büros des Generalstabs der Volksbefreiungsarmee in Peking eingeladen. Man hatte einen Soldaten, einen Feldwebel, einen Bataillonskommandeur, einen Regimentskommandeur und den stellvertretenden politischen Kommissar der Division Nr. 196 zu einem Interview nach Peking gebracht. Unser Gastgeber war der Leiter der 3. Abteilung des Generalstabs, die sich mit auswärtigen Angelegenheiten befaßt.

Die chinesischen Soldaten eröffneten die Unterhaltung offen und selbstsicher. Der politische Kommissar begann: »Die Volksbefreiungsarmee ist eine neue Art von Volksarmee und durchläuft einen sehr komplizierten Prozeß. Wir sind Leute, die seit langem in der Armee sind; deswegen kennen wir ihre Probleme. Wir meinen, es gibt einige Probleme, die in den von Ihnen unterbreiteten Fragen nicht erwähnt sind, und wir würden gern darüber sprechen, wenn wir es für notwendig halten.« Dann gab er uns eine kurze Einführung zur Geschichte der VBA und der Division Nr. 196, wobei er bis zu bewaffneten kommunistischen Aufständen Ende der zwanziger Jahre zurückgriff und auf die Erfolge und Rückschläge in den dreißiger Jahren und im Krieg gegen die Japaner und die Guomindang-Regierung einging. »Unmittelbar nach der Gründung der Volksrepublik China begannen die amerikanischen Imperialisten den Koreakrieg. Also mußten wir Korea helfen. Später konnten wir die Verschwörung der sowjetischen revisionistischen Imperialisten, an unserer Grenze Unruhe zu stiften, zerschlagen. Wie unsere Division bestand die Volksbefreiungsarmee aus örtlichen Milizgruppen, die zu einer regulären Streitmacht zusammengefaßt wurden. Heute ist die VBA eine der Hauptstützen der proletarischen Diktatur. Zunächst war sie schlecht bewaffnet, aber es gelang ihr, Feinde mit überlegener Ausrüstung zu besiegen. Sie hat in der Vergangenheit einen Volkskrieg geführt und wird es in der Zukunft tun. Sollten Feinde in unser Land kommen, so werden wir sie in einem Volkskrieg schlagen.«

Als ich fragte, in welchem Verhältnis Parteiführung und Militärs bei der Leitung von Armee-Einheiten stehen, hielt der Kommissar erneut eine kurze politische Rede. Da die Partei den Gewehren befiehlt, müssen die Gewehre in der Hand des Volkes sein und dürfen nicht dazu verwendet werden, den Zielen von Karrieremachern zu dienen. »Durch mehrere Kämpfe mit dem Klassenfeind haben wir gelernt, daß sie immer versuchen, die Armee für ihre Ziele einzusetzen«, erklärte er und zog als Beispiele die Linienkämpfe der zwanziger und dreißiger Jahre heran. In jüngerer Vergangenheit habe Marschall Peng De-huai versucht, »Ein-Mann-Führung« über die Armee zu errichten. Dann habe Verteidigungsminister Lin Biao versucht, die Armee über Partei, Regierung und Volk zu stellen. Schließlich habe Vize-Ministerpräsident Deng Xiao-ping sich bemüht, mittels einer sogenannten Berichtigungskampagne Kontrolle über die Armee zu gewinnen. Alle diese Klassenfeinde wollten die Grundprinzipien der VBA sabotieren. Dann kamen wir zu praktischeren Themen. Ich erwähnte eine Unterhaltung, die ich mit einem jungen Politinstrukteur der Division gehabt hatte. »Der Bataillonskommandeur und der Politinstrukteur eines Bataillons sind von gleicher Bedeutung«, hatte er mir gesagt, »entscheidend ist, daß die Partei die Führung behält.« Und als ich ihn gefragt hatte, wer in einer schwierigen Situation die Entscheidung treffen würde, hatte mir der junge Instrukteur erklärt, das Parteikomitee des Bataillons, das kollektive Führungsorgan, werde entscheiden. Aber was geschieht, wenn für eine kollektive Entscheidungsfindung keine Zeit bleibt? »Dann treffen der Bataillonskommandeur und der politische Instrukteur die Entscheidung. Oder, wenn nötig, entscheidet der Instrukteur, weil er der Parteisekretär der Einheit ist«, so hatte ich von dem jungen Mann erfahren.

Jetzt gab der stellvertretende politische Kommissar eine kompliziertere Erklärung: »Der Vorsitzende Mao hat gesagt, die VBA sei erfolgreich, weil Parteikomitees auf der Ebene von Kompanien und Bataillonen und Parteioffiziere oberhalb der Regimentsebene eingesetzt wurden. Alle militärischen Kader arbeiten unter dem Parteikomitee. Gewöhnlich besteht ein Parteikomitee aus mehr als zehn, manchmal zwanzig Mitgliedern. Sie diskutieren alles zusammen. Sie gelangen zu einer Entscheidung darüber, ob eine bestimmte Aufgabe vorwiegend militärischer Art ist – dann wird sie von den Militärkommandeuren ausgeführt. Ist es eine politische Aufgabe, dann ist der Kommissar oder der Instrukteur zuständig.« Der politische Kommissar gab zu, daß es während militärischer Operationen möglicherweise nicht genug Zeit gebe für eine Diskussion des Komitees. Der Bataillonskommandeur gab weitere Erläuterungen: »Im Kriegsfall sind Kommandeur und Kommissar gewöhnlich zusammen. Wenn keine Zeit für eine Sitzung des Parteikomitees bleibt, dann müssen sie beide die Entscheidungen zusammen treffen. Sobald entschieden worden ist, erteilt der Kommandeur die militärischen Befehle, der Kommissar die politischen. In einem solchen Fall müßten sie später dem Parteikomitee Bericht erstatten. Manche Dinge werden überhaupt nicht diskutiert. Wenn eine Einheit in defensiver Position angewiesen wird, die Stellung zwei Tage lang zu halten, dann hält sie die Stellung zwei Tage lang.«

Der Stabsoffizier aus dem Verteidigungsministerium ergänzte: »Im Krieg wird es grundsätzliche Richtlinien geben, und jede Einheit hält sich daran. Doch im Krieg können viele unerwartete Dinge passieren, und dann muß man seine Truppenbewegungen entsprechend den Grundprinzipien gestalten, nicht im Widerspruch zu ihnen. Aber natürlich kann man sich in einer Lage finden, wo die Aufklärung nicht gut war. Das Terrain mag anders sein, als einem mitgeteilt wurde. Dann kann es sein, daß man den Plan etwas abändern muß. Man bleibt in Kontakt mit den höheren Befehlsebenen und erstattet über jede Änderung Bericht. Man sollte versuchen, Zustimmung hierzu einzuholen. Bleibt keine Zeit zur Berichterstattung vor der Operation, so muß sie so schnell wie möglich nachher erfolgen.«

Der politische Kommissar meinte, noch etwas hinzufügen zu sollen: »Als Kommandeur sollte man nicht dem eigenen Willen entsprechend handeln, sondern entsprechend den festgelegten Prinzipien.« Der Stabsoffizier stimmte zu: »Der wichtigste Teil der Regeln über die Disziplin ist es, Befehle auszuführen.« Und der Bataillonskommandeur fügte hinzu: »Normalerweise trifft man seine Entscheidung, nachdem man die Berichte der Spähtrupps erhalten hat. Die Entscheidungen sollten mit dem Gesamtplan des Oberkommandos übereinstimmen. Aber in Ausnahmefällen kann es geschehen, daß man eine andere Entscheidung treffen muß.«

Es war eine entspannte Unterhaltung über das Verhältnis zwischen politischen Grundsätzen und militärischer Praxis. Der Feldwebel brachte ein Beispiel aus der Geschichte seiner Kompanie. Einmal hatte eine seiner Einheiten Befehl erhalten, eine Stellung zu halten, und sie wurde gehalten, obwohl nur noch ein Mann übrig war, der kämpfen konnte. Der Kommissar fand, das sei ein gutes Beispiel, aus dem deutlich werde, daß der entscheidende Faktor im Krieg nicht Waffen, sondern die Moral des Kämpfers seien. »In den Kriegen gegen die Japaner, die Guomindang und in Korea hatten unsere Feinde überlegene Waffen. Ganz zu Anfang des Koreakrieges bestand die Ausrüstung unserer Armee noch aus einem Gewehr und einem Sack Hirse. Wir mußten Waffen vom Feind erbeuten. Heute werden alle unsere Waffen in China hergestellt«, führte der Kommissar aus. Der

Stabsoffizier erläuterte weiter: »Nach dem Koreakrieg wurde unsere Ausrüstung verbessert. Man braucht eine Kombination von hohem politischem Bewußtsein und modernen Waffen. Die imperialistischen Mächte sind mit moderneren Waffen ausgerüstet, aber sie führen ungerechte Kriege. Wir führen gerechte Kriege, und deswegen werden wir siegen. Parallel zur wissenschaftlichen Entwicklung unseres Landes entwickelt sich auch die Waffenproduktion. Wir haben Kernwaffen, mächtige moderne Waffen, die wir niemals als erste einsetzen werden. Wir haben sie, weil wir verhindern wollen, daß andere sie benutzen, und um gegen nukleare Erpressung gewappnet zu sein.«

Wir sprachen über das einfache Problem, wie man Offiziere und ihren Rang erkennen kann in einer Armee, die keine sichtbaren Rangabzeichen besitzt. Die chinesischen Soldaten fanden, das sei nicht schwierig. Kommandeure unterhalb der Bataillonsebene leben, schlafen und essen zusammen mit ihren Männern. Deshalb würden sie sich im Krieg gut kennen. Regiments- und Divisionskommandeure arbeiten gleichfalls häufig auf der Ebene der Züge, und deshalb wären auch sie ihren Männern bekannt. In früheren Kriegen bestanden die Einheiten aus Freiwilligen, die lange Zeit dienten. Jeder kannte jeden. Heute bleiben Soldaten mehrere Jahre in ihrer Einheit, und wenngleich es frische Rekruten gibt, sind die altgedienten Soldaten doch in der Mehrzahl. Bei Nacht sollten die Soldaten in der Lage sein, ihre Kommandeure an deren Stimme zu erkennen. Ich konnte nicht herausbekommen, wie sich hohe chinesische Offiziere in ihrer einfachen grünen Uniform und den Stoffschuhen vorkamen, wenn sie mit Offizieren gleichen Ranges aus Nordkorea, Vietnam oder Rumänien zusammentrafen, die goldbetreßte Uniformen nach dem Vorbild der Sowjetarmee tragen. Empfinden sie etwas Neid, oder fühlen sie sich in ihrer revolutionären Einfachheit überlegen? Sie hatten nur einen Kommentar dazu: »Peng De-huai hat Offiziersränge und Rangabzeichen wieder eingeführt. Aber das hatte viele Nachteile. Es zerstört die Einheit der Armee. Wenn jemand Schulterstücke trägt, kann er schlecht eine Schulterstange tragen.« Mit Schulterstangen aus Bambus tragen die Bauern im Feld ihre schweren Körbe.

Sie schienen sich alle einig zu sein, daß die fehlende Unterscheidung zwischen Offizieren und Soldaten die Einheit der Armee demonstriere. Stolz erklärte der Feldwebel: »Wir alle tragen grün, und man kann nicht sehen, wer ein Offizier und wer ein Soldat ist. Alle sind politisch gleich und in ihrer persönlichen Würde gleich. Soldaten respektieren die Offiziere, Offiziere schätzen die Soldaten. Unsere Soldaten werden nicht von ihren Offizieren geschlagen.« Diese Feststellung schien ungewöhnlich und unnötig. In den meisten modernen Armeen schlägt man seit langer Zeit Soldaten nicht mehr. Doch in China war vor dreißig Jahren der Gemeine sein sehr verachtetes Wesen, Kanonenfutter in den Armeen der War Lords.

»Deshalb ist die Schulung in der richtigen politischen Linie so wichtig«, sagte der politische Kommissar. »Während des Krieges hatten wir viele Versammlungen, in denen die Soldaten ihrer Erbitterung gegen Ausbeuter und Klassenfeinde Ausdruck gaben. Das vergrößerte ihren Haß und hob ihre Moral. Wir machten viele Gefangene aus den Guomindang-Armeen. Später kämpften sie auf unserer Seite. Sie waren gute Soldaten. Bevor wir sie gefangennahmen, hatten sie bessere Waffen, aber waren schlechte Soldaten. Nach den Versammlungen, bei denen sie ihre Beschwerden vorbrachten, kämpften sie gut, obwohl sie weniger moderne Waffen hatten. Ein Guomindang-Soldat, der bei Tientsin gefangengenommen worden war, kämpfte später in Korea sehr gut und wurde ausgezeichnet.«

Bei der politischen Erziehung spielt das Vorbringen von Anklagen gegen die alte Gesellschaft noch immer eine wichtige Rolle. Die Soldaten erzählen, wie ihre Eltern litten. Man sagte mir, einer kenne noch nicht einmal seinen Familiennamen, weil er als Kind an eine Familie Wang verkauft worden sei. Jetzt hält er Ansprachen, in denen er sein glückliches Leben mit dem Elend der Vergangenheit vergleicht. »Außerdem erziehen wir die Offiziere und Soldaten, indem wir ihnen von den Verbrechen erzählen, die Imperialisten und fremde Aggressoren begangen haben. Die Division Nr. 196 ist in der Nähe von Tientsin stationiert, wo die Aggressoren China zu einem halbkolonialen Land machten. Wir führen die Soldaten dorthin und lassen sie mit den Fischern in einem Dorf sprechen, wo mehr als 1300 Menschen von den Japanern niedergemetzelt wurden. Wenn unsere Einheiten zur Großen Mauer marschieren, belehren wir sie über die Verbrechen der sowjetischen Revisionisten, die behauptet haben, die Große Mauer sei die Nordgrenze Chinas«, sagte uns der politische Kommissar.

Während der vielen politischen Kampagnen halten die Parteikomitees unter der Führung der Politinstrukteure und -kommissare Schulungskurse für Soldaten und Offiziere ab. Jeden Monat verbringen die Soldaten zwei volle Tage mit dem Studium des Marxismus-Leninismus und der Ideen Mao Tse-tungs. Für die Offiziere sind es vier

Tage. Außerdem wird von Soldaten und Offizieren erwartet, daß sie sich in ihrer Freizeit weiterbilden. Wenn die wichtigsten Aufgaben der VBA aufgezählt werden, steht ihre Rolle als Streitmacht an erster Stelle, doch politische und Produktionsarbeit sind von gleicher Bedeutung. Der Kommissar führte aus: »Als Streitmacht muß sie sich der Restauration der alten Gesellschaft entgegenstellen und China gegen Aggression von außen verteidigen. Sie muß die Diktatur des Proletariats aufrechterhalten und die Souveränität, das Territorium und die Sicherheit des Landes schützen. Sie muß zu jeder Zeit bereit sein, Aggressoren zurückzuwerfen und Taiwan zu befreien. Die Partei lehrt die Armee, daß die Weltlage ausgezeichnet ist, daß große Unordnung herrscht und daß man niemals an die sogenannte Entspannung glauben darf. Solange es Imperialismus und Sozialimperialismus gibt, gibt es auch Kriegsgefahr. Deswegen haben wir strenge Anforderungen für die Ausbildung in Taktik und Techniken sowie in Nahkampf und Nachtkampf. Jedes Jahr müssen die Einheiten einige Zeit mit Übungen verbringen, bei denen sie auf dem Land kampieren. Im Krieg war die Armee stets mit dem Volk zusammen. Im Frieden ist sie jetzt in Kasernen stationiert. Aber sie sollte auch mit dem Volk zusammen sein und mit dem Volk leben, essen und kampieren.«

Der Kommissar und die Offiziere wiesen darauf hin, daß militärische Probleme stets in ihrem politischen Kontext und unter Bezugnahme auf das strategische Denken des Vorsitzenden Mao diskutiert werden sollten: »Wir sprechen zu den Soldaten auch von gerechten und ungerechten Kriegen. Wir sagen ihnen, daß sie den Feind vernichten müssen, weil sie sich nur durch die Vernichtung einer großen Zahl von Feinden selbst erhalten können.«

In der politischen und militärischen Ausbildung wird immer eine enge Beziehung zwischen Offizieren und Soldaten betont. Der Grundsatz lautet: »Offiziere lehren Soldaten, Soldaten lehren Soldaten, Soldaten lehren Offiziere.« In der Praxis bedeutet dies, daß Kommandeure gelegentlich ihre Offiziere und ihre Position verlassen und auf Kompanieebene dienen müssen. Einer der Offiziere nannte Beispiele: »Militärische Demokratie bedeutet, daß die Kommandeure Instruktionen geben, aber auch, daß sie die Truppen fragen, ob die Instruktionen verstanden wurden und ob die Soldaten sie für richtig halten. Im Krieg sollten Kampfaufgaben zwischen Soldaten und Offizieren diskutiert werden. 1949, als wir in der Nähe von Taiyuan kämpften, hatte der Feind ein sehr gutes Verteidigungssystem aufgebaut. Doch unsere Soldaten fanden heraus, wie das System beschaffen war, und in einer Nacht zerstörten wir drei Befestigungen ohne eigene Verluste.«

Die Offiziere betonten, daß die VBA vor allem eine Streitmacht sei. 70 Prozent ihrer Zeit würden der militärischen Ausbildung gewidmet, doch im Krieg hätte sie die Massen mobilisiert und dazu beigetragen, politische Macht zu etablieren. Nach der Befreiung sei sie deshalb an politischer und Aufbauarbeit beteiligt geblieben. Armeegruppen besuchen Fabriken und Dörfer, um für die Parteilinie zu agitieren. Bei der Weizenernte helfen die Soldaten den Bauern in den Kommunen. Das ist Teil ihrer politischen Erziehung. Außerdem baut die Division einen Teil ihrer Lebensmittel selbst an. Sie ist auf schlechtem, alkalischem Boden stationiert. Durch die Bestellung und Verbesserung des Landes wurde die Getreideernte auf das Fünfzehnfache erhöht. Jede Kompanie baut Gemüse an, hält Schweine, betreibt kleine Werkstätten und stellt sogar Kräutermedizinen her. Auch die Frauen der Offiziere arbeiten. Die Frau des Regimentskommandeurs arbeitet in der Schuhkremfabrik, einer der sieben Werkstätten der Division. Produktionsarbeit stärke die Einheit zwischen Offizieren und Soldaten, der Armee und dem Volk, erläutert uns der Regimentskommandeur.

Offiziere sollen gut für ihre Soldaten sorgen, und die chinesische politische Literatur ist voll von guten Beispielen, die der Vorsitzende Mao und die Kommandeure der kommunistischen Armeen gegeben haben. Die Offiziere der Division Nr. 196 erläuterten: »Jede Nacht inspizieren die Offiziere die Schlafsäle, um sich zu vergewissern, daß die schlafenden Soldaten mit ihren Decken oder Steppdecken gut zugedeckt sind. Die Soldaten sind politisch sehr motiviert und machen ihre Offiziere auf Schwächen aufmerksam, so daß die Offiziere sie korrigieren können. Im Krieg sollten die Offiziere vorn sein. Beim Rückzug sollten die Offiziere hinten sein. Im Frieden sollten die Offiziere die schwere Arbeit und die gefährlichen Aufgaben übernehmen. Bei der Handgranatenausbildung sind frische Rekruten manchmal furchtsam oder auch zu ungestüm. Manchmal werfen sie eine Granate nicht weit genug. Dann sollte der Offizier die Granate wegstoßen oder dem Soldaten mit seinem eigenen Körper Deckung geben. Er sollte immer für die Gesundheit der Soldaten Sorge tragen. Wenn ein Mann krank ist, sollte sich der Offizier darum kümmern, daß er das richtige Essen bekommt. Wenn Eltern kommen, um ihren Sohn zu besuchen, sollte der Offizier sich so sehr um sie bemühen, als wären es seine eigenen Verwandten. Offiziere sollten mit ihren Soldaten über familiäre Probleme oder persönliche Schwierigkeiten reden, die von den Soldaten nur schwer gelöst werden können.«

Alle jungen Chinesen sind gesetzlich verpflichtet, in der Armee zu dienen. Doch nur ein kleiner Prozentsatz kann aufgenommen werden, und in der Praxis sind die Soldaten größtenteils Freiwillige. Die Armee wählt sorgfältig aus. Rekruten sollten zwischen 18 und 22 Jahre sein, gesund, ein gutes politisches Bewußtsein besitzen und der Herkunft nach zur Arbeiterklasse gehören. Es gibt aber auch andere Erwägungen: ob der Rekrut von seiner Familie, seiner Produktionseinheit oder der Armee-Einheit am dringendsten benötigt wird. Die Division Nr. 196 führt die Rekrutierung in Zusammenarbeit mit den lokalen Behörden selbst durch. Einer der Offiziere erklärte: »Rekrutiert wird immer im Winter, weil wir uns mit den zukünftigen Rekruten ausführlich unterhalten wollen und die Leute auf dem Land im Winter weniger Arbeit haben. Unsere Einheit erhält den Auftrag, an bestimmten Orten zu rekrutieren, und unsere Rekrutierungsoffiziere sollen eine bestimmte Anzahl von Rekruten finden. Wir wählen die jungen Männer in Zusammenarbeit mit der örtlichen Abteilung für Volksverteidigung aus. Sie führt die Prüfungen durch. Dann treffen unsere Offiziere mit den neuen Rekruten zusammen, prüfen, ob alle Anforderungen erfüllt sind, und entscheiden, ob ein neuer Rekrut angenommen werden kann. Die endgültige Entscheidung liegt beim Revolutionskomitee des Ortes in Zusammenarbeit mit den Rekrutenoffizieren. Gewöhnlich wollen alle jungen Leute zur Armee, aber wir können nur eine begrenzte Zahl aufnehmen. Als voriges Jahr eine Gruppe von Rekruten in der Kaserne ankam, stellte sich heraus, daß es einer zuviel war. Wir mußten ihn zurückschicken. Ich habe zweimal Zwillinge in einer Kompanie. Sie bestanden darauf, daß wir sie beide nähmen, nachdem einer von ihnen akzeptiert worden war. Sie behaupteten, sie seien in Körperbau, Ausbildung und Herkunft so ähnlich, daß es ungerecht wäre, einen von ihnen nicht zu nehmen.«

Die Soldaten werden bei der Infanterie für zwei Jahre eingezogen, bei der Luftwaffe für drei Jahre und bei der Marine für vier Jahre. Soldaten mit technischen Funktionen dienen gewöhnlich länger, und die Armee behält eine gewisse Zahl der Soldaten, die länger dienen möchten.

Ich fragte den jungen Soldaten an unserem Tisch, wieviel ein Soldat während seiner Dienstzeit verdient. »Ein Rekrut bekommt 6 Yuan im Monat und nach dem ersten Jahr eine Solderhöhung«, sagte der Soldat. »Fast alles in der Armee wird vom Staat gestellt. Die Soldaten brauchen nur ein kleines Taschengeld – für Mitgliedsbeiträge in Partei oder Kommunistischem Jugendverband. Auch für Briefmarken und Kleinigkeiten. Den Rest können wir auf die Bank bringen. Aber natürlich können die finanziellen Probleme der Familie nicht immer mit 6 Yuan gelöst werden. Dann springen die örtlichen Behörden ein. Die Volkskommunen lassen den Familien von Soldaten Vorzugsbehandlung zukommen. Auf diese Weise brauchen wir uns keine Sorge über Familienprobleme zu machen.«

Wie wird man Offizier in der VBA? Fast alle Offiziere kommen aus der Truppe, sagte man mir. Die meisten werden vom Zugführer zum Kompanieführer befördert. Einige hochqualifizierte Soldaten werden in Militärschulen geschickt. Bevor ein Offizier befördert wird, hören sich die Kommandeure an, was seine Soldaten über ihn zu sagen haben. Danach wird die Entscheidung von den Vorgesetzten getroffen. Offiziere sollten immer bescheiden sein: »Wenn man in Uniform ist, ist man Soldat oder Offizier. Wenn man seine Uniform auszieht, ist man ganz einfacher Zivilist. Daran muß man immer denken.«

Division Nr. 196 zählt zu der »Feldschlacht-Streitmacht« der VBA. Mit ihrem Panzer- und ihrem Artillerieregiment gehört sie zu dem bestausgebildeten und bestausgerüsteten Teil der Landstreitkräfte. Einheiten der Feldschlacht-Streitmacht sind der tragende Pfeiler der chinesischen Verteidigung und würden im Kriegsfalle an den Grenzen stehen oder eine strategische mobile Reserve bilden. Die »lokalen Streitkräfte« gehören gleichfalls zur regulären Armee, aber ihre Aufgabe ist eine andere. Es handelt sich hierbei vor allem um Infanteriedivisionen mit weniger Artillerie und moderner Ausrüstung. Die lokalen Streitkräfte sollen der örtlichen Verteidigung dienen. Im Kriegsfall würden sie vor allem innerhalb der Provinz, in der sie stationiert sind, eingesetzt werden. Feldschlacht- und lokale Einheiten tragen Uniform. Der dritte Teil der Verteidigungskräfte besteht aus der Miliz – Zivilisten ohne Uniform, die regelmäßig von den Offizieren und Soldaten der Feldschlacht-Streitmacht ausgebildet werden. 1975 entsandte Division Nr. 196 etwa 500 Offiziere und Soldaten zur Ausbildung von 100 Milizeinheiten mit zusammen 28000 Mann. Im Krieg bildet die Miliz eine Reserve, aus der die Armee die Feldschlacht-Streitmacht ergänzen kann. Des weiteren unterstützen sie lokale Einheiten beim Munitionstransport oder bei der Versorgung der Verwundeten. Außerdem werden sie dazu ausgebildet, ihre

Dörfer zu verteidigen und auf dem ihnen bekannten Territorium einen Guerillakrieg zu führen. Die Offiziere der Division Nr. 196 betonten, daß alle Armee- und sonstigen Militäreinheiten unter einem einheitlichen Kommando stehen.

Wir kamen auf die Frage der Mobilität zurück. Einer der Kommandeure legte seine Meinung dar: »Gewöhnlich bleibt eine VBA-Einheit an Ort und Stelle oder operiert in einem begrenzten Gebiet. Ihre Mobilität hängt davon ab, ob sie Lastwagen hat. Wenn nicht, geht sie zu Fuß. Natürlich kann der Transport über lange Entfernungen auch auf andere Weise erfolgen. Doch bei der Ausbildung benutzen die Truppen ihre Füße soviel wie möglich. Im modernen Krieg ist es manchmal notwendig, schnell voranzukommen. Im vorigen Jahr unternahm unsere Division einen 640-Kilometer-Marsch. Manche Einheiten verwenden Maultiere und Pferde, wenn sie verlegt werden. Die Ausrüstung wird allmählich besser, und manche Einheiten sind modernisiert und haben Lastwagen, Mannschaftswagen und moderne Waffen. Aber sogar unsere motorisierten Einheiten müssen marschieren lernen.«

Chinesische Soldaten werden einer harten Ausbildung unterzogen. Bei der Division Nr. 196 sieht der Tagesablauf folgendermaßen aus:

5.20 Uhr	Wecken und Morgengymnastik
6.30 Uhr	Waschen, Bettenmachen, Putzen
7.00 Uhr	Frühstück
7.30 Uhr	Militärische Ausbildung und Theoriekurse
11.30 Uhr	Mittagessen
12.00 Uhr	Ruhepause
14.30 Uhr	Militärische Ausbildung
18.30 Uhr	Abendessen, danach Sport, Vorträge, Gespräche zwischen Offizieren und Soldaten
20.00 Uhr	Zeitunglesen und Radiohören in Gruppen, politische Diskussionen
20.30 Uhr	Anwesenheitsappell durch den Kompanieführer, Beurteilung des Tagesverlaufs, Befehlsausgabe für den nächsten Tag

Um 21 Uhr gehen die Soldaten zu Bett. Im Laufe des Jahres ändert sich der Tagesplan nur wenig. Im Winter stehen sie später auf und gehen später zu Bett. Manchmal veranstalten die Propagandatruppen Musikveranstaltungen. Gelegentlich finden Nachtübungen statt.

Doch grundsätzlich teilt der Plan den Tag in drei Teile ein: acht Stunden Schlaf, acht Stunden militärische Ausbildung und Schulung sowie acht Stunden andere Tätigkeiten wie Sport, Erholung oder Arbeit auf den Feldern, in den Ställen und Werkstätten.

Westliche Militärs sind sich einig, daß die chinesischen Soldaten gut ausgebildet sind und im Kriegsfalle eine stark motivierte Streitmacht wären. Doch diese Beobachter weisen auch auf einige Probleme bei der Ausrüstung und in der politischen Geschichte der VBA hin, über die Chinesen nicht öffentlich und gewiß nicht mit Ausländern sprechen. Bei Besuchen und Gesprächen mit Offizieren auf Divisionsebene konnte ich nicht hoffen, etwas über diese Fragen zu hören oder Einzelheiten und Zahlen über die Stärke der VBA genannt zu bekommen.

Westliche Schätzungen, die auf relativ wenigen Informationen beruhen, ergeben etwa folgendes Bild: Mit 3,4 Millionen Soldaten ist die VBA die größte Landstreitmacht der Welt. 80 bis 90 Prozent dieser Soldaten dienen in Infanteriedivisionen, die vorwiegend mit leichten Waffen ausgerüstet sind. Die Einführung leicht transportabler Granat- und Raketenwerfer verleiht diesen Divisionen erhebliche Feuerkraft und ausreichende Verteidigungsmöglichkeiten sogar gegen überlegene Panzerkräfte. Neben den Infanteriedivisionen gibt es eine geringe Zahl von Marineinfanterie-, Fallschirmjäger- und Panzerdivisionen. Zahlenmäßig besitzt die VBA etwa ebenso viele Panzer wie die US-Armee, während die Zahl der sowjetischen Panzer viermal so groß ist. Doch die wichtigsten chinesischen Kampfpanzer sind ältere Modelle, die auf der Grundlage des sowjetischen T59 entwickelt wurden, und sind moderneren Panzern nicht gewachsen. Die Zahl von Mannschaftswagen, Lastkraftwagen, Nachschub- und Reparaturfahrzeugen ist sehr gering, wodurch Tempo und Entfernung der Operationen der VBA begrenzt werden. Die chinesischen Infanteriedivisionen besitzen starke Artillerieunterstützung. Während China Hubschrauber produziert und zivile Modelle von Frankreich und der Bundesrepublik gekauft hat, ist ihre Zahl zu gering, als daß die VBA ein starkes Kontingent hochmobiler Streitkräfte besitzen könnte. Die Luftwaffe wurde in den letzten Jahren modernisiert, besonders durch die Stärkung der Abfangjägerkräfte. Doch auch zusammen mit der begrenzten Zahl von SAM-Raketen könnte sie keine ausreichende Verteidigung gegen die sowjetischen oder amerikanischen Luftstreitkräfte bieten. Ebensowenig ist sie stark genug, den Landstreitkräften über längere Zeit taktische Luftunterstützung zu gewähren. Die kleine Bomberflotte besteht hauptsächlich aus Maschinen chinesischer Produktion, die aus älteren sowjetischen Typen entwickelt wurden. Während strategische Bomber Kernwaffen zu tragen vermögen, ist ihre Überlebenschance gegen ein modernes Luftverteidigungssystem wie das der Sowjetunion fraglich. Die kleine Marine ist zur Küstenverteidigung ausgerüstet. Ein halbes Dutzend neue Zerstörer und eine Flotte von kleinen Schnellbooten sind mit Raketen versehen. Die Unterseeboote haben defensive Aufgaben. Es gibt keine offensiv einzusetzenden U-Boote, keine mit Raketen oder mit Kernantrieb.

Auf der Grundlage dieser allgemeinen Informationen sind westliche Beobachter zu unterschiedlichen Beurteilungen der chinesischen Streitkräfte gelangt. Amerikanische Besucher von chinesischen Armee-Einrichtungen sind häufig zu dem Schluß gekommen, daß die Verteidigung Chinas im Falle eines sowjetischen Angriffs hoffnungslos unterlegen wäre. Die weiten Grenzebenen von Sinkiang und der Inneren Mongolei, sogar die Industriegebiete in der Mandschurei und der Zugang zu Peking könnten danach gegen einen entschlossenen, massiven Angriff moderner Land- und Luftstreitkräfte nicht verteidigt werden. Wegen des Mangels an moderner Ausrüstung könne man China nicht als militärische Großmacht betrachten.

Andere westliche Beobachter meinen, daß die chinesischen Verteidigungsstreitkräfte ihrer Aufgabe, einen Angriff abzuschrecken, einigermaßen genügen. Während ein Angreifer mit großer Mobilität und Feuerkraft in der Lage sein könnte, tief auf chinesisches Gebiet vorzustoßen, hätte er doch mit langen Nachschubwegen zu rechnen in einem Land, das auf einen Guerillakrieg gut vorbereitet ist, und er hätte einen großen Teil seiner Überlegenheit eingebüßt, wenn er auf die Hauptstreitmacht der VBA stieße. Ein Krieg mit China würde für die Sowjetunion langwierige Schlachten in großer Entfernung von ihren Grenzen bedeuten. In einem monate- oder jahrelangen Krieg würde sie den Verlust ihrer internationalen Glaubwürdigkeit und das Ende der Entspannungspolitik riskieren. Selbst in Planspielen, die die Errichtung einer prosowjetischen Marionettenregierung in Nord- oder Nordostchina vorsehen, weist eine sowjetische Politik der militärischen Aggression und Besetzung mehr Negativ- als Aktivposten auf. Solche Einschätzungen stimmen mit den kritischeren Beobachtungen überein, wonach eine Erhöhung der Feuerkraft und Mobilität sowie die Modernisierung der Luftwaffe notwendig sind, um die Glaubwürdigkeit der Verteidigung Chinas aufrechtzuerhalten. Es gibt Anzeichen dafür, daß die Militärpolitik Pekings diesen gemäßigten, aber vernünftigen Weg geht. Die Realität der chinesischen Wirtschaft erlaubt dem Land nicht, die militärische Schlagkraft und den Rang der Supermächte anzustreben. Massive Investitionen in die militärische Modernisierung würden die chinesische Wirtschaft schwer belasten. Schon heute gibt China etwa 10 Prozent seines Sozialprodukts für die Verteidigung aus – ein etwas höherer Prozentsatz als Rußland oder die Vereinigten Staaten, wenngleich in absoluten Zahlen natürlich erheblich weniger. Es gibt Grenzen, die von den Verteidigungsausgaben nicht überschritten werden können, ohne daß das wirtschaftliche und gesellschaftliche Gleichgewicht Chinas gefährlich gestört würde.

Dennoch hat China in strategische Kernwaffen viel investiert. Der erste experimentelle Kernreaktor wurde 1959 an der Universität Peking in Betrieb genommen. Inzwischen funktionieren etwa 50 Reaktoren in verschiedenen Teilen Chinas; Zentren der Kernanlagen sind die nordwestliche Provinz Gansu und Sinkiang. Seit 1964 sind 20 nukleare Sprengkörper in Lop Nor gezündet worden, vier davon im ersten Regierungsjahr Hua Guo-fengs. Nach Schätzungen westlicher Nachrichtendienste besitzen China eine unbekannte Zahl von Kurzstreckenraketen, 50 Raketen mittlerer Reichweite und 30 Mittelstreckenraketen, die Moskau und das europäische Rußland erreichen könnten. Die Chinesen arbeiten zwar an einer Interkontinentalrakete, deren Reichweite auch Teile der USA umfaßt, aber aus technischen oder politischen Gründen war die Entwicklung weit langsamer, als amerikanische Experten Ende der sechziger Jahre geschätzt hatten, und man hat bisher keine Langstreckenversuche registriert.

Fast nichts ist über die Qualität der chinesischen Raketen und ihre Standorte bekannt. Es ist zweifelhaft, daß sie einen Kernwaffenangriff überstehen könnten und daß China bereits im Mittelstreckenbereich nach einem Angriff noch zurückschlagen könnte. Doch die Ungewißheit bildet als solche eine Abschreckung, und die Wahrscheinlichkeit eines sowjetischen präventiven Atomschlages ist seit Ende der sechziger Jahre, als diese mit einiger Dringlichkeit von sowjetischen und westlichen Militärexperten erörtert wurde, erheblich gesunken. China besitzt nicht die technischen und wirtschaftlichen Mittel, um nukleare Parität mit den beiden Supermächten zu erreichen, aber sein bescheideneres Programm reicht aus, um der Drohung mit nuklearer Erpressung seitens seines Nachbarn im Norden entgegenzutreten.

Seit der Gründung der Volksrepublik hat die Debatte über die Militärpolitik, ihre Ziele und Alternativen, nie aufgehört. Es war nie eine rein militärische Debatte, weil sie die politischen und wirtschaftlichen Entscheidungen betraf, die von der chinesischen Führung zu treffen waren. Die führenden Militärs und die VBA selbst sind tief in politische Angelegenheiten verwickelt, und sie können und wollen eine Beteiligung an den Auseinandersetzungen über den politischen Kurs nicht vermeiden. Anfang der fünfziger Jahre wurde die Militärpolitik stark durch das sowjetische Vorbild und die Erfahrungen des Koreakrieges beeinflußt. Die VBA war eine Guerillaarmee gewesen, die sich während der Kriege zu einer organisierten Streitmacht entwickelte, die umfangreiche, massive Operationen durchführen kann. Als Streitmacht einer etablierten kommunistischen Regierung begann sie, sich in eine stärker professionelle, modernisierte Armee umzuformen. Der Exponent dieser Tendenz schien Verteidigungsminister Peng De-huai zu sein, dessen Ansichten über Militärpolitik und Industrieorganisation in starkem Gegensatz zu den Ideen Mao Tse-tungs stand, der revolutionäre Kriegsführung und Guerillastrategie, einen »Großen Sprung Vorwärts« in Landwirtschaft und Industrie und Unabhängigkeit von sowjetischem Schutz und sowjetischer Beherrschung betonte. Der Verteidigungsminister wurde entlassen. Mitte der sechziger Jahre stellten Stabschef Lo Rui-jing und der neue Verteidigungsminister Lin Biao eine militärische Doktrin auf, die den Volkskrieg und den Nahkampf zwischen Landstreitkräften hervorhob. Moderne Ausrüstung und sogar Atombomben wurden als sekundär betrachtet, wenn die chinesischen militärischen Planer auch langfristig weniger einseitig dachten. China mußte sich, so verkündeten sie, auf die Verteidigung gegen die USA vorbereiten, in welcher Form auch immer es angegriffen werden mochte. In den folgenden Jahren brachte die Kulturrevolution mit ihren Erschütterungen eine schwere Belastung für den Zusammenhalt der VBA. Während die Armee von Mao den Befehl erhielt, die jungen Roten Garden in ihren Angriffen auf die etablierten Partei- und staatlichen Behörden zu unterstützen, standen viele lokale Armee-Einheiten oft auf der Seite der Provinz- und städtischen Behörden, die etwas Ordnung zu bewahren und ein Chaos zu verhindern suchten. Die Auseinandersetzung reichte bis in die Führungsspitze der VBA und ihren Generalstab. Hohe Kommandeure wurden bei Kritikversammlungen von Tausenden von Roten Garden vorgeführt, angeklagt, beschimpft und entlassen. Doch als die Wirren der Kulturrevolution endeten, war die Armee als die einzige Organisation übriggeblieben, die in der Lage war, Autorität wiederherzustellen und eine geordnete Verwaltung sowie die Wiederaufnahme der Industrieproduktion anzukurbeln. Als die neuen Verwaltungsorgane von Provinzen, Städten und Dörfern, Universitäten und Grundschulen, Fabriken und Kommunen wurden Revolutionskomitees eingesetzt. In allen spielten Angehörige der Volksbefreiungsarmee eine führende Rolle. In den folgenden fünf Jahren bis 1973 ging die Verwaltung langsam wieder in die Hände ziviler Kader über.

Zwischen 1969 und 1971 erreichten die chinesischen Verteidigungsausgaben eine Rekordhöhe. Die Gründe dafür sind unbekannt. Vielleicht wurde die sowjetische Bedrohung als ganz besonders gefährlich empfunden. Vielleicht benutzten die Militärs ihre führende Stellung, um die Investitionen in der Modernisierung der Armee zu erhöhen. Vielleicht haben beide Faktoren zusammengewirkt. Dann ließ der Einfluß der Militärs nach. Verteidigungsminister Lin Biao wurde beschuldigt, einen Staatsstreich mit dem Ziel der Absetzung Maos geplant zu haben, und kam auf der Flucht nach Norden bei einem Flugzeugabsturz über der Mongolei um. Wieder wurden führende Militärs, die mit ihm verbündet gewesen waren, diskreditiert und entlassen. Andere Kommandeure, die Säuberungen während der Kulturrevolution zum Opfer gefallen waren, kehrten zurück. Die starken Männer der Militärregionen Chinas besaßen immer noch eindrucksvolle Machtpositionen. Viele von ihnen waren nicht nur die Befehlshaber von Streitkräften in einem riesigen Gebiet, sondern auch Vorsitzende von Revolutionskomitees sowie Verwaltungschefs wichtiger Provinzen. Dann, im Dezember 1973, wurde ihre Macht reduziert. Niemand verlor seine Position als Befehlshaber einer Militärregion, aber die meisten wurden in andere Gebiete versetzt, wo ihr Einfluß weniger stark verwurzelt war und wo sie nur militärische und nicht administrative Macht hatten.

Ihr politisches Gewicht mußte sich wieder vergrößern, als sich der Machtkampf in der politischen Führung während des Jahres vor Maos Tod zuspitzte. Die Vierergruppe in der Führungsspitze der Partei organisierte ihre Sympathisanten in der Partei und in Verwaltungsorganen. In einigen Städten bildete sie Milizen als verläßliche Streitmacht unter separatem Kommando. Sie versuchte, die Armee zu spalten. Vizeministerpräsident Deng Xiao-ping verlor seine Stellung als Stabschef der VBA noch bevor er aus seinen Regierungs- und Parteiämtern entlassen wurde. Zhang Chun-qiao, der intellektuelle

Führer der Vierergruppe, blieb Leiter der politischen Abteilung der VBA, Chef aller ihrer politischen Kommissare und Instrukteure. Die Vierergruppe stellte besondere Beziehungen mit einigen Armee-Einheiten her und überging dabei die Militärkommission der Partei und Verteidigungsminister Ye Jian-ying, während sie einem Mitglied der Gruppe, Wang Hung-wen, Aufnahme in das höchste militärische Organ der Partei verschaffte. Anhänger der Vierergruppe benutzten die Kampagne gegen die »Vertreter des kapitalistischen Weges« zu einem Angriff gegen Kommandeure auf verschiedenen Ebenen der Armee. Sie wollten loyale jüngere Offiziere und Politinstrukteure in Schlüsselstellungen befördern. Da sie die Medien und die politischen Kampagnen beherrschten, hofften die Radikalen, einen Loyalitätskonflikt in der Armee herbeiführen und lokale militärische Unterstützung für den Fall einer Machtprobe in Peking zu gewinnen. Wie die Ereignisse des Herbstes 1976 bewiesen, hatten die Radikalen wenige oder gar keine Armeeführer auf ihrer Seite, und es gelang ihnen nicht, eine größere Zahl von Einheiten für ihre Sache zu mobilisieren.

Bei der Volksmiliz waren sie erfolgreicher gewesen. Diese riesige paramilitärische Organisation war ursprünglich als Hilfstruppe für die VBA unter militärischem Kommando betrachtet worden. In den Landgebieten, wo ihre Einheiten von den Kommunen gestellt wurden, waren die engen Beziehungen zur Armee aufrechterhalten worden. Bauern und Bäuerinnen bildeten Milizkompanien und -bataillone, und auf der Verwaltungsebene der Kommune wurden diese Einheiten zu einem Regiment zusammengeschlossen. Die Miliz lernte, mit Gewehren und Maschinenpistolen zu kämpfen und Landminen zu legen. Sie wurden durch lokale Armee-Einheiten ausgebildet. In den Städten war die Situation weniger klar. Milizeinheiten wurden in den Fabriken gebildet, wo die Arbeiter verschiedener Werkstätten als Kompanien oder Bataillone organisiert wurden. Einige ihrer Einheiten besaßen Flugzeugabwehrgeschütze, die unter Planen auf den Fabrikhöfen standen. Anfang der siebziger Jahre wurde in Shanghai eine wichtige Veränderung in der Befehlsstruktur durchgeführt. Man bildete ein Arbeiter-Miliz-Generalkommando, das dem städtischen Partei- und Revolutionskomitee verantwortlich war. Die einzelnen Milizeinheiten unterstanden nicht mehr dem Kommando von Armee-Einheiten. Die Miliz bildete eine getrennte Streitmacht unter ihrem eigenen Hauptquartier. Es hat den Anschein, als seien die meisten großen Industriestädte dem Shanghaier Beispiel gefolgt. der

Umfang der Zusammenarbeit mit den Armeekommandos war von Stadt zu Stadt verschieden. In Gebieten, wo der radikale Flügel stark war, erwähnten Milizkommandeure die Armee kaum, wenn sie uns die Funktionen ihrer Einheiten erklärten. An diesen Orten hatte die Miliz auch Funktionen des Amtes für öffentliche Sicherheit übernommen. Milizangehörige gingen Streife auf Straßen und in Nachbarschaften, und sie untersuchten Verbrechen oder die Handlungen und die Einstellung von Leuten, die im Verdacht standen, Anhänger der »Vertreter des kapitalistischen Weges« in Peking zu sein. Es gab Anzeichen dafür, daß der radikale Flügel seine eigenen Streitkräfte organisierte, die von der Volksbefreiungsarmee und dem Ministerium für öffentliche Sicherheit unabhängig waren. Zu jener Zeit wußte niemand, ob der radikale Flügel den anderen Sicherheitsorganisationen gegenüber erfolgreich sein würde. Erst nach dem Fall der »Viererbande«, als ihr sogar in Shanghai die Miliz nicht zu Hilfe kam, konnten die anderen Partei- und Armeeführer sicher sein, daß sich die verschiedenen Milizkommandos nicht gegen sie stellen würden.

Angesichts des politischen Drucks der verschiedensten Art und der Säuberungen während der letzten dreißig Jahre ihrer Geschichte hat die Volksbefreiungsarmee ihre Einheit überraschend gut bewahrt. Es muß in all diesen Jahren Auseinandersetzungen über die Militärdoktrin und die Ziele der Armee-Reorganisation gegeben haben. Plötzliche Veränderungen bei politischen Linienkämpfen und die Entlassung erfahrener alter Kameraden, persönliche Rivalitäten und wechselnde Bündnisse zwischen Spitzenmilitärs müssen die Einheit der Streitkräfte starken Belastungen unterworfen haben. Doch in den Wochen nach Maos Tod agierte die VBA als stabilisierende Kraft mit einheitlicher Zielsetzung, die eine geordnete Übergabe der Macht an Hua Guo-feng, Ye Jian-ying und ihre Verbündeten garantierte. Als es zur Konfrontation kam, verhinderte die Einheit der VBA das Chaos, auf das die Vierergruppe ihre Anhänger vorbereitet hatte.

Mit Sicherheit haben dabei regionale Armeekommandeure ihre Position ausgebaut. Sie können neue Gründe anführen, um ihrer Stimme Gewicht zu verschaffen, und sie haben an Autorität gewonnen. Doch die VBA ist keine unabhängige, einheitliche Kraft in der chinesischen Politik. Einige ihrer Spitzenkommandeure und politischen Kommissare sind Mitglieder der höchsten Entscheidungsgremien der Partei. Sie sind an den Debatten über den politischen Kurs beteiligt, aber beziehen nicht als einheitliche Gruppe Position. Weil führende Befehlshaber zur Spitzengruppe derer gehören, die in Peking Entscheidungen treffen, kann die Armee sich nicht aus politischen Kampagnen und Auseinandersetzungen heraushalten. Doch während der Kulturrevolution ebenso wie während der politischen Kämpfe von 1975 und 1976 war die Armee in der Lage, sich gegen die extremeren Einflüsse abzuschirmen, die Unordnung in die Strukturen von Partei, Verwaltung und Industrie brachten. Ihre Führer beriefen sich auf die Aufgabe der Verteidigung gegen einen äußeren Feind, um die Stärke und den Zusammenhalt der Armee zu gewährleisten, und sie betonten auch die Notwendigkeit von Ordnung und stabiler Entwicklung in China.

WIE CHINA DIE WELT SIEHT: BEMERKUNGEN ZUR AUSSENPOLITIK EINER KÜNFTIGEN WELTMACHT

Die Außenpolitik Chinas in den siebziger Jahren ist trotz der Veränderungen in der Führung bemerkenswert widerspruchsfrei und einheitlich geblieben. Die inneren Konflikte haben weniger Einfluß auf Pekings Konzeption von der internationalen Politik gehabt, als ausländische Beobachter erwarteten. Es gab Zeiten, zu denen die Verdammung der Weltpolitik Moskaus schärfer waren als zu anderen Zeiten, und zuweilen wurden in chinesischen Erklärungen die grundsätzlichen Differenzen mit Amerika deutlicher betont als die Bereiche paralleler Interessen. Doch der grundsätzliche Rahmen wurde festgelegt, als sich Mao und Zhou zugunsten einer Teilnormalisierung der chinesisch-amerikanischen Beziehungen entschieden, und seitdem ist die Außenpolitik Chinas zu keiner Zeit weit von diesem Kurs abgewichen. Amerikanische außenpolitische Planer behaupteten gelegentlich, die Fraktionskämpfe innerhalb der chinesischen Führung hätten Verbesserungen der Beziehungen zwischen Peking und Washington im Wege gestanden, doch oft war dies nur eine bequeme Erklärung, als sich Amerika seiner eigenen Politik nicht sicher war. Der Wechsel von Nixon zu Ford und zu Carter hat die Außenpolitik der USA stärker beeinflußt als der Fall der Vierergruppe oder die Verbannung und die Rückkehr des Vizeministerpräsidenten Deng Xiao-ping die internationalen Beziehungen Chinas.

Entsprechend den Verschiebungen der weltpolitischen Brennpunkte kam es zu Akzentverlagerungen und Veränderungen bei den außenpolitischen Tageskommentaren Pekings. Doch die Grundsätze seiner Außenpolitik blieben unverändert. Die Außenpolitik Chinas stützt sich auf eine ideologische Theorie und auf konkrete historische Erfahrungen, so daß sie ausländischen Experten unelastisch und unnachgiebig erscheinen mag und damit ungeeignet für ein internationales Machtsystem, das Druck und Gegendruck in wechselnden Konstellationen ausgesetzt ist. Doch der ideologische Rahmen bietet China auch eine langfristige Perspektive. Zusammen mit der in einer langen Geschichte erworbenen Geduld ist er die Grundlage einer konsequenten Außenpolitik, die ihre Ziele hartnäckig verfolgt.

Chinesische Erklärungen zur Außenpolitik sind von einer Voraussagbarkeit gekennzeichnet, die ausländische Berichterstatter zur Verzweiflung treibt. Doch auch in vertraulichen Gesprächen und Diskussionen fand ich keine Widersprüche und wenige Variationen. Die Bemerkungen waren manchmal offener, wenn sie nicht zur Veröffentlichung bestimmt waren, aber es gab keine Abweichungen von der Generallinie. Bei der Durchsicht meiner Notizen über vertrauliche Gespräche, Diskussionen und kurze Unterhaltungen mit chinesischen außenpolitischen Experten bin ich zu dem Schluß gelangt, daß sie die Skizze eines politischen Gedankengebäudes bilden, das die Grundlage der Analyse weltpolitischer Ereignisse ist und bemerkenswert einstimmig erscheint. Wenn ich diese Notizen zusammenfasse, so ergeben sie ein mosaikartiges Interview über die chinesische Auffassung von der internationalen Situation.

Frage: Erwartet China, daß die gegenwärtigen Spannungen zu einem Krieg größeren Ausmaßes führen werden?

Antwort: Es gibt verschiedene Ansichten über die gegenwärtige Weltlage. Einige ausländische Beobachter behaupten seit langem, daß ein Krieg zwischen China und Rußland bevorstehe. Einige sagen, er bricht in zwei oder drei Jahren aus, einige meinen, er kommt dieses Jahr, andere hatten ihn für vergangenes Frühjahr vorhergesagt. Nun, das Frühjahr ist vorbei.

Wir glauben, daß die weiterbestehende Rivalität zwischen den USA und der Sowjetunion mit größter Wahrscheinlichkeit zu einem Krieg in Europa führt. Im Fall eines Krieges zwischen diesen beiden Staaten werden nach unserer Einschätzung Europa und der Mittlere Osten hineingezogen. Gegenwärtig bildet die Sowjetunion die Hauptgefahr. Nur zwei Länder sind in der Lage, einen Weltkrieg anzufangen und zu führen, die Vereinigten Staaten und die Sowjetunion, die in der heutigen Welt die größten Ausbeuter und Unterdrücker sind. Die Sowjetunion stellt eine größere Gefahr dar als die Vereinigten Staaten, weil die amerikanische Einflußsphäre seit dem Zweiten Weltkrieg geschrumpft ist. Wenn die Sowjets ihr Ziel der Welthegemonie erreichen wollen, müssen sie expandieren. Deshalb betrachten wir die Sowjetunion als die gefährlichere imperialistische Macht. Die Strategie der Sowjetunion ist auf Europa gerichtet. Moskau hat Ambitionen in Asien, aber seine Hauptinteressen liegen in Europa und im Mittleren Osten. Erst dann, wenn es Westeuropa beherrscht oder besetzt, wird es sich gegen Asien wenden. Natürlich sind wir immer auf einen möglichen Angriff seitens der Sowjetunion vorbereitet, aber wir glauben, daß sie einen Angriff nicht wagen wird, solange wir vorbereitet sind. Das ist seit vielen Jahren unsere Einschätzung der Situation, und sie war es sogar 1969, als bei der Insel Zhen Bao am Ussuri gekämpft wurde. Es gab am 2. März einen Zusammenstoß und am 15. März einen größeren, und bis zum September jenes Jahres hörte das Schießen nicht auf. Es wurde über den Fluß geschossen, wobei das meiste Feuer von der anderen Seite kam, weil

paar Dutzend Millionen Rubel. Später bemerkte ein sowjetischer Diplomat, China habe den Handel eingeschränkt, aber überlebt. Darauf sagte ich ihm: »Sie machen Fortschritte. Jetzt, da Ihnen klar ist, daß wir ohne viel Handel auskommen können, ist es vielleicht möglich, unseren Handel wieder zu verstärken.« Einige Leute in der Welt glauben, daß China nicht ohne die Hilfe anderer Länder überleben kann, ohne ausländische Unterstüzung keinen Erfolg haben kann. Als China sich einer Drohung der Sowjetunion gegenübersah, meinten manche Leute, wir wären hilflos. Doch wir haben immer geglaubt, daß wir uns selbst helfen können, und auch nach dem Abzug der sowjetischen Experten im Jahr 1960 haben wir Fortschritte gemacht. Damals haben wir sogar unsere Schulden zurückgezahlt. Wer kam uns zu Hilfe, als wir gegen Chiang Kai-shek kämpften? Niemand. Nicht die Sowjets. Statt uns Hilfe zu leisten, haben sie sich unserer Kampfentschlossenheit entgegengestellt. Sie versuchten, uns Angst einzujagen, aber wir hörten nicht auf sie. Wir kämpften mit den Gewehren und Kanonen, die wir von Chiang Kai-sheks Truppen erbeutet hatten. Nach dreieinhalb Jahren siegten wir, aber selbst nachdem unsere Truppen den Yangtse überschritten hatten, glaubten die Sowjets immer noch nicht an unseren Sieg. Der sowjetische Botschafter folgte der Regierung auf ihrer Flucht von Nanking nach Kanton. Andere Botschafter folgten Chiang Kai-shek nicht, sogar der Botschafter der USA blieb. Warum zweifelten die Sowjets daran, daß wir siegen konnten? Sie konnten sich nicht vorstellen, daß China ohne ihre Hilfe erfolgreich wäre. Stalin gab später zu, daß dies falsch war. Der Erfolg der chinesischen Revolution beruhte nicht auf Unterstützung von außen, sondern auf Selbsthilfe. Wir verlassen uns nicht auf einen Gott oder einen Retter. Wir verlassen uns auf uns selbst, um uns selbst zu retten. Natürlich meinen wir nicht, daß man von anderen Ländern nichts lernen könne. Wir lernen die guten Dinge, den Marxismus von Deutschland, den Leninismus von der Sowjetunion. Wir wollen auch technisches Wissen des Auslandes lernen. Einige Freunde in anderen Ländern sagen, daß China die Selbsthilfe betont und nicht mit anderen handeln will. Aber das ist nicht wahr. Andere Leute stellen fest, daß China seinen Außenhandel erweitert hat, und glauben, daß es seine Politik der Selbsthilfe aufgegeben habe. Das ist auch falsch. Manche Freunde im Ausland blicken nach China und meinen, es müsse entweder A oder B sein. Sie verstehen China nicht. Selbsthilfe ist unser Hauptprinzip, aber diese Politik ist nicht absolut. Sie schließt nicht die Notwendigkeit aus, von anderen zu lernen und mit ihnen Handel zu treiben. Auf der anderen Seite schließt der Austausch von Waren und Wissen nicht eine Politik der Selbsthilfe aus. Als wir gegen die Guomindang kämpften, waren wir bereit, Hilfe anzunehmen, wenn irgendein fremdes Land bereit gewesen wäre, uns zu unterstützen, doch niemand bot Hilfe an. Selbsthilfe ist eine Politik, die aus der Erfahrung vieler Jahre erwächst.

Frage: Wie sieht China die sowjetische Position in Europa?

Antwort: Die Konferenz zur europäischen Sicherheit und Zusammenarbeit hat die Spannungen nicht abgeschafft. Die Konfrontation zweier Lager besteht noch. Die Streitkräfte, besonders die der Sowjetunion, sind vergrößert worden. Deshalb meinen wir, daß die Lage in Europa noch gespannter ist als vor ein paar Jahren. Der Trend führt zum Krieg. Wir glauben nicht, daß ein Krieg in zwei oder drei Jahren beginnen muß, aber die Erhöhung der sowjetischen Militärausgaben und die Verstärkung ihrer Rüstung läßt sich nicht mit Verteidigungsbedürfnissen erklären. Wo liegen die Hauptinteressen der Sowjetunion? In Europa. Wo liegen die Hauptinteressen der USA? In Europa. Manche Leute glauben, die Sowjets wollen Entspannung in Europa, damit sie nach Osten angreifen können. Doch wenn sie in Asien einen Krieg beginnen, wie können sie ihren Rücken verteidigen? Andere könnten sie von Westen angreifen, und selbst wenn Westeuropa und Amerika sich nicht rührten, wie steht es mit Aufständen in Osteuropa? Sie beherrschen ein Kolonialreich mit Bajonetten. Wer wären ihre Verbündeten in einem Krieg mit China? 95 Prozent des polnischen Volkes mögen die Russen nicht. Die Ungarn mögen sie nicht. Der östliche Teil Deutschlands mag sie nicht. Vielleicht mögen die Bulgaren sie, doch selbst von ihnen nicht alle. Militärisch gesehen sind die osteuropäischen Länder sowjetisch besetzt. Wirtschaftlich sind sie sehr abhängig von der Sowjetunion, und politisch gibt es innerhalb dieser Länder einige prosowjetische Gruppen. Deshalb sind Veränderungen im Verhältnis zwischen der Sowjetunion und den osteuropäischen Ländern schwer zu erreichen, aber die Widersprüche werden schärfer, und irgendwann könnten Veränderungen erfolgen. Die meisten Länder haben einen starken Drang nach Unabhängigkeit. Wenn osteuropäische Länder es wagen, eine eigene unabhängige Politik zu verfolgen, werden die Sowjets wahrscheinlich ihre Truppen einsetzen. Wir haben das in der Tschechoslowakei gesehen, aber diese Regel ist nicht absolut. Jugoslawien und Rumänien sind Dornen im Fleisch der Sowjetunion, aber es ist ihnen gelungen, die Unabhängigkeit ihres Landes zu verteidigen. 1956 standen sowjetische Truppen in Polen, aber sie konnten nicht verhindern, daß Gomulka an die Macht kam. Die polnische Parole war »Souveränität, Demokratie und Sozialismus«, und die Polen konnten ihre Ziele unter günstigen Bedingungen erreichen. Wir glauben, daß Reich und Gesellschaft Rußlands nicht so stabil sind, wie sie aussehen. Ihre Schwierigkeiten sind ebensogroß wie ihre Ambitionen, und wir haben den Eindruck, daß manche dieser Schwierigkeiten unheilbare Krankheiten sind. Deswegen sagen wir, daß die Sowjetunion auch ein Papiertiger ist. Früher oder später wird er zusammenbrechen oder Rückschläge erleiden. Bevor er zusammenbricht, kann der russische Tiger noch Leute beißen, aber manche von unseren Freunden in Europa begehen den Fehler, seine Stärke zu überschätzen. Sie flüchten sich in Fatalismus und hoffen, die Sowjetunion durch Zugeständnisse besänftigen zu können. Wir unterschätzen nicht die Macht der Sowjetunion, ihre Kernwaffen und ihre konventionellen Streitkräfte; aber wir glauben, daß sie einen Krieg so lange nicht riskieren kann, wie Westeuropa und Amerika darauf vorbereitet und gewillt sind, Widerstand zu leisten. Großmächte sind nicht notwendigerweise unbesiegbar. George Washington besiegte die Briten. Die Spanier besiegten Napoleon. Indochina besiegte die Vereinigten Staaten. Die Sowjetunion besetzte die Tschechoslowakei, aber wagte nicht, Jugoslawien anzugreifen. Gegenwärtig ist die Kriegsdrohung weniger gefährlich als eine Politik des Nachgebens und die Erfüllung russischer Forderungen. Es wird nur weitere Forderungen und Erpressungen geben. Natürlich würden die Sowjets gerne siegen, ohne einen Krieg anfangen zu müssen.

Frage: Ist China besorgt über den sowjetischen Einfluß in Asien, besonders in Indochina?

Antwort: Die sowjetische Politik hat drei Ziele: Rivalität mit den USA über die Welthegemonie; der Versuch, die Herrschaft über die asiatischen Länder zu gewinnen; der Versuch, China zu isolieren. Nach dem Ende des Krieges in Indochina gibt es eine neue Gefahr, den Tiger durch die Hintertür einzulassen, während man den Wolf an der Vordertür abwehrt. Wir glauben, daß alle Länder in Südostasien ihre Unabhängigkeit schätzen und wachsam sind. Kambodscha hat eine Politik der Unabhängigkeit, des Friedens und der Neutralität gewählt und spielt eine positive Rolle in Südostasien. Entgegen manchen westlichen Berichten haben wir nicht der Sorge Ausdruck gegeben, daß Vietnam frühere amerikanische Stützpunkte den Sowjets überlassen könnte. Die Sowjetunion träumt von diesen Stützpunkten. Aber wollen die Vietnamesen sowjetische Stützpunkte in ihrem Land? Wahrscheinlich nicht. Selbst wenn die Sowjets einige Stützpunkte dort bekommen, bedeutet das nicht sehr viel, und eines Tages werden die Vietnamesen die Sowjets ebenso verjagen, wie es die Ägypter taten. Es gibt einige Probleme mit den Paracel-Inseln. Sie sind immer integraler Bestandteil des chinesischen Territoriums gewesen, und die Mehrzahl der Nationen in der Welt erkennt unsere Position an. Erst seit ganz wenigen Jahren haben einige Länder (sowohl das frühere Südvietnam als auch Nordvietnam) plötzlich territoriale Rechte an einigen dieser Inseln beansprucht. Sie vergaßen, daß sie in der Vergangenheit den rechtmäßigen Anspruch Chinas anerkannt hatten. Unsere Haltung ist: Wir haben Geduld. Dieses Problem wird eines Tages gelöst werden. Wir haben in Indien gesehen, daß die russische Präsenz gar nicht so stark etabliert war. In der Vergangenheit waren wir der Auffassung, daß Indien nicht bereit wäre, sich ständig wie der pflichtbewußte Sohn des sowjetischen Vaters zu verhalten. Der indisch-sowjetische Vertrag schien die Inder fest an die Russen zu binden, aber wie so oft war die Wirklichkeit verschieden vom Schein. Wir haben immer Geduld. Denken Sie an die langen Verhandlungen über einen Friedens- und Freundschaftsvertrag zwischen China und Japan. Die Japaner hatten Angst vor der Sowjetunion und verschoben die Unterzeichnung des Vertrages. Die Sowjets übten Druck auf sie aus wegen einer Klausel des Vertrages, in der es heißt, daß kein Land in Asien Hegemonie ausüben solle. Sie schüchterten die japanische Regierung ein, und die Japaner betrieben eine weiche Politik gegenüber der Sowjetunion. Doch haben sich die Beziehungen zwischen beiden verbessert? Nein. Je weicher die Japaner sind, desto härter wird die Sowjetunion. Die Japaner werden das noch selbst erkennen. In ihrer Außenpolitik geben die Japaner ohnehin ihren Beziehungen zu den Vereinigten Staaten den Vorrang. Wir sind natürlich gegen ein Wiedererstehen des japanischen Militarismus, aber wir glauben, daß Japan das Recht auf ausreichende Selbstverteidigungskräfte hat.

Frage: Ist China zufrieden oder enttäuscht angesichts der Entwicklung der chinesisch-amerikanischen Beziehungen seit der Unterzeichnung des Kommuniqués von Shanghai?

Antwort: Wir finden, daß die Beziehungen relativ gut sind. Wir haben viele Differenzen mit den Vereinigten Staaten, aber das sind keine neuen Probleme. Natürlich wissen wir, daß die Vereinigten Staaten ihre Politik in mancher Hinsicht ändern. Vielleicht erwarteten manche Leute mehr, aber wir rechneten nicht mit drastischen und plötzlichen Veränderungen der Politik der amerikanischen Regierung. Um die Beziehungen zwischen China und den Vereinigten Staaten zu normalisieren, müssen die USA drei Dinge tun: die diplomatischen Beziehungen mit Taiwan abbrechen; die Militärverträge mit Taiwan aufheben; die amerikanischen Truppen von Taiwan zurückziehen. Taiwan ist ausschließlich ein Problem Chinas. Wie es gelöst wird, ist eine Frage der Souveränität Chinas, und kein anderes Land hat ein Recht, sich einzumischen. Über Fragen der Souveränität läßt sich nicht verhandeln. Wir werden nie zulassen, daß irgendein fremdes Land sich in unsere inneren Angelegenheiten einmischt. In dieser Hinsicht wird es keinerlei Feilschen oder Handel geben, und nichts wird uns dazu bringen, unsere Position zu ändern. Einige Ausländer verlangen von uns, zu schwören, daß wir niemals Gewalt gebrauchen werden, um Taiwan mit China zu vereinigen. Doch in der Vergangenheit haben wir die Erfahrung gemacht, daß eine Befreiung Taiwans ausschließlich mit friedlichen Mitteln vielleicht unmöglich ist. Nehmen Sie den Fall »Tibet«: Um es friedlich zu befreien, mußten wir zuerst einige reaktionäre Kräfte bekämpfen. Selbst nach der Befreiung Tibets gab es immer noch reaktionäre Kräfte, die rebellierten. Es gibt in der Geschichte keinen Präzedenzfall, der uns lehrt, daß reaktionäre Kräfte je die politische Macht freiwillig aufgeben.

Die Vereinigten Staaten werden ihre Beziehungen zu Taiwan ändern müssen, bevor unsere Beziehungen normalisiert werden können. Es ist allerdings eine andere Frage, wie schnell die amerikanische Regierung das tun kann. In dem Kommuniqué von Shanghai sind die unterschiedlichen Positionen Chinas und der Vereinigten Staaten deutlich zum Ausdruck gebracht. Solange diese Differenzen bestehen, werden wir die Praktiken und die Politik der Vereinigten Staaten kritisieren. Doch gegenwärtig können wir mit Gewißheit sagen, daß unsere Beziehungen nicht schlechter, sondern besser sind als vor der Unterzeichnung des Kommuniqués von Shanghai. Es gibt fundamentale Unterschiede in den Auffassungen beider Länder zu bestimmten internationalen Problemen. Andererseits gibt es Gemeinsamkeiten, insbesondere in unseren Bemühungen, Hegemonie und Expansion zu verhindern. Wenn wir von Unterschieden in unserer Auffassung von Weltproblemen sprechen, müssen wir im Auge behalten, daß es auch in den Vereinigten Staaten Meinungsverschiedenheiten gibt. Viele Menschen in der Welt, sogar in Amerika, haben den Eindruck, daß eine Befriedung à la München die Außenpolitik der USA bestimmt. Unter Kissinger versuchten die Amerikaner, die Wünsche der Sowjetunion zu erfüllen. Sie gingen so weit, die Sonnenfeld-Doktrin zu entwickeln. Sie waren bereit, zur Konsolidierung der Kolonialherrschaft der Sowjetunion über die osteuropäischen Länder beizutragen. Sie taten dies in der Hoffnung, die Sowjetunion würde ihre Position in Osteuropa stabilisieren und dann die Speerspitze ihrer Streitkräfte gegen den Osten und China richten. Sie versicherten der Sowjetunion, sie würden sich aus Osteuropa heraushalten, solange die Sowjets Westeuropa in Frieden ließen. Doch die Sowjetunion verhielt sich nicht so, wie die Amerikaner gehofft hatten. Selbst nach dem Abschluß der europäischen Sicherheitskonferenz verstärkte die Sowjetunion ihre Streitkräfte in Europa. Sie intensivierte ihre subversive Tätigkeit in Westeuropa und benutzte Kuba zur bewaffneten Intervention in Angola. Als das angolesische Volk gegen Portugal kämpfte, erhielt es von den Sowjets wenig Unterstützung an Waffen und Munition. Wir unterstützten die drei Befreiungsbewegungen, und nach dem Abzug der Portugiesen stellten wir die Militärhilfe an alle drei ein. Die Sowjetunion dagegen spielte eine Organisation gegen die andere aus, und jetzt, nachdem die Portugiesen vertrieben sind, sind die Sowjets und kubanische Söldner an ihre Stelle getreten. Die Geschichte wird erweisen, wer der Freund und wer der Feind des angolesischen Volkes ist. Unsere Politik wurde nicht überall in Afrika verstanden, aber wir halten sie für richtig, und im Laufe der Zeit wird die Entwicklung zeigen, daß wir recht haben. Die sowjetische Intervention in Angola ist nicht ein revolutionärer Krieg, sondern ein Krieg wie derjenige der Zaren, über deren Annexionspolitik Engels geschrieben hat. Die Sowjetunion hat Westeuropa von der Arktis bis zum Mittelmeer eingekreist, und jetzt sucht sie Flottenstützpunkte im Südatlantik. Sie bemüht sich auch, einen Stützpunkt im Südpazifik zu erwerben. Alle diese Schritte sind Teil der Rivalität zwischen den Supermächten, und die Speerspitze ist gegen die Vereinigten Staaten gerichtet. Die Amerikaner machten sich etwas vor, weil die sowjetische Philosophie von der ihren verschieden ist und lautet: Was mir gehört, gehört mir, und was dir gehört, gehört auch mir. Die Sowjetunion ist unser Nachbar, und dies ist die Haltung, die sie uns gegenüber eingenommen hat. Die sowjetischen Ambitionen werden niemals erfüllt sein, selbst dann nicht, wenn man ihnen Amerika überläßt. Manche Amerikaner glauben an das Gleichgewicht der Kräfte und meinen, es werde den Krieg verhindern. Doch die Sowjetunion will kein Gleichgewicht der Kräfte erhalten. Sie will die USA überholen und hinter sich lassen. Sie mag in ihren Angriffen gegen China harte Worte gebrauchen, aber sie weiß sehr wohl, daß ihr Hauptfeind Amerika ist. Selbst wenn die Sowjets von guten Beziehungen sprechen, betrachten sie die USA als ihren Hauptfeind. Glücklicherweise haben mehr und mehr Menschen den wahren Charakter der sowjetischen revisionistischen Aggressoren und Expansionisten erkannt. Es ist unsere Hoffnung, daß die Menschen einen klaren Kopf gewinnen und ihre Illusionen aufgeben.

China und die Vereinigten Staaten haben verschiedene Gesellschaftssysteme. Deshalb beziehen sie unterschiedliche Positionen selbst in Bereichen, wo ihre Interessen übereinstimmen. Zum Beispiel: Beide sind gegen eine sowjetische Expansion im Mittleren Osten. Die Amerikaner sind gegen die sowjetische Hegemonie, weil sie selber nach Hegemonie streben und an ihre eigenen Interessen denken. Wir sind gegen Hegemonie, ganz gleich, ob sie von der Sowjetunion oder von den Vereinigten Staaten ausgeübt wird. In der Opposition gegen die sowjetische Expansion haben wir gemeinsame Interessen mit den Vereinigten Staaten, aber wenn wir uns gegen jede Form der Hegemonie stellen, resultiert ein Gegensatz zu den Interessen der USA. Wir haben im Mittleren Osten keinerlei Ambitionen außer dem Wunsch, die Völker in ihrem Kampf für Unabhängigkeit von fremder Beherrschung zu unterstützen. Somit haben China und die USA gemeinsame Interessen ebenso wie grundsätzliche Differenzen. Es handelt sich dabei um mehr als lediglich Fragen der Taktik und Strategie. Es ist das Resultat der Unterschiede zwischen unseren Gesellschaftssystemen.

Solche Bemerkungen, die ich im Laufe mehrerer Jahre in Gesprächen gesammelt und zu einem Mosaikinterview zusammengefügt habe, sind weder eine offizielle noch eine umfassende Darlegung der chinesischen Außenpolitik. Sie wurden ohne vorbereitete Aufzeichnungen, zuweilen aus dem Stegreif in langen Diskussionen über verschiedene Themen und in verschiedenen Zusammenhängen gemacht. Doch ihre Einheitlichkeit angesichts veränderter Ereignisse und Situationen war eindrucksvoll, und gerade wegen ihres formalen Charakters bieten sie Einblicke in die chinesische Sicht der gegenwärtigen Welt und einen Hintergrund zum Verständnis offizieller Erklärungen zu auswärtigen Angelegenheiten.

Die chinesische Außenpolitik paßt nicht in die Konzeptionen und Pläne fremder Staaten. China wird sich keinen militärischen Bündnissen oder politischen Blocks anschließen, und es wird mit Sicherheit nicht als Juniorpartner der Sowjetunion agieren. Die Führung in Peking glaubt, die riesige Größe des Landes und ihrer Bevölkerung seien die wichtigste Abschreckung einer Intervention von außen, solange China darauf vorbereitet ist, für seine Unabhängigkeit zu kämpfen. Aber sie weiß auch, daß China keine Weltmacht ist, die in der Lage wäre, mit den Supermächten auf militärischem, wirtschaftlichem und technologischem Gebiet zu konkurrieren. China fühlt sich ihnen nicht unterlegen, aber kennt die Grenzen seiner Stärke. Das macht die Pekinger Führung mißtrauisch gegen jegliche Versuche, China in internationale Konflikte zwischen den Supermächten hineinzuziehen. Die Chinesen wollen weder benutzt noch manipuliert werden, und sie werden ihre Position nicht verändern, um sich den Zielen und Konzeptionen anderer anzupassen. China wird für die amerikanische Außenpolitik niemals ein bequemer Partner werden. Doch durch seine Prinzipien, feste Beurteilung der Weltlage und seinen Platz in der Welt wird China zu einem stabilen und berechenbaren Faktor in der internationalen Politik, zu einem Staat, der sich weder einem Bündnis anschließt noch plötzlich die Seiten wechselt. Auf Jahrzehnte hinaus wird es keine Militärmacht sein, die eine ausreichende Stärke und Mobilität besäße, in verschiedenen Erdteilen zu intervenieren. Sein Versprechen, keine Supermacht zu werden, stützt sich ebensosehr auf wirtschaftliche und militärische Realitäten wie auf gute Absichten. Im Rückgriff auf alte Vorbilder chinesischer Verhaltensweisen und Haltungen hält China es für richtig, seine Konzeption und Weltsicht den übrigen Nationen immer wieder darzulegen, überzeugt davon, daß die richtige Auffassung sich schließlich durchsetzen wird.

China betrachtet sich den Ländern der dritten Welt zugehörig, aber hat sich konsequent geweigert, Mitglied der Organisationen der blockfreien Staaten zu werden. Dies bedeutet nicht, daß es eine neutrale Position gesucht hat. Zu verschiedenen Seiten hat es unabhängige nationale Revolutionsbewegungen unterstützt und ungeachtet der Knappheit seiner Mittel Entwicklungsländern erhebliche Wirtschaftshilfe geleistet. In den zwanzig Jahren vor 1976 hat China 4 Milliarden Dollar in Afrika und in geringerem Umfang in Südostasien und Lateinamerika ausgegeben. Entsprechend der chinesischen politischen Position wurden die meisten Hilfsprogramme so organisiert, daß sie die Unabhängigkeit von Ländern der dritten Welt vergrößerten und sie dabei unterstützten, solche Projekte zu entwickeln, die auf lokalen Ressourcen und Arbeitskräften beruhten. China bemühte sich, Vorbilder für lokale und regionale Selbsthilfe zu schaffen und damit dem sowjetischen oder westlichen Einfluß entgegenzutreten. Aber es versuchte nicht, alleinseligmachende Muster für die gesellschaftliche Entwicklung anderer Länder vorzuschreiben, und es mißtraut ausländischen Führern, die versuchen, die Organisationsweise anderer Gesellschaften nachzuäffen. Nach Maos Auffassung hat sich das Zentrum der Weltrevolution von Westeuropa nach Rußland und dann nach China verschoben. Nach Ansicht der chinesischen Führung könnte es sich in den bevorstehenden Jahrzehnten in die dritte Welt verlagern. Sie sympathisieren mit den neuen Kräften der Revolution, aber sie verzichten darauf, deren Weg vorherzusagen oder zu bestimmen, und beabsichtigen nicht, Entwicklungsnationen und -gesellschaften ein chinesisches System der gesellschaftlichen Organisation aufzuzwingen. Mit einer Geduld, die manchmal an Hochmut grenzt, halten sie an der Überzeugung fest, daß die chinesische Erfahrung des kommunistischen Wandels auf lange Sicht für die Entwicklungen der Welt maßgeblich sein wird.

Erklärung der Umschrift chinesischer Namen

Es gibt kein allgemein gebräuchliches System für die Umschrift chinesischer Zeichen in lateinische Buchstaben. Dieses Buch folgt dem in China eingeführten Pinyin-System, weil es das einheitlichste ist und dazu beitragen kann, die Verwirrung zu beseitigen, die sich aus dem Nebeneinander von verdeutschten, anglisierten oder französischen Vorbildern folgenden Schreibweisen ergeben hat. Bei geographischen Namen ist die auf deutschen Karten übliche Schreibweise beibehalten worden. Bei den bekanntesten Eigennamen, die häufig in der Presse auftreten, haben wir auf die Pinyin-Umschrift verzichtet, um dem Leser das Verständnis nicht zu erschweren.

NAMEN- UND SACHREGISTER